HOLT GERMAN 3

Komm mit!

HOLT, RINEHART AND WINSTON

A Harcourt Education Company

Orlando • **Austin** • New York • San Diego • Toronto • London

EXECUTIVE EDITOR
George Winkler

SENIOR EDITOR
Konstanze Alex Brown

MANAGING EDITOR
Chris Hiltenbrand

EDITORIAL STAFF
Sara Anbari
Mark Eells,
Editorial Coordinator
Augustine Agwuele,
Department Intern
Sunday Ballew,
Department Intern

EDITORIAL PERMISSIONS
Janet Harrington,
Permissions Editor

ART, DESIGN, & PHOTO
BOOK DESIGN
Richard Metzger,
Design Director
Marta L. Kimball,
Design Manager
Virginia Hassell
Andrew Lankes
Alicia Sullivan
Ruth Limon

IMAGE SERVICES
Joe London, *Director*
Tim Taylor, *Photo Research*
Supervisor
Stephanie Friedman
Michelle Rumpf, *Art Buyer*
Supervisor
Coco Weir

DESIGN NEW MEDIA
Susan Michael, *Design Director*
Amy Shank, *Design Manager*
Kimberly Cammerata,
Design Manager
Czeslaw Sornat,
Senior Designer
Grant Davidson

MEDIA DESIGN
Curtis Riker, *Design Director*
Richard Chavez

GRAPHIC SERVICES
Kristen Darby, *Manager*
Linda Wilbourn
Jane Dixon
Dean Hsieh

COVER DESIGN
Richard Metzger,
Design Director
Candace Moore,
Senior Designer

PRODUCTION
Amber McCormick,
Production Supervisor
Diana Rodriguez,
Production Coordinator

MANUFACTURING
Shirley Cantrell, *Supervisor,*
Inventory & Manufacturing
Deborah Wisdom, *Senior*
Inventory Analyst

NEW MEDIA
Jessica Bega, *Senior Project*
Manager
Lydia Doty, *Senior Project*
Manager
Elizabeth Kline, *Senior Project*
Manager

VIDEO PRODUCTION
Video materials produced by
Edge Productions, Inc.,
Aiken, S.C.

ACKNOWLEDGMENTS

Front Cover and Title Page: © Bryan F. Peterson/CORBIS
Back Cover: © Jack Fields/CORBIS; (frame) © 2006 Image Farm, Inc.

For permission to reprint copyrighted material, grateful acknowledgment is made to the following sources:

Alibaba Verlag GmbH, Frankfurt am Main: "Sabines Eltern" by Mustafa S. From *Wir leben hier!* edited by Ulrike Holler and Anne Teuter. Copyright © 1992 by Alibaba Verlag GmbH.

Baars Kaas Marketing GmbH: Advertisement, "Da haben wir den Salat…kein Leerdammer im Haus," from freundin, 14/94, June 6, 1994, p. 149.

Acknowledgments continued on page R98, which is an extension of the copyright page

ISBN 0-03-037257-7

7 8 9 0940 11 10 09

AUTHOR

George Winkler
Austin, TX

Mr. Winkler developed the scope and sequence and framework for the chapters, created the basic material, selected realia, and wrote activities.

CONTRIBUTING WRITERS

Margrit Meinel Diehl
Syracuse, NY

Mrs. Diehl wrote activities to practice basic material, functions, grammar, and vocabulary.

Patricia Casey Sutcliffe
Austin, TX

Mrs. Sutcliffe wrote the process writing activities for the **Zum Schreiben** feature.

Carolyn Roberts Thompson
Abilene Christian University
Abilene, TX

Mrs. Thompson was responsible for the selection of readings and for developing reading activities.

CONSULTANTS

The consultants conferred on a regular basis with the editorial staff and reviewed all the chapters of the Level 3 textbook.

Dorothea Bruschke, retired
Parkway School District
Chesterfield, MO

Diane E. Laumer
San Marcos High School
San Marcos, TX

Phyllis Manning
Vancouver, WA

Ingeborg H. McCoy
Southwest Texas State University
San Marcos, TX

REVIEWERS

The following educators reviewed one or more chapters of the Pupil's Edition.

Nancy Butt
Washington and Lee High School
Arlington, VA

Susan DeBoard
Conway High School
Conway, AR

Joan Gosenheimer
Franklin High School
Franklin, WI

Jacqueline Hastay
Lyndon Baines Johnson High School
Austin, TX

Jan L. Haverty
Blue Valley North High School
Leawood, KS

Carol Masters
Edison High School
Tulsa, OK

Linnea Maulding
Fife High School
Tacoma, WA

Amy McMahon
Parkway Central High School
Chesterfield, MO

David A. Miller
Parkway South High School
Manchester, MO

Linda Miller
Craig High School
Janesville, WI

Mike Miller
Cheyenne Mountain Junior High
Colorado Springs, CO

Doug Mills
Greensburg Central Catholic High School
Greensburg, PA

Rolf Schwägermann
Stuyvesant High School
New York, NY

Mary Ann Verkamp
Hamilton Southeastern High School
Fisher, IN

Linda Wiencken
The Austin Waldorf School
Austin, TX

Scott Williams
Language Acquisition Center
University of Texas, Arlington

Jim Witt
Grand Junction High School
Grand Junction, CO

FIELD TEST PARTICIPANTS

We express our appreciation to the teachers and students who participated in the field test. Their comments were instrumental in the development of the entire **Komm mit!** program.

Eva-Maria Adolphi
Indian Hills Middle School
Sandy, UT

Connie Allison
MacArthur High School
Lawton, OK

Linda Brummett
Redmond High School
Redmond, WA

Beatrice Brusstar
Lincoln Northeast High School
Lincoln, NE

Jane Bungartz
Southwest High School
Forth Worth, TX

Devora D. Diller
Lovejoy High School
Lovejoy, GA

Margaret Draheim
Wilson Middle School
Appleton, WI

Kay DuBois
Kennewick High School
Kennewick, WA

Elfriede A. Gabbert
Capital High School
Boise, ID

Petra A. Hansen
Redmond High School
Redmond, WA

Christa Hary
Brien McMahon High School
Norwalk, CT

Ingrid S. Kinner
Weaver Education Center
Greensboro, NC

Diane E. Laumer
San Marcos High School
San Marcos, TX

J. Lewinsohn
Redmond High School
Redmond, WA

Judith A. Lidicker
Central High School
West Allis, WI

Linnea Maulding
Fife High School
Tacoma, WA

Jane Reinkordt
Lincoln Southeast High School
Lincoln, NE

Elizabeth A. Smith
Plano Senior High School
Plano, TX

Elizabeth L. Webb
Sandy Creek High School
Tyrone, GA

TO THE STUDENT

Some people have the opportunity to learn a new language by living in another country. Most of us, however, begin learning another language and getting acquainted with a foreign culture in a classroom with the help of a teacher, classmates, and a textbook. To use your book effectively, you need to know how it works.

Komm mit! (*Come along*) is organized to help you learn German and become familiar with the culture of the people who speak German. Each chapter presents basic concepts in German and strategies for learning a new language. This book has four Location Openers and twelve chapters.

Location Opener You'll find four four-page photo essays called Location Openers which introduce different states or cities in Germany. You can see these locations on video.

Chapter Opener The Chapter Opener pages tell you the chapter theme and goals, and outline what you learn to do in each section of the chapter.

Los geht's! (*Getting started*) and **Weiter geht's** (*Keep going!*) These illustrated stories show you German-speaking people in real-life situations, using the language you'll learn in the chapter.

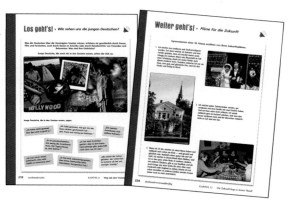

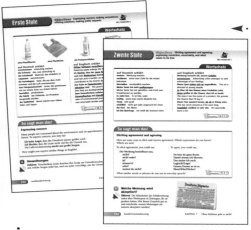

Erste and **Zweite Stufe** (*First* and *Second Step*) The chapter is divided into two sections called **Stufen**. At the beginning of each **Stufe**, there is a reminder of the goals for this part of the chapter. Within the **Stufe** are **So sagt man das!** (*Here's how you say it!*) boxes that contain the German expressions you'll need to communicate and **Wortschatz** and **Grammatik / Ein wenig Grammatik** boxes that give you the German words and grammar structures you'll need to know. Activities in each **Stufe** enable you to practice the new expressions, vocabulary, and structures and thereby develop your skills in listening, speaking, reading, and writing.

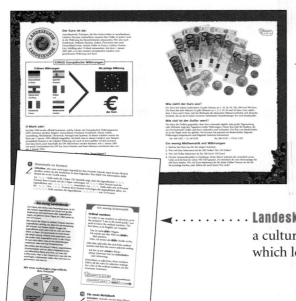

Ein wenig Landeskunde (*Culture Note*) In many chapters, there are notes with more information about the culture in German-speaking countries. These notes tell you interesting facts, describe common customs, or offer other information that will help you learn more about these countries.

Landeskunde (*Culture*) On this page you find brief essays dealing with a cultural aspect of the chapter. Following, there are some activities which let you further explore the topic.

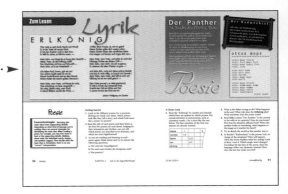

Zum Lesen (*For reading*) The reading section follows the two **Stufen**. The selections are related to the chapter themes and will help you develop your reading skills in German. The **Lesetrick** boxes in these sections are strategies to help you improve your reading comprehension.

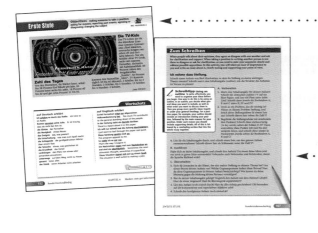

Wortschatz (*Vocabulary*) May be presented visually, or the word or phrase may be rephrased in German — **auf Deutsch erklärt** — or an English translation may be given — **auf English erklärt.**

Zum Schreiben (*Let's write!*) will develop the writing skills. Each chapter will guide you to write a composition related to the themes of the chapter. The **Schreibtip** box will help you develop a specific writing strategy.

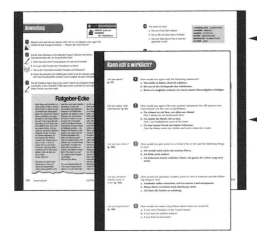

Anwendung (*Review*) The activities on these pages practice what you've learned in the chapter and help you improve your listening, reading, and communication skills. You'll also review what you've learned about culture.

Kann ich's wirklich? (*Can I really do it?*) This page at the end of each chapter contains a series of questions and short activities to help you see if you've achieved the chapter goals. Page numbers beside each section will tell you where to go for help if needed.

Wortschatz (*Vocabulary*) On the German-English vocabulary list on the last page of the chapter, the words are grouped by **Stufe**. These words and expressions will appear on quizzes and tests.

You'll also find German-English and English-German vocabulary lists at the end of the textbook. The words you'll need to know for the quizzes and tests are in boldface type.

At the end of your textbook, you'll find more helpful material, such as:
- a summary of the expressions you'll learn in the **So sagt man das!** boxes
- a summary of the grammar you'll study
- a section of additional activities to practice the grammar you'll learn
- additional vocabulary words that you might want to use
- a grammar index to help you find where grammar is presented

Komm mit! Come along on an exciting trip to a new culture and a new language!

Gute Reise!

Explanation of Icons in *Komm mit!*

*Throughout **Komm mit!** you'll see these symbols, or icons, next to activities.*
They'll tell you what you'll probably do with that activity.
Here's a key to help you understand the icons.

 Video Whenever this icon appears, you'll know there is a related segment in the *Komm mit! Video Program*.

 Listening Activities This icon indicates a listening activity.

 Pair Work/Group Work Activities

 Writing Activities

 CD-ROM Activities Whenever this icon appears, you'll know there is a related activity on the *Komm mit! Interactive CD-ROM Tutor*.

 Übungsheft, S. 26, Ü. 2
 Grammatikheft, S. 8, Ü. 1

Practice Activities These icons tell you which activities from the *Übungsheft* and the *Grammatikheft* practice the material presented.

Mehr Grammatikübungen
S. 88, Ü. 1

Mehr Grammatikübungen This reference tells you where you can find related additional grammar practice in the review section of the chapter.

 Internet Activities This icon provides the keyword you'll need to access related online activities at **go.hrw.com**.

Komm mit!

Contents

Come along—
to a world of new experiences!

Komm mit! *offers you the opportunity to learn the language spoken by millions of people in several European countries and around the world. Let's find out about these people and their culture.*

KOMM MIT IN
die neuen Bundesländer!
LOCATION FOR KAPITEL 1, 2, 3.....1

KAPITEL 1
WIEDERHOLUNGSKAPITEL
Das Land am Meer.....4

KAPITEL 2
WIEDERHOLUNGSKAPITEL
Auf in die Jugendherberge!.....32

KAPITEL 3
Aussehen: wichtig oder nicht? 60

KAPITEL 4
Verhältnis zu anderen 92

KAPITEL 5
Rechte und Pflichten.....120

KOMM MIT NACH
Frankfurt!
LOCATION • KAPITEL 7, 8, 9.....176

KAPITEL 7
Ohne Reklame geht es nicht!.....180

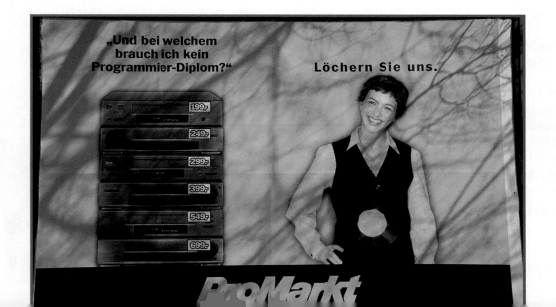

„Und bei welchem brauch ich kein Programmier-Diplom?"

Löchern Sie uns.

199,-
249,-
299,-
399,-
549,-
699,-

ProMarkt

KAPITEL 8
Weg mit den Vorurteilen!.....208

KAPITEL 9
Aktiv für die Umwelt! 236

Dresden!

LOCATION FOR KAPITEL 10, 11, 12 264

KAPITEL 10
Die Kunst zu leben 268

KAPITEL 11
Deine Welt ist deine Sache! 296

KAPITEL 12
WIEDERHOLUNGSKAPITEL
Die Zukunft liegt in deiner Hand! 324

CULTURAL REFERENCES

Map of the Federal Republic of Germany

Map of Liechtenstein, Switzerland, and Austria

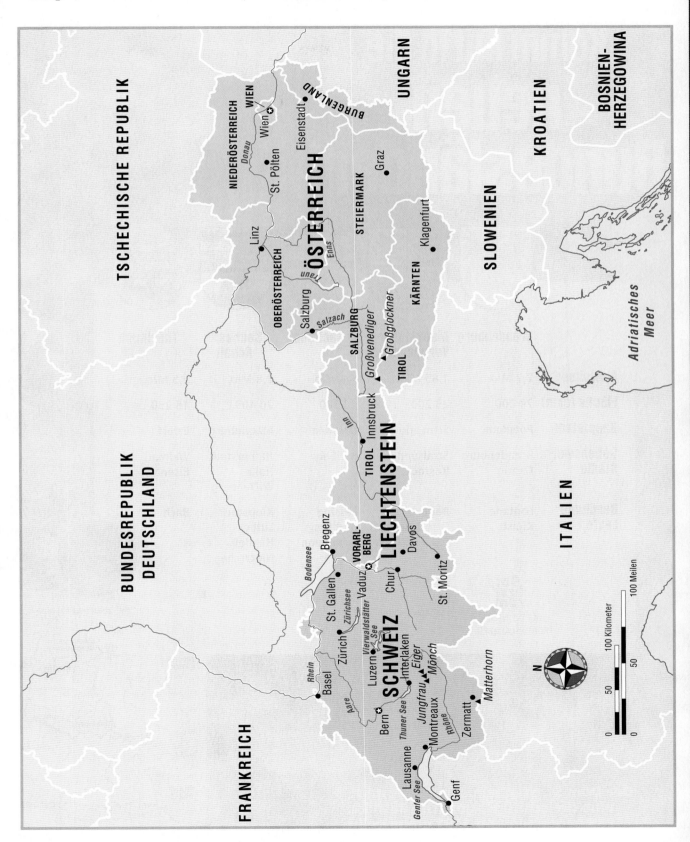

Komm mit in die
neuen
Bundesländer!

	Brandenburg	Mecklenburg-Vorpommern	Sachsen	Sachsen-Anhalt	Thüringen
Einwohner	2,7 Mio.	1,85 Mio.	4,6 Mio.	2,8 Mio.	2,5 Mio.
Fläche (qkm)	29 000	23 200	18 300	20 400	16 250
Hauptstadt	Potsdam	Schwerin	Dresden	Magdeburg	Erfurt
Sehenswerte Städte	Brandenburg Chorin	Stralsund Rostock	Meißen	Halberstadt Halle Wittenberg	Weimar Eisenach
Berühmte Leute	Fontane Kleist	Barlach Otto Lilienthal C.D. Friedrich	Lessing Karl May Schumann	Klopstock Luther Händel Nietzsche	Bach

WK3 DIE NEUEN
BUNDESLAENDER

Der Dom St. Stephanus in Halberstadt, ▶
eine dreischiffige, gotische Basilika,
1235 begonnen und 1491 eingeweiht

Jahrelang war es fast unmöglich, die deutschen Kulturstätten in der ehemaligen DDR zu besuchen: sie lagen hinter Stacheldraht in einem anderen Land, dessen Grenze nur wenige überschreiten konnten. Seit Mitte November 1989, seit dem Fall der Mauer, ist es wieder möglich, die Schätze deutscher Kultur zu besuchen, zu bewundern. Leider wurde manches im Krieg zerstört, manches blieb erhalten und manches wurde auch restauriert. Das meiste aber ist in Zerfall geraten, und es wird einige Jahre dauern, bis diese Stätten wieder in alter Pracht erglänzen.

internet

ADRESSE: go.hrw.com
KENNWORT: WK3 DIE NEUEN BUNDESLAENDER

1 Lutherzimmer in der Wartburg

Die Wartburg in Eisenach spiegelt 800 Jahre deutscher Kultur wider. Hier soll im Mittelalter der legendäre Sängerwettstreit stattgefunden haben, dem Richard Wagner im „Tannhäuser" ein musikalisches Denkmal gesetzt hat. In den Jahren 1521/22 hat hier Martin Luther als Junker Jörg das Neue Testament übersetzt und damit den Grundstein zur deutschen Schriftsprache gelegt.

2 Bachhaus in Eisenach

Das Bachhaus in Eisenach, in dem einer der größten deutschen Komponisten, Johann Sebastian Bach, 1685 geboren wurde, ist heute ein Museum.

IOH. SEB. BACH.

3 Thomaskirche in Leipzig

Die berühmte Stadt Leipzig, einst
Zentrum des deutschen Buchhandels,
war und ist eine deutsche Musikstadt:
das Gewandhausorchester, der
Thomaschor und die Hochschule für
Musik sind hier zu Hause. In der
berühmten Thomaskirche war J.S. Bach
von 1723 bis zu seinem Tod
1750 Kantor der Kirche. Hier
schrieb Bach die meisten
seiner Werke. Seit 1950
ist die Thomaskirche auch
Bachs Ruhestätte.

4 Stadtschloss in Weimar

Weimar ist als „Stadt der deutschen
Klassik" weltweit bekannt. Luther, Cranach
und Bach wirkten hier. Im 18. Jahrhundert
begann mit den großen deutschen Dichtern
Wieland, Goethe, Herder und Schiller die
bedeutendste Epoche Weimars. Im
Stadtschloss befindet sich eine ständige
Kunstausstellung, insbesondere die
Cranach-Galerie mit 28 Bildern von
Lucas Cranach d. Ä., sowie Gemälden
von Dürer, Veronese, Tiepolo,
Tintoretto, u.a.

5 Im Dom von Güstrow

Im Dom (1226-1335) von Güstrow
befindet sich Barlachs Bronzeskulptur
„Der Schwebende" (1927), die vielleicht
bedeutendste Skulptur des Bildhauers,
Grafikers und Dichters Ernst Barlach
(1870-1938), der 1910 Güstrow zu seiner
Heimat wählte.

1
Das Land am Meer

Objectives

In this chapter you will review and practice how to

Erste Stufe

- report past events
- ask how someone liked something
- express enthusiasm or disappointment
- respond enthusiastically or sympathetically

Zweite Stufe

- ask and tell what you may or may not do
- ask for information
- inquire about someone's health and respond
- ask about and express pain
- express hope

internet

go.
hrw
.com

ADRESSE: go.hrw.com
KENNWORT: WK3 DIE
NEUEN BUNDESLAENDER-1

◀ **Ferienparadies Insel Rügen**

Los geht's! · *Zwei Freunde treffen sich*

Johannes: Hallo, Gregor!

Gregor: Hallo, Hannes! Schon lange nicht gesehen!

Johannes: Stimmt! Ich find's toll, dass du auch mal wieder im Lande bist!

Gregor: Tja, du freust dich, dass ich wieder da bin, und ich find's schade.

Johannes: Wirklich? Hat es dir auf Rügen so gut gefallen?

Gregor: Es war einsame Spitze! Wirklich Superferien!

Johannes: Na, das freut mich.

Gregor: Was machst du denn jetzt? Du siehst so nach Arbeit aus.

Johannes: Ich war gerade im Getränkemarkt, hab Flaschen zurückgebracht. Bei uns ist heute großer Aufräumetag. Alle sind am Arbeiten. Ich hab heute schon die Garage aufgeräumt, den Müll sortiert und weggebracht — ja, ich muss arbeiten, und du gehst spazieren.

Gregor: Du, bei uns ist Waschtag — wir müssen die ganze Ferienwäsche waschen. Ich war eben in der Bücherei und hab unsere Ferienlektüre zurückgebracht. Und vorher war ich einkaufen. Übrigens, im Supermarkt hab ich die Ulla getroffen. Sie war in Kalifornien; hat ihr echt prima gefallen. Sag, wie war's denn in den Bergen?

Johannes: Nicht besonders! Da hat's dauernd geregnet. Wir sind kaum gewandert, und ich habe die meiste Zeit im Hallenbad verbracht. Na ja. Was kann man machen?

Gregor: Du, ich muss weiter. Ich muss vor zwölf noch was erledigen. Ich muss auf der Bank Geld wechseln für meine Oma. Sie war in Amerika und hat die meisten Dollar wieder zurückgebracht. Das kann auch nur die Oma! Sie ist immer sehr sparsam.

Johannes:	Meine aber auch! Ja, also … du, komm doch mal rüber zu uns! Meine Eltern waren noch nie an der Ostsee, und sie würden sich bestimmt für Rügen interessieren. Bring deine Fotos mit!
Gregor:	Mach ich. Ich bring auch ein paar Prospekte mit, da können sie sich schon mal etwas aussuchen.
Johannes:	Okay! Also, tschüs!
Gregor:	Tschüs!

Übungsheft, S. 1

1 Was passiert hier?

Sprechen Hast du das Gespräch verstanden? Dann beantworte die Fragen!

1. Wo, glaubst du, treffen sich Johannes und Holger?
2. Warum findet es Johannes toll, dass Gregor wieder da ist?
3. Wo war Gregor? Mit wem war er weg, und wie hat es ihm gefallen?
4. Wo war Johannes? Was erzählt er über seine Ferien?
5. Warum können die beiden Jungen nicht länger miteinander sprechen?
6. Was erzählt Gregor über seine Oma, und warum erzählt er das überhaupt?
7. Warum soll Gregor Johannes besuchen und Prospekte mitbringen?
8. Was haben die beiden Jungen heute schon alles getan?

2 Genauer lesen

Lesen Read the text again, then answer these questions.

1. Which phrases express liking something or not?
2. Which ones express enthusiasm and disappointment?

3 Wer war wo?

Sprechen/Schreiben Sag, wo jede von diesen vier Personen war und warum! Du kannst das auch aufschreiben.

a. Gregor
b. Johannes
c. Ulla
d. Gregors Oma

Amerika	Rügen	Getränkemarkt
Berge	Hallenbad	
Bücherei	Supermarkt	Kalifornien

Erste Stufe

Objectives Reporting past events; asking how someone liked something; expressing enthusiasm or disappointment; responding enthusiastically or sympathetically

go.
hrw
.com

WK3 DIE NEUEN
BUNDESLAENDER-1

Königsstuhl

Stralsunder Rathaus

Die über 750 Jahre alte HANSE-STADT STRALSUND liegt, vom Festland kommend, am Anfang und am Ende jeder Rügen-Reise. Der Rügendamm und viele geschichtliche Ereignisse verbinden die 926 km² große Insel mit dem Festland. Eine trutzige Stadtmauer, die prächtigen Giebel jahrhundertealter Kaufmannshäuser, hochhinaufragende Kirchen, das prunkvolle Rathaus am Alten Markt und schöne Klosteranlagen in mittelalterlicher Backsteingotik künden vom einstigen Reichtum

der Stadt am Strelasund. Ein Bummel durch die alten Gassen, vorbei an bunten Geschäften der Fußgängerzone, Besuche des Kulturhistorischen Museums, wo der berühmte Hiddensee-Goldschmuck aufbewahrt wird und des Meeresmuseums mit Aquarien sind unvergeßliche Erlebnisse für jung und alt.

SASSNITZ, einst Badeort, später Stadt der Rügenfischer und Fährhafen nach Skandinavien, liegt am Tor zum Nationalpark Jasmund. Entlang der Mole im Fischerhafen riecht's nach Meer,

Teer und Fisch. Saßnitz ist Ausgangspunkt für die romantische Tour auf den Spuren Caspar David Friedrichs[1], vorbei an den Wissower Klinken, den Tälern und Schluchten des Stubnitzwaldes bis zum 107m hohen Königsstuhl, dem magischen Anziehungspunkt aller Rügen-Besucher. Jedoch, wer das Auto benutzt, vermag den wahren Reiz dieser Landschaft nur zu ahnen.

4 Von Stralsund nach Saßnitz

Lesen Lies diesen Bericht über Rügen, und beantworte die Fragen!

1. Wo liegt Rügen, und wie kommt man auf diese Insel?
2. Wie zeigt sich, dass Stralsund im Mittelalter sehr reich war?
3. Was kann man in Stralsund alles sehen?
4. Was für ein Ort ist Saßnitz?
5. Wofür ist Saßnitz bekannt?

---

1. Caspar David Friedrich wurde 1774 in Greifswald geboren und starb 1840 in Dresden. Er ist der bekannteste Meister der protestantischen-norddeutschen Landschaftsmalerei der Romantik.

So sagt man das!

Reporting past events

When asking someone about
something in the past, you might ask:

**Sag mal, was hast du denn
am Sonntag gemacht?**

And the response might be:

**Du, ich bin mit meiner Fahrradclique in den Bergen
gewesen. Wir waren auf dem Wallberg. Dort sind wir
gewandert, und ich hab viel fotografiert. Ach ja, am
Abend waren wir noch im Kino.**

Ein wenig Grammatik

Schon bekannt

You know sentences such as:

**Gregors Familie war an der Ostsee.
Sie waren auf der Insel Rügen.
Johannes war mit den Eltern in den Bergen.
Aber die meiste Zeit war er im Hallenbad.**

Point out the prepositions in these
sentences. Which case form follows them?
What do these phrases express? For more
on this point, see the Grammar Summary.

 Grammatikheft, S. 1, Ü. 1

Mehr Grammatikübungen,
S. 26, Ü. 1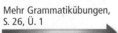

Und dann noch...

letzte	Woche
letztes	Wochenende
letzten	Monat
letztes	Jahr
gerade	*just*
vor kurzem	*recently*
neulich	*the other day*

What do the different endings of **letzt**-
indicate? Which case are these time
expressions in?[1] You may also use **dies**-
and **nächst**- in the same way.

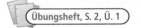 Übungsheft, S. 2, Ü. 1   Grammatikheft, S. 2, Ü. 2–4

---

5 Grammatik im Kontext

 Zuhören Schüler erzählen, wann sie Ferien gemacht haben und wo sie waren. Sie sagen
auch, warum sie dort Ferien gemacht haben. Schreib ihre Aussagen auf unter den
Rubriken (*columns*): Wann? Wo? und Warum?!

6 Grammatik im Kontext

 a. Schreiben Schreib mehrere Ferienorte, die du schon kennst oder von denen du
schon gehört hast, auf eine Liste! Dann stell eine kleine Ferienreise zusammen!

 b. Sprechen Such dir jetzt eine Partnerin! Erzähl ihr, wo du in den letzten Ferien überall warst! Gebrauch dabei die Adverbien: zuerst, dann, danach und zuletzt! Tauscht
dann die Rollen aus!

7 Wo übernachtet und esst ihr gewöhnlich?

 a. Schreiben Schreib auf, wo du gewöhnlich übernachtest und isst, wenn du mit deinen
Eltern unterwegs bist!

 b. Sprechen Sprich dann mit deinem Partner darüber! Gib auch Gründe dafür an!

BEISPIEL DU Wo übernachtet ihr gewöhnlich, wenn ihr unterwegs seid?
PARTNER Wir übernachten gewöhnlich in einem Motel, weil es nicht so teuer ist.

1. In German, definite time expressions involving nouns are always in the accusative case.

Ein wenig Grammatik

Schon bekannt

Read this paragraph:

> **Zuerst habe ich den Rasen gemäht. Dann habe ich meiner Mutter im Haus geholfen — ich habe für sie die Küchenfenster geputzt. Danach bin ich zum Bäcker gegangen und hab ein paar Brötchen gekauft. Am Nachmittag bin ich noch im Schwimmbad gewesen, und am Abend war ich mit meinen Freunden im Kino.**

Which tense is used in this paragraph? Name the verb forms used to express that tense. For more on this point, see the Grammar Summary.

Übungsheft, S. 2, Ü. 2

Mehr Grammatikübungen, S. 26, Ü. 2

---

8 Grammatik im Kontext

a. Schreiben In der letzten Woche hast du bestimmt zu Hause geholfen. Schreib auf, was du alles getan hast und für wen!

b. Sprechen Frag deinen Partner, was er in der letzten Woche zu Hause für seine Eltern, Geschwister oder andere Verwandte getan hat! Danach sagst du ihm, was du für deine Familie getan hast.

9 Grammatik im Kontext

a. Schreiben Schreib auf, was du in den letzten zwei Tagen alles gemacht hast, um dich körperlich fit zu halten! Schreib mindestens sechs Sätze auf!

b. Sprechen Erzähl einer Partnerin, was du vorgestern alles gemacht hast! Sie erzählt dir dann, was sie gestern getan hat.

Wortschatz

Wo warst du, und was hast du dort erledigt?

Ich war auf der Bank. Ich hab Geld umgewechselt, Dollar in Euro.

Ich war auf der Post. Dort hab ich telefoniert und eine Rechnung bezahlt.

Ich war im Sportgeschäft Winkler. Da hab ich eine Jacke umgetauscht, denn sie war zu klein.

Ich war in der Bücherei. Ich hab Bücher zurückgebracht und einige ausgeliehen.

Ich war im Getränkemarkt. Ich hab leere Flaschen zurückgebracht und vier Flaschen Limo gekauft.

Ich war im Musikladen. Dort hab ich mir eine CD bestellt, eine neue CD von den „Prinzen".

Grammatikheft, S. 3, Ü. 5–6

Mehr Grammatikübungen, S. 27, Ü. 3

---

10 Was haben die Schüler in der Stadt gemacht?

Zuhören Schüler erzählen, was sie in der Stadt gemacht haben. Schau beim Zuhören auf den Stadtplan von Dingskirchen auf Seite 11! Schreib für jeden Schüler zuerst auf, wo er war und danach, beim zweiten Zuhören, was er dort gemacht hat! Vergleiche deine Notizen mit denen deines Partners! Habt ihr beiden wirklich alles verstanden und wisst, was diese Schüler alles gemacht haben? Wenn ihr nicht alles verstanden habt, müsst ihr euch die Übung zusammen noch einmal anhören.

---

11 **Was kann man dort tun?**

 Lesen/Sprechen Bildet drei oder vier kleine Gruppen! Überlegt euch so viele Antworten wie möglich zu folgender Frage: Was kann man alles in den Geschäften und Institutionen tun, die auf dieser Skizze eingezeichnet sind? Ein Schriftführer von jeder Gruppe schreibt die Antworten auf.

BEISPIEL **In einem Buchladen kann man: Bücher kaufen, Bücher bestellen …**

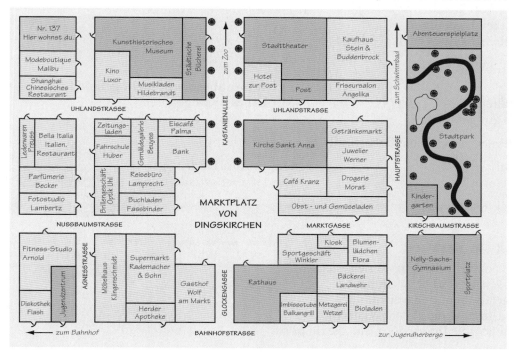

12 **Überall in Dingskirchen**

Sprechen Frag deinen Partner, wo er etwas gemacht hat! Stellt euch abwechselnd diese Fragen!

BEISPIEL **DU** **Wo hast du die Äpfel gekauft?**
PARTNER **Im Obst- und Gemüseladen in der Nussbaumstraße.**

T-Shirt kaufen	Geburtstag feiern	Nussbaumstrasse	Bank (auf der)
Limo kaufen	Taschenrechner kaufen	Brillengeschäft	Stadtpark
CD hören	Geld umwechseln	Supermarkt	Metzgerei
Hackfleisch holen	Lehrer treffen (*meet*)	Schul-Shop	Musikladen
Volleyball spielen	Geld abholen	Restaurant	Getränkemarkt
Brille bekommen	telefonieren	Post (auf der)	Sportgeschäft

13 **Grammatik im Kontext**

 a. Schreiben Auf dem Weg zur Schule hast du an drei oder vier verschiedenen Geschäften angehalten und dir etwas besorgt. Schreib auf, wo du überall warst und was du dort gekauft hast!

b. Schreiben Auf dem Weg von der Schule nach Hause hast du an drei oder vier verschiedenen Stellen gestoppt, um etwas zu erledigen. Schreib auf, wo du warst und was du dort erledigt hast!

 c. Lesen/Sprechen Lies deinem Partner vor, was du aufgeschrieben hast! Wenn er auch dort war, wo du warst, muss er es dir sagen. Tauscht dann die Rollen aus!

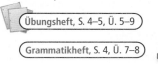
14 **Grammatik im Kontext**

Zuhören Vier Schüler erzählen, wo sie gestern gewesen sind, was sie dort gemacht haben, wie es ihnen gefallen hat und warum oder warum nicht. Übertrag die Tabelle rechts in dein Heft, und trag die Information ein, die du hörst!

wer?	wo?	was?	gefallen?	warum?

15 **Grammatik im Kontext**

a. **Sprechen** Such dir eine Partnerin! Entscheidet euch für (*decide on*) einen Ort auf dem Stadtplan von Dingskirchen! Überlegt euch, was euch an diesem Platz gefallen oder nicht gefallen hat und warum! Denkt dabei an einen ähnlichen Platz in eurem Heimatort!

b. **Schreiben** Schreibt eure Gedanken auf einen Zettel! Ordnet eure Gründe nach: was euch (gut, besonders gut) gefallen hat und was euch nicht (gar nicht, überhaupt nicht) gefallen hat!

c. **Sprechen** Danach erzählt einer von euch der ganzen Klasse, wo ihr wart und was euch dort gefallen oder nicht gefallen hat. Der Rest der Klasse macht entsprechende Bemerkungen wie: Das freut uns! oder: Das tut uns aber Leid!

16 **Für mein Notizbuch**

Schreiben Schreib in dein Notizbuch, wann und wo du deine letzten Ferien verbracht hast, was du dort alles gemacht hast und wie dir alles gefallen oder nicht gefallen hat! Vergiss nicht, deine Aussagen zu begründen!

Ein wenig Grammatik

Schon bekannt

There are some verbs that are always used with the dative case.

Der Urlaub hat meinen Eltern überhaupt nicht gefallen.
Die Ferien haben mir gut gefallen.

For dative case forms and for verbs that are used with the dative case, see the Grammar Summary.

Übungsheft, S. 4–5, Ü. 5–9

Grammatikheft, S. 4, Ü. 7–8

Mehr Grammatikübungen, S. 27, Ü. 4

Zum Schreiben

Vacationers very often like to keep a record of what they see and do. Some people take pictures or make videos, some buy postcards, and some record their activities in a journal. In this activity, you will choose an experience you had during your last vacation and write about it as though you were writing in your journal.

Was ich in den Ferien gemacht habe.

Mach eine Liste von allen Erlebnissen, die du in den Ferien gehabt hast! Dann wähl ein oder zwei von den interessantesten (oder lustigsten, traurigsten usw.) Erlebnissen aus, und schreib sie in dein Tagebuch!

Schreibtipp
Brainstorming and freewriting Whatever your purpose in writing — whether you are writing an assignment for one of your classes, for the school paper, or for yourself, as in your journal — you will write more effectively if you develop an idea of what you want to write about, then focus on that idea. A good way to develop ideas is to brainstorm and freewrite, writing down everything that comes to mind without worrying about grammar or sequencing. Once you have several ideas, narrow your focus to the one or two ideas that really convey what you want to say.

A. Vorbereiten

1. Schreib eine Liste von allen Dingen, die du in den Ferien gemacht hast! (Was hast du alles gemacht? Bist du zu Hause geblieben, oder bist du verreist? Wohin bist du gereist? Wer war dabei? Was hast du dort gemacht? Was hast du gesehen? Wo hast du gewohnt? usw.)

2. Wähl jetzt eine oder zwei Ideen von der Liste, um dein Thema zu beschränken! Unterstreiche alle anderen Ideen, die auch mit deinem „Hauptthema" zusammenhängen!

3. Schreib jetzt über dieses Erlebnis! Wenn möglich, verwende auch die Ideen, die du unterstrichen hast — aber denk noch nicht an die Grammatik oder die Wortstellung!

B. Ausführen

Verwende jetzt deine Liste und deinen frei geschriebenen Text, um eine geordnete und logische Tagebucheintragung zu schreiben! Vergiss nicht, das Datum zu notieren!

C. Überarbeiten

1. Lies deine Eintragung durch, und vergleiche sie mit dem frei geschriebenen Text und mit der Liste! Hast du alles geschrieben, was du schreiben wolltest, oder hast du etwas in der endgültigen Version ausgelassen? Wenn ja, trag diese Ideen jetzt ein!

2. Wie sieht dein Text jetzt aus? Hast du die Ideen logisch geordnet? Hast du dein Erlebnis ausführlich beschrieben, oder hast du nur eine Liste von Erlebnissen gemacht?

3. Lies die Eintragung noch einmal durch, und denk diesmal auch an Grammatik und Wortstellung! Hast du alles richtig geschrieben? Hast du die Zeitformen beachtet? Hast du die richtigen Fälle (Akkusativ oder Dativ) mit den richtigen Präpositionen verwendet?

4. Schreib jetzt den korrigierten Text noch einmal in dein Tagebuch ab!

Weiter geht's! ▪ *Gregor besucht Johannes*

Johannes: Hallo, Gregor! Prima, dass du uns besuchen kommst!

Gregor: Ich hab's dir doch versprochen, und versprochen ist versprochen!

Johannes: Komm rein und setz dich! Meine Eltern kommen auch bald, und dann gibt's Kaffee und Kuchen. Sag, magst du etwas trinken? Oder möchtest du Obst? Du, wir haben ganz süße Erdbeeren aus unserem Schrebergarten — mit Sahne, ja? Lecker!

Gregor: Kann schon sein, aber ich darf das nicht essen. Ich bin nämlich allergisch gegen Erdbeeren.

Johannes: Wirklich? Das hab ich nicht gewusst. Tut mir Leid.

Gregor: Du kannst wohl alles essen, ja?

Johannes: Sicher! Ich hab keine Allergien. Nur mag ich eben vieles nicht; ich mag zum Beispiel keinen Fisch.

Gregor: Und warum nicht?

Johannes: Schmeckt mir einfach nicht.

Gregor: Dann isst du wohl viel Fleisch, ja?

Johannes: Nicht unbedingt. Wir essen viel Obst und Gemüse, Teigwaren, ja und, wie gesagt, auch Fleisch, Huhn und so.

Gregor: Weil du grad Teigwaren erwähnst: was ich gern mag, ist ein Gericht … na ja, wie heißt es denn schnell … hat was mit Salzburg zu tun.

Johannes: Ach ja! Du meinst Salzburger Nockerln, ja?

Gregor: Genau! Ess ich unwahrscheinlich gern.

Johannes: Hab ich auch ein paarmal in den Ferien gegessen. Wir waren ja gar nicht weit von Salzburg entfernt.

Gregor: Ja, erzähl doch mal was über deine Ferien!

Johannes: Du, da gibt's nicht viel zu erzählen. Ich hab dir ja schon gesagt, es hat fast nur geregnet. Wir sind kaum gewandert, und trotzdem hab ich mir auf so einer kleinen Wanderung den Knöchel verstaucht.

Gregor: So ein Pech! Geht's dem Knöchel wieder besser?

Johannes: Klar, es geht wieder. Ich muss nur noch ein bisschen vorsichtig sein.

Gregor: Übrigens, hier hab ich ein paar Rügen-Prospekte für deine Eltern.

Johannes: Prima! Sie werden sich bestimmt darüber freuen. — Ja, da kommen sie auch schon. Ich höre unser Auto!

Übungsheft, S. 6

17 Was passiert hier?

Sprechen Hast du das Gespräch verstanden? Beantworte die folgenden Fragen!

1. Warum besucht Gregor den Johannes?
2. Was bietet Johannes seinem Freund an? Warum wohl?
3. Wie reagiert Gregor darauf? Was sagt er?
4. Was mag Johannes nicht essen? Was isst er meistens?
5. Was für ein Gericht erwähnt Gregor, und warum erwähnt er es?
6. Kennt Johannes das Gericht? Woher?
7. Wie waren Johannes' Ferien? Was sagt er darüber?
8. Was ist dem Johannes passiert? Wie geht's ihm jetzt?
9. Was hat Gregor mitgebracht? Warum?

18 Genauer lesen

Lesen/Sprechen Lies das Gespräch noch einmal, und beantworte diese Fragen auf Deutsch!

1. Which phrases are used to ask and tell what you may or may not do?
2. Which phrases express concern about someone's health or are responses to such concern?

19 Wie steht's mit dir?

Sprechen Beantworte diese Fragen!

1. Welche Gerichte magst du und welche nicht?
2. Was darfst du nicht essen? Warum nicht?
3. Was hast du dir schon einmal verletzt, und wie ist es passiert?

Zweite Stufe

Objectives Asking and telling what you may or may not do; asking for information; inquiring about someone's health and responding; expressing pain; expressing hope

WK3 DIE NEUEN
BUNDESLAENDER-1

20 **Gesund essen? Gesund leben?**

Lesen/Sprechen Lies die Leserbriefe an die Jugendzeitschrift „Girl!", und beantworte danach die folgenden Fragen!

1. Welche Schüler sind für Tierprodukte oder für Pflanzenprodukte?
2. Welche Tierprodukte und welche Pflanzenprodukte erwähnen die Mädchen?
3. Mit welchem Satz drückt jedes Mädchen ihre Meinung am besten aus?
4. Mit welcher Schülerin kannst du dich identifizieren? Warum?

Fit ohne Fleisch

Im Urlaub in Italien habe ich gemerkt, dass es auch ohne Fleisch geht. Seit einigen Wochen lebe ich nun schon vegetarisch. Am Anfang hatte ich noch unangenehme Hungergefühle, doch die habe ich mit der Zeit besiegt. Übrigens: Kennt Ihr schon den Anti-Fleisch-Burger? Das Rezept: Ein Vollkornbrötchen aufschneiden, beide Hälften mit Naturjoghurt bestreichen, dazwischen Salatblätter, eine Scheibe Käse, Gurken, Tomaten, Zwiebelringe, Paprika und Möhren packen. Ich sage Euch: ein Genuss!

Vanessa, Bielefeld

Wer weiß denn eigentlich genau, ob Vegetarier wirklich so viel gesünder leben als Fleischesser? Was, bitte schön, ist denn alles an Pflanzenschutzmitteln in unserem Gemüse drin? Oder denkt doch mal an den jüngsten Skandal mit den Tees, wo Unmengen von Schwermetallen und Pflanzenschutzmitteln drin gefunden wurden. An alle Vegetarier: Macht mal halblang!

Susi, München

An alle Veganer: Ihr könnt ruhig Honig essen, da er kein Tierprodukt ist. Die Bienen nehmen bei seiner Herstellung keinen Schaden, es ist sogar ihre Lebensaufgabe. Brot ist ja auch kein Menschenprodukt, nur weil ein Bäcker es herstellt, sondern ein Pflanzenprodukt.

Melanie, Dielheim-Balzfeld

Wir sind der Meinung, dass Nahrung, sorgfältig ausgesucht (nur ein- bis zweimal die Woche Schweinefleisch), die vernünftigste Form ist, sich zu ernähren. Als Voll-Vegetarier zu leben, würde für uns eine Einschränkung des alltäglichen Lebens bedeuten. Davon haben wir eigentlich schon genug (Eltern, Schule, Gesetze etc.). Wenn man alles zu negativ sieht, vermiest man sich das Leben. Da kann man ja gleich Schluss machen.

Simone und Michaela, Eisenberg

Was für Produkte essen wir?

Pflanzenprodukte

Zwiebeln

Paprika

Rosenkohl

Mais

Spargel

Wassermelone

Tierprodukte

Rippchen

Speck

Schweinefleisch

Innereien

Leber

Reh- und Hasenfleisch

Welche anderen Pflanzenprodukte kennst du? Welche anderen Tierprodukte? Welche Produkte isst du gern oder überhaupt nicht gern? Warum?

Übungsheft, S. 7, Ü. 1   Grammatikheft, S. 5, Ü. 9

---

21 ## Was mögen die Schüler essen?

 Zuhören Drei Schüler sprechen über ihre Essgewohnheiten. Was mag jeder und was nicht? Wer darf etwas überhaupt nicht essen und warum nicht? Mach eine Tabelle mit diesen Kategorien: Wer? Mag was? Mag was nicht? Darf das nicht essen! Warum nicht? Schreib in die Tabelle die Information, die du hörst!

So sagt man das!

Asking and telling what you may or may not do

Schon bekannt

When asking someone what he or she may or may not do, you might ask:

> **Was darfst du essen und trinken?**
> **Darfst du alles essen?**
> **Was darfst du nicht essen?**
> **Was darfst du nicht tun?**

And the answer may be:

> **Gemüse, Obst … und so.**
> **Na klar!**
> **Ich darf keine Rosinen essen.**
> **Joggen darf ich jetzt nicht und**
> **   auch nicht Tennis spielen.**

When inquiring about the reason, you might ask:

> **Warum darfst du keine Rosinen**
> **   essen?**
> **Warum darfst du nicht joggen?**

And the answer might be:

> **Weil ich allergisch gegen**
> **   Rosinen bin.**
> **Weil ich mir den Knöchel**
> **   verstaucht habe.**

Mehr Grammatikübungen, S. 27, Ü. 5

Grammatikheft, S. 5, Ü. 10

---

22 Was darfst du essen und was nicht?

Sprechen Such dir einen Partner! Frag ihn, was er nicht gern isst oder trinkt, und ob es etwas gibt, was er nicht essen oder trinken darf! Warum oder warum nicht? Tauscht dann die Rollen aus!

So sagt man das!

Asking for information   *Schon bekannt*

You know many different ways to ask for information. For instance:

> **Sag mal, wie heißt dieses Gemüse?**
> **Welche Suppe magst du?**
> **Welchen Salat isst du gern?**

And you know many different ways to respond. You might answer:

> **Das ist doch Spinat!**
> **Ich mag Nudelsuppe.**
> **Thunfischsalat.**

23 Grammatik im Kontext

Sprechen Frag den Jens, deinen deutschen Gastbruder, welches von zwei Gerichten er mag! Er weiß es noch nicht und fragt dich, was du nimmst. Du sagst es ihm und auch, warum du dieses Gericht nimmst. Such dir einen Partner für die Rolle von Jens!

Ein wenig Grammatik

Schon bekannt
For the forms of **dieser** and **welcher,** see the Grammar Summary.

Grammatikheft, S. 6, Ü. 11

Mehr Grammatikübungen, S. 28, Ü. 6–7

Nudelsuppe	Gemüsesuppe
Hähnchen	Fisch
Speck	Leber
Bratkartoffeln	Salzkartoffeln
Nudeln	Reis
Rosenkohl	Mais
Tomatensalat	Gurkensalat
Äpfel	Trauben

BEISPIEL

DU Nun, Jens, magst du diese(n) … oder diese(n) …?
JENS Ich weiß nicht. Welche Suppe nimmst du?
DU Also, ich nehme diese …

Wortschatz

Was hast du alles auf dem Brot?

Ich habe es zuerst mit Naturjoghurt bestrichen.

Darauf kommt ein Blatt Salat

und dann eine Scheibe Tomate

saure Gurken

oder isst du vielleicht lieber …

oder

oder

Radieschen

Erdnussbutter

Thunfischsalat

Übungsheft, S. 7–8, Ü. 2–4   Grammatikheft, S. 6, Ü. 12

24 Was haben die Schüler auf ihrem Brot?

Zuhören Vier Schüler erzählen, was sie auf ihrem Brot haben. Wer von diesen vier isst viel Fleisch und Wurst? Wer ist wohl Vegetarier? Wer isst sowohl Tierprodukte als auch Pflanzenprodukte?

25 Was für ein tolles belegtes Brot!

Sprechen Bildet Gruppen zu sechs oder acht Schülern! Einer fängt an und sagt, was er auf seinem Brot hat. Der nächste wiederholt das und gibt etwas anderes dazu, bis alle etwas gesagt haben und euer belegtes Brot fertig ist. (Kann und will man das auch wirklich essen?)

Wortschatz

Was ist passiert? Hast du dir wehgetan?

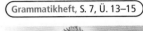 Übungsheft, S. 9, Ü. 5–6   Grammatikheft, S. 7, Ü. 13–15

Ich hab mich verletzt, bin vom Rad gefallen.

Ich bin ausgerutscht und hingefallen. Ich hab mich aber nicht verletzt.

Ich hab mich verbrannt, hab mir die Hand verbrannt.

Ich hatte einen Unfall, einen kleinen Autounfall.

Was hast du dir verletzt? — Ich hab mir ... verletzt.

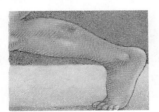
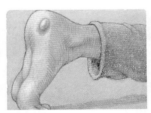
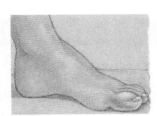

die Kniescheibe   die Wade   die Ferse   die Zehe

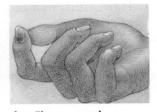

den Ellbogen   das Handgelenk   den Daumen   den Fingernagel

Was für andere Körperteile kann man sich verletzen? Wann hast du dir das letzte Mal wehgetan? Was ist passiert? Wobei hast du dich verletzt?

beim Fußballspielen?   beim Radfahren?
beim Tennisspielen?   beim Joggen?

Und dann noch...

Was hast du dir schon mal gebrochen?

den Kiefer   das Schlüsselbein
das Schulterblatt   eine Rippe

Inquiring about someone's health and responding; asking about and expressing pain

Schon bekannt

To inquire about someone's health, you might ask:

> **Wie fühlst du dich?**
> **Was fehlt dir?**

To inquire about pain someone may be suffering, you might ask:

> **Tut dir etwas weh?**
> **Was tut dir weh?**

And the response might be:

> **Ich fühl mich überhaupt nicht wohl.**
> **Mir fehlt nichts.**

The response might be:

> **Ja, der Arm tut mir weh.**
> **Mir tut der Hals weh.**

Mehr Grammatikübungen, S. 29, Ü. 8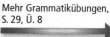

Grammatikheft, S. 8, Ü. 16–17

---

26 Grammatik im Kontext

Zuhören Es war ein ganz tolles Fußballspiel. Aber das Spiel war hart, und viele Spieler haben sich dabei verletzt. — Hör zu, wie jeder Spieler über seine Verletzung spricht, und identifiziere jeden Spieler an seiner Verletzung!

So sagt man das!

Expressing hope   *Schon bekannt*

To express hope, you might say:

> **Ich hoffe, dass** es dir bald wieder besser geht.
> **Hoffentlich** hast du dir nicht den Fuß gebrochen.

Grammatikheft, S. 8, Ü. 18

---

27 Grammatik im Kontext

Jeder von euch denkt sich eine Verletzung aus. Drückt diese Verletzung durch Gestik (*gestures*) und Mimik (*mime*) aus! — Fragt euch dann gegenseitig, was ihr euch verletzt habt, was passiert ist und wie, und ob es wehtut! Am Ende muss jeder die Hoffnung ausdrücken, dass es dem verletzten Schüler oder der verletzten Schülerin bald wieder besser geht.

Ein wenig Grammatik

Schon bekannt
Look at the following sentences:

> **Ich hab mich verletzt. Ich hab mir die Hand verletzt.**

How are the object pronouns different, and why? For the reflexive pronouns, see the Grammar Summary.

Übungsheft, S. 10, Ü. 7–9

Grammatikheft, S. 9, Ü. 19–20

Mehr Grammatikübungen, S. 29, Ü. 9–10

28 Eine Entschuldigung schreiben

Schreiben Du bist Gastschüler an einem deutschen Gymnasium. Du hast dich am Wochenende verletzt und konntest deshalb am Montag nicht in die Schule gehen. Schreib eine Entschuldigung! Schreib, was du dir verletzt hast und wie es passiert ist! Deine Gasteltern unterschreiben die Entschuldigung, und du gibst sie in der Schule ab.

29 Was ist mit dir?

a. **Schreiben** Such dir eine Partnerin! Sucht euch zwei von diesen Illustrationen aus, und erfindet ein Gespräch, das zwischen den zwei Leuten in beiden Bildern stattfindet!

b. **Sprechen** Führt anschließend das Gespräch der Klasse vor! Eure Mitschüler müssen raten (*guess*), welche Illustrationen ihr vorführt.

a.

b.

c.

d.

e.

f.

g.

h.

30 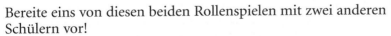 Von der Schule zum Beruf

You are a nurse at a hospital. A patient has arrived with a mysterious, severe flu-like illness that the doctor can't identify. Ask the patient what he has eaten in the past 48 hours, where he has been in the last 48 hours, and also if he has traveled out of town in the last 6 months. Be sure to ask if he is allergic to anything. Type the information in a report to be sent to the doctor, the lab, and the Health Department.

31 Rollenspiel

Bereite eins von diesen beiden Rollenspielen mit zwei anderen Schülern vor!

a. Dein Klassenkamerad und du, ihr macht zweimal im Monat Sozialarbeit, das heißt, ihr geht gewöhnlich für eine kranke Person einkaufen und erledigt auch andere Botengänge (*errands*). Der dritte Partner spielt die kranke Person, die eine Liste vorbereitet, auf der mindestens sechs Dinge stehen, die ihr erledigen müsst. Ihr besprecht diese Liste mit der kranken Person und einigt euch auf die Route, die ihr nehmen wollt, um alles zu erledigen. Verwende dabei den Plan von Dingskirchen auf Seite 11!

b. Uli, der am Wochenende eine Bergtour machen wollte, ist am Montag nicht in die Schule gekommen. Am Nachmittag gehst du ihn mit einem Klassenkameraden besuchen. Er sieht schlecht aus und scheint sogar Schmerzen zu haben. Ihr fragt ihn, wie die Bergtour war. Uli erzählt euch dann, was passiert ist und was ihm fehlt.

Der Euro ist da!

Amerikanische Touristen, die ihre Ferien bisher in verschiedenen Ländern Europas verbrachten, mussten ihre Dollar in jedem Land in die Währung des Besucherlandes eintauschen. Wer also nach Frankreich, Holland, Spanien, Italien, Österreich oder nach Deutschland reiste, musste Dollar in Francs, Gulden, Peseten, Lire, Schilling oder D-Mark eintauschen. Seit dem 1. Januar 2002 gibt es in den meisten europäischen Ländern eine gemeinsame Währung, den Euro.

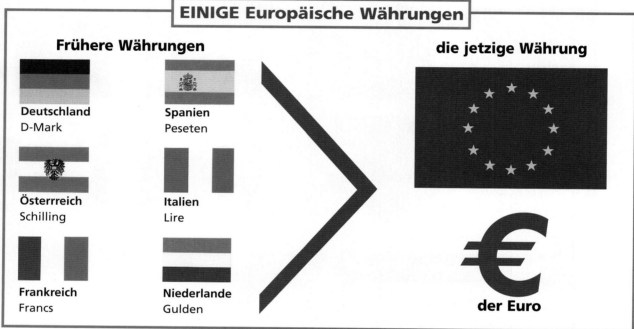

EINIGE Europäische Währungen

Frühere Währungen

Deutschland
D-Mark

Spanien
Peseten

Österrreich
Schilling

Italien
Lire

Frankreich
Francs

Niederlande
Gulden

die jetzige Währung

der Euro

D-Mark ade!

Im Mai 1998 wurde offiziell bestimmt, welche Länder der Europäischen Währungsunion (EW) beitreten durften: Belgien, Deutschland, Finnland, Frankreich, Irland, Italien, Luxemburg, Niederlande, Österreich, Portugal und Spanien. In diesen Ländern wurde der Euro am 1. Januar 1999 offiziell eingeführt, das hieß, dass in diesen Ländern zum Beispiel persönliche Konten in der lokalen Währung wie auch in Euro geführt werden konnten und dass Euros auch innerhalb der EW überwiesen werden konnten. Am 1. Januar 2001 trat auch Griechenland der EW bei. Euro-Scheine und Euro-Münzen erschienen aber erst am 1. Januar 2002.

Was bedeutet der Euro für amerikanische Touristen?

Seit dem 1. Januar 2002 ist der Euro das gesetzliche Zahlungsmittel der oben genannten 11 Länder der Europäischen Währungsunion. Amerikanische Touristen brauchen ihre Dollar also nur einmal in Euro einzutauschen, wenn sie ein oder mehrere Länder der EW besuchen. Es ist auch einfacher, die Preise in den verschiedenen Ländern zu vergleichen.

Übungsheft, S. 11, Ü. 1–3

Wie sieht der Euro aus?

Der Euro hat sieben Geldscheine. Es gibt Scheine zu 5, 10, 20, 50, 100, 200 und 500 Euro.
Der Euro hat acht Münzen. Es gibt Münzen zu 1, 2, 5, 10, 20 und 50 Euro Cent, außerdem 1 Euro und 2 Euro. Auf der Rückseite der deutschen Münzen befinden sich deutsche
Symbole, die an die D-Mark erinnern: Eichenlaub, Brandenburger Tor und Bundesadler.

Wie viel ist der Dollar wert?

Der Kurs des Dollars gegenüber dem Euro schwankt täglich. Jede große Tageszeitung
oder Webseite zeigt den Tageskurs beider Währungen. Dieser Kurs gilt für Banken, die
am Devisenmarkt Dollar und Euro einkaufen und verkaufen. Der Kurs am Bankschalter
ist in der Regel nicht der gleiche. Vor kurzem hat jemand am Bankschalter folgende
Währungen eingetauscht und folgende Summen bekommen.

   für 100 USD > 111,48 EUR   für 200 EUR > 179,42 USD

Ein wenig Mathematik mit Währungen

1. Rechne den Kurs aus für die obigen Summen.
2. Wie viel Euro bekommst du für 200 Dollar? Für 350 Dollar?
3. Wie viel Dollar bekommst du für 200 Euro? 350 Euro?
4. Du bist Austauschschüler in Hamburg. Deine Eltern schicken dir monatlich etwas
   Geld, und du hast dir schon 300 USD gespart. Du möchtest dir eine Stereoanlage für
   600 Euro kaufen. Wie viel Euro bekommst du für deine Dollar? Kannst du dir die
   Stereoanlage kaufen, oder fehlen dir noch Euro? Wie viele?

Eine alltägliche Verwirrung von Franz Kafka

„Selbstporträt" von Karl Schmidt-Rottluff

Moderne Literatur

Lesestrategie Using time lines for comprehension You don't need to know the exact meaning of every word to figure out what a story is about. By first taking a moment to discover how a story is organized, you can make up for not knowing every word. Try to organize a text around a single guiding principle. For example, a narrative usually contains many words that indicate the sequence of events. You can use those words to construct a time line and better understand the flow of the story.

Getting Started

1. Read the title of this selection. If **Alltag** means *everyday life* or *routine*, what kind of confusion is Kafka writing about?

2. Skim the story once. Scan for occurrences of the letters **A**, **B**, and **H**. Using context, try to determine what each letter represents. Why do you think the writer uses letters?

3. Read the first paragraph again. Who are the main characters? What is the setting? What happens in this paragraph? Why?

4. Reread the first paragraph and continue reading to the end of the story. Try to summarize the story in two or three sentences.

A Closer Look

5. Together with your partner, scan the story for any words that establish the sequence of

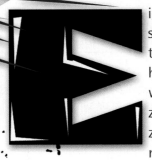in alltäglicher Vorfall: sein Ertragen eine alltägliche Verwirrung. A hat mit B aus H ein wichtiges Geschäft abzuschließen. Er geht zur Vorbesprechung nach H, legt den Hin- und Herweg in je zehn Minuten zurück und rühmt sich zu Hause dieser besonderen Schnelligkeit. Am nächsten Tag geht er wieder nach H, diesmal zum endgültigen Geschäftsabschluß. Da dieser voraussichtlich mehrere Stunden erfordern wird, geht A sehr früh morgens fort. Obwohl aber alle Nebenumstände, wenigstens nach A's Meinung, völlig die gleichen sind wie am Vortag, braucht er diesmal zum Weg nach H zehn Stunden. Als er dort ermüdet abends ankommt, sagt man ihm, daß B, ärgerlich wegen A's Ausbleiben, vor einer halben Stunde zu A in sein Dorf gegangen sei und sie sich eigentlich unterwegs hätten treffen müssen. Man rät A zu warten. A aber, in

Angst wegen des Geschäftes, macht sich sofort auf und eilt nach Hause.

Diesmal legt er den Weg, ohne besonders darauf zu achten, geradezu in einem Augenblick zurück. Zu Hause erfährt er, B sei doch schon gleich früh gekommen — gleich nach dem Weggang A's; ja, er habe A im Haustor getroffen, ihn an das Geschäft erinnert, aber A habe gesagt, er hätte jetzt keine Zeit, er müsse jetzt eilig fort.

Trotz diesem unverständlichen Verhalten A's sei aber B doch hier geblieben, um auf A zu warten. Er habe zwar schon oft gefragt, ob A nicht schon wieder zurück sei, befinde sich aber noch oben in A's Zimmer. Glücklich darüber, B jetzt noch zu sprechen und ihm alles erklären zu können, läuft A die Treppe hinauf. Schon ist er fast oben, da stolpert er, erleidet eine Sehnenzerrung und fast ohnmächtig vor Schmerz, unfähig sogar zu schreien, nur winselnd im Dunkel hört er, wie B — undeutlich ob in großer Ferne oder knapp neben ihm — wütend die Treppe hinunterstampft und endgültig verschwindet.

events. Draw a time line of events that indicates time and place for both characters **A** and **B**. Discuss any problems you notice with the rest of the class.

The endings **-lich** and **-ig** in German signal that a word is an adverb or adjective. When reading fiction, you can often use these words as clues to how people or things are.

---

6. Read the story again to find out how the characters act or react. Decide who or what is characterized by each of the following adverbs and adjectives:

wichtig	**in Angst**
ermüdet	**eilig**
ärgerlich	**unverständlich**
glücklich	**undeutlich**
ohnmächtig	**wütend**
unfähig	**winselnd**

7. Find the following words in the passage and, using context and familiar elements of compound words, try to derive their meanings: **Schnelligkeit**, **Nebenumstände**, **Ausbleiben**, and **Augenblick**.

8. What is **A**'s problem? What is the cause? What is **B**'s reaction? What does he do? How is the conflict resolved? Or is it?

9. Using the time line you created in Activity 5, reconstruct the story (in writing) using complete sentences. Your **Nacherzählung** should be one to two paragraphs.

10. Kafka's story depicts some rather bizarre events, yet the title seems to suggest the opposite — that the situation is commonplace. How can you reconcile or explain the apparent contradiction?

Übungsheft, S. 12-13, Ü. 1-4

Mehr Grammatikübungen

internet

ADRESSE: go.hrw.com
KENNWORT: WK3 DIE NEUEN
BUNDESLAENDER-1

Erste Stufe

Objectives Reporting past events; asking how someone liked something; expressing enthusiasm or disappointment; responding enthusiastically or sympathetically

1 Ein Schüler berichtet über seine Ferien. Schreib den folgenden Bericht ab, und setz dabei die Vergangenheitsform des Verbs **sein** ein! (**Seite 9**)

> Gregor: „Letzte Woche _____ ich mit meinen Eltern auf der Insel
>
> Rügen. Das Wetter _____ super, und wir alle _____ fast jeden Tag am
>
> Strand. Mein Bruder, der Stefan, _____ schon einmal an der Ostsee;
>
> das _____ vor zwei Jahren, als er mit den Pfadfindern dort _____ .
>
> Stefan sagt, es _____ dieses Jahr schöner am Strand, weil das Wasser
>
> wärmer _____ . Nun, _____ du schon einmal an der Ostsee?"

2 Einige Schüler berichten über ihre Ferien. Schreib die folgenden drei Berichte ab, und setz dabei die richtigen Verbformen ein, eine Form des Verbs **haben** oder **sein** und die Partizipform eines passenden Verbs! (**Seite 10**)

1. Andreas: „Vor kurzem _____ ich eine Woche in den Alpen _____ . Ich _____ mit meinen Eltern in einer wirklich netten Pension _____ . Jeden Tag _____ wir in den wunderschönen Bergen _____ , und am Nachmittag _____ wir gewöhnlich in einem kühlen Bergsee _____ . Der war kalt! Am Abend _____ wir gewöhnlich in einen netten Gasthof _____ , wo wir viele tolle Speisen _____ _____ . Ich muss sagen, dass uns das Essen immer ganz prima _____ _____ ."

2. Sabine: „Letzten Samstag _____ ich mit meinen Eltern nach Berlin _____ . Wir _____ nur drei Tage in Berlin _____ , aber ich muss sagen, dass ich in den drei Tagen sehr viel _____ _____ . In Berlin ist wirklich viel los! Gleich am Samstag _____ wir in eine Oper _____ , und am Sonntag _____ wir ein Symphonieorchester _____ . Mit einem kleinen Ausflugsschiff _____ wir auf der Spree durch die Stadt _____ . Das war super! Wir _____ auch das Pergamonmuseum _____ , und in diesem Museum _____ wir den berühmten Pergamonaltar _____ ."

3. Monika: „Ich _____ heute Morgen mit der Mutti auf der Bank _____ . Mutti _____ Euro in Dollar _____ , denn nächste Woche fliegen wir in die USA. Wir _____ drei Reisebücher in die Bücherei _____ , und in einem Buchladen _____ wir uns eine Karte von den USA _____ . Dann waren wir bei Sport-Müller. Mutti _____ eine Windjacke _____ , weil sie ihr zu klein ist. Und danach _____ wir die Flugtickets _____ ; das war im Reisebüro Lamprecht."

3 Sieh dir die Illustrationen an und schreib in die ersten zwei Lücken, wo du warst, und in die anderen Lücken, was du dort gemacht hast. (**Seite 10**)

1. Ich _____ in der _____ . Ich _____ Bücher _____ und einige neue Bücher _____ .

2. Ich _____ auf der _____ . Ich habe Geld _____ , Dollar in Euro.

3. Bernd _____ im _____ . Er _____ leere Flaschen _____ und 6 Flaschen Limo _____ .

4. Wir _____ auf der _____ . Dort _____ wir _____ und eine Rechnung _____ .

5. Vati _____ im _____ . Seine CD war nicht da. Da hat er eine andere CD _____ .

4 Wie hat es verschiedenen Familienmitgliedern in den Ferien gefallen? Schreib die folgenden Sätze ab, und schreib dabei in zwei Lücken das Perfekt des Verbs **gefallen,** *to like,* und in die anderen Lücken die Endungen, die du gebrauchen musst, wenn du das Verb **gefallen** benutzt! (**Seite 12**)

1. Die Stadt Stralsund _____ mein_____ Eltern sehr gut _____ .
2. Die Insel Rügen _____ mein_____ Vater auch gut _____ .
3. Der weiße Sandstrand _____ mein_____ Geschwister_____ echt toll _____ .
4. Der Golfplatz _____ mein_____ Mutter besonders _____ .
5. Mein_____ klein_____ Schwestern _____ der Swimmingpool _____ .
6. Ich muss sagen, dass _____ der Volleyballcourt am besten _____ _____ .

Zweite Stufe

Objectives Asking/telling what you may or may not do; asking for information; inquiring about someone's health and responding; expressing pain; expressing hope

5 Es gibt viele Leute, die gewisse Lebensmittel nicht essen können, weil sie bestimmte Allergien haben. Schreib die folgenden Sätze ab, und schreib dabei in eine Lücke eine Form von **dürfen** und in die andere eine Form von **kein**! (**Seite 17**)

Viele Leute sind allergisch gegen etwas.

1. Mein Vater _____ _____ Pilze essen; er ist allergisch gegen Pilze.
2. Meine Großeltern _____ _____ Tomaten essen.
3. Ich _____ _____ Milch trinken; ich bin allergisch gegen Milch.
4. Gregor und Stefan, warum _____ ihr _____ Mais essen?
5. Wir _____ _____ Mais essen und auch _____ Spargel.
6. Und du _____ doch _____ Erdnussbutter essen, Uli, nicht wahr?
7. Stimmt! Ich _____ _____ Erdnussbutter essen und auch _____ Eis.
8. Ich habe einen Freund, der _____ Schweinefleisch essen _____ .

6 Du schreibst, dass dir diese illustrierten Lebensmittel gut schmecken. Schreib die korrekte Form von **dieser** in die erste Lücke, und was dir schmeckt (was abgebildet ist) in die zweite Lücke. (**Seite 18**)

1. _____ _____ schmecken gut. Sie sind so mild.

2. _____ _____ ist ausgezeichnet!

3. _____ _____ ist so gut und so gesund.

4. _____ _____ schmecken gar nicht sauer.

5. _____ _____ schmeckt so gut und so süß.

6. _____ _____ schmeckt einfach ganz toll!

7 Du fragst einen Freund, welche Speisen er möchte oder am liebsten isst. Schreib die folgenden Fragen ab, und schreib dabei in die erste Lücke die korrekte Form von **welcher** und in die zweite Lücke die korrekte Form von **dieser!** (**Seite 18**)

1. _____ Suppe möchtest du? Möchtest du _____ Gemüsesuppe?
2. _____ Salat nimmst du? Isst du lieber _____ Fischsalat?
3. _____ Eis magst du am liebsten? Magst du _____ Vanilleeis?
4. _____ Fisch isst du am liebsten? Magst du _____ Thunfisch?
5. _____ Gemüse magst du am liebsten? Magst du _____ Rosenkohl?
6. _____ Kartoffeln magst du? Magst du _____ Bratkartoffeln?
7. _____ Nachspeise willst du? Willst du _____ Stück Kuchen?
8. _____ Fleisch möchtest du? Magst du vielleicht _____ Schweinefleisch?

8 Du fragst verschiedene Leute, wie es ihnen gesundheitlich geht, und sie antworten dir. Schreib die folgenden Fragen und Antworten ab, und schreib dabei die korrekte Form des Reflexivpronomens in die Lücken! (**Seite 20**)

1. Hallo, Gregor! Wie fühlst du _____ heute? Tut _____ der Arm noch weh?

2. Du, ich fühle _____ wieder wohl, und der Arm tut _____ nicht mehr weh.

3. Hallo, Jungs! Wie fühlt ihr _____ ? Tun _____ noch immer die Beine weh?

4. Wir fühlen _____ wohl, und _____ tut nichts mehr weh.

5. Wie fühlen Sie _____ , Herr Meier? Tut _____ noch immer die Schulter weh?

6. Nein, die Schulter tut _____ nicht mehr weh. Ich fühl _____ wieder wohl.

7. Was hast du, Meike? Was fehlt _____ ? Tut _____ etwas weh?

8. Du, _____ fehlt nichts, und _____ tut überhaupt nichts mehr weh.

9 Du fragst verschiedene Leute, wie sie sich gesundheitlich fühlen. Schreib die folgenden Fragen und Antworten ab, und schreib dabei die korrekte Form des Reflexivpronomens in die Lücken! (**Seite 20**)

(Du fragst einen Freund.)

1. Sag, hast du _____ verletzt? Hast du _____ vielleicht die Hand gebrochen?

2. Sag, hast du _____ wehgetan? Hast du _____ verbrannt?

3. Sag, hast du _____ den Knöchel verstaucht? Was tut _____ denn weh?

(Du fragst zwei Klassenkameraden.)

4. Habt ihr _____ verletzt? Was tut _____ denn weh?

5. Was fehlt _____ denn? Fühlt ihr _____ nicht wohl?

6. Tun _____ die Beine weh? Wo habt ihr _____ denn verletzt?

(Du fragst deinen Lehrer.)

7. Frau Becker, ist _____ nicht gut? Fühlen Sie _____ nicht wohl?

8. Haben Sie _____ verletzt, Frau Becker? Tut _____ etwas weh?

9. Tut _____ der Hals weh, Frau Becker? Wie fühlen Sie _____ sonst?

10 Du hoffst, dass deine Freunde sich nicht ernsthaft verletzt haben. Schreib die folgenden Sätze ab, und schreib dabei in die erste Lücke die korrekte Form des Reflexivpronomens und in die zweite das Perfekt des Verbs, das in der Klammer steht! (**Seite 20**)

1. (Fuß brechen)   Gregor, ich hoffe, dass du _____ nicht _____ .

2. (verletzen)   Astrid, ich hoffe, dass du _____ nicht _____ .

3. (Hand verletzen)   Mark, hoffentlich hast du _____ nicht _____ .

4. (Arm brechen)   Anna, hoffentlich hast du _____ nicht _____ .

5. (Wade verletzen)   Paul, ich hoffe, dass du _____ nicht _____ .

6. (Auge verletzen)   Sabine, ich hoffe, dass du _____ nicht _____ .

Kann ich's wirklich?

Can you report past events? (p. 9)

1 How would you ask someone where he or she was the day before yesterday, and what he or she did there? How would you answer the same question, mentioning at least three different things you did?

Can you ask how someone liked something? (p. 12)

2 How would you ask a friend how he or she liked the movie *Schindler's List* (**Schindlers Liste**)?

Can you express enthusiasm or disappointment? (p. 12)

3 How would you respond if someone asked you if you liked a movie and
a. you loved it?
b. you didn't like it?

Can you respond enthusiastically or sympathetically? (p. 12)

4 How would you respond to the following statements?
a. Also, mir hat Weimar gut gefallen.
b. Ich hatte Fieber und musste das ganze Wochenende im Bett bleiben.

Can you ask and tell what you may or may not do? (p. 17)

5 How would you ask a friend what he or she may not eat and why? How would your friend respond if he or she were allergic to chocolate?

Can you ask for information? (p. 18)

6 How would you ask someone
a. what a particular fruit is called?
b. what dessert he or she likes?
c. what a particular dish is supposed to be?
How would that person answer in each case?

Can you inquire about someone's health and respond? (p. 20)

7 How would you ask someone how he or she is feeling? How would that person respond if he or she were not feeling well?

Can you ask about and express pain? (p. 20)

8 How would you ask a friend if he or she has pain? If your friend looks like he or she is in pain, how would you ask what hurts?

Can you express hope? (p. 20)

9 How would you respond if someone said the following things to you?
a. Ich habe hohes Fieber und Kopfweh und kann kaum schlucken.
b. Ich bin gerade vom Fahrrad gefallen. Mein Fuß tut mir furchtbar weh, und ich glaub, ich kann jetzt nicht mehr laufen.

Erste Stufe

Reporting past events

gerade	*just*
vor kurzem	*recently*
neulich	*the other day*
letzt-	*last*

Other useful words

dauernd	*continually*
übrigens	*by the way*
sparsam	*frugal*
leer	*empty*

die Bank, -en	*bank*
die Bücherei, -en	*library*
der Getränkemarkt, ˜e	*beverage shop*
der Musikladen, ˜	*music store*
die Post	*mail; post office*
die Lektüre, -n	*reading*
der Prospekt, -e	*brochure, pamphlet*
die Flasche, -n	*bottle*
die Rechnung, -en	*bill, invoice*

bezahlen	*to pay*
umwechseln (sep)	*to change (money)*
ausleihen (sep)	*to borrow, lend*
umtauschen (sep)	*to exchange*
zurückbringen (sep)	*to bring back, return*
s. aussuchen (sep)	*to pick out, choose*
erledigen	*to take care of*

Zweite Stufe

Parts of the body

der Daumen, -	*thumb*
der Ellbogen, -	*elbow*
die Ferse, -n	*heel*
der Fingernagel, ˜	*fingernail*
das Handgelenk, -e	*wrist*
die Kniescheibe, -n	*kneecap*
die Wade, -n	*calf*
die Zehe, -n	*toe*
der Unfall, ˜e	*accident*
s. verbrennen	*to burn oneself*
ausrutschen (sep)	*to slip*

Fruit and vegetables

das Produkt, -e	*product*
das Pflanzenprodukt, -e	*vegetable produce*
die Pflanze, -n	*plant*

die Erdnussbutter	*peanut butter*
die Rosine, -n	*raisin*
die saure Gurke, -n	*pickle*
der Mais	*corn*
die Paprika	*bell pepper*
die Wassermelone, -n	*watermelon*
die Zwiebel, -n	*onion*
der Rosenkohl	*Brussels sprouts*
das Radieschen, -	*radish*
der Spargel, -	*asparagus*
die Teigwaren (pl)	*pasta*
die Scheibe, -n	*slice*
das Blatt, ˜er	*leaf*
bestreichen	*to spread, to butter*
der Naturjoghurt	*yogurt (without preservatives)*

Meat products

das Tierprodukt, -e	*animal product*
das Tier, -e	*animal*
die Innereien (pl)	*innards*
die Leber	*liver*
das Schweinefleisch	*pork*
der Speck	*bacon*
das Rehfleisch	*venison*
die Rippchen (pl)	*ribs*
das Hasenfleisch	*rabbit meat*
der Thunfischsalat	*tuna fish salad*

Other useful words

erzählen	*to tell*
versprechen	*to promise*
erwähnen	*to mention*
trotzdem	*in spite of that*
vorsichtig	*careful*

2

Auf in die Jugendherberge!

Objectives

In this chapter you will review and practice how to

Erste Stufe

- ask for and make suggestions
- express preference and give a reason
- express wishes
- express doubt, conviction, and resignation

Zweite Stufe

- ask for information and express an assumption
- express hearsay
- ask for, make, and respond to suggestions
- express wishes when shopping

 internet

go.hrw.com

ADRESSE: go.hrw.com
KENNWORT: WK3 DIE NEUEN BUNDESLAENDER-2

◀ **Fahrt ihr auch nach Konstanz?**

Los geht's! · *Auf nach Thüringen!*

Udo: So, Leute, ich hab mir eben meinen Ferienpass gekauft.

Uschi: Das heißt also, du fährst mit, ja?

Udo: Logo! Wohin geht's denn überhaupt?

Frank: Wir sind noch am Diskutieren. Ich bin dafür, dass wir an irgendeinen See in Mecklenburg fahren, zum Schwimmen und Windsurfen.

Sabine: Das können wir ja auch bei uns, da brauchen wir nicht nach Mecklenburg zu fahren! Ich schlage vor, dass wir nach Thüringen fahren, zum Wandern. Dort gibt's doch diesen berühmten Wanderweg … ja, wie heißt er denn noch?

Uschi: Ich glaube, das ist der Rennsteig.

Sabine: Stimmt, der Rennsteig.

Frank: Du willst wirklich wandern, Sabine?

Sabine: Klar! Warum nicht?

Frank: Und du, Udo? Hast du Lust zum Wandern?

Udo: Eigentlich schon. Ich hoffe nur, dass das Wetter schön bleibt.

Uschi: Ja, sag uns mal, Udo, was du dir wünschst, was du gern unternehmen möchtest!

Udo: Also, ich möchte auch lieber raus in die Natur, wandern, irgendwelche kleinen Städte ansehen und so.

Uschi: Fahren wir doch mal in den Harz, in die Gegend von Wernigerode. Dort soll es sehr schön sein.

Udo: Meine Eltern waren letztes Jahr in der Gegend, aber sie haben Thüringen interessanter gefunden, auch schöner.

Sabine: Ja, ich ziehe Thüringen auch vor. Ich finde, da ist vom Kulturellen her mehr zu sehen, Weimar, Erfurt, Eisenach …

Uschi: Ich ziehe aber kleinere Städte vor, wo weniger Verkehr ist, wo die Luft besser ist.

Sabine: Wir können ja beides machen: etwas Kultur und etwas für die Gesundheit, nämlich viel wandern.

Udo: Wer weiß denn, wo es in Thüringen Jugendherbergen gibt?

KAPITEL 2   Auf in die Jugendherberge!

Frank:	Ich hab ein Verzeichnis zu Hause, ich seh mal nach. In Eisenach gibt's eine, das weiß ich.
Sabine:	Ich bezweifle aber, dass wir noch Unterkunft bekommen, jetzt in der ersten Ferienwoche.
Frank:	Ich kann ja mal anrufen. Übrigens, hat jeder von euch einen Jugendherbergsausweis?
Udo:	Na klar!
Sabine:	Nehmt euch aber ja nicht wieder so viele Klamotten mit wie letztes Mal!
Uschi:	Keine Angst, Sabine! Aber du warst doch froh, dass ich damals ein extra Sweatshirt dabeihatte, weil du deins irgendwo verloren hattest.

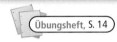
Übungsheft, S. 14

1 Was passiert hier?

Sprechen Hast du das Gespräch verstanden? Beantworte die folgenden Fragen!

1. Worüber sprechen die vier Klassenkameraden?
2. Woher weißt du, dass Udo bestimmt mitfährt?
3. Warum will Sabine nicht nach Mecklenburg fahren?
4. Was schlägt Sabine vor?
5. Was möchte Udo unternehmen?
6. Wohin möchte Uschi fahren? Warum?
7. Warum ist Udo nicht für Uschis Vorschlag?
8. Warum möchte Sabine nach Thüringen?
9. Wo wollen die Schüler übernachten?
10. Warum will Frank die Jugendherberge anrufen?

2 Wie gut bist du in Geografie?

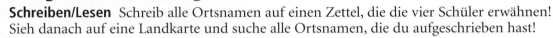

Schreiben/Lesen Schreib alle Ortsnamen auf einen Zettel, die die vier Schüler erwähnen! Sieh danach auf eine Landkarte und suche alle Ortsnamen, die du aufgeschrieben hast!

3 Was passt zusammen?

Sprechen Welche Ausdrücke rechts vollenden am besten die Satzanfänge auf der linken Seite?

1. Fahren wir doch mal an einen See	**a.** im Harz.
2. Ich möchte lieber nach Thüringen	**b.** eine Jugendherberge.
3. Dieser Wanderweg ist doch	**c.** in die Natur.
4. Ja, ich möchte auch am liebsten raus	**d.** der Rennsteig.
5. Wernigerode ist eine Stadt	**e.** zum Schwimmen.
6. Weimar und Erfurt sind Städte	**f.** in Thüringen.
7. In Eisenach gibt es ganz bestimmt	**g.** zum Wandern.

4 Wohin möchtest du fahren?

Sprechen Du bist ein(e) Schulfreund(in) von Frank, Udo, Sabine und Uschi. Sag, wohin du fahren möchtest und warum!

Erste Stufe

Objectives Asking for and making suggestions; expressing preference and giving a reason; expressing wishes; expressing doubt, conviction, and resignation

WK3 DIE NEUEN
BUNDESLAENDER-2

Willkommen!

Deutschland hat seinen Gästen viel zu bieten: die Küsten der Nord- und Ostsee, die Lüneburger Heide, den Schwarzwald, die bayrischen Alpen, jahrhundertealte Städte, malerische Dörfer. Und überall, wo Deutschland am schönsten ist, finden Sie auch Jugendherbergen.

Sie können zwischen rund 700 Häusern wählen. Wollen Sie auf dem Lande in ruhiger Umgebung übernachten? Oder in einer romantischen Burg? Oder mitten in einer Stadt, hautnah zur Kunst- und Kulturszene?

Jugendherbergen sind nicht-kommerzielle Freizeiteinrichtungen, die vor allem Jugendlichen offenstehen. Sie fördern das gegenseitige Kennenlernen sowie die Toleranz gegenüber anderen Weltanschauungen und Gewohnheiten. Sie haben sich zu Stätten internationaler Begegnung entwickelt.

Wir bieten Ihnen saubere, freundliche Aufenthalts- und Schlafräume mit zwei bis sechs Betten. Die Gäste werden nach Geschlechtern getrennt untergebracht. Im Übernachtungspreis ist das Frühstück enthalten, auch Vollverpflegung wird angeboten. In fast allen Häusern sind Möglichkeiten für Spiel und Sport vorhanden. Die Jugendherbergen haben unterschiedliche Standards, allen gemeinsam sind jedoch die günstigen Preise. Selbstbedienung und die

Mithilfe der Gäste bei kleineren Arbeiten werden daher gern gesehen.

In der Regel sind die Jugendherbergen bis 22 Uhr geöffnet, Jugendherbergen in Großstädten schließen später.

Jugendherbergen sind ideal für Einzelreisende, Gruppen, Schulklassen sowie Familien. Viele Jugendherbergen sind behindertenfreundlich eingerichtet und auf Rollstuhlfahrer eingestellt.

Jugendherberge Rüdesheim

5 Deutsche Jugendherbergen

Lesen/Sprechen Lies den Text über die Jugendherbergen, und beantworte die Fragen!

1. Was hat Deutschland seinen Gästen zu bieten?
2. Wo findet man Jugendherbergen?
3. Versuch, eine Jugendherberge zu beschreiben! Was sind Vorteile? Nachteile?
4. Würdest du gern mal in einer deutschen Jugendherberge übernachten? Gib drei Gründe.

auf Deutsch erklärt

Lust haben wenn man etwas gern machen will
die Gegend die Umgebung
die Jugendherberge ein Haus, wo Jugendliche für wenig Geld übernachten und essen können
die Unterkunft wo man übernachten kann
das Verzeichnis eine Liste mit Namen und Adressen
berühmt fast alle Leute kennen einen
unternehmen machen
der Ausweis ein Dokument mit Namen, Adresse und Geburtsdatum
verlieren Man wird es nicht mehr haben oder finden können.

auf Englisch erklärt

Keine <u>Angst</u>! *Don't worry!*
Ich <u>seh</u> mal <u>nach</u>. *I'll check it out.*
<u>Damals</u> war ich erst fünfzehn. *At the time I was only 15.*
Er ist <u>eben</u> zurückgekommen. *He just now got back.*
Wir wollen <u>beide</u> dahin. *Both of us want to go there.*

eine Burg

Grammatikheft, S. 10, Ü. 1–2

---

6 **Über Ferienorte**

Zuhören Schüler sprechen über Ferienorte. Wer war schon dort? Wer fährt erst dorthin? — Übertrag die Tabelle in dein Heft, und schreib den Ferienort, den du hörst, in die richtige Spalte!

Schüler	war schon dort	fährt erst hin

So sagt man das!

Asking for and making suggestions

Schon bekannt

If you need specific suggestions, you might ask:

> **Wohin fahren wir? Was schlägst du vor?**
> **Wohin geht's denn? Hast du eine Idee?**

When making suggestions, you might say:

> **Wir können mal an die Ostsee fahren.** *or*
> **Fahren wir doch mal in den Harz!** *or*
> **Ich schlage vor, dass wir nach Thüringen fahren.**

Identify the prepositional phrases used in these suggestions. What case follows the prepositions **an** and **in**? Why?[1]

Mehr Grammatikübungen, S. 54, Ü. 1

Grammatikheft, S. 11, Ü. 3

---

1. These two-way prepositions get the accusative case because there is motion to a place.

7 Wohin geht's?

a. Schreiben Wie gut kennst du Deutschland schon? Schreib vier Orte oder Gegenden, die du gern besuchen möchtest, auf einen Zettel, und schreib daneben, was du dort gern machen möchtest!

b. Sprechen Such dir eine Partnerin, mit der du gern reisen möchtest! Sie fragt dich nach deinen Vorschlägen. Gib zwei Alternativen, und sag in jedem Fall, warum du dieses Ziel vorschlägst!

8 Nö, da war ich schon!

Sprechen Such dir einen Partner! Lad ihn ein, mit dir wegzufahren! Dein Partner ist aber ein Reisemuffel. Er sagt dir immer, dass er schon dort war, wo du hin willst, und er sagt dir auch, warum er nicht mitfahren will. Im Kasten unten stehen ein paar Ideen. Gebrauche aber auch deine eigenen!

wohin?/wo?

Thüringen	Ostsee Alpen Harz
Bodensee	Rhein
	Schweiz
Wernigerode	Zugspitze
Berge	Insel Rügen Meer

BEISPIEL   **DU** Du, ich möchte mal nach Thüringen fahren. Willst du mit?
PARTNER Nö. Ich war schon mal in Thüringen. Es hat mir dort nicht gefallen.

9 Was machen die Schüler in Dingskirchen?

Zuhören Schüler erzählen, was sie in Dingskirchen machen. Schreib auf, wo jeder zuletzt hingeht oder zuletzt war!

10 In Dingskirchen

Sprechen Kennst du dich in Dingskirchen aus? Ein Tourist stellt dir viele Fragen. Such dir einen Partner, der den Touristen spielt!

BEISPIEL   **TOURIST** Entschuldigung, wo ist das Restaurant „Bella Italia"?
DU Das ist in der Uhlandstraße, an der Ecke Agnesstraße.

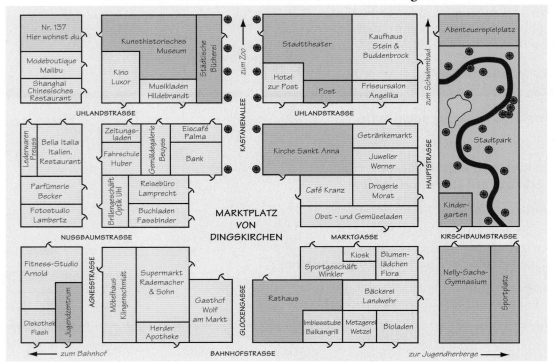

11 Mein Einkaufsweg

a. Lesen/Sprechen Du wohnst in Dingskirchen in der Agnesstraße 137. Du musst jetzt für deine Mutter einkaufen gehen. Sie hat dir einen Einkaufszettel gegeben. Als du aus dem Haus kommst, triffst du einen Klassenkameraden. Er hat nichts vor und will dir beim Einkaufen helfen. — Such dir einen Partner, und stellt einen guten Einkaufsweg zusammen!

b. Sprechen Zu Hause erzählst du deiner Mutter, wo du überall warst und was du an jedem Ort gemacht hast. — Such dir eine Partnerin für die Rolle der Mutter!

12 Für mein Notizbuch

Schreiben Schreib in dein Notizbuch einen Einkaufsweg, den du zu Hause gewöhnlich machst, um am Wochenende alles zu erledigen! In deiner Beschreibung musst du mindestens fünf verschiedene Geschäfte oder andere Orte erwähnen.

1 l Milch
5 kg Kartoffeln
1/2 kg Tomaten
1 frisches Brot
250 g Leberwurst
die Flaschen zurückbringen
CD für Vati
10 Briefmarken
Buch umtauschen
Sonnenbrille

13 Wohin fahren die Schüler nun?

Zuhören Vier Schüler (Christoph, Annette, Jörg und Isabella) unterhalten sich darüber, wo sie am liebsten eine Ferienwoche verbringen würden. Am Anfang möchte jeder woandershin fahren und sagt auch warum. Am Ende einigen sie sich (*they agree*) auf ein Ziel. Schreib die folgende Tabelle ab und trag ein, was du hörst!

	Wohin?	Warum?
Christoph		
Annette		

So sagt man das!

Expressing preference and giving a reason

Schon bekannt

To express preference and give a reason, you may say:

> **Mir gefällt die Ostsee besser als die Nordsee; die Ostsee ist ruhiger.**
> **Ich finde Weimar schöner als Erfurt, weil Weimar mehr Kulturelles bietet.**
> **Ich ziehe eine kleine Stadt wie Wernigerode vor, weil da die Luft einfach besser ist als in einer größeren Stadt.**

Übungsheft, S. 15–16, Ü. 1–4   Grammatikheft, S. 12, Ü. 4

Mehr Grammatikübungen, S. 54, Ü. 2

14 Wann und warum?

a. Schreiben Denk an zwei bekannte Reiseziele, die du gern besuchen möchtest! Schreib auf, welches Reiseziel du lieber hast, und gib einen Grund an, warum du dorthin möchtest!

b. Sprechen Such dir einen Partner! Er fragt dich, wohin du in den Ferien fährst. Du sagst es ihm und begründest deine Antwort. Tauscht danach die Rollen aus!

15 **Und in Dingskirchen?**

Sprechen Such dir eine Partnerin! Nenne ihr drei Geschäfte, wo du immer einkaufst! Nenne ihr auch Gründe dafür! Gebrauche in deiner Begründung Adjektive oder Komparative! Rechts stehen einige Anregungen.

Fleisch — gut

CDs — billig

Kleidung — schick

Brot — frisch

So sagt man das!

Expressing wishes

Schon bekannt

When asking someone about his or her wishes, you may ask:

And the answer may be:

Mehr Grammatikübungen, S. 54, Ü. 3

Wohin möchtest du gern mal fahren?
Was wünschst du dir mal?

Ich möchte gern mal in den Harz fahren.
Ich wünsche mir mal einen schönen, langen Urlaub an der Ostsee.

Was hättest du gern?

Ich hätte gern viel Schnee im Winter.

Grammatikheft, S. 12, Ü. 5

16 **Was für Wünsche hast du?**

a. Schreiben Schreib vier Dinge auf einen Zettel, die du dir einmal wünschst! Gebrauche die Kategorien Reisen, Schule, Freunde und Kleidung!

b. Sprechen Such dir eine Partnerin, und frag sie nach ihren Wünschen!

17 **Also, wohin geht's?**

Sprechen Setzt euch in Gruppen zu fünft oder zu sechst zusammen! Das Thema heißt: Wohin sollen wir fahren? Sprecht über eure Wünsche, diskutiert darüber, was euch gefällt, nicht gefällt oder besser gefällt, und macht verschiedene Vorschläge, bis (*until*) ihr euch auf ein gemeinsames Ziel geeinigt habt!

So sagt man das!

Expressing doubt, conviction, and resignation

Schon bekannt

When expressing doubt, you might say:

Ich weiß nicht, ob wir noch eine Unterkunft bekommen.
Ich bezweifle, dass es in der Jugendherberge einen Tennisplatz gibt.
Ich bin nicht sicher, dass wir am Ostseestrand tauchen können.

When expressing conviction, you might say:

Du kannst mir glauben, dort gibt es eine ganz tolle Jugendherberge.
Ich bin sicher, dass dir Thüringen gut gefallen wird.

What happens to the conjugated verb in **dass**- and **ob**-clauses?[1]

Mehr Grammatikübungen, S. 55, Ü. 4–5

When faced with bad news, you can express resignation. For example, if you hear:

You might respond:

Die Jugendherbergen sind überfüllt!
In dem See darf man nicht baden!

Da kann man nichts machen.
Schade. Das ist leider so.

Übungsheft, S. 17–18, Ü. 5–9

Grammatikheft, S. 13, Ü. 6–7

---

1. The conjugated verb is in last position.

Sicher oder nicht

Zuhören Du hörst als Kellnerin im Café verschiedene Gesprächsfetzen (*scraps of conversation*). Wer von den Sprechenden bezweifelt etwas, und wer ist sicher?

	bezweifeln	sicher sein
1		
2		

Bist du sicher?

Sprechen Such dir eine Partnerin! Sie ist sicher, dass es in dem Ferienort, den ihr euch ausgesucht habt, ganz bestimmte Einrichtungen gibt und dass ihr dort ganz bestimmte Sportarten ausüben könnt. Du bezweifelst das und gibst dafür deine Gründe an. Deine Partnerin ist ganz enttäuscht. — Benutzt die Illustrationen als Anregungen!

Eine Einladung schreiben — und eine Einladung beantworten

Schreiben Bildet Gruppen zu viert! Jede Gruppe wählt einen Schriftführer, also eine Person, die alles aufschreiben muss. Jede Gruppe schreibt einer anderen Gruppe eine Einladung. Ihr macht zwei oder drei Vorschläge und schreibt, was ihr persönlich vorzieht. — Tauscht dann eure Einladungen aus, und beantwortet sie gegenseitig! Schreibt, dass ihr gern mitfahren wollt, aber dass ihr ganz bestimmte Wünsche habt. Ihr wollt an den vorgeschlagenen Orten bestimmte Dinge tun, bezweifelt aber, dass es dort alle Einrichtungen gibt, die ihr euch wünscht!

Rollenspiel

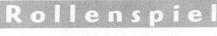

Bereite eins von diesen beiden Rollenspielen mit drei anderen Schülern vor!

a. Du gehst mit drei Schülern in ein Reisebüro. Ihr sucht euch ein Reiseziel aus, das euch allen gefällt. Einer von euch spielt die Rolle des Angestellten im Reisebüro.

b. Du diskutierst mit deinen drei Freunden über ein Picknick, das du für die ganze Klasse organisieren musst. Besprecht zuerst, was ihr alles braucht, und wer was zum Picknick mitbringen muss! Anschließend kauft ihr Proviant fürs Picknick ein. Einer von euch übernimmt die Rolle des Verkäufers.

Weiter geht's! · *Auf nach Weimar!*

Ein Plan verwirklicht sich.

Frank: Hallo, Leute! Glück gehabt! Die haben noch Platz für uns im Jugendgästehaus in Weimar.

Uschi: Das ist ja unglaublich!

Frank: Hier ist das Fax.

Udo: Lass mal sehen! — Ja, prima!

Frank: Aber nur für zwei Nächte.

Udo: Das langt.

Frank: Da stimm ich dir zu: zwei Tage Weimar genügt.

Sabine: Ach, ihr beiden Kulturmuffel ihr! Aber wartet ab: Weimar wird euch schon gefallen! Übrigens war Weimar im Jahr 1999 Kulturstadt Europas.

Uschi: Woher weißt du denn bloß so viel über Weimar?

Sabine: Ich hab mich eben informiert.

Frank: Nun, kannst du mir vielleicht sagen, ob das Jugendgästehaus weit vom Bahnhof entfernt ist?

Sabine: Blöde Frage! Bist du vielleicht fußkrank? Ich meine doch, dass es in Weimar einen Bus gibt!

Uschi: Kommt, kommt, Leute! Jetzt nicht streiten!

Udo: Nun, ich würde gern mal von der Sabine hören, was es so in Weimar zu sehen gibt.

Uschi: Ich bin dafür, dass wir jetzt einen Plan machen, einen Plan, der uns allen gefällt.

Frank: Da hast du Recht. Also, los!

Udo:	Ja, ich kann mich noch an den Deutschunterricht erinnern, als uns der Gleißner von so einem Gartenhaus erzählt hat, wo der Goethe da …
Sabine:	Okay. Goethes Gartenhaus steht in einem schönen Park …
Frank:	Da können wir bestimmt picknicken!
Uschi:	Wie romantisch!
Sabine:	Das ist eine prima Idee! Da kaufen wir uns frische Brötchen …
Udo:	Wie wär's denn mit einer Thüringer Wurst …
Uschi:	Schweizer Käse, süße Trauben …
Frank:	Mir läuft jetzt schon das Wasser im Mund zusammen, wenn ich an unser Picknick denke!
Sabine:	Also, ihr denkt doch wirklich nur ans Futtern!

Übungsheft, S. 6

22 Was passiert hier?

Sprechen Hast du das Gespräch verstanden? Beantworte diese Fragen!

1. Worum geht es hier? Warum sind die Freunde zusammengekommen?
2. Worüber ist Frank froh?
3. Woher weiß Sabine so viel über Weimar?
4. Warum sagt Uschi: „Kommt, Leute! Jetzt nicht streiten!"?
5. Was haben die Freunde jetzt vor?
6. Wie kommen sie auf Goethes Gartenhaus zu sprechen?
7. Wie endet dieses Gespräch hier? Wie wird es wohl weitergehen?

23 Genauer lesen

Lesen/Sprechen Lies das Gespräch noch einmal, und beantworte die Fragen auf Deutsch!

1. Which phrases express surprise? Agreement?
2. Which phrases are used to ask for a suggestion? Make a suggestion?
3. Which phrases express hearsay?

24 Was würdest du dir gern ansehen?

Sprechen Was würdest du dir gern in einer historischen amerikanischen Stadt ansehen, in einer Stadt wie Washington zum Beispiel?

Zweite Stufe

Objectives Asking for information and expressing an assumption; expressing hearsay; asking for, making, and responding to suggestions; expressing wishes when shopping

WK3 DIE NEUEN
BUNDESLAENDER-2

JUGENDGÄSTEHAUS WEIMAR

Jugendgästehaus Weimar
Herbergsmutter Danuta Keller
Zum Wilden Graben 12
99425 Weimar
Tel. Weimar / 3471

6-Tage-Reise nach Weimar

Das Programm ist variabel und nicht an bestimmte Tagesabläufe gebunden, so daß die Teilnehmer selbst den Ablauf bestimmen können.
Folgende Leistungen sind im Teilnehmerpreis enthalten:

- Dia-Vortrag „Weimar — eine Perle im Land Thüringen"
- Exkursion mit Stadtführung in Weimar
- Besichtigung interessanter Kulturdenkmäler der Stadt
- Diskothek im hauseigenen Keller
- Im Sommer Grillparty
- Im Winter Kaminabend
- Besichtigung Schloß Belvedere und Bustransfer zur Gedenkstätte Buchenwald

Zusätzlich zum Programm können folgende Leistungen bestellt werden:

- Baudenabend 5 EUR
- Busfahrt nach Erfurt 8 EUR

Busfahrt nach Eisenach, Preis nach Angebot. Die Mitarbeiter des Jugendgästehauses beraten Sie gern und geben zu den einzelnen Leistungen ausführliche Informationen.

Ort und Umgebung

Das Jugendgästehaus liegt im südlichen Teil der Stadt Weimar. Weimar, bekannt als Stadt der Dichter Goethe und Schiller, ist eingebettet zwischen den Höhenzügen des Ettersberges im Norden und den Parkanlagen von Schloß Belvedere im Süden.

Anreise

Auf der Eisenbahnstrecke Frankfurt – Berlin, oder Frankfurt – Leipzig, bis Bahnhof Weimar. Dann mit der Stadtbuslinie 5 oder 8 von der Haltestelle am Bahnhof bis Haltestelle „Zum Wilden Graben".

Lage

Das Jugendgästehaus liegt in einer wunderschönen und sehr ruhigen Villenanlage der Stadt.

Ausstattung

58 Betten in 1- bis 6-Bett-Zimmern. Lehrerzimmer, 2 Aufenthaltsräume, Clubkeller.

Sport und Freizeit

Auf dem Außengelände des Hauses sind vielfältige Möglichkeiten der Freizeitgestaltung gegeben; Volleyball, Großschachanlage, Grillplatz. Im Inneren des Hauses lädt der Kaminraum und der Club im Keller zum gemütlichen Verweilen ein.

---

25 **Das Jugendgästehaus in Weimar**

Lesen/Sprechen Lies das Angebot des Jugendgästehauses, und beantworte danach diese Fragen!

1. Wo liegt das Jugendgästehaus? Wie ist es ausgestattet, und wie kommt man dorthin?
2. Welche Leistungen sind im Preis enthalten?
3. Für welche Leistungen würdest du dich besonders interessieren? Für welche Freizeitmöglichkeiten?
4. Welche bekannten Orte gibt es in der Nähe vom Gästehaus?

auf Deutsch erklärt

die Nacht die Zeit zwischen Abend und Morgen
fußkrank sein (ironisch) nicht gern zu Fuß gehen
futtern sehr viel essen
genügen genug sein
es langt das ist genug
streiten argumentieren
verweilen Zeit verbringen
der Kaminraum wo man sich vor ein schönes
Feuer hinsetzen kann
die Großschachanlage wo man draußen Schach
mit großen Spielfiguren spielen kann

auf Englisch erklärt

**Die Jugendherberge ist sicher <u>behinderten-
freundlich</u>.** *The youth hostel is surely accessible
to the physically challenged.*
Sie ist 10 Kilometer <u>entfernt</u>. *It's 10 kilometers away.*
<u>Warte</u> nur <u>ab</u>! *Just wait and see!*
Ich kann <u>mich</u> noch <u>an</u> die Zeit <u>erinnern</u>.
I can still remember that time.
**Das Wasser läuft mir im Mund zusammen, wenn
ich <u>an</u> das Picknick <u>denke</u>.** *My mouth waters
when I think of the picnic.*
**Folgende <u>Leistungen</u> sind im Teilnehmerpreis
<u>enthalten</u>.** *The following services are included in
the price for participants.*

Grammatikheft, S. 14, Ü. 8–9

---

26 Über Jugendherbergen

 Zuhören Schüler unterhalten sich über
Jugendherbergen. Sprechen sie über
Jugendherbergen im Allgemeinen
(*in general*) oder über Jugendherbergen
in Weimar? Übertrag die Tabelle und hake ab,
was du hörst!

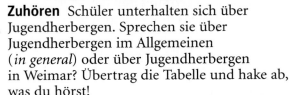

	Jugendherbergen	
	im Allgemeinen	in Weimar
1		
2		

So sagt man das!

Asking for information and expressing an assumption

Schon bekannt

When asking for information, you may ask:

Gibt es in Weimar eine Jugendherberge? *or*
Weißt du, ob es in Weimar eine Jugendherberge gibt? *or*
Kannst du mir sagen, ob die Herberge in der Stadt liegt?

As a response, you may express an assumption by saying:

Ich glaube schon, dass es dort eine Jugendherberge gibt. *or*
Ich meine doch, dass die Herberge in der Stadt liegt.

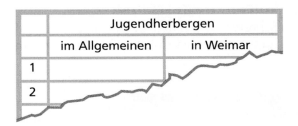

Mehr Grammatikübungen,
S. 55, Ü. 6

Übungsheft, S. 20–21, Ü. 1–4

Grammatikheft, S. 15, Ü. 10

---

27 Ich will nach Weimar

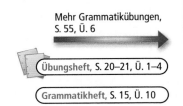 **Sprechen** Weil du eine Reise nach Deutschland und Weimar planst, hast du natürlich
viele Fragen über Jugendherbergen in Deutschland im Allgemeinen und ganz bestimmte
Fragen über die Jugendherbergen in Weimar. Such dir eine Partnerin, und frag sie, was
sie darüber weiß! Du hast bestimmt auch andere Fragen. Deine Partnerin glaubt schon,
dass es gibt, wonach du sie fragst. Tauscht dann die Rollen aus!

Expressing hearsay

To express hearsay, you may want to say:

> **Ich habe gehört, dass** es in Weimar zwei Jugendherbergen gibt.
> **Man hat mir gesagt, dass** sie behindertenfreundlich eingerichtet sind.
> Die Herbergen **sollen** gutes Essen **haben.**

How would you express these statements in English?

Schon bekannt

Mehr Grammatikübungen,
S. 56, Ü. 7

Übungsheft, S. 21, Ü. 5

Grammatikheft, S. 15, Ü. 11

---

28 Weißt du auch etwas über Jugendherbergen?

Sprechen Such dir einen Partner! Was weiß er über Jugendherbergen in deiner Stadt oder in einem Ort, den du kennst? Stell ihm mindestens vier Fragen darüber! In seiner Antwort kann er Folgendes ausdrücken: er weiß es, er glaubt es oder er hat gehört, dass es so ist. Tauscht dann die Rollen aus!

29 Warum nach Weimar?

Schreiben Schreib deinem Briefpartner in Deutschland, dass du gern mit ihm die Jugendherberge in Weimar besuchen möchtest, und gib mindestens fünf Gründe dafür an!

Asking for, making, and responding to suggestions

Schon bekannt

You could ask for a suggestion by saying:

> Wo **sollen** wir denn unser Picknick **machen?**

When making suggestions, you might also say:

> **Würdest du gern mal** in einem
>   Hotel übernachten? or
> **Wie wär's denn mit** einem Picknick?

And you could make a suggestion by saying:

> **Ich bin dafür, dass** wir in den Park an der Ilm gehen.

When responding to a suggestion, you might say:

> **Ja schon, aber** ich würde am liebsten mal
>   zelten gehen.
> **Das wär' nicht schlecht!**

How would you express these sentences in English?

Mehr Grammatikübungen,
S. 56, Ü. 8

Grammatikheft, S. 16, Ü. 12

---

30 Reaktionen zu Vorschlägen

Zuhören Claudia macht ihren Freunden einen Vorschlag. Wie reagieren sie darauf? Sind sie damit einverstanden oder nicht? Warum oder warum nicht?

31 Für mein Notizbuch

Schreiben Schreib fünf Dinge in dein Notizbuch, die du in Deutschland gern einmal sehen oder machen möchtest! Gib auch jeweils einen Grund dafür an!

32 **Also los! Was wollt ihr?**

Sprechen Setzt euch in kleinen Gruppen zusammen, und plant eure Klassenreise nach Deutschland! Jeder muss drei Vorschläge machen und jeweils einen Grund für seinen Vorschlag angeben. Die anderen müssen sagen, ob sie dafür oder dagegen sind und müssen ihre Antworten begründen.

> BEISPIEL   DU   Also, ich würde gern nach Weimar fahren, weil ich schon so viel über Weimar gelesen und gehört habe. Weimar soll …
>
>   PARTNER   Ich würde auch am liebsten nach Weimar fahren, denn dort …

Wortschatz

Was man zum Picknick mitnimmt:

einen Teller   das Besteck   ein Messer   einen Löffel   eine Gabel

einen Becher   ein Schneidebrett   eine Serviette   einen Picknickkorb   eine Kühlbox

eine Thermosflasche   einen Salz- und Pfefferstreuer   ein Messer mit Flaschenöffner   eine Abfalltüte   eine Decke

Was nimmst du alles mit, wenn du picknickst?
Was packst du in die Kühlbox ein?

Übungsheft, S. 22–23, Ü. 6–7   Grammatikheft, S. 17, Ü. 13–14

33 **Vorbereitungen fürs Picknick**

Zuhören Drei Schüler planen ein Picknick. Hör ihrem Gespräch gut zu, und schreib auf, was sie alles mitnehmen wollen!

34 **Grammatik im Kontext**

Sprechen Die Schüler planen ein Picknick im Park an der Ilm in Weimar. Was sollen sie alles mitnehmen? Was sollen sie sich zum Essen und zum Trinken kaufen? — Such dir eine Partnerin und plane das Picknick mit ihr! In den Kästen auf Seite 48 stehen ein paar Ideen für den Proviant.

>   DU   Also, ich würde dunkles Brot mitnehmen und …
>
> PARTNER   Wie wär's denn mit ein paar saftigen Tomaten und …

Brot
Brötchen
Salami
Schinken
Gurken
Kartoffel-
salat

Käse
Schafskäse
Tomaten
Trauben
Cola
Oliven

dunkel
frisch
hart
gekocht
sauer
würzig

Schweizer
bulgarisch
italienisch
blau
eiskalt
griechisch

Ein wenig Grammatik

Mehr Grammatikübungen, S. 57, Ü. 9

Schon bekannt

Look at these sentences:

> **Ich würde gern das dunkle Brot essen.**
> **Ich würde gern dunkles Brot kaufen.**

Can you explain why the adjective endings are different? For a table of the adjective endings, see the Grammar Summary.

So sagt man das!

Expressing wishes when shopping

Schon bekannt

When shopping for groceries, the clerk might ask you:

> **Was möchten Sie?** *or* **Was hätten Sie gern?**

You may request the item by saying:

> **Ich möchte** 250 Gramm Schweizer Käse. *or*
> **Ich hätte gern** blaue Trauben. Ein Pfund, **bitte!**

What does the verb **hätte** express in these statements?

Mehr Grammatikübungen, S. 57, Ü. 10

Übungsheft, S. 23, Ü. 8–9

Grammatikheft, S. 18, Ü. 15–16

---

35 **Fürs Picknick einkaufen**

Sprechen Such dir eine Partnerin und geh mit ihr fürs Picknick einkaufen! — Deine Partnerin spielt die Rolle der Verkäuferin. Tauscht dann die Rollen aus!

36 **Für mein Notizbuch**

Schreiben Schreib in dein Notizbuch die Information, die du brauchst, um irgendwo in einer Jugendherberge zu übernachten und auch in diesem Ort zu picknicken! Schreib jetzt einen Brief an eine Jugendherberge, in dem du deine Fragen stellst und um weitere Informationen bittest!

37 **Von der Schule zum Beruf**

You are a manager at a German company that holds an annual week-long business retreat. Every year the retreat is in a different location at a resort or hotel. You surveyed the other managers in your department and narrowed down this year's choices to three places. Write an e-mail telling your boss about the three places that were suggested and why they should be considered. You should include things you have heard about the locations and any questions you have about the facility. Then add a paragraph saying where you yourself really want to go and why!

Weimar im Blickpunkt: Die deutsche Klassikermetropole war 1999 Kulturstadt Europas

Übungsheft, S. 24, Ü. 1–3

„Die Weimarer Bürger vollführten nach der Entscheidung regelrecht Luftsprünge", schildert Weimars Oberbürgermeister Klaus Büttner die Reaktion auf die gute Nachricht: Weimar wird Europas Kulturstadt 1999! Unter den Bewerberstädten Avignon, Bologna, Istanbul, Graz, Prag und Stockholm war Weimar mit seinen 63 500 Einwohnern die kleinste.

Goethe-Schiller Denkmal

Goethes Gartenhaus

In erster Linie hatte es die thüringische Stadt Johann Wolfgang von Goethe zu verdanken, dass sie das Rennen machte. Denn 1999 jährte sich sein Geburtstag zum 250. Mal. Zwar ist Goethe nicht in Weimar geboren, doch lebte er 57 Jahre lang bis zu seinem Tod in der Stadt. Hier schrieb er seine großen Werke. Er war Minister, Theaterdirektor und trat auch als Stadtplaner auf (er hat — neben einem Gartenhaus für sich selbst — einen großen Park an der Ilm entworfen). Zusammen mit anderen Größen der Geistesgeschichte, besonders mit Friedrich von Schiller, machte er das kleine Fürstentum zur „Hauptstadt des deutschen Geistes", die Dichter und Denker, später auch Musiker und Maler anlockte. Weimar heute steckt voller Sehenswürdigkeiten. Zu besichtigen sind das Goethehaus, Goethes Gartenhaus, das Schillerhaus, in dem der schwäbische Dichter sein Freiheitsdrama „Wilhelm Tell" schrieb, das Liszthaus, in dem Franz Liszt Klavierunterricht gab, und die Zentralbibliothek der Deutschen Klassik mit ihren rund 800 000 Büchern. Nach Berlin, das 1988 den Titel Kulturstadt Europas trug, ist Weimar die zweite deutsche Stadt, die ein Jahr kulturell im Mittelpunkt Europas stand.

1. Wofür ist Weimar berühmt?
2. Gibt es Städte in Amerika, die ähnliche Angebote haben?
3. Was muss eine Stadt haben, um als Kulturstadt bezeichnet zu werden?
4. Was wäre deine Wahl für eine amerikanische Kulturstadt des Jahres? Worauf würdest du die Wahl begründen?

Lyrik

ERLKÖNIG

Wer reitet so spät durch Nacht und Wind?
Es ist der Vater mit seinem Kind;
Er hat den Knaben wohl in dem Arm,
Er faßt ihn sicher, er hält ihn warm. —

Mein Sohn, was birgst du so bang dein Gesicht? —
Siehst, Vater, du den Erlkönig nicht?
Den Erlenkönig mit Kron und Schweif? —
Mein Sohn, es ist ein Nebelstreif. —

»Du liebes Kind, komm, geh mit mir!
Gar schöne Spiele spiel ich mit dir;
Manch bunte Blumen sind an dem Strand;
Meine Mutter hat manch gülden Gewand.«

Mein Vater, mein Vater, und hörest du nicht,
Was Erlenkönig mir leise verspricht? —
Sei ruhig, bleibe ruhig, mein Kind!
In dürren Blättern säuselt der Wind. —

»Willst, feiner Knabe, du mit mir gehn?
Meine Töchter sollen dich warten schön;
Meine Töchter führen den nächtlichen Reihn
Und wiegen und tanzen und singen dich ein.«

Mein Vater, mein Vater, und siehst du nicht dort
Erlkönigs Töchter am düstern Ort? —
Mein Sohn, mein Sohn, ich seh es genau;
Es scheinen die alten Weiden so grau. —

»Ich liebe dich, mich reizt deine schöne Gestalt;
Und bist du nicht willig, so brauch ich Gewalt.«
Mein Vater, mein Vater, jetzt faßt er mich an!
Erlkönig hat mir ein Leids getan! —

Dem Vater grauset's, er reitet geschwind,
Er hält in Armen das ächzende Kind,
Erreicht den Hof mit Mühe und Not;
In seinen Armen das Kind war tot.

Johann Wolfgang von Goethe

Poesie

Lesestrategie Deriving the main idea from supporting details Depending on what kind of passage you're reading, there are several strategies for identifying the main idea. When reading a poem, for example, you may first want to look at the supporting details, thinking about what the individual words, images, and symbols suggest. Then decide what the main idea is. Remember, there is no one "correct" interpretation.

Getting Started

1. Look at the different poems for a moment. Relying on visual cues alone, which poems look like they tell a story, and which look more like a poster or picture?

2. Read the title of each poem and then listen as the first five poems are read aloud. Judging by their intonation and rhythm, can you tell which poems are intended to be dramatic, and which are more lighthearted?

3. As you are reading and listening to each poem again, think about and try to answer the following questions:

   a. Wer sind die Hauptfiguren?

   b. Wo und wann finden die Ereignisse statt?

   c. Was passiert?

Der Panther

Im Jardin des Plantes, Paris

Sein Blick ist vom Vorübergehn der Stäbe
so müd geworden, daß er nichts mehr hält.
Ihm ist, als ob es tausend Stäbe gäbe
und hinter tausend Stäben keine Welt.

Der weiche Gang geschmeidig starker Schritte,
der sich im allerkleinsten Kreise dreht,
ist wie ein Tanz von Kraft um eine Mitte,
in der betäubt ein großer Wille steht.

Nur manchmal schiebt der Vorhang der Pupille
sich lautlos auf —. Dann geht ein Bild hinein,
geht durch der Glieder angespannte Stille —
und hört im Herzen auf zu sein.

Rainer Maria Rilke

Poesie

Der Radwechsel

Ich sitze am Straßenhang.
Der Fahrer wechselt das Rad.
Ich bin nicht gern, wo ich herkomme.
Ich bin nicht gern, wo ich hinfahre.
Warum sehe ich den Radwechsel
Mit Ungeduld?

Bertolt Brecht

ottos mops

ottos mops trotzt
otto: fort mops fort
ottos mops hopst fort
otto: soso

otto holt koks
otto holt obst
otto horcht
otto: mops mops
otto hofft

ottos mops klopft
otto: komm mops komm
ottos mops kommt
ottos mops kotzt
otto: ogottogott

Ernst Jandl

A Closer Look

4. Read the "Erlkönig" by Goethe and identify which lines are spoken by which person. Pay special attention to punctuation, such as quotation marks. Use a chart like the one below. The line numbers of the first two stanzas are already marked.

stanza	1			4
narrator	1-4			
father		5, 8		
son		6-7		
elf king				

5. What is the father trying to do? What happens to the son? What role does the **Erlkönig** play? What emotions does the poem evoke?

6. Read Rilke's poem "Der Panther." Is the animal in the wild or in captivity? How do you know? How has his situation affected him? When the panther looks at something, what happens to the image as it reaches his heart?

7. Try to sketch the world as the panther sees it.

8. In Brecht's "Radwechsel," is the person (Ich) in charge of the situation? What will happen when the driver finishes what he's doing? Look at lines 3 and 4. Which single word changes? Excluding the last line of the poem, does the language reflect any dramatic tension? How does the last line make you feel?

Kinderlied

Wer lacht hier, hat gelacht?
Hier hat sich's ausgelacht.
Wer hier lacht, macht Verdacht,
daß er aus Gründen lacht.

Wer weint hier, hat geweint?
Hier wird nicht mehr geweint.
Wer hier weint, der auch meint,
daß er aus Gründen weint.

Wer spricht hier, spricht und schweigt?
Wer schweigt, wird angezeigt.
Wer hier spricht, hat verschwiegen,
wo seine Gründe liegen.

Wer spielt hier, spielt im Sand?
Wer spielt, muß an die Wand,
hat sich beim Spiel die Hand
gründlich verspielt, verbrannt.

Wer stirbt hier, ist gestorben?
Wer stirbt, ist abgeworben.
Wer hier stirbt, unverdorben
ist ohne Grund verstorben.

Günter Grass

Reinhard Döhl

Reinhard Döhl

9. Read Jandl's poem "ottos mops," paying close attention to the colons. What do they indicate? Listen to the poem several times and add periods where you hear full stops. Can you guess to what the word **Mops** refers? See if your guess helps to explain what is going on in the poem.

10. Read "Kinderlied" by Grass. How do the question marks help you understand the organization of the poem? Which actions are mentioned? Why do you think some form of the word **Grund** is used in the last line of every stanza? What makes the title ironic?

11. Now look at the two selections of concrete poetry. Why do you think this is called concrete poetry? How does the poet convey his message? Through words alone or some other way?

12. Skim the seven poems you've just read again. What do all these poems have in common? In what ways are they different? Do you think all the poets had the same idea about the purpose of poetry? Support your answers, based on the poems.

13. Schreib jetzt dein eigenes Gedicht im Stil der konkreten Poesie. Denk zuerst daran, was diesen Stil von anderen Gedichten unterscheidet! Versuch, diese Eigenschaften in dein Gedicht zu integrieren!

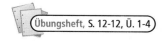

Übungsheft, S. 12-12, Ü. 1-4

Zum Schreiben

Sometimes a spontaneous vacation can be a lot of fun — but more often, careful planning will reduce stress and make your vacation more enjoyable. Whichever approach you prefer, one important decision you will have to make is where to go; travel brochures are a good resource for ideas. In this activity you will work together with classmates to select a good vacation spot and write a travel brochure about that place.

... ist eine Reise wert!

Wähl zusammen mit einer Gruppe eine Stadt oder ein Land aus, und schreib ein Flugblatt darüber, damit die Leser Lust haben, dahin zu reisen! Jeder in der Gruppe soll ein Thema bearbeiten, zum Beispiel die Sehenswürdigkeiten, das kulturelle Angebot, das Wetter, die Einkaufsmöglichkeiten usw., die der Ort zu bieten hat. Illustriert eure Ideen mit Fotos!

Schreibtipp Selecting information In order to write effectively about an unfamiliar topic, you will have to do some research, then select the appropriate information to include. You also need to be aware of your audience and the kinds of information they want or expect to read. Once you know that, you can focus on that particular information. When writing a travel brochure, for example, you'll want to select information that makes your destination appealing, such as a pleasant climate, fascinating local culture, or shopping and entertainment, while at the same time providing information about expenses and accommodations.

A. Vorbereiten

1. Wähl mit deiner Gruppe einen Ort aus, und mach eine Liste von wichtigen Themen, die ihr erforschen wollt! Teil die Arbeit ein, damit jeder genau weiß, worauf er achten muss!

2. Geh in eine Bücherei oder auch in ein Reisebüro und erforsche dein Thema! Mach dir Notizen von wichtigen Fakten! Denk an Informationen, die den Leser zu einer Reise überzeugen werden! Sammle auch Fotos von zutreffenden Orten und Sehenswürdigkeiten!

3. Vergleicht eure Notizen und Fotos in der Gruppe! Macht zusammen ein Layout des Flugblatts, und wählt die Informationen und Fotos aus, die ihr verwenden wollt!

B. Ausführen

Schreib die ausgewählten Informationen für dein Thema in kurzen, überzeugenden und auch logischen Sätzen auf! Stellt dann alle Teile zusammen, und illustriert sie mit Fotos! Denkt an ein zutreffendes Schlagwort für das Flugblatt!

C. Überarbeiten

1. Vergleich deinen Teil des Flugblatts mit deinen Notizen! Hast du alle wichtigen Fakten mit einbezogen? Passen Text und Fotos zusammen?

2. Lest euer Flugblatt in der Gruppe laut vor, und zeigt die entsprechenden Fotos! Besprecht die ganze Wirkung des Flugblatts! Würdet ihr jetzt „euren Ort" gern besuchen? Verändert die Sprache und den Ton, wenn nötig!

3. Wenn ihr mit dem Flugblatt zufrieden seid, lest es noch einmal durch! Korrigiert die Schreibfehler! Achtet besonders auf die Buchstabierung der komparativen Adjektive! Habt ihr auch die Präpositionen mit den richtigen Dativ- oder Akkusativformen verwendet?

4. Schreibt das korrigierte Flugblatt noch einmal ab, und klebt die Fotos auf das Papier!

Mehr Grammatikübungen

Erste Stufe

Objectives Asking for and making suggestions; expressing preference and giving a reason; expressing wishes; expressing doubt, conviction, and resignation

1 Du schlägst eine Menge Ferienorte vor. Schreib die folgenden Vorschläge ab, und schreib dabei in die Lücken den Ort deines Vorschlags (er steht in Klammern) zusammen mit der richtigen Präposition und dem richtigen Artikel! **(Seite 37)**

1. (Nordsee)   Wir können mal _____ fahren. Ich war noch nie _____ !
2. (Rhein)   Fahren wir mal _____ ! Ich war noch nie _____ !
3. (Bayern)   Wir können _____ fahren. Ich war noch nie _____ .
4. (Schweiz)   Fahren wir _____ ! Ich war noch nie _____ .
5. (Schwarzwald)   Wir können _____ fahren. Ich war noch nie _____ .
6. (Bodensee)   Fahren wir _____ ! Ich war noch nie _____ .
7. (Meer)   Wir können auch _____ fahren. Ich war noch nie _____ .
8. (Berge)   Fahren wir mal _____ ! Ich war lange nicht _____ !

2 Du drückst jetzt aus, welchen Ort du vorziehst. Ergänze (*complete*) die folgenden Satzanfänge mit der Information, die in Klammern steht. Verwende dabei die Komparativform des Adjektivs und **als!** **(Seite 39)**

1. (Hamburg; schön; Bremen)   Ich finde _____ .
2. (Ostsee; gut; Nordsee)   Mir gefällt _____ .
3. (München; gemütlich; Frankfurt)   Ich finde _____ .
4. (Frankfurt; groß; Würzburg)   Ich finde _____ .
5. (Berlin; sauber; Dresden)   Ich finde _____ .

3 Du fragst deine Freunde, was sie in den Ferien machen möchten. Schreib die folgenden Antworten ab, und schreib dabei in die Lücken eine entsprechende Verbform und andere Formen, die nötig sind, um die Antworten zu vervollständigen (*complete*)! **(Seite 40)**

1. Wohin möchtest du mal fahren? — Ich _____ gern mal _____ Meer fahren.
2. Was wünschst du dir mal? — Ich _____ _____ mal eine Reise _____ Berge.
3. Was hättest du gern mal? — Ich _____ gern mal einen toll_____ Urlaub.
4. Wohin möchtet ihr mal fahren? — Wir _____ mal _____ Rhein fahren.
5. Was wünscht ihr euch mal? — Wir _____ _____ eine Reise _____ Schweiz.
6. Was hättet ihr gern mal? — Wir _____ gern mal eine Reise _____ Ostsee.

4 Du bist nicht sicher, dass es in deinem Ferienort all die Dinge gibt, die du gerne machen möchtest. Schreib die folgenden Sätze ab, und verwende dabei die Information, die in Klammern steht! (**Seite 40**)

1. (einen Tennisplatz geben)   Ich bezweifle, dass es im Hotel _____ .
2. (tauchen können)   Ich weiß nicht, ob du dort _____ .
3. (eine Disko haben)   Ich bin nicht sicher, dass das Hotel _____
4. (einen Pool geben)   Ich bezweifle, dass es dort _____ .
5. (windsurfen können)   Ich weiß nicht, ob wir dort _____ .
6. (eine Sauna haben)   Ich bin nicht sicher, dass es _____ .

5 Du bist überzeugt, dass dein Ferienort all die vielen Dinge anbietet, die du gerne möchtest. Schreib die folgenden Sätze ab, und schreib dabei in die Lücken die Information, die in Klammern gegeben ist! (**Seite 40**)

1. (die Gegend schön sein)   Du kannst mir glauben, dass _____ .
2. (die Hotels überfüllt sein)   Du kannst mir glauben, dass _____ .
3. (viel unternehmen können)   Ich bin sicher, dass du dort _____ .
4. (segeln können)   Ich bin sicher, dass du dort _____ .
5. (einen Sandstrand geben)   Ich bin sicher, dass es dort _____ .
6. (einen Ausweis brauchen)   Du kannst mir glauben, dass du _____ .

Zweite Stufe   **Objectives** Asking for information and expressing an assumption; expressing hearsay; asking for, making, and responding to suggestions; expressing wishes

6 Du kannst verschiedene Redewendungen benützen, um etwas zu erfragen. Du kannst deine Fragen mit **gibt es,** oder **wissen** oder **sagen können** anfangen. Schreib jetzt je dreimal dieselbe Frage und benütze dabei das Verb, das in Klammern steht und die Information, die jeweils über den Fragen in Klammern steht! (**Seite 45**)

(in Weimar eine Jugendherberge geben)

1. (es gibt)   Du, Udo, _____ ?
2. (wissen)   Du, Udo, _____ ?
3. (sagen können)   Du, Udo, _____ ?

(am Samstag eine Grillparty geben)

4. (es gibt)   Uschi und Udo, _____ ?
5. (wissen)   Uschi und Udo, _____ ?
6. (sagen können)   Uschi und Udo, _____ ?

(in Weimar ein Kunstmuseum geben)

7. (es gibt)   Frau Wolf, _____ ?
8. (wissen)   Frau Wolf, _____ ?
9. (sagen können)   Frau Wolf, _____ ?

7 Udo, Uschi und Sabine haben viel über Thüringen gehört, und sie drücken diese Information auf verschiedene Weise aus. Beantworte die folgenden Fragen, und benütze dabei die Information, die in Klammern steht! **(Seite 46)**

(In Thüringen gibt es viel zu sehen.)

1. Was hast du gehört, Udo?   Ich _____ .
2. Was hat man dir gesagt?   Man _____ .
3. Was soll es in Thüringen geben?   _____ .

(Die Jugendherberge ist überfüllt.)

4. Was hast du gehört, Uschi?   Ich _____ .
5. Was hat man dir gesagt?   Man _____ .
6. Was soll überfüllt sein?   _____ .

(Thüringer Wurst schmeckt gut.)

7. Was hast du gehört, Sabine?   Ich _____ .
8. Was hat man dir gesagt?   Man _____ .
9. Was soll gut schmecken?   _____ .

8 Du machst Pläne für die Ferien. Ein Freund stellt dir verschiedene Fragen, die du ihm beantwortest. Benütze dabei die Information, die in Klammern steht! **(Seite 46)**

(an die Ostsee fahren)

1. Was würdest du gern mal machen?   Ich _____ .
2. Was sollen wir tun? Wofür bist du?   Ich _____ .

(in einer Jugendherberge)

3. Wo würdest du gern übernachten?   Ich _____ .
4. Wo übernachten wir? Wofür bist du?   Ich _____ .

(mit dem Rad fahren)

5. Womit würdest du gern fahren?   Ich _____ .
6. Wie fahren wir dorthin? Wofür bist du?   Ich _____ .

9 Was würdest du gern zum Picknick mitnehmen? Schreib die korrekte **würde**-Form in die erste Lücke und den abgebildeten Gegenstand in die zweite Lücke. **(S. 46)**

1. Ich _____ gern _____ zum Picknick mitnehmen.

2. Wir _____ gern _____ mitnehmen.

3. Mike _____ gern _____ mitnehmen.

4. Du _____ doch gern _____ mitnehmen.

5. Marta _____ gern _____ mitnehmen.

6. Wir _____ auch gern _____ mitnehmen.

10 Verschiedene Leute drücken ihre Wünsche aus. Schreib die folgenden Wünsche ab, und schreib dabei in die erste Lücke eine Form von **hätte** und in die zweite Lücke die korrekte Endung des Adjektivs. **(Seite 48)**

1. Was hätten Sie gern? — Ich _____ gern ein Pfund süß_____ Trauben.
2. Was hättest du gern? — Ich _____ gern 200 Gramm gekocht_____ Schinken.
3. Was hättet ihr gern? — Wir _____ gern ein halbes Pfund Schweiz_____ Käse.
4. Was hätten Sie gern? — Ich _____ gern zwei italienisch_____ Tomaten.
5. Was hättest du gern? — Ich _____ gern frisch_____ Obst.
6. Was hättet ihr gern? — Wir _____ gern bayrisch_____ Senf.

Kann ich's wirklich?

WK3 DIE NEUEN BUNDESLAENDER-2

Can you ask for and make suggestions? (p. 37)

1 How would you ask a friend to suggest a place where both of you might go on vacation?

2 How would you respond if a friend asked you **Was schenken wir der Brigitte zum Geburtstag?**

Can you express preference and give a reason? (p. 39)

3 How would you respond if someone asked you what American city you prefer and why?

Can you express wishes? (p. 40)

4 How would a German-speaking genie ask you what your wishes are? How would you then make three wishes to be granted by the genie?

Can you express doubt, conviction, and resignation? (p. 40)

5 How would you say to a friend
   a. that you doubt there is a hotel in Dingskirchen?
   b. that you're sure there is a youth hostel?

6 How would you respond if you were on vacation and someone said to you **Das Wetter soll diese Woche furchtbar sein!**

Can you ask for information and express an assumption? (p. 45)

7 How would you ask someone if there is a swimming pool in Dingskirchen?

8 How would you say that you assume your town has a youth hostel?

Can you express hearsay? (p. 46)

9 How would you say that
   a. you heard that German-speaking people live very healthfully?
   b. German food is supposed to be very good?

Can you ask for, make, and respond to suggestions? (p. 46)

10 How would you ask a friend
   a. what you both should study for the test?
   b. if he or she would like to study with you?
   How would you say that you are in favor of studying in the park instead of at home?

11 How would you respond if a friend asked you **Würdest du gern mal in einer Jugendherberge übernachten?**

Can you express wishes when shopping? (p. 48)

12 How would a grocery store clerk ask you what you need? How would you respond if you needed a pound of blue grapes?

Erste Stufe

Words useful for traveling

die Natur	nature
die Burg, -en	castle
die Gegend, -en	area
die Jugendherberge, -n	youth hostel
die Unterkunft, ¨e	accommodations
das Verzeichnis, -se	listing
der Ausweis, -e	identification

Other useful words and expressions

also (part)	well, okay	Keine Angst!	Don't worry!
eben (gerade)	just now	Lust haben	to want to
damals	at that time	nachsehen (sep)	to check on
beide	both	unternehmen	to undertake
berühmt	famous	verlieren	to lose
nämlich	namely		

Zweite Stufe

Things to take on a picnic

das Picknick, -s	picnic
die Decke, -n	blanket
das Besteck, -e	silverware
die Gabel, -n	fork
der Löffel, -	spoon
das Messer, -	knife
der Teller, -	plate
der Becher, -	mug
der Picknickkorb, ¨e	picnic basket
die Kühlbox, -en	cooler
der Salzstreuer, -	salt shaker
der Pfefferstreuer, -	pepper shaker
der Flaschenöffner, -	bottle opener
das Schneidebrett, -er	cutting board
die Serviette, -n	napkin
die Thermosflasche, -n	thermos bottle
die Abfalltüte, -n	trash bag

Other useful words and expressions

der Mund, ¨er	mouth	abwarten (sep)	to wait and see
die Nacht, ¨e	night	futtern	to stuff oneself
der Plan, ¨e	plan	s. informieren	to inform oneself
der Kaminraum, ¨e	room with open fireplace	denken an (acc)	to think of or about
die Großschachanlage, -n	giant-sized chessboard	s. erinnern an (acc)	to remember
die Leistung, -en	service	genügen	to be enough
entfernt	away, at a distance	es langt	that's enough
		stehen	to stand, to be
frisch	fresh	streiten	to quarrel
behindertenfreundlich	accessible to the physically challenged	verweilen	to stay
fußkrank sein	(ironic) to be too lazy to walk	enthalten sein	to be included

3

Aussehen: wichtig oder nicht?

Objectives

In this chapter you will review and practice how to

Erste Stufe

• ask for and express opinions

Zweite Stufe

• express sympathy and resignation
• give advice
• give a reason
• admit something and express regret

◻ internet

ADRESSE: go.hrw.com
KENNWORT: WK3 DIE
NEUEN BUNDESLAENDER-3

◀ **Ich hab meinen eigenen Stil.**

Die deutsche Subkultur

Tekkno-Fieber

Tekkno-Parties locken tausende Jugendliche an. Kids in abenteuerlichen Verkleidungen warten vor den Discos auf Einlaß: Sie tragen Bauhelme, Sonnenbrillen, Gummihandschuhe, Mundschutz oder Plastiksäcke. Einer hat sogar einen Staubsauger auf dem Rücken. Drinnen dröhnt die härteste Musik der Welt: Rhythmus ist alles, Melodie nichts. Die Tekkno-Fans begleiten das Ganze mit Trillerpfeifen.

Lisa, 15
Ideologie

Gymnasiastin, 9. Klasse. Mutter Spanisch-Lehrerin an der Volkshochschule. Vater Internist. „Ich bin Punk, weil ich gegen die Ellenbogen-Gesellschaft rebelliere. Ich hab' mal einen Spruch gelesen, der mir sehr gut gefällt: ‚Ich fühle mich einsam, wenn ich eine Hand suche und nur Fäuste finde.'"

Je schlampiger, umso schöner!
Zum Grunge-Look gehören strähnige Haare (einfach Haarwachs in die Spitzen kneten), lässig weite Opa-Hemden oder karierte Shirts.

Raver Raver
Grunger Grunger Punker Punker

Raver (engl. to rave = rasen), die Hippies der 90er — sanft, gegen Gewalt. Sie feiern die längsten Partys (24 Stunden), ihre Musik (Tekkno) zerreißt Eltern das Trommelfell, 220 Baßschläge in der Minute. Ihr Look: Latzhosen, Minikleider mit „adidas"® Streifen, Springer-Stiefel.

Tom, 18
Liebe

„Ich habe gerade eine ewig lange Beziehung beendet. Wir haben uns auseinander entwickelt, weil ich Raver wurde und nicht wie sie Abi machen wollte. Mein Traum wäre es, eine Freundin zu finden, die mir ähnlich ist. Ich finde es schön, wenn es jemanden gibt, dem man vertrauen kann."

Sprache

„Im Raver-Slang bedeutet >>ChillOut<<: sich ausruhen. >>Afterhour<<-Party: die Party nach der Party, morgens ab sechs Uhr bis mittags."

Raver Girls lieben Plüschtier Rucksäcke (z.B. Drache oder Dinosaurier)

LEXIKON

Wörter, die voll im Trend liegen, und was sie bedeuten

DAS IST DURCHAUS
ich stimme total zu

END DIE MEILE
weit entfernt

ENTERGIGANT
mehr als gigant, gigantischer

GESCHMEIDIG DIE LORCHE
prima, stark, optimal

KRASS IN DER BIRNE SEIN
verrückte Ideen haben

PSEUDO
jemand, der so tut, als ob er etwas ist, was er in Wirklichkeit nicht ist

A. 1. Schau die Fotos an, und lies die verschiedenen Texte! Wie viele verschiedene Trends kannst du feststellen? Beschreibe sie! Worauf beziehen sich die Trends hauptsächlich? Auf Mode? Musik? Sprache? Oder Weltanschauung?

2. Welche Trends sind dir schon bekannt? Gibt es ähnliche Trends in den USA? Was für Unterschiede gibt es?

B. Lies den Text links! Worum geht es? Was bedeuten die Ausdrücke? Wie sagt man sie auf Englisch? Wie kann man sie anders auf Deutsch ausdrücken?

Weiter geht's! ▪ *Immer mit der Mode. Oder?*

**Unsere vier Freunde erzählen,
was sie von der Mode halten.**

Philipp: Ich geb zu, dass ich mich von der Mode
schon ein wenig beeinflussen lass. Meine
Mutter sagt schon manchmal: „für diese
Klamotten zahl ich dir nichts dazu. Die
sind mir viel zu ausgefallen. Was hast du
denn bloß für einen Geschmack? Du hättest
dir das nicht kaufen sollen!" Aber mir
gefällt's eben.

Tanja: Ich mach auch mit der Mode mit.
Das geb ich ohne weiteres zu. Mit der Mode
kann man ausdrücken, wie man sich fühlt.
Wie ich ausseh, … das sagt auch etwas
über mich aus, wie ich bin und so. Und das
ist wichtig für mich. Ich zieh mich also
schon modisch an. Es macht Spaß, ja und …
äh … ich fühle mich wohl. Ich bedaure nur,
dass ich oft nicht genug Geld habe, um mir
wirklich schicke Sachen kaufen zu können.
Manche Sachen näh ich mir auch selbst,
um Geld zu sparen.

Sonja: Ich kenn Leute, die wollen eben bei
anderen immer gut ankommen. Und sie
glauben, sie können das mit der Mode
machen. Die tun mir Leid, diese Leute, die
… die machen alles nur mit, weil es gerade
„in" ist. Ich würde mich nie so ausgeflippt
anziehen, wie es manche tun. Ich seh halt,
was mir gefällt, und das kauf ich mir halt.
Aber ich muss auch zugeben, ich pass mich
schon irgendwie meinen Freunden an. Man
möchte sich nicht von andern beeinflussen
lassen, aber man tut es halt doch. Man
möchte auch andere nicht nach der
Kleidung beurteilen. Aber leider tut man das
auch oft, ohne es zu wollen. Wenn ich
jemand seh, der sich ganz verrückt anzieht,
na, da denk ich, wie kann man nur so
herumlaufen? Haben die Leute denn überhaupt keinen Geschmack? Die müssen ganz
schön blöd sein!

Michael: Ich finde, man sollte schon ein bisschen mit
der Mode gehen, aber nicht unbedingt den
letzten Schrei tragen. Vieles sieht echt
dumm aus, wenn man da mal in einer
Modezeitschrift herumblättert. Ich finde,
man sollte seinen eigenen Stil entwickeln.
Ich zieh eigentlich nur das an, was mir
gefällt. Zu Hause lauf ich meist im
Trainingsanzug herum. Ich könnte es den
ganzen Tag in Jeans nicht aushalten.

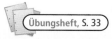
Übungsheft, S. 33

16 Hast du alles verstanden?

a. Sprechen Was für ein Text ist das? Ein Bericht? Ein Interview? Eine Erzählung?

b. Lesen/Schreiben Lies den Text noch einmal, und stell für jeden Schüler fest, was der Hauptpunkt der Aussage ist! Welche Gründe geben die Schüler an, um den Hauptpunkt zu unterstützen?

17 Was halten die vier von Mode?

Lesen/Schreiben Lies die Aussagen der vier Schüler über Mode! Dann schreib auf, zu welchem Schüler jede Beschreibung passt!

1. Hat eine Mutter, die die Klamotten von ihrem Kind kritisiert.
2. Will mit der Mode ausdrücken, wie er oder sie sich fühlt.
3. Zieht sich nie ausgeflippt an.
4. Möchte andere Leute nicht nach ihrer Kleidung beurteilen.
5. Glaubt, dass viele Leute keinen guten Geschmack haben.
6. Will schick sein, aber muss nicht den letzten Schrei tragen.
7. Kauft sich manchmal sehr ausgefallene Sachen.
8. Bedauert, dass er oder sie nicht genug Geld für wirklich schicke Sachen hat.
9. Passt sich mit der Kleidung den Freunden an.
10. Möchte sich nicht von anderen beeinflussen lassen, aber tut es doch.
11. Will einen eigenen Stil entwickeln.
12. Kauft sich, was ihm oder ihr gefällt.
13. Findet, dass vieles in Modezeitschriften dumm aussieht.
14. Näht sich manche Sachen selbst.
15. Läuft zu Hause immer im Trainingsanzug herum.

18 Jeder wird jetzt Designer

Sprechen Wähl dir eine Schülerin oder einen Schüler in diesen Interviews aus, und zeichne ein tolles Outfit, das diese Person wahrscheinlich tragen würde! Zeig deine Zeichnung deinen Klassenkameraden! Können sie erraten (*guess*), zu wem das Outfit passt?

19 Und du? Was sagst du dazu?

Sprechen Überleg dir folgende Fragen, und stell sie einem Partner! Gib deinem Partner so viel Auskunft, wie du kannst! Tauscht dann die Rollen aus!

1. Machst du mit der Mode mit? Gib ein Beispiel dazu!
2. Was ist für dich wichtig, wenn du an Kleidung denkst?
3. Du möchtest bei deinen Freunden gut ankommen. Was tust du?
4. Würdest du dich ausgeflippt anziehen? Wann? Was würdest du tragen?
5. Wie läufst du gewöhnlich herum? In der Schule? Zu Hause?

Zweite Stufe

Objectives Expressing sympathy and resignation; giving advice; giving a reason; admitting something and expressing regret

WK3 DIE NEUEN BUNDESLAENDER-3

Eine Freundin gibt Rat

TANJA   Ja, Elke. Du bist's? Aber was ist denn los mit dir? Wie siehst du denn bloß aus?

ELKE   Warum, wie seh ich denn aus?

TANJA   Ist alles in Ordnung mit dir? Wie geht's denn? Erzähl mal!

ELKE   Na ja, zur Zeit geht mal alles wieder schief bei mir.

TANJA   Das ist schlimm! Hast du Probleme zu Hause? In der Schule?

ELKE   Überall! In der Schule, zu Hause, mit meinem Freund …

TANJA   Wie schrecklich! Kann ich dir irgendwie helfen?

ELKE   Nö. Ich hab eben jetzt eine Pechsträhne, weißt du, und da kann man nichts machen.

TANJA   Das würd' ich nicht sagen. An deiner Stelle würd' ich erst mal ein wenig positiver denken.

ELKE   Ach, komm! Was kann ich schon tun? Es ist halt so.

TANJA   Versuch doch mal, irgendetwas zu tun, was dir Spaß macht, verstehst du? Du solltest …

ELKE   Du hast gut reden! Du hast …

TANJA   Lass mich mal ausreden! Du solltest mal etwas tun, was deine Laune hebt!

ELKE   Was denn?

TANJA   Warum gehst du nicht mal joggen? Oder spiel doch Volleyball draußen im Park!

ELKE   Ach, Quatsch! Und wer spielt denn schon mit?

TANJA   Du, kein Problem! Ich ruf schnell mal einige Klassenkameraden an, und dann spielen wir! So was hebt meine Laune. Das hilft. Jedenfalls mir.

auf Deutsch erklärt

ausgefallen angezogen   interessante Klamotten tragen, die nicht jeder hat

bei anderen **gut ankommen**   wenn dich andere Leute mögen

Ich pass mich meinen Freunden an.   Ich möchte so sein, wie meine Freunde, und machen, was sie machen.

Er trägt den letzten Schrei.   Er trägt, was gerade Mode ist.

in der Zeitung herumblättern   die Zeitung nicht lesen, sondern nur Seite für Seite ansehen

auf Englisch erklärt

Ich lasse mich von der Mode beeinflussen.   *I let myself be influenced by fashion.*

Aber ich mache nicht mit der Mode mit.   *But I don't go along with fashion.*

Man drückt sich durch Kleidung aus.   *You can express yourself with clothes.*

Ich gebe schon zu, dass ich einige Menschen nach ihrer Kleidung beurteile.   *I admit that I judge some people by their clothes.*

Sagt das etwas über solche Leute aus?   *Does that say something about such people?*

Sie näht gern.

Er spart Geld.

Sie zieht sich verrückt an.

Übungsheft, S. 34, Ü. 1

Grammatikheft, S. 23, Ü. 8–9

So sagt man das!

Expressing sympathy and resignation

Grammatikheft, S. 24, Ü. 10

You have already learned some ways of expressing sympathy:

Es tut mir Leid! Wirklich!

Other ways of expressing sympathy are:

Das ist ja schlimm!
Das muss schlimm sein!
Wie schrecklich!
So ein Pech!

And resignation:

Da kann man nichts machen.

To express resignation you could say:

Was kann ich schon tun?
Es ist halt so.
Ich hab eben eine Pechsträhne.

---

20 Wo sagen sie das?

Lesen/Sprechen Lest euch jetzt das Gespräch zwischen Tanja und Elke noch einmal durch! Sucht zusammen die Stellen heraus, die Mitleid (*sympathy*), Resignation und Rat ausdrücken!

21 Dein Freund hat Probleme

Sprechen Dein Partner erzählt dir etwas über seine Probleme. Du drückst dein Mitleid aus, aber dein Freund ist resigniert. Vielleicht kannst du ihm auch einen Rat geben.

> FREUND **Ich habe eine Fünf in Geschichte bekommen.**
> DU **Das ist ja schlimm!**
> FREUND **Was kann ich schon tun? Es ist halt so.**

1. Ich bin immer müde.
2. Ich hab mein Taschengeld verloren.
3. Meine Freundin mag mich nicht mehr.
4. In Mathe bin ich eine absolute Niete (*loser*).
5. Meine Eltern schimpfen (*scold*) die ganze Zeit mit mir.

Giving advice

Here are several ways of making suggestions and giving advice:

> **Warum machst du dich nicht mal hübsch?**
> **Versuch doch mal, dich fesch anzuziehen!**
> **Du solltest mal etwas Tolles tragen.**
> **An deiner Stelle würde ich versuchen, positiver zu denken.**
> **Lass dir doch die Haare schneiden!**

> Übungsheft, S. 34–35, Ü. 2–4

> Grammatikheft, S. 24, Ü. 11

---

22 **Welche Ratschläge passen?**

Zuhören Welche Ratschläge passen für wen?

a.　　　　　　　b.　　　　　　　c.　　　　　　　d.

---

23 **Komm, ich geb dir mal einen guten Rat!**

Sprechen Dein Partner ist heute etwas down. Rate ihm, was er tun soll! Er reagiert positiv oder negativ.

DU	**Warum liest du nicht mal ein Buch?**
PARTNER	**Tja, ich habe keine Lust dazu.**　　*oder*
	Gute Idee!

Einige Ratschläge

sich mal hübsch machen	sich mit einem Hobby ablenken
ein gutes Buch lesen	sich die Haare schneiden lassen
vernünftig essen	mehr auf das Aussehen achten
Sport machen	sich etwas Modisches kaufen
positiver denken	einen Tag zu Hause bleiben
Ordnung schaffen	
sich modisch anziehen	
eine Reise machen	

---

24   **Hast du einen guten Rat?**

Schreiben Denk an fünf verschiedene Leute, die du gut kennst! Hast du einen guten Rat für sie? Schreib auf einen Zettel, was du ihnen rätst!

BEISPIEL　　**Meine Schwester isst sehr viele Süßigkeiten. Ich rate ihr:**
An deiner Stelle würde ich nicht so viele Süßigkeiten essen!　　*oder*
Warum versuchst du nicht, mehr Obst zu essen!　　*oder*
Du solltest wirklich nicht so viele Süßigkeiten essen!

Infinitive clauses

Compare the following sentences:

> **Ich versuche, dir zu helfen.** *I am trying to help you.*
> **Ich bin bereit, nach Hause zu gehen.** *I am ready to go home.*
> **Ich habe vor mitzumachen.** *I plan to participate.*

Find the verbs in the sentences above. Compare verb positions in English and German. What differences do you see? What do you notice about the verb **mitmachen** in the sentences above?

1. In infinitive clauses, the German infinitive is always preceded by **zu** and is placed at the end of the sentence. With separable-prefix verbs, **zu** is inserted between the prefix and the verb. **Zu** is never added in sentences when the conjugated verb is a modal, **werden** or **würde**!

2. A comma precedes the infinitive clause whenever anything is added to it, for example:

> **Ich versuche zu lernen.**
> **Ich versuche, heute Abend Deutsch zu lernen.**

3. Infinitive clauses can also be introduced by **um** and **ohne**. For example, **um zu** (*in order to*) and **ohne zu** (*without …ing*).

> **Ich näh mir Kleider selbst, um Geld zu sparen.**
> **Man tut das oft, ohne es zu wollen.**

Mehr Grammatikübungen, S. 81–82, Ü. 5–7

(Übungsheft, S. 36, Ü. 5–6) (Grammatikheft, S. 25–26, Ü. 12–15)

---

25 ### Grammatik im Kontext

Sprechen/Schreiben Was haben deine Klassenkameraden vor? Jeder sagt, was für Vorsätze er oder sie hat.

gesund leben	nicht alles mitmachen
etwas abnehmen	sich nicht beeinflussen
fit bleiben	lassen
sich modisch anziehen	andere nicht nach
sich mit Sport ablenken	der Kleidung beurteilen
etwas zunehmen	seinen eigenen
positiver denken	Stil entwickeln

BEISPIEL **DU** Ich habe vor, weniger zu essen. Und du?

PARTNER Ich habe vor, mehr Obst und Gemüse zu essen.

Giving a reason

Mehr Grammatikübungen, S. 82–83, Ü. 8–9

There are different ways of expressing purpose and giving a reason. If someone asks you, for example: **Wozu machst du so viel Sport?**

You could answer:

Ich mache so viel Sport,
{
 weil ich mich nach dem Sport besser fühle.
 damit ich mich besser fühle.
 um mich besser zu fühlen.
}

(Grammatikheft, S. 27, Ü. 16)

26 Grammatik im Kontext

Sprechen Deine Partnerin sagt dir, warum sie verschiedene Sachen macht. Sag ihr, ob du das auch machst und wozu! Wenn du es nicht machst, sag warum!

> PARTNER **Ich mach viel Sport, damit ich fit bleibe.**
> DU **Bei mir ist das auch so. Ich mach auch viel Sport, um fit zu bleiben.**

1. Ich kauf mir teure Klamotten, damit ich …
2. Ich zieh mich nett an, damit ich …
3. Ich kauf mir Modezeitschriften, damit ich …
4. Ich geh in Bioläden, damit ich …
5. Ich ess keine Süßigkeiten, damit ich …
6. Ich mach eine Diät, damit ich …

So sagt man das!

Admitting something and expressing regret

To admit something, you might say:

Ich geb's zu.
Ich geb's zu, dass ich …
Ich muss zugeben, dass …

To express regret, you have already learned:

Leider!
Ich bedaure, dass …
Ich bedaure es wirklich, dass …

> Übungsheft, S. 36–37, Ü. 7–9
> Grammatikheft, S. 27, Ü. 17

27 Mensch, gib's doch zu!

Sprechen Du unterhältst dich mit einer Partnerin. Du fragst, ob sie folgende Sachen macht. Deine Partnerin gibt es zu und fragt dich auch. Was sagst du dazu? Bedauerst du das?

> DU **Sag mal, machst du mit der Mode mit?**
> PARTNERIN **Na ja, ich geb's zu, dass ich mit der Mode mitmache. Und du?**
> DU **Ich eigentlich auch. Manchmal bedaure ich es, dass …** *oder* **Nein. Das …**

sich ab und zu ausgeflippt anziehen
sich manchmal die Haare färben
sich oft neue Klamotten kaufen
sich zu sehr seinen Freunden anpassen

zu viel Geld für Kleidung ausgeben
zu kritisch sein
Leute nach der Kleidung beurteilen
zu konservativ sein

28 Das bedaure ich, aber …

Schreiben Denk an die Dinge in deinem Leben, die du bedauerst und schreib sie auf! Wie lang ist deine Liste? Vergleiche deine Liste mit der Liste eines Mitschülers!

BEISPIEL **Ich bedaure, dass ich mich nicht fit halte.**

29 Von der Schule zum Beruf

You are a summer intern at your uncle's advertising agency in Germany. The boss has asked you to write a report to be used in marketing products to teens. You should include information about how teenagers dress nowadays and their attitudes toward fashion, grooming, nutrition, and personal appearance. Then make suggestions about which products or clothing would be hot sellers, and which would not. *Optional:* You must also present your report to the company bigwigs during a meeting. Have a hand-out, a big chart, and overhead transparencies or PowerPoint slides.

Zum Schreiben

Have you ever read a text in which the characters were so vividly described that they seemed to be standing right in front of you? That is because the writer had carefully selected words that evoke strong visual images. In this activity, you will describe a person, either someone you know or a famous or fictional character, so that your classmates can visualize that person in their minds.

Personen beschreiben

Such dir eine Person aus, die du gut beschreiben kannst! Denk an das Aussehen dieser Person, zum Beispiel das Gesicht und die Kleidung! Wähl dann die wichtigsten Eigenschaften aus, und beschreib diese Person!

Schreibtipp Organizing your ideas No matter what you are writing, it is important to organize your thoughts around a main idea and choose details that support this main focus. There are many ways to organize your supporting details. For example, you can organize your ideas chronologically, spatially, or in order of importance. Always choose an organization pattern that fits your writing task.

A. Vorbereiten

1. Mach einen Ideenbaum für deine Beschreibung! Auf den „Stamm" schreibst du ein Adjektiv oder eine Eigenschaft, die deiner Person am nächsten kommt! Das soll der Hauptpunkt deiner Beschreibung sein. Dann wähle Adjektive, Eigenschaften und Gewohnheiten, die diesen Hauptpunkt unterstützen, und schreib sie auf die „Zweige"!

2. Such jetzt ein Organisationsprinzip für deine Ideen! Sind sie sinnvoll, so wie du sie auf den „Baum" geschrieben hast, oder musst du ein paar Ideen umstellen, um deine Beschreibung zu organisieren?

B. Ausführen

Verbinde jetzt die Ideen auf deinem Ideenbaum zu einer fließenden Beschreibung! Pass gut auf, dass der Hauptpunkt im Mittelpunkt steht! Vergiss auch nicht: Man soll diese Person fast sehen können, wenn man deine Beschreibung liest!

C. Überarbeiten

1. Stell jetzt fest, ob deine Beschreibung die richtige Wirkung hat! Lies deine Beschreibung einem Partner vor! Dein Partner soll gleichzeitig versuchen, die Person zu zeichnen. Frag den Partner, was ihm an der Person auffällt! Was hält er von dieser Person?

2. Denk jetzt an die folgenden Fragen: Konnte dein Partner der Beschreibung folgen? Konnte er die Person gut zeichnen? Hat er den Hauptpunkt und die wichtigen Eigenschaften auch verstanden? Mach die nötigen Veränderungen, um deine Beschreibung zu verbessern!

3. Wenn du mit deiner Beschreibung und ihrer Wirkung zufrieden bist, lies den Text noch einmal durch! Hast du alles korrekt buchstabiert? Hast du auch Kommas und Punkte richtig gesetzt? Mach die nötigen Korrekturen!

4. Schreib jetzt deinen korrigierten Text noch mal ab!

Das macht viele Erwachsene richtig sprachlos

Unsere heutige Jugend und ihre Sprüche

Es begann harmlos, mit einem gedehnten „Ey, affengeil!" Von da an fing Tanja (16) jeden Satz mit „Ey ..." an. „Ey, Mom", „Ey, Dad" — und ihre Schulfreunde hießen alle „Ey, Alter!"

Sie aß keine Pizza mehr, sondern „pfiff sich 'ne Mafia-Torte rein". Wenn Tanja im Bad vor dem Spiegel stand, schminkte sie sich nicht, sondern „legte Emaille" auf.

„Sag mal, was sind denn das für Sprüche?" fragte ihre Mutter. „Reden die in deiner Klasse jetzt alle so?"

In der Tat — sie tun's.

„Die heutige Jugend will sich auf diese Art bewußt von der Sprache der Erwachsenen abheben", stellten Psychologen fest.

„Da kriegt Mama 'n Föhn!"

„Jede Clique hat ihre eigenen Sprüche, auf die sie stolz ist." Und die Begriffe wechseln so schnell, daß die „Kalkleisten" (Leute über 25) kaum mitkommen.

„Wenn ich richtig loslege", sagt Uli (14) lachend zur Reporterin, „dann brennt bei Paps ein Chip durch, und Mama kriegt 'nen Föhn."

Was ist „in"?

Lesestrategie Determining the main idea of an article
When reading magazine or newspaper articles, you can usually determine the main idea by reading the title, captions, and the first paragraph. In the case of a feature article, which is in essay form, you will also need to look carefully at the last paragraph.

Getting Started

1. Read the title, subtitle, and caption. In your opinion, what is this passage about? On what group of people does it focus?

2. Now read the first and last paragraphs. Based on this information, what would you say is the main idea? Support your answer with evidence from the passage.

3. Scan the article to see what types of people the writer quotes. How has the writer organized the article? Is it a story, a report, or something else?

A Closer Look

4. Now read the article once carefully. Find some examples of teenage slang. What do they mean, according to the writer's "translations?" Do you think such translations are needed? Why or why not?

In der neuen Jugendsprache wird alles durcheinandergemischt: Technik, Englisch, Comic-Sprechblasen …

„Sobald mein 15jähriger im Haushalt helfen muß", klagt eine Mutter (36), „ist alles ‚Ächz-Stöhn' oder ‚Kotz-Würg' — das klingt wirklich bescheuert".

Ganz unberechtigt sind die Sorgen vieler Eltern nicht.

Der Marburger Gymnasial-Pädagoge Joachim Kutschke (49) hält die heutige Generation für maulfaul. „Ihr fehlt das Bedürfnis, sinnvoll miteinander zu reden. Wozu lange Diskussionen, Begründungen, Erklärungen. Das stört doch nur."

Die Jugendlichen, mit denen er darüber sprach, sehen das anders. Olaf (17): „Was wollt ihr überhaupt? Die meisten Eltern sprechen zu Hause auch nur das Allernötigste." Und Lilo (16): „Die Alten sitzen doch nur stumm wie die Fische vor dem Fernseher."

Und umgekehrt. „Mein 15jähriger kommt heim, geht wortlos in sein Zimmer und dröhnt sich den ganzen Tag mit Musik voll."

Allerdings sehen viele Psychologen in den neuesten „Sprach-Schöpfungen" der Jugend auch Gutes. „Da sind Sachen dabei, die zeigen, daß sie sich auf ihre Art ebenfalls Gedanken machen."

Über das Waldsterben zum Beispiel. „Sauer macht lustig — der Wald lacht sich krank", geistert zur Zeit durch die Schulen. Sie wollen, wie frühere Generationen auch, die Welt der „Grufties" (Erwachsenen) entlarven, ablehnen und dafür etwas Eigenes, Besseres erfinden.

„Das war schon immer das Bedürfnis der Jugend", geben auch die Pädagogen zu.

… alles schon mal dagewesen

„Und dieses Gefühl finden die Kids dann eben oberaffen-megaturbo-geil. Aber sie sind dabei nicht anders als wir, als wir jung waren."

„Fetenmäßig" muß alles stimmen, „actionmäßig" der Tag in Ordnung sein, also immer was los sein.

Aber das kostet „Lappen" (Geld), und für die braucht man wieder die „Kalkleisten" (Eltern), und die haben da manchmal leider einen „Hörsturz", wenn's zuviel wird …

Echt „heavy" (schwer), das Leben, hohl, gichtig, schlaff, abgefahren. Aber alles schon mal dagewesen.

Der einzige Rat, den Psychologen Eltern geben können, ist: Nicht nachäffen, nicht mitspielen! Wobei natürlich eigene Sprüche erlaubt sind wie „Ich geb' dir 20 Pfennig, erzähl's der nächsten Parkuhr!"

Der Sprachforscher Johannes Schwittalla hält die Jugend-Sprüche lediglich für eine „Durchgangsstation": „Wenn die Clique sich auflöst, der Beruf beginnt, sprechen die alle wieder ganz normal." Logisch, ey?

—Emily Reuter

5. Write one to three sentences summarizing adults' complaints about teenage slang.

6. How do the teenagers in the article respond to those complaints?

7. Who comes to the defense of teenagers' language? What do these people have to say about the slang used by teens?

8. What advice do the psychologists give parents?

9. Why does the writer quote the language expert in the final paragraph?

10. Was meinst du jetzt, was der Hauptgedanke von diesem Artikel ist? Schau auf deine Antwort von Frage 2, und ändere deine erste Aussage, wenn nötig! Schreib deine Formulierung auf!

11. Welche Sätze oder Absätze unterstützen den Hauptgedanken des Textes? Schreib drei unterstützende Aussagen unter deine Formulierung des Hauptgedankens!

12. Schreib jetzt eine Zusammenfassung des Textes! Verwende dabei die Informationen von Fragen 10 und 11! Vergiss nicht, auch einen Schlusssatz zu schreiben!

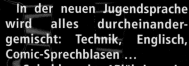
Übungsheft, S. 38–39, Ü. 1-6

Mehr Grammatikübungen

internet

ADRESSE: go.hrw.com
KENNWORT: WK3 DIE NEUEN
BUNDESLAENDER-3

Erste Stufe

Objective Asking for and expressing opinions

1 Du erklärst, was du und deine Freunde von verschiedenen Dingen halten. Du möchtest dann wissen, was andere Leute davon halten. Schreib die folgenden Fragen ab, und schreib dabei in die Lücken die korrekte Form des Verbs **halten (von)**, *to think (of)*. **(Seite 65)**

1. Ich halte viel von Biokost. Und du, was _____ du davon?
2. Wir halten viel von Sport. Und ihr, was _____ ihr davon?
3. Ich halte viel von Ordnung. Und die Tanja, was _____ sie davon?
4. Wir halten viel von guter Musik. Und diese Schüler, was _____ sie davon?
5. Ich halte viel von guten Büchern. Was _____ Sie davon, Herr Müller?
6. Wir halten viel von der Umwelt. Was _____ du davon?
7. Wir halten viel vom Segeln. Und was _____ ihr davon?
8. Und was _____ du vom Angeln?

2 Du sagst deinen Freunden, mit welchen Dingen du dich beschäftigst, und dann fragst du sie, womit sie sich beschäftigen. Schreib die folgenden Fragen ab, und schreib dabei in eine Lücke das korrekte "**wo** + Präposition" Fragewort und in die andere Lücke die korrekte Form des Reflexivpronomens! **(Seite 66)**

1. Ich mache mir Gedanken über Geld. Und _____ machst du _____ Gedanken?
2. Ich beschäftige mich mit Politik. Und _____ beschäftigst du _____ ?
3. Ich lenke mich mit Sport ab. Und _____ lenkst du _____ ab?
4. Ich achte auf mein Aussehen. Und _____ achtest du?
5. Ich spreche gern über die Zukunft. Und _____ sprichst du gern?
6. Ich denke oft an meine Schulzeit. Und _____ denkst du oft?

3 Frag zwei Freunde, ob sie die gleichen Sorgen haben wie du und deine Freundin. Schreib die folgenden Fragen ab, und schreib dabei in die Lücken das korrekte "**da** + Präposition" Pronomen und in die andere Lücke das korrekte Reflexivpronomen! (**Seite 66**)

1. Wir achten sehr auf unser Aussehen. Achtet ihr auch sehr _____ ?

2. Wir denken immer an eine gesunde Ernährung. Denkt ihr auch _____ ?

3. Wir sprechen gern über die Umwelt. Sprecht ihr auch gern _____ ?

4. Wir lenken uns mit Musik ab. Lenkt ihr _____ auch _____ ab?

5. Wir beschäftigen uns mit unserer Zukunft. Beschäftigt ihr _____ auch _____ ?

6. Wir machen uns Gedanken über Mode. Macht ihr _____ auch Gedanken _____ ?

4 Du befasst (*occupy*) dich mit verschiedenen Angelegenheiten (*affairs*), und du fragst eine Klassenkameradin, ob sie sich mit den gleichen Angelegenheiten befasst. Schreib die folgenden Fragen ab, und schreib dabei die korrekten Fragewörter in die Lücken! (**Seite 66**)

1. Ich denke an meine Zukunft. Und _____ denkst du?

2. Ich denke an meinen Freund in Deutschland. Und _____ denkst du?

3. Ich mache mir Gedanken über die Ferien. _____ machst du dir Gedanken?

4. Ich mache mir Gedanken über meine Oma. _____ machst du dir Gedanken?

5. Ich warte auf den Bus in die Stadt. Und _____ wartest du?

6. Ich warte auf meine Kusine. Und _____ wartest du?

7. Ich rede gern über Politik. Und _____ redest du gern?

8. Ich rede gern über meine Biolehrerin. _____ redest du gern?

Zweite Stufe   **Objectives** **Expressing sympathy and resignation; giving advice; giving a reason; admitting something and expressing regret**

5 Du sagst zwei Freunden, was er und sie machen sollen. Du leitest deinen Ratschlag (*advice*) mit den Worten **Versuch doch mal, …** (*Why don't you try to …*) ein. Schreib die folgenden Sätze ab, und schreib in die Lücken einen Infinitivsatz mit der Information, die in Klammern gegeben ist! (**Seite 75**)

1. (Er soll ein gutes Buch lesen.)   Versuch doch mal, _____ .

2. (Sie soll etwas Geld sparen.)   Versuch doch mal, _____ .

3. (Er soll zwei Kilo abnehmen.)   Versuch doch mal, _____ .

4. (Sie soll das Geld umwechseln.)   Versuch doch mal, _____ .

5. (Er soll die CD umtauschen.)   Versuch doch mal, _____ .

6. (Sie soll weniger fernsehen.)   Versuch doch mal, _____ .

7. (Sie soll sich ab und zu schminken.)   Versuch doch mal, _____ .

8. (Sie soll sich hübsch machen.)   Versuch doch mal, _____ .

Mehr Grammatikübungen

6 Du rätst einem Freund, was er machen soll. Schreib die folgenden Ratschläge ab, und schreib dabei in die Lücken einen Infinitivsatz anstatt der gegebenen Befehlsform (*command form*)! (**Seite 75**)

1. Entspann dich mal!   Versuch doch mal, _____ .
2. Zieh dich mal schick an!   Versuch doch mal, _____ .
3. Pass dich mal den andern an!   Versuch doch mal, _____ .
4. Drück dich mal besser aus!   Versuch doch mal, _____ .
5. Erinnere dich mal daran!   Versuch doch mal, _____ .
6. Beschäftige dich damit!   Versuch doch mal, _____ .

7 Du erklärst, warum du verschiedene Dinge tust. Schreib die folgenden Sätze ab, und schreib dabei in die Lücken einen Infinitivsatz, der mit **um** beginnt! Verwende dabei die Information in Klammern! (**Seite 75**)

1. (Ich spare Geld.)   Ich fahre mit dem Rad, _____ .
2. (Ich sehe gut aus.)   Ich trage schicke Sachen, _____ .
3. (Ich nehme nicht zu.)   Ich esse vernünftig, _____ .
4. (Ich mache mit der Mode mit.) Ich trage den letzten Schrei, _____ .
5. (Ich passe mich schnell an.)   Ich lerne viel über Bayern, _____ .
6. (Ich mache beim Sport mit.)   Ich rauche nicht, _____ .

8 Du gibst auf jeweils drei verschiedene Arten einen Grund an. Schreib die folgenden Sätze ab, und drücke dabei den Grund, der in Klammern steht, auf drei verschiedene Arten aus! (**Seite 75**)

   (Ich möchte Deutsch lernen.)
1. Ich gehe in den Deutschkurs, weil _____ .
2. Ich gehe in den Deutschkurs, um _____ .
3. Ich gehe in den Deutschkurs, damit _____ .
   (Ich möchte zwei Kilo abnehmen.)
4. Ich mache viel Sport, weil _____ .
5. Ich mache viel Sport, um _____ .
6. Ich mache viel Sport, damit _____ .
   (Ich möchte mich umziehen.)
7. Ich gehe gleich nach der Schule nach Hause, weil _____ .
8. Ich gehe gleich nach der Schule nach Hause, um _____ .
9. Ich gehe gleich nach der Schule nach Hause, damit _____ .

9 Sieh dir jeweils die Zeichnungen und die Gründe in Klammern an, und schreib dann die folgenden Sätze zu Ende. Du drückst dabei deine Gründe auf drei verschiedene Arten aus. Achte darauf, dass du manchmal das Modalverb weglassen musst und dass du manchmal ein anderes Modalverb hinzufügen musst. (**Seite 75**)

(Du möchtest gesund bleiben.)

1. Ich esse Vitamin-C-reiche Früchte,
   a. um _____ .
   b. damit _____ .
   c. weil _____ .

(Du möchtest Geld sparen.)

2. Ich nähe meine Klamotten selbst,
   a. um _____ .
   b. damit _____ .
   c. weil _____ .

(Du möchtest dort tauchen.)

3. Ich fahre auf eine Insel im Karibischen Meer,
   a. um _____ .
   b. damit _____ .
   c. weil _____ .

(Du möchtest dort italienische Tomaten kaufen.)

4. Ich gehe zur Gemüsefrau am Markt,
   a. um _____ .
   b. damit _____ .
   c. weil _____ .

Anwendung

internet

ADRESSE: go.hrw.com
KENNWORT: WK3 DIE NEUEN
BUNDESLAENDER-3

1 **a.** Du möchtest dich mit richtiger Ernährung fit halten. Wie viel weißt du über den Nährwert von Lebensmitteln? Lies die Umfrage! Entscheide dann, ob die Aussagen richtig oder falsch sind!

Umfrage: Nährwert von Lebensmitteln

1. **Das beste Brot ist dunkles Brot.**

   richtig ☐
   falsch ☐

2. **Braune Eier sind gesünder als weiße Eier.**

   richtig ☐
   falsch ☐

3. **Kartoffeln machen dick.**

   richtig ☐
   falsch ☐

4. **Fisch hat weniger Nährwert als Fleisch.**

   richtig ☐
   falsch ☐

5. **Öl ist Öl. Es spielt keine Rolle, welches man im Haushalt gebraucht.**

   richtig ☐
   falsch ☐

6. **Orangen und Zitronen sind die Vitamin-C-reichsten Früchte.**

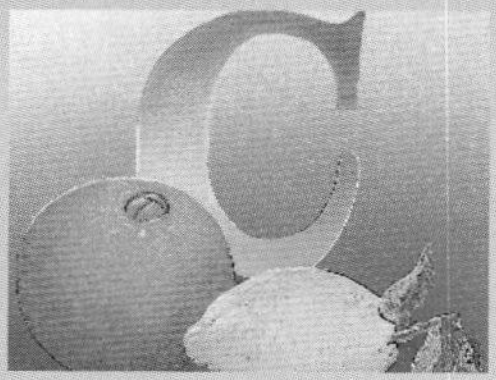

   richtig ☐
   falsch ☐

7. **Brot macht dick.**

   richtig ☐
   falsch ☐

8. **Alle Mineralwässer sind gleich.**

   richtig ☐
   falsch ☐

9. **Wenn es heiß ist, soll man nichts oder weniger trinken.**

   richtig ☐
   falsch ☐

10. **Brauner Zucker enthält mehr Vitamine und Mineralien als weißer Zucker.**

    richtig ☐
    falsch ☐

b. Du hörst im Radio einen Bericht über gesunde Ernährung. Schau dir nochmal die Umfrage von Übung 1 an und die Antworten, die du gewählt hast! Wie viele Antworten hast du richtig?

c. Schreib jetzt die Aussagen aus der Umfrage von Übung 1 in richtig lautende Aussagen um!

2 Diskutiert die folgenden Äußerungen!

— Was haltet ihr von diesen Bemerkungen?

— Wie würdet ihr darauf reagieren?

> Schuluniformen sind eine gute Lösung für Kleiderprobleme in der Schule.
> Ute

> Eins ist sicher: gut gekleidete Leute finden eher Freunde als andere.
> Sven

> Wenn bei uns in der Klasse jemand etwas Neues anhat, wollen die andern gleich das Etikett mit der Marke sehen. Wer sich keine teuren Klamotten leisten kann, schneidet als erstes das Etikett heraus. Aber das merken die andern auch sofort. Was soll man da tun?
> Tanja

> Ich trag gern verrückte Klamotten. Ich trag auch einen Ohrring, und ab und zu färb ich mir auch die Haare. Ich will mit meinem Aussehen provozieren. Und wie die Leute reagieren! Besonders ältere Leute sprechen mit mir über mein Aussehen. Und es ist ein tolles Gefühl, wenn die Leute merken, dass ich gar nicht so negativ bin, wie sie immer glauben.
> Uwe

> Wer nicht perfekt gekleidet ist, bekommt nie einen guten Job. Ich hab neulich eine Einladung zu einer Fete bekommen. Am Ende stand: Festliche Kleidung erwünscht.
> Michael

3 Schreib eine Antwort zu einer dieser fünf Äußerungen! Lies danach deinen Klassenkameraden vor, was du geschrieben hast!

4

R o l l e n s p i e l

Spiel einen Dialog mit einem Partner vor der Klasse! Folgende Anleitungen helfen dir dabei.

1. Du hast dir eine Jacke und eine Hose gekauft, die deinem Vater überhaupt nicht gefallen. Er kritisiert dich. Schreib auf, was er alles sagen kann! Gebrauche diese Stichwörter!

wie aussehen — Hose, eng — Jacke, ausgefallen — Geschmack? — nicht kaufen sollen — nichts dazu zahlen

2. Du verteidigst (*defend*) dich. Schreib auf, was du alles sagen kannst! Gebrauche diese Stichwörter!

Freunde haben auch solche Klamotten — mit der Mode mitmachen — „in" sein — Aussehen wichtig — Sachen waren billig — nicht genug Geld für schicke Sachen

Kann ich's wirklich?

Can you ask for and express opinions? (p. 65)

1 How would you ask for an opinion and give your own opinion of
- **a.** Biokost?
- **b.** eine Ernährung ohne Fleisch?
- **c.** Bodybuilding?

Can you express sympathy and resignation? (p. 73)

2 How would you express sympathy or resignation in response to these statements?
- **a.** Ich hab jetzt schon die zweite Fünf in Geschichte.
- **b.** Du hast wohl Probleme mit deiner Frisur!
- **c.** Stell dir vor, ich hab meine Kamera verloren!
- **d.** Meine beste Freundin hat mich nicht zu ihrer Fete eingeladen.
- **e.** Der Peter, der passt sich seinen Freunden überhaupt nicht an.

Can you give advice? (p. 74)

3 What advice would you give to a friend who told you the following?
- **a.** Meine Mutter sagt, ich zieh mich zu schlampig an.
- **b.** Sie sagt, meine Haare sind viel zu lang.
- **c.** Sie sagt, mein Zimmer ist nie aufgeräumt.
- **d.** Sie sagt, dass ich zu viel fernsehe.

Can you give a reason? (p. 75)

4 How would you complete these statements so that they tell why you do these things?
- **a.** Ich ess eigentlich keine Süßigkeiten, …
- **b.** Mit dem Essen pass ich schon auf, …
- **c.** Ich treibe natürlich viel Sport, …
- **d.** Ich beschäftige mich aber auch mit meinen Hobbys, …

Can you admit something and express regret? (p. 76)

5 How would you admit and express regret that you
- **a.** paid too much for …?
- **b.** judge your friends by their clothes?
- **c.** dress in a … way (schlampig)?

Erste Stufe

Giving opinions

Du hältst viel von unserer Lehrerin, oder?	You think highly of our teacher, don't you?

Other useful words and phrases

s. Gedanken machen über (acc)	to think about
s. entspannen	to relax
s. ablenken mit (sep)	to divert oneself (with)
s. beschäftigen mit	to keep busy with
s. schminken	to put on makeup

achten auf (acc)	to pay attention to
zunehmen (sep)	to gain weight
abnehmen (sep)	to lose weight
übertreiben	to exaggerate
schief gehen (sep)	to go wrong
treffen	to meet
zusammenpassen (sep)	to go together, match
aufpassen (sep)	to pay attention
was (das) angeht	as far as (that) goes
heben	to lift
hübsch	pretty, handsome
mickrig	lousy
schlampig	sloppy

vollwertig	nutritious
regelmäßig	regularly
hauptsächlich	mainly
wirkungsvoll	effective
die Kleidung	clothing
die Laune	mood
die Sache, -n	thing
die Biokost	organic food
das Krafttraining	weight lifting

Zweite Stufe

Expressing sympathy and resignation

Das muss ja schlimm sein!	That must be really bad!
Wie schrecklich!	How terrible!
Ich hab eben eine Pechsträhne.	I'm just having a streak of bad luck.
Da kann man nichts machen.	There's nothing you can do.
Was kann ich schon tun?	Well, what can I do?
Es ist halt so.	That's the way it is.

Giving advice

Komm, ich geb dir mal einen guten Rat!	Okay, let me give you some good advice.
Versuch doch mal, etwas zu machen!	Why don't you try to do something?
Du solltest mal ins Kino gehen.	You should go to the movies.

An deiner Stelle würde ich mehr lernen.	If I were you, I'd study more.
Lass dir doch die Haare schneiden!	Why don't you get your hair cut?

Other useful words and phrases

Das sagt etwas über dich aus.	That says something about you.
mitmachen mit (sep)	to go along with
beurteilen nach (dat)	to judge according to
ankommen bei (sep)	to be accepted by
s. anpassen (sep, dat)	to conform to
beeinflussen	to influence
ausdrücken (sep)	to express
zugeben (sep)	to admit
entwickeln	to develop
versuchen	to attempt, try
vorhaben (sep)	to plan

aushalten (sep)	to endure, stand something
nähen	to sew
sparen	to save money
herumblättern (sep)	to leaf through (a newspaper)
der Geschmack	taste
das Mitleid	pity, sympathy
der letzte Schrei	the latest fashion
die Kleider (pl)	clothes
ausgefallen	unusual
verrückt	crazy
ohne	without
ohne weiteres	easily, readily
ohne … zu machen	without doing …
um … zu machen	in order to do …
damit (conj)	so that, in order to

Komm mit nach Würzburg!

Bundesland: Bayern

Einwohner: 128 000

Fluss: Main

Sehenswürdigkeiten: Festung Marienberg, Dom, Residenz, Haus zum Falken

Berühmte Künstler: Tilman Riemenschneider (1460-1531), Mathias Grünewald (ca. 1480-1529)

Fürstbischöfe: Rudolf von Scherenberg (1466-1495), Julius Echter (1545-1617), Franz von Schönborn (1674-1746)

Industrie: Weinbau, Textil, Elektronik, Tourismus

Bekannte Gerichte: Bratwürste, Zwiebelkuchen, Zwetschgenkuchen

go.
hrw
.com
WK3 WUERZBURG

VIDEO

St. Kilian, Frankenapostel und ▶ Schutzheiliger Würzburgs, mit Festung Marienberg, einst Residenz der Fürstbischöfe

Würzburg

Würzburg feierte 1992 seinen 1250. Geburtstag! Die Geschichte dieser Stadt reicht bis in die keltische Zeit zurück. Schon im 8. Jahrhundert erhob St. Bonifatius den damals kleinen Ort zum Bistum. Im 12. Jahrhundert erhob Kaiser Friedrich Barbarossa die Bischöfe von Würzburg zu Herzögen von Franken. Damit begann eine Entwicklung, die in den folgenden Jahrhunderten Würzburg zu einem kulturellen Zentrum Europas machte.

Im Zentrum steht der Dom St. Kilian, im Jahre 1045 begonnen. Der Dom ist die viertgrößte romanische Kirche Deutschlands. Im Innern befinden sich die Grabmäler von Bischöfen, u.a. die Grabmäler von Rudolf von Scherenberg (gest. 1495) und Lorenz von Bibra (gest. 1519), beide von Riemenschneider aus Salzburger Rotmarmor geschaffen.

📶 internet

go.
hrw
.com **ADRESSE:** go.hrw.com
KENNWORT:
        WK3 WUERZBURG

❶ Residenz

Die fürstbischöfliche Residenz, der bedeutendste Profanbau des deutschen Barocks, wurde 1719-1744 unter der Leitung von Balthasar Neumann errichtet. Im Innern ist das großartige Treppenhaus mit dem berühmten Freskogemälde von Tiepolo und der einzigartig dekorierte Kaisersaal, in dem jährlich die Konzerte des Mozartfestes stattfinden.

2 Haus zum Falken
Das Haus zum Falken, das heute das Fremdenverkehrsamt beherbergt, hat die schönste Rokokofassade (1751) der Stadt.

3 Mainbrücke und Würzburg
Die Alte Mainbrücke mit den Apostelfiguren führt in die Innenstadt zum Dom.

4

Verhältnis zu anderen

Objectives

In this chapter you will review and practice how to

Erste Stufe

- agree

Zweite Stufe

- give advice
- introduce another point of view
- hypothesize

 internet

 ADRESSE: go.hrw.com
KENNWORT: WK3
WUERZBURG-4

◀ **Wir verstehen uns gut.**

Los geht's! · *Verhältnis zu Eltern und Freunden*

Über ihr Verhältnis zu Eltern und Freunden sprach ein Interviewer mit vier Gymnasiasten. Er unterhielt sich mit Sonja (17), Tanja (18), Michael (17) und Philipp (17).

Interviewer: Wie kommt ihr mit euern Eltern aus?

Michael: Ja, bei mir läuft seit zwei Jahren alles prima.

Interviewer: Was meinst du damit? War's vorher anders?

Michael: Na ja, bis vor zwei Jahren hat's ab und zu Streitigkeiten gegeben.

Interviewer: Kannst du mal ein Beispiel geben?

Michael: Es ist damals meistens um so kleine Alltäglichkeiten gegangen — die Mutter will, dass man schnell noch aufräumt, bevor man weggeht und so weiter.

Tanja: Ja, bei mir ist es auch so: jetzt gibt's keine Streitigkeiten mehr. Das Problem mit dem Weggehen, das früher ein Streitpunkt war, hat sich jetzt erledigt — ich bin ja jetzt achtzehn — und ja, alles andere, darüber kann man ja reden, da braucht man nicht streiten.

Sonja: Da geb ich dir Recht, Tanja. Und ich möchte dazu noch sagen, dass … also, es dauert eben auch eine Zeitlang, bis sich die Eltern daran gewöhnen, dass aus ihren Kindern erwachsene Leute geworden sind.

Philipp: Eben. Ich versteh mich jetzt mit meinen Eltern so prima. Mein Vater ist ein echter Kumpel. Wir gehen zusammen Tennis spielen und so … und ich frag mich oft, warum es früher nicht so gut geklappt hat.

Interviewer: Wer sind eure Freunde? Mit wem seid ihr gewöhnlich zusammen?

Philipp: Unser Freundeskreis? Ja, das sind eigentlich die Leute aus der letzten Klasse. Es ist ja so: in der Kollegstufe gibt es keine festen Klassen, also man ist immer mit anderen Leuten zusammen. Aber im Jahr davor, da waren wir in der 10. Klasse und eben schon seit der 5. Klasse mit den gleichen Leuten zusammen. Und da haben sich gewisse Cliquen gebildet, die eben jetzt was zusammen machen.

Interviewer: Was macht ihr so? Geht ihr tanzen?

Michael: Nee, wirklich nicht!

Sonja: Wir gehen öfters weg, einfach so in ein Café, trinken irgendwas und unterhalten uns, oder wir schauen uns zusammen einen Videofilm an oder …

Michael: Ins Kino gehen wir auch ab und zu zusammen, manchmal sogar auch ins Theater.

Tanja: Besonders, wenn wir Freikarten kriegen.

Philipp: Und wir machen Sport zusammen, wir spielen Tennis, und im Sommer gehen wir halt oft zusammen schwimmen.

Interviewer: Seid ihr auch mit anderen Leuten zusammen, mit denen ihr in der Grundschule wart?

Sonja: Kaum.

Michael: Ich kenn einen, der mit mir im Schwimmverein ist. Ich war mit dem in der Grundschule zusammen und hatte aber keinen Kontakt mehr zu ihm bis eben jetzt … aber wir machen nichts zusammen. Er haut immer gleich ab und fährt zu seiner Clique.

Sonja: Man macht sicher auch etwas mit anderen Leuten, aber ich würd' auch sagen, dass man hauptsächlich mit den eigenen Leuten unterwegs ist. Mit der Zeit merkt man halt, mit was für Leuten man sich versteht, wer die gleichen Interessen hat, ja und demnach richtet man seinen Freundeskreis ein.

Interviewer: Was machen denn die Azubis in ihrer Freizeit?

Michael: Keine Ahnung. Weiß nicht.

Tanja: Ich hab früher in einer Gegend gewohnt — da war ein Freizeitheim, in dem sich meistens Azubis getroffen haben. Aber ich weiß nicht, was die sonst so gemacht haben.

Übungsheft, S. 40

1 Verhältnis zu Eltern und Freunden

Lesen/Schreiben Welche Aussagen (*statements*) machen die vier Schüler zu den Fragen?

a. Wie ist euer Verhältnis zu den Eltern?

b. Wer sind eure Freunde, und was macht ihr mit ihnen?

NAME	ELTERN	FREUNDE
Michael Tanja Philipp Sonja _____	Alles läuft prima. Es gibt keine Streitigkeiten mehr.	

2 Und du? Wie steht's mit dir?

Sprechen Trag deinen Namen in die Tabelle ein und berichte kurz, wie dein Verhältnis zu deinen Eltern und Freunden ist!

3 Was erzählt Philipp?

Sprechen Erzähle, was Philipp über sein Verhältnis zu seinen Eltern und Freunden berichtet!

a. Philipp versteht sich mit seinen Eltern prima. Sein Vater …

b. Die Freunde, die er hat, sind Leute aus der 10. Klasse. Er ist mit ihnen …

c. Sie machen …

Wortschatz

auf Deutsch erklärt

Ich komme gut mit ihnen aus. Wir haben keine Probleme miteinander.

Wir verstehen uns nicht so gut mit ihnen. Wir kommen nicht gut mit ihnen aus.

Wir richten uns nach euch. Wir machen gern, was ihr machen wollt.

der Kumpel ein guter Freund

der Freundeskreis die Gruppe von Freunden

erwachsen sein kein Kind mehr sein

reden sprechen

auf Englisch erklärt

Wir haben ein problematisches Verhältnis.
We have a difficult relationship.

Wir haben aber wenig Krach miteinander.
We really don't argue much with one another.

Meine Eltern schimpfen immer mit mir!
My parents are always scolding me!

Das kann ich nicht leiden! *I can't stand that!*

der Streit *quarrel*

der Streitpunkt *point of contention*

Worum geht es? *What's it about?*

Sie gehört einem Volleyballclub an.
She belongs to a volleyball club.

Übungsheft, S. 41, Ü. 1   Grammatikheft, S. 28, Ü. 1

4 ### Gibt es hier Konflikte?

Schreiben Was können Eltern manchmal nicht leiden? Schau dir die Zeichnungen an und suche die Satzteile ganz unten, die zu den Zeichnungen am besten passen! Schreib dann die Sätze richtig auf, indem du sie mit den Konjunktionen verbindest!

Es gibt Krach, …

Meine Eltern schimpfen, …

Sie können es nicht leiden, …

(wenn) ich räume mein Zimmer nicht auf

(wenn) ich komme zu spät nach Hause

(wenn) ich sehe zu viel fern

(dass) ich habe mir die Haare gefärbt

(weil) ich helfe nicht immer

(wie) ich ziehe mich an

(weil) meine Noten sind schlecht

(wenn) ich spiele die Musik laut

Mehr Grammatikübungen, S. 112, Ü. 1

5 Worüber streiten sich die Leute?

Zuhören Ihr hört jetzt vier Gespräche. Die Leute, die sich unterhalten, streiten sich. Worüber streiten sie? Endet in jedem Fall der Streit gut, also produktiv, oder schlecht, d.h. die Personen erreichen nichts?

6 Die Eltern schimpfen so oft!

Lesen/Sprechen Erzähle deiner Partnerin, wann es bei dir zu Hause Krach gibt, und deine Partnerin erzählt dir dann, wie es bei ihr zu Hause ist!

DU **Es gibt Krach, wenn ich ...**   *oder*
Meine Mutter schimpft immer, weil ...   *oder*
Die Eltern können es nicht leiden, dass ...

Zimmer nicht aufräumen
einen Freund/eine Freundin haben
zu viel ausgehen
die Musik zu laut spielen
zu spät nach Hause kommen

schlechte Noten haben
zu viel Geld ausgeben
sich verrückt anziehen
sich die Haare färben
sich zu sehr schminken

So sagt man das!

Agreeing

You have learned a number of ways to express agreement. Here are a few more:
If your friend says: You may answer:

Du sollst nicht so viel streiten.   **Da geb ich dir Recht.**
Wir müssen unsere Hausaufgaben erledigen.   **Ganz meine Meinung.**
Bei uns ist der Streitpunkt das Geschirrspülen. **Bei mir ist es auch so.**

What are some other ways you have learned to express agreement?[1]

Mehr Grammatikübungen, S. 112, Ü. 2

Grammatikheft, S. 29, Ü. 2

7 Streit mit dem Vater

Zuhören Claudia erzählt Patrick, dass sie Streit mit ihrem Vater hatte. Hör gut zu, und mach dir Notizen, worum es geht! Stimmt Patrick Claudias Meinung zu oder nicht? Anhand deiner Notizen spiel dann mit einem Partner die Rollen von Claudia und ihrem Vater!

8 Was sagst du dazu?

Sprechen Diskutier über die folgenden Aussagen mit deinem Partner! Stimmst du diesen Aussagen ganz zu oder nur teilweise? Was kannst du noch dazu sagen?

1. Eltern sollen mehr Vertrauen zu ihren Kindern haben.
2. In unserem Alter braucht man nicht streiten. Über Probleme kann ich mit meinen Eltern immer reden.
3. Die meisten Streitigkeiten gehen nur um Alltäglichkeiten.
4. Eltern können sich nicht daran gewöhnen, dass aus ihren Kindern erwachsene Leute werden.
5. Man sollte ab und zu auch mal mit den Eltern ins Theater oder in ein klassisches Konzert gehen.

---

1. **Da hast du Recht; Ich meine das auch; Stimmt!; Das finde ich auch.**

9 Grammatik im Kontext

Schreiben Mit wem verbringen Jugendliche ihre Freizeit? Schreib einen kurzen Bericht darüber, indem du die Satzlücken in dem folgenden Text füllst! Die Information dafür findest du in der Grafik unten.

An ═══════ Stelle steht die Clique. Die Statistik zeigt, dass die Jugendlichen ═══════ Prozent ihrer Freizeit mit der Clique verbringen. 24 ═══════ ihrer Freizeit sind die Jugendlichen mit ═══════════ zusammen. An ═══════ Stelle steht mit 18 Prozent die ═══════. Nur ═══════ Prozent ihrer Freizeit verbringen die Jugendlichen allein. An ═══════════ Stelle nannten die Jugendlichen ═══════════ mit 10 Prozent.

Ein wenig Landeskunde

Die Clique, die kleine, lose Freundesgruppe, ist für die meisten Jugendlichen von heute von großer Bedeutung. Sechzig Prozent aller Jugendlichen sagen, sie gehören einer Clique an; 1962 waren es nur 15 Prozent.

Was macht die Clique so beliebt? Cliquen sind den Jugendlichen wichtig, vor allem für die Gestaltung der Freizeit. Auf diesem Gebiet fangen die Jugendlichen schon sehr früh an, sich von ihren Eltern zu lösen. Ein Sportverein ist nicht immer die ideale Lösung: Vereine sind organisiert, und das wollen viele Jugendliche nicht. In der Clique ist man nicht allein, man ist mit Gleichaltrigen zusammen, also man hat Freizeitpartner.

Wo treffen sich die Cliquen? Diskos, Jugendheime, Schwimmbäder und vor allem Fußgängerzonen und öffentliche Plätze sind Orte, wo man sich treffen kann. Hier in der Clique kann man die Zeit verbringen, miteinander reden. Hier wird man so genommen, wie man ist.

Ein wenig Grammatik

Ordinal numbers

In order to use numbers as adjectives, as in the sentence "I am in the tenth grade," you need to know the ordinal numbers. The first three, as in English, are irregular.

Das ist mein **erst**er Wagen.
Ich würde mir den Film ein **zweit**es Mal ansehen.
Nein, ich meine die **dritt**e Straße rechts.

After that, add a **t** to the end of the cardinal number and then the correct adjective ending.

Ich bin in der **zehnt**en Klasse.
Meine Schwester hat am **achtzehnt**en Juli Geburtstag.

Remember, as adjectives, these numbers follow all the rules for adjective endings. For a list of the ordinal numbers, see the Grammar Summary.

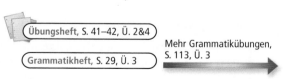

Übungsheft, S. 41–42, Ü. 2&4

Grammatikheft, S. 29, Ü. 3

Mehr Grammatikübungen, S. 113, Ü. 3

Mit wem verbringen Jugendliche ihre Freizeit?

mit sonstigen Personen 10%
allein 16%
mit der Familie 18%
mit dem Freund/ der Freundin 24%
mit der Clique 32%

10 Für mein Notizbuch

Schreiben Schreib, warum deine Eltern manchmal mit dir schimpfen, worüber sie sich freuen und wann oder warum es ab und zu Krach gibt!

Grammatik

Relative clauses

1. Sometimes you may want to say more than you can express in a simple sentence. One solution is to create a new sentence.

   Ich kenne einen netten Jungen. Er ist in meinem Schwimmverein.

2. For a more fluid style you can also use a relative clause. A relative clause is introduced by a relative pronoun that refers back to the noun it replaces.

   Ich kenne einen netten Jungen, **der in meinem Schwimmverein ist.**

   Siehst du die Frau, **die da drüben steht?**

3. The gender of a relative pronoun depends on the word it refers back to.

   Der Freundeskreis, der aus sieben Schülern besteht, trifft sich im Café.
   Die Clique, die jedes Wochenende zusammenkommt, spielt gern Tennis.
   Das Problem, das früher ganz groß war, ist jetzt gelöst.
   Die Schüler, die jetzt von der Schule kommen, sind bei mir in der Klasse.

4. The case of the relative pronoun is determined by its *function in the relative clause* as a subject, direct object, indirect object, or object of a preposition.

Die Schüler, **die** sich immer treffen, …	(subject)
Der Freundeskreis, **den** ich gern mag, …	(direct object)
Die Clique, **der** ich angehöre, …	(object of a verb taking the dative)
Die Frau, **über die** wir jetzt reden, …	(object of an accusative preposition)
Die Leute, **mit denen** ich ausgehe, …	(object of a dative preposition)

5. As relative clauses are dependent clauses, the conjugated verb in the relative clause is always in last position.

6. Here are the relative pronouns:

	Masculine	Feminine	Neuter	Plural
Nominative	der	die	das	die
Accusative	den	die	das	die
Dative	dem	der	dem	denen

Übungsheft, S. 42–44, Ü. 3, 5–8   Grammatikheft, S. 30–31, Ü. 4–5   Mehr Grammatikübungen, S. 113–114, Ü. 4–5

---

11 ## Grammatik im Kontext

Lesen/Schreiben Eine Schülerin erzählt, wie ihr Verhältnis zu Eltern, Freunden und Lehrern ist. Füll die Satzlücken mit den richtigen Relativpronomen!

Mir geht's eigentlich sehr gut. Ich habe Eltern, ═══ ganz vernünftig und tolerant sind. Ich habe Freunde, mit ═══ ich mich gut verstehe. Ich habe Lehrer, ═══ sehr nett sind. Ein Lehrer, ═══ wir alle furchtbar gern haben, trifft sich mit uns nach der Schule. Wir diskutieren über irgendein Problem, ═══ einer von uns gerade hat. Meine Freundin Renate, mit ═══ ich schon in der Grundschule war, ist auch immer dabei. Nach einer Diskussion, ═══ besonders interessant war, sind wir in ein Café gegangen, ═══ nicht weit von der Schule ist, und haben uns noch lange darüber unterhalten.

Weiter geht's! ▪ *Verhältnis zu anderen Leuten*

Die deutschen Schulklassen sind längst nicht mehr so homogen wie früher. Heute gibt es nicht nur Randgruppen in den Klassen, sondern auch viele ausländische Schüler. Was sagen unsere vier Gymnasiasten dazu?

Interviewer: Gehört ihr irgendwelchen Gruppen wie Punker, Raver oder so was an? Kennt ihr vielleicht Leute aus solchen Gruppen?

Michael: Bei uns, also an unserer Schule, gibt es ein paar Punker, Grunger, Öko-Freaks und so … , und die sondern sich schon ab von den andern. Die Punker zum Beispiel sind immer zusammen, aber sie unterhalten sich genauso mit andern Leuten wie untereinander. Und ich versteh mich mit denen auch ganz gut, aber wir machen außerhalb der Schule nie etwas zusammen.

Tanja: Ja, also ich bin in einer Raver-Clique. Wir ziehen uns gern anders an und hören Raver-Musik, aber ich habe auch Freunde, die keine Raver sind.

Philipp: Also, was ich an den Randgruppen gut finde ist, die bringen die Interessen der anderen Schüler an die Lehrer. Manche sind eben doch aufsässig …

Sonja: Ja, und damit machen sie sich auch manchmal unbeliebt bei vielen Lehrern. Aber so mit den Punkern zum Beispiel gibt's keine Schwierigkeiten. Ich hab da auch keine Vorurteile, und ich find es okay, wenn man zu einer Gruppe gehört.

Interviewer: Wie ist euer Verhältnis zu ausländischen Schülern? Sind da welche an euerm Gymnasium?

Philipp: Ja, wir haben schon einige Ausländer, aber fast alle von ihnen sind in Deutschland geboren und sprechen Deutsch genauso gut wie wir, sogar besser als ihre Muttersprache.

Tanja: Meine Schwester geht auf die Real-schule, in die 7. Klasse, und da sind ein paar türkische Schüler mit ihr in der Klasse. Und die Elke, so heißt meine Schwester, sagt, dass sie meistens unter sich bleiben, also in der Pause und auch nach der Schule.

Michael: Die sind selber schuld daran. Sie versuchen oft gar nicht, sich in unserm Land anzupassen.

Philipp: Das stimmt aber so nicht! Auch wenn sie versuchen, sich anzupassen, werden sie oft von uns Deutschen nicht akzeptiert, weil sie Ausländer sind. Aber die Mädchen tun mir echt Leid. Viele müssen sich hier so anziehen wie in der Türkei, ein Kopftuch tragen und so. Ihre Eltern wollen das so.

Tanja: Genau. Meine Schwester sagt zum Beispiel, dass einige Mädchen beim Sport überhaupt nicht mitmachen dürfen. Die Eltern verbieten das einfach.

Sonja: Die haben eben in der Türkei andere Sitten und Gebräuche. Ich finde, wir sollten nicht vergessen, dass sie sich nicht absichtlich absondern, sondern dass es kulturbedingt ist.

Michael: Ja, klar. Aber wenn ich als Gast in einem anderen Land wohne, so muss ich doch versuchen, mich ein wenig anzupassen.

Tanja: Was würdest du denn einem ausländischen Schüler raten, der sich isoliert fühlt?

Michael: Ja, ich würde ihm sagen, du, es ist wichtig, dass du mit uns Sport machst, oder vielleicht kannst du in unserer Umwelt-AG mitmachen …

Tanja: Sicher, aber denk doch mal daran, dass diese Leute oft ganz andere Interessen haben!

Michael: Eine Möglichkeit wäre, mal mit ihnen was zu unternehmen, um ihre Kultur besser kennen zu lernen.

Sonja: Das find ich gut. Das machen aber viel zu wenige Deutsche. Warum organisieren wir nicht mal eine Fete für nächsten Samstag und laden Hassan und seine Clique dazu ein?

Michael: Find ich prima!

Übungsheft, S. 45

12 Stimmt oder stimmt nicht?

Lesen/Schreiben Wenn der Satz nicht stimmt, schreib die richtige Antwort!

1. Die Punker in dieser Schule sprechen nicht mit anderen Leuten.
2. Die Lehrer haben ab und zu Schwierigkeiten mit den Punkern.
3. Alle Ausländer an dieser Schule können nicht sehr gut Deutsch.
4. Einige ausländische Kinder dürfen sich nicht so kleiden wie die Deutschen.
5. Die meisten ausländischen Schüler sind mit anderen Sitten und Gebräuchen aufgewachsen.

13 Was hast du verstanden?

Lesen/Schreiben Beantworte die folgenden Fragen.

1. Wie beschreiben die vier Schüler die Randgruppen an ihrer Schule?
2. Was ist anders bei türkischen Schülern als bei deutschen Schülern?
3. Wie könnten deutsche und ausländische Schüler vielleicht besser zusammenkommen?

Wortschatz

auf Deutsch erklärt

Was an dir gut ist, ist deine Toleranz. Ich finde deine Toleranz gut.

Sie sind anders. Sie sind nicht wie wir.

Wir verbieten es dir. Wir sagen dir, dass du es nicht darfst.

Sie bleiben unter sich. Sie gehen nicht mit anderen aus.

unbeliebt Man mag ihn oder sie nicht.

der Ausländer einer aus einem anderen Land

die Schwierigkeit Problem

auf Englisch erklärt

Sie haben andere Sitten und Gebräuche. *They have different customs and traditions.*

Wir haben nicht die gleiche Muttersprache. *We don't share the same native language.*

Das Mädchen dort sondert sich von den anderen ab. *That girl there keeps to herself.*

Sie macht es nicht absichtlich. *She doesn't do it on purpose.*

Es ist kulturbedingt. *It is for cultural reasons.*

Sie gehören einer Randgruppe an. *They belong to a fringe group.*

Wir sind ja selber schuld daran! *It's our own fault!*

Aber Vorurteile haben, find ich schlimm. *But I think having prejudices is really bad.*

(Übungsheft, S. 46, Ü. 1) (Grammatikheft, S. 32, Ü. 6)

---

14 ### Neue Schüler in der Klasse

Zuhören Kalle und Hannes sind in der 10. Klasse. Es ist zu Anfang des Schuljahres, und sie sprechen über die neuen Schüler in der Klasse. Hör ihrem Gespräch gut zu und bestimme, welche von den neuen Schülern sich anpassen und welche nicht!

15 ### Hast du Vorurteile?

Sprechen Setzt euch in kleinen Gruppen zusammen und seht euch die Illustrationen an! Überlegt euch Folgendes und diskutiert darüber!

1. Was sind Vorurteile? Definiert dieses Wort auf Deutsch!

2. Welche Vorurteile, die ihr kennt, gibt es gegen die Leute in den Illustrationen?

3. Welche Vorurteile gibt es gegen Leute in deiner Stadt? Welche Schwierigkeiten haben sie?

4. Was kann man diesen Leuten raten? Und den Leuten mit den Vorurteilen?

So sagt man das!

Giving advice; introducing another point of view

When giving advice, you could begin your sentence by saying:

> **Vielleicht kannst du** dich anpassen.
> **Es ist wichtig, dass** man frei von Vorurteilen bleibt.
> **Ich würde** mit den anderen Sport machen.

When presenting another point of view, you might begin your sentence with:

> **Das mag schon sein, aber** es ist schwerer, als du meinst.
> **Es kommt darauf an, ob** deine Eltern es dir verbieten.
> **Aber denk doch mal daran, dass** sie aus einer anderen Kultur kommen.
> **Du darfst nicht vergessen, dass** jeder Mensch irgendwo Ausländer ist.

(Grammatikheft, S. 33, Ü. 7)

16 Er hat immer eine Meinung

Zuhören Der Paul hat zu allem eine Meinung und gibt gern seinen Freunden Rat. Aber nicht alle akzeptieren blind, was er meint. Hör zu, wie er versucht, einem unglücklichen Kumpel Rat zu geben! Was ist das Problem? Welchem Rat will der Kumpel folgen, welchem nicht?

17 Was sagen die Gruppen?

Zwei verschiedene Gruppen von Schülern machen die Aussagen rechts. Lies mit einer Partnerin die verschiedenen Aussagen und entscheide, wer wahrscheinlich diese Aussagen macht!

a. Sprechen Beschreib diese Personen, wer sie sind, woher sie kommen, was sie machen, usw.!

b. Schreiben Schreibt dann zusammen ein Gespräch, das zwischen den zwei Gruppen stattfindet! Wer gibt Rat? Wer akzeptiert ihn?

Die einen sagen:

Ihr habt andere Sitten und Gebräuche.

Ihr sondert euch ab.

Ihr seid selber schuld daran, weil ihr euch nicht anpasst.

Ihr tut euch schwer.

Die anderen sagen:

Wir haben Schwierigkeiten mit der Sprache.

Wir fühlen uns isoliert.

Ihr habt Vorurteile, weil wir anders sind.

Wir sind hier fremd.

18 Der Markus tut sich schwer in der Schule

Markus' Freunde machen sich Sorgen um (*worry about*) ihn, weil der Lehrer meint, dass Markus Schwierigkeiten in der Schule hat. Markus selber ist natürlich unglücklich darüber. Such dir eine Partnerin! Hört euch Markus' Probleme an! Danach ratet ihm, was er tun soll!

a. Lesen Lest zuerst zusammen die Beobachtungen unten, die Markus' Lehrer gemacht hat! Spielt dann die Rollen von Lehrer und Markus! Der Lehrer sagt Markus, was er macht und nicht macht!

> BEISPIEL **Markus, du kommst oft sehr spät in die Schule!**

b. Sprechen Dann tauscht die Rollen aus! Einer spielt die Rolle eines Freundes von Markus und gibt ihm Rat.

> BEISPIEL **Markus, es ist wichtig, dass du pünktlich kommst.**

ist ziemlich aufsässig

passt sich nicht an

macht sich bei den Lehrern unbeliebt

sondert sich von den andern ab

Hypothesizing

People often make hypotheses about how things might or could be. In English, we often use an "if ..., then ..." statement to make a hypothesis. In German, **„wenn ..., dann ...“** statements express the same idea, although **dann** is often omitted.

When hypothesizing, you might say:

> **Wenn** du in einem fremden Land **wärst, (dann) würdest** du schon mit den andern **mitmachen.**
> **Wenn** sie Schwierigkeiten mit der Sprache **hätte, (dann) würde** sie sich isoliert **fühlen.**

What do you notice about the word order and punctuation in these statements?

---

19 ## Grammatik im Kontext

Zuhören Kerstin und Gertrud sprechen über ihre nächste Reise, die sie in den amerikanischen Westen machen wollen. Hör gut zu, wie sie über ihre Pläne spekulieren! Was werden sie bestimmt machen? Was bleibt spekulativ?

20 ## Grammatik im Kontext

Lesen/Schreiben Füll die Satzlücken mit Formen von **hätte, wäre** und **würde.** Verbinde dann die Sätze, und pass auf die Wortstellung auf!

1. Wenn meine junge Schwester jetzt erwachsen ══════,
2. Wenn wir Krach mit unseren Eltern ══════,
3. Wenn er mein Kumpel ══════,
4. Wenn ich eine schlechte Note in Mathe ══════,

a. wir ══════ ruhig darüber reden.
b. wir ══════ zum Fußballspiel gehen.
c. mein Lehrer ══════ schimpfen.
d. sie ══════ auch Auto fahren dürfen.

Ein wenig Grammatik

When making hypotheses, German speakers use two very common verbs to shorten a phrase. As you already know, **hätte** means the same as **würde** plus **haben.**

> **Wenn ich Angst haben würde, (dann) würde ich nicht hingehen.**

or

> **Wenn ich Angst hätte, ...**

Another is **wäre,** which is the same as **würde** plus **sein.**

> **Ich würde lieber in München sein.**

or

> **Ich wäre lieber in München.**

The endings for **wäre** are the same as for **hätte** and **würde.**

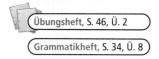

Übungsheft, S. 46, Ü. 2
Grammatikheft, S. 34, Ü. 8

Mehr Grammatikübungen, S. 114–115, Ü. 6–7

---

21 ## Als Austauschschüler in Deutschland

Sprechen Setzt euch in Gruppen zusammen und sagt, was ihr tun würdet, wenn ihr in einem anderen Land wärt, zum Beispiel als Austauschschüler an einem Gymnasium in Deutschland!

BEISPIEL   Du   **Was würdest du tun, wenn du als Austauschschüler an einem deutschen Gymnasium wärst?**

PARTNER 1   **Also, wenn ich an einem deutschen Gymnasium wäre, würde ich mich mit meinen Klassenkameraden unterhalten. Und du?**

PARTNER 2   **Wenn ich in Deutschland wäre, ...**

The genitive case

You have learned to use phrases with **von** to show possession. For example: **Das ist das Auto von meinem Vater.** You can also use the genitive case to show possession: **Das ist das Auto meines Vaters.**

How would you say that in English? Notice also the difference between English and German word order.

Definite and indefinite articles as well as possessives have the following forms in the genitive case:

Das ist das Auto …

	Masculine	Feminine	Neuter
Def. article	**des Jungen**	**der Chefin**	**des Geschäfts**
Indef. article	**eines Freundes**	**einer Frau**	**eines Mädchens**
Possessive	**meines Vaters**	**meiner Mutter**	**meines Kindes**

Definite articles and possessives have the same form in the plural as the feminine singular.

> **Das sind die Autos der Schüler der dreizehnten Klasse, und hier sind die Mofas meiner jüngeren Schüler.**

The following applies to the genitive:

- Most masculine nouns that end in **-e** add **-n**.
- Masculine and neuter nouns of one syllable add **-es**.
- Masculine and neuter nouns with two or more syllables add **-s**.
- Adjectives add **-en** regardless of the gender and number of the noun.

Prepositional phrases with **von** are more common in spoken than in written German. For example, **Das Haus von meinem Onkel …** is more common than **Das Haus meines Onkels …** There are also some fixed expressions with the genitive that you will learn as you become more familiar with the language.

Mehr Grammatikübungen, S. 115, Ü. 8–9

Übungsheft, S. 47–49, Ü. 3–9

Grammatikheft, S. 35–36, Ü. 9–11

---

22 **Grammatik im Kontext**

Schreiben Schreib die folgenden Sätze um, und verwende dabei Genitivformen!

1. Die Schüler vom Einstein-Gymnasium sind sehr gescheit (*clever*).
2. Die Leute von der letzten Klasse sind jetzt unsere Freunde.
3. Die Ziele von diesen Cliquen gefallen mir überhaupt nicht.
4. Die Mitglieder von diesem Schwimmverein treffen sich morgen.
5. Die Interessen, die ein Freund hat, können ganz anders sein.
6. Die Vorurteile, die unsere Schüler haben, sind oft groß.
7. Das Deutsch, das der türkische Schüler spricht, ist sehr gut.
8. Der Lehrer, den meine Schwester hat, ist aus Deutschland.

23 **Für mein Notizbuch**

Schreiben Schreib in dein Notizbuch, wie du dich mit deinen Klassenkameraden verstehst! Hast du Vorurteile gegen Schüler, die anders sind als du? Kennst du Schüler, die sich isoliert fühlen? Hast du Kontakte zu ihnen?

Die verschiedenen Bildungswege in Deutschland

Übungsheft, S. 50, Ü. 1–3

Helga, Klaus und Hassan sind im gleichen Alter und wohnen in derselben Nachbarschaft. Sie kennen sich schon jahrelang. Als Kinder haben sie dieselbe Grundschule besucht, bis sie 10 Jahre alt waren. Danach hat jeder einen anderen Bildungsweg genommen. Jetzt sind sie 18 Jahre alt und sehen einander selten.

Hassan lernt jetzt für das Abitur. Er muss sehr gute Noten bekommen, weil er Psychologie an einer Universität studieren will.

Helga ist auch sehr fleißig und hat neulich ihre Lehre (*apprenticeship*) im Kaufhof als Verkäuferin begonnen. Sie geht zweimal die Woche in die Berufsschule; an den restlichen drei Tagen wird sie in den verschiedenen Abteilungen des Kaufhauses ausgebildet. Sie hat vor, eines Tages Abteilungsleiterin zu werden.

Klaus besucht jetzt die Fachoberschule und will danach eine Lehre als Krankenpfleger machen. Deshalb möchte er auch nach der Lehre nicht zur Bundeswehr, sondern Zivildienst in einem Krankenhaus machen.

A. 1. Schau dir die Tabelle an!

2. Welche Bildungswege sind Hassan, Klaus und Helga gegangen? Was fällt dir am deutschen Schulsystem auf? Diskutier über die Hauptmerkmale mit einem Klassenkameraden!

3. Wodurch unterscheidet sich das deutsche Schulsystem von dem amerikanischen System? Mach eine ähnliche Tabelle vom amerikanischen System.

B. Vergleiche das deutsche Schulsystem mit dem amerikanischen Schulsystem! Was findest du besser oder schlechter?

SCHEMATISCHE GLIEDERUNG DES BILDUNGSWESENS

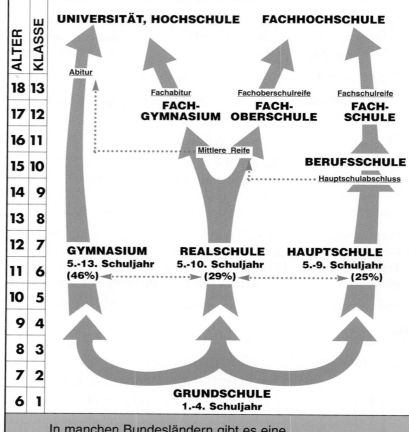

In manchen Bundesländern gibt es eine Orientierungsstufe (5. und 6. Klasse). Während dieser Zeit können die Schüler die Schulform wechseln.

Für Haupt- und Realschüler gibt es die Möglichkeit, auf ein Gymnasium zu gehen, wenn sie beim Schulabschluss überdurchschnittliche Noten haben.

As an Employee Relations specialist at a computer firm in Dresden, you notice that employees of different ethnic and national groups—Germans, Poles, Indians, Pakistanis, Africans, etc.—don't mix during the lunch hour. Develop an educational program that encourages employees to know people of other cultures and to concentrate on personal similarities, not differences. Make handouts or a packet for those attending the program, including an agenda and a detailed explanation of why this program is so important. You could even include a food-tasting menu, a questionnaire, or a get-to-know-you game.

Zum Schreiben

As a teenager you have a lot of difficult decisions to make. Good advice can often help you make these decisions, and one place to get it is from advice columns. In this activity, you will ask for advice in a letter to an advice column.

Lieber Herr Weißalles!

Denk an ein Problem, das du hast oder das vielleicht deutsche Schüler haben! Schreib einen kurzen Brief an eine Zeitung, um Rat für dieses Problem zu holen!

 Schreibtipp Determining the purpose Before you begin to write, carefully consider the purpose of what you are writing. You may be writing to express yourself, to entertain, to persuade someone of something, to get or to give information, or for many other reasons. In fact, some writing may have more than one purpose. In a personal letter, for example, you may want to convey information but also entertain a friend. Thinking about the purpose(s) of your writing helps to clarify who your audience is and what tone of language you should choose.

A. Vorbereiten

1. Schreib das Problem auf, wofür du Rat suchst! Dann schreib alle Ideen auf, die mit diesem Problem zusammenhängen!

2. Denk an den Zweck (*purpose*) deines Briefes! Warum schreibst du den Brief? Was willst du damit erreichen? Wähl Ideen von der Liste aus, die diesen Zweck unterstützen und unterstreiche sie!

B. Ausführen

Verwende jetzt die Punkte, die du gewählt hast, und beschreib das Problem in einem kurzen Brief an Herrn Weißalles! Erfinde einen Namen und einen Ort für den Absender (dich)!

C. Überarbeiten

1. Lies deinen Brief einem Partner vor! Hat er dein Problem gut verstanden? Frag deinen Partner, welche Punkte geholfen haben, dein Problem klarzumachen, und streiche unnötige Punkte aus! Besprich die Wirkung der Sprache in deinem Brief!

2. Wenn dein Brief viele kurze Sätze enthält, mach ihn fließender mit Nebensätzen!

3. Wenn du mit dem Brief zufrieden bist, lies ihn noch einmal durch! Hast du alles richtig buchstabiert? Hast du Nebensätze durch Kommas getrennt?

4. Jetzt schreib deinen Brief sehr ordentlich in Spaltenform auf (du kannst auch einen Computer benutzen), damit er aussieht, wie ein Brief in einer Zeitung!

Ein Tisch ist ein Tisch
von Peter Bichsel

Ich will von einem alten Mann erzählen, von einem Mann, der kein Wort mehr sagt, ein müdes Gesicht hat, zu müd zum Lächeln und zu müd, um böse zu sein. Er wohnt in einer kleinen Stadt, am Ende der Straße, nahe der Kreuzung. Es lohnt sich fast nicht, ihn zu beschreiben, kaum etwas unterscheidet ihn von andern. Er trägt einen grauen Hut, graue Hosen, einen grauen Rock und im Winter den langen grauen Mantel, und er hat einen dünnen Hals, dessen Haut trocken und runzelig ist, die weißen Hemdkragen sind ihm viel zu weit.

Im obersten Stock des Hauses hat er sein Zimmer, vielleicht war er verheiratet und hatte Kinder, vielleicht wohnte er früher in einer andern Stadt. Bestimmt war er einmal ein Kind, aber das war zu einer Zeit, wo die Kinder wie Erwachsene angezogen waren. Man sieht sie so im Fotoalbum der Großmutter. In seinem Zimmer sind zwei Stühle, ein Tisch, ein Teppich, ein Bett und ein Schrank. Auf einem kleinen Tisch steht ein Wecker, daneben liegen alte Zeitungen und das Fotoalbum, an der Wand hängen ein Spiegel und ein Bild.

Der alte Mann machte morgens einen Spaziergang und nachmittags einen Spaziergang, sprach ein paar Worte mit seinem Nachbarn, und abends saß er an seinem Tisch.

Das änderte sich nie, auch sonntags war das so. Und wenn der Mann am Tisch saß, hörte er den Wecker ticken, immer den Wecker ticken.

Dann gab es einmal einen besonderen Tag, einen Tag mit Sonne, nicht zu heiß, nicht zu kalt, mit Vogelgezwitscher, mit freundlichen Leuten, mit Kindern, die spielten — und das Besondere war, daß das alles dem Mann plötzlich gefiel.

Er lächelte.

„Jetzt wird sich alles ändern", dachte er. Er öffnete den obersten Hemdknopf, nahm den Hut in die Hand, beschleunigte seinen Gang, wippte sogar beim Gehen ein bißchen in den Knien und freute sich. Er kam in seine Straße, nickte den Kindern zu, ging vor sein Haus, stieg die Treppe hoch, nahm die Schlüssel aus der Tasche, freute sich über ihr Klingeln und schloß sein Zimmer auf.

Aber im Zimmer war alles gleich, ein Tisch, zwei Stühle, ein Bett. Und wie er sich hinsetzte, hörte er wieder das Ticken, und alle Freude war vorbei, denn nichts änderte sich.

Und den Mann überkam eine große Wut.

Eine Kurzgeschichte

Lesestrategie Determining the main idea of a story Focusing on the main idea (or ideas) of a short story, rather than trying to understand every word, is a strategy that will make reading German more manageable and enjoyable. In a short story, the main idea is rarely stated explicitly, but rather illustrated through a series of events. As you read, ask yourself from time to time what point or statement the author is making.

Getting Started

1. Read the title and the first four paragraphs. Answer the following questions using words and phrases from the story.

   a. Wer ist die Hauptfigur?

   b. Wo wohnt er?

   c. Wie sieht er aus?

   d. Was macht der Mann an einem gewöhnlichen Tag?

   e. Wer erzählt die Geschichte? Woher weißt du das?

Er sah im Spiegel sein Gesicht rot anlaufen, sah, wie er die Augen zukniff; dann verkrampfte er seine Hände zu Fäusten, hob sie und schlug mit ihnen auf die Tischplatte, erst nur einen Schlag, dann noch einen, und dann begann er auf den Tisch zu trommeln und schrie dazu immer wieder:

„Es muß sich ändern, es muß sich ändern!"

Und man hörte den Wecker nicht mehr. Und dann begannen seine Hände zu schmerzen, seine Stimme versagte, dann hörte man den Wecker wieder, und nichts änderte sich. »Immer derselbe Tisch", sagte der Mann, »dieselben Stühle, das Bett, das Bild. Und dem Tisch sage ich Tisch, dem Bild sage ich Bild, das Bett heißt Bett, und den Stuhl nennt man Stuhl. Warum denn eigentlich?" Die Franzosen sagen dem Bett »li", dem Tisch »tabl", nennen das Bild »tablo" und den Stuhl „schäs", und sie verstehen sich. Und die Chinesen verstehen sich auch.

„Weshalb heißt das Bett nicht Bild", dachte der Mann und lächelte, dann lachte er, lachte, bis die Nachbarn an die Wand klopften und »Ruhe" riefen.

„Jetzt ändert es sich", rief er, und er sagte von nun an dem Bett »Bild".

„Ich bin müde, ich will ins Bild", sagte er, und morgens blieb er oft lange im Bild liegen und überlegte, wie er nun dem Stuhl sagen wolle, und er nannte den Stuhl »Wecker".

Er stand also auf, zog sich an, setzte sich auf den Wecker und stützte die Arme auf den Tisch. Aber der Tisch hieß jetzt nicht mehr Tisch, er hieß jetzt Teppich. Am Morgen verließ also der Mann das Bild, zog sich an, setzte sich an den Teppich auf den Wecker und überlegte, wem er wie sagen könnte.

Dem **Bett** sagte er Bild.
Dem **Tisch** sagte er Teppich.
Dem **Stuhl** sagte er Wecker.
Der **Zeitung** sagte er Bett.
Dem **Spiegel** sagte er Stuhl.
Dem **Wecker** sagte er Fotoalbum.
Dem **Schrank** sagte er Zeitung.
Dem **Teppich** sagte er Schrank.
Dem **Bild** sagte er Tisch.
Und dem **Fotoalbum** sagte er Spiegel.

2. Versuche jetzt, das Zimmer des alten Mannes zu zeichnen!

3. Read to the end of the sixth paragraph. Explain what happened one day. What was that day like? How was it different from any other day?

4. Read to the end of the eighth paragraph. How does this part of the story explain the title?

5. Continue reading to the end. Outline the plot by listing the main events of the story. In your opinion, what is the main idea?

A Closer Look

6. Read the story again more carefully and, as you read, try to determine the main idea of each paragraph or each group of paragraphs. Based on the main ideas, divide the story into sections and supply a title for each section.

7. Scan to find the first use of **dann** in the story. What purpose does **dann** serve at that point? What does the word signal in the unfolding of the story? What about **jetzt** and **aber**? How do these words help to organize the story?

Also:

Am Morgen blieb der alte Mann lange im Bild liegen, um neun läutete das Fotoalbum, der Mann stand auf und stellte sich auf den Schrank, damit er nicht an die Füße fror, dann nahm er seine Kleider aus der Zeitung, zog sich an, schaute in den Stuhl an der Wand, setzte sich dann auf den Wecker an den Teppich und blätterte den Spiegel durch, bis er den Tisch seiner Mutter fand.

Der Mann fand das lustig, und er übte den ganzen Tag und prägte sich die neuen Wörter ein. Jetzt wurde alles umbenannt. Er war jetzt kein Mann mehr, sondern ein Fuß, und der Fuß war ein Morgen und der Morgen ein Mann.

Jetzt könnt ihr die Geschichte selbst weiterschreiben. Und dann könnt ihr, so wie es der Mann machte, auch die andern Wörter austauschen:

läuten heißt stellen,
frieren heißt schauen,
liegen heißt läuten,
stehen heißt frieren,
stellen heißt blättern

So daß es dann heißt:

Am Mann blieb der alte Fuß lange im Bild läuten, um neun stellte das Fotoalbum, der Fuß fror auf und blätterte sich auf den Schrank, damit er nicht an die Morgen schaute.

Der alte Mann kaufte sich blaue Schulhefte und schrieb sie mit den neuen Wörtern voll, und er hatte viel zu tun damit, und man sah ihn nur noch selten auf der Straße.

Dann lernte er für alle Dinge die neuen Bezeichnungen und vergaß dabei mehr und mehr die richtigen. Er hatte jetzt eine neue Sprache, die ihm ganz allein gehörte.

Hie und da träumte er schon in der neuen Sprache, und dann übersetzte er die Lieder aus seiner Schulzeit in seine Sprache, und er sang sie leise vor sich hin. Aber bald fiel ihm auch das Übersetzen schwer, er hatte seine alte Sprache fast vergessen, und er mußte die richtigen Wörter in seinen blauen Heften suchen. Und es machte ihm Angst, mit den Leuten zu sprechen. Er mußte lange nachdenken, wie die Leute den Dingen sagen.

8. Rarely does an author want just to relate a sequence of events. Usually a more important idea is the cause or the effect of the events. What caused the man to rename everything? What effect did this have in the short run? And in the long run? Which sentences from the story support your answers?

9. Look again at what you wrote about the main idea and revise your statement if necessary.

10. Discuss with your classmates some of the funny parts of the story and some of the sad parts. How do the funny parts actually make the story sad?

Seinem *Bild* sagen die Leute **Bett**.
Seinem *Teppich* sagen die Leute **Tisch**.
Seinem *Wecker* sagen die Leute **Stuhl**.
Seinem *Bett* sagen die Leute **Zeitung**.
Seinem *Stuhl* sagen die Leute **Spiegel**.
Seinem *Fotoalbum* sagen die Leute **Wecker**.
Seiner *Zeitung* sagen die Leute **Schrank**.
Seinem *Schrank* sagen die Leute **Teppich**.
Seinem *Tisch* sagen die Leute **Bild**.
Seinem *Spiegel* sagen die Leute **Fotoalbum**.

Und es kam so weit, daß der Mann lachen mußte, wenn er die Leute reden hörte.

Er mußte lachen, wenn er hörte, wie jemand sagte: »Jetzt regnet es schon zwei Monate lang.« Oder wenn jemand sagte: »Ich habe einen Onkel in Amerika.«

Er mußte lachen, weil er all das nicht verstand.

Aber eine lustige Geschichte ist das nicht. Sie hat traurig angefangen und hört traurig auf.

Der alte Mann im grauen Mantel konnte die Leute nicht mehr verstehen, das war nicht so schlimm.

Viel schlimmer war, sie konnten ihn nicht mehr verstehen.

Und deshalb sagte er nichts mehr.

Er schwieg, sprach nur noch mit sich selbst, grüßte nicht einmal mehr.

11. Think again about the results of the man's actions in the long run. What is the author saying about the nature and purpose of language?

12. Compare and contrast the points made about language in Bichsel's "Ein Tisch ist ein Tisch" with "Unsere heutige Jugend und ihre Sprüche" (pp. 78-79). What similarities or differences do you see between what teenagers do and what the old man does with language, especially in terms of consequences?

Übungsheft, S. 51-52, Ü. 1-5

Mehr Grammatikübungen

📶 internet

go.hrw.com

ADRESSE: go.hrw.com
KENNWORT:
WK3 WUERZBURG-4

Erste Stufe

Objective Agreeing

1 Wann schimpfen deine Eltern? Schreib wenn-Sätze mit den Ideen, die in den Zeichnungen abgebildet sind. **(Seite 96)**

1. Meine Eltern schimpfen, _____ .

2. Sie können es nicht leiden, _____ .

3. Es gibt Krach, _____ .

4. Es gibt Krach, _____ .

5. Sie können es nicht leiden, _____ .

2 Verschiedene Leute geben ihre Meinung (*opinion*), und du stimmst zu (*agree with*). Schreib die folgenden Sätze ab, und schreib dabei das passende Pronomen in die Lücken! **(Seite 97)**

1. Jörg: „Fernsehen ist blöd."   Da geb ich _____ Recht.
2. Herr Kohl: „Fremdsprachen sind wichtig."   Da geb ich _____ Recht.
3. Ann und Ina: „Dieser Krach war nicht gut."   Da geb ich _____ Recht.
4. Frau Blick: „Toleranz ist wichtig."   Da geb ich _____ Recht.
5. Ann und Ina: „Unser Freundeskreis ist groß."   Da geb ich _____ Recht.
6. Tanja: „Hier gibt's zu viele Cliquen."   Da geb ich _____ Recht.

3 Du erzählst deinen Freunden etwas über dich selbst, und du stellst ihnen auch verschiedene Fragen. Schreib die folgenden Sätze ab, und schreib dabei die korrekte Ordinalzahl in die Lücken! (**Seite 98**)

1. Das ist mein (1) _____ Auto, aber schon mein (4) _____ Fahrrad.
2. Peter war mein (1) _____ Freund, die Ann meine (1) _____ Freundin.
3. Das (1) _____ Buch hat mir gefallen, aber das (2) _____ Buch war blöd.
4. Das ist mein (7) _____ Tennisspiel und mein (3) _____ Volleyballspiel.
5. Hast du den (1) _____ Film gesehen oder den (2) _____ ?
6. Am (8) _____ Juni arbeite ich nicht; der (8) _____ Juni ist ein Feiertag.
7. Wer hat am (19) _____ Geburtstag? Und wer am (20) _____ ?
8. Am (5) _____ März fahre ich nach Berlin, am (9) _____ nach Köln.

4 Schreib jeden Satz, der mit einem Demonstrativpronomen beginnt, als einen Relativsatz. Achte auf die Wortstellung des Verbs. (**Seite 99**)

BEISPIEL   Ich kenne ein nettes Mädchen. Die ist in meinem Tennisverein.
            Ich kenne ein nettes Mädchen, <u>die in meinem Tennisverein ist</u>.

1. Wir haben einen tollen Deutschlehrer. Den mögen wir alle.
2. Das ist unser Biolehrer. Der hat gerade geheiratet.
3. Hier kommt Frau Weiß. Mit der verstehen wir uns gut.
4. Das ist mein Freund. Mit dem gehe ich gern weg.
5. Hier kommen die jungen Schüler. Denen helfen wir oft.
6. Wie heißt die Schülerin? Die steht dort drüben.
7. Hier ist das Problem. Über das sprechen wir jetzt.
8. Das ist ein super Film. Den musst du sehen.

5 Auch in der gesprochenen Sprache kann man einen Relativsatz nicht immer vermeiden. Man braucht daher ein bisschen Übung, um das korrekte Relativpronomen spontan zur Verfügung zu haben. Schreib die folgenden Relativsätze ab, und schreib dabei das korrekte Relativpronomen in die Lücken! (**Seite 99**)

   1. Die Schüler, _____ ich kenne, fahren mit dem Rad zur Schule.

   2. Kennst du den Schüler, _____ mit dem Moped zur Schule kommt?

   3. Das ist der Schüler, _____ die Clique nicht leiden kann.

   4. Wer ist der Schüler, _____ du mit den Hausaufgaben geholfen hast?

   5. Wer sind die Schüler, mit _____ du ins Kino gehen willst?

   6. Die Clique, _____ ich angehöre, hat vielleicht acht bis zehn Leute.

   7. Das ist die Clique, _____ du auch schon kennst.

   8. Das Haus, in _____ ich wohne, stammt aus dem 17. Jahrhundert.

   9. Das Fachwerkhaus, _____ am Marktplatz steht, ist auch sehr alt.

  10. Die CD, _____ ich im Musikladen gekauft habe, ist supertoll!

  11. Das ist eine CD, _____ du noch nicht gehört hast.

  12. Ich muss die Bücher, _____ ich mir ausgeliehen habe, wieder zurückbringen.

Zweite Stufe

Objectives Giving advice; introducing another point of view; hypothesizing

6 Du machst bestimmte Annahmen (*assumptions*) über dich und über andere. Schreib die folgenden Annahmen ab, und schreib dabei die korrekten Formen von **wäre, hätte,** oder **würde** in die Satzlücken! (**Seite 104**)

   1. Wenn du nicht so arrogant _____ , _____ du dich den anderen anpassen.

   2. Wenn Michael nicht so faul _____ , _____ er bestimmt mehr Sport machen.

   3. Wenn wir im Ausland _____ , _____ wir neue Gebräuche kennen lernen.

   4. Wenn ich mehr Zeit _____ , _____ ich in der Umwelt-AG mitmachen.

   5. Wenn wir keine Lust _____ , _____ wir nicht in der Theatergruppe mitmachen.

   6. Wenn ihr mehr Geld _____ , _____ ihr dann mit uns in die Türkei fliegen?

7 Schreib die richtigen Verbformen in die Lücken. (**Seite 104**)

hätte	hätten	hättet	hättest	würde	würden	würdet	würdest

1. Du _____ bestimmt ins Kino gehen, wenn du Zeit _____ .
2. Ich _____ lieber zu Hause bleiben, wenn ich kein Geld _____ .
3. Was _____ deine Kusine tun, wenn sie Ferien _____ ?
4. Wir _____ nach Bayern fahren, wenn wir eine neues Auto _____ .
5. Was _____ ihr tun, wenn ihr einmal Pech _____ ?
6. Die Kinder _____ zu Hause bleiben, wenn sie keine Schule _____ .

8 Du gibst deinen Freunden Ratschläge. Schreib die folgenden Sätze ab, und schreib dabei den korrekten Artikel in die Lücken, um den Genitiv auszudrücken! (**Seite 105**)

1. Ich würde den Schülern _____ 8. Klasse raten: macht bei der Umwelt-AG mit!
2. Es ist wichtig, dass die Kinder _____ Ausländer gutes Deutsch lernen.
3. Vielleicht kannst du mal die Größe _____ Sees nachschauen.
4. Ich würde nichts Schlechtes über die Schüler _____ Gymnasiums sagen.
5. Es ist wichtig, dass du die Eltern _____ Schüler anrufst.
6. Ich würde die Vorurteile _____ polnischen Schülers abbauen.

9 Schreib die folgenden Sätze um und gebrauche dabei den Genitiv, wie im Beispiel. (**Seite 105**)

> **BEISPIEL**   Das Auto gehört meinem Vater.
> <u>Das ist das Auto meines Vaters.</u>

1. Das Fahrrad gehört meiner Schwester.
2. Das Haus gehört meinen Eltern.
3. Das Buch gehört meinem Bruder.
4. Der Ring gehört meiner Freundin.
5. Die Tasche gehört meiner Großmutter.
6. Die Blumen gehören meinem Onkel.
7. Der Teppich gehört meiner Tante.
8. Der Rechner gehört meinem Lehrer.

Anwendung

1 Manche Leute sind tolerant, manche nicht. Hör zu, was folgende Leute sagen! Wie würdest du jede Aussage bezeichnen — tolerant oder nicht tolerant?

2 Schreib deine Meinung zu den folgenden Fragen! Diskutiere mit deinen Klassenkameraden das, was du geschrieben hast!

a. Redet man mit einem Freund genauso wie mit einer Freundin?

b. Ist es gut, viele Freunde oder Freundinnen zu haben?

c. Was ist der Unterschied zwischen Freunden und Bekannten?

d. Kennst du jemanden, der wirklich ganz anders ist als du und ganz andere Interessen hat? Sind Freundschaften zwischen Leuten möglich, die ganz verschieden sind?

3 Was für Probleme haben diese Leute unten? Schreib die wichtigsten Punkte jedes Leserbriefes in dein Notizheft! Wähle dann einen Leserbrief aus und erzähle anhand deiner Notizen, was darin steht!

Ratgeber-Ecke

Mein Mann und ich stehen vor einem großen Problem. Unsere Heike ist jetzt 16 Jahre alt, und sie möchte mehr Taschengeld haben. Sie will auch am Abend länger wegbleiben. Sie meint, die andern in der Clique dürfen das auch. Das ist nun alles gut und schön, und wir freuen uns auch darüber. Aber etwas stört uns: unsere Tochter will weiterhin wie ein kleines Mädchen behandelt werden. Ich muss ihr Zimmer aufräumen, ihr Bett machen, ihre Wäsche waschen, ihre Schuhe putzen, und so weiter. Und sie benimmt sich wie eine kleine Prinzessin. Und mein Mann macht das mit. Er lacht sogar darüber. Aber ich finde das nicht richtig.
Regine Pfaff (38)

Wir sind verzweifelt! Unser Ältester hat vor fast zwei Jahren den Hauptschulabschluss nicht geschafft. Er hat dann doch noch eine Lehrstelle bekommen, ist aber nach einem halben Jahr abgehauen. Dann hat er als Hilfsarbeiter gearbeitet, wir glauben in einer Gärtnerei. Vor zwei Wochen, als Gerd 18 wurde, ist er ausgezogen. Wir wissen nicht wohin. Ein früherer Klassenkamerad hat Gerd jetzt einmal im Stadtpark gesehen — mit Punkern! Wir können es nicht glauben, dass unser Gerd mit Punkern herumläuft. Was haben wir falsch gemacht? Sind wir schuld an allem? Wir glauben, dass wir unser Bestes getan haben: wir haben uns früher mit Gerd immer verstanden. Jetzt haben wir keine Ruhe. Was können wir tun? Wir möchten unsern Jungen wiederhaben.
Elli und Hans Bauer

Vor zwei Monaten habe ich einen netten Jungen kennen gelernt. Er ist drei Jahre älter als ich, und er ist Türke. Er sieht phantastisch aus. Seitdem das meine Eltern wissen, gibt es zu Hause wieder Streitigkeiten, auch um kleine Dinge. Dabei helfe ich zu Hause, halte mein Zimmer in Ordnung, gehe einkaufen. Nun, vor einer Woche bin ich erst um 22 Uhr nach Hause gekommen, und seitdem verbieten mir die Eltern, abends auszugehen. Achmed ist nett, so lustig — besonders wenn er Deutsch spricht und Fehler macht! Ich sollte nächste Woche seine Eltern kennen lernen. Seine Schwester und seine Mutter hab ich schon einmal in der Stadt gesehen: echte Türkinnen, Kleider über den Hosen und mit Kopftuch und so. Ich hatte mich schon auf den Besuch gefreut. Was soll ich tun? Soll ich mit Achmed abbrechen, damit zu Hause wieder Friede wird?
Julia (16)

4 Was meinst du dazu?

    a. Was nervt Frau Pfaff wirklich?

    b. Was ist Elli und Hans Bauers Problem?

    c. Was stört Julias Eltern? Was ist wohl der eigentliche Grund?

> **s. benehmen (wie)** *to behave (like)*
> **verzweifelt** *desperate*
> **ausziehen** *to move out*
> **die Ruhe** *peace and quiet*
> **abbrechen mit** *to break off with*
> **der Friede** *peace*

5 Bildet drei Gruppen! Jede Gruppe hat die Aufgabe, einen der drei Leserbriefe zu beantworten.

    a. Überlegt euch zuerst, welche Ratschläge ihr geben wollt! Benutzt dabei die Redemittel, die ihr in dieser Lektion gelernt habt!

    b. Formuliert dann eure Antwort! Seid höflich!

    c. Wählt dann einen in der Gruppe aus, der eure Antwort den andern vorliest!

    d. Wer hat die beste Antwort geschrieben? Diskutiert darüber!

6 ## Rollenspiel

Such dir einen Partner! Zuerst interviewst du deinen Partner, dann interviewt dein Partner dich. Wenn ihr wollt, könnt ihr euer Interview auf eine Tonkassette aufnehmen. Hier sind die Interviewfragen:

1. Wie ist dein Verhältnis zu deinen Eltern? Geschwistern?

2. Mit wem unterhältst du dich am liebsten?

3. Worüber redet ihr am meisten?

4. Wofür interessiert ihr euch gemeinsam?

5. Mit wem verstehst du dich am besten?

6. Zu wem hast du keinen Kontakt? Warum nicht?

Es ist wichtig, dass euer Interview nicht nur aus Fragen und Antworten besteht, sondern dass es ein richtiges, natürliches Interview wird. Gebraucht deshalb zum Beispiel die Ausdrücke, die man benutzt, wenn man etwas nicht ganz versteht oder wenn man mehr Information braucht!

Kann ich's wirklich?

Can you agree?
(p. 97)

1 How would you agree with the following statements?

    a. Vorurteile zu haben, find ich schlimm.

    b. Bei uns ist der Streitpunkt das Aufräumen.

    c. Bevor wir ausgehen, müssen wir zuerst unsere Hausaufgaben erledigen.

Can you agree, with reservations? (p. 97)

2 How would you agree with your parents' statements but still express your reservations? Use the cues in parentheses.

    a. Du schaust zu viel fern, vor allem am Abend.
       (but I always do my homework first)

    b. Du spielst die Musik viel zu laut.
       (but I use headphones most of the time)

    c. Du hast immer Krach mit deiner Schwester.
       (but she always wears my clothes and never cleans her room)

Can you give advice?
(p. 103)

3 How would you give advice to a friend if he or she said the following things to you?

    a. Ich versteh mich nicht mit meinen Eltern.

    b. Ich fühle mich isoliert.

    c. Ich bekomme immer schlechte Noten. Ich glaub, der Lehrer mag mich nicht.

Can you introduce another point of view? (p. 103)

4 How would you introduce another point of view if someone said the following things to you?

    a. Ausländer sollen versuchen, sich in unserm Land anzupassen.

    b. Meine Eltern verstehen mich überhaupt nicht.

    c. Ich finde die Punker zu aufsässig.

Can you hypothesize?
(p. 104)

5 How would you make a hypothesis about what you would do

    a. if you were President of the United States?

    b. if you had ten million dollars?

    c. if you lived in Germany?

Erste Stufe

Words useful for talking about relationships

Wir kommen gut miteinander aus.	We get along well with one another.
Ich verstehe mich super mit ihr.	She and I really get along.
Wir richten uns nach euch.	We'll do whatever you want to do.
Worum geht es?	What's it about?
Das kann ich nicht leiden!	I can't stand that!
der Kumpel, -	buddy

der Freundeskreis, -e	circle of friends
das Verhältnis	relationship
der Krach	quarrel
der Streit	quarrel, argument
die Streitigkeit, -en	quarrel
der Streitpunkt, -e	point of contention
die Toleranz	tolerance
gleich	immediately
reden	to speak
schimpfen	to scold
angehören (sep, dat)	to belong to
erwachsen sein	to be grown up

Agreeing

Da geb ich dir Recht.	I agree with you about that.
Ganz meine Meinung.	I completely agree.
Bei mir ist es auch so.	That's the way it is with me, too.

Ordinal numbers

erst-	first
zweit-	second
dritt-	third

Zweite Stufe

Giving advice

Vielleicht kannst du …	Perhaps you can …
Es ist wichtig, dass …	It's important that …
Ich würde (ihr) sagen, …	I would tell (her) …

Introducing another point of view

Das mag schon sein, aber …	That may well be, but …
Es kommt darauf an, ob …	It depends on whether …
Aber denk doch mal daran, dass …	But just consider that …
Du darfst nicht vergessen, dass …	You mustn't forget that …

Hypothesizing

Wenn du … wärst, dann würdest du …	If you were …, then you would …
Wenn sie … hätte, würde sie …	If she had …, she would …

Getting along with others

Was an dir gut ist, ist deine Freundlichkeit.	What I like about you is your friendliness.
die Sitten und Gebräuche (pl)	customs and habits
das Vorurteil, -e	prejudice
die Schwierigkeit, -en	difficulty
die Randgruppe, -n	fringe group
Ausländer(in), -/nen	foreigner
geboren	born
die Muttersprache, -n	native language
anders	different

aufsässig	rebellious
kulturbedingt	for cultural reasons
unbeliebt	unpopular
untereinander	among one another
unter sich bleiben	to keep to oneselves
s. absondern von (sep)	to separate oneself from
die Fete, -n	party
raten (dat)	to give advice
verbieten	to forbid
schuld sein an etwas (dat)	to be at fault
absichtlich	on purpose
die Möglichkeit, -en	possibility
außerhalb (gen)	outside of
nicht nur … sondern auch	not only … but also

5
Rechte und Pflichten

Objectives

In this chapter you will learn to

Erste Stufe

- talk about what is possible
- say what you would have liked to do

Zweite Stufe

- say that something is going on right now
- report past events
- express surprise, relief, and resignation

 internet

go.hrw.com	**ADRESSE:** go.hrw.com
	KENNWORT: WK3
	WUERZBURG-5

◀ **Hier steht es schwarz auf weiß. Schau! Was sagt ihr dazu?**

Artikel 38/2. Absatz des Grundgesetzes:
„Wahlberechtigt ist, wer das achtzehnte Lebensjahr vollendet hat; wählbar ist, wer das Alter erreicht hat, mit dem die Volljährigkeit eintritt."

Wieso Führerschein? Ich denke, den bekommt man erst mit achtzehn Jahren!

Seit 1975 sind Jugendliche in der Bundesrepublik Deutschland mit dem vollendeten achtzehnten Lebensjahr volljährig.

Was bedeutet das?

1. Man kann selbst bestimmen, wo man wohnen will.
2. Man kann nach Hause kommen, wann man will.
3. Man kann Ausbildungs- und Arbeitsverträge selbst unterschreiben.
4. Man kann Entschuldigungen für die Schule selbst schreiben.
5. Man kann Verträge über Käufe, Kredite, Mieten, usw. selbst abschließen.
6. Man kann heiraten.
7. Man kann selbst wählen und gewählt werden.
8. Man kann den Führerschein machen.
9. Man kann im Lokal alkoholische Getränke bestellen.

Wortschatz

auf Deutsch erklärt

der Unterricht das Lernen eines Schulfaches, zum Beispiel Deutsch (der Deutschunterricht)
die Prüfung der Test
schwänzen nicht in die Schule gehen, weil man keine Lust hat
fehlen nicht da sein
Ich kann es mir nicht erlauben. Ich darf es nicht.
Du irrst dich. Du denkst falsch.
Das dauert lange. Das braucht eine lange Zeit.
wählen man sagt einem politischen Kandidaten offiziell ja
sich politisch engagieren politisch aktiv sein
kurzfristig nach wenig Zeit, schnell

auf Englisch erklärt

Er ist Mitglied unseres Vereins. *He is a member of our club.*
Ich will von meinen Eltern unabhängig sein. *I want to be independent from my parents.*
Wir werden im Juni heiraten. *We're going to get married in June.*
Es scheint, du willst nicht. *It seems you don't want to.*
Das wäre zu schade ums Geld. *It wouldn't be worth the money.*
Unterschreiben Sie den Vertrag! *Sign the contract!*
In dieser Hinsicht ist es umgekehrt. *In this respect it's the other way around.*
Es ist schwer, sich zu ändern. *It's difficult to change yourself.*

Übungsheft, S. 54–55, Ü. 1–3

Grammatikheft, S. 37–38, Ü. 1–4

3 Was hat sich geändert?

Zuhören Schüler erzählen, was sich in ihrem Leben mit dem 18. Geburtstag geändert hat. Welche Aussagen passen zu den Illustrationen?

a.

b.

c.

d.

e.

So sagt man das!

Talking about what is possible

If you ask yourself **Was soll ich morgen machen?**, here is a way to say what you could possibly do:

Ich könnte die Schule schwänzen, aber ich kann es mir nicht erlauben.

If your friend tells you **Ich habe Lust, Auto fahren zu lernen,** you can answer by saying:

Du könntest den Führerschein machen, weil du jetzt alt genug bist.

How would you talk about what is possible in English?

4 Grammatik im Kontext

Zuhören Drei Freunde sprechen über ihre Pläne. Hör zu und schreib auf, was die drei vorhaben! Wer scheint am meisten vorzuhaben?

5 Grammatik im Kontext

Sprechen/Schreiben Stellt euch vor, ihr wohnt in Deutschland und seid schon 18! Sag, was du jetzt alles tun könntest, und sag auch, warum du es nicht tust! Tauscht die Rollen aus!

DU **Ich könnte jetzt …**
PARTNER **Ja, und warum tust du 's nicht?**
DU **Weil ich …**

Ein wenig Grammatik

To express possibility, you need to know the **könnte**-forms. Of what verbs do these forms remind you?

Ich	**könnte**	das Abi schaffen.
Du	**könntest**	ausziehen.
Es	**könnte**	einfacher sein.
Wir	**könnten**	den Meier wählen.
Ihr	**könntet**	euch informieren.
Sie	**könnten**	jetzt heiraten.

Grammatikheft, S. 39, Ü. 5–6

Mehr Grammatikübungen, S.140–141, Ü. 1–3

wohnen, wo ich will

die eigene Entschuldigung schreiben, wenn ich die Schule schwänze

selbst eine Wohnung mieten

nach Hause kommen, wann ich will

heiraten

den Führerschein machen

wählen

von zu Hause ausziehen

allein wegfahren

6 Ich könnte, aber ich tu's nicht.

Schreiben Denk an fünf Dinge, die du jetzt tun könntest, aber aus irgendeinem Grund nicht tust und schreib sie auf!

BEISPIEL Ich bin jetzt (16). Ich könnte abends bis elf Uhr wegbleiben, aber ich tu's nicht, weil ich früh aufstehen muss.

So sagt man das!

Saying what you would have liked to do

Sometimes you have intentions that just don't get carried out. When you want to express these intentions, you can say:

Ich hätte gern die Schule **geschwänzt,** aber ich bin doch hingegangen.
Ich wäre gern zu Hause **geblieben,** aber wir hatten heute eine Prüfung.

How would you express these phrases in English?

Grammatik

Further uses of **wäre** and **hätte**

In the **So sagt man das!** box you learned that intentions that don't get carried out are expressed with **hätte** or **wäre.** In that case, **hätte** and **wäre** are auxiliary verbs, and are both used with a past participle.

Sie **hätten** gern **geheiratet,** aber die Eltern wollten es nicht.
Ich **hätte** meine Hausaufgaben **gemacht,** aber ich war krank.

The decision to use **hätte** or **wäre** as the auxiliary verb depends on the past participle. If it normally takes **sein** in the past tense (like **gekommen),** then **wäre** is correct.

Wir **wären** gestern nach Berlin **gefahren,** aber unser Auto ist kaputt.
Ich **wäre** heute schwimmen **gegangen,** aber es hat furchtbar geregnet.

Mehr Grammatikübungen, S. 141, Ü. 4–5

Übungsheft, S. 55–57, Ü. 4–9   Grammatikheft, S. 40, Ü. 7–8

7 Grammatik im Kontext

Sprechen/Schreiben Leider gehen nicht alle Wünsche in Erfüllung. Sag einer Klassenkameradin, was du alles gern getan hättest! Hier sind einige Wünsche. Hast du andere? Schreib danach sieben Wünsche, die du hast.

Freunde besuchen	(die CDU) wählen
den Führerschein machen	meine Stimme (den Grünen) geben
die Schule schwänzen	etwas für die Umwelt tun
die Hausaufgaben machen	mit Freunden wegfahren
die Fragen beantworten	länger im Urlaub bleiben
sich politisch engagieren	sich besser informieren
Mitglied im Fußballklub werden	nach (Österreich) fahren
eine tolle Sendung sehen	den Vertrag unterzeichnen
nach Deutschland fliegen	ins Kino gehen

8 Grammatik im Kontext

Sprechen Setzt euch in kleinen Gruppen zusammen und erzählt, was ihr gern getan hättet! Ihr könnt die letzte Übung zu Hilfe nehmen. Gebt auch einen Grund dafür an!

DU	**Ich hätte gern …**
PARTNER	**Und warum hast du das nicht getan?**
DU	**Ja, weil …**
PARTNER	**Schade!** *oder* **Ja, wirklich?** *oder* **Zu dumm!**

Warum nicht?

zu viel Geld kosten

Eltern nicht erlauben

keine Zeit haben

krank sein

gar keine Lust dazu haben

nicht wissen, wie

9 Für mein Notizbuch

Schreiben Denk an drei Dinge, die du in letzter Zeit gern getan hättest! Gib Gründe an, warum du sie nicht getan hast!

BEISPIEL **Gestern Abend hätte ich gern ferngesehen, aber leider war unser Fernseher kaputt, und ich hatte keine Lust, zu meiner Klassenkameradin zu gehen.**

10 Was hältst du davon?

Schreiben/Sprechen Denk über folgende Fragen nach, und schreib die Antworten in Stichworten auf! Diskutiere darüber mit deinen Klassenkameraden!

1. Wie ist die Schule für dich? Leicht? Stressig? Warum?
2. Würdest du den Unterricht schwänzen, wenn du könntest?
3. Hast du schon einmal die Schule geschwänzt? Warum?
4. Was wird sich bei dir ändern, wenn du achtzehn wirst?
5. Was hat sich geändert, als du sechzehn geworden bist?
6. Freust du dich darauf, dass du mit achtzehn wählen darfst? Wen oder welche Partei würdest du wählen? Warum?
7. Bist du politisch aktiv oder wenigstens gut informiert? Kennst du Schüler, die sich politisch engagieren?
8. Wie wichtig ist für dich der Führerschein? Hast du schon den Führerschein? Wenn ja, was hast du alles machen müssen, um ihn zu bekommen?

11 Für mein Notizbuch

Schreiben Wähle eins der beiden Themen unten, und schreib einen Kurzbericht darüber!

1. Der Führerschein auf Probe ist eine gute Idee.
2. Jeder Schüler sollte sich ein wenig politisch engagieren.

Weiter geht's! · *Die Wehrpflicht: dafür oder dagegen?*

Das Interview geht weiter. Die vier jungen Leute unterhalten sich über das Thema „Wehrpflicht".

> **Artikel 12a des Grundgesetzes:**
> „Männer können vom vollendeten achtzehnten Lebensjahr an zum Dienst in den Streitkräften, im Bundesgrenzschutz oder in einem Zivilschutzverband verpflichtet werden."

Wehrdienst: Infantristen

Stefan: Eine Pflicht, die jeder Achtzehnjährige hat, ist, zur Bundeswehr zu gehen. Und das ist auch nicht gerade angenehm, weil man fast zwei Jahre vom Studium oder von der Arbeit verliert.

Interviewer: Habt ihr euch schon entschieden, ob ihr den Wehrdienst oder den Zivildienst macht?

Martin: Ja, wir sind halt immer noch am Diskutieren. Ich, zum Beispiel …

Stefan: Darf ich dich schnell mal unterbrechen, Martin?

Martin: Bitte.

Stefan: Es ist nämlich so: wir hatten vorigen Monat einen Bundeswehroffizier zu einer Fragestunde eingeladen. Die Diskussion war sehr interessant, und wir konnten uns dabei gut informieren.

Angie: Und was ist dabei herausgekommen?

Martin: Ja, für mich wenig.

Stefan: Für mich auch nicht viel. Aber trotzdem! Ich hab die Diskussion prima gefunden.

Wehrdienst: Sanitäter

Martin: Das ist mir neu, was du da sagst.

Stefan: Ich hab nur gesagt, die Diskussion war prima, interessant. Es hat sich gelohnt, ihn einzuladen. Das kannst du doch nicht abstreiten.

Martin: Tu ich auch nicht. Ich frag mich bloß, ob jemand wirklich seine Meinung nach dieser Diskussion geändert hat.

Stefan: Das glaub ich nicht. Die einen sind eben für die Bundeswehr, die anderen sind dagegen. Daran ändert sich nichts. Jeder muss allein für sich entscheiden, ob er zum Bund geht oder nicht.

Angie: Gehst du zum Bund, Martin?

Martin: Also, ich sag's mal so: wenn ich's vermeiden kann, nicht. Weil ich's heutzutage für sinnlos halte. Und wenn ich muss, geh ich halt hin.

Julia: Ich bin wahnsinnig froh, dass ich so eine Entscheidung nicht machen muss.

Martin: Ja, ihr Mädchen habt's gut. Man sollte euch einziehen, wie in Israel.

Angie: Meinst du das im Ernst?

Martin: Ja, warum denn nicht? Ihr müsst nicht unbedingt ein Gewehr in den Kampf tragen. Es gibt viele Sachen, die Mädchen bei der Bundeswehr machen könnten. Sie sollten aber wenigstens den Zivildienst machen müssen!

Stefan: Das mag sein. Ich find es aber wirklich schlecht, dass man in Deutschland Wehrdienst machen muss.

Angie: Sonst würd's keiner machen.

Martin: Ja, stimmt. Wir müssen aber Streitkräfte haben, auf die wir uns verlassen können!

Angie: Das ist heutzutage nicht mehr so wichtig, wie es noch vor kurzem war.

Stefan: Immerhin — der Wehrdienst sollte freiwillig sein. In England klappt's, in den USA klappt's.

Martin: Wir haben wenigstens noch einen Ersatzdienst.

Stefan: Ja, schon! Aber der Zivildienst kann noch anstrengender sein. Es kommt eben darauf an, was man machen muss.

Zivildienst: Vermesser

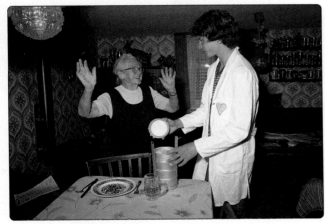

Zivildienst: Altenpflege

Angie: Ich hab einen Bekannten, der gerade seinen Zivildienst in einem Altenheim macht. Er sagt, er kann es bald nicht mehr aushalten. Die alten Leute, die er betreuen muss, tun ihm so furchtbar Leid: sie können sich nicht mehr selber helfen. Und das belastet ihn wahnsinnig.

Stefan: Und ich find es ausgesprochen fies, dass es Firmen gibt, die keine Zivildienstleute einstellen.

Martin: Andererseits nutzt dir der Zivildienst mehr als der Wehrdienst, wenn du zum Beispiel Arzt werden willst.

Stefan: Ja, schon. Aber was soll's! Ich nehm's, wie's kommt. Vielleicht mag mich der Bund gar nicht. Mit meinen Kontaktlinsen und meinem schwachen Kreuz werd ich bei der Musterung bestimmt durchfallen.

Übungsheft, S. 58

12 Was haben die vier Schüler gesagt?

Schreiben/Sprechen Macht eine Liste mit vier Spalten und tragt die wichtigsten Dinge ein, die die vier Schüler gesagt haben! Nehmt dann eure Notizen zur Hand und berichtet der Klasse, was die vier Schüler zum Thema „Wehrdienst" gesagt haben! Was fällt dir an Martins Aussagen auf?

Gleichberechtigung im deutschen Militär?

Übungsheft,
S. 59, Ü. 1–4

Der Bundesrat hat am 1. Dezember 2000 mit der notwendigen Zwei-Drittel-Mehrheit das Grundgesetz dahin gehend geändert, dass Frauen in der Bundeswehr der freiwillige Dienst an der Waffe erlaubt ist.

In Artikel 12a des Grundgesetzes heißt es künftig: „Sie (Frauen) dürfen auf keinen Fall zum Dienst mit der Waffe verpflichtet werden". In der bisherigen Formulierung hieß es: „Sie dürfen auf keinen Fall Dienst mit der Waffe leisten".

Das neue Gesetz ist am 1. Januar 2001 in Kraft getreten, und die ersten 244 Frauen haben ihren Dienst als Soldatinnen in der Bundeswehr am 2. Januar 2001 angetreten. 151 Frauen dienen im Heer, 76 in der Luftwaffe, 17 bei der Marine. Fast 2000 weitere Bewerbungen lagen zu dieser Zeit schon vor.

Seit 1975 haben Frauen bei der Bundeswehr hauptsächlich in verwaltungstechnischen Berufen und im Musik- und Pflegedienst gedient, z. B. als Ärztinnen oder Apothekerinnen.

Frauen im Militärdienst sind nichts Neues. Israels Frauen müssen mit 18 Jahren für 20 Monate zur Armee. Sie leisten Wehrdienst wie ihre männlichen Kollegen. Sie werden an allen Waffen ausgebildet – sie sind Pilotinnen und kommandieren Kampfpanzer.

In den USA stellen Soldatinnen heute über zehn Prozent aller Streitkräfte, mehr als in jeder anderen Berufsarmee der Welt. Sie fliegen Transportflugzeuge, reparieren Panzer, fahren Armeelaster, bewachen Kasernen, bilden Rekruten aus und ziehen mit Stahlhelm und Maschinengewehr nicht nur ins Manöver, sondern setzen ihr Leben an der Front aufs Spiel. Frauen sind Offiziere und auch Generäle.

Beantworte die Fragen

1. Wovon handelt der Artikel?
2. Warum können jetzt Frauen überall in der Bundeswehr dienen?
3. Welche Länder werden verglichen? Wie unterscheidet sich das Militär in diesen Ländern?
4. Was konnten Frauen zwischen 1975 und dem 1. Dezember 2000 bei der Bundeswehr tun?
5. Sind Frauen für den Militärdienst geeignet? Was meinst du?

Zweite Stufe

Objectives Saying that something is going on right now; reporting past events; expressing surprise, relief, and resignation

WK3 WUERZBURG-5

Wortschatz

In der Bundeswehr kommandieren Frauen bestimmt einmal ...

einen Panzer   einen Bomber   einen Laster   ein Transportflugzeug   ein U-Boot

Was würdest du gern kommandieren?

auf Deutsch erklärt

die Streitkräfte   das ganze Militär
die Bundeswehr   die deutsche Armee
der Bund   die Bundeswehr
die Wehrpflicht   wenn man in die Armee gehen muss, also nicht freiwillig
freiwillig   wenn man etwas nicht machen muss, aber machen will
der Frieden   wenn es keinen Krieg gibt
sich entscheiden   wenn man zwischen zwei Dingen wählt
ausgesprochen   ganz besonders

auf Englisch erklärt

Er <u>schießt</u> mit dem <u>Gewehr</u>.   *He shoots the gun.*
Ein Panzer ist eine wichtige <u>Waffe</u>.   *A tank is an important weapon.*
Der <u>Kampf</u> war hart.   *The battle was heavy.*
Muss man bei euch <u>Wehrdienst</u> machen?   *Do you have to serve in the military where you're from?*
Wir dürfen auch den <u>Zivildienst</u> wählen.   *We can also choose community service.*
Unsere <u>Demokratie</u> hat ein <u>Grundgesetz</u>.   *Our democracy has a constitution.*
<u>Gleichberechtigung</u> für alle!   *Equality for all!*
Können wir <u>uns</u> <u>auf</u> dich <u>verlassen</u>?   *Can we rely on you?*
Aber <u>im</u> <u>Ernst</u>!   *But seriously!*

Grammatikheft, S. 41–42, Ü. 9–10

So sagt man das!

Saying that something is going on right now

Here are three ways of expressing that something is occurring at this moment:

> **Wir diskutieren gerade darüber.**
> **Wir sind dabei, dieses Thema zu besprechen.**
> **Wir sind am (beim) Überlegen.**

What common English form do these sentences express?

Übungsheft, S. 60, Ü. 1–2   Grammatikheft, S. 42, Ü. 11

Mehr Grammatikübungen, S. 142, Ü. 6–7

13 Grammatik im Kontext

Michael möchte mit Martin Tennis spielen, aber Martin hat vorher noch viel zu tun. Michael ruft Martin an und will wissen, wie weit er ist und ob sie bald spielen können. Spiel die Rollen mit einem Partner!

MICHAEL **Hallo, Martin! Willst du Tennis spielen?**

MARTIN **Ich bin gerade beim Fensterputzen. Vielleicht später.**

MICHAEL **Gut, bis später.**

Was Martin alles machen muss:

Ein wenig Grammatik

Verbs can be used as neuter nouns:

Das Lernen war früher ein Problem.

Verb phrases are written as one word:

Zum Rasenmähen habe ich wenig Lust. Er war **beim Tennisspielen.**

Grammatikheft, S. 43, Ü. 12

Mehr Grammatikübungen, S. 142, Ü. 8

Ein wenig Landeskunde

In der Bundesrepublik besteht seit 1956 die allgemeine Wehrpflicht für Männer. Diese Wehrpflicht kann durch den 9-monatigen Wehrdienst oder den 10-monatigen Zivildienst erfüllt werden. In Österreich dauert der Grundwehrdienst 8 Monate. In der Schweiz gibt es eine Rekrutenausbildung von 15 Wochen und alle zwei Jahre neunzehntägige Wehrübungen bis zum vollendeten 42. Lebensjahr.

Die Streitkräfte der Bundeswehr bestehen aus Armee, Luftwaffe und Marine. Viele junge Männer gehen zur Bundeswehr, weil sie Interesse am Soldatenberuf haben oder weil sie hoffen, später einen sicheren Arbeitsplatz zu finden. Soldaten haben nämlich die Möglichkeit — wenn sie längere Zeit beim Bund bleiben — sich während der Dienstzeit beruflich ausbilden zu lassen. Abiturienten können auch an den Bundeswehruniversitäten in Hamburg und München studieren. Ungefähr 30 Prozent der wehrpflichtigen Männer in Deutschland entscheiden sich für den Zivildienst.

So sagt man das!

Reporting past events

Übungsheft, S. 61, Ü. 3–4

Here is a more expressive way to report something that happened in the past:

Wir haben letzten Monat einen Bundeswehroffizier eingeladen. Die Diskussion war sehr interessant, und wir konnten uns gut informieren. Wir wollten noch mehr hören, aber wir mussten zum Unterricht gehen.

What verb forms do you recognize? What are the infinitives of those verbs?

Grammatik

The past tense of modals (the imperfect)

1. The modals have these forms in the imperfect:

dürfen	müssen	können	mögen	sollen	wollen
ich durf-**t-e**	musste	konnte	mochte	sollte	wollte
du durf-**t-est**	musstest	konntest	mochtest	solltest	wolltest
er durf-**t-e**	musste	konnte	mochte	sollte	wollte
wir durf-**t-en**	mussten	konnten	mochten	sollten	wollten
ihr durf-**t-et**	musstet	konntet	mochtet	solltet	wolltet
sie durf-**t-en**	mussten	konnten	mochten	sollten	wollten

a. The modals in the imperfect do not carry over the umlaut of the infinitive.

b. All modals are conjugated.

c. The imperfect of **mögen** also has a consonant change.

2. In conversation, the imperfect forms of modals are almost always used rather than the present perfect.

— Was ist bei eurer Diskussion herausgekommen?
— Nichts. Aber wir **konnten** uns gut informieren.
— Und wie hast du die Diskussion gefunden?
— Sie **war** prima! Die Klassenkameraden **wollten** gar nicht nach Hause gehen. Sie **hatten** so viele Fragen.

Mehr Grammatikübungen, S. 143, Ü. 9–10

Übungsheft, S. 61–62, Ü. 5–6

Grammatikheft, S. 43–44, Ü. 13–14

14 Grammatik im Kontext

Zuhören Du stehst in einer langen Schlange am Bankschalter. Zwei Leute vor dir sprechen darüber, was sie am Vormittag alles erledigt haben oder noch tun müssen. Hör ihrem Gespräch gut zu, und mach dir Notizen über die Besorgungen (*errands*)! Anhand der Notizen erzähl dann deinem Partner von dem Gespräch, das du mit angehört hast.

15 Grammatik im Kontext

Sprechen/Schreiben Sag einem Partner, wie's früher war und wie's heute ist! Schreib danach, was du gesagt hast.

BEISPIEL   Früher musste ich eine Brille tragen, heute kann ich Kontaktlinsen tragen.

früher: heute:

Eltern die Entschuldigung schreiben

ein Zimmer teilen

Kontaktlinsen tragen

bis um 22 Uhr wegbleiben

mit den Eltern wegfahren

Rad fahren

Auto fahren

allein wegfahren

sich aufs Taschengeld verlassen

eine Brille tragen

selbst Geld verdienen

ein eigenes Zimmer haben

um 20 Uhr zu Hause sein

die Entschuldigung selbst schreiben

Schon bekannt	Neu	
gestern, gestern (Vormittag)	vergangen-: vergangenes Jahr	früher
vorgestern, vorgestern (Abend)	vergangenen Monat	
letzt-: letzte Woche, letztes Jahr	vorig-: vorige Woche	
	im vorigen Jahrhundert	

16 Als ich zwölf war ...

Sprechen Denk an sechs Dinge, die du nicht tun konntest oder durftest, als du zwölf warst! Schreib sie auf und vergleiche deine Liste mit der Liste eines Partners!

BEISPIEL   Als ich zwölf war, musste ich/konnte ich/durfte ich (nicht) ...

So sagt man das!

Expressing surprise, relief, and resignation

If someone said something surprising to you, for example:

Also, bei uns dürfen die Hunde mit ins Restaurant gehen.

You might answer:

Das ist mir (völlig) neu!

If you heard reassuring news, for example:

Gestern ist Mari gesund aus dem Krankenhaus gekommen.

You might express relief by saying:

Ich bin (sehr) froh, dass es ihr besser geht.

If someone complained to you:

Ich musste das ganze Wochenende mit dem Matheheft verbringen.

You might express resignation about the plight of students by saying:

Ach, was soll's! Das ist leider so.

Übungsheft, S. 62–63, Ü. 7–10

Grammatikheft, S. 45, Ü. 16

17 Gehst du zum Bund?

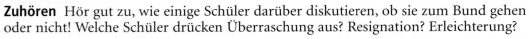

Zuhören Hör gut zu, wie einige Schüler darüber diskutieren, ob sie zum Bund gehen oder nicht! Welche Schüler drücken Überraschung aus? Resignation? Erleichterung?

18 Was für eine Reaktion hast du darauf?

Lesen/Sprechen Wie reagierst du auf folgende Aussagen? Lies einer Partnerin eine Aussage vor, und sie wird darauf reagieren! Gebrauch dabei die Ausdrücke, die du gelernt hast!

1. Ich hab gehört, dass wir jetzt das ganze Jahr zur Schule gehen müssen und dass wir keine langen Sommerferien mehr haben.

2. Ich hab gehört, dass junge Männer zwischen 16 und 25 über $1000 im Jahr für ihre Autoversicherung bezahlen müssen.

3. Ich hab gehört, dass es jetzt auch bei uns einen Führerschein auf Probe geben soll.

4. Ich hab gehört, dass Frauen in der amerikanischen Marine jetzt auf U-Booten dienen dürfen.

19 Reaktionen hervorrufen!

a. Schreiben Schreib zuerst ein paar Situationen auf, auf die ein Partner mit Überraschung, Resignation oder Erleichterung reagieren könnte! Hier sind ein paar Anregungen, aber du kannst dir selber etwas ausdenken.

wie eine Sportmannschaft gespielt hat

monatliches Taschengeld von den Eltern

eine Prüfung in einem Schulfach

b. Lesen/Sprechen Lies dann einem Partner die Situationen vor, und er muss jeweils darauf reagieren!

das kuriose Leben eines Film- oder Popstars

... oder anderes vom Leben!

20 Vorteile und Nachteile

Sprechen Der Militärdienst und der Zivildienst haben Vor- und Nachteile. Einige sind hier aufgelistet, andere kannst du dir selbst ausdenken. Du nimmst eine Position ein und ein Klassenkamerad eine andere. Diskutiert darüber!

Vorteile	Militärdienst	Nachteile
ein geregeltes Leben haben etwas lernen neue Leute kennen lernen Kameradschaft haben Karriere machen können		Zeit verlieren nicht viel lernen wenig Freiheit haben ein rauhes Leben haben Familie und Freunde verlassen müssen

Vorteile	Zivildienst	Nachteile
anderen Menschen helfen etwas Gutes tun etwas Nützliches lernen offen gegen Krieg sein können		lange Arbeitszeit haben oft deprimierende Arbeit haben berufliche Nachteile haben können wenig Geld verdienen

21 Was sagst du dazu?

Sprechen Diskutier mit deinen Klassenkameraden über folgende Themen!

a. Die USA haben seit vielen Jahren keine Wehrpflicht mehr. Sollte man die Wehrpflicht wieder einführen — für Männer und für Frauen? Warum oder warum nicht?

b. Manche Schulen in den USA verlangen (*demand*), dass Schüler in ihrer Schulzeit etwas Zivildienst leisten. Wird so was in eurer Schule verlangt? Was sind die Bedingungen (*conditions*)? Bist du dafür oder dagegen und warum oder warum nicht?

22 Für mein Notizbuch

Schreiben Wenn du mit der Schule fertig bist, wirst du dann zum Militär gehen? Warum oder warum nicht? Möchtest du an einer Militärakademie studieren? An welcher? Schreib deine Gedanken dazu auf!

23

Von der Schule zum Beruf

You are a civilian working for the military. Your boss has asked you to write a form letter to be sent to young German women, since women are now allowed to serve in the German armed forces. Explain what the military has to offer women and try to convince them to join.

Auszüge aus Hitlers Reden

Die Welt, sie verfolgt uns. Wir wollen den Frieden. Sie wendet sich gegen uns. Sie will nicht unser Recht zum Leben anerkennen. Mein deutsches Volk, wenn so die Welt gegen uns steht, dann müssen wir umso mehr zu einer Einheit werden.

Aus einer Rede Hitlers im Mai 1933

Was für ein Glück für die Regierenden, daß die Menschen nicht denken!

Bemerkungen Hitlers bei einer Geheimkonferenz mit Generälen im Jahre 1937

Deutschland muß zusätzlichen Lebensraum gewinnen—und zwar in Europa. Ohne Gewaltanwendung geht das nicht. Wir können damit auch nicht mehr lange warten. Denn unser Rüstungspotential wird in den Jahren 1943 bis 45 seinen Höhepunkt erreicht haben. Wir müssen die Offensive ergreifen, bevor die übrige Welt unseren Vorsprung einholt.

Geheime Anweisung Hitlers an die Wehrmacht, sich auf einen Krieg mit Polen vorzubereiten. April 1939

Ich werde den propagandistischen Anlaß zur Auslösung des Krieges geben, gleichgültig, ob glaubhaft. Der Sieger wird später nicht danach gefragt, ob er die Wahrheit gesagt hat oder nicht. Bei Beginn und Führung des Krieges kommt es nicht auf das Recht an, sondern auf den Sieg.

Aus einer Rede Hitlers

Über einen humanen Weltbegriff erhebt sich heute die Erkenntnis von der Bedeutung des Blutes und der Rasse! Nichts kann das mehr aus der Welt schaffen. Das ist eine siegende Idee, die heute wie eine Welle über die ganze Erde hinwegströmt …

Noch eine besondere Aufgabe haben wir: die Beseitigung all jener Minderwertigkeits-empfindungen, die in unserem Volk waren, da die früheren Regierungen sie notwendig benötigten und brauchten. Wir sind Todfeinde der sogenannten halben, weil falschen Bescheidenheit, die da sagt, wir wollen uns etwas zurückhalten, wir wollen nicht immer von uns reden und alles übertrumpfen, wir wollen bieder bleiben und nicht übel auffallen, man soll uns mehr lieben, die anderen sollen uns nicht mit schiefen Augen ansehen. Im Gegenteil: wir wollen unser Volk ganz nach vorne führen! Ob sie uns lieben, das ist uns einerlei! Wenn sie uns nur respektieren! Ob sie uns hassen, ist uns einerlei, wenn sie uns nur fürchten …

Adolf Hitler am 18. Januar 1942

NIE WIEDER!

Lesestrategie Determining the purpose Determining the purpose of a text before you read allows you to read more critically. It will also help you guess the meaning of unfamiliar words as you read. Use your prereading strategies (looking at visual clues, titles, captions, and format) to hypothesize about the purpose for which a text was written. You'll also want to use any background knowledge you have about the author and the time in which he or she was writing.

Getting Started

1. Look at the photos and read the titles, captions, and source references for each reading selection. What kinds of texts are these? Who are the authors? When was each written?

2. Read the caption for the Geschwister Scholl again. Who were the Geschwister Scholl and why were they important?

3. Before reading further, find out as much as you can about German history before and during World War II and about Hitler and the resistance movement specifically. Together with your classmates, construct a time line of major events. What was happening at the time Hitler was making his speeches? And at the time Hans and Sophie Scholl were writing?

GESCHWISTER SCHOLL

Hans, geb. 1918, Medizinstudent, Begründer der Widerstandsbewegung „Weiße Rose" im 2. Weltkrieg. Sophie, geb. 1921, Philosophiestudentin, Mitglied der „Weißen Rose". Beide 1943 zum Tode verurteilt und hingerichtet.

WIDERSTAND GEGEN DIE DIKTATUR:
DAS LETZTE FLUGBLATT

Erschüttert steht unser Volk vor dem Untergang der Männer von Stalingrad. Dreihundertdreißigtausend deutsche Männer hat die geniale Strategie des Weltkriegsgefreiten sinn- und verantwortungslos in Tod und Verderben gehetzt. Führer, wir danken dir!

Es gärt im deutschen Volk: Wollen wir weiter einem Dilettanten das Schicksal unserer Armeen anvertrauen? Wollen wir den niederen Machtinstinkten einer Parteiclique den Rest der deutschen Jugend opfern? Nimmermehr! Der Tag der Abrechnung ist gekommen, der Abrechnung der deutschen Jugend mit der verabscheuungswürdigsten Tyrannis, die unser Volk je erduldet hat. Im Namen der deutschen Jugend fordern wir vom Staat Adolf Hitlers die persönliche Freiheit, das kostbarste Gut des Deutschen zurück, um das er uns in der erbärmlichsten Weise betrogen.

4. Using what you've learned from questions 1-3, think about the occasions for which Hitler's speeches and **Das letzte Flugblatt** were written. Who was the intended audience in each case? Can you guess what the purpose of each text was? What is the purpose of the magazine interview?

A Closer Look

5. Read the excerpts from Hitler's speeches and try to determine the meaning of the following words using root words, context, and your understanding of the purpose of the text.

anerkennen	to stream forth
Gewaltanwendung	to acknowledge
ergreifen	to fear
Erkenntnis	realization
vorbereiten	to take
hinwegströmen	use of force
fürchten	to prepare for

6. Look for occurrences of the words **Sieg, Sieger,** and **siegend**. In your own words, state what you think Hitler had in mind when he used them. What emotions is he appealing to in his various audiences?

7. In one or two sentences, summarize the main idea of each excerpt from Hitler's speeches. Does the text confirm your hypothesis about the purpose of these speeches? Adjust your original statement, if necessary. What tone and what images does Hitler use to convince his audiences?

8. Read the passage by Hans and Sophie Scholl several times. What do you think **Kommilitonen** and **Kommilitoninnen** mean? Who were the intended readers? What were the Scholls fighting against? What were they fighting for? Support your answer with words and phrases from the passage.

In einem Staat rücksichtsloser Knebelung jeder freien Meinungsäußerung sind wir aufgewachsen. HJ, SA, SS haben uns in den fruchtbarsten Bildungsjahren unseres Lebens zu uniformieren, zu revolutionieren, zu narkotisieren versucht. Weltanschauliche Schulung hieß die verächtliche Methode, das aufkeimende Selbstdenken in einem Nebel leerer Phrasen zu ersticken ...

Es gibt für uns nur eine Parole: Kampf gegen die Partei! ... Es geht uns um wahre Wissenschaft und echte Geistesfreiheit! Kein Drohmittel kann uns schrecken, auch nicht die Schließung unserer Hochschulen. Es gilt den Kampf jedes Einzelnen von uns um unsere

Zukunft, unsere Freiheit und Ehre in einem seiner sittlichen Verantwortung bewußten Staatswesen ...

Freiheit und Ehre! Zehn Jahre lang haben Hitler und seine Genossen die beiden herrlichen deutschen Worte bis zum Ekel ausgequetscht, abgedroschen, verdreht, ... Studentinnen! Studenten! Auf uns sieht das deutsche Volk! Von uns erwartet es, wie 1813 die Brechung des Napoleonischen, so 1943 die Brechung des nationalsozialistischen Terrors aus der Macht des Geistes. Beresina und Stalingrad flammen im Osten auf; die Toten von Stalingrad beschwören uns!

1943

VERFÜHRT VON DUMMEN, MÖRDERISCHEN SPRÜCHEN

ANGEKLAGT:
Felix K., 16

RICHTER:
Wolfgang Steffen

Im Prozeß um den Solinger Brandanschlag gab einer der Angeklagten Auskunft über seine Ideologie:

Richter:	Was ist denn für Sie „rechts"?
Felix:	Na ja, Störkraft*, dann halt Hitler und so.
Richter:	Und weiter?
Felix:	Na ja, Ausländer raus.
Richter:	Und weiter?
Felix:	Juden raus.
Richter:	Und weiter?
Felix:	Türken raus, und dann noch Sieg heil und Deutschland erwache.
Richter:	Und weiter?
Felix:	Das war's.

*Musikgruppe mit rechtsradikalen Texten
FOCUS

9. In the second paragraph, the Scholls refer to Hitler as a **Dilettant.** What does the word mean, and why do they call him that? Read the fifth paragraph. Whom do the Scholls accuse of distorting the words **Freiheit und Ehre?**

10. Does the passage confirm your hypothesis about the authors' purpose? Explain.

11. Read the interview with Felix K. What does the title mean? Who has been "seduced," and by what? What is the significance of this interview in relation to the other two texts? Is there any connection?

12. Wie würdest du jemanden überzeugen, mit dir gegen eine Ungerechtigkeit zu kämpfen? Schreib jetzt dein eigenes Flugblatt, um für deine Meinung zu einer bestimmten Ungerechtigkeit zu plädieren. Bevor du schreibst, denke daran, wer dein Flugblatt lesen wird, zum Beispiel andere Schüler, Erwachsene usw. Versuche, deine Ideen so überzeugend wie möglich zu machen!

Übungsheft, S. 64-65, Ü. 1-7

Zum Schreiben

In this chapter you have learned how life for German teenagers can be different from that of American teenagers. People who live or have lived in different places do things in a variety of ways that are new to us and sometimes hard for us to understand. In this activity, you will interview a person from another place to find out what life is like in his or her native country. You will write the results of your interview in a report to share with the class.

Lerne Land und Leute durch ein Interview kennen!

Denk an eine Person, die aus einem anderen Land kommt, und interview diese Person! Stell durch das Interview fest, wie das Leben in der Heimat dieser Person ist! Was habt ihr in eurem Leben gemeinsam, und was ist anders? Fass danach das Interview zu einem Bericht zusammen!

 Schreibtipp Asking questions to gather ideas
You have already learned many ways to gather ideas for your writing, including brainstorming and freewriting. Another way is to ask people questions to find out what they know or about their experiences. When asking people questions, try to phrase them in a way that is specific enough to focus in on your topic, but also open-ended enough to allow people the freedom to answer as they please. You should have a plan for your questioning, but allow yourself the flexibility to follow up with unplanned questions as the interview leads in new directions.

A. Vorbereiten

1. Was willst du wissen? Formuliere deine Fragen, und schreib sie auf ein Blatt Papier! Lass zwischen deinen Fragen genug Platz für deine Notizen!

2. Interview deine ausgewählte Person! Das Interview soll ganz zwanglos (*informal*) sein. Wenn dich eine Antwort besonders interessiert, stell weitere Fragen!

3. Benutze deine Notizen, um eine Struktur für deinen Bericht zu schaffen! Welche Ideen tauchen immer wieder auf? Welche Antworten passen gut zusammen? Kannst du jetzt erkennen, welche Aussagen für deinen Bericht brauchbar sind und welche nicht?

B. Ausführen

Wähle die interessantesten Aussagen aus, und schreib einen Bericht über das Leben im anderen Land auf Deutsch! Präsentiere Unterschiede und Gemeinsamkeiten, die zwischen dieser Person und dir bestehen!

C. Überarbeiten

1. Lies deinem Interviewpartner deinen Bericht vor, wenn er oder sie Deutsch spricht! Wenn nicht, erkläre, was du geschrieben hast! Wie findet diese Person deine Darstellung?

2. Hast du alle interessanten und wichtigen Punkte erwähnt? Vergleiche den Bericht mit deinen Notizen!

3. Lies den Bericht noch einmal durch! Hast du alles richtig geschrieben? Achte besonders auf die Modalverben!

4. Schreib den korrigierten Bericht noch einmal ab!

Mehr Grammatikübungen

⬀ internet

go.
hrw
.com   **ADRESSE:** go.hrw.com
KENNWORT:
WK3 WUERZBURG-5

Erste Stufe

Objectives Talking about what is possible; saying what you would have liked to do

1 Schreib die Sätze mit den Formen von **könnte** zu Ende und mit der Information, die in den Illustrationen gezeigt wird. Im Kasten findest du Satzteile, die du gebrauchen kannst. (**Seite 125**)

den Führerschein machen   heiraten   wählen   einen Vertrag unterschreiben   später nach Hause kommen

1. Wenn wir 18 wären, _____.

2. Wenn ihr 18 wärt, _____.

3. Wenn Tammy 18 wäre, _____.

4. Wenn ich 18 wäre, _____.

5. Wenn du 18 wärst, _____.

2 Du und dein Freund, ihr spekuliert darüber nach, was man mit 18 Jahren alles machen könnte. Schreib die folgenden Sätze ab, und schreib dabei die korrekte Form von **können** in die Lücken, um auszudrücken, was möglich wäre! (**Seite 125**)

1. Mit achtzehn _____ ich bestimmen, wo ich wohnen will.
2. Mit achtzehn _____ wir schon heiraten.
3. Mit achtzehn _____ ihr den Führerschein machen.
4. Mit achtzehn _____ der Martin selbst wählen.
5. Mit achtzehn _____ du Verträge selbst abschließen.
6. Mit achtzehn _____ die Schüler ihre Entschuldigungen selbst schreiben.

3 Was könntest du alles tun, wenn du 18 Jahre alt wärst? Schreib Sätze, die mit **Wenn ich achtzehn wäre,** beginnen und im zweiten Teil ausdrücken, was du tun könntest! Verwende die in Klammern gegebenen Ausdrücke! (**Seite 125**)

1. (von zu Hause ausziehen)
2. (sich politisch engagieren)
3. (Verträge selbst unterschreiben)
4. (den Führerschein machen)
5. (die Schule schwänzen)
6. (heiraten)

4 Was hättet ihr gern in den Ferien gemacht? Aber ihr konntet es nicht tun! Schreib Sätze wie im Beispiel. Die Illustrationen zeigen an, was ihr gern gemacht hättet. Die Satzteile im Kasten helfen auch dabei. (**Seite 126**)

am Strand liegen   Golf spielen   in die Sauna gehen   im Kraftraum trainieren   Tennis spielen   in die Disco gehen

BEISPIEL   Wir _____ gern _____.
Wir <u>wären</u> gern <u>im Pool geschwommen.</u>

 1. Ich _____.

 4. Die Mädchen _____.

 2. Du _____.

 5. Ihr _____.

 3. Wir _____.

 6. Ich _____.

5 Was hättest du und deine Freunde gern getan? Ihr habt es aber nicht getan und aus ganz bestimmten Gründen. Schreib die folgenden Sätze ab, und schreib dabei die korrekte Form von **hätte** oder **wäre** in die Lücken! (**Seite 126**)

1. Ich _____ gern die Schule geschwänzt, aber das Wetter war zu schlecht.
2. Ich _____ gern zu Hause geblieben, weil ich mich nicht wohl fühlte.
3. Du _____ bestimmt den Vertrag unterschrieben, wenn du hier gewesen wärst.
4. Du _____ bestimmt mit dem Rad zur Schule gefahren, aber du hattest wenig Zeit.
5. Tanja _____ gern den Führerschein gemacht, aber sie hatte zu wenig Geld dazu.
6. Martin _____ gern in die Staaten geflogen, um dort den Führerschein zu machen.
7. Ihr _____ doch bestimmt gewählt, aber ihr wart an diesem Tag noch nicht 18.
8. Ihr _____ doch bestimmt nach Hause gefahren, um in euerm Ort zu wählen.

Zweite Stufe **Objectives** Saying that something is going on right now; reporting past events; expressing surprise, relief, and resignation

6 Du und deine Freunde, ihr seid gerade dabei, etwas zu tun. Schreib die folgenden Sätze ab, und schreib dabei einen Infinitivsatz in die Lücken mit der Information, die gegeben ist! **(Seite 131)**

1. Wir diskutieren gerade darüber. — Wir sind gerade dabei, _____ .
2. Wir entscheiden uns dafür. — Wir sind gerade dabei, _____ .
3. Wir beschäftigen uns damit. — Wir sind gerade dabei, _____ .
4. Wir denken darüber nach. — Wir sind gerade dabei, _____ .
5. Wir wechseln das Geld um. — Wir sind gerade dabei, _____ .
6. Wir tauschen die CD um. — Wir sind gerade dabei, _____ .

7 Du und deine Freunde, ihr seid gerade dabei, etwas zu tun. Schreib die folgenden Sätze ab, und schreib dabei einen Infinitivsatz in die Lücken mit der Information, die gegeben ist! **(Seite 131)**

1. Wir besprechen den Wehrdienst. — Wir sind gerade dabei, _____ .
2. Wir laden einen Offizier ein. — Wir sind gerade dabei, _____ .
3. Wir machen den Führerschein. — Wir sind gerade dabei, _____ .
4. Wir kaufen neue Kontaktlinsen. — Wir sind gerade dabei, _____ .
5. Wir gehen ins Altenheim. — Wir sind gerade dabei, _____ .
6. Wir ziehen uns jetzt um. — Wir sind gerade dabei, _____ .

8 Du sagst, was du im Moment tust. Schreib die folgenden Sätze ab, und schreib dabei in die Lücken die Information, die gegeben ist! Gebrauch dabei das Wort **beim!** **(Seite 132)**

1. Wir essen gerade. — Wir sind gerade _____ .
2. Wir spielen gerade Tennis. — Wir sind gerade _____ .
3. Wir putzen gerade die Fenster. — Wir sind gerade _____ .
4. Wir mähen gerade den Rasen. — Wir sind gerade _____ .
5. Wir saugen gerade Staub. — Wir sind gerade _____ .
6. Wir gießen gerade die Blumen. — Wir sind gerade _____ .

9 Vervollständige die folgenden Sätze und gebrauche dabei die Vergangenheitsform der gegebenen Modalverben und die Information in den Illustrationen und im Kasten. **(Seite 133)**

jede Woche Geld sparen sich die Kleider selbst nähen

sich verrückt anziehen

nur dunkles Brot essen nur braune Eier essen keine Kartoffeln essen

1. (wollen)   Ich _____.

2. (können)   Marga _____.

3. (müssen)   Mike _____.

4. (sollen)   Wir _____.

5. (mögen)   Ich _____.

6. (dürfen)   Meine Mutter _____.

10 Du berichtest über Dinge, die in der Vergangenheit *(past time)* liegen. Schreib die folgenden Sätze ab, und schreib dabei die Vergangenheitsform der gegebenen Modalverben in die Lücken! **(Seite 133)**

1. (wollen)   Warum _____ du nicht den Wehrdienst machen?
2. (müssen)   Mein Freund _____ alte Leute im Altenheim betreuen.
3. (können)   Ich _____ diese Entscheidung nicht alleine machen.
4. (sollen)   Ihr _____ doch in der Klasse über den Bund sprechen, nicht?
5. (mögen)   Warum _____ du nicht zur Bundeswehr gehen?
6. (können)   _____ du dich nicht besser über den Zivildienst informieren?
7. (müssen)   Warum _____ du dich für dieses Thema entscheiden?
8. (mögen)   Ich _____ diese Clique überhaupt nicht.

Anwendung

1 Eine Schülerin fragt ihren Großvater, wie das Leben war, als er jung war. Hör gut zu, und schreib in Stichworten auf, was der Großvater über seine Jugendzeit berichtet!

2 Einige Schüler reden darüber, wie es früher war. Sabine erzählt von ihrer Oma. Lies, was sie berichtet!

Meine Oma hat einmal erzählt, wie es war, als sie ein Kind war. Morgens musste sie immer sehr früh aufstehen, um zur Schule zu gehen. Sie musste zu Fuß gehen, über drei Kilometer! Auch am Samstag musste sie zur Schule. In der Klasse mussten die Schüler still sitzen und die Hände auf den Tisch legen. Sie durften keinen Krach machen, nicht miteinander sprechen. Wer etwas sagen wollte, musste die Hand heben. Wenn ein Schüler frech war, durfte ihn der Lehrer schlagen. Die Schüler mussten auch auf ihre Kleidung achten. Alles musste sauber sein, kein Knopf durfte fehlen! Ja, und die Mädchen durften auch keine Hosen tragen, nur Röcke. Nach der Schule musste meine Oma immer gleich die Hausaufgaben machen, bevor sie mit ihren Freundinnen spielen durfte. Wenn ihre Mutter einkaufen gehen wollte, musste meine Oma ihre Geschwister betreuen. Nur einmal im Monat durfte sie ins Kino gehen. Meine Oma meint, heute geht es den Kindern viel besser als früher. Sie müssen zwar mehr lernen, haben aber mehr Freizeit für sich.

3 Schreib auf, was die Schüler zu Omas Zeiten alles tun mussten und was sie nicht tun durften!

sie mussten:	sie durften nicht:
früh aufstehen	Hosen tragen (Mädchen)

4 Beschreibe das Foto auf Seite 144! Was ist in diesem Foto anders als heute?

5 Was hat sich alles von früher geändert? Sag einer Partnerin, wie es früher war und wie es heute ist!

	durften	die Schüler	immer
Früher	konnten	die Mädchen	(fast) nie
	mussten	die Jungen	selten
Heute	können	die Kinder	oft
	dürfen	die Lehrer	manchmal

ihre Meinung frei sagen

auch samstags in die Schule gehen

anziehen, was sie wollen

die Schüler schlagen

politisch aktiv sein

sehr viel auswendig lernen

in der Klasse still sein

selber Vorschläge machen

6

a. Interview eine ältere Person, Bekannte oder Verwandte, über das Thema: Wie war das Leben, als du (Sie) sechzehn Jahre alt warst (waren)? Mach dir kurze Notizen!

b. Schreib einen kurzen Bericht über das, was du erfahren hast! Lies deinen Bericht der Klasse vor!

c. Vergleiche das Leben, das in dem Bericht geschildert wird, mit deinem Leben heute!

7

Ein Recht, das junge Leute mit der Volljährigkeit erwerben, ist das Recht, ihren Wohnsitz frei bestimmen zu können. — Stell dir vor, du möchtest jetzt von zu Hause ausziehen, oder du musst ausziehen, weil du in einem anderen Ort zur Universität gehst! Denk über die Vorteile und Nachteile nach und schreib sie auf!

Vorteile:

Ich könnte jetzt …

Nachteile:

Ich müsste (*would have to*) jetzt …

8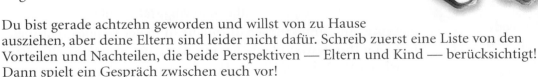

R o l l e n s p i e l

Es gibt Krach in der Familie!

Du bist gerade achtzehn geworden und willst von zu Hause ausziehen, aber deine Eltern sind leider nicht dafür. Schreib zuerst eine Liste von den Vorteilen und Nachteilen, die beide Perspektiven — Eltern und Kind — berücksichtigt! Dann spielt ein Gespräch zwischen euch vor!

Kann ich's wirklich?

Can you talk about what is possible? (p. 125)

1 How would you respond if a friend said the following things to you?
  a. Wen soll ich wählen?
  b. Ich weiß nicht, wem ich meine Stimme geben soll.
  c. Der Führerschein ist mir zu teuer.

Can you say what you would have liked to do? (p. 126)

2 How would you say that
  a. you would have liked to skip class, but you know you should never do that?
  b. you would have liked to go to the movies, but you had to help your parents?

Can you say that something is going on right now? (p. 131)

3 How would you respond if your parents asked you when you were going to do the following things, and you were already doing them when they asked?
  a. Hast du den Artikel über den Zivildienst schon gelesen?
  b. Überlegst du dir, ob du zur Bundeswehr gehst?
  c. Wann diskutierst du mit deinem Bruder darüber?

Can you report past events? (p. 132)

4 How would you say that
  a. you wanted to go out last Sunday, but you couldn't because you had too much to do?
  b. your friends couldn't come along and had to stay home?

Can you express surprise, relief, and resignation? (p. 134)

5 How would you respond to the following statements?
  a. Leute mit Kontaktlinsen dürfen nicht in der Bundeswehr dienen.
  b. In der Bundeswehr hatte ich mir den Fuß gebrochen, aber jetzt ist er wieder in Ordnung.
  c. Ich finde es nicht gut, dass wir eine Wehrpflicht in Deutschland haben.

Erste Stufe

Talking about what is possible

Ich könnte das machen, wenn ...	I could do that, if ...

Saying what you would have liked to do

Ich hätte gern die Sendung gesehen.	I would have liked to have seen the show.
Ich wäre gern nach München gereist.	I would have liked to have traveled to Munich.

Other useful words

der Unterricht	class, school
die Prüfung, -en	test
das Mitglied, -er	member
der Verein, -e	club
der Vertrag, ⸚e	contract
die Pflicht, -en	duty
das Recht, -e	right
in dieser Hinsicht	as far as that goes
bevor (conj)	before
kurzfristig	on short notice
schade sein um	to be a shame/waste
umgekehrt	vice-versa

schwänzen	to cut class
fehlen	to be missing
s. erlauben	to permit oneself
dauern	to last
schaffen	to achieve, make
s. irren	to be wrong
scheinen	to seem
wählen	to vote for
s. engagieren	to be active in
unterschreiben	to sign (your name)
heiraten	to marry
unabhängig sein	to be independent
s. ändern	to change oneself

Zweite Stufe

Saying that something is going on right now

Ich arbeite an dem Projekt.	I'm working on the project.
Ich bin dabei, am Projekt zu arbeiten.	I'm getting started on the project.
Ich bin am (beim) Arbeiten.	I'm working.

Reporting past events

Ich konnte gestern meine Hausaufgaben erledigen.	I was able to finish my homework yesterday.

Expressing surprise, relief, and resignation

Das ist mir neu!	That's news to me!
Ich bin aber froh, dass ...	I'm sure happy that ...
Ach, was soll's? Das ist leider so.	Well, what's the use? That's the way it is.

Other useful words

das Krankenhaus, ⸚er	hospital
der Panzer, -	tank
der Laster, -	truck

das Transportflugzeug, -e	transport plane
der Bomber, -	bomber
die Streitkräfte (pl)	armed forces
die Bundeswehr	German Federal Defense Force
der Bund = die Bundeswehr	
das U-Boot, -e	submarine
der Wehrdienst	armed forces
die Wehrpflicht	compulsory service
der Offizier, -e	officer
der Frieden	peace
das Gewehr, -e	gun
die Waffe, -n	weapon
der Kampf, ⸚e	struggle, battle
der Zivildienst	community service
die Demokratie, -n	democracy
das Grundgesetz	basic law
die Gleichberechtigung	equality
die Entscheidung, -en	decision
das Studium	university studies
im Ernst	seriously
das Thema, Themen	theme, matter
abstreiten (sep)	to argue against
belasten	to weigh on, burden

betreuen	to care for
einstellen (sep)	to hire
einziehen (sep)	to draft
s. entscheiden für	to decide on
halten für	to consider something as
kommandieren	to command
s. lohnen	to be worth it
schießen	to shoot
unterbrechen	to interrupt
s. unterhalten über (acc)	to discuss
s. verlassen auf (acc)	to count on
angenehm	pleasant
fies	awful
anstrengend	strenuous
sinnlos	senseless
freiwillig	voluntary
vergangen-	past
vorig-	last
früher	earlier
ausgesprochen	particularly

6
Medien: stets gut informiert?

Objectives

In this chapter you will learn to

Erste Stufe

- ask someone to take a position
- ask for reasons
- express opinions
- report past events
- agree or disagree
- change the subject
- interrupt

Zweite Stufe

- express surprise or annoyance

 internet

| go.hrw.com | ADRESSE: go.hrw.com |
| KENNWORT: WK3 |
| WUERZBURG-6 |

◀ **Wir sind gut informiert. Auch in der Schule.**

Los geht's! ▪ *Die Macht der Medien*

Hier ist ein Ausschnitt aus einer Diskussion von Schülern einer 10. Klasse zum Thema „Medien."

Wie informiert ihr euch? Durch welche Medien erfahrt ihr, was in der Welt passiert?

Sandra: Ja, durch Zeitung, Radio, Fernsehen und Internet.

Christof: Im Radio hört man meistens die Nachrichten; die kommen ja alle halbe Stunden. Und das Radio informiert eben am schnellsten über Neuigkeiten und wichtige Ereignisse.

Frank: Is' doch Quatsch! Solche Informationen bekommst du im Fernsehen oder im Netz genau so schnell!

Christof: Aber nicht, wenn du im Auto unterwegs bist, oder wenn du ...

Nicole: Moment mal, Christof! Lass mich auch mal zu Wort kommen!

Christof: Entschuldigung!

Nicole: Also, ich bekomm meine Information meistens aus der Zeitung. Ich blättere alles mal durch, und was mich dann anspricht, das les ich halt.

Frank: Viele Leute lesen nur die Sensationspresse und oft nur die Schlagzeilen.

Nicole: Ja schon, aber wenn man eine seriöse Tageszeitung liest, die Stuttgarter Nachrichten vielleicht oder sogar die SZ, da muss ...

Alex: Die liest du doch gar nicht! Das ist ...

Christof: Mensch, lass die Nicole mal ausreden!

```
Subject:

To: Frank@mail.net
From: Christof@email.com
cc:

Lieber Frank:
Erinnerst du dich noch an unsere Debatte über die Macht der
Medien? - Nun, ich bin gerade in den USA angekommen, und was
glaubst du, woher ich meine Info über Deutschland bekomme?
Nicht vom Radio und auch nicht im Fernsehen. Aus dem Internet!
Und stell dir vor, ich kann schon gegen 17 Uhr die deutsche
Presse vom nächsten Tag lesen! Ich lese also doch die Zeitung -
aber im Netz. Schick mir eine E-Mail!

Christof
```

Nicole: Ja, wo war ich? Ach ja, wenn man so eine Zeitung liest, wie die Süddeutsche Zeitung vielleicht, da muss man sich schon aussuchen, was man lesen will. Da ist einfach zu viel da.

Christof: Eben! Aber ich möcht noch mal auf die anderen Medien zurückkommen, aufs Fernsehen zum Beispiel.

Frank: Richtig! Ich finde nämlich Zeitunglesen langweilig.

Ralf: Ja, weil Zeitunglesen für dich zu anstrengend ist. Du sitzt lieber vor der Glotze!

Martina: Komm, Ralf, nicht gleich persönlich werden!

Ralf: Na, okay. War nur Spaß. Mach weiter!

Frank: Also, ich zum Beispiel bekomm meine Information hauptsächlich durchs Fernsehen. Man kann sich alles viel besser vorstellen als beim Zeitunglesen. Und meiner Meinung nach trägt das Fernsehen am meisten zur Bildung einer eigenen Meinung bei.

Christof: Das ist doch alles Quatsch, was du da sagst! Beim Fernsehen bekommst du kurze, oberflächliche Berichte, und du erfährst nur das, was die Redakteure für wichtig halten. Deine Meinung wird also nur durch die Berichte und Bilder geformt, die gezeigt werden, und durch das, was weggelassen wird.

Frank: Na ja, eine Zeitung beeinflusst die Leser auch.

Christof: Ja, schon. Aber eine Zeitung kann viel mehr bringen; sie kann auch gründlicher berichten. Du bekommst eher das gesamte Bild sozusagen: Tatsachen, Einzelheiten, Hintergrund und auch Kommentare.

Natalie: Jetzt haben wir zwei verschiedene Meinungen gegenüberstehen. Wer nimmt mal dazu Stellung?

Sandra: Ich finde, die Zeitung regt mehr zum Nachdenken an.

Nicole: Meiner Meinung nach eignet sich das Fernsehen am besten zur Unterhaltung und Entspannung. Die Presse, das Radio und das Internet informieren besser.

Frank: Kannst du das begründen?

Nicole: Ja, vielleicht so: Da gab's vor ein paar Jahren mal einen Druckerstreik, und viele Bundesbürger fanden sich nicht richtig informiert. Sie vermissten besonders die Lokalnachrichten und die Annoncen der örtlichen Geschäfte, die ja durchs Fernsehen nicht gesendet werden.

Frank: Da ist schon was dran. Aber andererseits: Möchtest du ohne Fernseher oder Computer sein? Ich nicht.

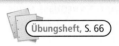

1 Zeitung, Radio, Fernsehen, Internet

Schreiben Was haben die Schüler über die verschiedenen Medien gesagt? Mach eine Liste mit vier Spalten: Zeitung, Radio, Fernsehen, Internet! Schreib in Stichworten auf, was die Schüler gesagt haben!

2 Wie sieht's bei dir aus?

Sprechen/Schreiben Beantworte die folgenden Fragen.

1. Welche Medien gebrauchst du am meisten? Gib Gründe dafür an!
2. Welche Teile der Tageszeitung interessieren dich am meisten?
3. Welche Radiosender hörst du am meisten? Warum?

Erste Stufe

Objectives Asking someone to take a position; asking for reasons; reporting past events; agreeing or disagreeing; changing the subject

WK3 WUERZBURG-6

Fernsehen verdrängt den Konsum von Büchern, Zeitungen und Zeitschriften.

Fernsehen entspannt.

Das Fernsehen ist ein Fenster zur Welt.

Fernsehen bildet.

FERNSEHEN MACHT BLÖD.

Fernsehen macht Kinder aggressiv.

Zahl des Tages

Von den Deutschen, die Bücher lesen, schaffen 38 Prozent fünf Bände pro Jahr, 26 Prozent lesen sechs bis zehn, 18 Prozent elf bis 20 und gut zehn Prozent 21 bis 50.

Die TV-Kids

Das TV-Leben der 6b des Münchner Erasmus-Grasser-Gymnasiums (fünf Mädchen, neunzehn Jungen zwischen elf und dreizehn Jahren): Nur ein Schüler ohne TV-Gerät, sechs mit eigenem Fernseher, sechzehn mit Kabelanschluß. 50 Prozent sahen den Prügelstreifen „Rambo", 40 Prozent kannten den Horrorfilm „Alien". TV-Konsum täglich 30 bis 60 Minuten: 3 Schüler; bis zu 2 Stunden: 3 Schüler; bis 3 Stunden: 15 Schüler; bis 4 Stunden: 3 Schüler.

(aus FOCUS)

Wortschatz

auf Deutsch erklärt

Ich erfahre es durch das Radio. Ich höre es im Radio.
Romeo vermisst seine Julia. Er ist traurig, dass sie nicht bei ihm ist.
die Glotze der Fernseher
die Neuigkeit etwas Neues
das Ereignis das, was passiert
die Unterhaltung was man zum Spaß macht
die Schlagzeile die großgedruckten Wörter über einem Text
die Tatsache etwas, was geschehen ist
die Einzelheit das Detail
verdrängen den Platz von etwas oder jemandem einnehmen
unterwegs auf dem Weg, nicht zu Hause
gesamt total, alles
der Streik wenn Arbeiter nicht arbeiten

auf Englisch erklärt

Zuviel Fernsehen trägt zur allgemeinen Volksverdummung bei. *Too much TV contributes to the general dumbing down of the people.*
In der Zeitung steht ein Bericht darüber. *There's a report about it in the paper.*
Ich will nur schnell mal die Zeitung durchblättern. *I just want to leaf through the paper real quick.*
Diese Sendung spricht mich an. *This program appeals to me.*
So stelle ich es mir vor. *That's the way I imagine it.*
Die Nachrichten regen mal zum Nachdenken an, mal sind sie oberflächlich. *Sometimes the news stimulates thought, sometimes it's superficial.*
Diese Situation eignet sich gut zu einem Spaß. *This situation is well suited to making a joke.*

Grammatikheft, S. 46, Ü. 1–2

3 **Was sagst du dazu?**

Sprechen Beantworte die folgenden Fragen.

1. Was machen die Deutschen am liebsten in ihrer Freizeit? Was machst du am liebsten? Was steht bei dir ganz oben? Und unten?

2. Was ist ein TV-Kid?

3. Welche Aussagen über das Fernsehen auf Seite 152 sind positiv, welche negativ? Stimmst du damit überein? Kannst du noch einige Aussagen hinzufügen?

4 **Wie informieren sie sich?**

Zuhören Wer von diesen Leuten informiert sich hauptsächlich durch Zeitunglesen, Fernsehen oder Radiohören? Hör gut zu, und schreib die Information in die entsprechende Spalte!

Schüler	Zeitung	TV	Radio
Kässi			

So sagt man das!

Asking someone to take a position; asking for reasons; expressing opinions

When having a discussion, you use certain communication strategies. Here are some ways to help you encourage a discussion in German.

To ask someone to take a position on a subject, you could say:

Möchtest du mal dazu Stellung nehmen? *or* **Wer nimmt mal dazu Stellung?**

To ask for reasons you say:

Kannst du das begründen?

To express an opinion you may begin with:

Meiner Meinung nach sollte man Zivi werden.
Ich finde, dass wir zu viel fürs Militär ausgeben.

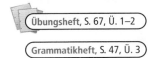

Übungsheft, S. 67, Ü. 1–2

Grammatikheft, S. 47, Ü. 3

5 **Diskussion im Schulhof**

Zuhören Im Schulhof wird lebhaft diskutiert. Hör zu und schreib auf, wer von diesen Schülern seine Meinung begründet und wer nicht! Welcher Schüler begründet seine Meinung am besten und warum?

Schüler	Grund	keinen Grund
Markus		
Rüdiger		

6 **Für mein Notizbuch**

Schreiben Schreib in dein Notizbuch, welches Medium (z.B. Zeitung, Radio, Fernsehen, Internet) du vorziehst! Nimm zu deiner Aussage Stellung, indem du deine Meinung mit mehreren Punkten begründest!

7 Eure Meinung über die Medien, bitte!

Sprechen Bildet Gruppen zu viert! Führt ein Gespräch über die Medien, indem ihr die verschiedenen Fragen unten behandelt! Die Gesprächspartner nehmen dann dazu Stellung.

> DU **Meiner Meinung nach trägt die Zeitung am besten zur Bildung einer eigenen Meinung bei.**
>
> PARTNER **Kannst du das mal begründen?**
>
> DU **Ja, man kann die Zeitung in Ruhe lesen, man kann …**

> Tageszeitung Fernsehen
> Radio

Welches Medium …

berichtet am wahrheitsgetreusten *(closest to the truth)*?

regt am stärksten zum eigenen Nachdenken an?

berichtet am verständlichsten über (politische) Ereignisse?

informiert über Neuigkeiten und wichtige Ereignisse?

trägt am besten zur Bildung einer eigenen Meinung bei?

bietet den meisten Gesprächsstoff im Freundes– und Bekanntenkreis?

ist am besten zur Unterhaltung und Entspannung geeignet?

8 Nacherzählen

Lesen/Sprechen Lies den folgenden Text, und erzähl ihn einem Partner wieder!

Was würden Sie ohne Fernseher machen?

Vor einiger Zeit führte ein Fernsehsender folgenden Test durch: Zwei Familien erklärten sich bereit, vier Wochen lang ohne Fernsehen zu leben. Und was passierte? In der einen Familie wussten die Leute einfach nicht mehr, was sie ohne Fernseher anfangen sollten! Sie saßen da und starrten sich an. Nichts fiel ihnen ein. Sie hatten vergessen, wie man sich unterhält, wie man sich amüsiert. Sie langweilten sich zu Tode — dann fingen sie sogar an zu streiten. In der anderen Familie fing man an zu reden. Man erzählte sich Witze und Geschichten. Die Familie hörte jetzt Musik, machte Spiele, sie luden wieder Freunde ein. — Nach vier Wochen bekamen beide Familien ihren Fernseher wieder. Das Ergebnis: Die eine Familie sitzt jetzt nach wie vor jeden Abend vor dem Bildschirm, die andere Familie macht jetzt lieber etwas zusammen, anstatt automatisch den Fernseher einzuschalten.

So sagt man das!

Reporting past events

Here is how you might narrate a long sequence of past events:

Vor einiger Zeit **führte** ein Fernsehsender folgenden Test durch: Zwei Familien **erklärten** sich bereit, … Und was **passierte?** Die Leute **wussten** einfach nicht mehr, was sie ohne Fernseher anfangen **sollten.** Sie **saßen** da und **starrten** sich an …

Narrative past (imperfect)

Mehr Grammatikübungen,
S. 168–169, Ü. 1–3

Übungsheft, S. 68–69, Ü. 3–6

Grammatikheft, S. 48–49, Ü. 4–5

1. When talking about or relating events that took place in the past, use the following general rules as a guide:

   a. When writing longer sequences, use the narrative past (imperfect).

   b. In conversation, use the conversational past (perfect).

2. Weak verbs and strong verbs form the imperfect as follows:

   a. Weak verbs form the imperfect by adding the past tense marker **-te** to the verb stem.

	hören	**führen**	**erklären**
ich	hör**te**	führ**te**	erklär**te**
er, sie, es, man	hör**te**	führ**te**	erklär**te**
wir, sie, Sie	hör**ten**	führ**ten**	erklär**ten**

   b. Strong verbs often have a vowel change in the imperfect: geben — **gab;** finden — **fand.** The imperfect of strong verbs that you had are listed in the Grammar Summary.

	geben	**finden**
ich	**gab**	**fand**
er, sie, es, man	**gab**	**fand**
wir, sie, Sie	**gaben**	**fanden**

   Note: Second-person forms of the imperfect are rarely used and are therefore not given here.

3. There are a number of verbs in German that form the imperfect like weak verbs but also have a vowel change. Here are some you have had so far:

	kennen	**nennen**	**denken**	**bringen**	**wissen**
ich	**kannte**	**nannte**	**dachte**	**brachte**	**wusste**
er, sie, es, man	**kannte**	**nannte**	**dachte**	**brachte**	**wusste**
wir, sie, Sie	**kannten**	**nannten**	**dachten**	**brachten**	**wussten**

   Look at the past tense forms of modals on page 133. How is the past tense formed? What observations can you make when comparing them to weak and strong verbs? How are they similar to the verbs listed above?

9 Grammatik im Kontext

Lesen/Sprechen Erzähle die folgenden Aussagen nach! Verwende dabei das Imperfekt!

a. Ich hab gestern Abend nicht fernsehen können, weil ich keine Zeit gehabt hab. Ich hab gehört, dass der Bericht über die wichtigsten Ereignisse in Südafrika ausgezeichnet gewesen ist. Ich hab nicht gewusst, dass es große Demonstrationen gegeben hat, an denen Tausende teilgenommen haben.

b. Mein Vater hat früher seine Information gewöhnlich aus den Tageszeitungen bekommen. Wie er mir gesagt hat, hat er sich nur seriöse Zeitungen gekauft. Aber er hat ja nicht alles lesen können. Er hat erst alles mal durchgeblättert, und was ihn dann angesprochen hat, hat er gelesen.

„Kannst du mal schön ruhig den ‚Aus'-Knopf drücken?"

lesen — las

bekommen — bekam

ansprechen — sprach an (ansprach)

teilnehmen — nahm teil (teilnahm)

können — konnte

10 Klassenumfrage: Mediennützung

Sprechen Macht in eurer Klasse eine Umfrage! Stellt fest, welche Medien ihr am meisten und welche ihr am wenigsten benutzt! Was könnt ihr noch hinzufügen? Kassetten, CDs hören? Videos sehen? Computer, CD-ROM spielen? Im Internet surfen?

So sagt man das!

Agreeing or disagreeing; changing the subject; interrupting

Here are some more expressions you will find useful when you're having a discussion.

To accept a point someone makes, you can say:

Da ist schon was dran.　　　**Eben!**　　　**Richtig!**

To reject a point, you might say:　　　(and informally:)

Das stimmt gar nicht!　　　**Das ist alles Quatsch!**

To change the subject, use these expressions:

Übrigens, ich wollte etwas anderes sagen.
Ich möchte noch mal (aufs Fernsehen) zurückkommen.

To interrupt someone, you can say:

Lass mich mal zu Wort kommen!
Moment mal! Lass (die Nicole) mal ausreden!

> Übungsheft, S. 70, Ü. 7–9
> Grammatikheft, S. 50, Ü. 6

---

11 Vor- und Nachteile des Fernsehens

Zuhören Im Schulhof unterhalten sich einige Schüler über die Vorteile und Nachteile des Fernsehens. Schreib mindestens drei Vorteile und drei Nachteile auf, die du hörst! Stimmst du auch mit diesen Meinungen überein?

12 Was haltet ihr vom Fernsehen?

Ist Fernsehen nützlich oder schädlich? Diskutiert in der Klasse über diese Frage!

a. Sprechen Lest die Aussagen übers Fernsehen unten und nehmt dazu Stellung! Verwendet dabei die Ausdrücke, die ihr in diesem Kapitel gelernt habt! Nehmt eure Diskussion auf einer Kassette auf!

b. Sprechen Hört euch dann die Diskussion an, und diskutiert über die folgenden Fragen!

1. Wer hat was gesagt?
2. Wer hat seine Aussagen am besten begründet?
3. Welche Ausdrücke habt ihr verwendet? Schreibt diese Ausdrücke in euer Notizheft!

Ist das Fernsehen **nützlich**?	Ist das Fernsehen **schädlich**?
Ja, schon. Denn …	Fernsehen kann dazu führen, dass man …
• man erhält eine Fülle von Informationen.	• in seiner Freizeit weniger aktiv ist.
• man hat ein „Fenster zur Welt".	• seine künstlerischen Talente vergisst.
• man wird über viele Probleme informiert und kann dann vielleicht helfen.	• weniger mit anderen Menschen zusammenkommt.
• man kann Filme und Theateraufführungen sehen, wozu man sonst keine Gelegenheit hätte.	• seine eigenen Ideen und Gefühle weniger ausdrücken kann.
	• zu viel isst und zunimmt.

LANDESKUNDE · LANDESKUNDE

Übungsheft, S. 71, Ü. 1–4

Die Schülerzeitung

Für manche Schüler ist die Mitarbeit an der Schülerzeitung nicht nur ein Hobby, sondern auch der Anfang einer Karriere im Journalismus. Wie bei einer Zeitung müssen die Schüler ihre Berichte recherchieren, Photos machen, Grafiken erstellen, Layouts vorbereiten, Platz für Anzeigen an Geschäftsleute verkaufen, den Text säuberlich tippen und für den Drucker vorbereiten — und dann die Zeitung an die Schüler verkaufen.

Eine andere Art, sich für die Schule zu engagieren, ist, in der Schülervertretung mitzuarbeiten. Gewöhnlich werden von jeder Schulklasse zwei Klassensprecher gewählt, die ein Jahr lang ihre Interessen in der SV vertreten. An der Spitze der SV stehen zwei Schulsprecher, die von den Klassensprechern gewählt werden. Schulsprecher dürfen Schulsprecherkonferenzen besuchen, bei denen Schülerprobleme des Bundeslandes diskutiert werden.

Die Schülervertretung am Markgräfler Gymnasium hat sich zum Beispiel sehr verdient gemacht. Sie hat an dem allgemeinen Rauchverbot am Gymnasium mitgearbeitet. Sie hat es durchgesetzt, dass es jetzt eine Graffitiwand an der Schule gibt, und bald sollen auf dem Schulgelände Pingpongtische aus Marmor aufgestellt werden, damit die Schüler auch bei schlechtem Wetter Tischtennis spielen können.

1. Lies den Text durch, und mach dir Notizen! Wovon handelt der Text?

2. Warum interessieren sich die Schüler für die Schülerzeitung und Schülervertretung?

3. Habt ihr auch eine Schülerzeitung und Schülervertretung in eurer Schule? Wie unterscheiden sie sich von den deutschen Schülerorganisationen?

4. Findest du es wichtig, solche Schülerorganisationen zu haben? Was meinst du?

Weiter geht's! · *Unsere eigene Zeitung!*

An den meisten Realschulen und Gymnasien gibt es Schülerzeitungen. Da gibt es die „Glatze" am Schwann Gymnasium in Neuss, die „Meinung" am Gymnasium in Starnberg, den „List-Käfer" an der Wirtschafts-Schule in München oder die „Pepo" (People's Post) am Markgräfler Gymnasium in Müllheim, um nur einige Namen zu nennen. — Drei Redaktionsmitglieder unterhalten sich hier über ihre Arbeit mit der „Pepo".

Guido: Es ist unglaublich, wie viel Arbeit wir mit der „Pepo" haben. Und das alles nach der Schule.

Rainer: Da stimm ich dem Guido zu. Manchmal frag ich mich, ob sich die viele Arbeit lohnt.

Natalie: Es überrascht mich, dass du das sagst.

Rainer: Die viele Arbeit macht mir nichts aus. Was mich stört ist, dass sich viele Schüler gar nicht für die Zeitung interessieren und die meisten fast gar nichts dazu beitragen. Und ich werde sauer, wenn sie unsere Arbeit bloß kritisieren!

Natalie: Ich kann dich verstehen, das ist frustrierend. Aber trotzdem, ich find die Arbeit anregend.

Guido: Das ist wahr. Das find ich auch. Übrigens, dein letztes Interview mit der SV war super, bestimmt das beste Interview in der Pepo.

Hier ist Natalies Interview mit der SV, der Schülervertretung. Sprecher: Jürgen und Petra.

Natalie: Warum macht ihr bei der SV mit?

Jürgen: Mich hat gestört, dass einige Klassensprecher und viele Schüler am Gymnasium so ganz ohne Interessen waren. Und deshalb wollte ich mich mal selber um Rechte und Pflichten der SV kümmern.

Petra: Es hat mich auch überrascht, als ich gesehen habe, was eine SV so alles erreichen kann!

Natalie: Und was macht die SV?

Petra: Unsere größte Aufgabe ist, schulinterne Dinge zu organisieren, zum Beispiel AGs, Schulfeten, Schüleraustausch, und wir können euch auch mit der Schülerzeitung helfen, wenn ihr mal Probleme mit der Schulleitung habt.

Natalie: Ist das wahr?

Jürgen: Klar. Und ich möchte noch dazu sagen, dass … äh, wir bemühen uns auch um bessere Kontakte zu den Eltern und zu unseren Lehrern.

Natalie: Kannst du mir ein Beispiel geben?

Jürgen: Kann ich. Du erinnerst dich doch, dass einige ältere Schüler und auch mehrere Lehrer mit dem Rauchverbot in der Schule nicht einverstanden waren. Das haben wir jetzt geregelt.

Natalie: Das freut mich für euch. – Übrigens, wie stehen denn die Lehrer zur SV?

Petra: Die Lehrer unterstützen uns; sie informieren uns über unsere Rechte und Pflichten.

Jürgen: Auch helfen sie uns ab und zu mit der Arbeit, wenn die Arbeit zu viel wird und wenn es zu viel Frust gibt.

Übungsheft, S. 72

13 Schülerzeitung und SV

Schreiben/Sprechen Beantworte diese Fragen mit einem Partner!

1. Was sagen die Schüler über ihre Arbeit mit der Schülerzeitung?
2. Was ist die SV? Was macht die SV?

14 Kannst du die Redemittel erkennen?

Schreiben Schreib die Ausdrücke in dein Notizheft, die die Schüler in ihrer Unterhaltung verwenden! Beachte dabei genau, was diese Redemittel ausdrücken! Welche Ausdrücke sind dir neu, welche sind dir schon bekannt?

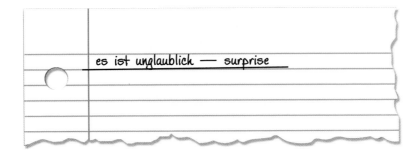

es ist unglaublich — surprise

Leserbriefe an die Redaktion der Pepo

Die Tatsache, dass in der „Meckerecke" auch anonyme Briefe erscheinen, finde ich schwach. Meiner Meinung nach sollte man zu seiner Meinung stehen. Wer Angst hat, was zu schreiben, der sollte es lassen!

Ursel Roth, 9a

Es überrascht mich wirklich, dass die Redaktion der Pepo Tatsachen und Meinungen nicht auseinander halten kann. Tatsache ist, dass wir das letzte Fußballspiel verloren haben. Meinung ist, dass wir nicht Fußball spielen können.

Bernd Rauh, 10b

Ich möchte mehr Berichte und Information über Veranstaltungen in der Schule!

Linda Schuster, 8b

Der Artikel im letzten Heft „Wie man sich in der Klasse gute Notizen macht" war sehr nützlich! Nur möchte ich dazu sagen, dass ich einige Vorschläge etwas unrealistisch fand. Die Lehrer zum Beispiel sprechen nicht immer sehr deutlich, und es ist schwer, ja manchmal unmöglich, alles mitzuschreiben!

Jochen Blick, 11a

Wortschatz

auf Deutsch erklärt

deutlich klar

sich um jemanden kümmern wenn man für jemanden alles tut, was man kann

der Schüleraustausch wenn Schüler von einer anderen Schule zu uns kommen, und Schüler von uns dorthin gehen

unterstützen einem Menschen helfen und Rat geben

nützlich man kann es gebrauchen

deshalb aus diesem Grund

die Schulleitung die Schuldirektion

anregend stimulierend

auf Englisch erklärt

<u>Die</u> <u>Schülervertretung</u> (<u>SV</u>) regelt die Veranstaltung. *The student council takes care of the event.*

Wir haben eine schwere <u>Aufgabe</u> vor uns. *We have a difficult task in front of us.*

<u>Das</u> <u>macht</u> <u>mir</u> <u>nichts</u> <u>aus</u>. *That doesn't matter to me.*

<u>Meckere</u> nicht so! *Don't complain so much!*

Die Redaktion <u>bemüht</u> <u>sich</u> <u>um</u> Klarheit. *The editors strive for clarity.*

Du machst ihn <u>sauer</u>, wenn du ihn <u>störst</u>. *He'll get annoyed with you if you disturb him.*

<u>Überraschen</u> wir sie mit einer Fete! *Let's surprise her with a party!*

Grammatikheft, S. 51, Ü. 7–9

15 **Was sagen die Schüler?**

Lesen/Sprechen Diskutiert die Leserbriefe auf dieser Seite! Was sagen die Leserbriefe aus? Was ist der Hauptgedanke jedes Briefes? Wer drückt Folgendes aus: Ärger (*annoyance*), Frust (*frustration*), Überraschung (*surprise*)?

16 Die Schülerzeitung

 Zuhören Ein paar Schüler arbeiten für eine Schülerzeitung und müssen morgen eine neue Ausgabe drucken. Hör ihrem Gespräch gut zu und entscheide, wer diese Arbeit gern macht und wer nicht!

So sagt man das!

Expressing surprise or annoyance

To express surprise you could say:

Es ist unglaublich, dass die Mannschaft verloren hat.
Das schlechte Spiel **überrascht mich.**
Ich bin überrascht, dass sie so miserabel gespielt haben.

To express annoyance or frustration you could say:

Was mich stört ist, dass wir besser spielen können.
Ich werde sauer, wenn die Spieler so oft meckern.
Es ist frustrierend, dass wir ihnen nicht helfen können.

Übungsheft, S. 73–74, Ü. 1–4

Grammatikheft, S. 52, Ü. 10

17 Überraschung oder Frust?

 Zuhören Die Mitglieder der Schülerzeitung haben dich zu ihrer Versammlung eingeladen. Hör gut zu, wie einige Schüler Überraschung und Frust ausdrücken! Notiere, wer wie reagiert!

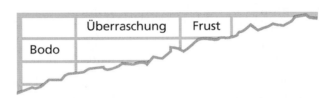

	Überraschung	Frust
Bodo		

18 Bist du überrascht, oder stört es dich?

Sprechen Such dir eine Partnerin! Sie spricht mit dir über einige Probleme an der Schule. Drück deine Überraschung oder deinen Ärger darüber aus! Wechselt einander ab!

1. Wir haben so viel Arbeit mit der Schülerzeitung.
2. Die meisten Schüler interessieren sich nicht einmal für die Zeitung.
3. Die Arbeit ist manchmal sehr frustrierend.
4. Wir haben leider auch keine gute Schülervertretung.
5. Wir haben auch keinen Schüleraustausch mit anderen Schulen.
6. Unsere Eltern haben wenig Kontakt zu den Lehrern.
7. …

Das tut mir Leid.

Das ist schade.

Da stimme ich dir zu.

Das ist frustrierend.

Ja, das ist eben so.

Das ist aber wahr!

Das stört mich auch!

Da kann man nichts machen.

Superlative forms of adjectives

1. You have been using comparative forms of adjectives in sentences such as:

   Wir haben ein **größeres** Auto (als ihr).   Das ist eine **bessere** Kamera.

2. You have also been making equal and unequal comparisons like these:

   Das Fernsehen informiert **genau so schnell wie** das Radio.
   Das Radio informiert **schneller als** die Zeitung.

3. Superlative forms in German are similar to English superlative forms, for example: fastest, smallest, most expensive, best. The superlative form in German is made by adding **-st** (sometimes **-est**) to the positive form. When used before a noun, the superlative form must have an adjective ending.

4. Most adjectives of one syllable take an umlaut in the comparative and superlative. Here are some examples. For a more complete listing, refer to the Grammar Summary at the end of this textbook.

Positive	Comparative	Superlative	Positive	Comparative	Superlative
alt	älter	ältest-	kurz	kürzer	kürzest-
arm	ärmer	ärmst-	lang	länger	längst-
groß	größer	größt-	oft	öfter	öftest-
hart	härter	härtest-	schwach	schwächer	schwächst-
jung	jünger	jüngst-	stark	stärker	stärkst-
kalt	kälter	kältest-	warm	wärmer	wärmst-

Note that adjectives that end in **-d, -t, -z** add **-est** in the superlative form.

5. Several adjectives have irregular comparative and superlative forms.

Positive	Comparative	Superlative	Positive	Comparative	Superlative
gern	lieber	liebst-	nah	näher	nächst-
gut	besser	best-	viel	mehr	meist-
hoch	höher	höchst-			

6. Superlative forms are often used in the following phrase:

   am *superlative form* + **en**   Was mich **am meisten** stört ist, ...

   Übungsheft, S. 75, Ü. 5   Grammatikheft, S. 53–54, Ü. 11–13   Mehr Grammatikübungen, S. 170–171, Ü. 4–7

---

19 Grammatik im Kontext

Sprechen/Schreiben Spiel mit einem Partner die Rollen von zwei Schülern, die für verschiedene Schülerzeitungen mitarbeiten! Ihr denkt natürlich, dass jeder die beste Zeitung hat. Macht Reklame für eure eigene Schülerzeitung, indem ihr nur in Superlativen redet! Was sagt ihr? Was schreibt ihr?

BEISPIEL   Wir haben die lustigsten Witze!   *oder*   Unsere Witze sind am lustigsten!

Neuigkeiten   Leserbriefe   Witze
Interviews   Tipps   Geschichten
Anekdoten   Cartoons   Artikel

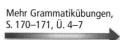

seriös   spannend   gut   wichtig
witzig   toll   klug   lustig
faszinierend   komisch   schön

20 Grammatik im Kontext

Sprechen/Schreiben Guido hat ganz bestimmte Ansichten, und du, als sein bester Freund, stimmst ihm immer zu! Such dir einen Partner, und spielt zusammen die Rollen von Guido und seinem Freund! Tauscht oft die Rollen aus!

BEISPIEL   **GUIDO**   **Keine Zeitung ist so interessant wie diese.**
              DU   **Da stimm ich dir zu. Es ist die interessanteste Zeitung!**

1. Keine Arbeit ist so schwer wie diese.
2. Keine Schüler sind so faul wie diese.
3. Kein Interview ist so langweilig wie dieses.
4. Kein Beispiel ist so blöd wie dieses.
5. Keine Schule ist so gut wie diese.
6. Keine Lehrerin ist so nett wie diese.

21 Grammatik im Kontext

a. **Sprechen** Such dir eine Partnerin, und sprecht einander die Sätze unten vor! Benutzt dabei aber die Superlative statt der Wörter in Klammern!

b. **Schreiben** Schreibt dann die neuen Formen dieser Wörter in eure Notizbücher!

1. Der (gut) Radiosender, den wir haben, ist … Dieser Sender hat den (nett) Discjockey, und der spielt die (toll) Hits. Für die (neu) Nachrichten unterbricht er jede Sendung und berichtet die (wichtig) Ereignisse.

2. Die (alt) Zeitung in unserer Stadt ist … Es ist die (groß) Zeitung im ganzen Staat. Die Zeitung hat die (schön) Sportartikel und die (lustig) Comics — ganze zwei Seiten! Meine Mutter sagt, die Zeitung hat auch die (gut) Reklame.

3. Im Sommer haben wir die (langweilig) Fernsehprogramme. Sie zeigen uns die (schlecht) Filme und die (alt) Krimis. Im Herbst haben wir das (gut) Fernsehen. Die (viel) Sendungen sind super, besonders die (neu) Shows.

22 Über Massenmedien

Stellt in der Klasse eine Liste darüber zusammen, welche der drei wichtigen Medien ihr benutzt! Gebraucht die folgenden Hinweise als Hilfe!

1. **Schreiben** Schreibt auf, was ihr am liebsten in der Zeitung lest oder welche Sendungen ihr euch im Radio anhört und im Fernsehen anseht!

2. **Schreiben** Schreibt auf, welche Medien ihr im Unterricht und zu Hause benutzt! Wie oft und wie lange benutzt ihr diese?

3. **Sprechen** Stellt diese Fragen euren Eltern, Großeltern, Verwandten und Bekannten! Welche Medieninteressen haben Menschen verschiedenen Alters, Geschlechts und verschiedener Berufe?

4. **Schreiben** Schreib dann einen Bericht über die Ergebnisse dieser Gruppenarbeit!

> ### Wortschatz
>
> **Words of quantity**
>
> | Schon bekannt | Neu |
> | --- | --- |
> | wie viele | wenige |
> | keine | einige |
> | ein paar | mehrere |
> | viele | |
> | alle | |
>
> Übungsheft, S. 75–76, Ü. 6–9

23 Von der Schule zum Beruf

The marketing director at the newspaper where you work is worried about a decline in readership. He has implemented several strategies meant to increase newspaper sales. Your task is to develop a colorful brochure targeted at the future purchasers of newspapers: teenagers. Try to convince teens that reading the newspaper is an essential step in the path to adulthood. Mention how vital newspapers (especially yours) are to one's social life, studies, and career, and why newspapers are better for getting information than television or the Internet.

Rumpelstilzchen

Gebrüder Grimm

Es war einmal ein Müller, der war arm, aber er hatte eine schöne Tochter. Nun traf es sich, daß er mit dem König zu sprechen kam, und um sich ein Ansehen zu geben, sagte er zu ihm: „Ich habe eine Tochter, die kann Stroh zu Gold spinnen." Der König sprach zum Müller: „Das ist eine Kunst, die mir wohl gefällt; wenn deine Tochter so geschickt ist, wie du sagst, so bring sie morgen in mein Schloß, da will ich sie auf die Probe stellen."

Als nun das Mädchen zu ihm gebracht wurde, führte er es in eine Kammer, die ganz voll Stroh lag, gab ihr Rad und Haspel und sprach: „Jetzt mache dich an die Arbeit, und wenn du diese Nacht durch bis morgen früh dieses Stroh nicht zu Gold versponnen hast, so mußt du sterben!" Darauf schloß er die Kammer selbst zu, und sie blieb darin allein.

Da saß nun die arme Müllerstochter und wußte um ihr Leben keinen Rat; sie verstand gar nichts davon, wie man Stroh zu Gold spinnen konnte, und ihre Angst wurde immer größer, daß sie endlich zu weinen anfing. Da ging auf einmal die Tür auf, und trat ein kleines Männlein herein und sprach: „Guten Abend, Jungfer Müllerin, warum weinst du so sehr?" — „Ach", antwortete das Mädchen, „ich soll Stroh zu Gold spinnen und verstehe das nicht." Sprach das Männchen:

„Was gibst du mir, wenn ich dir's spinne?" — „Mein Halsband", sagte das Mädchen. Das Männchen nahm das Halsband, setzte sich vor das Rädchen, und schnurr, schnurr, schnurr, dreimal gezogen, war die Spule voll. Dann steckte es eine andere auf, und schnurr, schnurr, schnurr, dreimal gezogen, war auch die zweite voll; und so ging's fort bis zum Morgen, da war alles Stroh versponnen, und alle Spulen waren voll Gold.

Bei Sonnenaufgang kam schon der König, und als er das Gold erblickte, staunte er und freute sich. Aber sein Herz ward nur noch goldgieriger. Er ließ die Müllerstochter in eine andere Kammer bringen, die noch viel größer war, und befahl ihr, auch dieses Stroh in einer Nacht zu spinnen, wenn ihr das Leben lieb wäre.

Das Mädchen wußte sich nicht zu helfen und weinte. Da ging abermals die Tür auf, und das kleine Männchen erschien und sprach: „Was gibst du mir, wenn ich dir das Stroh zu Gold spinne?" — „Meinen Ring vom Finger", antwortete das Mädchen. Das Männchen nahm den Ring, fing wieder an zu schnurren mit dem Rade und hatte bis zum Morgen alles Stroh zu glänzendem Gold gesponnen.

Ein Märchen

Getting Started

1. Read the title and the first paragraph of the reading selection. What characters are introduced?

2. What is the English equivalent of **Es war einmal …** ? To which genre of literature does this story belong? When and where does the story take place?

3. Now read the first three paragraphs, paying careful attention to the quotations. Make sure you know who is speaking at each point. What is the daughter's dilemma? How will it be resolved?

4. Before reading further, make some predictions about what might happen next.

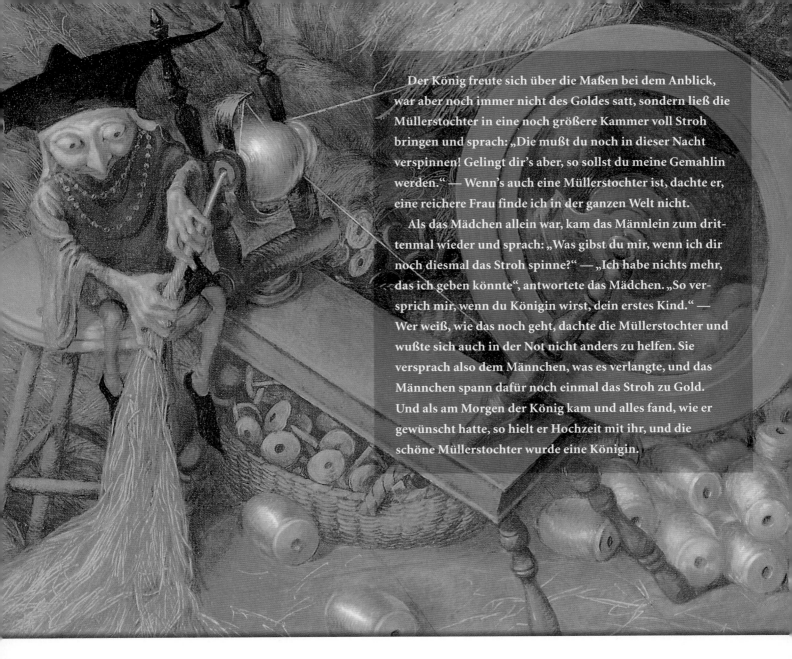

Der König freute sich über die Maßen bei dem Anblick, war aber noch immer nicht des Goldes satt, sondern ließ die Müllerstochter in eine noch größere Kammer voll Stroh bringen und sprach: „Die mußt du noch in dieser Nacht verspinnen! Gelingt dir's aber, so sollst du meine Gemahlin werden." — Wenn's auch eine Müllerstochter ist, dachte er, eine reichere Frau finde ich in der ganzen Welt nicht.

Als das Mädchen allein war, kam das Männlein zum drittenmal wieder und sprach: „Was gibst du mir, wenn ich dir noch diesmal das Stroh spinne?" — „Ich habe nichts mehr, das ich geben könnte", antwortete das Mädchen. „So versprich mir, wenn du Königin wirst, dein erstes Kind." — Wer weiß, wie das noch geht, dachte die Müllerstochter und wußte sich auch in der Not nicht anders zu helfen. Sie versprach also dem Männchen, was es verlangte, und das Männchen spann dafür noch einmal das Stroh zu Gold. Und als am Morgen der König kam und alles fand, wie er gewünscht hatte, so hielt er Hochzeit mit ihr, und die schöne Müllerstochter wurde eine Königin.

5. Reread the first three paragraphs and continue reading until the end of the fifth paragraph. Did the predictions you made in Activity 4 prove correct? Continue reading until the end of the story, pausing every few paragraphs to make predictions. Check to see if your predictions were correct.

6. Now create a time line showing the order in which events occur. (Hint: In a European story of this genre, things often occur in sets of three. There are at least two sets of three things happening together in this story. Be sure to include these events in your time line.)

A Closer Look

7. **a.** Identify the following storytelling or antiquated words and phrases in the first three paragraphs and match each with a more common expression.

es traf sich	*der kleine Mann*
die Kammer	*das Fräulein*
das Männlein	*es ist passiert*
die Jungfer	*das kleine Spinnrad*
das Rädchen	*nicht wissen, was*
um das Leben keinen	*man tun soll*
Rat wissen	*das Zimmer*

b. What does the word **schnurr** mean in the third paragraph? What is it the sound of? Explain what the author is doing here.

Über ein Jahr brachte sie ein schönes Kind zur Welt und dachte gar nicht mehr an das Männchen. Da trat es plötzlich in ihre Kammer und sprach: „Nun gib mir, was du versprochen hast!" Die Königin erschrak und bot dem Männchen alle Reichtümer des Königreichs an, wenn es ihr das Kind lassen wollte. Aber das Männchen sprach: „Nein, etwas Lebendiges ist mir lieber als alle Schätze der Welt." Da fing die Königin so an zu jammern und zu weinen, daß das Männchen Mitleid mit ihr hatte. „Drei Tage will ich dir Zeit lassen", sprach es, „wenn du bis dahin meinen Namen weißt, so sollst du dein Kind behalten."

Nun besann sich die Königin die ganze Nacht über auf alle Namen, die sie jemals gehört hatte. Und sie schickte einen Boten über Land, der sollte sich erkundigen weit und breit, was es sonst noch für Namen gäbe. Als am andern Tag das Männchen kam, fing sie an mit Kaspar, Melchior, Balzer und sagte alle Namen, die sie wußte, der Reihe nach her. Aber bei jedem sprach das Männlein: „So heiß' ich nicht."

Den zweiten Tag ließ sie in der Nachbarschaft herumfragen, wie die Leute genannt würden, und sagte dem Männchen die ungewöhnlichsten und seltsamsten Namen vor: „Heißt du vielleicht Rippenbiest oder Hammelswade oder Schnürbein?" Aber es antwortete immer: „So heiß' ich nicht."

Am dritten Tag kam der Bote wieder zurück und erzählte: „Neue Namen habe ich keinen einzigen finden können. Aber wie ich an einem hohen Berge um die Waldecke kam, wo Fuchs und Has' sich gute Nacht sagen, so sah ich da ein kleines Haus, und vor dem Haus brannte ein Feuer, und um das Feuer sprang ein gar zu lächerliches Männchen, hüpfte auf einem Bein und schrie:

,Heute back' ich, morgen brau' ich,
übermorgen hol' ich der Königin ihr Kind;
ach, wie gut, daß niemand weiß,
daß ich Rumpelstilzchen heiß!'"

Da könnt ihr euch denken, wie die Königin froh war, als sie den Namen hörte. Und als bald danach das Männlein hereintrat und fragte: „Nun, Frau Königin, wie heiß' ich?" fragte sie erst: „Heißt du Kunz?" — „Nein." — „Heißt du Hinz?" — „Nein." — „Heißt du etwa Rumpelstilzchen?"

„Das hat dir der Teufel gesagt, das hat dir der Teufel gesagt!" schrie das Männlein und stieß mit dem rechten Fuß vor Zorn so tief in die Erde, daß es bis an den Leib hineinfuhr. Dann packte es in seiner Wut den linken Fuß mit beiden Händen und riß sich selbst mitten entzwei.

Writers use many kinds of cohesive devices (conjunctions, adverbs, and pronouns) to tie the elements of a story together. For example, **aber** lets you know to look for a contrast. Adverbs indicating time are clues to the sequence of events. When you see pronouns, including **da**-compounds, pay attention to the nouns they refer to in order to understand how individual sentences tie together.

8. Read the first three paragraphs again.
   a. Decide which characters the pronouns in the following sentences refer to:
   • Und um sich ein Ansehen zu geben, sagte **er** zu **ihm:** …

   • Als nun das Mädchen zu **ihm** gebracht wurde, führte **er es** in eine Kammer …
   • Dann steckte **es** eine andere auf, …
   b. Identify the **da**-compounds **darin** and **davon** in the second and third paragraphs. What function does each compound serve?

9. Lies die Geschichte noch einmal! Erzähl die Geschichte mit eigenen Worten nach! Verwende dabei ordnende Zeitausdrücke!

10. Übernimm die Rolle von einer der Hauptfiguren, und erzähl die Geschichte aus ihrer Sicht, aber mit deinen eigenen Worten!

Übungsheft, S. 77-78, Ü. 1-7

Zum Schreiben

When people talk about their opinions, they agree or disagree with one another and ask for clarification and support. When taking a position in writing, another person is not there to disagree or ask for clarification, so you need to state your argument clearly and address possible opposition. In this activity, you will select an issue of importance to you and write an essay about it, clearly stating and supporting your point of view.

Ich nehme dazu Stellung.

Schreib einen Aufsatz von fünf Abschnitten, in dem du Stellung zu einem wichtigen Thema nimmst! Schreib zuerst eine Inhaltsangabe (*outline*), um die Struktur des Aufsatzes im Voraus zu planen!

> **Schreibtipp** Using an outline To write effectively, you need to organize your ideas before you begin. One way to do this is by using an outline. In an outline, you decide what general ideas you want to include, as well as what order you want to discuss them in. Then you group more specific ideas together under your general headings. For a position paper, for example, your outline should include an introduction stating your position, followed by the main reasons for your position. Under each reason you should include supporting details. All of this is followed by a concluding section that ties the whole essay together.

A. Vorbereiten

1. Mach eine Inhaltsangabe für deinen Aufsatz! Schreib die römischen Zahlen I-V auf ein Blatt Papier, und lass viel Platz unter jeder Zahl! Schreib dann jeweils die Buchstaben A, B und C unter II, III und IV!

2. Denk an ein Problem, das dir wichtig ist! Nimm zu diesem Problem Stellung, und drück deine Stellungnahme in einem Satz aus! Schreib diesen Satz neben die Zahl I!

3. Begründe die Stellungnahme mit mindestens drei Punkten! Schreib diese stichwortartig (*in key words*) neben die Zahlen II-IV! Dann unterstütze diese Punkte mit zwei bis drei weiteren Ideen, und schreib diese wieder in Stichworten jeweils neben die Buchstaben A, B und C!

4. Lies dir die Inhaltsangabe durch, und schreib einen Satz, um den ganzen Aufsatz zusammenzufassen! Schreib diesen Satz als Schlusssatz unter die Zahl V!

B. Ausführen

Halte dich an deine Inhaltsangabe, und schreib den Aufsatz! Du musst deine Ideen jetzt nur noch in ganze Sätze umwandeln! Gebrauche auch Nebensätze und Relativsätze, damit die Sprache fließend wirkt!

C. Überarbeiten

1. Such dir jemanden in der Klasse, der eine andere Stellung zu deinem Thema hat! Lies dieser Person deinen Aufsatz vor! Welche Gegenargumente äußert diese Person? Hast du diese Gegenargumente in deinem Aufsatz berücksichtigt? Wie kannst du deine Meinung gegen die Meinung deines Partners verteidigen?

2. Bist du deiner Inhaltsangabe gefolgt? Vergleich den Aufsatz mit dem Entwurf (*draft*)! Hast du etwas vergessen? Hast du überzeugend argumentiert?

3. Lies den Aufsatz noch einmal durch! Hast du alles richtig geschrieben? Gib besonders auf die komparativen und superlativen Adjektive acht!

4. Schreib den korrigierten Aufsatz noch einmal ab!

Mehr Grammatikübungen

internet

go.hrw.com

ADRESSE: go.hrw.com
KENNWORT:
WK3 WUERZBURG-6

Erste Stufe   **Objectives** Asking someone to take a position; asking for reasons; expressing opinions; reporting past events; agreeing or disagreeing; changing the subject; interrupting

1 Schreib die folgende Story ab und schreib dabei die richtige Vergangenheitsform der Verben im Kasten in die Lücken. (**Seite 155**)

brauchen   gehen   fragen
meinen   sagen   wissen
gefallen   sehen   wollen   kaufen

Vor einiger Zeit _____ ich auf den Markt, um mir Obst und Gemüse zu kaufen. Das Obst _____ mir so gut, dass ich gleich 1 Kilo Äpfel _____ . Ich _____ für meine Freunde einen Apfelkuchen backen, und ich _____ gar nicht, wie viel Äpfel ich dafür _____ . Die Marktfrau _____ , dass ich genug Äpfel für den Kuchen habe. Sie _____ mich dann, ob ich noch etwas _____ . In diesem Moment _____ ich die schönen Tomaten, und ich _____ sie, woher sie kommen. Sie _____ mir, dass sie aus Italien sind.

2 Schreib die folgende Story ab und schreib dabei die richtige Vergangenheitsform der Verben im Kasten in die Lücken. (**Seite 155**)

anhalten   vorstellen   sehen   sein   verdienen   aussehen   wollen   fahren
kaufen
haben   anrufen   machen   holen   können   fragen   lesen   suchen   interessieren

Im März letzten Jahres _____ ich meinen 18. Geburtstag. Ich _____ mir im Sommer einen Wagen kaufen, aber wie _____ ich das nur tun? Ich _____ mir eine Zeitung und _____ die Anzeigen. Da _____ ich eine Anzeige, die mich _____ . Die Firma _____ einen jungen Mann. Ich _____ _____ , und schon am nächsten Tag _____ ich mich _____ . Die Arbeit war toll, und ich _____ viel Geld. Nach einem Monat _____ ich den Führerschein, und gleich danach _____ ich mir ein Auto. Es _____ ein gelbes Cabriolet. Ich _____ ganz stolz nach Hause, als mich die Polizei _____ . Ich _____ für die Polizisten zu jung _____ , und sie _____ mich nach meinem Führerschein.

3 Du schreibst deiner Brieffreundin über verschiedene Sachen, die passiert sind, was du in den Ferien erlebt hast, was du letzten Samstag gemacht hast und über deine Erfahrung mit der Schule und der Bundeswehr. Schreib die folgenden Berichte ab, und schreib dabei die Vergangenheitsform der gegebenen Verben in die Lücken! (**Seite 155**)

1. Letzen Sommer (fahren) _____ ich mit meinen Eltern an die Nordsee. Wir (wohnen) _____ in einem kleinen Dorf. Es (sein) _____ so ruhig! Jeden Tag (schwimmen) _____ wir im Meer und (spielen) _____ Volleyball am Strand. Bei schlechtem Wetter (bleiben) _____ wir in unserer Pension, (lesen) _____ viele Bücher, (hören) _____ Musik, oder wir (faulenzen) _____ einfach. Ja, ich muss sagen, wir (sehen) _____ sehr wenig fern. Jeden Tag (bekommen) _____ wir eine Zeitung, und die (nehmen) _____ wir immer zum Strand mit. Wir (haben) _____ viel Spaß, und die Ferien (gefallen) _____ uns einfach prima!

2. Am Samstag (gehen) _____ ich mit meinem Freund auf eine Fete. Ich (vorstellen) _____ ihn meiner Clique _____ , und alle (sein) _____ sehr begeistert von ihm. Mein Freund (aussehen) _____ auch toll _____ . Wir (tanzen) _____ den ganzen Abend und (amüsieren) _____ uns gut. Auf der Fete (geben) _____ es auch tolle Sachen zu essen. Ich (essen) _____ eigentlich nicht sehr viel; ich (sprechen) _____ mit meinen Freunden und (zuhören) _____ , was sie zu erzählen (haben) _____ . Um 11 Uhr (kommen) _____ meine Eltern und (abholen) _____ mich _____ .

3. Also, bei uns an der Schule (geben) _____ es nette Cliquen, und wir (verstehen) _____ uns alle gut. Ich (wegfahren) _____ mit ihnen _____ ; wir (ansehen) _____ uns zusammen Museen _____ und (gehen) _____ in Konzerte und so. Ich (auskommen) _____ eigentlich immer gut mit den Leuten _____ , wir (streiten) _____ uns nie. Als ich siebzehn Jahre alt (sein) _____ , (entscheiden) _____ ich mich für die Bundeswehr; ich (wollen) _____ Offizier werden. Aber das (schaffen) _____ ich leider nicht, denn ich (durchfallen) _____ bei der Musterung _____ . Der Bund (mögen) _____ mich nicht!

Zweite Stufe　　Objective **Expressing surprise or annoyance**

4　Vervollständige die folgenden Sätze. Gebrauche dabei den Namen des Artikels in der Abbildung und die richtige Form des Adjektivs in Klammern. (**Seite 162**)

(scharf)　　**1.** Unsere _____ sind _____ als eure.
　　　　　　　2. Es sind die _____ _____ .

(süß)　　**3.** Unser _____ ist _____ als eurer.
　　　　　4. Es ist der _____ _____ .

(groß)　　**5.** Unsere ___ ist ___ als eure.
　　　　　6. Es ist die ___ ___ .

(sauer)　　**7.** Meine ___ ist ___ als deine.
　　　　　8. Es ist die ___ ___ .

(klein)　　**9.** Deine ___ sind ___ als meine.
　　　　　10. Es sind die ___ ___ .

(lang)　　**11.** Saras ___ ist ___ als meine.
　　　　　12. Es ist die ___ ___ .

(gut)　　**13.** Kurts ___ ist ___ als meiner.
　　　　　14. Es ist der ___ ___ .

(schön)　　**15.** Deine ___ ist ___ als meine.
　　　　　16. Das ist die ___ ___ .

5 Du bist über gewisse Tatsachen (*facts*) überrascht. Schreib die folgenden Sätze ab, und schreib dabei die Superlativform der gegebenen Adjektive in die Lücken! (**Seite 162**)

1. Es ist unglaublich, dass die (gut) _____ Mannschaft verloren hat.
2. Ich bin überrascht, dass unsere Zeitung den (gut) _____ Artikel hatte.
3. Es ist unglaublich, dass unsere Zeitung die (groß) _____ Redaktion hat.
4. Ich bin überrascht, dass unsere Schule die (jung) _____ Schülervertretung hat.
5. Es ist unglaublich, dass du den (lang) _____ Bericht geschrieben hast.
6. Ich bin überrascht, dass du den (alt) _____ Drucker genommen hast.
7. Es ist unglaublich, dass du nicht über die (groß) _____ Ereignisse berichtet hast.
8. Ich bin überrascht, dass du die (viel) _____ Zeitungen liest.
9. Ich bin überrascht, dass du auf den (hoch) _____ Berge gestiegen bist.

6 Du bist über bestimmte Tatsachen ganz frustriert. Schreib die folgenden Sätze ab, und schreib dabei die Superlativform der gegebenen Adjektive in die Lücken! (**Seite 162**)

1. Ich bin sauer, dass du die (schnell) _____ Zeit beim Schwimmen hattest.
2. Was mich stört ist, dass wir in diesem Jahr den (heiß) _____ Sommer hatten.
3. Es ist frustrierend, dass unsere Zeitung die (oberflächlich) _____ Berichte hat.
4. Es ist frustrierend, dass wir diesen Sommer die (kurz) _____ Ferien haben.
5. Was mich stört ist, dass wir im März noch die (kalt) _____ Tage haben.
6. Ich bin sauer, dass ich nicht die (gut) _____ Noten bekommen habe.

7 Du drückst deine Meinung in Superlativen aus. Schreib die folgenden Sätze ab, und schreib dabei die Superlativform der gegebenen Adjektive in die Lücken! (**Seite 162**)

1. Diese Leserbriefe sind (schön) am _____ .
2. Dieser Bericht hat mir (gut) am _____ gefallen.
3. Dieses Interview hat mich (viel) am _____ interessiert.
4. Unsere letzte Schwimmveranstaltung hatte ich (gern) am _____ .
5. Unser Reporter hat den Bericht (deutlich) am _____ geschrieben.
6. Ich habe den Hintergrund zu diesem Bericht (nützlich) am _____ gefunden.

Anwendung

1 Einige Schüler möchten gern eine Schülerzeitung herausgeben. Mit einem Lehrer zusammen haben sie folgende Gedanken aufgeschrieben. Lies die Aufgaben durch! Welche Aufgaben findest du wichtig, welche nicht so wichtig? Gibt es einige Aufgaben, die du weglassen würdest? Möchtest du etwas hinzufügen? Schreib es auf!

Aufgaben einer Schülerzeitung

A. Anregungen und Information für alle Schüler

1. Gute Schüleraufsätze abdrucken
2. Interessante Bücher und neue Filme besprechen
3. Tipps geben, zum Beispiel, wie man vor einer Arbeit richtig lernt und wie man einen guten Aufsatz schreibt
4. Über Berufe informieren
5. Ratschläge geben über Geldverdienen, Taschengeld, usw.
6. An wichtige Ereignisse und bedeutende Menschen erinnern
7. Geschichten, Witze, Cartoons, lustige Anekdoten bringen

B. Berichte aus dem Schulleben

1. Von Veranstaltungen und Ereignissen in der Schule berichten, zum Beispiel über Konzerte, Theaterspiele, Ausstellungen, Klassenreisen, Sport, usw.
2. Neue Lehrer vorstellen
3. Über allgemeine Schulfragen berichten, wie zum Beispiel die Länge des Schultages, Wahl- und Pflichtfächer, Veränderungen im Schulgebäude oder im Verlauf des Schultages
4. Deutsche und ausländische Schulen vergleichen

C. Sprachrohr der Schüler

1. Fragen an die Schüler richten
2. Meinungen der Schüler veröffentlichen
3. Kritik und Vorschläge diskutieren
4. Stellungnahmen der Lehrer und Schuldirektion bringen

2 Zwei Redaktionsmitglieder einer Schülerzeitung unterhalten sich über Themen, die in der nächsten Ausgabe erscheinen sollen, und danach sprechen sie über einige Arbeiten, die die Schüler noch machen müssen. Hör zu und schreib mindestens drei Themen auf, über die du auch gern in einer Schülerzeitung lesen möchtest! Dann schreib zwei Arbeiten auf, die du gern für deine Schülerzeitung machen möchtest!

3 Wenn du an eurer Schule so eine Schülerzeitung hättest, was würde dich am meisten interessieren? Was würdest du regelmäßig lesen? Was interessiert dich nicht? Wenn du die Gelegenheit hättest, an so einer Zeitung mitzuarbeiten, für welche Artikel möchtest du verantwortlich sein?

4 Vergleicht eure Schülerzeitung mit der Liste von Aufgaben, die die Schüler in der ersten Übung aufgestellt haben! Was macht eure Zeitung alles? Was macht sie nicht? Könnt ihr an Hand eurer Zeitung Beispiele geben?

5 Gebt in eurer Deutschklasse eine Schülerzeitung heraus! Stellt zuerst eine Liste mit Aufgaben eurer Zeitung auf! Entscheidet euch, was für Artikel ihr schreiben wollt, und teilt die Arbeit unter den Klassenmitgliedern auf! Jeder bekommt eine Aufgabe.

6 Such dir einen Partner! Macht zusammen eine Umfrage für eure Schülerzeitung! Denkt an die Leute, die ihr in der Schule kennt oder von denen ihr etwas wisst! Seht euch die Kategorien an, und schreibt Sätze wie im Beispiel! Wen wählt ihr für die verschiedenen Kategorien? Vergleicht eure Umfrage mit denen eurer Klassenkameraden!

Kategorien:

sich schick anziehen	gute Noten haben	gescheit sein
tolle Witze erzählen	gut singen	sportlich sein
sich verrückt anziehen	viele Freunde haben	gut aussehen

Umfrage: 1. Wer zieht sich am schicksten an?

2. Wer erzählt die tollsten Witze?

3. Wer ...

7 Nimm Stellung zu folgenden Aussagen, und schreib einen Leserbrief an die Schülerzeitung!

— Muss man immer sagen, was man denkt?
— Darf eine Schülerzeitung Lehrer kritisieren?

8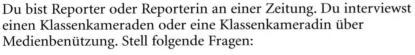

Rollenspiel

Du bist Reporter oder Reporterin an einer Zeitung. Du interviewst einen Klassenkameraden oder eine Klassenkameradin über Medienbenützung. Stell folgende Fragen:

1. Warum liest du Zeitung?

2. Welche Zeitung(en) liest du?

3. Welche anderen Zeitungen kennst du?

4. Welches sind seriöse Zeitungen und welches Boulevardzeitungen?

5. Welche liest du intensiv? Welche blätterst du nur durch?

6. Welche Programmzeitschriften kennst du?

7. Was hörst du so alles im Radio?

8. Für welche Interessengruppen gibt es besondere Sendungen im Radio?

9. Welche TV-Sendungen sind besonders für Jugendliche geeignet?

10. Welche anderen Medien benützt du?

Kann ich's wirklich?

Can you ask someone to take a position? (p. 153)

1 How would you ask a friend to take a position on an issue or state his or her point of view?

Can you ask for reasons? (p. 153)

2 How would you ask someone for reasons that justify the way he or she feels about something?

Can you express opinions? (p. 153)

3 How would you say that in your opinion we're not doing enough to protect the environment?

Can you report past events? (p. 154)

4 How would you rewrite the following anecdote in a more formal style if a newspaper offered you to publish it?

Ich bin vier Jahre in der Redaktion der „Pepo" gewesen. Die viele Arbeit hat sich gelohnt, und es hat mir immer viel Spaß gemacht. Was mich ab und zu gestört hat, war, dass sich viele Schüler für die Zeitung nicht interessiert und sie nur kritisiert haben. Ich bin dann auch noch zwei Jahre in der SV gewesen. Wir haben Feten organisiert und unserer Schülerzeitung geholfen, wenn sie Probleme mit der Schulleitung gehabt hat.

Can you agree or disagree? (p. 156)

5 How would you respond if someone said the following things to you?
a. Geld allein macht nicht glücklich. Hauptsache, man ist gesund.
b. Was in der Zeitung steht, ist immer richtig.

Can you change the subject? (p. 156)

6 How would you tell a friend with whom you're having a conversation that you would like to change the subject and go back to talking about the media?

Can you interrupt? (p. 156)

7 How would you tell a friend who is talking a lot that you want him or her to let you say something?

Can you express surprise or annoyance? (p. 161)

8 How would you express your surprise that your school's team didn't win the game?

9 How would you express your annoyance if someone were constantly criticizing you?

Asking someone to take a position

Möchtest du mal dazu Stellung nehmen?	Would you like to take a position on that?

Asking for reasons

Kannst du das begründen?	Can you give a reason for that?

Expressing opinions

Meiner Meinung nach soll man sich besser informieren.	In my opinion one should get better informed.

Agreeing

Da ist schon was dran.	There's something to that.
Eben!	Exactly!
Richtig!	Right!

Disagreeing

Das stimmt gar nicht!	That's not true at all!
Das ist alles Quatsch!	That's all a bunch of baloney!

Changing the subject

Ich möchte nochmal darauf zurückkommen.	I would like to get back to that.

Interrupting

Lass mich mal zu Wort kommen!	Let me get in a word!
Moment mal, lass den Berti mal ausreden!	Hold on there, let Berti finish talking.

Other useful words

die Bildung	formation
der Bericht, -e	report
der Drucker, -	printer
die Einzelheit, -en	detail
das Ereignis, -se	event
die Glotze, -n	television, idiot box
der Hintergrund, ¨e	background
der Kommentar, -e	commentary
die Medien (pl)	media
das Nachdenken	reflection
die Neuigkeit, -en	most recent event
die Redaktion	editorial staff
die Schlagzeile, -n	headline

der Spaß	joke
der Streik, -s	strike
die Tatsache, -n	fact
die Unterhaltung, -en	entertainment
die Veranstaltung, -en	organized event
die Wahrheit	truth
anregen (sep)	to encourage, stimulate
ansprechen (sep)	to appeal, speak to
beitragen zu (sep)	to contribute to
durchblättern (sep)	to page through
s. eignen zu	to be suited to
erfahren	to experience
verdrängen	to displace, repress
vermissen	to miss
s. vorstellen (sep)	to imagine
weglassen (sep)	to omit, drop
oberflächlich	superficial
gesamt	entire
gründlich	thorough
meist-	most
unterwegs	underway

Expressing surprise

Es ist unglaublich, dass ...	It's unbelievable that ...
Das überrascht mich.	That surprises me.
Ich bin überrascht, dass ...	I'm surprised that ...

Expressing annoyance

Was mich stört, ist ...	What bothers me is ...
Ich werde sauer, wenn ...	I get annoyed when ...
Es ist frustrierend, wenn ...	It's frustrating when ...

Other useful words and expressions

die Aufgabe, -n	task
der Schüleraustausch	student exchange
die Schülervertretung	students' representatives
die Schulleitung	school administration
Das macht mir nichts aus.	That doesn't matter to me.
Wie stehst du dazu?	What do you think of that?
s. bemühen um erreichen	to strive for to achieve

s. kümmern um	to be concerned about
meckern	to complain
unterstützen	to support
ab und zu	now and then
anregend	stimulating
deshalb	for this reason
deutlich	clearly
fast immer	almost always
nützlich	useful
selbst	oneself
einige	some
mehrere	several
wenige	few

Komm mit nach Frankfurt!

Bundesland: Hessen

Einwohner: 651 000

Fluss: Main

Sehenswürdigkeiten: Römer, Paulskirche, Dom, Goethehaus

Berühmte Leute: Maria Sybilla Merian (1647-1717); J.W. von Goethe (1749-1832); Otto Hahn (1879-1968)

Industrie und Handel: Bankwesen, Buchmesse

Bekannte Gerichte: Rippchen mit Kraut, Handkäs mit Musik, Äppelwoi (Apfelwein)

go.hrw.com

VIDEO

WK3 FRANKFURT

Die Frankfurter Skyline ▶

Frankfurt

Frankfurt feierte 1994 seinen 1200. Geburtstag! Der Ort wurde 794 zum ersten Mal erwähnt als einer der Sitze Karls des Großen, Kaiser des Fränkischen Reiches und seit 800 Kaiser des Heiligen Römischen Reiches Deutscher Nation. Heute ist Frankfurt eine moderne Großstadt, das Finanzzentrum der Bundesrepublik und seit 1998 auch die Finanzmetropole der Europäischen Union.

 internet

 ADRESSE: go.hrw.com
KENNWORT: WK3 FRANKFURT

1 Römer
Der Römer (in der Mitte), das alte Rathaus der Stadt, ist das Wahrzeichen Frankfurts. Im ersten Stock befindet sich der Kaisersaal mit Bildern der deutschen Kaiser, wo glanzvolle Krönungsfeierlichkeiten und Bankette stattfanden. Diese drei Häuser sind im gotischen Stil erbaut.

2 Dom
Der Dom St. Bartholomäus, im 13.-15. Jahrhundert erbaut, ist ein Wahrzeichen Frankfurts. Dieser Dom war von 1356 bis 1792 Wahlkapelle für die deutschen Könige und Kaiser, und seit 1562 fanden hier auch die Kaiserkrönungen statt.

4 Goethehaus

Das Goethehaus, Geburtshaus des großen deutschen Dichters Johann Wolfgang von Goethe (1749-1832) ist so eingerichtet, wie es einst war. Im Arbeitszimmer schrieb Goethe den „Götz", den „Werther" und Teile des „Faust". Nebenan ist das Goethemuseum mit über 100 000 Büchern und Manuskripten.

3 Paulskirche

Die Paulskirche (1787-1833) war in den Jahren 1848-1849 Tagungsort der ersten Deutschen Nationalversammlung. Die Kirche dient heute der Stadt zu repräsentativen Anlässen, wie zum Beispiel zur Verleihung des Goethepreises oder des Friedenspreises des Deutschen Buchhandels.

5 Fachwerk am Römerberg

Die schönen historischen Fachwerkbauten auf der Ostseite des Römerbergs gegenüber vom Römer wurden im Krieg total zerstört und erst 1984 wieder völlig aufgebaut. In zwei dieser Häuser befinden sich gemütliche Lokale, wo man im Sommer auch draußen sitzen und schmackhafte Frankfurter Spezialitäten probieren kann.

chern Sie uns.

Ohne Reklame geht es nicht!

Objectives

In this chapter you will learn to

Erste Stufe

- express annoyance
- compare

Zweite Stufe

- elicit agreement and agree
- express conviction, uncertainty, and what seems to be true

 internet

 ADRESSE: go.hrw.com
KENNWORT: WK3
FRANKFURT-7

◀ **Hier stimmt die Werbung!**

Los geht's! ▪ *Werbung — ja oder nein?*

Constance und ihr Freund Stefan haben mit einem Herrn von einem Meinungsforschungs-Institut gesprochen. Er wollte wissen, ob und wie sie sich von der Werbung beeinflussen lassen.

Interviewer: Wie werden Sie zum Kaufen angeregt, und welche Rolle spielt dabei die Werbung?

Stefan: Ich trag halt gern Sachen, die „in" sind.

Interviewer: Und woher wissen Sie, was „in" ist?

Stefan: Da seh ich ja, was die andern tragen. Und dann les ich auch die Reklame in Zeitschriften und so und an Plakatwänden.

Constance: Ich kann nicht sagen, dass ich von der Werbung beeinflusst werde. Ich seh eben etwas, was mir gefällt — im Fernsehen, in irgendwelchen Zeitschriften — und dann kauf ich es mir eben. Aber zuvor vergleich ich schon die Preise.

Interviewer: Nun, bitte: Sie sagen es ja selbst, dass Sie durch die Werbung zum Kaufen angeregt werden.

Constance: Klar, aber das möchte ich nicht so einfach eingestehen. Es gibt heute so viele Sachen, die alle irgendwie die gleiche Qualität haben oder haben sollen, aber die eben doch verschieden sind. Und hier kann die Reklame informieren, das Produkt beschreiben, den Konsumenten aufklären.

Stefan: Das meine ich auch, aber ich möchte dazu etwas sagen: Oft beschreibt die Reklame das angepriesene Produkt gar nicht, sondern ... äh ... die Reklame zeigt Leute, die irgendwelche Eigenschaften haben, die der Käufer gern hätte. Er soll also glauben, wenn er dieses Produkt kauft, wird er auch diese Eigenschaften haben. Die Reklame manipuliert also den Käufer. Wer möchte nicht frei und fröhlich sein, nicht wahr? Oder etwas Gutes tun, ja?

Interviewer: Ja, logisch. Und können Sie mir auch ein Beispiel geben?

Stefan: Hm, da muss ich mal überlegen. Ach, ja! Da wird im Werbefunk zum Beispiel irgendein Fertiggericht angepriesen. Da sehen wir die hübsche Mutter in ihrer blitzblanken Küche stehen, im Hintergrund die glücklichen, gut erzogenen Kinder und möglichst noch den gutmütigen Mann, der seine fabelhafte Frau stolz anstrahlt. Man hört überhaupt nichts vom Nährwert des Gerichts, sondern nur solche Werbesprüche wie „Eine weise Hausfrau denkt zuerst an ihre Kinder" oder „aus Liebe zur Familie", und dann kommt der Name des Produktes. Man kauft das Produkt, weil man im Unterbewusstsein glaubt, wenn ich dieses Fertiggericht meiner Familie gebe, wird mein Leben auch so perfekt sein.

Constance: Ja, das nervt mich auch immer, wenn ich so was höre und sehe — wie zum Beispiel mit der Autoreklame. Da werden immer nur Autos gezeigt in einer schönen Wiese, in den Bergen, wo alles heil ist, aber nie auf einer Straße im Stau. Die versteckte Mitteilung: Mit diesem Auto wirst du nie im Stau sitzen.

Stefan: Genau! Da hast du ganz Recht.

Constance: Und was mich noch aufregt ist die Werbung, wo irgendwelche Spitzensportler ein Produkt anpreisen … und dann essen sie es selbst vielleicht überhaupt nicht. Und sie bekommen unheimlich viel Geld für so eine Reklame.

Stefan: Eben! Und ich kann mir gar nicht leisten, was diese Leute …

Interviewer: Sie mögen also keine Statussymbole?

Stefan: Mögen? Klar. Aber ich kann sie mir nicht leisten.

Interviewer: Wie werden Sie denn auf ein bestimmtes Produkt aufmerksam gemacht?

Constance: Ach, ich würde sagen, da ist immer zuerst ein Bild, eine Bildreklame, hässlich oder schön … und da schau ich eben hin.

Stefan: Genau! Oft ist es ein Mädchen, ein Blickfang …

Constance: Logo, im letzten Jahr zum Beispiel die Quark-Reklame, ein großer, roter Mund …

Stefan: Ja, daran erinnere ich mich auch. Diese Reklame war schon sehr raffiniert!

Constance: Was mich dabei nervt ist, dass die Reklame die Frau oft nur als Blickfang benutzt und dass sehr oft das Image der Frau weiterhin in einer traditionellen Rolle gezeigt wird. Es ist immer noch die Frau, die das Bad putzt — und die allwissende, männliche Stimme, die ihr sagt, welche Putzmittel sie dazu gebrauchen soll!

Interviewer: Na, da ist schon was dran. Und zum Schluss …

Constance: Ja, zum Schluss möchte ich sagen, dass ich … ja, ich glaube wirklich, dass die Werbung in erster Linie das angepriesene Produkt in einem günstigen Licht zeigt und mit positiven Elementen in Verbindung bringt und weniger die Eigenschaften des Produktes dem Konsumenten beschreibt.

Stefan: So ist es auch! Damit stimm ich völlig überein!

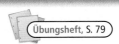

Übungsheft, S. 79

1 Zusammenfassung

Schreiben Schreib stichwortartig auf, was Stefan und Constance über die Werbung sagen! Schreib dann eine Zusammenfassung (*synopsis*) von dem, was jeder gesagt hat, und lies die Zusammenfassung der Klasse vor!

2 Was meinst du?

Sprechen/Schreiben Beantworte die folgenden Fragen.

1. Informiert oder manipuliert Werbung die Konsumenten? Wie tut sie das?

2. Warum machen Spitzensportler Werbung für Produkte? Was soll damit erreicht werden?

3. Welche Werbung beeindruckt dich? Warum? Welche Werbung findest du wirklich blöd?

4. Vergleiche die Werbespots in diesem Kapitel mit denen, die du oft bei dir zu Hause siehst!

Werbung — pro und contra

1 „Werbung weckt verborgene Wünsche, verkauft Träume und macht den Verbraucher kritiklos."

2 „Werbung ist ein Motor der Wirtschaft, sorgt für Absatz und damit auch für Arbeitsplätze."

3 „Ohne Werbung wäre die Welt langweiliger. Werbung macht die Welt bunter."

4 „Werbung muss vielfältig sein. Es liegt allein am Verbraucher, sich von den Appellen an Gefühle nicht beeinflussen zu lassen und nur auf die Informationen zu achten."

5 „Werbung will den Verbraucher dazu verführen, Dinge zu kaufen, die er in Wirklichkeit nicht braucht."

6 „Werbung kostet viel Geld und verteuert dadurch die Waren."

7 „Nur durch Werbung werden Produkte bekannt. Dadurch erfährt der Verbraucher, wie er seine Bedürfnisse befriedigen kann."

8 „Wer Werbung als ‚Verführung' bezeichnet, überschätzt ihre Wirkung maßlos. Die Menschen sind viel zu kritisch: Es hat sich längst herumgesprochen, dass man nicht glücklich wird, nur weil man dieses oder jenes kauft."

Mit welchen Aussagen stimmst du überein? Warum? Mit welchen stimmst du nicht überein? Warum nicht?

Wortschatz

auf Deutsch erklärt
die Reklame Werbung
der Werbespruch ein Slogan für ein Produkt
der Verbraucher der Konsument, Käufer
aufklären informieren
anpreisen mit vielen Worten empfehlen
raffiniert clever
verborgen man kann es nicht sehen
die Wirtschaft die Ökonomie
wahrnehmen man hört oder sieht es
überlegen über etwas nachdenken
glücklich froh
fröhlich gut gelaunt
das Putzmittel ein Produkt, mit dem man etwas sauber macht
Wir stimmen miteinander überein. Wir haben die gleiche Meinung.
Diesen Wagen kann ich mir nicht leisten. Ich habe nicht genug Geld für den Wagen.

auf Englisch erklärt
Lies mal, was auf der Plakatwand steht! *Read what's on the billboard.*
Vergleichen wir die Waren! *Let's compare the goods.*
Ich möchte dich auf diese interessante Werbung aufmerksam machen. *I would like to draw your attention to this interesting advertisement.*
Eine typische Eigenschaft von Werbung ist die versteckte Mitteilung. *A typical characteristic of advertising is the hidden message.*
Ich gestehe es ein, dass günstige Preise ein echter Kaufreiz sind. *I admit that favorable prices are a real enticement to buy.*
Wer weiß, was im Unterbewusstsein steckt. *Who knows what lurks in the subconscious.*

Grammatikheft, S. 55–56, Ü. 1–3

So sagt man das!

Expressing annoyance

Here are two useful expressions to help you convey annoyance or irritation:

Was mich aufregt ist, wenn Leute ihre Fehler nie eingestehen.
Es nervt mich, dass Anja sich von allen beeinflussen lässt.

You can use the conjunctions **wenn** and **dass** with both these phrases.
How do you express annoyance in English?

Mehr Grammatikübungen,
S. 200, Ü. 1

Übungsheft, S. 80, Ü. 1

Grammatikheft, S. 57, Ü. 4

---

3 ### Wie steht ihr zur Werbung?

Zuhören Einige Freunde reden über Werbung, die sie im Fernsehen gesehen haben. Was regt sie auf? Was ist ihnen egal? Hör gut zu und schreib auf, wie diese Schüler reagieren!

4 ### Meckerecke

Sprechen Was nervt euch alles — in der Schule, zu Hause, beim Sport, im Fernsehen, in der Werbung? Bildet eine größere Gruppe und sagt abwechselnd, was euch nervt oder aufregt!

5 ### Wie ist die Werbung bei euch?

Sprechen Besprecht die folgenden Fragen gemeinsam in einer Gruppe!
1. Wo seht ihr die meiste Werbung?
2. Für welche Produkte wird die meiste Werbung gemacht?
3. Welche Werbung und welche Werbeslogans sind am effektivsten? Warum?

So sagt man das!

Comparing

Übungsheft, S. 80, Ü. 2

Grammatikheft, S. 57, Ü. 5

When making statements about different things, we often compare them. You've already learned to make comparisons using the following expressions:

Ich kenne auch **so** einen Spitzensportler **wie** dich.
Diese Werbung ist nicht **so gut wie** diese.
Ich finde diesen Werbeslogan viel **besser als** den da.
Und mir gefällt die Kinoreklame **am besten.**

What are some other comparative adjectives that you often use?
Here are some new ways to talk about comparisons:

Bevor ich mir etwas kaufe, **vergleiche** ich die Preise.
Manche Produkte haben die **gleiche** Qualität, aber die Preise sind oft sehr **verschieden.**
Einige Leute kaufen sich immer **dieselben** Waren.

---

6 ### Für welche Produkte entscheiden sich die Leute?

Zuhören Du kaufst in einem deutschen Supermarkt ein und bleibst vor einigen Leuten stehen, die lebhaft einige Produkte vergleichen. Hör ihrem Gespräch gut zu und schreib auf, für welche Produkte sie sich entscheiden und warum!

derselbe, der gleiche

The determiner **derselbe** is a combination of the definite article **der** and the word **selber**, and means *the very same*. The new word changes in form like any other adjective with a preceding definite article.

Ich habe **dieselben** Reklamen gesehen.
Wir haben **denselben** Preis dafür gezahlt.

	Masculine	Feminine	Neuter	Plural
Nominative	derselbe	dieselbe	dasselbe	dieselben
Accusative	denselben	dieselbe	dasselbe	dieselben
Dative	demselben	derselben	demselben	denselben

Der (die, das) gleiche in front of a noun means *the same kind or type* and functions like an adjective. Compare these sentences:

Wir tragen die **gleiche** Jacke und spielen die **gleichen** Kartenspiele.[1]
Mein Freund und ich gehen in **dieselbe** Schule und haben
   denselben Lehrer in Mathe.[2]

Mehr Grammatikübungen,
S. 200, Ü. 2

Übungsheft, S. 81, Ü. 3

Grammatikheft, S. 58, Ü. 6–7

---

7 **Grammatik im Kontext**

Sprechen Such dir einen Partner und macht Vergleiche! Hier sind Beispiele.

BEISPIEL Meine Schwester und ich, wir wohnen in demselben Haus. *oder*
   Mein Vater und mein Onkel fahren den gleichen Wagen,
      beide haben einen Opel. *oder*
   Mein Freund und ich …

8 **Machen wir Vergleiche!**

Sprechen Was meint ihr? Stellt euch gegenseitig die folgenden Fragen, und besprecht sie dann zusammen! Sagt eure Meinungen frei und offen!

1. Welche Werbung ist effektiver, die Radiowerbung oder die Fernsehwerbung? Warum?
2. Welche Jeans sind deiner Meinung nach besser, einfache Jeans oder Designerjeans?
3. Welche Autos sind deiner Meinung nach besser, kleine oder große?
4. Welche Werbeslogans kennst du? Vergleiche sie!

Jetzt gibt's was Leckeres auf den Teller!
Heiße Hits!
Tolles Aroma!
…da kauf ich gern!
„Du da, die da und der da hör'n auch schon 96, 3!"
Schlank in den Sommer!
Ich fühl mich gut…

---

1. We wear the same (type of) jacket and play the same (kinds of) card games.
2. My friend and I go to the (very) same school and have the (very) same teacher for math.

Adjective endings following determiners of quantity

Determiners of quantity can be used as determiners before nouns or as pronouns.

1. Adjectives that follow determiners of quantity have the following endings in the nominative and accusative cases. What are the English equivalents of these words?

	alle, beide, keine	**andere, ein paar, einige, etliche, mehrere, viele, wenige, zwei (drei, vier, usw.)**
Nom.	alle **-en** Häuser	mehrere **-e** Dörfer
Acc.	alle **-en** Häuser	mehrere **-e** Dörfer

2. In the dative case, the determiners of quantity (not the numerals) add the ending **-n,** and any following adjectives have the usual **-en** ending of the dative case.

> An einige**n** groß**en** Plakatwände**n** hängen Poster.

(Übungsheft, S. 81–83, Ü. 4–9)　(Grammatikheft, S. 59, Ü. 8)　Mehr Grammatikübungen, S. 201, Ü. 3–4 →

9　Grammatik im Kontext

Sprechen/Schreiben Such dir eine Partnerin! Beschreibt einander eure Stadt oder eine Stadt, die ihr gut kennt! Wie viele Sätze könnt ihr machen?

| Es gibt | wenige
mehrere
ein paar
einige
etliche
viele
drei
keine | gut
schlecht
alt
neu
ausländisch
deutsch
interessant
modern
schön | Zeitungen
Schulen
Kinos
Museen
Diskotheken
Bücherläden
Videoläden
Restaurants
Parks
Universitäten
Kirchen |

10　Grammatik im Kontext

Zuhören Hör jetzt einigen Werbeslogans gut zu! Welcher Werbeslogan, den du hörst, passt zu welchem Produkt unten?

a.

b.

c.

d.

e.

11　Schreiben wir auch einen Werbeslogan!

Sprechen/Schreiben Experten in der Werbebranche benutzen viele Adjektive, die weniger das Produkt beschreiben als die Gefühle des Konsumenten ansprechen. Bildet Gruppen von vier Schülern und kreiert drei Werbeslogans für verschiedene Produkte! Dann lest euren besten Werbeslogan der Klasse vor! Diskutiert über eure Slogans und vergleicht sie miteinander! Welche findet ihr gut und welche nicht so gut? Warum?

märchenhaft　erstklassig
sensationell　super
einmalig　neu　modern
fabelhaft
atemberaubend　phantastisch

12 Kennst du die Sprache der Werbung?

Sprechen In der Werbung benutzt man sehr viele Adjektive. Manche beschreiben das Produkt und informieren den Konsumenten. Natürlich stellt die Beschreibung das Produkt in ein schönes Licht. Wie beschreibt die Werbung die Produkte unten links? Such dir eine Partnerin, und versucht zusammen, die passenden Adjektive für jedes Produkt zu wählen!

BEISPIEL **In der Werbung sind Uhren gewöhnlich … und …**

Produkte

Uhren	Kaffee
Autos	Fruchtsaft

Adjektive

rostfrei   wasserdicht   präzis   mild   natürlich

superschnell   geräuscharm   tassenfertig   vitaminreich

13 Werbesprüche

Sprechen/Lesen Wie gut kannst du Werbung und Werbesprüche analysieren? Schau dir die Werbesprüche unten an, und diskutiere über diese Fragen mit einem Partner!

1. Welche Produkte werben mit diesen Werbesprüchen?
2. Versuche, diese vier Texte zu charakterisieren! Welcher Text informiert mehr? Welcher manipuliert mehr? Welcher diskriminiert? Welche Wörter im Text begründen deine Analyse?
3. Was für Konsumenten sollen diese Produkte kaufen? Wie weißt du das vom Text?

14 Zum Überlegen und Diskutieren

Sprechen Diskutiert die folgenden Meinungen in der Klasse! Seid kritisch und gebt Beispiele!

1. Werbung hat die Aufgabe, uns über die Produkte zu informieren.
2. Die Werbung beeinflusst uns, auch wenn wir es nicht immer gleich eingestehen wollen.
3. Die meiste Werbung ist Image-Werbung; sie manipuliert den Käufer nur.
4. Manipulative Werbung sollte verboten werden.
5. Sportler in der Werbung? Nein!
6. Frauen werden in der Werbung oft nur als Blickfang benutzt.
7. Wir brauchen die Werbung überhaupt nicht; wir können auch ohne Werbung leben.

15 Für mein Notizbuch

Schreiben Such dir zwei Themen von Übung 14 aus, und schreib deine eigene Meinung darüber! Gib mindestens drei Gründe für deine Meinung!

Warum so wenig Unterbrecherwerbung?

Übungsheft, S. 84, Ü. 1–2

Michael ist seit einer Woche Austauschstudent in Deutschland. Seine Gasteltern sind ausgegangen, und er schaut allein zu Hause Fernsehen. Im ZDF läuft gerade der Film „Raumschiff Enterprise". Michael hat Hunger und möchte sich etwas aus dem Kühlschrank holen, aber er wartet auf einen Werbeblock. Nach zwanzig Minuten gibt es immer noch keine Pause. Wann kommt denn endlich die Reklame, fragt er sich. Er muss bis zum Ende der Sendung warten, bevor er sein Essen holen kann.

Danach schaltet er das Programm auf RTL um. In ein paar Minuten kommt ein Wildwestfilm mit Clint Eastwood. Diesmal holt er sich etwas zu essen, bevor die Sendung anfängt. Aber jetzt fällt ihm etwas auf. In der Mitte der Sendung kommen einige Reklamen. Bis zum Ende des Films gibt es zwei weitere Unterbrechungen (*interruptions*). Er versteht nicht, warum es im ZDF keine Unterbrecherwerbung und im RTL dreimal Unterbrecherwerbung gibt.

1. Warum gibt es bei der Unterbrecherwerbung einen Unterschied zwischen ZDF und RTL? Was meinst du?

2. Welches Programm ist ein Privatsender(*private station*)? Welches ist ein öffentlich-rechtlicher (*public*) Sender? Hast du eine Ahnung (*idea*), wie die Sender finanziert werden?

3. Wie ist die Werbezeit in den USA kontrolliert? Wie oft kommen Werbeblöcke?

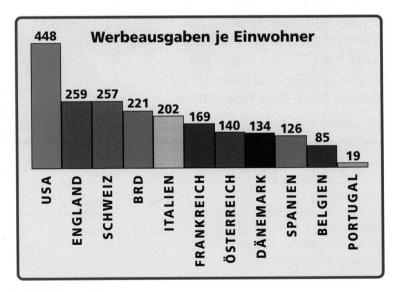

Werbeausgaben je Einwohner

	Werbeausgaben
USA	448
ENGLAND	259
SCHWEIZ	257
BRD	221
ITALIEN	202
FRANKREICH	169
ÖSTERREICH	140
DÄNEMARK	134
SPANIEN	126
BELGIEN	85
PORTUGAL	19

Erklärung zu Michaels Situation:

ARD und ZDF sind öffentlich-rechtliche Sender, die vorwiegend aus Fernsehgebühren finanziert werden. Werbeeinblendungen werden daher gesetzlich geregelt. Es dürfen nur 20 Minuten Werbung am Tag gesendet werden, davon dürfen zehn Minuten vor und zehn Minuten nach 20 Uhr laufen. Da RTL ein Privatsender ist, fällt er nicht unter diese Regelung. Für Privatsender, deren wichtigste Einnahmequelle die Werbewirtschaft ist, gelten andere Regeln. Ein Film bis zu 85 Minuten Länge darf nur einmal unterbrochen werden und ein Film von 90 Minuten Länge oder mehr zweimal. Privatsender dürfen täglich 20% ihres Programms mit Werbung füllen.

Weiter geht's! · *Image-Werbung*

Im Rahmen des Deutschunterrichts über aktuelle Themen hat Frau Klose ihren Schülern der 11. Klasse folgenden Werbespot gezeigt, der vor einiger Zeit im Werbefernsehen zu sehen war. Danach hat sie mit ihren Schülern über diesen Werbespot gesprochen.

SZENE: EINE BAR IM AMERIKANISCHEN „WILDEN" WESTEN. HARTE KERLE STEHEN AM TRESEN, DEN COLT GRIFFBEREIT IM REVOLVERGÜRTEL. DIE SALOONTÜR SCHWINGT AUF. ALLE AUGEN RICHTEN SICH AUF DIE TÜR. EIN COWBOY GEHT LÄSSIG DURCH DEN SALOON AUF DEN TRESEN ZU. ES WIRD MÄUSCHENSTILL. NUR DAS RHYTHMISCHE KLICKEN DER SPOREN IST ZU HÖREN. DER BARKEEPER SCHIEBT DEM COWBOY ÄNGSTLICH EIN GLAS ZU, DAS BIS AN DEN RAND MIT EINEM KÖSTLICHEN SCHOKO-GETRÄNK GEFÜLLT IST. (HIER ERSCHEINT NATÜRLICH DER NAME DES PRODUKTES.) DER COWBOY LEERT SEIN GLAS — WIE EIN WESTERN-STAR SEINEN WHISKEY IN EINEM ALTEN COWBOYFILM — UND GEHT GENAU SO LÄSSIG, WIE ER KAM. EIN PAAR HARTE BURSCHEN WISCHEN SICH DEN ANGSTSCHWEISS VON DER STIRN. UND NUN KOMMT DER WERBESPRUCH: „WEIL IHRE HELDEN GANZE ARBEIT LEISTEN!" — DEN COWBOY SPIELTE EIN JUNGE, KEINE ZEHN JAHRE ALT.

Lehrerin: Nun, zuerst einmal, wer von euch kann sich noch an diesen Werbespot im Fernsehen erinnern?

Christian: Ich kann mich gut daran erinnern, oder besser gesagt, zu gut!

Gabriele: Logo! Weil dich deine Mutter mit diesem blöden Getränk großgezogen hat. Stimmt's?

Christian: Genau so ist es. Und schau, was aus mir geworden ist! Ich bin groß und kräftig.

Annette: Also, ich muss sagen, ich bin dagegen, dass man Kinder in der Werbung verwendet.

Hans-Jörg: Aber dieser Werbespot richtet sich an Kinder!

Annette: Eben! Aber Kinder wissen noch nicht, was wirklich gut ist für sie. Sie sind noch nicht kritisch genug; sie wollen halt alles, was sie sehen.

Lehrerin: Und was meinst du, Sebastian?

Sebastian: Es scheint, Christians Mutter hat das Getränk gekauft, weil es dem Christian geschmeckt hat.

Kerstin: Was mich eben nervt ist das Image. Wenn Ihr Kind, Ihr Sohn, dieses Getränk trinkt, so wird er einmal ein ganzer Kerl. Er wird ein Mann, der vor keinen anderen Männern Angst hat!

Christian: Du übertreibst, Kerstin.

Kerstin: Überhaupt nicht. Diese Werbung nützt die Gefühle von Eltern und Kindern aus. Und die Firma, die am besten wirbt, die verkauft ja auch leider am meisten, verdient das meiste Geld.

Florian: Genau! Im österreichischen Fernsehen sollen angeblich Werbespots mit Kindern und für Kinder verboten sein. Nicht wahr, Frau Klose?

Lehrerin: Es kann sein, aber ich weiß es nicht. Da bin ich überfragt.

Walter: Mir scheint, die Werbemacher haben's nicht einfach: sie müssen immer neue Ideen haben.

Gabriele: In der Werbung sieht es so aus, als ob sich jeder alles leisten kann und unbedingt haben muss. Viele Sachen braucht man doch gar nicht!

Annette: Eben! Ich möchte nur noch mal klarstellen, dass ich nicht gegen Werbung bin, nur gegen übertriebene Image-Werbung. Zigarettenmarken, Rasierwasser, Sportwagen und so passen angeblich zur Männlichkeit, aber die Werbung sagt nicht, wie schädlich zum Beispiel Zigaretten sind.

Hans-Jörg: Da stimm ich dir zu. Und mit der Werbung für Motorräder, Mode und auch Zigaretten wird uns „Freiheit" versprochen.

Petra: Da kann ich nur lachen. Und teure Parfüms und die neueste Mode passen nur zu schönen Frauen, was?

Götz: Na ja, eins steht fest: Wir haben uns an die Werbung gewöhnt.

Uschi: Das mag schon sein. Was mich aber stört ist, dass … äh, die Werbung macht uns Appetit aufs Kaufen. Sie zeigt die Welt als ein riesiges Kaufhaus, wo man sich alle Wünsche erfüllen kann.

Götz: Und warum nicht?

Uschi: Weil man glaubt, man muss diese Sachen haben, um glücklich, zufrieden und beliebt zu sein. Das Schlimme ist aber, dass es zu viele arme Menschen gibt. Und je weniger Geld man hat, desto mehr sehnt man sich nach einem guten, zufrieden stellenden Leben, nach einem Leben, das die Werbung verspricht, das sich aber die meisten doch nicht leisten können.

Übungsheft, S. 85

16 Was sagt der Text?

1. **Schreiben** Schreib alle Adjektive und Adverbien, die in der Barszene vorkommen, in dein Notizheft!

2. **Sprechen** Mach dein Buch zu! Erzähle die Barszene nach, so gut du kannst!

3. **Lesen/Sprechen** Jeder von euch übernimmt die Rolle eines Schülers aus Frau Kloses Klasse. Lest das Klassengespräch dramatisch vor!

4. **Sprechen** Welchen von den Aussagen im Text stimmst du am meisten zu?

Wortschatz

auf Deutsch erklärt

werben Werbung machen

verdienen wenn man Geld für die Arbeit bekommt

klarstellen verständlich machen

Meine Tante hat mich großgezogen. Meine Tante hat mir geholfen, vom Kind zum Erwachsenen zu werden.

Es steht fest. Es ist klar, wahr.

kräftig wenn man starke Muskeln hat

riesig sehr groß

schädlich nicht gut oder ungesund für einen

der Kerl der Mann

Ich bin überfragt. Ich weiß die Antwort nicht.

auf Englisch erklärt

Werbung versucht oft, unsere Gefühle auszunutzen. *Advertising often attempts to take advantage of our feelings.*

Dieser Spot richtet sich an Jugendliche. *This ad is directed at young people.*

Je öfter ich den Namen eines Produktes sehe, desto größer ist die Chance, dass ich es kaufe. *The more I see the name of a product, the greater the chance that I'll buy it.*

Dieser Star spaziert herum, als ob er König wäre. *This star struts around as if he were king.*

Angeblich verdient er sehr viel. *He reportedly earns a lot.*

> Übungsheft, S. 60, Ü. 9–10

So sagt man das!

Eliciting agreement and agreeing

Here are some ways to elicit and express agreement. Which expressions do you know? Which are new?

To elicit agreement, you could say:

Die Werbung beeinflusst uns,
   nicht?
   nicht wahr?
   ja?
   stimmt's?
   oder?
   meinst du nicht?

To agree, you could say:

   Da hast du ganz Recht.
   Damit stimm ich überein.
   Das meine ich auch.
   Logisch!/Logo!
   Genau./Genau so ist es.
   Eben!/Klar!/Sicher!

What similar words or phrases do you use in everyday speech?

> Übungsheft, S. 61, Ü. 11

17 Welche Meinung wird akzeptiert?

Zuhören Die Mitarbeiter der Schülerzeitung reden über Werbespots in Zeitungen, die sie gesehen haben. Hör ihrem Gespräch gut zu und entscheide, wessen Meinungen am meisten akzeptiert werden!

18 **Einverstanden oder nicht?**

Sprechen Constance und Stefan äußern ihre Meinungen über die Werbung. Bist du einverstanden oder nicht mit dem, was sie sagen? Was sagst du dazu? Such dir eine Partnerin und reagiert zusammen auf die Aussagen! Versucht auch, Gründe anzugeben!

CONSTANCE	**Die Werbung versucht nur, den Käufer zu beeinflussen, meinst du nicht?**
DU	**Klar!** *oder* **Das ist nicht ganz wahr. Es gibt Werbung, die auch informiert.**

STEFAN	„Die meisten Reklamen haben Frauen als Blickfang."
CONSTANCE	„Viele Sportler verdienen mit der Werbung zu viel Geld."
STEFAN	„Das Image der Frau wird weiterhin in einer traditionellen Rolle gezeigt."
CONSTANCE	„Es gibt aber auch gute Werbung, die nicht so manipulativ ist."
STEFAN	„Die meisten Werbespots für Kinder find ich sehr blöd."
CONSTANCE	„Die Werbung nutzt oft nur die Gefühle der Kinder aus."
STEFAN	„Die Werbemacher brauchen immer wieder neue Ideen."
CONSTANCE	„Die Werbung macht nur Appetit aufs Kaufen."
STEFAN	„Je weniger Geld man hat, desto mehr sehnt man sich nach einem guten Leben."
CONSTANCE	„Die Werbung verspricht, was sich die meisten nicht leisten können."

Ein wenig Grammatik

Schon bekannt

In **Kapitel 4** you learned about relative clauses. Relative clauses are introduced by relative pronouns, the various forms of **der, die, das.**

> **Das ist ein Werbeslogan, den ich nicht kenne.**

Identify the relative pronoun in this sentence. What does it refer to? What case is it in? Why?

Mehr Grammatikübungen, S. 202, Ü. 5–7 →

Die bringen in der Werbung immer das, was wir schon haben.

Grammatik

Introducing relative clauses with **was** and **wo**

1. The word **was** introduces a relative clause when it refers back to
   a. indefinite pronouns like **das, alles, etwas, nichts, wenig, viel.**
      Ich sehe **etwas,** **was** mir gefällt.
   b. the entire idea of the preceding clause.
      Ich kann es mir nicht leisten, **was** diese Leute anpreisen.
2. The word **wo** is used to refer to places, especially in a broader sense.
      Die Welt ist ein Kaufhaus, **wo** man sich alles kaufen kann.

Relative clauses are dependent clauses. Do you remember what happens to the conjugated verb in dependent clauses?

Mehr Grammatikübungen, S. 203, Ü. 8 →

Grammatikheft, S. 62, Ü. 12–13

19 Grammatik im Kontext

Sprechen Frag einen Partner, was er möchte! Er antwortet dir, und dann fragt er dich.

1. Was kaufst du dir?   2. Was wünschst du dir?   3. Was gefällt dir?

BEISPIEL   **DU**   Was wünschst du dir?
                 PARTNER   Ich wünsche mir nichts, was ich mir nicht leisten kann.

das,	wenig,	nichts,
etwas,	alles,	viel,

was

s. (nicht) leisten können

irgendwie Qualität haben

im Fernsehen angepriesen werden

gebrauchen können

(nicht) viel Geld kosten

gefallen

20 Grammatik im Kontext

Sprechen Bist du aufgeregt? Such dir eine Partnerin und sag ihr, was dich alles aufregt! Sie sagt es dir dann auch. Stimmt ihr miteinander überein?

Mich regt Werbung auf, wo …

Werbung verspricht „Freiheit".

Frauen dienen als Blickfang.

Die Gefühle der Leute werden ausgenutzt.

Kinder werben für ein Produkt.

Die Werbesprüche sind besonders blöd.

Die Image-Werbung ist übertrieben.

21 Das Analysieren ist eine Übung, die …

Lesen/Schreiben Suche aus dem Text „Weiter geht's!" alle Relativsätze heraus! Analysiere die Relativpronomen! Was sind ihre Beziehungsworte (*antecedents*)? Sind sie spezifisch oder allgemein?

So sagt man das!

Expressing conviction, uncertainty, and what seems to be true

To express conviction, you may say:

Es steht fest, dass Werbung einen großen Einfluss auf uns ausübt.

To express uncertainty, you may say:

Es kann sein, dass …   *oder*   **Das mag schon sein.**

You already know how to express what seems true to you:

Es scheint, dass Sportler immer mehr Geld durch Werbung verdienen.

You also may say:

Es sieht so aus, als ob sie das tun.

Übungsheft, S. 88–89, Ü. 6–8

22 Der Werbespruch vom kleinen Cowboy

Zuhören Du hörst jetzt, wie Frau Kloses Schüler über den Werbespruch vom kleinen Cowboy sprechen. Welche Schüler sind überzeugt, dass sie Recht haben? Welche sind nicht sicher oder sogar dagegen? Mach eine Tabelle und füll sie aus!

Grammatik

irgendein and irgendwelche

Mehr Grammatikübungen, S. 203, Ü. 9–10

Irgendein and **irgendwelche** mean *any (at all)*, or *some … or another.*

Singular	Plural
Da liegt **irgendeine** Zeitung.	Da liegen **irgendwelche** Zeitungen.
Ich suche **irgendeinen** Spruch.	Ich suche **irgendwelche** Sprüche.
Das kommt in **irgendeiner** Werbung.	Das kommt in **irgendwelchen** Werbungen.

Grammatikheft, S. 63, Ü. 14

What do you notice about these words? What can you say about the endings?

---

23 ## Grammatik im Kontext

Sprechen/Schreiben Welche Form von **irgendein** passt in diese Lücken?

1. Das ist … Reklame für Videos.
2. Er soll … Werbeslogan schreiben.
3. Das sind … Sachen für Kinder.
4. Das ist … Fertiggericht.
5. Das sind … Slogans für Bekleidung.
6. Ich suche … Autoreklame.
7. Das Auto steht auf … Wiese.
8. Die Wiese ist in … Bergen.
9. … Sportler preisen den Wagen an.
10. Ich kann nicht ohne … Statussymbole sein.

---

24 ## Grammatik im Kontext

Sprechen/Schreiben Ein Klassenkamerad fragt dich über die Barszene, die Frau Klose in ihrer Klasse gezeigt hat. Du weißt aber sehr wenig darüber. Gebrauche deshalb das Wort „irgend" in deinen Antworten! Tauscht dann die Rollen aus!

1. Wo spielt sich diese Szene mit dem Jungen ab?
2. Wer sind die Männer, die um den Tresen stehen?
3. Welche Tür schwingt auf?
4. Was für ein Cowboy geht durch den Saloon?
5. Was schiebt der Barkeeper dem Cowboy zu?
6. Wo hast du so einen Cowboy-Star schon gesehen?
7. Durch welche Tür geht dieser Cowboy hinaus?
8. Wann hat man diese Werbung gezeigt?

Wortschatz

Words preceded by irgend

irgendetwas	irgendwie
irgendjemand	irgendwo
irgendwann	irgendwohin

Übungsheft, S. 86–88, Ü. 1–5   Grammatikheft, S. 63, Ü. 15

---

25 ## Zum Überlegen und Diskutieren

Sprechen/Schreiben Überlegt euch, was ihr zu folgenden Themen zu sagen habt, und diskutiert in der Gruppe darüber! Schreibt für jedes Thema die Argumente dafür und dagegen auf!

1. Werbespots für Kinder und mit Kindern sollten verboten werden.
2. Die Image-Werbung: dafür oder dagegen?
3. Die Werbung macht uns Appetit aufs Kaufen.
4. Werbung für gesundheitsschädliche Produkte wie Zigaretten und alkoholische Getränke sollte nicht erlaubt sein.

---

26 ## Für mein Notizbuch

Schreiben Wähle eins der obigen Themen, und schreib deine Meinung darüber! Gebrauche mindestens sechs Sätze!

Comics lesen

Getting Started

1. Read the title and then look at the entire sequence of frames. What can you tell about the story just by looking at the pictures? Make some predictions about what you think is happening. For instance, where and when is the story taking place? Is everything going smoothly, or is there some kind of conflict?

2. Before you read the text, notice the different types of print in the bubbles. Looking only at the pictures and print, why do you think the cartoonist uses different types of print?

3. Skim the entire text twice. What is the setting? What is the approximate time period? How many different characters are introduced and where are they from?

A Closer Look

4. Look at the pictures again as you read the story. For which character does the writer use pictures instead of words in the bubbles? Why do you think he does that?

5. What, in general, is happening in the story? Are the characters who come in at the beginning really **Freiwillige**? What are they? Does the text confirm the predictions you made?

Bei den Legionären

Read the comic again more carefully and answer the following questions.

6. Based on the context, what do you think a **Dolmetscher** is? How do you know? Why does the Roman need a **Dolmetscher**?

7. What does the Egyptian want to know? What kind of mix-up has occurred?

8. Where does the Roman soldier take the men after signing them in? Why? What are they supposed to do when they get there?

9. What do you think **mager** means? How do you know?

10. Zeichne jetzt deinen eigenen Comicstrip! Schreib auch die Sprechblasen dazu! Die Handlung darf komisch oder ernst sein, sogar belehrend, wie du willst.

Übungsheft, S. 90-91, Ü. 1-7

Zum Schreiben

Advertisements can be very persuasive. They sometimes portray a product in such a way that you think you can't live without it. But, as we all know from experience, products are not always as good as they seem in the ads. In this activity, you will write a business letter complaining to a manufacturer about a product you have purchased.

Es stört mich!

Wähl ein nicht zufrieden stellendes Produkt, das du benutzt hast, und dessen Werbung du gesehen hast! Schreib einen Brief an den Hersteller, um deinen Ärger als Verbraucher des Produktes auszudrücken!

 Schreibtipp Using tone and word choice for effect When you write you use words that convey how you feel. It is important to think about and choose words that will create the effect you want. This is exactly what advertisers do to get you to buy their products. Adjectives and adverbs are particularly effective for setting a tone. Different degrees of adjectives and adverbs can be used to intensify the strength of a given statement, such as schlecht vs. schrecklich or gut vs. ausgezeichnet. A person complaining about a product, for example, is likely to use strong adjectives to convey frustration.

A. Vorbereiten

1. Mach zuerst eine Liste von allem, was dich an diesem Produkt stört!

2. Vergleich das Produkt mit anderen, ähnlichen Produkten! Ist es genau so gut? schlechter? teurer? Hat es die gleiche Wirkung? Schreib alles auf!

3. Hat dieses Produkt irgendwelche besonderen Qualitäten? Ist das Produkt so, wie es die Werbung verspricht? Mach dir Notizen!

4. Nimm jetzt deine Notizen zur Hand und suche Adjektive und Adverbien, die deinen Ärger gut ausdrücken!

B. Ausführen

Benutze jetzt deine Notizen, und schreib einen Brief an den Hersteller des Produktes! Vergiss nicht, die Adresse, Anrede und Schlussformulierung dazuzuschreiben!

C. Überarbeiten

1. Lies deinen Brief einem Partner vor und besprecht, ob der Brief den richtigen Ton hat, um deine Beschwerde (*complaint*) auszudrücken!

2. Besprecht die Adjektive! Was wolltest du mit ihnen ausdrücken? Wirken die Adjektive auf deinen Partner, wie du beabsichtigt hast?

3. Lies deinen Brief noch einmal durch! Hast du den Text in Briefform geschrieben? Hast du eine passende Anrede und eine geeignete Schlussformulierung benutzt? Hast du alles richtig buchstabiert?

4. Schreib den korrigierten Brief noch einmal ab!

Mehr Grammatikübungen

internet

go.hrw.com

ADRESSE: go.hrw.com
KENNWORT:
WK3 FRANKFURT-7

Erste Stufe

Objectives Expressing annoyance; comparing

1 Gewisse Reklamen nerven dich. Schreib die folgenden Sätze ab, und schreib dabei die in Klammern gegebene Information als dass-Satz! (**Seite 185**)

1. (Die Werbung beeinflusst uns.)   Es nervt mich, dass _____ .
2. (Sie manipuliert den Käufer.)   Es nervt mich, dass _____ .
3. (Sie preist die Produkte nur an.)   Es nervt mich, dass _____ .
4. (Sie zeigt nur eine heile Welt.)   Es nervt mich, dass _____ .
5. (Sie informiert oft zu wenig.)   Es nervt mich, dass _____ .
6. (Sie spricht wenig über Qualität.)   Es nervt mich, dass _____ .

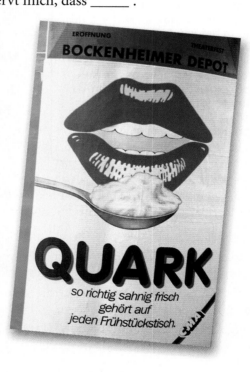

EROFFNUNG   THEATERFEST
BOCKENHEIMER DEPOT

QUARK
so richtig sahnig frisch
gehört auf
jeden Frühstückstisch.

2 Du vergleichst Werbung und Werbeslogans. Schreib die folgenden Sätze ab, und schreib dabei die korrekte Form von **derselbe,** *the same,* in die Lücken! (**Seite 186**)

1. Ich habe _____ Reklame für _____ Wagen im ZDF gesehen.
2. Ich habe _____ Werbespruch für _____ Putzmittel schon oft gehört.
3. Ich habe _____ Gericht in _____ Restaurant vor zwei Tagen gegessen.
4. Ich glaube, dieses Produkt hat _____ Namen und _____ Geschmack.
5. Die Reklame für ALA hat _____ Mitteilung und _____ Kaufreiz.
6. Schau, _____ Werbespruch hängt zweimal an _____ Plakatwand.

3 Schreib die folgenden Sätze ab und schreib dabei das deutsche Wort für den englischen Ausdruck in die erste Lücke, die richtige Adjektivendung in die zweite Lücke und den passenden Ausdruck aus dem Kasten in die dritte Lücke. Denk daran, dass der letzte Ausdruck ein Dativform ist! **(Seite 187)**

Haarpflegemittel	Butter	Katzenfutter	Waschmittel	Automobile

1. Ich kenne (several) _____ gut_____ Werbungen von _____ .

2. Ich kenne (many) _____ schön_____ Werbungen von _____ .

3. Ich kenne (a few) _____ toll_____ Werbungen von _____ .

4. Ich kenne (no) _____ neu_____ Werbung von _____ .

5. Ich kenne (other) _____ gut_____ Werbungen von _____ .

4 Du sprichst über verschiedene Medien. Schreib die folgenden Sätze ab, und schreib dabei die richtigen Endungen in die Lücken! **(Seite 187)**

1. Diese Reklame hat mehrere gut_____ Eigenschaften, aber keine gut_____ Fotos.
2. Alle deutsch_____ Jungen, aber nur wenige amerikanisch_____ Jungen, kaufen das.
3. Hier sind alle gut_____ Berichte, aber auch einige schlecht_____ Berichte.
4. Ich kenne ein paar gut_____ Werbeslogans, aber auch viele schlecht_____ Slogans.
5. Wir kennen alle gut_____ Putzmittel und auch zwei oder drei schlecht_____ .
6. An alle_____ groß_____ Plakatwänden und an einige_____ klein_____ hängen Poster.
7. Etliche neu_____ Produkte und alle neu_____ Werbesprüche gefallen mir gut.
8. In viel_____ klein_____ Läden und in alle_____ groß_____ Läden siehst du das Plakat.

Mehr Grammatikübungen

Zweite Stufe

Objectives Eliciting agreement and agreeing; expressing conviction, uncertainty, and what seems to be true

5 Du sprichst über Werbung und über verschiedene Produkte. Schreib die folgenden Sätze ab, und schreib dabei das korrekte Relativpronomen in die Lücken! (**Seite 193**)

1. Das ist eine Reklame, _____ ich noch nie gesehen habe.

2. Das ist die Plakatwand, auf _____ ich dieses Reklameposter gesehen habe.

3. Ich verstehe die Mitteilung nicht, _____ diese Reklame zu machen versucht.

4. Ich kann die Verbraucher nicht verstehen, _____ so ein Produkt kaufen.

5. Das Putzmittel, _____ meine Mutter benutzt, siehst du in jeder Werbung.

6. Die Werbung zeigt natürlich nicht den Stau, _____ wir jeden Abend haben.

7. Die Leute, mit _____ ich zusammenkomme, kennen dieses Produkt nicht.

8. Der Kaufreiz, _____ dieses Produkt hat, ist ganz enorm.

6 Du sprichst über Werbung und über verschiedene Produkte. Schreib jeweils die zwei gegebenen Sätze als einen Satz, der mit einem Relativpronomen eingeleitet wird! (**Seite 193**)

1. Hier ist eine gute Reklame. Ich kenne sie.

2. Hier ist ein Werbespruch. Ich kenne ihn gut.

3. Hier ist ein Werbespruch. Er ist sehr gut.

4. Hier ist ein Putzmittel. Ich kenne es gut.

5. Hier ist ein toller Wagen. Ich möchte ihn.

6. Hier ist ein Getränk. Ich kaufe es immer.

7 Schreib Relativsätze und gebrauche dabei die gegebene Illustration in der ersten Lücke und ein Relativpronomen in der zweiten Lücke. (**Seite 193**)

1. Das ist ein _____ , _____ ich gern mal besichtigen möchte.

2. Das ist ein _____ , _____ ich gern mal fahren möchte.

3. Das ist ein _____ , _____ ich noch nie gesehen habe.

4. Das ist ein _____ , _____ ich gern mal ausprobieren möchte.

5. Das ist ein _____ , _____ ich mir gern kaufen möchte.

8 Du sprichst über Werbung und den Kauf von Produkten, für die geworben wird. Schreib die folgenden Sätze ab, und schreib dabei das korrekte Relativpronomen in die Lücken! (**Seite 193**)

1. Ich glaube nicht an das, _____ diese Werbung verspricht.
2. Ich sehe in dieser Werbung nichts, _____ ich mir kaufen möchte.
3. Wir kaufen in einem Kaufhaus ein, _____ wir alles finden, _____ wir brauchen.
4. Es gibt wenig, _____ ich möchte und viel, _____ ich mir nicht leisten kann.
5. Es gibt nichts, für _____ man nicht wirbt und viel, _____ man nicht braucht.
6. Wir leben in einer Stadt, _____ wir alles kaufen können, _____ wir wollen.

9 Du sprichst über Werbung und drückst dabei eine gewisse Unsicherheit (*uncertainty*) aus. Schreib die folgenden Sätze ab, und schreib dabei die korrekte Form von **irgendein** in die Lücken! (**Seite 195**)

1. Es kann sein, dass das eine Reklame für _____ Film oder _____ Video ist.
2. Es scheint, dass das Foto in _____ Zeitung oder in _____ Magazin ist.
3. Es scheint, dass die Reklame für _____ Putzmittel oder _____ Seife wirbt.
4. Es kann sein, dass wir uns _____ Buch oder _____ Zeitungen kaufen.
5. Es scheint, dass der Wagen _____ Kaufreiz für _____ Leute hat.
6. Es kann sein, dass _____ Verbraucher _____ Reklame nicht gesehen hat.

10 Du bereitest mit deinen Freunden ein Picknick vor und du entdeckst, dass ihr noch viele Dinge braucht. Schreib die folgenden Sätze ab und schreib dabei die korrekte Form von **irgendein** in die erste Lücke und den in der Illustration dargestellten Ausdruck in die zweite Lücke. (**Seite 195**)

1. Wir brauchen noch _____ _____ .

2. Wir brauchen noch _____ _____ .

3. Wir brauchen noch _____ _____ .

4. Wir brauchen noch _____ _____ .

5. Wir brauchen noch _____ _____ .

Anwendung

ADRESSE: go.hrw.com
KENNWORT:
WK3 FRANKFURT-7

1 Lies den folgenden Text, und such dir die Wortkreationen der Werbetexter heraus! Bei allen Ausdrücken handelt es sich um erfundene Wörter. Versuch, diese Ausdrücke in gutes Deutsch zu übertragen! Zum Beispiel „Deutschlands meiste Kreditkarte" bedeutet: „Kreditkarte, die man in Deutschland am meisten benutzt."

Im kreativen Rausch
Zu kühn formuliert: Viele Werbeslogans stoßen bei Sprachexperten auf Kritik

Wenn Katrin M. Frank-Cyrus Schulkindern beim Pausenhofpalaver zuhört, befällt sie leichtes Unbehagen. Dann registriert die Geschäftsführerin der Wiesbadener Gesellschaft für deutsche Sprache (GfdS), dass die Kids gern Slogans aus der Fernsehwerbung nachplappern — nicht immer, aber immer öfter.

Pädagogen haben Bedenken, denn die Werbetexter gebrauchen in ihrem kreativen Rausch oft inkorrekte Formulierungen, also Sprache, die gegen die Normen von Grammatik und Semantik verstößt.

Der Sprach-TÜV der Wiesbadener Experten und Expertinnen findet viele Formulierungen einfach zu viel.

Ärgerlich: „Deutschlands meiste Kreditkarte" (Kampagne für Eurocard): absichtlicher Grammatikfehler, um mehr Aufmerksamkeit zu erregen — was auch funktioniert; „unkaputtbar" (Kampagne für Coca-Cola): raffinierte, aber sprachlich völlig unkorrekte Konstruktion; „BahnCard" (Deutsche Bahn): orthographisch (noch) nicht akzeptabel; „Geschmackskraft der Natur" (Food-Werbung): Natur kann weder uns schmecken noch selber schmecken — eine Unsinnsbildung.

Gefällig: „Schnupperpreise" (Kampagne für Bekleidung): werbewirksam, sprachlich in Ordnung; „Jugend froscht"[1] (Reiseveranstalter): platter Kalauer, erregt aber Aufmerksamkeit.

Originell: „aprilfrisch", „tiefenwirksam", „atmungsaktiv": anschaulich witzig, einprägsam — und korrekt.

Rausch: *intoxication;* **stoßen:** *meet;* **Unbehagen:** *uneasiness;* **nachplappern:** *imitieren;* **Bedenken:** *concerns;* **Unsinn:** *nonsense;* **schnuppern:** *to sniff out;* **Frosch:** *frog;* **Kalauer:** *dumb joke*

---

1. The slogan „Jugend froscht" alludes to „Jugend forscht", the title of a science contest for young people.

2 Du hörst jetzt einige Werbesendungen im Radio. Schau dir folgende Illustrationen an! Welche Zielgruppe soll mit jeder Werbung erreicht werden?

a.   b.   c.   d.   e.

3 Stellt euch vor, ihr seht die folgenden Reklamen ganz groß auf einer Litfaßsäule! Reagiert darauf! Was findet ihr gut, was nicht? Begründet eure Antworten!

4 Jeder von euch muss eine Werbeanzeige mit in die Klasse bringen. Sprecht darüber, und diskutiert dabei besonders über die folgenden Punkte:

1. Ist das Informationswerbung oder Image-Werbung, oder beides?

2. Mit welchen Worten werden die Produkte angepriesen?

3. Hat die Werbung einen Blickfang? Welchen? Ist er wirkungsvoll?

4. Würdet ihr dieses Produkt kaufen, so wie es beschrieben ist? Warum?

5. Hat diese Werbung eine versteckte Mitteilung? Was für eine?

5 Schreib einen Bericht über „deine" Werbeanzeige! Halte dich dabei an die Diskussionsfragen von Übung 4!

6

Rollenspiel

Gruppen spielen Mitglieder einer Werbeagentur, die einen wichtigen Werbespot fürs Fernsehen entwerfen muss.

Sucht ein Produkt aus, für das ihr werben wollt! Entwerft drei verschiedene Werbesprüche, und schreibt den Werbetext dazu! Einigt euch auf den besten Spruch, und verteilt Rollen an jedes Gruppenmitglied, um der Klasse den Spot vorzuspielen! Wenn möglich, macht auch ein Video davon!

Can you express annoyance? (p. 185)

1 How would you respond if a friend asked you **Was nervt dich alles?**

Can you compare? (p. 185)

2 How would you say
  a. that it annoys you when commercials show women in traditional roles?
  b. that it irritates you that commercials always try to manipulate consumers?

3 How would you compare
  a. magazine ads and TV ads?
  b. your family and your best friend's family?

4 How would you say that you always compare products, and that you know that product 1 is not as good as product 2? How would you say that you find product 2 to be the best?

Can you elicit agreement and agree? (p. 192)

5 How would you elicit agreement after making each one of the following statements?
  a. **Die Werbung manipuliert den Konsumenten.**
  b. **Die meisten Werbespots im Fernsehen sind blöd.**
  c. **Wir haben uns an die Werbung gewöhnt.**
  How would you agree with each of those statements?

Can you express conviction, uncertainty, and what seems to be true? (p. 194)

6 How would you elaborate on the following statements, indicating that you are convinced, that you are uncertain, or that you feel the statement seems to be true?
  a. **Die Werbung macht uns Appetit aufs Kaufen.**
  b. **Kinderwerbung ist unfair.**
  c. **Wir kaufen nur das, was wir brauchen.**

Erste Stufe

Expressing annoyance

Was mich aufregt ist, wenn …	What annoys me is when …
Es nervt mich, dass …	It gets on my nerves that …

Comparing

Bevor ich etwas kaufe, vergleiche ich die Preise.	Before I buy something I compare prices.
das Gleiche	the same thing
das gleiche Haus	the same house
derselbe, dieselbe, dasselbe	the same

Other words and useful expressions

aufmerksam machen auf (acc)	to draw attention to
blitzblank	squeaky clean
fröhlich	happy
glücklich	happy

heil	whole, perfect
raffiniert	clever
weise	wise
weiterhin	as before
der Blickfang	eye-catcher
die Eigenschaft, -en	characteristic
der Kaufreiz	temptation to buy
der Konsument, -en	consumer
Linie: in erster Linie	primarily
die Mitteilung, -en	message
die Plakatwand, ¨e	billboard
das Putzmittel, -	cleaning agent
die Reklame, -n	advertisement
Schluss: zum Schluss	finally
der Stau, -s	traffic jam
das Unterbewusstsein	subconscious
der Verbraucher, -	consumer
die Ware, -n	product, ware

der Werbespruch, ¨e	advertising slogan
die Werbung, -en	advertisement
die Wiese, -n	meadow
die Wirtschaft	economy
anpreisen (sep)	to praise
aufklären (sep)	to enlighten
eingestehen (sep)	to admit
s. leisten können	to be able to afford
gebrauchen	to use
überfluten	to flood
überlegen	to consider
verbergen	to hide
verführen	to seduce
vergleichen	to compare
verstecken	to hide
verursachen	to cause
wahrnehmen (sep)	to perceive

Zweite Stufe

Agreeing

Damit stimm ich überein.	I agree with that.
Logisch! Logo!	Of course!
Klar!	Of course!
Genau so ist es.	That's exactly right.

Expressing conviction

Es steht fest, dass …	It's certain that …

Expressing uncertainty

Das mag schon sein.	That may well be.

Expressing what seems to be true

Es sieht so aus, als ob …	It looks as if …
angeblich	ostensibly, reported to be

Other words and useful expressions

je mehr … desto …	the more … the …
kräftig	strong
riesig	huge
schädlich	harmful
überfragt sein	to not know
irgend-	some-
die Freiheit	freedom

das Gefühl, -e	feeling
der Kerl, -e	guy
ausnützen (sep)	to take advantage of
erfüllen	to fulfill
s. gewöhnen an (acc)	to get used to
großziehen (sep)	to raise (a child)
klarstellen (sep)	to make clear
s. richten an (sep)	to be directed at
s. sehnen nach	to long for
verdienen	to earn
verwenden	to use
werben	to advertise

8
Weg mit den Vorurteilen!

Objectives

In this chapter you will learn to

Erste Stufe

- express surprise, disappointment, and annoyance

Zweite Stufe

- express an assumption
- make suggestions and recommendations
- give advice

 internet

go.hrw.com	ADRESSE: go.hrw.com
	KENNWORT: WK3
	FRANKFURT-8

◀ **Bergmusik in Tirol**

Was die Deutschen über die Vereinigten Staaten wissen, erfahren sie gewöhnlich durch Presse, Film und Fernsehen, auch durch Reisen in Amerika oder durch Reiseberichte von Freunden und Bekannten. Was sind ihre Eindrücke?

Junge Deutsche, die noch nie in den Staaten waren, sehen die USA so:

Junge Deutsche, die in den Staaten waren, sagen:

„Ich hatte nicht gewusst, dass das Land so groß ist."

„Ich habe gestaunt, wie gut mir das Essen drüben geschmeckt hat — alles frisch und wenig aus Büchsen."

„Die meisten Amerikaner sind äußerst hilfreich."

„Es ist unwahrscheinlich, wie wenig die Amerikaner lesen. Die Tageszeitung, ja, aber Bücher?"

„Es hat mich furchtbar gestört, dass es dort keine Fahrradwege gibt, jedenfalls nicht dort, wo ich war."

„Ich war schon etwas enttäuscht, dass viele Städte so schmutzig sind."

„Es hat mich wahnsinnig gestört, dass meine Gastfamilie beim Abendessen ferngesehen hat."

„Mir haben die Lehrer gefallen: der Unterricht ist lockerer als bei uns, weniger stressig."

„Ich hatte immer gehört, die Amerikaner haben keinen Geschmack; alles ist aus Plastik, künstliche Blumen und so weiter. Aber das stimmt wirklich nicht."

„Ich war erstaunt, wie wenig die Amerikaner über die Bundesrepublik wissen."

„Ich bedaure, dass die Leute zu wenig für die Umwelt tun."

„Ich fand es unangenehm, wie so viele Leute ihren Kaugummi kauen — ich mein, so richtig kauen!"

„Als ich nach Amerika kam, hatte ich ein ganz anderes Amerikabild. Ich hatte starke Vorurteile gegen die Amerikaner, denn ich kannte sie nur als Touristen in Deutschland — laut angezogen, mit der Kamera um den Hals. Ich hatte angenommen, dass alle Amerikaner so sind."

Vier deutsche Schüler, Tanja, Sonja, Michael und Philipp erzählen, wie sie ihre Vorstellungen von den Vereinigten Staaten nach einem kurzen Besuch ändern mussten.

Sonja: Also, ich war vier Wochen drüben, in der Nähe von Boston, und ich muss sagen, ich war wahnsinnig begeistert von den amerikanischen Jugendlichen. Sie sind viel herzlicher und offener als wir.

Philipp: In diesem Punkt geb ich dir Recht. Aber sie wissen nur viel zu wenig über die Deutschen — sie wissen etwas über das Oktoberfest und unsere Autobahnen …

Michael: Na, komm! Das stimmt aber auch nicht immer. Meine Gastfamilie, und insbesondere mein Gastbruder, wusste eine ganze Menge über Deutschland.

Tanja: Ich hatte vorher überhaupt keinen Bezug zu Amerika. Ich hatte mir immer gedacht, da will ich überhaupt nicht hin, das interessiert mich gar nicht. Aber dadurch, dass ich einige Leute kennen gelernt habe und die so wahnsinnig nett waren, hab ich ein ganz anderes Verhältnis zu dem Land und zu den Leuten.

Michael: Ja, so ein Schüleraustausch ist schon ideal, weil man da mitten in die Familie hineinkommt. Und nur so kann man die Leute richtig kennen lernen, seine eigenen Vorurteile abbauen und seine eigene Meinung bilden.

Philipp: Das möchte ich unterstützen. Man soll sich auf jeden Fall eine eigene Meinung bilden, bevor man eine fremde wiedergibt.

Michael: Ja, genau!

Tanja: Ja, ich würd' auch sagen: nehmt keine Klischeevorstellungen an, und verbreitet auch keine! Fahrt in das Land und schaut euch die Leute an! So hab ich's gemacht und musste sämtliche Meinungen überprüfen, die ich von dem Land und den Leuten hatte.

Sonja: Also, hinfahren, alles gut beobachten, Leute kennen lernen! Nur so kann man sich das beste Urteil über ein Land bilden und nicht von dem, was man von andern hört oder im Fernsehen sieht.

Tanja: Das ist auch meine Meinung.

Übungsheft, S. 92

1 Hast du alles verstanden?

Sprechen/Schreiben Beantwortet die folgenden Fragen.

1. Was meinen die Leute, die noch nie in den Staaten waren? Schaut euch die Collage auf Seite 210 an, und sprecht darüber! Welche Vorstellungen sind Klischees, welche nicht?

2. Was meinen die jungen Deutschen, die schon in den Staaten waren?

3. Welche Eindrücke sind positiv, welche negativ? Wieso? Schreib sie in zwei Spalten auf!

Meinung, Vorurteil oder Klischee?

Lesen Lies die folgenden Definitionen!

Was ist eine Meinung?
Eine Meinung ist etwas, was jemand glaubt, für richtig hält, als Tatsache annimmt.
(Meinung = Urteil = Standpunkt)

Was ist ein Vorurteil?
Ein Vorurteil ist eine nicht objektive, meist negative, von Gefühlen bestimmte Meinung, die man sich im Voraus über jemanden oder über etwas gebildet hat.

Was ist eine Klischeevorstellung?
Eine Klischeevorstellung (ein Klischee) ist eine abgedroschene (*trite*) und übermäßig gebrauchte Vorstellung, die unwirksam geworden ist.

Wortschatz

auf Deutsch erklärt

das Klischee ein Wort, das man zu oft gebraucht hat; ein Stereotyp
abbauen weniger machen
locker entspannt, ruhig
herzlich sehr freundlich
hilfreich wenn man anderen Leuten oft hilft
begeistert wenn man etwas wirklich ganz toll findet
eine Menge sehr viel
sämtliche alle
künstlich von Menschenhand gemacht, nicht natürlich

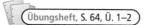 Übungsheft, S. 64, Ü. 1–2

auf Englisch erklärt

Deine <u>Vorstellung</u> von Österreich <u>hat</u> wenig <u>Bezug</u> <u>zur</u> Realität! *Your ideas of Austria have little connection to reality!*
Ich bin <u>erstaunt</u>, was du über das Land weißt. *I am amazed at what you know about the country.*
Ich muss sagen, dass ich von deinem <u>Urteil</u> <u>äußerst</u> <u>enttäuscht</u> bin. *I have to say that I'm extremely disappointed in your judgment.*
Manche <u>Klischees</u> sind weit <u>verbreitet</u>, <u>jedenfalls</u> das von dem Deutschen mit der Lederhose. *Many clichés are widespread, especially the one about the Germans in lederhosen.*
Ich <u>nehme</u> <u>an</u>, wir wechseln Geld <u>im Voraus</u>. *I assume we will exchange money in advance.*

2 ## Was sagt der Austauschschüler?

 Zuhören Ein deutscher Austauschschüler spricht über Amerika und die Amerikaner. Schreib drei Dinge auf, die er gut gefunden hat und drei, die er nicht so gut gefunden hat! Gib Gründe an!

3 ## Sprechen wir offen über uns selber!

1. **Sprechen/Schreiben** Setzt euch zum Brainstorming zusammen! Das Thema heißt: Wie sehen wir uns selbst? Wählt einen Schriftführer, der alle Aussagen aufschreibt! Gebraucht Ausdrücke wie:

   — Wir Amerikaner sind (nicht) …   — Wir glauben, wir …
   — Wir halten uns für …

2. **Lesen/Sprechen** Gruppiert jetzt eure Aussagen in zwei Kategorien: Tatsachen und Meinungen! Gebraucht bei dieser Gruppierung Ausdrücke wie:

   — Ich würd' sagen, das ist eine/keine …   — Ich glaube nicht, dass …
   — … ist eine Tatsache/eine Meinung.   — (John) hat Recht, wenn er sagt, dass …
   — In diesem Punkt geb ich dir Recht.

4 Wie sehen uns die Deutschen?

Lesen/Sprechen Schüler in Deutschland haben folgende Aussagen gemacht. Was ist für dich eine Meinung, was ist ein Vorurteil? Was sagst du zu diesen Aussagen? Diskutiert darüber!

Die Amerikaner ...

sind wahnsinnig naiv

arbeiten furchtbar gern

haben es immer eilig

sehen viel zu viel fern

kochen nicht gern und essen meistens Fertiggerichte oder aus der Büchse

interessieren sich nur für Sport

lernen nicht gern Fremdsprachen

sind kinderlieb

gehen nie zu Fuß, fahren immer nur Auto

tun wenig für die Umwelt

lesen wenig

spielen die Polizisten der Welt

diskutieren selten über Politik

interessieren sich nicht für andere Kulturen

essen zu viel Fastfood

verdienen zu viel Geld

leben im Land der unbegrenzten Möglichkeiten

So sagt man das!

Expressing surprise, disappointment, and annoyance

Comments others make are likely to elicit various feelings. You may feel surprised to hear something, you may be disappointed, or even annoyed or displeased.

To express surprise, you might say:

Ich war überrascht, dass ...　　　　**Ich hätte nicht gedacht, dass ...**
Ich habe gestaunt, ...　　　　　　　**Es ist unwahrscheinlich, dass ...**
Ich habe nicht gewusst, dass ...　　**Ich war erstaunt, ...**

To express disappointment, you could begin with:

Ich bedaure, dass ...　　　　　　　**Ich bin enttäuscht, dass ...**
Ich finde es schade, dass ...

If you are annoyed, you could use one of these expressions:

Es regt mich auf, wenn/dass ...　　**Es ärgert mich, wenn/dass ...**
Es stört mich, wenn/dass ...　　　　**Ich finde es unangenehm, wenn/dass**

Mehr Grammatikübungen, S. 228, Ü. 1–2

Übungsheft, S. 93–94, Ü. 1–2　　Grammatikheft, S. 65, Ü. 3

---

5 Schüler über Amerika

Zuhören Schüler unterhalten sich über ihre Erfahrungen in Amerika. Worüber sind sie überrascht? Enttäuscht? Was stört sie? Schreib die Tabelle in dein Heft um, und trag die Information in die drei Spalten ein!

Schüler	überrascht	enttäuscht	stört

6 Wie reagierst du darauf?

Sprechen Die Deutschen interessieren sich sehr für Amerika, und jeder Deutsche scheint irgendeine Meinung über Amerika und die Amerikaner zu haben. Stimmen die Meinungen? Was überrascht dich, was enttäuscht dich und worüber regst du dich auf? Sag es deinem Partner!

1. Es gibt zu viele Amerikaner, die Vorurteile gegen andere Menschen haben.
2. Die Leute essen zu viel und haben zu wenig Bewegung.
3. Alles wird nur auf die Schnelle gemacht, nichts hat Hand und Fuß.
4. Die Regierung tut nichts für die Armen.
5. Viele Städte sind alt und sollten renoviert werden.
6. Die meisten Leute werden von der Werbung beeinflusst.
7. Die meisten Leute lesen nur den Sportteil in der Zeitung.
8. Das amerikanische Fernsehen bringt einfach zu viel Reklame!
9. Es gibt kein Familienleben.

— **Sind diese Blumen künstlich?**
— **Natürlich!**
— **Natürlich?**
— **Nein, künstlich!**

7 Für mein Notizbuch

Schreiben Schreib in dein Notizbuch je drei Sätze über Dinge — in der Schule, zu Hause, auf der Reise — die dich in diesem Jahr überrascht haben, die dich enttäuscht haben und die dich aufgeregt haben! Gib Gründe dafür an!

8 Wie kann man alles beschreiben?

Sprechen Wenn wir Leute oder Dinge beschreiben, können wir die Intensität unserer Beschreibung variieren. Links unten sind einige Wörter, mit denen wir das tun.

a. Such dir eine Partnerin, und füll die Lücke in diesem Satz!
Die meisten Amerikaner sind ... hilfreich/naiv.

b. Frag jetzt deine Partnerin, was sie über Amerika sagen würde! Unten rechts stehen ein paar Ideen.

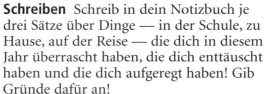

gar nicht	nicht	ziemlich
ein bisschen	so	
sehr	besonders	ganz
	zu	äußerst
furchtbar	wahnsinnig	irre
unheimlich	unwahrscheinlich	

Die meisten Leute sind ... arm/reich.

Die meisten Amerikaner sind ... nett.

Die meisten Leute lesen ... viel/wenig.

Die meisten Leute essen und trinken ... viel.

Macht weiter! Was sagt ihr über Amerikaner?

9 Zwei Austauschschüler unterhalten sich

Sprechen Zwei deutsche Austauschschüler sprechen über die USA. Spielt die beiden Rollen!

DU **Das Land ist so wahnsinnig groß!**

PARTNER **Das stimmt. Ich hätte …** *oder* **Ich war sehr erstaunt, wie …**

Der Unterricht in der Schule ist sehr locker.

Das Land ist so wahnsinnig groß.

Sie wissen schon eine ganze Menge über Deutschland.

Sie haben wenige Klischeevorstellungen von den Deutschen.

Sie interessieren sich für die Ereignisse in Deutschland.

Mit 16 kann man schon den Führerschein bekommen.

Mein Amerikabild hat sich schnell geändert.

10 Grammatik im Kontext

Schreiben Hanno schreibt seinen Eltern in Deutschland von seinem Austauschsemester in den USA. Was sagt er? Hilf ihm mit einem besseren Schreibstil, indem du die Sätze unten verbindest!

1. So ein Schüleraustausch ist ideal. (weil) Man kommt mitten in die Familie hinein.

2. Man lernt die Leute richtig kennen. (wenn) Man wohnt bei ihnen längere Zeit.

3. Meine Gasteltern sind erstaunt. (wie) Das Essen schmeckt mir hier gut.

4. Mir gefällt es so gut. (dass) Ich möchte noch ein Jahr da bleiben.

5. Ich seh mir das Land noch besser an. (bevor) Ich fahre im Juni nach Hause.

6. Ich hatte es mir hier ganz anders vorgestellt. (als) Ich kam nach Amerika.

Ein wenig Grammatik

The subordinating conjunction **als** is generally used with the narrative past (the imperfect) and has the meaning of *when, at the time when*. The **als**-clause can either follow or precede the main clause.

> Ich hatte ein ganz anderes Amerikabild, **als** ich nach Amerika **kam.**
> **Als** ich nach Amerika **kam,** hatte ich ein ganz anderes Amerikabild.

What do you observe about the word order in the main clause when it is preceded by a subordinate clause?

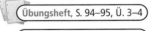 Mehr Grammatikübungen, S. 229, Ü. 3

Übungsheft, S. 94–95, Ü. 3–4

Grammatikheft, S. 66, Ü. 4

11 Grammatik im Kontext

| war | aßen | kamen | ging |
| abholte | erkannte | schmeckte | sah |

Sprechen/Schreiben Zwei Austauschschüler unterhalten sich über ihre Amerikareise. Sie haben die gleichen Erfahrungen gemacht. Spielt die beiden Rollen, und gebraucht in jeder Wiederholung einen als-Satz!

PARTNER **Ich bin im August nach Amerika gekommen. Es war furchtbar heiß.**

DU **Stimmt. Als ich im August nach Amerika kam, war es auch furchtbar heiß.**

1. Meine Gastfamilie hat mich vom Flughafen abgeholt (*picked up*). Ich habe sie gleich erkannt (*recognized*).

2. Wir sind nach Hause gekommen, und sie wollten mir gleich alles zeigen.

3. Wir haben dann zu Abend gegessen. Es hat mir furchtbar gut geschmeckt.

4. Am nächsten Tag hab ich die Umgebung gesehen. Ich war ganz begeistert.

5. Ich bin mit meinem Gastbruder in die Schule gegangen. Die Schüler waren alle sehr nett und freundlich zu mir.

Grammatik

Coordinating conjunctions (Summary)

The conjunctions **denn, und, oder, aber,** and **sondern** are called coordinating conjunctions because they join two independent clauses.

> Ich hatte Vorurteile, **denn** ich kannte die Amerikaner nur als Touristen.
> Ich möchte meine Vorurteile abbauen, **aber** das ist nicht so einfach!

What do you notice about the word order in clauses introduced by coordinating conjunctions? You have also learned that both **weil** and **denn** can be used to introduce a clause expressing cause or reason, but they are significantly different in the kind of word order that follows each. What is this difference?[1]

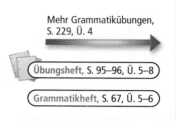

Mehr Grammatikübungen, S. 229, Ü. 4

Übungsheft, S. 95–96, Ü. 5–8

Grammatikheft, S. 67, Ü. 5–6

---

12 Grammatik im Kontext

Schreiben Verbinde jedes der folgenden Satzpaare einmal mit „weil" und einmal mit „denn"!

1. Ein Schüleraustausch ist ideal. Man kommt da mitten in die Familie hinein.
2. Man kann die eigenen Vorurteile abbauen. Man lernt die Leute richtig kennen.
3. Man kann seine eigene Meinung bilden. Man macht genügend persönliche Erfahrungen.
4. Man sieht die Leute plötzlich ganz anders. Man hat ein anderes Verhältnis zu ihnen.
5. Man nimmt oft Klischeevorstellungen an. Man war selbst noch nie im anderen Land.
6. Der Unterricht in Amerika gefällt mir. Er ist lockerer und weniger stressig.

13 Gruppenprojekt: Wie sehen wir uns selbst?

Lesen/Sprechen Blättert durch eure eigenen Zeitungen und Zeitschriften, und sucht nach Artikeln und Illustrationen, die entweder ein positives oder ein negatives Amerikabild zeigen! Bringt eure Beispiele mit in die Klasse, und macht eine Collage mit diesen Artikeln und Illustrationen! Vielleicht kann einer von euch selbst einige passende Illustrationen machen.

14 Klassendiskussion

Sprechen Diskutiert über eure Collagen! Was für ein Amerikabild stellen sie dar? Gebt Gründe an! Was zeigen sie, und was zeigen sie nicht? Wie könnten sie noch verbessert werden?

15 Was sagst du dazu?

Sprechen Überleg dir folgende Fragen, und sag deiner Gruppe, was du dazu meinst!

1. Was sagst du zu Leuten, die nur Vorurteile über die Vereinigten Staaten haben?
2. Mit welchen Eigenschaften würdest du dich und deine Landsleute beschreiben?
3. Was ist deine eigene Meinung über die Amerikaner? Erwähne Tatsachen, Meinungen, sowie Vorurteile, die du gehört hast, aber an die du selbst nicht glaubst!

16 Für mein Notizbuch

Schreiben Schreib deine Meinung zu dem Thema: „Wie sehe ich die Amerikaner?"! Führe Tatsachen an und begründe sie! Baue Vorurteile ab, die andere Leute haben und die dich stören! Fang so an: Ich glaube, wir Amerikaner sind …

---

1. As a subordinating conjunction, **weil** requires verb-last position in the clause. As a coordinating conjunction, **denn** requires verb-second position.

LANDESKUNDE LANDESKUNDE

Verständnis für Ausländer?

Übungsheft, S. 97, Ü. 1–2

Auch in einer Welt, die durch die Medien und durch Reisen kleiner geworden ist, gibt es noch immer viele Klischeevorstellungen über andere Länder.

Was kann man tun, um solche Klischees abzubauen? Es ist natürlich am besten, selbst in das andere Land zu fahren. Für junge Menschen bestehen viele Möglichkeiten, sich an Ort und Stelle zu informieren. Da gibt es eine Menge Schüleraustauschprogramme, wo junge Deutsche und junge Amerikaner die Lebensgewohnheiten ihrer Austauschpartner kennen lernen können.

Auch gibt es immer mehr Partnerstädte zwischen verschiedenen Ländern. Das Ziel der Städtepartnerschaften ist es, durch gegenseitiges Kennenlernen (z.B. in kulturellen Veranstaltungen, Sportwettkämpfen oder Jugendgruppen) das Verständnis für einander zu fördern (*encourage*) und alte Klischees abzubauen.

1. Schau die Abbildungen an! Mit welchen Städten haben Passau und Soltau eine Partnerschaft? Weißt du, ob die Schulen in deiner Stadt oder deinem Dorf auch ein Austauschprogramm mit ausländischen Schulen haben? Mit welchen Ländern gibt es diese Austauschprogramme?

2. Mit welcher Stadt im Ausland würdest du gern ein Austauschprogramm haben? Was würdest du gern über diese Stadt und die Menschen dieses Landes herausfinden?

3. Was für Folgen (*results*) würde ein Austauschprogramm haben? Was meinst du?

4. In der Bundesrepublik muss man nicht unbedingt ins Ausland reisen, um Ausländer kennen zu lernen. Der Anteil der Ausländer an der Gesamtbevölkerung, der mit knapp neun Prozent zu den höchsten in Europa gehört, bereichert das kulturelle Spektrum. Millionen von Ausländern — Jugoslawen, Spanier, Italiener, Griechen und vor allem Türken — wohnen und arbeiten in Deutschland. Ihre Kinder gehen auf deutsche Schulen und sprechen Deutsch oft besser als ihre Muttersprache. Welche Klischees oder Stereotype hat man von diesen Gruppen?

Weiter geht's! · *Wie sehen junge Amerikaner die Deutschen?*

Junge Amerikaner, die noch nie in Deutschland waren, sehen die Deutschen gewöhnlich so:

Die Deutschen werden oft so charakterisiert. Welche Wörter passen zu deinem Deutschlandbild?

groß   blond   blauäugig   gutmütig   ernst

freundlich   stolz   stur   ordentlich   stark

kameradschaftlich

streng

still   arrogant

nett   reserviert   materialistisch   snobistisch

geduldig   unhöflich   höflich

gemütlich

vorsichtig   gründlich   egoistisch

verwöhnt   pünktlich   athletisch   intolerant

intelligent   fleißig   musikalisch   ehrgeizig

Hier sind einige Aussagen junger Amerikaner, die nach einem kurzen Besuch in den deutschsprachigen Ländern ihre Klischeevorstellungen revidieren (*revise*) mussten. Diese Aussagen wurden übersetzt, weil die meisten Schüler nur wenig oder gar kein Deutsch sprachen.

„Ich weiß nicht warum, aber ich hatte mir vorgestellt, dass die Deutschen in Lederhosen und Dirndlkleidern herumlaufen; aber das stimmt überhaupt nicht; sie sind meistens so angezogen wie wir."

John, 16

„Mir ist aufgefallen, dass die Deutschen die Natur sehr lieben. Überall sieht man Blumen und Pflanzen, drinnen und draußen. Die Deutschen gehen auch viel spazieren. Überall gibt es Spazierwege und Wanderwege!"

Kim, 17

„Ein Klischee ist, dass die Deutschen dick sind, weil sie sehr viel essen, besonders Knödel und Brezeln, auch Bratwurst und Sauerkraut. Ich hab aber gesehen, dass die Leute auch nicht anders essen als wir; viele achten sogar sehr auf ihre schlanke Linie. Meine Gastfamilie isst zum Beispiel sehr viel Obst, Gemüse und Joghurt — eine wirklich ausgewogene Kost."

Jessy, 16

„Es hat mich beeindruckt, dass die Deutschen sehr umweltbewusst sind. Sie bringen leere Flaschen in die Geschäfte zurück oder werfen sie in Container, und sie sammeln Papier."

Cathy, 17

„Ich dachte immer, dass die jungen Deutschen viel Bier trinken. Ich habe aber schnell meine Meinung geändert; sie trinken meistens Spezi, Apfelsaft oder Mineralwasser!"

Rich, 17

„Ich war überrascht, dass die Deutschen so tierlieb sind. Ich hab nie so viele Hunde gesehen wie in Deutschland. Die dürfen sogar mit ins Restaurant gehen, und vor manchen Geschäften hab ich Behälter mit Wasser gesehen für durstige Hunde. Das würde ich auch unseren Geschäftsleuten empfehlen."

Mandy, 15

„Ich war überrascht, wie friedliebend die Deutschen sind. Es gibt bei ihnen Großdemonstrationen gegen Gewaltanwendung, wenn in der Welt ein weiterer Krieg auszubrechen droht. Daran können sich viele ein Beispiel nehmen!"

Eric, 15

Übungsheft, S. 98

17 Klischees und Tatsachen

1. **Schreiben** Was für Klischeevorstellungen haben viele junge Amerikaner, die noch nie in Deutschland waren? — Schreib auf, was für Klischeebilder in der Collage auf Seite 218 zu sehen sind.

2. **Sprechen** Wie charakterisieren die jungen Amerikaner, die schon in Deutschland waren, die Deutschen? Stimmst du den Aussagen zu, oder hast du eine andere Meinung? Warum?

3. **Schreiben** Was für Klischeevorstellungen hatten diese jungen Amerikaner und wie mussten sie diese nach ihrem Deutschlandbesuch revidieren? Mach deine eigene Liste!

Name	Klischee oder Vorurteil	„neue" Meinung
John, 16	Lederhosen, Dirndl	so angezogen wie wir
Rich, 17	trinken viel Bier	

Der sympathische Deutsche

1998 hat eine deutsche Zeitschrift eine weltweite Image-Studie gemacht. Mehr als 32 000 Erwachsene in 17 Ländern wurden gefragt, wie sympathisch oder unsympathisch ihnen die Deutschen sind. Das Ergebnis: ein durchweg freundliches Deutschlandbild! „Erfolgreich, fleißig, stark"

lautet das Urteil der 17 befragten Nationen, ein Wirtschaftswunderland und Exportweltmeister. Lange stützte sich das deutsche Image einseitig auf diese industrielle Tatsache. Jetzt rundet sich das Bild: „Friedlich", „modern", „demokratisch" wirken die Deutschen der neunziger

Jahre. Negative Eigenschaften gibt es jedoch auch. Die Deutschen werden auch von vielen als arrogant, humorlos, gefühlslos und intolerant bezeichnet. Resultat der Untersuchung: Die Welt sieht die Deutschen in weit besserem Licht, als die Deutschen selbst bislang geglaubt hatten.

Wortschatz

auf Deutsch erklärt

ehrgeizig wenn man viel plant und erreichen will

stark muskulös, kräftig, kann vieles machen

gutmütig freundlich und hilfsbereit

aufgeschlossen offen, freundlich

friedliebend wenn man keinen Krieg, sondern Frieden will

still ruhig, nicht laut

ordentlich wenn man immer Ordnung macht oder hat

umweltbewusst wenn man etwas zum Schutz der Umwelt tut

auf Englisch erklärt

Es ist uns <u>aufgefallen</u>, wie <u>verwöhnt</u> diese Kinder sind. *We've noticed how spoiled these children are.*

Es <u>beeindruckt</u> mich, wenn Eltern <u>streng</u> aber auch <u>geduldig</u> sind. *It impresses me when parents are both strict and patient.*

Ich bin <u>stolz auf</u> meinen <u>höflichen</u> Sohn. *I am proud of my polite son.*

Du bist so <u>stur</u> wie ein Esel. *You're as stubborn as a mule.*

Grammatikheft, S. 68, Ü. 7–8

18 Eigenschaften — gute und schlechte

Schreiben Macht in der Klasse eine Liste von Eigenschaften, guten und schlechten! Ihr könnt die aufschreiben, die auf diesen Seiten erscheinen und auch andere dazufügen.

19 Amerikanische Schüler über Deutschland

Zuhören Was sagen Jugendliche über die Deutschen? Hör gut zu, wie einige amerikanische Schüler ihre Erlebnisse in Deutschland besprechen! Welche Aussage passt zu welchem Bild?

a.   b.   c.   d.   e.

20 Wie sehen wir die Deutschen?

Sprechen/Schreiben Kommt jetzt wieder zu einer Brainstorming-Sitzung zusammen! Das Thema heißt diesmal: Wie sehen wir die Deutschen? Gebt Gründe an! Wählt wieder einen Schriftführer, der alle Aussagen aufschreibt. Verwendet Ausdrücke wie:

Die Deutschen sind …   Ich glaube, dass die Deutschen …

Nicht alle Deutschen sind …   Ich halte die Deutschen für …

Einige/viele Deutsche sind …

21 Tatsachen, Vorurteile, Klischees

Sprechen Seht euch die Aussagen an, die ihr in der letzten Gruppenarbeit erarbeitet habt!

a. Ordnet jetzt diese Aussagen in drei Gruppen: Tatsachen, Vorurteile und Klischees!
Die Deutschen haben/sind …

Tatsachen	Vorurteile	Klischees
schnelle Autos	arrogant	tragen Lederhosen, Dirndl

b. Diskutiert jetzt darüber! Äußert eure Meinung und gebraucht dabei Ausdrücke wie:

Das stimmt (nicht). Ich glaube, dass …   (Jessica) hat Recht, wenn sie sagt, dass …

Ich denke, dass …   In diesem Punkt geb ich dir (nicht) Recht.

So sagt man das!

Expressing an assumption   (Übungsheft, S. 99, Ü. 1)   (Grammatikheft, S. 69, Ü. 9)   Mehr Grammatikübungen, S. 230, Ü. 5–6

To make an assumption or introduce an impression, you know these phrases:

Ich glaube schon, dass …
Ich meine doch, dass …

Other phrases you can use to make an assumption or introduce an impression are:

Ich nehme an, dass …
Ich vermute, dass …
Ich hatte den Eindruck, dass …
Ich hatte mir vorgestellt, dass …

---

22 Wie stellt ihr euch die Deutschen vor?

Zuhören Schüler erzählen, wie sie sich Deutschland und die Deutschen vorstellen. Schreib mindestens fünf Eindrücke auf, die diese Schüler erwähnen!

23 Hast du deine Meinung geändert?

Sprechen Wie hast du dir am Anfang Deutschland und die Deutschen vorgestellt? Sag einem Partner deine Vorstellung! Dann sag ihm, ob du deine Meinung geändert hast! Erkläre ihm auch warum! Tauscht dann die Rollen aus!

BEISPIEL   Ich hatte mir immer vorgestellt, dass die Deutschen …
                Aber das stimmt überhaupt nicht. (Als ich in Deutschland war …)

leben, um zu arbeiten   sind militaristisch   essen viel Fleisch und wenig Gemüse

sind nicht umweltbewusst   sind unfreundlich   tragen nur Lederhosen und Dirndl

haben keinen Humor   trinken immer nur viel Bier   mögen keine Hunde

24 Und du? Woher bekommst du deine Informationen?

Sprechen Such dir eine Partnerin! Überlegt euch, wie man sich ein Bild von anderen Ländern und anderen Leuten macht, während ihr folgende Fragen beantwortet!

1. Woher bekommst du deine Informationen über die deutschsprachigen Länder? Unten sind einige Möglichkeiten aufgelistet.
2. Wie würdest du die Informationen charakterisieren, die du im Fernsehen über Deutschland erhältst?
3. Warum kommt es vor, dass Medien manchmal Vorurteile verstärken oder wenigstens nicht schwächen? Nenne Beispiele!

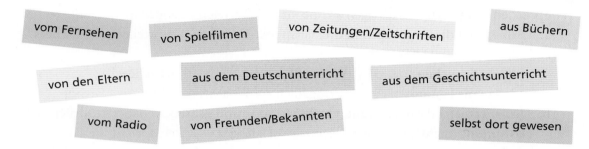

vom Fernsehen

von Spielfilmen

von Zeitungen/Zeitschriften

aus Büchern

von den Eltern

aus dem Deutschunterricht

aus dem Geschichtsunterricht

vom Radio

von Freunden/Bekannten

selbst dort gewesen

Grammatik

Verbs with prefixes (Summary)

1. Some of the most common separable prefixes are: **an, ab, ein, mit, zu, zurück;** also, the words that involve motion, **hin** and **her,** or combinations of these, such as **hinein, heraus, herum.** Compare and contrast the sentences. Explain the differences in the verb forms.

   (**ankommen**) Ich **kam** im August in den Vereinigten Staaten **an.**
   (**einladen**) Meine Gastfamilie **lädt** mich noch immer **ein.**
   (**abbauen**) **Bau** endlich mal deine Vorurteile **ab**!
   (**abholen**) Wer hat dich am Flugplatz **abgeholt**?
   (**mitnehmen**) Wir haben ihn doch auf die Reise **mitgenommen.**
   (**anrufen**) Mein Gastbruder hatte alle Freunde **angerufen.**

2. Of course, when such infinitives are used with **zu,** they get separated by **zu.**

   (**abbauen**) Ich rate dir, deine Vorurteile schnell **abzubauen.**

3. There is another category of verbs with prefixes, called inseparable-prefix verbs. Compare and contrast the sentences. How are the verb forms different?

   (**überraschen**) Das **überrascht** mich überhaupt nicht.
   (**wiederholen**) **Wiederhole** bitte deine Frage!
   (**übersetzen**) Das hast du wirklich prima **übersetzt**!
   (**unterstützen**) Versuch doch mal, mich zu **unterstützen.**

Mehr Grammatikübungen, S. 231, Ü. 7

Grammatikheft, S. 70–71, Ü. 10–12

25 Über deutsche Schüler

Zuhören Schüler erzählen von ihren Erfahrungen mit deutschen Jugendlichen in Deutschland. Welches sind Empfehlungen und welches sind Warnungen?

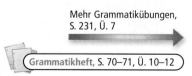

Name	Empfehlung	Warnung
Dorothee		
Christian		

Making suggestions and recommendations; giving advice

There are different ways to make suggestions and recommendations, and to give advice. Note how the command forms are used in these examples.

To make a suggestion or a recommendation, you can say:

> **Ich kann dir einen Tipp geben: fahr nach Deutschland!**
> **Ich empfehl dir, selbst einmal nach Deutschland zu fahren.**
> **Es lohnt sich, einen Schüleraustausch mitzumachen.**
> **Fahr selbst mal hin!**　　　**Hinfahren!**　　　**Leute kennen lernen!**

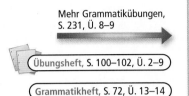

Mehr Grammatikübungen, S. 231, Ü. 8–9

Übungsheft, S. 100–102, Ü. 2–9

Grammatikheft, S. 72, Ü. 13–14

To give advice, you can say:

> **Verbreite keine Klischees!**
> **Wiederhole bloß nicht eine fremde Meinung!**

26　Was rätst du deinem Freund?

Sprechen Ein guter Freund von dir will nach Deutschland fahren, aber du findest, dass er viele Vorurteile hat. Unten ist eine Liste mit Dingen, die dein Freund tun soll. Versuche, ihn zu überreden (*convince*), dass er deinem Rat folgt, bevor er wegfliegt!

> DU　　**Ich kann dir einen Tipp geben, verbreite keine Klischees!**
> PARTNER　**Ja, und warum denn (nicht)?**
> DU　　**Die Leute werden denken, dass alle Amerikaner Klischees verbreiten!**

keine Klischees verbreiten　　sich eine eigene Meinung bilden　　Vorurteile abbauen/haben

die Leute genau beobachten　　einen Schüleraustausch mitmachen

27　Zum Überlegen und Diskutieren

Sprechen Diskutiert mit euren Klassenkameraden über folgende Fragen!

1. Was für Vorurteile haben manche Deutsche gegen Ausländer und warum?
2. Wisst ihr von ähnlichen Situationen, vielleicht wo du wohnst, wo Vorurteile anderen Menschen gegenüber existieren? Was sind diese Vorurteile?
3. Warum bestehen Vorurteile? Was würdet ihr empfehlen, um Vorurteile abzubauen?

28　Klassenprojekt

Lesen/Sprechen Arbeitet an euerm „Deutschlandbild!" Sammelt Informationen aus Zeitungen und Zeitschriften, und fügt diese zu einer Collage zusammen! Wenn ihr wollt, könnt ihr euer Projekt erweitern und ein Österreichbild und ein Schweizbild erarbeiten.

29　Diskussion

Sprechen Diskutiert über eure Collage, was sie zeigt, was sie nicht zeigt und wie sie noch verbessert werden könnte! Welche Beiträge (*contributions*) informieren, welche verbreiten Klischees?

30　 Von der Schule zum Beruf

You work for a company that produces glossy tourism brochures for cities all over the world. Develop an informative cultural brochure for a large American city aimed at German-speaking travelers. Make suggestions and recommendations about what to see and do, give advice and tips concerning the area, and address some of the prejudices or clichés Europeans might have about the region.

Sabines Eltern

O Mann, bin ich glücklich! Ich strahle im ganzen Gesicht. Könnte alle Menschen umarmen. Ja, ich würde sogar fliegen, wenn ich es nur könnte. Meine Freude kennt keine Grenzen, seit ein paar Wochen. Plötzlich entdecke ich meine Liebe für Blumen. Ich wußte gar nicht, daß sie so herrlich duften können. Die Welt sieht auf einmal auch ganz anders aus. Sie ist doch nicht grau in grau. Die Welt ist rosarot. Ich bin so unendlich glücklich. Pessimist bin ich nun auch nicht mehr. Seit vier Wochen bin ich ein großer Optimist geworden. Man muß einfach alles positiv sehen. Die Stadt stinkt nicht mehr nach Autoabgasen, und das Ozonloch wird schon wieder werden. Die Wälder, die werden mit Sicherheit wieder gesund — die Umweltheinis malen Bilder, die übertrieben sind. Diese unsere Welt ist noch so gut intakt wie ein Mensch mit 17 Jahren. Wie gesagt, ich sehe alles positiv. Weil ich eben so glücklich bin. Und warum, will ich auch verraten: Ich bin verliebt. Jawohl. Ich habe jetzt eine Freundin, die mich liebt, wie ich bin. Wie ich bin? Eigentlich bin ich ein ganz normaler Mensch. Nur, ich bin kein Inländer. Dafür ist meine Freundin eine Deutsche. Und nicht nur das. Sie ist zudem noch Schwäbin. Durch und durch. Was aber nichts aussagt. Sie liebt mich und ich liebe sie. Nur das zählt und nichts anderes. Wir sehen uns fast jeden Tag. Wenn wir uns auch nur einen einzigen Tag nicht sehen, kommt es mir so vor, als ob ich sie eine kleine Ewigkeit nicht mehr gesehen hätte. Ich liebe sie über alles. So sehr, daß ich den ganzen Tag fast nur an sie denke. Sie ist so wunderschön. Die Mandelaugen schauen mich so an, daß ich beinahe ohnmächtig werde. Und ihre Stupsnase gibt es nur einmal. Diese Nase, diese Nase. Alles an ihr ist einmalig. Auch ihre Eltern! Wie jeder Mensch hat auch meine Freundin Eltern. Aber was für liebe Leute! Sie lieben mich wie ihren eigenen Sohn. Und vielleicht mehr. Wenn ich mit meiner Freundin zu ihren Eltern gehe, stehen sie sogar kurz auf, um mich zu begrüßen. Immer wieder laden sie mich zum Essen ein. Weil sie nur ein Kind haben, sitzen wir zu viert am Tisch. Nach dem Essen spielen wir verschiedene Spiele. Bei einem Pilsbier sprechen wir anschließend über die Probleme der nicht-einheimischen

Stille Grenzen

Lesestrategie Interpreting rhetorical devices When reading a story or essay that seems to be addressed directly to you — the reader — it's helpful to note *rhetorical* questions and exclamations. A question is rhetorical when it has no real answer or if its answer is obvious. Authors sometimes use rhetorical questions and exclamations to make their point more dramatically or to say something about their own doubts or prejudices. Think of these devices as invitations to get involved in the author's thought processes.

Getting Started

1. Read the title and the first paragraph, up to **Wir sehen uns fast jeden Tag.**
   a. In welcher Person wird die Geschichte erzählt?
   b. Schau den Titel an! Was meinst du, wer Sabine ist?
   c. Wann und wo spielt die Handlung? In welchem Land? In welchem Jahrhundert?

2. Read the first part again. What is happening? How has the narrator's view of the world changed in the previous few weeks? (Notice the colors he mentions.) What is the reason for this change? Identify the connecting words that indicate the cause-and-effect relationship.

Leute, um nicht Ausländer zu sagen. Es gibt jedesmal andere Themen. Wen wundert's? Die Eltern meiner Freundin mögen die Nicht-Einheimischen. Natürlich auch mich. Sie waren schon so oft im Ausland. Vor allem in meiner Heimat. In der Türkei. Das gelobte Land der Touristen. Sie erzählen, wie herzlich und freundlich sie empfangen wurden. Jedesmal. Immer wieder. Sie haben sich schämen müssen, sagen sie mir. Ich erwidere aber, daß sie sich nicht zu schämen brauchen. Ich sage, es sollen sich die schämen, die blind alles und jedes hassen, was nicht einheimisch ist. Ausländische Autos, ausländische Waren und auch ausländische Menschen. Es ist nicht so einfach, sagen sie mir. Sie haben recht, denke ich. Was machen diese alles-Hasser, wenn Europa eins wird?

Manchmal kommen Sabine, so heißt übrigens meine Freundin, und ihre Eltern zu uns nach Hause. Meine Eltern mögen sie auch sehr. Meine Mutter kocht türkisch. Das Essen ist für Sabines Eltern nichts Neues. Aber sie essen trotzdem gerne unsere Spezialitäten. Danach trinken sie natürlich Cay, also Tee. Es ist ein Muß. Meine Freundin und ich amüsieren uns unheimlich, wenn unsere Eltern ver-suchen, miteinander zu sprechen. Es ist ein wenig mühsam, aber zum Schluß verständigen sie sich doch. Ich wünsche mir, daß alle Menschen hier so miteinander leben. Nicht nur unsere Familien.

Wieder einmal bin ich bei ihren Eltern eingeladen. Mit leeren Händen will ich nicht hingehen. Ich kaufe einen schönen großen Strauß. Ich klingle, ihre Mutter macht die Tür auf. Wie immer, werde ich höflich hereingebeten. Wir essen, trinken und danach, auch wie fast immer, spielen wir etwas zusammen. Kaum haben wir angefangen, da klingelt es an der Haustür.

3. What does the narrator mention about the way his girlfriend loves him? Why would this be important?

4. Finish reading the first paragraph. On whom does the narrator focus? What kind of relationship does he have with these people? Support your answer with expressions from the text. What attitude do these people have toward non-Germans?

5. Finish reading the story. What is the unexpected twist? Were you surprised by the ending? If not, did you notice any clues that foreshadowed the ending?

A Closer Look

6. Read the story again more carefully. In the fourth paragraph, of what does Ali become convinced? What has led him to believe this?

7. Now read the fifth paragraph. What is the function of the rhetorical question here? What effect does repeating **nein** have? Are you convinced of what Ali is saying or made more skeptical?

8. What function does the word **plötzlich** serve at the beginning of the sixth paragraph? What happens at this point in the story?

9. Retell the story in your own words. Pay careful attention to how the plot develops. (Look at your answers to questions 2, 6, and 8.)

Herein kommen Sabines Onkel und Tante, väterlicherseits. Als sie mich, zum erstenmal übrigens, sehen, sind sie sehr überrascht. So schauen sie mich jedenfalls an. Ich versuche, höflich zu wirken, stehe auf und grüße sie. Ich bin irgendwie unsicher. Was denken diese Leute über mich? Sind die Nicht-Einheimischen auch ihnen sympathisch? Oder mögen sie sie vielleicht gar nicht? Was wird nun geschehen? Was wird er sagen? »Guten Tag, ich heiße Peter. Wie heißt du?« fragt Sabines Onkel mich lächelnd. Ich bin sehr erleichtert.

»Mein Name ist Ali«, sage ich. »Es freut mich, Sie kennenzulernen«, füge ich hinzu.

Danach sitzen wir, diesmal zu sechst, am Tisch und spielen weiter. Sabines Onkel scheint ein sehr netter Mensch zu sein. Sie bewundern sogar meine Freundin, Mut bewiesen zu haben mit mir. Es ist spät in der Nacht, als sie gehen. Auch sie laden mich zu sich nach Hause ein. Ich freue mich unendlich. Langsam fange ich an zu glauben, daß eigentlich niemand hierzulande etwas gegen Ausländer hat. Sabines Eltern mögen mich, ihr Onkel konnte mich auf Anhieb leiden.

Also was soll das Gerede vom Rassismus? Sowas gibt es doch in meiner zweiten Heimat nicht. Ich lächle und sage immer wieder: nein, sowas gibt es hier nicht. Nein, Antisemitismus gibt es auch nicht. Nein, Herrgott nochmal, das gibt es nicht.

Plötzlich klingelt mein Wecker. Tut, tut, tut. Ich hatte einen schönen Traum. Ich habe von meiner Freundin Sabine geträumt. War irgend etwas passiert? Weil ich abergläubisch bin, rufe ich meine Freundin an. Es ist sieben Uhr morgens. Ihr Vater geht ans Telefon.

»Ich bin's, Ali. Ich möchte bitte mit Sabine sprechen«, sage ich.

Eine unfreundliche Stimme schreit mich an:

»Ich habe Ihnen doch schon einmal gesagt, daß Sie uns nicht anrufen sollen. Lassen Sie uns und meine Tochter in Ruhe.«

Ich habe eine Freundin. Sie heißt Sabine. Ihre Eltern habe ich noch nie gesehen …

Mustafa S.

10. How do you think Ali feels after the telephone call? What causes him to feel this way? Why do you think the story is entitled *Sabines Eltern*? In your opinion, what is the main idea of the story?

11. Ergänze die Geschichte mit einem neuen Schluss, der der Wirklichkeit entspricht! Wo und wie oft treffen sich Ali und Sabine? Wissen ihre Eltern davon? Wie fühlt sich das junge Paar? Wie ist ihr Verhältnis zu der Gesellschaft, in der sie leben?

12. Schreib nach dem folgenden Muster ein Gedicht darüber, wie man sich als Außenseiter fühlt!

a noun	*(the subject of the poem)*
two adjectives	*(describing the subject)*
three verbs	*(actions associated with the subject)*
one sentence	*(expressing an emotion or idea about the subject)*
a noun	*(restating the subject in a different way)*

Übungsheft, S. 103-104, Ü. 1-4

KAPITEL 8   Weg mit den Vorurteilen!

Zum Schreiben

As you have seen in this chapter, prejudices can arise from a lack of knowledge about others. If we could know what others feel and think, we would probably be surprised at how much they are like us, and we would be better able to avoid prejudice. In this activity, you will write a fictional short story about an event that brought people in different groups together and changed their opinions of one another.

Es waren einmal zwei Gruppen ...

Schreib eine fiktive Kurzgeschichte von zwei Gruppen, die eines Tages zusammenkommen und die durch diese Begegnung ein besseres Verständnis zueinander finden! Erzähl was passiert, was die Hauptfiguren denken und wie sie ihre Vorurteile abbauen!

> **Schreibtipp Selecting a point of view**   In most of what you have written so far, you have used the first-person point of view, relating feelings and experiences from your personal vantage point. When writing fiction, however, you have more choices, including first person, in which the "I" of the story does not represent you; third person limited, in which the narrator focuses on the thoughts and feelings of one character; and third person omniscient, in which the narrator knows all the thoughts of all the characters. The point of view you choose to use affects the story because it establishes what can be perceived and determines which details can be included. Whichever point of view you select, be sure to remain consistent throughout your story.

A. Vorbereiten

1. Entwickle eine Idee für deine Geschichte! Denke an Gruppen, die traditionelle Vorurteile gegeneinander haben, wie zum Beispiel Männer und Frauen, Ausländer und Einheimische, Cowboys und Indianer, usw.

2. Erfinde Charakterrollen für die Geschichte! Wie heißen die Charaktere? Wie alt sind sie? Wie sehen sie aus? Was denken sie von den anderen? Wie sprechen sie? Stelle auch den Handlungsraum (*setting*) der Geschichte fest!

3. Überleg dir die Handlung und den Konflikt für die Geschichte!

4. Wähle jetzt eine Perspektive, aus der die Geschichte erzählt wird (erste Person oder dritte Person)! Denk an die verschiedenen Charakterrollen und an die Handlung, und entscheide dich, ob du die Gedanken von allen oder nur von einem wiedergeben willst!

B. Ausführen

Benutze deine Notizen, um einen ersten Entwurf der Geschichte abzufassen! Verwende sowohl Dialog als auch Beschreibung, um die Eigenschaften der Hauptfiguren zu entwickeln!

C. Überarbeiten

1. Lies deine Geschichte noch einmal durch! Hat deine Geschichte mehr als eine Perspektive? Streiche alle Sätze durch, die die Erzählperspektive ändern!

2. Denk an die Handlung und die Charakterrollen! Ist die Handlung interessant? Hast du den Konflikt schnell entwickelt und in den Vordergrund gestellt? Bist du mit dem Schluss zufrieden? Passt der Dialog der Hauptfiguren zu ihrer Wesensart?

3. Prüfe jetzt deinen Stil! Hast du die Zeitformen konsequent eingehalten? Wenn du die Vergangenheit gewählt hast, hast du „als" richtig benutzt? Hast du ab und zu Nebensätze verwendet, um den Satzbau zu variieren?

4. Hast du alles richtig buchstabiert? Hast du Kommas richtig gesetzt?

5. Schreib die korrigierte Geschichte noch einmal ab!

Mehr Grammatikübungen

internet

ADRESSE: go.hrw.com
KENNWORT:
WK3 FRANKFURT-8

Erste Stufe

Objectives Expressing surprise, disappointment, and annoyance

1 Ein deutscher Austauschschüler, der gerade in die Vereinigten Staaten gekommen ist, drückt seine Überraschung (*surprise*) aus. Schreib die folgenden Sätze ab, und verwende die Information in Klammern als dass-Satz in den Lücken! (**Seite 213**)

(Meine Gastfamilie hat eine ganze Menge über Deutschland gewusst.)

1. Ich war sehr erstaunt, dass _____ .

(Die meisten Leute waren so wahnsinnig nett zu mir.)

2. Ich war überrascht, dass _____ .

(Die meisten Leute haben schnell ihre Vorurteile abgebaut.)

3. Ich war erstaunt, wie _____ .

(Viele Leute tun nur sehr wenig für ihre Umwelt.)

4. Es ist unwahrscheinlich, dass _____ .

(Der Unterricht in den Schulen ist sehr locker.)

5. Ich war überrascht, dass _____ .

(Die meisten Jugendlichen sind äußerst hilfreich.)

6. Ich habe gestaunt, dass _____ .

2 Ein deutscher Austauschschüler, der gerade in die Vereinigten Staaten gekommen ist, drückt seine Enttäuschung (*disappointment*) aus. Schreib die folgenden Sätze ab, und verwende die Information in Klammern als dass-Satz in den Lücken! (**Seite 213**)

(In vielen Städten gibt es nur wenige Fahrradwege.)

1. Ich finde es schade, dass _____ .

(Viele Leute sehen beim Abendessen fern.)

2. Es stört mich, wenn _____ .

(Viele Jugendliche interessieren sich wenig für andere Kulturen.)

3. Ich bedaure, dass _____ .

(Die meisten Schüler lernen keine Fremdsprachen.)

4. Es stört mich, dass _____ .

(Viele Leute fahren nur mit dem Auto und gehen nicht zu Fuß.)

5. Ich finde es schade, dass _____ .

(Viele Schüler sind so naiv und interessieren sich nicht für Politik.)

6. Es stört mich, dass _____ .

3 Du berichtest von einem deutschen Austauschschüler, der gerade in die Vereinigten Staaten gekommen ist. Schreib jeden der folgenden Sätze als einen Satz, der mit **als** (*when*) beginnt! (**Seite 215**)

1. Der Austauschschüler kam im Juli nach Amerika. Er war erst 16 Jahre alt.
2. Ich lernte ihn eine Woche später kennen. Er sprach schon ganz gut Englisch.
3. Er kam dann im August in unsere Klasse. Alle Schüler begrüßten ihn ganz herzlich.
4. Er bekam in Englisch die zweitbeste Note. Er war ganz begeistert.
5. Er war ein ganzes Jahr bei uns. Er musste wieder nach Hause fliegen.
6. Wir brachten ihn alle zum Flughafen. Wir waren sehr traurig.

Ein deutscher Schüler berichtet über seinen Besuch in den Staaten. Schreib jedes der folgenden Satzpaare als einen Satz, der mit den Wörtern in den Klammern verbunden ist! (**Seite 216**)

4
1. Ich war ein ganzes Jahr in den Staaten. Ich habe dort viel gesehen. (und)
2. Ich hatte am Anfang nicht nur Klischeevorstellungen. Ich hatte auch Vorurteile. (sondern)
3. Ich baute allmählich meine Vorurteile ab. Es war nicht so einfach. (aber)
4. Ich blieb ein ganzes Jahr dort. Ich wollte Land und Leute richtig kennen lernen. (denn)
5. Kennst du die Vereinigten Staaten gut? Kennst du Deutschland besser? (oder)

Zweite Stufe | **Objectives** Expressing an assumption; making suggestions and recommendations; giving advice

5 Du sprichst mit einer Klassenkameradin über ihren Besuch im Ausland, und du machst dabei bestimmte Annahmen (*assumptions*). Schreib die folgenden Sätze ab, und schreib dabei die gegebene Information als dass-Satz in die Lücken! (**Seite 221**)

1. Du hast keine Vorurteile. — Ich nehme an, dass _____ .
2. Du hattest einen guten Eindruck. — Ich vermute, dass _____ .
3. Es hat dir in Köln gut gefallen. — Ich meine doch, dass _____ .
4. Du warst sehr beeindruckt. — Ich glaube schon, dass _____ .
5. Du hast doch viel gesehen. — Ich vermute, dass _____ .
6. Du hast dir deine eigene Meinung gebildet. — Ich glaube, dass _____ .

6 Schreib Sätze und gebrauche dabei den Ausdruck in Klammern in der ersten Lücke und ein passendes Verb in der zweiten Lücke. (**Seite 221**)

umweltbewusst sein	ins Theater gehen	tierliebend sein	im Garten essen	gesund essen

(den Eindruck haben)
1. Ich _____ , dass die Deutschen sehr _____ .

(annehmen)
2. Mein Bruder _____ , dass die Deutschen gern _____ .

(meinen)
3. Wir _____ , dass die Deutschen sehr _____ .

(glauben)
4. Meine Kusine _____ , dass die Deutschen _____ .

(wissen)
5. Ich _____ , dass die Deutschen gern _____ .

7 Du sprichst mit einem Freund über seine Vorurteile, und du machst dabei gewisse Annahmen. Schreib die folgenden Sätze ab, und schreib dabei die gegebene Information als dass-Satz in die Lücken! (**Seite 222**)

1. Du baust schnell deine Vorurteile über Deutschland ab.

   — Ich stelle mir vor, dass _____ .

2. Deine eigenen Klischeevorstellungen fallen dir gar nicht auf.

   — Ich habe den Eindruck, dass _____ .

3. Du nimmst nämlich schon die Klischees von anderen Leuten an.

   — Ich vermute, dass _____ .

4. Du gibst nämlich schon die Meinung anderer Leute wieder.

   — Ich habe den Eindruck, dass _____ .

5. Du lernst im Ausland schnell viele andere Leute kennen.

   — Ich stelle mir vor, dass _____ .

6. Du machst bestimmt irgendwann mal einen Schüleraustausch mit.

   — Ich vermute, dass _____ .

8 Du gibst einem Freund Rat (*advice*) und Empfehlungen (*recommendations*). Schreib die folgenden Sätze ab, und schreib dabei die gegebene Information als dass-Satz in die Lücken! (**Seite 223**)

1. Überprüfe deine Vorurteile! — Ich empfehle dir, deine _____ .

2. Bau die Vorurteile ab! — Es lohnt sich, die _____ .

3. Nimm keine Vorurteile an! — Ich rate dir, keine _____ .

4. Gib keine Klischees wieder! — Ich empfehle dir, keine _____ .

5. Verbreite keine Klischees! — Ich empfehle dir, keine _____ .

6. Mach einen Schüleraustausch mit! Es lohnt sich, einen _____ .

9 Du gibst einem Klassenkameraden guten Rat. Schreib die gegebenen Ratschläge um, indem du jeden Ratschlag als Befehlsform schreibst! (**Seite 223**)

Dein Klassenkamerad soll:

1. erst einmal seine Vorurteile abbauen.

2. nie wieder Klischeevorstellungen annehmen.

3. seine eigene Meinung wiedergeben.

4. mal andere Länder und Leute kennen lernen.

5. mal einen Schüleraustausch mitmachen.

6. mal einen Jugendlichen im Ausland anrufen.

Anwendung

1 Jeden Tag kann man im Radio die Sendung „Kurz notiert" hören. Man liest kurze Meldungen aus Zeitungen und Zeitschriften vor. Hör jetzt gut zu! Welche Schlagzeile unten passt zu welcher Meldung? Schreib einige Notizen für jede Schlagzeile, damit du anschließend über die Meldungen diskutieren kannst. Welche Klischeevorstellungen sind zu erkennen? Diskutier mit deinen Klassenkameraden darüber!

Ohne Mutter geht es nicht   **Amerika für junge Mädchen**

Jobs — immer noch   **Ein partnerschaftlicheres**
nach traditioneller Manier   **Leben im Kommen**

Wie alt ist zu alt?

2 Es gibt viele Vorurteile, wenn es zum Thema Mädchen und Jungen kommt. Diese Wörter sollen zum Nachdenken und Diskutieren anregen. Sieh dir die Wörter im Kasten an, und schreib dann die Eigenschaften in zwei Spalten auf!

Mädchen/Jungen

laut   brav   bescheiden   aggressiv

selbständig   stark   fleißig   eitel

schwach   verschwiegen

ruhig   ängstlich

schüchtern   geschickt

schwatzhaft   ordentlich   mutig

still   zurückhaltend

3 Was ist typisch Mädchen? Was ist typisch Junge? Vergleiche deine Liste mit denen deiner Klassenkameraden! Denkt an andere Eigenschaften, die mit Mädchen und Jungen verbunden werden, und schreibt sie hinzu!

4 Mach eine Umfrage! Du kannst mit einem Partner arbeiten. Frag deine Klassenkameraden und auch Schulkameraden nach ihren Interessen und Hobbys! Schreib deine Ergebnisse in eine ähnliche Tabelle wie in Übung 2, Mädchen und Jungen, aber diesmal mit Tatsachen und nicht nur Stereotypen!

5 Kennst du Leute, die nicht zu den Klischeebildern von Mädchen/Jungen, Frauen/Männern passen? Beschreibe diese Personen!

6 Wer als Austauschschüler in ein anderes Land gehen will, muss nicht unbedingt an einem Austauschprogramm teilnehmen. Man kann sich auch an Verwandte oder Bekannte wenden. Anke Weber war im vorigen Jahr als Austauschschülerin in den USA. Von den Webers hat Julia Bauer die Adresse einer amerikanischen Bekannten, die auch Deutsch kann. Lies Julias Brief an Frau Weiß!

Hagen, den 3. April

Liebe Frau Weiß,

vor ein paar Tagen fragten wir die Webers nach einer amerikanischen Familie, die eventuell ein deutsches Mädchen aufnehmen würde, da wir dachten, dass Anke uns vielleicht weiterhelfen könnte. Herr Weber gab uns dann Ihre Adresse, in der Hoffnung, dass Sie uns helfen könnten. Deshalb wende ich mich jetzt an Sie.

Ich heiße Julia und bin 16 Jahre alt. Da ich hier ziemlich weit von der Stadt entfernt lebe, würde ich es begrüßen, in den USA etwas näher an einer Stadt zu wohnen, wobei die Wohnlage eigentlich das Unwichtigste ist. Die Hauptsache für mich wäre eine nette Familie. Ganz toll fände ich es, wenn die Familie einen Teenager in meinem Alter hätte, damit ich leichten Anschluss zu Gleichaltrigen finden könnte.

Ich möchte entweder für 3 oder 6 Monate in den USA bleiben. Ich wäre sehr an einem Austausch interessiert. Wenn dies nicht möglich ist, würden wir meinen Aufenthalt natürlich bezahlen.

In meiner Freizeit spiele ich sehr gern Tennis. Außerdem mag ich auch Tiere unheimlich gern. Ich wäre sehr glücklich, wenn Sie eine nette Familie für mich ausfindig machen könnten. Im Voraus bedanke ich mich schon recht herzlich bei Ihnen. Hoffentlich sind Sie erfolgreich!

Viele Grüße
Ihre Julia Bauer

7 Setzt euch in Gruppen zusammen und diskutiert Julias Brief! Kennt ihr eine Familie für Julia? Ist eine von euren Familien geeignet? Warum?

8 Du findest, dass deine Familie für die Julia geeignet ist, oder du kennst eine Familie für sie. Schreib einen Brief an Julia und erzähle davon! (Wenn du keine Familie kennst, erfinde eine!)

9

Rollenspiel

Zwei Klassenkameraden spielen die Rollen von deinen Eltern.

1. Du möchtest gern Julia zu euch einladen. Erzähle deinen Eltern davon und versuche, sie zu überzeugen! (*convince*)

2. Du möchtest gern ein Jahr als Austauschschüler in Deutschland verbringen. Du bittest deine Eltern um Erlaubnis. Sie stellen Fragen und du versuchst, sie zu überzeugen.

Kann ich's wirklich?

Can you express surprise, disappointment, and annoyance? (p. 213)

1 How would you express your surprise at hearing that a friend of yours wrote a novel?

2 How would you express your disappointment
   a. if your school's team didn't win?
   b. if your teacher said to you **Wir haben keine Austauschschüler aus Deutschland bekommen**?

3 How would you respond if someone annoyed or displeased you by reinforcing stereotypes?

Can you express an assumption? (p. 221)

4 How would you express the following assumptions?
   a. Deutsche Wagen sind alle sehr gut.
   b. Viele Deutsche haben ihr Amerikabild vom Fernsehen.

5 How would you say that before you started studying German, you had the impression all German people drink beer?

Can you make suggestions and recommendations? Can you give advice? (p. 223)

6 How would you recommend to someone
   a. that he or she learn German?
   b. that he or she visit Germany, Switzerland, and Austria?

7 How would you suggest to someone
   a. to eat a lot of vegetables but little meat?
   b. to take warm clothes when traveling to Austria?
   c. that it is worthwhile to participate in a student exchange program?

8 How would you advise a friend not to skip class?

Erste Stufe

Expressing surprise

Ich hätte nicht gedacht ...	I wouldn't have thought ...
Es ist unwahrscheinlich ...	It's improbable ...
Ich war erstaunt, ...	I was surprised ...
Ich habe gestaunt, ...	I was amazed ...
Ich habe nicht gewusst, ...	I didn't know ...
Ich war überrascht, dass ...	I was surprised that ...

Expressing disappointment

Ich finde es schade, dass ...	I think it's too bad that ...
Ich bin enttäuscht, dass ...	I am disappointed that ...

Expressing annoyance or displeasure

Es regt mich auf, wenn ...	It irritates me when ...
Es stört mich, dass ...	It disturbs me that ...
Es ärgert mich, wenn ...	It annoys me when ...

Ich finde es unangenehm, wenn ...	I think it's unpleasant when ...

Other useful words

die Autobahn, -en	interstate highway
Bezug haben zu	to have a connection to
die Büchse, -n	can
auf jeden Fall	in any case
der, die Jugendliche, -n	teenager
der Kaugummi	chewing gum
das Klischee, -s	cliché
Menge: eine ganze Menge	quite a lot
in der Nähe von	in the vicinity of
in diesem Punkt	in this matter
das Urteil, -e	judgement
die Vorstellung, -en	impression, image
der Weg, -e	path
als (conj)	when, at the time

äußerst	highly
herzlich	heartfelt
hilfreich	helpful
insbesondere	particularly
jedenfalls	in any case
künstlich	artificial
laut	loud
locker	easygoing
nett	nice
offen	open
sämtliche	all
stressig	stressful
begeistert von	enthusiastic about
abbauen (sep): Vorurteile abbauen	to overcome prejudices
annehmen (sep)	to assume
beobachten	to observe
kauen	to chew
überprüfen	to double-check
verbreiten	to spread
wiedergeben (sep)	to repeat
im Voraus	beforehand

Zweite Stufe

Making assumptions

Ich hatte den Eindruck ...	I had the impression ...
Ich hatte mir vorgestellt ...	I had imagined ...
Ich nehme an, dass ...	I assume that ...
Ich vermute, dass ...	I suppose that ...

Making suggestions and recommendations

Ich kann dir einen Tipp geben: ...	I can give you a tip: ...
Ich empfehl dir ...	I recommend ...
Mach das selbst!	Do that yourself!
Es lohnt sich, das zu machen.	It's worth doing.

Other useful words

aufgeschlossen	open, friendly
ausgewogen	well-balanced
dick	fat
durstig	thirsty
ehrgeizig	ambitious
friedliebend	peace-loving
geduldig	patient
gutmütig	good-natured
höflich	polite
kameradschaftlich	friendly
ordentlich	orderly
pünktlich	punctual
stark	strong, robust
still	quiet
stolz sein auf (acc)	to be proud of
streng	strict
stur	stubborn
tierlieb	animal-loving

umweltbewusst	environmentally conscious
der Behälter, -	container
der Container, -	recycling bin
das Dirndl, -	traditional costume for females
die Gewalt	violence
die Pflanze, -n	plant
abholen (sep)	to pick up
auffallen (sep) Mir ist aufgefallen ...	to notice I noticed ...
beeindrucken	to impress
empfehlen	to recommend
drohen	to threaten
übersetzen	to translate
verwöhnen	to spoil, pamper

9
Aktiv für die Umwelt!

Objectives
In this chapter you will learn to

Erste Stufe

- express concern
- make accusations
- offer solutions
- make polite requests

Zweite Stufe

- say what is being done about a problem
- offer solutions
- hypothesize

internet

ADRESSE: go.hrw.com
KENNWORT: WK3
FRANKFURT-9

◀ **Ein kleines Auto mit viel Raum**

Los geht's! · *Für eine saubere Umwelt*

Eine saubere Welt und der Umweltschutz sind nach Meinung der meisten Jugendlichen heute ganz besonders wichtig. Manche Jugendliche geben zu, dass sie selbst noch zu wenig für die Umwelt tun; aber die meisten engagieren sich schon aktiv für den Umweltschutz. Was sagen einige Schüler dazu?

Das größte Umweltproblem, glaub ich, sind die Abgase. Die verpesten unsere Luft ganz schön. Und hier könnte man einiges tun, wenn nur alle mitmachen würden! Man könnte zum Beispiel Fahrgemeinschaften bilden, damit nicht jeder mit seinem Auto allein fährt. Und man sollte den VV[1] auch billiger machen; dann würden bestimmt mehr Leute mit dem Zug oder mit dem Bus fahren. Und man müsste jetzt nur noch Katautos[2] zulassen — dann könnte unsere Luft bestimmt wieder besser werden.
Mark, 18

Die Luftverschmutzung macht mir große Sorgen und ganz besonders das Ozonloch, das immer größer wird. Ich geh schon gar nicht mehr gern in die Sonne, weil ich vor den UV-Strahlen Angst habe, die Hautkrebs auslösen können. Endlich haben unsere Politiker etwas Positives für die Umwelt getan, das FCKW[3] gesetzlich zu verbieten. FCKW wurde doch als Treibgas in Spraydosen benutzt, und das hat ja wesentlich mit zur Zerstörung der Ozonschicht beigetragen.
Julia, 17

Die Industrie verpestet die Luft immer mehr mit Schmutz. Die Fabriken blasen Schadstoffe und Chemikalien in die Luft, die dann mit dem Regen wieder zurück zur Erde kommen als saurer Regen.
Ulli, 16

Die Abgase von Autos und Lastwagen und die Schadstoffe der Industrie sind am großen Waldsterben schuld — nicht nur hier bei uns in Deutschland, sondern in der ganzen Welt.
Michaela, 17

---

1. VV ist die Abkürzung für Verkehrsverbund. In den Großstädten der Bundesrepublik darf man innerhalb einer bestimmten Zeit mit einem Fahrschein alle öffentlichen Verkehrsmittel benutzen, die man braucht, um ans Ziel zu gelangen.

2. Katautos sind Autos mit Katalysatoren, die die Luftverschmutzung reduzieren.

3. FCKW ist die Abkürzung für Fluor-Chlor-Kohlenwasserstoff, *chlorofluorocarbons (CFCs)*. Dieses Mittel wurde häufig als Treibgas in Spraydosen benutzt. Solche Spraydosen wurden mehr und mehr durch Pumpzerstäuber ersetzt. Die Verwendung von FCKW in Verbraucherprodukten wurde 1991 gesetzlich verboten. 1995 wurde die gesamte FCKW-Produktion in Deutschland eingestellt.

Wir zu Hause sortieren unseren Hausmüll. Einmal in der Woche bring ich Papier, Flaschen und Aludosen zum Container.[4] Aber ich fürchte, dass viele Leute das nicht tun. Ein grosser Teil des Hausmülls wäre überhaupt vermeidbar. Man müsste Getränke eben ausschließlich in Pfandflaschen kaufen und Einwegflaschen vermeiden. Und man sollte im Geschäft wirklich den Mut haben und sagen: „Dürfte ich bitte einen Papierbeutel haben?", wenn einem ein Plastikbeutel angeboten wird. Plastikbeutel müsste man überhaupt ganz durch Papierbeutel ersetzen.

Stefan, 18

Für mich ist die Verschmutzung des Wassers ein großes Umweltproblem. Durch den sauren Regen gibt es in vielen Seen schon keine Fische mehr, und wenn mal ein riesiger Öltanker irgendwo aufläuft und leck wird, dann verschmutzt das ausgelaufene Öl das Wasser und die Küste kilometerweit. Die Bilder aus Alaska mit den sterbenden Fischen und Vögeln werde ich nie vergessen! Aber ich glaube, jeder muss bei sich selbst anfangen, damit was verändert wird. Man müsste eben wirklich darauf achten, dass man Produkte kauft, die die Umwelt nicht belasten. Wir zu Hause kaufen zum Beispiel umweltfreundliche Wasch- und Spülmittel, die den Blauen Engel[5] draufhaben. Und wir benutzen Naturseife, die zu 99 Prozent biologisch abbaubar ist.

Angie, 18

---

4. In den meisten Dörfern und Städten stehen Container für Papier und Glas. Die Glascontainer sind oft dreigeteilt für Weiß-, Braun- und Grünglas. Auch gibt es heute schon genügend Annahmestellen für verbrauchte Batterien. Batterien gehören nicht in den Hausmüll. Sie enthalten Blei, Cadmium und Quecksilber, alles gefährliche Umweltgifte. Es gibt auch Biotonnen für Küchenabfall und anderen organischen Abfall.
5. Der „Blaue Engel" ist ein Umweltzeichen, das Produkte haben, die umweltfreundlich oder weniger umweltschädlich als andere sind. Es gibt heute schon mehrere tausend Produkte mit diesem Zeichen.

Übungsheft, S. 105

1 Hast du alles verstanden?

Schreiben Mach eine Liste mit Umweltwörtern und Begriffen! Weißt du, wie all diese Ausdrücke auf Englisch heißen?

2 Die Umwelt verbessern

Schreiben Die deutschen Schüler nennen in ihren Aussagen Probleme und auch konkrete Vorschläge zur Verbesserung der Umwelt. Schreib diese in Stichwörtern auf!

3 Was läuft bei dir zu Hause?

Sprechen Diskutiert über die einzelnen Vorschläge zur Verbesserung der Umwelt, die die Schüler oben ausgeführt haben! Sind das praktische oder unpraktische Vorschläge? Warum? Wisst ihr, ob einige dieser Vorschläge in den USA schon praktiziert werden? Welche? Wo?

Wortschatz

eine Pfandflasche

eine Plastiktüte

ein Pumpzerstäuber

ein Waschmittel

auf Deutsch erklärt

verschmutzen schmutzig machen
der Schmutz das, was schmutzig ist
der Schadstoff Material, das schädlich ist
verpesten verschmutzen
die Autoabgase Gase, die aus dem Auto kommen und die Luft verschmutzen
eine Fahrgemeinschaft Leute, die gemeinsam mit nur einem Auto zur Arbeit fahren
herstellen produzieren
die Fabrik das Gebäude, wo Produkte hergestellt werden
das Spülmittel damit wäscht man Gläser, Teller und Tassen

auf Englisch erklärt

<u>Giftige</u> <u>Treibgase</u> <u>vergrößern</u> das <u>Ozonloch</u>.
Poisonous gases enlarge the hole in the ozone layer.
Ich <u>fürchte</u>, dass der <u>saure</u> <u>Regen</u> die Umwelt belastet und zum <u>Waldsterben</u> beiträgt. *I'm afraid that acid rain puts a burden on the environment and contributes to the forests dying off.*
Das Gute an <u>Papierbeuteln</u> ist, dass sie <u>biologisch</u> <u>abbaubar</u> sind. *The good thing about paper bags is that they are biodegradable.*
Dem Umweltschutz zuliebe müssten wir <u>Einwegflaschen</u> mit <u>Pfandflaschen</u> <u>ersetzen</u>. *For the sake of environmental protection we should replace non-returnable bottles with returnable ones.*

Übungsheft, S. 106, Ü. 1   Grammatikheft, S. 73–74, Ü. 1–3

So sagt man das!

Expressing concern

Many people are concerned about the environment and are apprehensive about the future. To express concern, you may say:

Ich habe Angst, dass das Ozonloch immer größer wird.
Ich fürchte, dass die Leute nicht viel für die Umwelt tun.
Die Luftverschmutzung **macht mir große Sorgen.**

How might you express similar things in English?

Übungsheft, S. 106, Ü. 2

Grammatikheft, S. 74, Ü. 4

4 **Umweltsorgen**

Zuhören Verschiedene Leute drücken ihre Sorge zur Umweltverschmutzung aus. Schreib auf, welche Sorgen jeder hat, und was jeder vorschlägt, um die Umwelt zu verbessern!

5 Was macht dir Sorgen?

Sprechen Wir haben schon viele Umweltprobleme und die Gründe dafür erkannt (*recognized*). Einige sind hier aufgelistet. Sprich mit einem Partner darüber! Sag, was dir Sorgen macht und warum!

BEISPIEL	DU	Wenn du an deine Umwelt denkst, was macht dir da Sorgen?
	PARTNER	Das Ozonloch über der Antarktis.
	DU	Mir auch. Und ich fürchte, dass die meisten Leute immer noch Spraydosen mit Treibgas benutzen.
	PARTNER	Da hast du ganz Recht. *oder* Das glaub ich nicht.

was?

das Ozonloch über der Antarktis
die Autoabgase
die großen Müllberge
die Verschmutzung des Wassers
der saure Regen
die Industrieabgase

warum?

wenige Fahrgemeinschaften
Autos verpesten die Luft
Spraydosen mit Treibgas
Produkte nicht abbaubar
sortieren den Müll nicht
wenig gesetzliche Kontrolle

So sagt man das!

Making accusations

Who is to blame for our environmental problems? To make accusations, you can say:

Du **bist** auch **schuld an** dem Problem, weil du …
Wir Verbraucher **sind schuld daran,** dass … , wenn wir …

An is a two-way preposition, and is used here in an idiomatic phrase. Note which case always follows this phrase!

Mehr Grammatikübungen, S. 256, Ü. 1

Übungsheft, S. 107, Ü. 3

Grammatikheft, S. 74–75, Ü. 5

---

6 Ihr Umweltverschmutzer!

Sprechen Suse, eine engagierte Umweltschützerin und Mitglied der Umwelt-AG, sagt anderen Klassenkameraden, dass sie auch an der Umweltverschmutzung schuld sind. Aber sie haben viele Ausreden! Spiel die Rolle der Suse, und unterhalte dich mit deinen Klassenkameraden!

BEISPIEL	SUSE	Du bist auch schuld an der Umweltverschmutzung, weil du dich für die Umwelt nicht engagierst.
	DU	Ach du, ich habe einfach keine Zeit!
	SUSE	Das ist eine schlechte Ausrede. Für die Umwelt solltest du schon Zeit haben.

Vorwürfe *(reproaches)*:

den Hausmüll nicht sortieren

sich nicht für die Umwelt engagieren

die Flaschen nicht zum Container bringen

Getränke nur in Einwegflaschen kaufen

Ausreden:

keine Zeit haben

es einfach vergessen

es nicht für nötig halten

nicht daran denken

7 Schuld oder nicht?

Sprechen Du und ein Partner, ihr unterhaltet euch darüber, wer oder was an unserer Umweltverschmutzung schuld ist. Stimmst du deinem Partner zu? Begründe deine Antwort!

BEISPIEL   SUSE   **Woran sind die Autoabgase schuld?**
           UWE   **Am Waldsterben.**
           SUSE   **Genau! Denn …**   *oder*   **Das stimmt eigentlich nicht, weil …**

wer oder was?

> der saure Regen?   viele Fabriken?
>
> FCKW?   die großen Öltanker?

schuld an

> die Luftverschmutzung
> die Wasserverschmutzung
> das Ozonloch   das Waldsterben

So sagt man das!

Offering solutions

There are many ways to offer solutions to problems. Here are some ways to say what could or should be done:

> Man **könnte** einiges für die Umwelt tun.
> Man **müsste** nur noch Katautos bauen.
> Man **sollte** den VV billiger machen.
> Wenn wir nur Papierbeutel gebrauchen **dürften!**
> Ein großer Teil des Mülls **wäre** vermeidbar.

(Übungsheft, S. 75, Ü. 6)

8 Grammatik im Kontext

Zuhören Der Allgemeine Deutsche Fahrradklub macht Werbung mit einem Bericht im Radio. Hör zu und schreib fünf Gründe auf, warum man öfters Rad fahren sollte!

Grammatik

Subjunctive forms of **können**, **müssen**, **dürfen**, **sollen**, and **sein**

You can use the subjunctive form to express a variety of attitudes. The subjunctive forms of the modals and **sein** can be used to express what could or should be done, or not be done. What similarities and differences can you observe between these forms and the imperfect forms?

	können	müssen	dürfen	sollen	sein
ich	könn**te**	müss**te**	dürf**te**	soll**te**	wäre
du	könn**test**	müss**test**	dürf**test**	soll**test**	wärst
er, sie, es, man	könn**te**	müss**te**	dürf**te**	soll**te**	wäre
wir	könn**ten**	müss**ten**	dürf**ten**	soll**ten**	wären
ihr	könn**tet**	müss**tet**	dürf**tet**	soll**tet**	wärt
sie, Sie	könn**ten**	müss**ten**	dürf**ten**	soll**ten**	wären

(Übungsheft, S. 107–109, Ü. 4–8)   (Grammatikheft, S. 76, Ü. 7)

Mehr Grammatikübungen, S. 256, Ü. 2

9 Grammatik im Kontext

Sprechen/Schreiben Was könnten wir tun, um unsere Umwelt zu verbessern? Unterhaltet euch in der Klasse darüber! Frag deine Mitschüler, was man tun könnte, um verschiedene Umweltprobleme zu verbessern! Ein Mitschüler sagt jemandem, was diese Person nicht mehr machen sollte. Kann man noch etwas dazu sagen? Schreib danach fünf Vorschläge auf!

BEISPIEL	DU	Was könnten wir denn tun, um (die Luft) zu verbessern?
	PARTNER A	He, du! Du solltest nicht mehr rauchen!
	PARTNER B	Das stimmt. (Aber wir müssten auch darauf achten, dass unsere Industrie keine Abgase in die Luft bläst — das trägt zum Waldsterben bei.)

Vorschläge

nicht rauchen

keine Einwegflaschen kaufen

nur Produkte kaufen, die die Umwelt nicht belasten

Pfandflaschen zurückbringen

Fahrgemeinschaften bilden

keine Plastiktüten annehmen

keine Industrieabgase in die Luft blasen

So sagt man das!

Making polite requests

You can use subjunctive forms to make polite requests:

Könnte ich bitte einen Papierbeutel haben?
Dürfte ich bitte ein umweltfreundliches Waschmittel haben?
Würden Sie bitte den Motor abstellen?

Mehr Grammatikübungen, S. 257, Ü. 3–4

Grammatikheft, S. 76, Ü. 8

10 Ein umweltfreundlicher Mensch

Sprechen Du bist in einem Geschäft, und deine Partnerin ist die Verkäuferin. Deine Partnerin bietet dir Produkte an, die du für umweltschädlich hältst. Du bist aber sehr umweltfreundlich, und du sagst der Verkäuferin, was du haben möchtest. Die Verkäuferin gibt dir …

1. einen Taschenrechner mit Batterien.
2. einen Kaffee in einem Plastikbecher.
3. ein Getränk in einer Einwegflasche.
4. ein Waschmittel mit Phosphaten.
5. eine Seife, die die Natur belastet.
6. eine Plastiktüte für deine Einkäufe.

11 Klassenprojekt: Unsere Umwelt

Sprechen Sammelt schriftliche Informationen und Bildinformationen, die Folgendes zeigen:

1. die Belastung unserer Umwelt
2. was wir tun können, um unsere Umwelt zu schützen und zu verbessern

Macht eine Collage am Wandbrett, die Schüler an eurer Schule über Umweltprobleme und Lösungen informiert! Beschreibt die Collage und diskutiert darüber!

12 Für mein Notizbuch

Schreiben Wähl eins der folgenden drei Umweltthemen: Luft, Wasser, Hausmüll! Schreib, warum du besonders an diesem Thema interessiert bist, wie du dich aktiv auf diesem Gebiet engagierst und was noch getan werden sollte, um die Umwelt in diesem Bereich zu verbessern!

Weiter geht's!

Die Umwelt-AG diskutiert: Umwelttipps für Schüler

Schon seit Jahren ist Umweltschutz ein Bestandteil der Lehrpläne an fast allen Schulen. Die Schüler handeln heute viel umweltbewusster als früher, doch gibt es noch immer eine Menge von Umweltsünden, gegen die man etwas tun könnte. Die Umwelt-AG ist wie immer am Dienstagnachmittag mit ihrem Biolehrer zusammengekommen. Heute haben die Gymnasiasten Artikel aus Zeitungen und Zeitschriften mitgebracht, über die sie diskutieren wollen.

Energiesparen: Papier wieder verwenden

Papier wird aus Holz gemacht. Für Papier müssen also Wälder abgeholzt werden. Aber Wälder sind wichtig, weil sie Sauerstoff produzieren und die Luft sauber halten. Zur Herstellung von Papier braucht man Energie (Elektrizität oder Öl), viel Frischwasser und Chemikalien. Außerdem belasten die Abgase und Abwässer der Papierindustrie die Umwelt. Es lohnt sich also, Papier zu sparen, und wieder zu verwerten. Man braucht zur Herstellung von Umweltschutzpapier 98% weniger Frischwasser und 60% weniger Energie!

Vorsicht mit Tintenkillern!

Tintenkiller enthalten das giftige Formaldehyd. Das ist sehr gefährlich! Es ist wichtig, dass man bei der Verwendung von Tintenkillern das Gesicht nicht zu nahe ans Papier bringt, dass man den Stift nicht in den Mund steckt und die Kappe immer sofort aufsteckt. Am besten ist es, solche Stifte nicht zu benutzen.

Die deutsche Industrie sorgt für Sauberkeit!

- Die deutsche Papierindustrie basiert heute schon zu 61% auf Recycling!
- Die Wiederverwertung von Glas liegt heute bei 38%. (Vor fünf Jahren 5,5%)
- Alte Autos werden heute zu etwa 95% wieder verwertet!

Diesem Artikel nach bin ich ein großer Energiesparer. Das Papier und die Hefte, die ich benutze, sind alle aus Recyclingpapier. Aber natürlich könnten wir noch mehr für die Umwelt tun, wenn nur alle Schüler Recyclingpapier benutzen würden und wenn sie ihre Hefte nicht in Plastikumschläge stecken würden. Es wäre auch besser, wenn keiner mehr Kulis, Faserstifte und diese schädlichen Tintenkiller benützen würde! Das sind eben ein paar Vorschläge, die ich persönlich habe.
Sandra, 17

Ihr habt miterlebt, wie viel Müll in einer Woche an unserer Schule zusammenkommt. Freilich könnte dieser Müllberg kleiner werden, wenn jeder seinen Abfall nicht in den Papierkorb, sondern gleich in den Container werfen würde. Und wir alle müssten eben darauf achten, wie wir unsere Pausenbrote verpacken. Alu-Folie, PVC-Folie, Plastikbecher und Dosen müssten eben ganz verschwinden. Meine Mutter könnte mein Pausenbrot genau so gut in Butterbrotpapier einpacken. Ja, und wenn der Hausmeister die Milch in Mehrwegflaschen verkaufen würde, hätten wir viel weniger Abfall.[1]
Gregor, 16

---

1. An vielen deutschen Schulen verkauft oft der Hausmeister Getränke und Esswaren an Schüler.

Ich weiß nicht, wie das bei euch zu Hause ist, aber wir leben schon immer umweltbewusst. Solange ich lebe, höre ich schon immer: „Könntest du bitte das Licht in deinem Zimmer ausschalten!" oder: „Würdest du bitte die Tür schließen?" oder: „Würdest du bitte nicht so lange duschen und nicht so viel Shampoo benutzen?!" Und bei uns wird auch fast nichts weggeworfen, nichts verschwendet. Was zu reparieren ist, wird repariert. Wir haben zum Beispiel auch einen Sonnenkollektor auf unserm Dach. Mein Vater hat sich ausgerechnet, dass sich der Kollektor schon bezahlt gemacht hat.

Oliver, 17

Sonnenenergie wärmt olympische Anlage in Seefeld, Tirol.

Na ja, so umweltbewusst wie ihr leben wir wohl nicht. Es sieht so aus, als ob wir uns an euch ein Beispiel nehmen könnten. Wir leben mehr naturbewusst, und da tun wir schon einiges für die Umwelt. Meine Mutter liebt Tiere — Vögel, Bienen, Frösche, sogar Ameisen! — und deshalb benutzen wir in unserm Garten keinen Kunstdünger und keine Chemikalien. Und wir radeln viel. Mein Vater würde am liebsten jedes Wochenende nur radeln und lieber das Auto zu Hause lassen. Meine Eltern unterstützen den „sanften Tourismus".[2] Sie sind zum Beispiel letzten Winter mit ihren Freunden nicht zum Skilaufen gefahren. Sie wollten damit gegen den Bau neuer Skipisten protestieren. Und ich wäre so gern mitgefahren!

Viktoria, 17

---

2. Es hat sich gezeigt, dass längere Freizeit und aktiver Urlaub großen Schaden in der Natur angerichtet haben. Immer mehr Leute unterstützen deshalb die Aktion „Sanfter Tourismus", die sich für die Erhaltung der Natur für alle einsetzt.

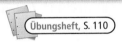

Übungsheft, S. 110

13 ## Hast du alles verstanden?

Schreiben Lies dir die Zeitungsartikel auf Seite 244 noch einmal durch! Es ist nicht notwendig, dass du jedes einzelne Wort verstehst. Schreib mit eigenen Worten die wichtigsten Punkte jedes Artikels auf!

14 ## Vergleiche mit anderen Texten

Sprechen Such in amerikanischen oder deutschen Zeitungen und Zeitschriften nach einem ähnlichen Artikel wie auf Seite 244! Bring ihn in die Klasse mit und berichte darüber!

15 ## Wiederhole die Ansichten!

Schreiben Schreib auf, was für umweltbewusste Vorschläge Sandra, Gregor, Oliver und Viktoria machen! Was machen die Eltern von Oliver und Viktoria, um Energie zu sparen und die Natur zu erhalten?

Wortschatz

Was verschwindet, wenn wir zu viel Gift herstellen?

der Vogel

die Biene

der Frosch

die Ameise

auf Deutsch erklärt

der Abfall Sachen, die man wegwirft
wieder verwenden nochmal gebrauchen
wieder verwerten recyceln
die Mehrwegflasche eine Flasche, die man zurückbringt und die dann wieder benutzt wird
verzichten auf wenn man ohne etwas lebt
ausschalten ausmachen
das Abwasser schon gebrauchtes Wasser
die Herstellung die Produktion
der Wald wo viele Bäume sind
abholzen wenn man Bäume aus dem Wald nimmt
der Sauerstoff was wir in die Lungen einnehmen, um zu leben

auf Englisch erklärt

Du musst aufpassen, dass du beim <u>Duschen</u> nicht so viel Wasser <u>verschwendest</u>.
You should take care not to waste so much water when showering.
<u>Außerdem</u> sind <u>Kunstdünger</u> und <u>Tintenkiller</u> <u>giftig</u>. *Besides that, artificial fertilizer and chemical erasers are poisonous.*
Ich müsste <u>ausrechnen</u>, wie viel <u>Strom</u> ich verbrauche. *I would have to calculate how much electricity I use.*
Es ist <u>gefährlich</u>, wenn man keine <u>Vorsicht</u> übt.
It's dangerous when you don't use caution.

Übungsheft, S. 111, Ü. 1   Grammatikheft, S. 77–78, Ü. 9–11

---

16 Würdest du bitte ...

Sprechen Was könnten deine Freunde für die Umwelt tun? Sag es ihnen!

BEISPIEL   Würdet ihr bitte ...
Könntet ihr bitte ...

17 **Slogans für Poster**

Zuhören Die Umwelt-AG möchte für jeden Slogan ein Poster entwerfen. Du hörst jetzt die Slogans. Zeichne einfache Skizzen (*sketches*), die die Slogans wiedergeben!

 18 **Was für Vorschläge hast du?**

Schreiben Schreib zehn Dinge auf, die du selbst tun könntest oder tun würdest, um deine Umwelt zu schützen!

Ich könnte …   Ich würde …

So sagt man das!

Saying what is being done about a problem

Many things are already being done to protect the environment. Here is how you can express what is being done:

Batterien **werden** jetzt **gesammelt.**
Recyclingpapier **wird benutzt.**
Mehrwegflaschen **werden** schon oft **verkauft.**

How might you express similar intentions in English?

Grammatik

The passive voice, present tense

1. German often uses the passive voice for reporting that something generally is done, without telling who or what does it.

   Papier wird jetzt aus Altpapier gemacht.
   Paper is now made from recycled paper.

2. The present tense of the passive voice is formed by using a present-tense form of **werden** and the past participle of another verb.

	werden	*past participle*
Das Licht	**wird**	**ausgemacht.**
Alte Autos	**werden**	**wieder verwertet.**

3. If necessary, use the preposition **von** to indicate the performer of the action.

   Die Flaschen werden von Schülern zum Container gebracht.
   The bottles are (being) brought by the students to the recycling bin.

4. The passive voice is often used in German to make general statements.

   Heute wird ein Film über Recycling gezeigt.
   A film about recycling is being shown today.

Mehr Grammatikübungen, S. 258, Ü. 5

Übungsheft, S. 111, Ü. 2

Grammatikheft, S. 78–79, Ü. 12–13

 19 **Grammatik im Kontext**

Zuhören Schüler unterhalten sich über Umweltfragen. Über welche Produkte sprechen sie, und was erfährst du über diese Produkte? Mach dir Notizen!

20 Grammatik im Kontext

Sprechen/Schreiben Sag verschiedenen Klassenkameraden, was für die Umwelt gemacht wird! Schreib danach auf, was in deiner Gegend für die Umwelt gemacht wird!

Dosen mein Sandwich Batterien	benutzt gesammelt geschützt
Recyclingpapier PVC-Folie der Müll	gespart in Butterbrotpapier eingepackt
die Wälder	in den Container geworfen sortiert
Mehrwegflaschen	vermieden repariert
Energie Alu-Dosen	zurückgebracht wieder verwendet
alte Fahrräder	

wird

werden

So sagt man das!

Offering solutions

To express what can, should, or must be done to protect the environment, you can say:

Der Abfall **kann** leicht **sortiert werden.**
Die Flaschen **sollen zurückgebracht werden.**
Alles **muss repariert werden.**

Übungsheft, S. 112, Ü. 3

---

21 Deine Ideen zur Umweltverbesserung!

Schreiben Schau dir die Bilder und Vorschläge in diesem Kapitel an! Schreib so viele Ideen und Vorschläge zur Umweltverbesserung, wie du kannst!

22 Grammatik im Kontext

Sprechen Du bist bei deinem Freund zu Hause und hilfst ihm beim Aufräumen. Du fragst ihn, was du machen sollst. Stell ihm dann auch ein paar allgemeine Umweltfragen!

DU **Was soll ich mit dem Müll tun? Sortieren?**
FREUND **Ja, der muss sortiert werden.**

1. Was soll ich mit den Flaschen tun? Zurückbringen?

2. Was soll ich mit den Dosen tun? In den Container werfen?

3. Was soll ich mit dem Fahrrad tun? Reparieren?

4. Kann man Kunstdünger überhaupt ersetzen?

5. Kann man überhaupt umweltfreundliche Seife herstellen?

6. Kann man Mehrwegflaschen überhaupt richtig waschen?

Ein wenig Grammatik

When expressing in German what can, should, or must be done about a problem, you use a conjugated modal verb along with a past participle and the infinitive **werden.**

Der Abfall **kann sortiert werden.**
The garbage can be sorted.
Die Umwelt **muss geschützt werden.**
The environment has to be protected.

Grammatikheft, S. 79, Ü. 14

Mehr Grammatikübungen, S. 258, Ü. 6

Hypothesizing

When making a hypothetical statement, the hypothetical condition can either be fulfilled or not (for example, if it's perhaps too late to do anything about it). If the hypothetical condition can be fulfilled, you say:

Wenn wir die Flaschen zurückbringen würden, hätten wir weniger Müll.
If we returned the bottles, we would have less garbage.

If the condition cannot be fulfilled, you use the past subjunctive:

Wenn wir die Flaschen zurückgebracht hätten, hätten wir weniger Müll gehabt.
If we had returned the bottles, we would have had less garbage.

Grammatik

Conditional sentences

Mehr Grammatikübungen, S. 259, Ü. 7–8

Conditional sentences can be used to make hypothetical statements.

1. If the hypothesis can be realized or fulfilled, use subjunctive forms such as **hätte, wäre, könnte, dürfte,** or **würde** with the infinitive in both the conditional clause (the **wenn**-clause) and the conclusion.

   Wenn ich Zeit **hätte, würde** ich den Müll **sortieren.**
   If I had time, I would sort the trash.

   Wenn wir klug **wären, würden** wir uns um unsere Umwelt **kümmern.**
   If we were smart, we would be concerned about our environment.

   Wenn ich **könnte, würde** ich das Fenster **schließen.**
   If I could, I would close the window.

   Wenn der Hausmeister die Milch in Mehrwegflaschen **verkaufen würde, hätten** wir weniger Abfall.
   If the custodian sold the milk in recyclable bottles, we would have less garbage.

2. If the hypothesis can no longer be realized or fulfilled, the subjunctive forms are used in the compound tenses; that is, the forms of **hätte** and **wäre,** together with the past participle of the main verb.

   Wenn ich Zeit **gehabt hätte, hätte** ich den Müll **sortiert.**
   If I had had time, I would have sorted the trash.

   Wenn wir klug **gewesen wären, hätten** wir uns um die Umwelt **gekümmert.**
   If we had been clever, we would have taken care of the environment.

   Wenn der Hausmeister die Milch in Mehrwegflaschen **verkauft hätte, hätten** wir weniger Abfall **gehabt.**
   If the custodian had sold the milk in recyclable bottles, we would have had less garbage.

3. Conditional sentences can also start with the conclusion, and then follow with the **wenn**-clause.

   Ich **würde** den Müll **sortieren,** wenn ich Zeit **hätte.**
   Ich **hätte** den Müll **sortiert,** wenn ich Zeit **gehabt hätte.**

Übungsheft, S. 112–114, Ü. 4–9

Grammatikheft, S. 80–81, Ü. 15–17

23 Grammatik im Kontext

 Zuhören Du hörst jetzt, was einige Mädchen und Jungen für die Umwelt tun. Schreib ein paar Sachen auf, die sie machen!

 24 Grammatik im Kontext

Sprechen/Schreiben Du interviewst deine Klassenkameraden und fragst sie:

DU **Was würdest du für deine Umwelt tun, wenn du wirklich umweltbewusst leben würdest?**

PARTNER **Ich würde (unsern Müll sortieren und selbst zum Container bringen).**

 25 Grammatik im Kontext

Sprechen/Schreiben Frag deine Klassenkameraden jetzt, was sie früher für den Umweltschutz getan hätten! Schreib danach acht Dinge auf, die du für die Umwelt getan hättest!

DU **Was hättest du alles für den Umweltschutz getan, wenn du mehr darüber gewusst hättest?**

PARTNER **Ich hätte (nur Mehrwegflaschen gekauft und Einwegflaschen vermieden).**

Recyclingpapier benutzen

Müll sortieren

Pausenbrot in Butterbrotpapier einpacken

Plastikbecher und Dosen sammeln

nicht so viel Wasser verschwenden

nicht so lange duschen

Plastikumschläge vermeiden

Tintenkiller vermeiden

Fenster und Türen schließen

 26 Und du? Wie steht's mit dir?

Sprechen Umweltschutz fängt bei jedem Einzelnen an. Bilde eine größere Gruppe und beantwortet folgende Fragen!

1. Was tust du für deine Umwelt? Denk daran, dass auch ganz kleine Dinge wichtig sind!
2. Engagierst du dich aktiv in einer Umweltgruppe? Was machst du dort?
3. Was würdest du selbst gern für deine Umwelt tun, wenn du es könntest?
4. Was tut dein Heimatort für den Umweltschutz? Was macht deine Schule?
5. Was für Gesetze gibt es, die für die Erhaltung einer reinen und gesunden Umwelt sind?
6. Wenn du an die Umwelt denkst, siehst du optimistisch oder pessimistisch in die Zukunft?
7. Was wäre für dich eine ideale Umwelt?

 27  **Von der Schule zum Beruf**

 The large chemical company you work for is in trouble again for polluting the environment. As part of the court decision, the company must produce booklets for schoolchildren warning them about dangers to our environment. Your department is in charge of producing the booklet. Decide on a format (short story, comic book, etc.) and develop a prototype to present at the next meeting. Include illustrations and a list of what kids can do to help the environment.

Ein umweltfreundlicher Einkauf

Übungsheft,
S. 115, Ü. 1–3

Chelsea ist Austauschstudentin in Deutschland.
Ihr deutscher Freund Martin und sie sind hungrig.
Da es nichts Besonderes im Kühlschrank gibt, gehen
die beiden einkaufen. Martin nimmt einen Korb
und zwei Einkaufstaschen aus Baumwolle mit.

Draußen regnet es, und da Martin schon seinen
Führerschein hat, erwartet Chelsea, dass sie mit dem Auto
zum Supermarkt fahren. Aber statt dessen gehen die beiden
zu Fuß mit Regenschirmen zum Supermarkt. Chelsea denkt,
in Amerika würden wir ganz einfach mit dem Auto hinfahren,
besonders wenn es regnet.

Im Supermarkt kaufen sie alles ein, was sie brauchen. Als sie an der Kasse stehen,
merkt Chelsea, dass die Kassiererin ihnen keine Einkaufstaschen aus Papier oder Plastik
gibt, sondern dass Martin die Sachen selber in den Korb und in die Baumwolltaschen
einpackt. Bevor sie den Supermarkt verlassen, nimmt Martin das Verpackungsmaterial
von verschiedenen Packungen und wirft es in eine große Tonne vor dem Ausgang des
Supermarkts. Chelsea fragt sich, warum das Einkaufen hier anders ist.

1. Chelseas Erlebnis ist ein typischer Einkauf in Deutschland. Was ist beim Einkaufen in
   den USA anders? Beschreib die Unterschiede!

2. Warum bringt Martin Einkaufstaschen aus Stoff und einen Korb mit?
   Warum packt er alles an der Kasse selber ein? Warum lässt er das
   Verpackungsmaterial in der Tonne im Supermarkt?

3. Chelsea und Martin gehen zu Fuß einkaufen, obwohl
   es regnet. Was würdest du in diesem Fall machen?
   Warum?

4. Warum ist der Einkauf umweltfreundlich?

In Deutschland ist es üblich, Einkaufstaschen
aus Stoff oder Körbe zum Einkaufen mitzubrin-
gen. Wenn man keine Taschen bei sich hat, kann
man im Supermarkt Plastiktaschen für 10 Cent
pro Stück kaufen. Um die zusätzlichen Kosten und
den Gebrauch von Plastiktüten zu vermeiden, bringt
man gewöhnlich seine eigenen Stofftaschen mit.
Natürlich ist es auch umweltfreundlicher. Man darf
auch Verpackungsmaterialien im Supermarkt lassen,
denn Supermärkte sind gesetzlich verpflichtet, die so
genannten „Umverpackungen" zurückzunehmen und
zu recyceln. Auch benutzen die Leute gewöhnlich nicht
das Auto, um einkaufen zu gehen. In jeder
Nachbarschaft gibt es genügend Lebensmittelgeschäfte,
die man gut zu Fuß oder mit dem Rad erreichen kann.
In der Großstadt ist es außerdem nicht leicht, einen
Parkplatz zu finden.

Mit Gasmasken protestieren Berliner Schüler gegen die Luftverschmutzung. In den Greenteams von Greenpeace sind heute rund 10 000 Kinder für die Umwelt aktiv.

Die Welt gehört allen!

Lesestrategie Interpreting statistics
When you come across statistics in a text, use the following steps to help make sense of them. Find out 1) what is being compared, 2) what the numbers refer to, and 3) the source of the statistics. Most importantly, once you understand what the statistics represent, you'll want to draw conclusions based on them. Try to put your conclusions in your own words using phrases such as *more than, much less than*, etc., rather than numbers.

Getting Started

Identify the main idea by using the strategies you've learned. Remember that a main idea can be made up of several related ideas.

1. Look at the photo and then read the caption, the title, and subtitle of the reading. What is the topic? What group of people does it focus on?

2. What kind of text is this? Is it a narrative, a news report, or something else? Just by looking at the text, how many sections do you think it has? Can you identify them?

Mehr Bauch als Kopf

Eine Studie belegt: Jugendliche wissen zuwenig über Umweltfragen. Dennoch wachsen Ökobewußtsein und Opferbereitschaft

Ob sie bereit wären, für verbesserten Umweltschutz auch auf einen Teil ihres Taschengeldes zu verzichten, wollten Wissenschaftler der Universität Bielefeld kürzlich von 600 Schülern wissen. Viele sind es. Bei immerhin 30 Prozent macht das Umweltbewußtsein selbst vor dem eigenen Geldbeutel nicht halt. Dieselbe Frage hatten 1980 in einer gleich großen Gruppe noch geringfügig weniger (28 Prozent) bejaht.

Für den Leiter des Forscherteams, Professor Axel Braun, sind solche kleinen Fortschritte »ein Silberstreifen am Horizont«. Aus dem Vergleich der beiden Umfragen im Abstand von 13 Jahren zieht er den Schluß: »Es geht in die richtige Richtung, aber langsam.«

Besonders da, wo die Gesellschaft allgemein dazugelernt hat, ziehen die 15- bis 18-jährigen verstärkt mit. So bringen heute 84 Prozent der Kids nach Partys ihre Flaschen zum Altglascontainer. 1980 machten sich nur 39 Prozent die Mühe. 70 Prozent verschmähen beim Einkaufen die Plastiktüte (1980: 58 Prozent). Die Hälfte schreibt heute »Papier beidseitig voll« (1980: 37 Prozent), und 40 Prozent weisen aufwendig verpackte Ware zurück (1980: 15 Prozent).

Mehr als zwei Drittel sind bereit, für die Umwelt auf die Straße zu gehen, 41 Prozent

---

In **Kapitel 7** you learned that cohesive devices are words or phrases that help tie the individual ideas of a text together. Cohesive devices can be pronouns, including relative pronouns (**die, den, denen**), conjunctions (**aber, ob, wenn**), or adverbs (**dennoch, jetzt, im Vergleich**).

3. Scan the title and subtitle for cohesive devices indicating comparison or contrast. Using these words or phrases as clues, state what you think the main idea of the article is. Now read the first paragraph and decide which part of the main idea the first half of the essay must refer to.

4. Scan the first paragraph of the second part of the article for key words relating to or illustrating the title and subtitle of the article. Decide which part of the main idea this half of the essay refers to.

A Closer Look

Now that you have identified the main idea, look at how the statistics support this point.

5. Look at the statistics given in the first paragraph. What facts are being compared? What do the numbers actually refer to? What is the source for these statistics? Based on the statistics, what conclusion can you draw about differences between teenagers today and those that answered the survey in 1980? Try to state your conclusion in terms that make sense to you.

6. Continue reading the first part of the essay. What do the statistics in the third and fourth paragraphs refer to? What conclusions can you draw from these numbers? How do they fit with your original statement about the main idea of the article?

haben schon an Unterschriften-aktionen teilgenommen, und 38 Prozent beteiligten sich an der Säuberung von Bächen und ähnlichen Einsätzen. Durchweg liegen diese Werte um zehn bis 20 Prozent über denen von 1980.

Was die Jugendlichen bewegt, scheint vor allem Angst zu sein. Ob atomare Strahlung, Wasser-verschmutzung, Klimaverränder-ung, Überbevölkerung oder Müll-Lawine, man sieht die Zukunft schwärzer als früher. Am Fach-wissen mangelt es allerdings nach wie vor. Im Wissenstest erreichten Gymnasiasten nur rund die Hälfte

der möglichen Punkte, Haupt-schüler gut ein Drittel. Braun: »Glatt unbefriedigend.«

Während die Jungen eher sachlich Bescheid wissen, ist bei den Mädchen die persönliche Betroffenheit und die Hand-lungsbereitschaft größer. Jungen lasten die Umweltschäden eher Politik und Wirtschaft an, Mädchen kehren lieber vor der eigenen Haustüre.

Die wichtigste Rolle bei der Förderung des Umweltbewußt-seins spielt nach den Bielefelder Erkenntnissen die Schule. Vor allem, wenn konkrete Probleme

mit anschließenden Aktionen auf dem Stundenplan stehen, »bleibt bei den Schülern deut-lich mehr hängen«.

Nach Umfragen des Kieler Instituts für Pädagogik in den Naturwissenschaften und der Deutschen Gesellschaft für Umwelterziehung (DGU) stieg in den letzten Jahren die Zahl der Schulen, die diesen Grundsatz beherzigen, von 15 auf 40 Prozent. DGU-Geschäftsführer Axel Beyer: »Da wird schon mal durch Schülereinsatz eine vier-spurige Straße auf zwei Spuren verkleinert und Hausmeistern das Energiesparen vorgemacht.«

7. Read the entire second part of the article. In the sixth paragraph, identify cohesive devices and list them. Based on your list, what do you think the writer is showing in this paragraph? A sequence of events? Comparison and contrast? Cause and effect? Or something else?

8. Answer the following questions.

   a. What is the main reason teenagers try to protect the environment?

   b. Why did Herr Braun give the students mentioned in the fifth paragraph the grade **unbefriedigend?**

   c. In what ways do girls and boys differ in their involvement with the environment?

   d. Which single factor has helped most in promoting environmental awareness?

9. Schreib jetzt eine Zusammenfassung des Artikels! Verwende dabei deine Aussage über den Hauptgedanken (Frage 3)! Benutze mindestens drei unterstützende Aussagen von dem Text und einen Schlusssatz!

10. Bildet Gruppen von vier, und haltet jetzt eure eigene Umfrage, indem ihr zwei verschiedene Gruppen (zum Beispiel Mädchen und Jungen oder Schüler und Lehrer) vergleicht. Das Thema heißt Umwelt. Nachdem ihr die Statistiken gesammelt habt, müsst ihr logische Schlüsse daraus ziehen. Schreibt am Ende einen Bericht über die Ergebnisse!

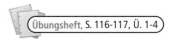
Übungsheft, S. 116-117, Ü. 1-4

Zum Schreiben

As you have discussed in this chapter, you as an individual can do many different things to help protect the environment. Politicians, however, have even more potential to help the environment, since they determine policies for a whole country. In this activity, you will imagine that you are a candidate to become Chancellor of Germany. You will write a campaign speech outlining what you would do for the environment if elected.

Als Kanzler würde ich alles ändern!

Schreib eine Rede als Kanzlerkandidat! Erkläre in der Rede, was du als Kanzler für die Umwelt oder für andere wichtige Probleme der Gesellschaft machen würdest! Kritisiere die alten Politiker! Woran sind sie schuld? Erzähle auch deinem Publikum, was gemacht werden muss und soll!

> **Schreibtipp** **Analyzing your audience** Whenever you write, you are writing for someone — your intended audience. Analyzing who that audience is before you begin helps you determine the content as well as the style and tone of what you will write. To analyze your audience, first ask yourself what your intended readers or listeners know and what interests them. If they don't know much about your topic, include background details to inform them; if they already know a lot, focus on particular aspects of the topic that fit their interests. Select a style and tone, too, that are most appropriate to your audience. The more your audience knows, the more in-depth your arguments can be.

A. Vorbereiten

1. Wer wird deine Rede hören? Wofür interessieren sich diese Leute, und was wissen sie schon über das Thema? Entwirf einen Fragebogen in der Klasse, um festzustellen, welche Probleme deinen Klassenkameraden besonders wichtig sind!

2. Wähle die Probleme aus, die du besprechen willst, und schreib sie auf Karteikarten (index cards)! Denk an die Details, die für die Zuschauer interessant wären, und schreib sie auch auf!

3. Wo hältst du die Rede? Wie viel Zeit hast du dazu? Wähle die geeigneten Karten aus, und ordne sie in der gewünschten Reihenfolge an!

4. Denk an die Ausführung der Rede! Willst du Diagramme oder Bilder benutzen?

B. Ausführen

Benutze deine geordneten Karten, um die Rede zu schreiben! Du musst dich während der Rede nicht unbedingt an den geschriebenen Text halten, aber schreibe alles auf, damit du nichts vergisst!

C. Überarbeiten

1. Bildet Gruppen von jeweils vier Schülern und Schülerinnen! Jeder soll der Rede von den anderen zuhören. Hört einander sehr aufmerksam zu, und merkt euch die Fragen, die euch während der Rede einfallen!

2. Besprecht die Wirkung (effect) jeder Rede! Würdet ihr diesen Kandidaten jetzt wählen? Hat er euch mit seinen Gesichtspunkten überzeugt? Hat er seine Stimme und Gesten wirksam eingesetzt?

3. Habt ihr als Zuschauer die Rede interessant gefunden? Habt ihr etwas gelernt, oder habt ihr schon alles gewusst?

4. Lies deine eigene Rede noch einmal! Hast du alles richtig buchstabiert? Beachte besonders die Konjunktivformen der Modalverben! Hast du **konnte** und **könnte** richtig verwendet?

5. Schreib die korrigierte Rede noch einmal ab!

Erste Stufe

Objectives Expressing concern; making accusations; offering solutions; making polite requests

1 Du drückst deine Befürchtungen (*fears*) über die Umwelt aus. Schreib die folgenden Sätze ab, und schreib dabei die gegebene Information als dass-Satz in die Lücken! (**Seite 241**)

1. Das Ozonloch wir immer größer. — Ich habe Angst, dass _____ .

2. Der saure Regen belastet die Umwelt. — Ich fürchte, dass _____ .

3. Die Abgase verschmutzen die Luft total. — Ich fürchte, dass _____ .

4. Der Hausmüll wird immer mehr. — Ich habe Angst, dass _____ .

5. Das Waldsterben nimmt zu. — Ich habe Angst, dass _____ .

6. Die UV-Strahlen lösen Hautkrebs aus. — Ich fürchte, dass _____ .

2 Du sprichst mit einer Klassenkameradin über mehrere Umweltprobleme, und du sagst, was man verbessern könnte. Schreib die folgenden Sätze ab, und schreib dabei die Konjunktivform (*subjunctive form*) der gegebenen Verben in die Lücken! (**Seite 242**)

1. (können)   Man _____ eine ganze Menge für die Umwelt tun.

2. (sein)   Ein großer Teil unseres Mülls _____ vermeidbar.

3. (müssen)   Man _____ mehr Fahrgemeinschaften gründen.

4. (sollen)   Man _____ Einwegflaschen ganz vermeiden.

5. (dürfen)   Wir _____ unsere Parks und Straßen sauberer halten.

6. (müssen)   Du _____ mehr mit dem Rad als mit dem Auto fahren.

7. (können)   Du _____ auch viel weniger Putzmittel verwenden.

8. (sollen)   Du _____ beim Waschen nicht so viel Wasser verbrauchen.

3 Du sprichst mit verschiedenen Leuten über die Umwelt, und du versuchst dabei, ihre Meinungen zu ändern. Schreib die folgenden Sätze ab, und schreib dabei die Konjunktivform der gegebenen Verben in die Lücken! **(Seite 243)**

1. (dürfen) _____ ich bitte einen Papierbeutel statt einer Plastiktasche haben?

2. (werden) _____ Sie mir bitte die Limonade in Pfandflaschen geben?

3. (können) Verzeihung, _____ ich bitte ein umweltfreundliches Waschmittel haben?

4. (dürfen) _____ ich bitte eine Seife haben, die die Natur nicht so belastet?

5. (werden) Hallo! _____ du bitte den Motor abstellen, während du hier wartest?

6. (können) _____ du bitte ein Spülmittel kaufen, das den Blauen Engel drauf hat?

4 Sei höflich und sag den Leuten, was sie tun sollten. Schreib Sätze und gebrauche dabei eine **würde**-Form in der ersten Lücke und einen passenden Ausdruck aus dem Kasten in der zweiten. **(Seite 243)**

beim Aufräumen helfen	nicht so spät nach Hause kommen	die Musik leiser machen
das Zimmer aufräumen		mehr lernen

1. _____ du bitte _____ ?

2. _____ Sie bitte _____ ?

3. _____ du bitte _____ ?

4. _____ du bitte _____ ?

5. _____ du bitte _____ ?

Zweite Stufe

Objectives Saying what is being done about a problem; offering solutions; hypothesizing

5 Du sprichst mit Freunden darüber, was bei dir zu Hause für die Umwelt getan wird. Schreib die folgenden Sätze ab, und schreib dabei die Passivform der gegebenen Verben in die Lücken! (**Seite 247**)

1. (sortieren)   Bei uns zu Hause _____ der Müll schon seit Jahren _____ .
2. (bringen)   Die leeren Einwegflaschen _____ zum Container _____ .
3. (ausschalten)   In leeren Zimmern _____ das Licht immer _____ .
4. (sammeln)   Alte Batterien _____ von meinen Geschwistern _____ .
5. (verschwenden)   Bei uns zu Hause _____ eigentlich wenig Wasser _____ .
6. (sparen)   Wasser _____ im ganzen Haus und im Garten _____ .
7. (benutzen)   Recyclingpapier _____ bei uns ausschließlich _____ .
8. (vermeiden)   Unnötiger Lärm _____ bei uns auch _____ .

6 Du sprichst mit deinen Freunden über die Umwelt, und du drückst dabei deine eigene Meinung aus. Schreib die folgenden Sätze ab, und schreib dabei den Infinitiv des Verbs im Passiv (Partizip + **werden**) in die Lücken! (**Seite 248**)

1. (zurückbringen)   Diese Mehrwegflaschen können zum Markt _____ .
2. (wieder verwerten) Diese Papierbeutel können doch _____ .
3. (sortieren)   Unser Abfall muss heute noch _____ .
4. (werfen)   Die Flaschen können gleich in den Container _____ .
5. (verschwenden)   Unser Trinkwasser darf nicht so _____ .
6. (schützen)   Unsere schönen Wälder müssen _____ .

7 Was würdest du tun, wenn …? Du sprichst mit deinen Freunden über die Umwelt, und du machst gewisse Vorschläge (*propositions*). Beantworte die folgenden Fragen, indem du sie als wenn-Sätze umschreibst! **(Seite 249)**

1. Was würdest du tun, wenn du mehr Zeit hättest? Den Müll sortieren?
   — Ja, wenn ich _____ .

2. Was würdest du tun, wenn du zu Hause wärst? Die Einwegflaschen zum Container bringen? — Ja, wenn ich _____ .

3. Was würdest du tun, wenn du etwas für die Umwelt tun könntest? Weniger Wasser verbrauchen? — Ja, wenn ich etwas _____ .

4. Was würdest du tun, wenn du viel Geld hättest? Ein Solarmobil fahren?
   — Ja, wenn ich _____ .

5. Was würdest du tun, wenn du leere Batterien hättest? Sie in den Müll werfen?
   — Nein, wenn ich _____ .

8 Was hättest du getan, wenn … ? Du denkst an die Vergangenheit (*past*), und du machst gewisse Aussagen (*statements*) darüber, was du getan hättest, wenn … Schreib wenn-Sätze, und gebrauche dabei die gegebene Information! **(Seite 249)**

Was hättest du gemacht, wenn du Zeit gehabt hättest?

1. (den Müll sortieren)   Wenn ich _____ .
2. (die Batterien wegbringen)   Wenn ich _____ .
3. (das Licht ausschalten)   Wenn ich _____ .
4. (Altpapier sammeln)   Wenn ich _____ .
5. (mit dem Rad fahren)   Wenn ich _____ .
6. (zu Fuß zum Einkaufen gehen)   Wenn ich _____ .

Anwendung

1 In vielen Orten und in vielen Schulen gibt es Umweltprojekte. Eine Schule in Prüm, eine kleine Stadt in der Eifel, hat zum Beispiel ein interessantes Projekt durchgeführt. Das Projekt wurde in einer Zeitschrift beschrieben. Lies zuerst den Artikel und versuche danach, dir ein interessantes Umweltprojekt für eure Schule auszudenken!

DAS SAUBERE KLASSENZIMMER

Die Schüler und Schülerinnen einer 11. Klasse am Regino-Gymnasium in Prüm haben sich eine tolle Projektwoche ausgedacht. Während der Projektwoche sollen alle Talente genutzt werden: eine „Müllband" will Instrumente aus Müll bauen und damit ein Konzert geben, Hobby-Köche wollen die Schüler mit Biokost versorgen, Rate-Füchse einen Müllquiz entwickeln, angehende Journalisten wollen Passanten über ihr Müllverhalten befragen, andere Schüler wollen „Kunst aus Müll" herstellen und die Fotogruppe will die Aktionen dokumentieren. Und am Ende wird's in der Schulturnhalle ein öffentliches Fest geben, bei dem die Ergebnisse präsentiert werden. „Natürlich soll nach einer Woche nicht alles vorbei sein", so die Klassenlehrerin Susanne Faschin, „deshalb möchten wir, daß jede Klasse einen festen Klassenraum erhält, für den sie verantwortlich ist und den sie auch selber reinigen muß. Dann würden viele Jugendliche nicht mehr alles so bedenkenlos wegschmeißen". Außerdem sollen ältere Schüler Patenschaften für jüngere übernehmen, um sie in die Geheimnisse des Müllsparens einzuweihen.

2 Ein Mitglied der Umwelt-AG kommt in die Klasse und erzählt den Schülern, was sie alles für ihre Umwelt machen können. Hör seiner Rede zu und schreib acht Vorschläge auf, die er macht!

3 Teilt euch in zwei Gruppen auf! Sucht euch an eurer Schule oder in eurem Ort irgendein Umweltprojekt, an dem ihr aktiv arbeiten könnt. Schreibt eure Erfahrungen auf und macht Fotografien für euren Bericht! Jede Gruppe berichtet dann der anderen Gruppe, was sie gemacht hat und wie umweltbewusst ihre Arbeit war.

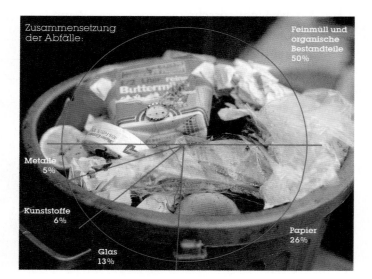

Zusammensetzung der Abfälle:

Feinmüll und organische Bestandteile 50%

Metalle 5%

Kunststoffe 6%

Glas 13%

Papier 26%

4 Du bist aktiv in der Umwelt-AG in deiner Schule. Du musst morgen in eine Grundschulklasse gehen und mit den Kindern über Umweltschutz sprechen. Bereite eine kleine Rede vor, und übe sie mit deinen Klassenkameraden ein! Was halten sie von deiner Rede?

5 Im deutschen Fernsehen gibt es ein Diskussionsprogramm: „Pro und Contra". Eure Klasse wurde dazu eingeladen. Teilt euch in zwei Gruppen auf und bereitet euch vor, für eine von den zwei Ansichten zu argumentieren! Gruppe A ist der Ansicht, dass die Regierung mehr für die Umwelt machen muss; Gruppe B bereitet das Argument vor, dass die Regierung schon genug für die Umwelt macht — es kostet viel Geld und auch Jobs, und das können wir uns nicht leisten. Wählt abwechselnd Schüler von jeder Gruppe und diskutiert darüber!

Abfallvermeidung durch Recycling

Verpackungsstoffe	Sammelquoten (%)		Recyclingquoten (%)	
	1993	1995	1993	2000
Glas	60	80	42	72
Weißblech	40	80	26	72
Aluminium	30	80	18	72
Papier/Pappe	30	80	18	70
Kunststoffe	30	80	9	60
Verbund	20	80	66	4

6 Schau dir die Tabelle an! Welche Daten über Abfallvermeidung in Deutschland werden gezeigt? Welche Verpackungsstoffe werden am meisten gesammelt und wieder verwertet? Mach eine Umfrage in deiner Klasse oder in deiner Schule, und entwirf mit den Ergebnissen eine ähnliche Tabelle!

7 Die Grafik auf Seite 260 zeigt eine Zusammensetzung der gesamten Abfälle. Nenne für jede Kategorie konkrete Beispiele, und überlege dann, wie man diesen Müll wieder verwerten kann, anstatt ihn wegzuwerfen!

8 **R o l l e n s p i e l**

Du versuchst, deine Familie umweltbewusster zu machen. Du sprichst mit deinen Eltern und Geschwistern darüber, aber sie haben viele Ausreden. Du gibst dir Mühe, sie zu überzeugen. Deine Klassenkameraden spielen die Rollen von deinen Eltern und Geschwistern.

Can you express concern? (p. 240)

1 How would you express your fear that the hole in the ozone layer is getting larger?

2 How would you express your concern about air pollution?

Can you make accusations? (p. 241)

3 How would you blame air pollution on people who always take their cars and never walk or take the bus?

Can you offer solutions? (p. 242)

4 How would you respond if someone asked you **Was könnte man für die Umwelt tun?**

Can you make polite requests? (p. 243)

5 How would you politely ask a salesperson for the following things?
a. a can without CFC?
b. einen Papierbeutel
c. ein Waschmittel ohne Phosphate

Can you say what is being done about a problem? (p. 247)
Can you offer solutions? (p. 248)

6 How would you say that in Germany trash is always sorted?

7 How would you respond if someone asked you what can, should, or must be done with the following things?
a. Müll (sortieren)
b. Pfandflaschen (zurückbringen)
c. alte Fahrräder (reparieren)

Can you hypothesize? (p. 249)

8 How would you express the idea that we would have no air pollution if we all left our cars at home and rode bicycles?

9 How would you respond if a friend asked you **Was hättest du heute gemacht, wenn du nicht in der Schule gewesen wärst?**

Erste Stufe

Expressing fear

Ich fürchte, dass ...	I am afraid that ...
Das macht uns große Sorgen.	We are really worried about that.

Saying what you could or should do about a problem

Wenn wir nur Naturprodukte benutzen dürften!	If only we were allowed to use natural products!
Man müsste nur daran denken.	You would only have to think about it.

Other useful words

das Abgas, -e	exhaust
das Treibgas, -e	propulsion gas
die Fabrik, -en	factory
die Fahrgemeinschaft, -en	carpool

das Katauto, -s	car with emission control
das Öl, -e	oil
die Luftverschmutzung	air pollution
das Ozonloch	hole in the ozone layer
der saure Regen	acid rain
der Schadstoff, -e	pollutant
der Schmutz	dirt
das Waldsterben	the dying of the forests
die Aludose, -n	aluminum can
die Einwegflasche, -n	non-returnable bottle
der Papierbeutel, -	paper bag
die Pfandflasche, -n	deposit-only bottle
die Plastiktüte, -n	plastic bag
der Pumpzerstäuber, -	pump spray
das Spülmittel, -	dishwashing liquid
das Waschmittel, -	laundry soap

der Mut	courage
der Teil, -e	part
s. Sorgen machen	to worry
anbieten (sep)	to offer
blasen	to blow
ersetzen	to replace
herstellen (sep)	to produce
leck werden	to spring a leak
sortieren	to sort
vergrößern	to enlarge
verpesten	to poison, pollute
verschmutzen	to pollute
biologisch abbaubar	biodegradable
ausschließlich	exclusively
umweltfreundlich	environmentally safe
vermeidbar	avoidable
giftig	poisonous

Zweite Stufe

Words for talking about the environment

der Umweltschutz	environmental protection
die Ameise, -n	ant
die Biene, -n	bee
der Frosch, ⸚e	frog
der Vogel, ⸚	bird
der Wald, ⸚er	forest
der Sauerstoff	oxygen
der Schaden, ⸚	damage
die Skipiste, -n	ski run
die Herstellung, -en	production
die Vorsicht	caution
der Abfall, ⸚e	trash, waste
das Abwasser, ⸚	wastewater

die Batterie, -n	battery
der Faserstift, -e	felt-tip pen
der Kunstdünger, -	artificial fertilizer
die Mehrwegflasche, -n	reusable bottle
der Strom	electricity
der Tintenkiller, -	chemical eraser
das Gift, -e	poison
das Dach, ⸚er	roof
abholzen (sep)	to deforest
ausrechnen (sep)	to calculate
ausschalten (sep)	to switch off
duschen	to shower
miterleben (sep)	to experience

radeln	to bicycle
stecken	to put (into)
verbessern	to improve
verschwenden	to waste
verzichten auf (acc)	to do without
wieder verwenden	to use again
wieder verwerten	to recycle
außerdem	besides that
gefährlich	dangerous
nahe	near
sogar	even

Komm mit nach Dresden!

Bundesland: Sachsen

Einwohner: 500 000

Fluss: Elbe

Sehenswürdigkeiten: Zwinger, Albertinum, Schloss, Semperoper

Berühmte Leute: Kurfürsten Friedrich August I. und II., Carl Maria von Weber (1786-1826), Richard Wagner (1813-1883)

Industrie: Maschinenbau, Elektronik, Arzneimittelproduktion, Genussmittelindustrie (Schokolade), optische Artikel

Bekannte Gerichte: Dresdener Stollen

go.hrw.com
WK3 DRESDEN

VIDEO

Die bekannteste Stadtansicht, Schloss ▶ mit Hofkirche und Semperoper im Hintergrund

Dresden

Dresden, das weltberühmte „Elbflorenz", erlebte seine Glanzzeit unter den prunkliebenden Kurfürsten Friedrich August I. und seinem Sohn Friedrich August II., beide auch Könige von Polen. In diesem „Augustäischen" Zeitalter (1694-1783) entwickelte sich Dresden zu einer der schönsten barocken deutschen Residenzstädte.

📩 internet

go.hrw.com

ADRESSE: go.hrw.com
KENNWORT: WK3 DRESDEN

1 Zwinger

Dresdens berühmtestes Baudenkmal ist der Zwinger, eine Perle des Barock von Baumeister Pöppelmann in den Jahren 1711 bis 1732 geschaffen. Der Zwinger beherbergt Dresdens einmalige Kunstsammlung, die „Gemäldegalerie Alte Meister", mit Meisterwerken europäischer Maler wie Rubens, Rembrandt, Dürer, Holbein, Cranach, Velázquez, Raffael, Giorgione, Correggio, Tintoretto und andere Meister.

2 Der Goldene Reiter

Der Goldene Reiter zeigt August I. — auch August der Starke genannt — in der Rüstung eines römischen Cäsaren.

3 Im Albertinum

Das Albertinum enthält die „Gemäldegalerie Neue Meister". Diese Kunstsammlung von Weltruf zeigt Meisterwerke der Romantik, des Biedermeier, des Expressionismus und Impressionismus deutscher und europäischer Meister. Im Albertinum befindet sich auch das „Grüne Gewölbe", eine Kunstsammlung aus der kurfürstlichen Schatzkammer. Ausgestellt sind Gefäße, Schmuck, Waffen und andere Gegenstände, viele aus Gold, Silber und kostbaren Edelsteinen gefertigt.

4 Hofkirche

Die ehemalige Katholische Hofkirche, die größte Kirche Sachsens, wurde vom römischen Architekten Gaetano Chiaveri zwischen 1739 und 1755 im Stil des römischen Barock errichtet.

5 Ruine der Frauenkirche

Hier stand einst Deutschlands bedeutendster protestantischer Kirchenbau und das Wahrzeichen Dresdens. Die Kirche, wie auch der größte Teil Dresdens, wurde im Februar 1945 durch Bombenangriffe total zerstört. Die Kirche wird zur Zeit wieder aufgebaut.

6 Semperoper

Die weltberühmte Semperoper, ein Bauwerk von Gottfried Semper im Stil der Hochrenaissance in den Jahren 1871 bis 1878 errichtet, ist Heimat der Dresdner Staatsoper.

10
Die Kunst zu leben

Objectives

In this chapter you will learn to

Erste Stufe

- express preference, given certain possibilities
- express envy and admiration

Zweite Stufe

- express happiness and sadness
- say something is or was being done

ADRESSE: go.hrw.com
KENNWORT: WK3
DRESDEN-10

◀ **Auf der Landshuter Hochzeit**

Los geht's! ▪ *Was tun für die Kultur?*

Wie sieht es mit dem kulturellen Leben bei deutschen
Gymnasiasten aus? Interessieren sie sich für Kunst?
Besuchen sie Theateraufführungen? Gehen sie in
Konzerte? Hier unterhalten sich vier Gymnasiasten über
ihre kulturellen Interessen außerhalb der Schule.

Frage: Was sind eure kulturellen Interessen außerhalb der
Schule?

Philipp: Also, ich würd' sagen, hauptsächlich Theater, eventuell
mal ein klassisches Konzert. Meine Eltern haben ein
Konzertabonnement, und da kaufen sie ab und zu mal
eine Karte für mich und nehmen mich mit. Aber sonst?
Ich les zum Beispiel ausgesprochen wenig. Ich hab
kaum Zeit dazu. Für den Deutschunterricht, ja da lesen
wir Goethe, Schiller und wie sie alle heißen.[1] Das langt.

Michael: Bei mir ist es genau dasselbe. Ich konzentrier mich so
auf wissenschaftliche Werke, Informationen und so, aber
Bücher … so Philosophen lesen wie Nietzsche,[2] ja, ich
beneide alle, die so was lesen können. Aber ich hätt'
nicht die Geduld dazu. Mich interessiert also mehr das
Wissenschaftliche als das Literarische.

Anne-Sophie Mutter

Sonja: Also ich muss sagen, dass ich sehr viel lese und dass ich lieber
lese als — meinetwegen — Hausaufgaben mache. Ich les
wahnsinnig gern Romane, historische Romane.

Tanja: Musik ist mein Hobby. Ich könnte mir ein Leben ohne Musik nicht
vorstellen. Also, ich selbst spiele Geige, schon zwölf Jahre lang,
und hab zweimal in der Woche Unterricht. Ich spiel ganz gut; bin
zwar keine Anne-Sophie Mutter und werde auch kaum in der
Jungen Deutschen Philharmonie[3] spielen. Aber ich hab viel Spaß
daran. Ich mach oft mit Freunden Hausmusik,[4] klassische Musik
von Bach, Beethoven und so. Aber ich mag auch Jazz, besonders
New Orleans Jazz. Den find ich stark, den find ich Spitze!

Frage: Geht ihr in Museen und Ausstellungen?

Michael: Wenn ich in ein Museum gehe, dann nur ins Deutsche Museum.
Das ist ein technisch-wissenschaftliches Museum und äh … aber so
Kunstausstellungen, nö.

---

1. An deutschen Gymnasien bestehen für alle Fächer feste Lehrpläne. Für den Deutschunterricht in allen
Klassen gibt es Listen von Autoren und ihren Werken, aus denen die Deutschlehrer geeignetes Material für
den Unterricht aussuchen können.
2. Friedrich Nietzsche (1844–1900), der als Philosoph und Kulturbeobachter großen Ruhm erlangt hat,
zeichnete sich auch durch seinen gehobenen Schreibstil aus.
3. Die Junge Deutsche Philharmonie ist ein Orchester, das aus zirka 150 begabten Musikstudenten und
-studentinnen zwischen 18 und 28 besteht. Zweimal im Jahr übt das Orchester mit berühmten Dirigenten
zwei Wochen lang. Dann geht das Orchester auf Tournee und spielt in bekannten Konzerthallen der Welt.
4. Hausmusik ist beliebt. Rund eine Million Bundesbürger, so schätzt man, spielen zu Hause oder im
Freundeskreis ein Instrument.

Tanja: Bei mir ist es gerade umgekehrt. Irgendwelche technisch-wissenschaftlichen Ausstellungen interessieren mich überhaupt nicht. Wenn, dann geh ich eben in Galerien, Bilderausstellungen.

Michael: Im technischen Museum blüh ich auf! Wenn ich die Wunderwerke der Technik sehe und wenn man da so alles verstehen kann, aber nicht, wenn ich da so vor einem Bild stehe.

Philipp: Aber ich glaub, die meisten Museumsbesuche gehen doch von der Schule aus, dass man an irgendwelchen Schulausflugstagen eben in ein Museum geht.

Sonja: Für die Schüler wird schon wahnsinnig viel getan. Wenn man da mit seinem Schülerausweis an die Abendkasse geht, kann man sich für sechs Euro eine Oper oder ein schönes Theaterstück anschauen. Was da alles für die Schüler geboten wird! Man nützt es einfach zu wenig aus.

Tanja: Ist doch grotesk der Unterschied: wenn man in ein Café geht und sich etwas bestellt, da sind gleich so zehn Euro weg. Wenn man ins Theater oder ins Konzert geht, da kostet eine Karte nur sechs Euro, und man hat bestimmt mehr davon.

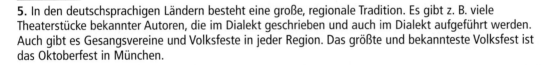

Frage: Wie sieht's bei euch mit dem Wort „Tradition" aus?

Philipp: Von Tradition ist wenig vorhanden bei uns.

Frage: Kennt ihr überhaupt noch Sagen und Märchen?

Tanja: Natürlich. Märchen haben mir unheimlich gut gefallen.

Michael: Mir auch. Meine Mutter hat mir immer Märchen vorgelesen, als ich klein war … ja, „Hänsel und Gretel" oder …

Sonja: Teilweise hat man Märchen später auch selber gelesen. Ich, zum Beispiel, hab's getan.

Frage: Besucht ihr während des Jahres mal ein Volksfest?

Philipp: Schon, aber nur zum Vergnügen, nicht unbedingt wegen der Tradition.[5]

---

5. In den deutschsprachigen Ländern besteht eine große, regionale Tradition. Es gibt z. B. viele Theaterstücke bekannter Autoren, die im Dialekt geschrieben und auch im Dialekt aufgeführt werden. Auch gibt es Gesangsvereine und Volksfeste in jeder Region. Das größte und bekannteste Volksfest ist das Oktoberfest in München.

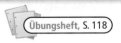
Übungsheft, S. 118

1 Was sind ihre Interessen?

Lesen/Schreiben Lies dir den Text noch einmal durch! Dann mach eine Tabelle mit vier Spalten! Schreib auf, was für Interessen jeder der vier Gymnasiasten hat!

2 Kannst du das beantworten?

Sprechen Bildet zwei Gruppen! Jede Gruppe überlegt sich fünf Fragen zu dem Text, die die andere Gruppe beantworten muss. Zum Beispiel: Was ist ein Konzertabonnement? Warum spricht Tanja über die Violinistin Anne-Sophie Mutter?

3 Kennst du diese Personen?

Sprechen Sammelt in kleinen Gruppen Informationen über die berühmten Personen, die im Text erwähnt werden! Berichtet der Klasse darüber!

Wortschatz

auf Deutsch erklärt

das Vergnügen etwas, was viel Spaß macht
vorlesen lesen, so dass es alle hören können
die Hausmusik Musik, die man zu Hause macht
die Geige die Violine
die Abendkasse wo man Karten für die Abendvorstellung verkauft
eventuell vielleicht
teilweise zum Teil
unheimlich sehr groß, sehr viel

auf Englisch erklärt

<u>Meinetwegen</u> brauchen wir nicht in die Oper zu gehen, ich gehe lieber ins Rockkonzert. *As far as I'm concerned, we don't need to go to the opera; I'd rather go to a rock concert.*
Es gibt <u>Unterschiede</u> zwischen den <u>Märchen</u> der Gebrüder Grimm. *There are differences between the Grimms' fairy tales.*
Man braucht viel <u>Geduld</u>, wenn man die <u>wissenschaftlichen</u> <u>Werke</u> der Gebrüder Grimm <u>durchlesen</u> will. *You need a lot of patience if you want to read through the research of the Grimm Brothers.*
Die Picasso <u>Ausstellung</u> wird <u>möglicherweise</u> <u>verlängert</u>. *The Picasso exhibit will possibly be extended.*

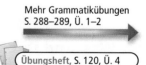

Übungsheft, S. 119, Ü. 1   Grammatikheft, S. 82, Ü. 1–3

So sagt man das!

Expressing preference, given certain possibilities

You have learned several ways to express preference. Here is another way to express general preference. If someone asks you:

> **Welche kulturellen Veranstaltungen würdest du besuchen, wenn du genug Zeit hättest?**

You might say:

> **Ich würde mir hauptsächlich** ausländische Filme ansehen.

You could continue the thought by expressing specific possibility:

Mehr Grammatikübungen
S. 288–289, Ü. 1–2

Und ich würde { **eventuell** / **vielleicht** / **möglicherweise** } auch mal in ein Konzert gehen.

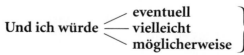

Übungsheft, S. 120, Ü. 4

Grammatikheft, S. 83, Ü. 4

4 Kultur am Wochenende

Zuhören Erwin hat Lust, mit einigen Klassenkameraden an diesem Wochenende irgendeine kulturelle Veranstaltung zu besuchen. Er ruft seine Klassenkameradin Lise an und bittet sie, ihm aus ihrem Kulturkalender vorzulesen. Hör gut zu, wie sie die Veranstaltungen besprechen! Welche kulturellen Interessen haben die beiden? Zu welchen Veranstaltungen entschließen sie sich? Mach dir Notizen, und vergleiche sie mit denen einer Klassenkameradin!

5 Und ihr? Wenn ihr viel Zeit hättet?

Sprechen/Schreiben Was würdest du tun, wenn du viel Zeit für kulturelle Interessen hättest? Sag einem Partner, was du hauptsächlich — also generell — und was du möglicherweise — also spezifisch — tun würdest! Du kannst das auch aufschreiben.

> DU **Ich würd' hauptsächlich Comics lesen, eventuell auch mal ein Märchen.**
>
> PARTNER **Ich würd' …**

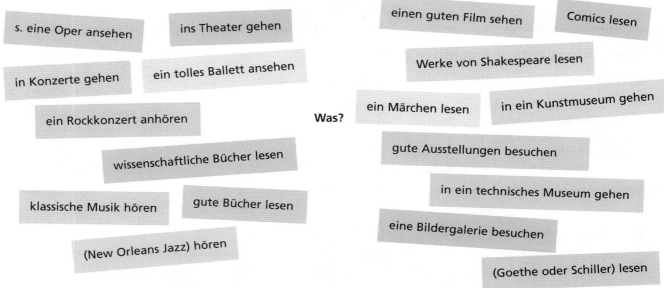

s. eine Oper ansehen

ins Theater gehen

einen guten Film sehen

Comics lesen

in Konzerte gehen

ein tolles Ballett ansehen

Werke von Shakespeare lesen

ein Rockkonzert anhören

Was?

ein Märchen lesen

in ein Kunstmuseum gehen

wissenschaftliche Bücher lesen

gute Ausstellungen besuchen

klassische Musik hören

gute Bücher lesen

in ein technisches Museum gehen

eine Bildergalerie besuchen

(New Orleans Jazz) hören

(Goethe oder Schiller) lesen

6 Was ist für euch wichtig?

Sprechen Sagt jetzt einander, was für euch wichtig ist und was weniger wichtig ist!

> PARTNER **Es ist für mich wichtig, ab und zu mal in ein Museum zu gehen.**
>
> DU **In ein Museum zu gehen, ist für mich weniger wichtig. Wichtig ist für mich, am Wochenende einen guten Film zu sehen.**

7 Was könntet ihr euch nicht vorstellen?

Sprechen Was möchtet ihr im Leben nicht vermissen? Ohne welche kulturellen Möglichkeiten könntet ihr euch das Leben nicht vorstellen?

> DU **Also, ich könnte mir ein Leben ohne klassische Musik nicht vorstellen.**
>
> PARTNER **Tja, ich …**

Sport	Bücher	Kunst	Filme
Fernsehen	Musik		Reisen

So sagt man das!

Expressing envy and admiration

You can use the verb **beneiden** to express envy:

Ich beneide meinen Freund. Der kann jeden Monat ins Theater gehen.

and the verb **bewundern** to express admiration:

Ich bewundere alle, die sich für Philosophie interessieren.

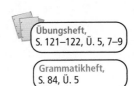

Übungsheft,
S. 121–122, Ü. 5, 7–9

Grammatikheft,
S. 84, Ü. 5

8 Wen beneidest du? Wen bewunderst du?

Sprechen Sag deinem Partner, wen du beneidest und wen du bewunderst und warum!
Denk auch an berühmte Leute!

DU **Ich beneide meine Schwester! Die fährt im Sommer nach England.**

PARTNER **Ich bewundere meinen Freund! Er übt sehr viel und spielt gut Klavier.**

Grammatik

Prepositions with the genitive case

Certain prepositions are always followed by the genitive case.

anstatt **eines Konzerts**	*instead of a concert*
außerhalb **der** Schule	*outside of school*
innerhalb **des** Hauses	*inside the house*
während **des** Jahres	*during the year*
wegen **der** Tradition	*because of tradition*

Mehr Grammatikübungen,
S. 289, Ü. 3

Übungsheft, S. 119–121; Ü. 2–3; 6

Grammatikheft, S. 85, Ü. 6

9 Grammatik im Kontext

Lesen/Schreiben Lies den folgenden Absatz, den der
Realschüler Jörg über seine kulturellen Interessen für
die Schule schreiben musste! Da es leider auf sein
Papier geregnet hat, fehlen jetzt einige Wörter. Setz
die Wörter aus dem Kasten in die Lücken, damit er
eine gute Note bekommt! Vergiss die richtigen Artikel
nicht! Sag dann einem Partner, ob du ähnliche Interessen hast!

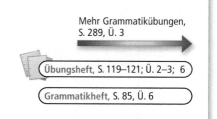

des Jahrhunderts   der Meister
des Komponisten
der Wissenschaft
des Lyrikers
eines Konzerts   des Winters

  Meine kulturellen Interessen? Nun, ich mache oft während ══════
Hausmusik, besonders Musik ══════ großen ══════ Beethoven, und ich
gehe auch gern in Konzerte. Wenn das Wetter schlecht ist, besuche ich anstatt
══════ ein Museum, besonders das Museum ══════ und Technik. In
Kunstmuseen gehe ich weniger gern. Die meisten Gemälde ══════ alten
══════ langweilen mich. Moderne Kunst ist schon besser. Ja, außerdem lese ich
ziemlich viel. Im Moment ist es Literatur ══════ neunzehnten ══════,
besonders Eichendorff und Keller, auch Werke ══════ Heinrich Heine.

10 Was besuchst du?

Sprechen Sag einer Partnerin, was du besuchst und warum!

DU **Besuchst du Volksfeste?**

PARTNER **Ja, schon. Aber nur zum Vergnügen, nicht wegen der Tradition.**

was?	wozu/warum?	(nicht) wegen
Konzerte	zum Vergnügen	Tradition
Museen	zum Spaß	Musiker
Ausstellungen	zur Abwechslung	Schauspieler
Theateraufführungen	zum Zeitvertreib	Wissenschaft
Galerien	für die Schule	Gemälde
Volksfeste	für meine Eltern	Kunst

11 Klassenprojekt: Eine Collage machen

Sprechen/Schreiben Sammelt Informationen über kulturelle Ereignisse, die zur Zeit in eurer Stadt stattfinden, und fertigt mit diesen Dokumenten eine Collage an!

12 Zeig mal deine Collage her!

Sprechen Seht euch eure Collagen an und sprecht darüber! Wofür interessiert ihr euch? Welche Veranstaltungen würdet ihr gern besuchen? Welche habt ihr schon gesehen? Welche Aufführungen sind mehr für Erwachsene, welche mehr für Jugendliche oder Kinder geeignet?

13 Aphorismen

Lesen/Sprechen In der Schule müssen Schüler die Werke berühmter Autoren lesen. Dazu gehören auch Aphorismen und Sprüche. Lest die folgenden Zitate (*quotes*) und diskutiert darüber!

> „Zwei Dinge sollen Kinder von ihren Eltern bekommen: Wurzeln und Flügel.“
> **Johann Wolfgang von Goethe**
> **(1749–1832)**

> „Es ist nicht genug zu wissen; man muß es auch anwenden; es ist nicht genug zu wollen; man muß es auch tun.“
>
> **Goethe**

> „Was der Frühling nicht säte, kann der Sommer nicht reifen, der Herbst nicht ernten und der Winter nicht genießen.“
> **Johann Gottfried Herder**
> **(1744–1803)**

> „Kenntnisse kann jedermann haben, aber die Kunst zu denken ist das seltsamste Geschenk der Natur.“
>
> **Friedrich der Große**
> **(1712–1786)**

14 Und du?

Sprechen/Schreiben Was sind deine kulturellen Interessen? Überleg dir folgende Fragen und beantworte sie! Mach dir dabei stichwortartige Notizen!

1. Welche kulturellen Interessen hast du? Berichte deiner Gruppe darüber!
2. Welche Schriftsteller oder Dichter kennst du, und welche Werke von ihnen hast du schon gelesen?
3. Wie sieht es bei dir mit Musik aus? Bist du auch an klassischer Musik interessiert? Welche Werke bekannter Komponisten kennst du?
4. Spielst du ein Instrument und, wenn ja, was für Musik spielst du? Spielst du in einer Gruppe? In welcher? Hast du auch andere musikalische Interessen?
5. Welche Museen hast du schon besucht? Welche Ausstellungen? Was hat dir besonders gut gefallen? Warum?
6. An welchen kulturellen Ereignissen würdest du gern mal teilnehmen, und warum hast du das bisher nicht getan?
7. Wie sieht es bei dir in der Familie mit „Tradition“ aus?
8. Wer oder was trägt zu deiner kulturellen Erziehung am meisten bei? Erzähle darüber!

15 Für mein Notizbuch

Schreiben Schreib einen Absatz darüber, welche kulturellen Interessen für dich wichtig sind! Hörst du lieber klassische Musik oder Pop und Rock? Welchen kulturellen Zeitvertreib (*pastime*) würdest du als dein Hobby bezeichnen?

Weiter geht's!

■ *Zeitungsbericht: Schüler besuchen Staatstheater*

Die Stuttgarter Zeitung druckt einmal in der Woche eine Seite „Zeitung in der Schule", die nur von Schülern für Schüler geschrieben wird. Hier haben junge Menschen die Möglichkeit, eine große Tageszeitung als Forum für ihre Ideen und Erfahrungen zu benutzen.

Ein kulturelles Erlebnis für die Schüler

Die 8b der Friedensschule beim „Musikunterricht" im Staatstheater

Für einen Ballettabend in das prächtige Reich der Wilis

Immer wieder mal zieht unser Klassenlehrer aus dem Schulhaus hinaus, und wir sind natürlich dabei! Diesmal verlegte er seinen Musikunterricht in die Staatsoper. Nach vielen vergeblichen Versuchen hatten wir endlich Glück: Schülerkarten für das Ballett „Giselle".[1] Das war schon etwas Besonderes! Die Buben waren skeptisch. Ballett, Theater, Großes Haus — das kannten die meisten kaum. Im Kino und auf dem Sportplatz waren sie eher zu Hause. Da es sich um eine richtige Abendvorstellung handelte, mußte auch die Kleiderfrage geklärt werden. Unser Lehrer erzählte uns einiges über Handlung, Musik und Tanz. Er sprach auch übers Große Haus mit seinen drei Rängen, übers Foyer, über Garderobe und Theke. Langsam wurden wir neugierig.

Am Tag der Aufführung wurden die Eintrittskarten verteilt, und irgendwie war der Nachmittag anders als sonst. Dauernd schaute ich auf die Uhr. Gegen Abend erwischte ich mich immer wieder vor dem Spiegel. Die meisten waren viel zu früh vor dem Theater. Die einen wurden zum zweiten Range hinaufbegleitet, andere hatten ihre Plätze in den Seitenlogen. Da öffneten sich die Türen des Zuschauerraums. Was für eine Pracht! Super, riesig, echt nobel, prunkvoll, großartig — so hörten wir uns sagen. Wir sahen uns in aller Ruhe um. Die meisten Zuschauer waren recht schick gekleidet, gut, daß wir unsere besten Klamotten angezogen hatten. Unten stimmten die Musiker ihre Instrumente, die Bläser, die Streicher; nur Michael sah sie kaum, auch nicht die Pauken oder die Harfe, er saß nämlich genau hinter der großen Krone über der Königsloge.

Die Kronleuchter wurden hochgezogen, das letzte Klingelzeichen ertönte, einige Spätkommer suchten noch ihre Plätze. Das Licht ging ganz langsam aus, atemlose Stille! Vor lauter Spannung bekam Snjezana eine Gänsehaut, und ihre Nebensitzerin hatte sogar Herzklopfen vor lauter Aufregung.

Der Dirigent wurde mit Klatschen begrüßt. Nach einem kurzen Vorspiel der Instrumente ging der Vorhang auf: Eine Insel im Meer. Wir kamen aus dem Staunen nicht mehr heraus, denn dort landeten laufend neue Gäste mit einem Schiff. Im bunten Treiben auf dem Jahrmarkt erkannten wir die verträumte Giselle, die von zwei Männern geliebt wird. Der junge Maler Albrecht sah ganz toll aus, der bärtige Hilarion, wütend vor Eifersucht, gefiel uns besser. Sie alle tanzten und stellten ihre Pantomimen so gut dar, daß wir verstanden, um was es ging, obwohl weder gesprochen noch gesungen wurde. Das war besonders auch für die vielen ausländischen Schüler unserer Klasse leichter. Nur Serken beklagte sich über die Musik, sie hatte für ihn zu wenig Power. Dafür freute er sich auf die Pause. Hier schauten wir uns, nun schon sicherer geworden, überall um. Erdal aus der Türkei zeigte uns seine Loge. Ihm blieb beinahe die Spucke weg, als er erfuhr, daß sein Platz normalerweise 49 Euro gekostet hätte. Leider war der zweite Akt gar nicht mehr so lustig. Im romantischen Reich der Königin der Wilis mit ihren wunderschönen Kostümen war wohl alles recht märchenhaft, doch die meisten von uns waren traurig, weil es kein Happy-End gab. Die Clowns, die anfangs heiter und spaßig waren, blieben ganz ratlos zurück. Wir aber waren glücklich, weil wir einen so schönen Abend erlebt hatten. Alle fanden es toll; wir klatschten, bis uns die Hände weh taten, besonders, als die Blumensträuße für die Tänzer auf die Bühne flogen.

Der nächste Morgen — wieder im Schulalltag: Die einen träumten noch vom Balletterlebnis, andere diskutierten darüber. Wann gehen wir wieder ins Theater?
Sandra, Ralf, Manuela, Indir und die 8b der Friedensschule Stuttgart-West

---

1. „Giselle" (auch „Les Wilis" genannt) ist das Symbol des romantischen Balletts. Es beruht auf einem Gedicht von Heinrich Heine (1797–1856). Das Ballett wurde 1841 zum ersten Mal in Paris aufgeführt, wo Heine seit 1831 lebte.

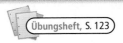
Übungsheft, S. 123

16 Arbeiten mit dem Text

1. Sprechen Beantworte mit deinen Klassenkameraden folgende Fragen!

   a. Wohin hat der Lehrer den Musikunterricht verlegt?

   b. Warum sind besonders die Jungen skeptisch über den Besuch?

   c. Wie hat der Lehrer seine Klasse auf den Ballettbesuch vorbereitet?

   d. Für welche Schüler war der Besuch im Staatstheater ein besonderes Erlebnis? Wie zeigt sich das?

   e. Wie zeigt es sich, dass den Schülern die Aufführung gut gefallen hat?

2. Lesen Lest den Bericht euren Partnern vor, diesmal in der Gegenwart!

3. Schreiben Schreib aus dem Text die Stellen heraus, die Enthusiasmus, Skepsis, Erwartung (*expectation*) und Bewunderung zeigen!

4. Schreiben Schreib eine Liste mit Adjektiven und Adverbien, die in diesem Text erscheinen!

WEITER GEHT'S!   *zweihundertsiebenundsiebzig* **277**

Wortschatz

Was findet man im Theater oder in der Oper?

einen Vorhang

eine Bühne

einen Rang

einen Dirigenten

auf Deutsch erklärt

begrüßen   jemanden grüßen, willkommen heißen
begleiten   mit jemandem mitgehen
Zuschauer   Besucher einer Veranstaltung, bei der es etwas zu sehen gibt
die Aufführung   die Show
Handlung   was passiert
aufführen   im Theater etwas präsentieren
klatschen   applaudieren
heiter   gut gelaunt, froh
Bube   (süddeutsch) Junge

auf Englisch erklärt

Unser <u>Versuch</u>, Karten zu bekommen, war zuerst <u>vergeblich</u>. *Our attempt to get tickets was futile at first.*

Es <u>handelte</u> <u>sich</u> <u>um</u> eine Vorstellung, die <u>weder</u> ich <u>noch</u> mein Freund kannte. *It was about a performance that neither I nor my friend knew.*

Die Kleiderfrage <u>war</u> <u>geklärt</u> <u>worden</u>. *The issue of what to wear had been resolved.*

Ich war <u>atemlos</u> vor <u>lauter</u> <u>Aufregung</u>, bekam <u>Herzklopfen</u> und sogar eine <u>Gänsehaut</u>. *I was breathless from sheer excitement, my heart started pounding, and I even got goose bumps.*

Die Musiker <u>stimmten</u> ihre Instrumente. *The musicians tuned their instruments.*

Serken <u>beklagte</u> <u>sich</u> darüber. *Serken complained about that.*

Ich <u>erkannte</u> Giselle. *I recognized Giselle.*

Die Pantomimen der Tänzer waren so gut, dass wir verstanden, wor<u>um</u> <u>es</u> <u>ging</u>. *The pantomimes of the dancers were so good that we understood what it was all about.*

Übungsheft, S. 86, Ü. 7–8

So sagt man das!

Expressing happiness and sadness

Here is one way to use **froh** for expressing happiness:

   (Erdal) **war froh, dass** er einen billigen Platz hatte.

And here is a way to express sadness using **traurig**:

   (Sie) **waren traurig, weil** es kein Happyend gab.

Mehr Grammatikübungen,
S. 290, Ü. 4

Übungsheft, S. 124, Ü. 1–2

Grammatikheft, S. 87, Ü. 9

17 Der Klassenausflug

Zuhören Du hörst jetzt einen Bericht über einen Klassenausflug. Was haben die Freunde gemacht? Wie hat es ihnen gefallen? Schreib die wichtigsten Dinge auf, die sie sagen!

18 Froh oder traurig?

Sprechen Worüber sind die Schüler, die das Ballett besucht haben, froh, und worüber sind sie traurig? Du und deine Klassenkameraden übernehmen die Rollen der verschiedenen Schüler.

> PARTNER **Ja, ich bin die Sandra, und ich bin froh, dass …**
> DU **Gut, ich bin der Serken, und ich bin traurig, weil …**

Gründe

- Schülerkarten bekommen
- der Vorhang endlich aufgehen
- in die Oper gehen können
- eine Abendvorstellung sein
- die Pause so lange dauern
- der 2. Akt nicht so lustig sein
- die besten Klamotten anziehen können
- (k)einen guten Platz haben
- kein Happyend geben
- einen schönen Abend erleben
- wieder in die Schule müssen
- die Handlung (nicht) kennen

19 Grammatik im Kontext

Sprechen Sag einer Partnerin, worüber du jetzt froh oder traurig bist und warum! Sie sagt es dir dann auch.

20 Grammatik im Kontext

Sprechen/Schreiben Sag einem Partner, wofür du dich interessierst und warum! Dein Partner kann dir dann sagen oder schreiben, ob er sich auch dafür interessiert oder nicht.

> DU **Ich interessiere mich für Musik, weil ich selbst ein Instrument spiele.**
> PARTNER **Ich interessiere mich auch dafür, aber ich kann nur das Radio spielen.**
> DU **Na prima!**

- Musik — Instrument spielen
- Oper — gern singen
- Ballett — gern tanzen
- Bücher — gern lesen
- Gemälde — gern malen
- Theater — Theater spielen

Ein wenig Grammatik

Schon bekannt

Do you remember how to form **da-** and **wo-**compounds? If someone said the following to you, but you didn't hear the last word well, how would you form a question to get the desired information?

> **Es handelt sich um eine Abendvorstellung.**
> DU **… handelt es sich?**[1]

If someone said something to you and you basically agreed with the statement, how might you restate it without being too redundant?

> **Ein Schüler beklagt sich über die Musik.**
> DU **Ich möchte mich auch …**[2]

---

1. **Worum** 2. **darüber beklagen.**

21 Verben mit Präpositionen

Lesen/Schreiben Lies dir die Texte **Los geht's!** and **Weiter geht's!** noch einmal durch und schreib alle Verben mit Präpositionen auf: teilnehmen an, sich unterhalten über, usw.! Schreib dann eine Frage mit jedem Verb, indem du ein Interrogativ mit „wo" gebrauchst!

22 Für mein Notizbuch

Schreiben Wie ist es bei dir? Schreib deine Antworten in dein Notizbuch, und erkläre sie dann auch!

1. Worauf freust du dich?
2. Wofür interessierst du dich am meisten?
3. Wozu hast du keine Geduld?
4. Woran möchtest du auch gern mal teilnehmen?
5. Wovon träumst du manchmal?
6. Worüber beklagst du dich am meisten?

So sagt man das!

Saying that something is or was being done

In speaking, we often turn the sentence around to focus on the thing being done, for example:

Die Instrumente werden vor der Aufführung gestimmt.
Die Musiker werden vom Dirigenten geleitet.

Of course, you can also express something that was being done, i.e., in the past.

Die Schüler wurden auf ihre Plätze geführt.
Das Ballett ist gestern nicht aufgeführt worden.

23 Das Konzert

Zuhören Du setzt dich in einen bequemen Sessel, um an einem ruhigen Sonntagnachmittag etwas Musik im Radio zu hören. Du hörst, wie der Ansager die Konzerthalle und die Vorbereitungen der Musiker auf das Konzert beschreibt. Was beschreibt er genau? Wer spielt, und was für Musik wird gespielt? Mach dir Notizen!

24 Was passiert hier?

Sprechen Sieh dir die Illustrationen und die Verbformen im Kasten an! Sag dann deinem Partner, was hier passiert! Wechselt einander ab!

BEISPIEL Hier wird/werden …

angeboten
entwickelt
gespielt
verkauft

The passive voice (Summary)

1. You have been using the passive voice in sentences to express that something is being done:

> Der Tisch **wird** (eben/jetzt) **gedeckt.**

that something was being done:

> Der Dirigent **wurde** mit Klatschen **begrüßt.**

or that something must still get done:

> Der Wagen **muss** (noch) **gewaschen werden.**

2. The passive construction is very similar in English and in German. One construction, the impersonal passive, is different. It uses **es** as the subject:

> **Es wurde** nicht **gesungen.** *There was no singing.*
> **Es wird** viel **geklatscht.** *There is a lot of applause.*

When **es** is not used at the beginning of the sentence, it is omitted:

> Nach der Aufführung **wurde** lange **geklatscht.**
> …, obwohl weder **gesprochen** noch **gesungen wurde.**

3. The following is a summary of the tenses in the passive voice:

Present	Die Schülerkarten **werden verteilt.**
	The student tickets are being distributed.
Imperfect	Der Dirigent **wurde** vom Publikum **begrüßt.**
	The conductor was greeted by the audience.
Perfect	Ein Ballett **ist aufgeführt worden.**
	A ballet has been performed.
Past Perfect	Eine Oper **war** am Abend vorher **gezeigt worden.**
	An opera had been performed on the previous evening.
Future	Ein Film **wird** von unserem Lehrer **gezeigt werden.**
	A movie will be shown by our teacher.

with modals:

Present	Dieses Museum **muss** von den Schülern **besucht werden.**
	This museum must be visited by the students.
Past	Die Kleiderfrage **konnte geklärt werden.**
	The question of what to wear could be cleared up.

with subjunctive forms:

Die Karten { **könnten abgeholt werden.** / **müssten abgeholt werden.** / **sollten abgeholt werden.** }

The tickets { *could be picked up.* / *should be picked up.* / *ought to be picked up.* }

Note:

a. The past participle is used in all tenses: even in the present!

b. In the perfect tenses, forms of **sein** are used with **worden** (which comes from **geworden**, the past participle of **werden**).

c. To also say who performed the action, you use **von** and the dative case.

Mehr Grammatikübungen, S. 290–291, Ü. 5–9

Übungsheft, S. 125–127, Ü. 3–8   Grammatikheft, S. 88–90, Ü. 10–12

25 Grammatik im Kontext

Lesen/Schreiben Lies dir den Text auf Seite 276-77 noch mal durch! Achte beim Lesen besonders darauf, wie diese Schüler ihren Ballettbesuch in der Staatsoper beschrieben haben! Mach dann eine Liste von den Verbformen, die das Imperfekt und das Passiv zeigen!

Imperfekt	Passiv
er verlegte, wir hatten Glück,	geklärt werden, werden verteilt, …

26 Grammatik im Kontext

Sprechen/Schreiben Erzähle einem Partner, was alles am Ballettabend passiert ist! Benutze dabei das Passiv! Schreib danach auf, was du gesagt hast.

1. Zuerst … die Eintrittskarten …
2. Dann … wir auf unsere Plätze …
3. Die Instrumente … noch …
4. Dann … das Licht …, und der Kronleuchter …
5. Der Dirigent … mit Klatschen …
6. Dann … Musik …, und es … nur …, nicht … und nicht …
7. In der Pause … etwas … und …
8. Am Ende der Aufführung … laut …

ausgemacht begrüßt gegessen

geführt geklatscht gesungen

gesprochen hochgezogen gestimmt

getanzt verteilt gespielt getrunken

27 Spielen wir Dramaturgen!

Sprechen/Schreiben Entwickelt eine Idee für ein Theaterstück! Schreibt dazu in Stichwörtern Folgendes auf: Zeit, Ort, Personen, Handlung und das Ende! Das Stück soll nicht in der Gegenwart spielen, und es soll in einem anderen Land stattfinden und auch ein Happyend haben. Denkt euch dann einen Titel aus! Vergleicht, was sich jede Gruppe ausgedacht hat!

28 Rezensionen *(critiques)* in Schlagzeilen

Schreiben Unten stehen Schlagzeilen über den Film „Der mit dem Wolf tanzt", den du vielleicht gesehen hast. Schreib mit Hilfe einer Partnerin diese Schlagzeilen ins Passiv um, soweit es geht!

„*Costner stellt die Indianer einmal anders dar: als Menschen mit Gefühl. Endlich!*"

Friesen Nachrichten

„**Ich kann diesen Film nur jedem emp-fehlen. Ein Genie hat ein Meisterwerk geschaffen.**"

Frank Huebner

„**Man hat den Film mit sieben Oscars ausgezeichnet! Sagenhaft!**"

Süddeutsche Zeitung

„Hollywood glaubte nicht, daß man heutzutage einen Western mit Indianern vermarkten kann. Costner hat das Gegenteil bewiesen."

Angelika Wertheimer

Kultur findet man überall!

Übungsheft,
S. 128, Ü. 1–4

Die deutschsprachige Jugend hat sehr viele Möglichkeiten, am kulturellen Leben ihrer Stadt teilzunehmen. Sie brauchen diese Möglichkeiten nur zu nutzen. Wenn Kinder noch klein sind, lesen ihnen ihre Eltern die Sagen, Märchen und Geschichten vor, die schon seit Generationen erzählt werden.

Ein gutes Buch ist noch immer ein passendes Geschenk zu Weihnachten oder zum Geburtstag. Viele Eltern nehmen ihre Kinder zu kulturellen Veranstaltungen mit, in Konzerte, in die Oper, in Museen und zu Sonderausstellungen. In Deutschland gibt es heute rund 4000 Museen, 150 Theater, über 180 Orchester, 800 Musikschulen und mehr als 25 000 Bibliotheken.

Das Interesse der Jugendlichen an Musik ist groß. Die meisten Jugendlichen hören sich „ihre" Musik an, aber viele zeigen auch Interesse an klassischer Musik. Viele Jugendliche spielen selbst ein Instrument; sie spielen in irgendwelchen Gruppen in der Schule oder in der Gemeinde, oder sie machen Hausmusik mit Freunden und Bekannten. In der Schule selbst werden die Schüler mit Literatur, Philosophie, Musik und den bildenden Künsten vertraut gemacht. Die Unterrichtspläne für die verschiedenen Klassen beinhalten Museumsbesuche und Besuche zu anderen kulturellen Veranstaltungen. Für freiwillige Besuche zu kulturellen Veranstaltungen werden oft eine Anzahl von Freikarten für Schüler bereitgestellt, und die Schüler selbst können mit ihrem Schülerausweis die meisten kulturellen Veranstaltungen zu verbilligten Preisen besuchen.

im Pergamonmuseum, Berlin

A. 1. Wovon handelt der Text? Welche kulturellen Möglichkeiten werden genannt, an denen die Jugend teilnehmen kann? Mach eine Liste!

2. Warum interessiert man sich für solche kulturellen Veranstaltungen? Was meinst du?

3. Macht deine Klasse auch oft Besuche zu kulturellen Veranstaltungen? Zu welchen?

4. Findest du, dass es wichtig ist, solche Veranstaltungen zu besuchen oder daran teilzunehmen? Warum oder warum nicht?

B. Was ist Kultur für dich? Zum Beispiel, erlebt man Kultur nur, wenn man in die Oper, ins Theater oder ins Museum geht? Oder meinst du, dass man Kultur auch auf eine andere Art definieren kann? Gehören zum Beispiel Rockkonzerte und Kultfilme auch dazu?

Die Nacht bei den Wachsfiguren

Eine Gruselgeschichte

Lesestrategie Reading for Comprehension After reading the title and the first one or two paragraphs of a short story, always ask yourself the who, when, where, what, and why of the story. As you read the next few paragraphs, try to answer those questions in complete sentences. Focusing on those questions before reading further will aid comprehension and make reading German more fun.

Getting Started

1. Read the title of the story. What do you think the story might be about? What genre does it probably belong to?

2. Look at the title again and read the first paragraph. Try to answer the following questions.

   a. Wann spielt die Handlung?

   b. Wer ist die Hauptfigur?

   c. Wo findet die Handlung statt?

   d. Was passiert im ersten Absatz?

Als er das erste Stockwerk durchlaufen hatte, gähnte er lange und ausgiebig. Im zweiten Stock mußte er sich schon dreimal fünf Minuten auf einen der rotgepolsterten, leicht angestaubten Plüschsessel setzen. In der nächsten Etage aber drückte er sich in eine der dämmerigen Ecken, wo ihn kein Aufseher beobachten konnte, streckte genießerisch die Beine von sich und stellte zum soundsovielenmal fest, daß es doch sehr anstrengend war, durch ein Museum zu gehen — auch wenn seine einzelnen Säle mit den interessantesten Wachsfiguren angefüllt waren, die man sich denken konnte: Kaiser, Wilderer und Mörder, Erfinder und Schwindler, Gauner und berühmte Künstler.

Hein fühlte, wie ihn der Schlaf überkam. Er stützte den rechten Ellenbogen aufs Knie und legte den schweren Kopf in die rechte Hand. So schlief er ein.

Er konnte noch nicht lange geschlafen haben — oder täuschte er sich? — da schreckte er zusammen. Irgend jemand hatte ihm auf die Schulter getippt.

Hein guckte sich um. Hinter ihm stand eine Wachsfigur in Lebensgröße; sie hielt die rechte Hand weit von sich gestreckt, und in dieser Hand trug sie — man sah ihn deutlich glänzen — einen Dolch. „Deveroux, einer von Wallensteins Mördern", entzifferte Hein auf dem Messingschildchen am Boden. Der Junge beugte sich hinter die Figur, ob sich vielleicht dort jemand versteckt hielt. Niemand! Auch hinter den anderen Wachsplastiken niemand.

„Aber irgend jemand hat mich doch angestupst!" murmelte Hein und schritt auf den Zehenspitzen quer durch den Saal. Er wollte zum Ausgang zurück. Es bedrückte ihn, keinem Menschen zu begegnen. Und mit jedem Schritt wuchs dieses dumme Gefühl des Unbehagens noch mehr an.

Auch im nächsten Saal war Hein der einzige Besucher.

Im übernächsten wagte er leise „Hallo?" zu rufen. Doch niemand gab Antwort. Nur weiter vorne schien sich etwas bewegt zu haben: aber als Hein näher kam, war auch dort alles leblos und still.

Jetzt bekam es der Junge mit der Angst zu tun. „Ich werde doch nicht so lange geschlafen haben, daß das Museum inzwischen geschlossen worden ist?" stammelte er. „Das war — ja — nicht — auszudenken!" Halt! Waren das nicht Schritte gewesen? Hein erstarrte, als sei er selber aus Wachs.

Da kam doch wer? Ein Wärter vielleicht, der nochmals einen Rundgang machte? Hein hätte jubeln mögen — aber die Lippen blieben ihm geschlossen, als seien sie aufeinandergeklebt. Der da vorne um die Ecke bog, war doch — war

---

Weißt du noch? When using context to guess the meaning of unfamiliar words, it's helpful to look at grammatical and lexical clues. For example, ask yourself if the word is a noun, verb, adjective, conjunction, and so on. Then decide to which category the word belongs. For example, does the word represent a location, person, or object? If it is an object, to which class of objects does it belong?

3. Skim the first paragraph again, locating the following words: **Stock(werk)**, **gähnte**, **dämmerig**, **Aufseher**, **anstrengend**, and **Säle**. Using context, decide what these words might mean.

4. Reread the first paragraph and adjust your original answers to question 2, if necessary.

Now answer the following question: **Warum setzt sich die Hauptfigur hin?** Before reading further, use what you know about stories of this genre to make predictions about what might happen.

A Closer Look

5. Lies die nächsten fünf Absätze, und beantworte die folgenden Fragen!
   a. Wer ist „er"?
   b. Was tut er im dritten Stock?
   c. Was weckt ihn plötzlich?
   d. Was oder wen sieht er?
   e. Wohin will er zunächst gehen?
   f. Wie fühlt er sich dabei?

Erste Stufe

Objectives Expressing preference, given certain possibilities; expressing envy and admiration

1 Beantworte jede Frage und gebrauche dabei eine würde-Form und Wörter wie zum Beispiel „eventuell" oder „vielleicht" und die Information, die in den Illustrationen gezeigt werden. (**Seite 272**)

1. Welche Stadt würdest du vielleicht einmal besuchen?
2. Ich _____ _____ die Stadt _____ besuchen, die deutsche _____ von Coldwater, Michigan.

3. Was für eine Schule würde Mark eventuell besuchen, um den Führerschein zu machen?
4. Mark _____ _____ eine _____ besuchen, um _____ .

5. Was für Früchte würdet ihr hauptsächlich essen, um gesund zu bleiben?
6. Wir _____ _____ die _____ , Orangen und _____ essen, um gesund zu bleiben.

7. Was würdest du möglicherweise tun, um dir Geld zu sparen?
8. Ich _____ mir _____ meine Klamotten selber _____ , um _____.

2 Du drückst aus, was du unter gewissen Bedingungen (*conditions*) tun würdest. Schreib die folgenden Sätze ab, und schreib dabei die gegebenen Informationen als wenn-Sätze! (**Seite 272**)

Was würdest du tun, wenn du genug Zeit hättest?

1. (zum Volksfest gehen)   Wenn ich _____ .
2. (eine Bildergalerie besuchen)   Wenn ich _____ .
3. (in ein Kunstmuseum gehen)   Wenn ich _____ .
4. (viel mehr Literatur lesen)   Wenn ich _____ .
5. (s. mit Musik beschäftigen)   Wenn ich _____ .
6. (s. alle CDs von Mozart anhören)   Wenn ich _____ .

3 Du sprichst mit einer Freundin über deine kulturellen Aktivitäten. Schreib die folgenden Sätze ab, und schreib dabei die Genitivform der gegebenen Information in die Lücken! (**Seite 274**)

1. (die Ferien)   Während _____ haben wir viele Veranstaltungen besucht.
2. (die Vorstellung)   Die Leute klatschten während _____ .
3. (das Jahr)   Während _____ gehen wir bestimmt in drei Opern.
4. (die Woche)   Ich kann während _____ kaum in ein Konzert gehen.
5. (die Schule)   Was macht ihr so außerhalb _____ ?
6. (das Konzert)   Wegen _____ kann ich nicht Fußball spielen.
7. (ein Jahr)   Innerhalb _____ habe ich vier Ausstellungen gesehen.
8. (die Tradition)   Meine Eltern gehen wegen _____ ins Theater.

Mehr Grammatikübungen

Zweite Stufe | **Objectives** Expressing happiness and sadness; saying that something is or was being done

4 Du sprichst mit deinen Klassenkameraden über deinen Ballettbesuch. Du warst froh, aber auch traurig über gewisse Dinge. Schreib die folgenden Sätze ab, und schreib dabei die gegebene Information als dass-Satz! **(Seite 278)**

1. (Wir bekamen Theaterkarten.)   Wir waren froh, dass _____ .
2. (Die Karten waren für „Giselle".)   Wir waren froh, dass _____ .
3. (Wir waren schick gekleidet.)   Wir waren froh, dass _____ .
4. (Erdal saß allein in der Loge.)   Wir waren traurig, dass _____.
5. (Es gab kein Happyend.)   Wir waren traurig, dass _____ .
6. (Wir mussten heimfahren.)   Wir waren traurig, dass _____ .

5 Was passiert, bevor du ins Ballett gehen kannst? Schreib die folgenden Sätze ab, und schreib dabei die Passivform der gegebenen Verben in die Lücken! **(Seite 281)**

1. (bestellen)   Zuerst _____ die Karten telefonisch _____ .
2. (kaufen)   Wenn es Karten gibt, _____ sie sofort _____ .
3. (abholen)   Dann _____ die Karten vom Musiklehrer _____ .
4. (verteilen)   Danach _____ sie an die Schüler _____ .
5. (besprechen)   Oft _____ das Stück vorher in der Klasse _____ .
6. (zeigen)   Manchmal _____ auch Dias _____ .
7. (vorbereiten)   Die Schüler _____ also sehr gut auf das Stück _____ .

6 Du berichtest darüber, was geschehen ist, bevor die Vorstellung angefangen hat. Schreib die folgenden Sätze ab, und schreib dabei die Passivform der gegebenen Verben in die Lücken! Gebrauche dabei die Vergangenheitsform (*past tense form*)! **(Seite 281)**

1. (begleiten)   Die Schüler _____ auf ihre Plätze _____ .
2. (stimmen)   Dann _____ die Instrumente _____ .
3. (hochziehen)   Etwas später _____ die Kronleuchter _____ .
4. (ausmachen)   Und bald danach _____ das Licht _____ .
5. (begrüßen)   Dann _____ der Dirigent mit lautem Klatschen _____ .
6. (sprechen)   Jetzt _____ nicht mehr _____ . Das Ballett begann.

7 Du berichtest über die Vorstellung, die du besucht hast. Schreib die folgenden Sätze ab, und schreib dabei die Passivform der gegebenen Verben in die Lücken! Gebrauche jetzt dabei das Perfekt! (**Seite 281**)

1. (zeigen)   Das Stück _____ schon dreimal _____ _____ .

2. (aufführen)   Das Spiel _____ letztes Jahr _____ _____ .

3. (erwarten)   Die Schauspieler _____ mit Spannung _____ _____ .

4. (darstellen)   Die Giselle _____ ausgezeichnet _____ _____ .

5. (applaudieren)   Es _____ kräftig _____ _____ .

6. (begleiten)   Das Orchester _____ von einem Solisten _____ _____ .

8 Du berichtest jetzt darüber, was alles getan werden muss, bevor die Vorstellung beginnen kann. Schreib Sätze mit einer Form von **müssen** und der Infinitivform des Passivs (past participle + **werden**) der gegebenen Verben! (**Seite 281**)

1. (bestellen)   Die Karten _____ _____ _____ .

2. (kaufen)   Die Karten _____ _____ _____ .

3. (verteilen)   Die Karten _____ _____ _____ .

4. (besprechen)   Das Stück _____ _____ _____ .

5. (erklären)   Es _____ den Schülern _____ _____ .

6. (klären)   Ja, und die Kleiderfrage _____ _____ _____ .

9 Du sagst jetzt, was man im Allgemeinen (*in general*) nicht tun darf. Schreib Sätze und benütz dabei die Befehlsform (*command form*) und das Partizip der Vergangenheit (*past participle*) der gegebenen Verben! (**Seite 281**)

1. (singen)   Hier _____ nicht _____ !

2. (tanzen)   Hier _____ nicht _____ !

3. (essen)   Hier _____ nicht _____ !

4. (trinken)   Hier _____ nicht _____ !

5. (schlafen)   In der Schule _____ nicht _____ !

6. (streiten)   In meiner Klasse _____ nicht _____ !

7. (faulenzen)   In der Deutschstunde _____ nicht _____ !

8. (sprechen)   Hier _____ nicht Englisch _____ !

 Du hörst jetzt einige junge Leute über kulturelle Interessen sprechen. Schreib auf, wovon jeder spricht: von Literatur, von Kunst, von einem Konzert, von einer Oper oder von einem Ballett!

 Der folgende Artikel ist eine typische Rezension eines Musikabends mit dem berühmten englischen Geiger Nigel Kennedy. Lies diese Rezension, und diskutier darüber mit deinen Klassenkameraden! Hast du Nigel Kennedy schon gesehen oder gehört? Was hältst du von ihm?

Super-Geiger im Punk-Look

Die Presse hatte die Musikfanatiker schon genügend auf den jungen Super-Geiger vorbereitet. Trotzdem schienen anfangs einige Musikliebhaber „schockiert". Er trug nämlich keinen schwarzen Frack. Die Haare hatte er punkig hochgekämmt. So präsentierte sich der junge englische Geiger Nigel Kennedy dem Frankfurter Musikpublikum. Ein Kulturschock? Überhaupt nicht! Der junge Geiger ist ein netter Kerl, der auf dem Klavier modernen Jazz genau so perfekt spielt wie klassische Musik auf seiner Guarnerius-Geige. Nigel Kennedy spielt nämlich in Stephane Grappellis Jazzgruppe mit — das ist lustig, aber noch kein Grund zur Panik. Kennedy ist auch ein Fußballfreak — so aber auch der berühmte Tenor Placido Domingo.

Die Freunde der ernsten Musik hörten gestern abend einen Musiker von großer Energie. Bachs a-Moll-Konzert wurde kraftvoll perfekt gespielt. Danach kamen Vivaldis „Vier Jahreszeiten" — exakt gegeigt, nicht besonders unorthodox oder sogar aufsässig, nein — nur etwas rigoros vielleicht. Der junge Geiger machte außerdem ein paar witzige Bemerkungen am Mikrofon, und das Publikum fand das prima. Demnächst will Kennedy in München spielen. Seine Fans in der bayrischen Hauptstadt warten schon eifrig auf ihn!

 Schreib eine Rezension über ein Konzert, eine Theateraufführung oder einen Film, den du erlebt hast!

4 Entwerft in der Klasse einen kulturellen Veranstaltungskalender für diesen Monat! Was für Konzerte, Theateraufführungen, Kunstausstellungen werden angeboten? Wann finden sie statt, oder wann fanden sie statt? Welche Veranstaltungen habt ihr schon besucht? Was könnt ihr darüber berichten?

5 Schau dir den Veranstaltungskalender an, den du mit deinen Klassenkameraden entworfen hast! Wähle eine Veranstaltung, die du noch nicht kennst! Besuche sie, schreib eine Rezension darüber, und lies sie der Klasse vor!

6 Stellt mit Hilfe eures Lehrers oder eurer Lehrerin eine Liste zusammen mit Namen von berühmten Deutschen auf den Gebieten der Kunst, der Musik, der Literatur und der Philosophie! Teilt euch in vier Gruppen auf! Jede Gruppe ist für ein Gebiet verantwortlich und macht für dieses Gebiet eine Ausstellung. Die Ausstellung soll aus schriftlichen Berichten und visuellen Materialien bestehen. Die Mitglieder jeder Gruppe sollen dann ihre Ausstellung der Klasse zeigen und beschreiben.

7 Macht jetzt ein „Kulturspiel"! Schreibt die Namen aus der Liste mit berühmten deutschen Frauen und Männern auf Zettel! Teilt euch in zwei Teams auf! Team A bekommt einen Zettel und muss die Person identifizieren: Maler, Komponisten, Sänger, Philosophen, Schriftsteller, Dichter, usw. Dann kommt Team B dran. Welches Team hat die meisten Personen richtig identifiziert?

8 ## R o l l e n s p i e l

Bereite eins von den beiden Rollenspielen mit drei anderen Schülern vor!

a. Stellt euch vor, ihr geht ins Theater zu einer Vorstellung von „Giselle". Ihr seid gerade am Theater angekommen und wollt nun eure Karten abholen. Alle sind gespannt auf die Vorstellung und reden darüber. Euer Dialog endet, wenn das Licht ausgeht und der Vorhang aufgeht.

b. Lest die Gruselgeschichte „Die Nacht bei den Wachsfiguren" noch einmal. Nun stellt euch vor, ihr erlebt eine ähnliche gruselige Situation. Denkt euch eine gespenstische Geschichte aus. Sie kann zum Beispiel auf einer einsamen Straße oder in einem leeren Theater spielen. Schreibt dann einen Dialog dafür.

Kann ich's wirklich?

Can you express preference, given certain possibilities? (p. 272)

1 How would you ask a friend what book he or she would read if he or she were on vacation? How would your friend respond if he or she wanted to read *It* by Stephen King?

2 How would you respond if someone asked you **Welche kulturellen Veranstaltungen würdest du besuchen, wenn du genug Zeit hättest?** How would you then express specific possibility?

Can you express envy and admiration? (p. 273)

3 How would you express envy if your friend told you
a. that he or she got a new car as a birthday present?
b. that he or she won a trip to Hawaii?
c. that he or she got an A in French?

4 How would you express your admiration if your friend told you
a. that he or she speaks several languages?
b. that he or she has read the books of the German philosopher Nietzsche in German?
c. that he or she has seen the Seven Wonders of the World?

Can you express happiness and sadness? (p. 278)

5 How would you say that you are happy about the following things?
a. **Ich darf ins Theater gehen.**
b. **Die Plätze sind sehr gut.**

6 How would you say that you are sad about the following things?
a. **Die Karten fürs Ballett waren ausverkauft.**
b. **Unsere Schulklasse darf keinen Ausflug machen.**

Can you say that something is or was being done? (p. 280)

7 How would you say that you and your classmates are taught (**unterrichtet**) by very good teachers?

8 How would you say that *Cats* was performed in your town last year?

Wortschatz

Erste Stufe

Expressing preference, given certain possibilities

Ich höre mir hauptsächlich Jazz an.	I listen mainly to jazz.
Ich würde mir möglicherweise auch klassische Musik anhören.	I would possibly also listen to classical music.
Und eventuell noch Country-Western.	And perhaps also country western.

Expressing envy and admiration

Wir beneiden unseren Freund, weil …	We envy our friend because …
Ich bewundere Steffi Graf, da …	I admire Steffi Graf since …

Other useful words

die Abendkasse, -n	ticket window
die Ausstellung, -en	exhibition
das Abonnement, -s	subscription
die Geige, -n	violin
die Hausmusik	house music
die Sage, -n	legend
das Märchen, -	fairy tale
der Philosoph, -en	philosopher
das Wunder, -	wonder, miracle
das Volksfest, -e	regional festival
die Geduld	patience
das Vergnügen, -	pleasure
der Unterschied, -e	difference
das Werk, -e	(literary) work, achievement
aufblühen (sep)	to blossom, thrive
ausgehen von (sep)	to be initiated by

vorhanden sein	to exist
vorlesen (sep)	to read aloud
verlängern	to extend
grotesk	grotesque
unheimlich (gut)	really (well)
historisch	historical
wissenschaftlich	scientific
meinetwegen	as far as I'm concerned
zwar	indeed
teilweise	partly

Prepositions with the genitive case

während	during
wegen	because of
anstatt	instead of
innerhalb	inside of

Zweite Stufe

Telling that something is or was being done

Die Instrumente werden vor der Aufführung gestimmt.	The instruments are being tuned before the performance.
Es ist kräftig applaudiert worden.	There was strong applause.

Other useful words

die Aufführung, -en	performance
die Bühne, -n	stage
der Dirigent, -en	conductor
die Handlung, -en	plot
der Rang, ¨e	(theater) balcony
der Vorhang, ¨e	curtain
der Zuschauer, -	spectator
der Tänzer, -	dancer

die Aufregung, -en	excitement;
vor lauter Aufregung	from sheer excitement
die Eifersucht	jealousy
die Gänsehaut	goose bumps
das Herzklopfen	pounding heart
die Spannung, -en	tension, excitement
der Bube, -n	(southern German) boy
die Königin, -nen	queen
die Pracht	splendor
der Spiegel, -	mirror
der Versuch, -e	attempt
aufführen (sep)	to perform
begleiten	to accompany
begrüßen	to greet
s. beklagen über (acc)	to complain about

darstellen (sep)	to play (act)
erkennen	to recognize
erleben	to experience
es geht um	it is about
s. handeln um	to be about
klären	to clear up
klatschen	to applaud
stimmen	to tune (an instrument)
träumen	to dream
s. umsehen (sep)	to look around
verteilen	to distribute
atemlos	breathless
bärtig	bearded
heiter	cheerful
vergeblich	futile
weder … noch	neither … nor

Objectives

In this chapter you will learn to

Erste Stufe

- express determination or indecision
- talk about whether something is important or not important

Zweite Stufe

- express wishes
- express certainty and to refuse or accept with certainty
- talk about goals for the future
- express relief

 internet

ADRESSE: go.hrw.com
KENNWORT: WK3
DRESDEN-11

◀ **Hast du dich schon für einen Beruf entschieden?**

Wortschatz

auf Deutsch erklärt

Schulabschluss das Ende der Schulzeit, wenn man die Schule erfolgreich beendet

fertig wenn man zu Ende gekommen ist

Zukunft zeitlich nicht jetzt, sondern alles das, was noch kommen wird

anfangen beginnen

Beruf der hauptberufliche Job

jobben arbeiten, aber nicht hauptberuflich

Arbeitsamt von der Stadt organisierte Stelle, wo man Arbeit suchen kann

s. ausruhen s. entspannen

nötig haben wenn man etwas sehr braucht

beschließen s. entscheiden

entschlossen man hat sich entschieden

auf etwas Wert legen wenn man etwas für wichtig hält

auf Englisch erklärt

Ich möchte <u>mich</u> <u>nach</u> der <u>Möglichkeit</u> <u>erkundigen</u>, eine <u>Lehre</u> als Schreiner anzufangen. *I would like to get information on the possibility of beginning an apprenticeship as a carpenter.*

Andreas muss <u>sich</u> <u>auf</u> das Studium der <u>Naturwissenschaft</u> <u>vorbereiten</u>. *Andreas has to prepare himself for his studies in the natural sciences.*

<u>Auf</u> <u>alle</u> <u>Fälle</u> gibt es gute <u>Gründe</u>, Beamter zu <u>werden</u>. *In any case, there are good reasons to become a civil servant.*

Wenn man die <u>Sprache</u> eines Landes nicht kann, <u>ist</u> man <u>auf</u> Handbewegungen <u>angewiesen</u>. *When you can't speak the language of a country, you have to rely on gestures.*

Übungsheft, S. 132, Ü. 1–2

Grammatikheft, S. 91–92, Ü. 1–3

So sagt man das!

Expressing determination or indecision

Sometimes, when you have made a firm decision, you'll want to express your determination. You can say:

> **Ich hab beschlossen,** Jura zu studieren.
> **Ich hab mich entschieden,** einen Beruf zu erlernen.
> **Ich bin fest entschlossen,** in den USA zu studieren.
> **Ich weiß jetzt, dass** …

Of course, you may not be quite sure about something. This is the way you might express indecision:

> **Ich weiß nicht, ob** ich Musik studieren soll.
> **Ich hab mich noch nicht entschieden, was/ob** …
> **Ich kann (das) noch nicht sagen, was/ob** …
> **Ich muss mir das überlegen.**
> **Es kommt darauf an, was/ob** …
> **(Ich werde) mal sehen, ob** …

Mehr Grammatikübungen, S. 316–317, Ü. 1–3 →

Übungsheft, S. 135, Ü. 8–9

Grammatikheft, S. 93, Ü. 4–5

4 Schon feste Pläne?

 Zuhören Drei Schüler machen bald ihren Schulabschluss. Hör ihrem Gespräch gut zu und entscheide dich, wer schon feste Pläne hat und wer sich über seine Zukunft noch nicht so sicher ist!

5 Wie sieht's bei dir aus?

 Sprechen Sprich mit einer Partnerin über deine Pläne für die Zukunft! Wofür habt ihr euch entschieden? Was ist noch ungewiss? Was sind die Gründe?

PARTNER **Weißt du schon, ob oder was du studieren willst?**

DU **Ich bin fest entschlossen, Jura zu studieren. Rechtsanwalt ist ein Beruf mit Zukunft.**

Wünsche und Pläne

zuerst studieren
eine Lehre machen
einen Job suchen
nach der Schule nichts machen
im Ausland studieren
im Ausland arbeiten
auf die (Musikhochschule) gehen
Wehrdienst oder Zivildienst machen

Gründe

ein Beruf mit Zukunft sein
mit dem Studium etwas
 anfangen können
einen besseren Job nach
 dem Studium haben
erst einmal Ferien machen
wegen der Sprache
sich auf eine Karriere vorbereiten

6 Und du? Was möchtest du alles?

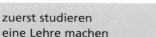 **Sprechen/Schreiben** Sag oder schreib einer Partnerin, was du alles machen möchtest, nachdem du deinen Schulabschluss hast!

DU **Ich möchte …** *oder*
Ich hab mich entschieden, … *oder*
Ich hab beschlossen, …

Was?

die Universität besuchen   (Jura) studieren   einen Beruf erlernen   einen tollen Beruf ausüben

eine gute Allgemeinbildung haben   in (Deutschland) studieren   erst mal Ferien machen

7 Du machst dasselbe

 Sprechen Dein Partner sagt dir, was er macht. Sag ihm, dass du beschlossen hast, dasselbe zu tun!

PARTNER **Ich bereite mich auf eine gute Karriere vor.**
DU **Ich hab auch beschlossen, mich auf eine gute Karriere vorzubereiten.**

s. auf eine gute Karriere vorbereiten   s. beim Arbeitsamt erkundigen, wie der Arbeitsmarkt aussieht

s. zuerst mal umsehen, was man alles machen kann   s. um ein Studium in Deutschland bewerben   s. gut überlegen, was man werden will

Ein wenig Landeskunde

Im Jahre 1386 wurde die älteste deutsche Hochschule, die Universität Heidelberg, gegründet. In Deutschland gibt es viele alte Universitäten und auch ganz junge. Seit 1960 sind mehr als zwanzig Universitäten gegründet worden. Immer mehr junge Deutsche wollen heute studieren. 1960 begannen nur fünf Prozent eines Altersjahrgangs ein Studium. Heute bewirbt sich fast jeder dritte Jugendliche um einen Studienplatz. Im Wintersemester 2000/2001 studierten fast 1,8 Millionen in Deutschland. Davon waren rund 122 000 Ausländer. Der Anteil der Frauen liegt bei 47%. Der Staat fördert nämlich das Studium von Ausländern an deutschen Hochschulen als Beitrag zur internationalen Verständigung.

Studienwünsche männlicher Abiturienten		Studienwünsche von Abiturientinnen	
Fach	Anteil (%)	Fach	Anteil (%)
Wirtschaft	14	Wirtschaft	11
Maschinenbau	13	Jura	7
Elektrotechnik	11	Sozialwesen	6
Jura	5	Medizin	6
Informatik	5	Architektur	5
Bauingenieurwesen	4	Gestaltung	4
Architektur	4	Erziehungswissenschaft	4
Medizin	3	Germanistik	3
Physik	3	Biologie	3
Chemie	3	Psychologie	3

8 Fragen an dich

Sprechen Sag einer Partnerin, wie du dich zu den folgenden Fragen stellst! Hast du zu diesen Fragen schon eine feste Meinung, oder kannst du dich noch nicht entscheiden? — Gebrauch in deiner Antwort die Ausdrücke, die auf Seite 300 aufgelistet sind!

1. Hast du schon feste Vorstellungen von deiner Zukunft?
2. Weißt du schon, was du nach der Schule machen willst?
3. Möchtest du studieren? — Wenn ja, was?
4. Welchen Beruf würdest du gern einmal ausüben?
5. Wirst du zum Arbeitsamt gehen, um dich nach Job-Möglichkeiten zu erkundigen?
6. Was machst du erst mal ganz bestimmt, wenn du mit der Schule fertig bist?
7. Würdest du gern in Deutschland oder anderswo im Ausland studieren oder arbeiten?
8. Möchtest du gleich nach der Schule heiraten und eine Familie gründen?

9 Für mein Notizbuch

Schreiben Mach eine Liste mit fünf Plänen, für die du dich schon entschieden hast, und mit fünf Ideen, die du dir noch überlegen musst!

10 Klassendiskussion

1. **Lesen/Sprechen** Vergleicht eure Listen in der Klasse und diskutiert über die Unterschiede in euren Wünschen und Zielen für die Zukunft!
2. **Schreiben** Macht eine Klassenliste, die euch zeigt, wofür sich die meisten schon entschieden haben, und was sich die meisten von euch noch überlegen müssen!

11 Was ist am Arbeitsplatz wichtig?

Sprechen Es gibt viele Gesichtspunkte, nach denen man einen Arbeitsplatz beurteilen kann. Hier ist das Ergebnis einer Umfrage. Es zeigt, was den Deutschen am wichtigsten ist und was ihnen weniger wichtig ist. (Die Nummern zeigen, wievielmal die einzelnen Gesichtspunkte erwähnt wurden.) Diskutiert über das Ergebnis der Umfrage! Was würde bei euch ganz oben stehen? Ganz unten? — Schreibt eure eigene Liste von Prioritäten am Arbeitsplatz!

Einkommenshöhe 53
Bedingungen am Arbeitsplatz 45
Inhalt der Arbeit 34
Kontakte mit Kollegen 34
Aufstiegschancen 23
Sicherheit vor Entlassung 22
Arbeitszeit 19
Verhältnis zum Boss 17
Sicherheit am Arbeitsplatz 15
Mitbestimmung im Betrieb 13
Angenehmes Arbeitstempo 9
Zugang zu Informationen 3

Talking about whether something is important or not important

To say what is important, you can use the following phrases:

> **Ich lege großen Wert darauf, dass …**
> **Ich bin interessiert daran, dass …**
> **Für mich spielt die größte Rolle, dass …**
> **Mir ist wichtig, dass …**
> **Entscheidend für mich ist, dass …**
> **Für mich ist es am wichtigsten, dass …**
> **Ausschlaggebend ist für mich, dass …**

To say that something is not important, you can say:

> **Ich lege keinen großen Wert darauf, dass …**
> **Ich bin nicht besonders interessiert daran, dass …**
> **Es ist nicht entscheidend für mich, dass …**
> **Mir ist weniger wichtig, dass …**

Übungsheft, S. 133–135, Ü. 3–7

Grammatikheft, S. 94, Ü. 6

12 Über die Zukunft sprechen

Zuhören Hör Steffi und Horst gut zu, wie sie über ihre Wünsche und Pläne für die Zukunft sprechen! Was für Dinge sind Steffi wichtig? Und Horst? Wie unterscheiden sich die zwei?

13 Grammatk im Kontext

Sprechen/Schreiben Wenn ihr an die Zukunft denkt, worauf legt ihr da großen Wert? — Drückt eure Meinungen auf verschiedene Arten aus! Jeder in der Gruppe kommt einmal dran. Ihr könnt eure Meinungen auch schreiben.

FRAGE **Worauf legst du großen Wert?**

SCHÜLER 1 **Ich lege großen Wert auf eine gute Universität.**

SCHÜLER 2 **Entscheidend ist für mich, dass ich eine gute Universität besuche.**

nette Mitarbeiter haben

viel Freizeit haben

gute Universität besuchen

vernünftige Arbeitszeit haben

Sicherheit am Arbeitsplatz haben

Zugang zu Information haben

gutes Gehalt bekommen

Aufstiegschancen haben

angenehmes Arbeitstempo haben

große Karriere vorbereiten

interessanten Beruf erlernen

Ein wenig Grammatik

Schon bekannt

Do you remember how to use **wo-**compounds to ask a question? If someone said **Wir interessieren uns für Politik** and you didn't hear the end of their sentence, how would you ask for clarification?[1] Look at the following sentence:

> **Es kommt darauf an, ob ich einen guten Job finde.**

What does **darauf** anticipate?[2]

Mehr Grammatikübungen, S. 317, Ü. 4

1. **Wofür interessiert ihr euch?**
2. It anticipates the entire clause that follows.

14 **Und du? Wie steht's mit dir?**

Sprechen/Schreiben Denk an deine Wünsche und Ziele für die Zukunft, und beantworte die folgenden Fragen!

1. Woran denkst du schon mit (16) Jahren?
2. Worauf bereitest du dich vor?
3. Woran bist du am meisten interessiert?
4. Wofür wirst du dich entscheiden?
5. Worauf kommt es dir am meisten an?
6. Worauf legst du den größten Wert?

Wortschatz

Berufe

Tierärztin

Musiker

Biologe

Kauffrau

Und dann noch...

Apotheker(in)
Architekt(in)
Biologe/Biologin
Computerspezialist(in)
Diplomat(in)
Ingenieur(in)
Journalist(in)
Kaufmann, -frau
Krankenschwester, -pfleger
Musiker(in)
Physiker(in)
Politiker(in)
Professor(in)
Rechtsanwalt, -anwältin
Reporter(in)
Sekretär(in)
Soldat(in)
Tierarzt, -ärztin

Grammatikheft, S. 94, Ü. 7

15 **Was möchtest du mal werden?**

Sprechen Sag, was du mal werden möchtest und warum! Frag deine Klassenkameraden, was sie werden möchten! Jeder muss einen Grund angeben.

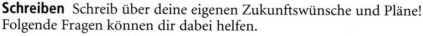

(Kinder) gern haben

gut sein in ...

Talent dazu haben

ein Beruf mit Zukunft

mein Vater/meine Mutter ist auch ...

interessante Arbeit

viel reisen können

16 **Für mein Notizbuch**

Schreiben Schreib über deine eigenen Zukunftswünsche und Pläne! Folgende Fragen können dir dabei helfen.

1. Was möchtest du machen, wenn du mit der High School fertig bist?
2. Was für einen Beruf möchtest du einmal ausüben?
3. Was ist dir wichtig, wenn du an einen späteren Beruf denkst? Was ist dir weniger wichtig?
4. Mit wem besprichst du deine Zukunftspläne? Wer hilft dir bei deinen Entscheidungen?
5. Der zukünftige Beruf ist natürlich wichtig, aber was für andere Wünsche und Pläne hast du? Möchtest du zum Beispiel viel reisen oder eine Zeit lang im Ausland leben?
6. Möchtest du einmal heiraten und eine Familie gründen?
7. Wo möchtest du einmal wohnen?

LANDESKUNDE LANDESKUNDE

Wie findet man eine Arbeitsstelle in Deutschland?

Übungsheft, S. 136, Ü. 1–2

Wie bewirbt man sich um einen Job oder um eine Arbeitsstelle in Deutschland, wenn man mit der Schule fertig ist? Wer eine Arbeitsstelle sucht, sollte hauptsächlich die Stellenangebote in der Zeitung lesen. Alle Tageszeitungen in Deutschland haben in der Samstagsausgabe einen Sonderteil für Stellenangebote, den „Stellenmarkt". Hat man eine Anzeige gefunden, für die man sich interessiert, fertigt man eine schriftliche Bewerbung an. Zu den vollständigen Bewerbungsunterlagen gehören ein tabellarischer Lebenslauf, getippt oder handgeschrieben, ein Foto und Kopien von Schul- und Arbeitszeugnissen. Außerdem schreibt man einen Brief, in welchem man kurz erwähnt, warum man sich für diese Stelle interessiert.

Hier siehst du ein typisches Stellenangebot aus einer deutschen Tageszeitung.

A. 1. Lies zuerst den Text oben! Wie findet man eine Arbeitsstelle in Deutschland? Welche Unterlagen (*documents*) schickt man an die Firma?

2. Lies jetzt das Stellenangebot (*job offer*)! Wer würde sich für diese Anzeige interessieren? Welche Ausbildung ist für die angebotene Position nötig? Welche persönlichen Eigenschaften soll der Bewerber (*applicant*) haben? Was bietet die Firma dem Bewerber?

B. 1. Wie bewirbt man sich bei einer Firma in den USA? Was schickt man gewöhnlich an die Firma?

2. Wie unterscheidet sich das Bewerbungsverfahren in Deutschland von dem amerikanischen? Was schickt man in Deutschland, aber nicht hier? Welches Verfahren findest du besser? Warum?

3. Welche Fähigkeiten (*skills*) hast du, die eine Firma von einem Bewerber erwartet? Welche Leistungen (*benefits*) soll dir die Firma bieten?

WERTMARKT

Ihr steiler Weg nach oben

Wir suchen

Absolventen von Hoch– und Fachhochschulen der Studienrichtung Betriebswirtschaft

(mit Berufserfahrung)

SIE: suchen eine gut dotierte Führungsposition; sind bereit, Verantwortung zu tragen und selbständig Entscheidungen zu treffen; bringen die Fähigkeit mit, Mitarbeiter zu führen und zu motivieren; verfügen über gute Umgangsformen und ein gepflegtes Erscheinungsbild.

WIR: bieten Ihnen die eigenverantwortliche Führung eines Filialbereiches für eines der führenden Lebensmittel–Filialunternehmen in Deutschland als leitender Angestellter und Vorgesetzter; zahlen ein übertarifliches Gehalt bereits während der Einarbeitung; stellen Ihnen einen neutralen PKW zur Verfügung, den Sie auch privat nutzen können.

Ihre Bewerbung mit den üblichen Unterlagen wie handgeschriebenem Lebenslauf, Lichtbild, Zeugniskopien und Gehaltswunsch richten Sie bitte an:

**WERTMARKT Lebensmittelfilialbetrieb GmbH
z. Hd. Herrn Reinke
Kaiserstraße 10
97070 Würzburg**

Weiter geht's! ▪ *Wenn ich mal dreißig bin, ...*

Fünf Jugendliche sprechen darüber, wie sie ihre Zukunft sehen und was sie mit dreißig Jahren erreicht haben möchten.

Bis vor kurzem hab ich meine Zukunft ziemlich pessimistisch gesehen. Manchmal hatte ich richtige Angst, dass unsere Welt kaputtgeht an der Umweltverschmutzung und vor allem am Ost-West Konflikt: Panzer, Raketen, Krieg — vor einem Atomkrieg hab ich mir große Sorgen gemacht. Gott sei Dank hab ich diese Angst jetzt nicht mehr. Gut, dass der Osten vernünftig geworden ist. Was sich jetzt im Osten tut, gibt mir große Hoffnung für meine Zukunft. Jetzt will ich wirklich einen guten Schulabschluss machen, einen Beruf erlernen, Geld verdienen und reisen, in die ehemaligen Ostblockländer, vielleicht sogar dort arbeiten. Wer weiß?

Sandra, 16

Mit dreißig möchte ich eine politische Karriere begonnen haben. Mein Vater ist Politiker, und ich steh auch auf Politik. Und was gerade in dieser Zeit auf uns zukommt, ist unbeschreiblich! Die Demokratisierung des Ostens und ein großes, vereintes Europa — da möchte ich auf jeden Fall einmal dabei sein. Ich bin froh, dass ich in der Schule gut bin, und ich werde das Abi ganz bestimmt schaffen. Nun, es steht fest, dass ich Politik und Sprachen studieren werde. Wer nämlich eine, zwei oder sogar mehrere Sprachen kann, der hat bessere Chancen im Beruf und im Leben überhaupt. Und ich mit dreißig? Vielleicht werd ich bis dahin einen Traumjob gefunden haben oder im Bundestag sein, oder vielleicht werd ich irgendwo in der Welt herumreisen oder sogar schon verheiratet sein und Kinder haben. Wer weiß? Es ist jedenfalls interessant, so viele Möglichkeiten vor sich zu haben.

Uta, 17

Wenn ich dreißig bin, möchte ich einen tollen Beruf ausüben — Raumfahrttechniker vielleicht, weil das ein Beruf mit Zukunft ist. Auf alle Fälle möchte ich keine materiellen Sorgen haben und ganz bestimmt viel reisen. Eine Familie haben? Kommt nicht in Frage! Nicht mit dreißig, vielleicht mit vierzig Jahren. Ich möchte ganz bestimmt erst mal viel mehr von der Welt sehen, einen weiteren Horizont kriegen.

Alexander, 17

Ich freu mich direkt auf meine Zukunft. Mit dreißig möchte ich schon viel Geld verdienen, eine schöne Wohnung oder ein Haus haben, ich möchte verheiratet sein und Kinder haben, ja, natürlich auch ein tolles Auto fahren. Nun, das klingt wohl alles ziemlich materialistisch. Aber man muss Ziele im Leben haben und Sachen, an denen man sich freuen kann. Zum Glück bin ich gesund, und ich bin bereit, hart zu arbeiten, um das alles möglich zu machen.

Oliver, 16

Ich hab noch keine großen Pläne für die Zukunft. Im Sommer werd ich mit dem Realgymnasium fertig, und dann werde ich bei einer Bank oder bei einer Versicherung eine Lehre anfangen. Bis ich mal Bankkaufmann bin, vergeht noch eine Weile. Ich werde weiterhin bei meinen Eltern wohnen; ausziehen kommt für mich nicht in Frage. Ich liebe geregelte Verhältnisse. Ich komm mit meinen Eltern prima aus, und ich möchte weiterhin so leben wie jetzt und auch noch eine Weile so bleiben, wie ich bin. Angst vor der Zukunft hab ich nicht.

Christian, 17

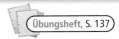
Übungsheft, S. 137

17 **Was sagen die Jugendlichen?**

Schreiben Mach eine Liste und schreib auf, was für Wünsche und Ziele diese fünf Jugendlichen für ihre Zukunft haben!

18 **Brainstorming**

Sprechen/Schreiben Unterhaltet euch in der Klasse über eure Wünsche und Ziele für die Zukunft! Macht eine Liste, und schreibt sie in euer Notizheft!

Zweite Stufe

Objectives Expressing wishes; expressing certainty and refusing or accepting with certainty; talking about goals for the future; expressing relief

WK3 DRESDEN-11

Wie sieht die Jugend ihre Zukunft?

Lesen In Zeitschriften findet man oft Umfragen und Tests. Hier sind einige Beispiele.

Die Jugendlichen: Was ist ihnen wichtig?

	sehr wichtig	ziemlich wichtig	kaum wichtig	nicht wichtig
den richtigen Beruf wählen	63%	33%	2,5%	1,5%
keine materiellen Sorgen haben	48%	47%	4%	1%
schöne Wohnung / schönes Haus haben	32%	52%	15%	1%
die Lebensweise selbst bestimmen	34%	50%	15%	1%
heiraten und Kinder haben	31%	34%	27%	8%

Wer sind deine Vorbilder? Welche Männer und Frauen bewunderst du besonders?

Albert Schweitzer
Mutter Theresa
Martin Luther King
Sandra Day O'Connor
Tiger Woods
Mia Hamm
andere Personen

Wenn du an deine Zukunft denkst, welche Ziele hast du da? Rangliste

	Mädchen	Jungen
sicheren Arbeitsplatz	2	2
gutes Einkommen	1	5
gesund leben	5	1
Partnerschaft	4	3
anderen Menschen helfen	6	4
schönes Haus haben	3	7
politisch aktiv sein	7	6

Möchtest du später mal heiraten?

	Jugendliche insgesamt	Mädchen	Jungen
Ja	48%	40%	55%
Nein	22%	25%	20%
Unentschieden	30%	35%	25%

Wortschatz

auf Deutsch erklärt

der Atomkrieg Krieg mit Nuklearwaffen geführt
das kommt nicht in Frage daran wird überhaupt nicht gedacht
die Hoffnung was man hat, wenn man auf etwas hofft
die Raumfahrt was die Astronauten machen
dabei sein mitmachen
vereint zusammen als eins
der Bundestag das deutsche Parlament
geregelt ordentlich
Ich stehe auf Politik. Ich bin von Politik begeistert.
vor allem besonders
auf jeden Fall ganz bestimmt
jedenfalls sicher, gewiss
ehemalig- früher-

auf Englisch erklärt

Ich liebe geregelte Verhältnisse. Ich werde eine Lehre bei einer Versicherung anfangen. *I like orderly conditions. I will become an apprentice with an insurance company.*
Es vergeht noch eine Weile, bis ich Bankkaufmann bin. *It is going to take a while for me to become a banker.*
Bis dahin weiß ich, was auf mich zukommt. *By then, I'll know what's in store for me.*
Auf alle Fälle muss man ein Ziel haben. *In any case, one must have a goal.*

Grammatikheft, S. 95–96, Ü. 8–11

19 Was sagt ihr dazu?

1. **Sprechen** Überlegt euch mal, was ihr zu den Umfragen auf Seite 308 sagen würdet!
2. **Sprechen** Was würdet ihr an diesen Umfragen ändern? Hinzufügen? Weglassen? Diskutiert mit euren Klassenkameraden darüber!
3. **Schreiben** Stellt eine Liste mit Leuten auf, die für euch Vorbilder sind!
4. **Sprechen** Macht die Umfragen in der Klasse, und diskutiert die Ergebnisse!

So sagt man das!

Expressing wishes

When discussing the future, you often talk about how you wish or hope it might be.

> **Viel Geld wäre mir nicht wichtig.**
> **In meiner idealen Welt gäbe es keinen Krieg.**

Note that **gäbe** is a subjunctive form like **wäre**.

Mehr Grammatikübungen,
S. 318, Ü. 5

Grammatikheft, S. 96, Ü. 12

20 Wünsche der Schüler

Zuhören Hör zu und schreib auf, was sich diese Schüler wünschen! Wer hat mehr realistische Wünsche und wer mehr ideale? Mit welchem Schüler kannst du dich am besten identifizieren?

21 Was gäbe es in deiner idealen Welt?

Sprechen Sag einem Partner, was es in deiner idealen Welt gäbe und was nicht!

Es gäbe viel …   **Es gäbe wenig …**   **Es gäbe kein …**

Geld	Musik	Theater	Kunst	Sport	Freunde	ein guter Job	Reisen

Hunger   Armut   Krieg   Konflikt   Krankheit   Tiere   Hobbys   Bücher

Umweltverschmutzung   Blumen   Kinder   ein schönes Haus   eine glückliche Ehe

So sagt man das!

Expressing certainty and refusing or accepting with certainty

If you are certain about something, you can say:

> **Es steht fest, dass …**   *or*   **Es ist sicher, dass …**
> **Ich möchte unbedingt …**

If someone asks you if you'd like to do something, here is how you might say that you absolutely refuse:

or certainly accept:

> **Nein, tut mir Leid.**   **Ja, natürlich!** *or* **Ganz bestimmt.**
> **Kommt nicht in Frage!**   **Auf jeden Fall.** *or* **Auf alle Fälle.**
> **Auf keinen Fall!**

Grammatikheft,
S. 97, Ü. 13–14

22 Wie steht's mit euch?

Sprechen Sagt, was bei euch feststeht, und was bei euch nicht in Frage kommt! Benutzt in euren Fragen und Antworten die Liste, die ihr in Übung 18 erstellt habt!

PARTNER 1	**Hast du Angst vor der Zukunft?**
DU	**Ganz bestimmt. Ich weiß gar nicht, was kommt!** *oder* **Auf keinen Fall.**
DU	**Möchtest du in der Welt herumreisen?**
PARTNER 2	**Ja! Ich möchte unbedingt einen Beruf erlernen, wo ich viel reisen kann.**
	oder **Kommt nicht in Frage, ich reise gar nicht gern.**

23 Für mein Notizbuch

Schreiben Schreib zehn Sachen auf eine Liste, die dir für deine Zukunft sehr wichtig sind! Das Wichtigste muss oben stehen.

24 Vergleicht eure Pläne!

Sprechen Vergleicht jetzt eure Listen miteinander und sprecht über die Unterschiede, die ihr entdeckt! Denkt daran, dass ihr Gründe für eure Rangordnung angeben müsst!

25 Grammatik im Kontext

Sprechen/Schreiben Was wirst du in der Zukunft machen? Was werden deine Freunde machen? Deine Geschwister? Deine Klassenkameraden? Bilde Sätze mit „werden"!

einen interessanten Beruf erlernen

studieren

etwas für andere tun

Kinder haben

verheiratet sein

viel reisen

politisch aktiv sein

Ein wenig Grammatik

Schon bekannt

Read the two sentences below. What do they mean? Is their meaning the same or different? What construction is used in the first sentence? In the second? How is the future tense formed? How else can future time be expressed?

Ich schaffe das Abi ganz bestimmt.
Ich werde das Abi ganz bestimmt schaffen.

Übungsheft, S. 138, Ü. 1

Grammatikheft, S. 98, Ü. 15–16

Mehr Grammatikübungen, S. 318, Ü. 6

So sagt man das!

Talking about goals for the future

When thinking about the future, you often speculate on what you would like to have accomplished by a certain time in your life. You could say:

Mit dreißig **möchte ich** eine politische Karriere **begonnen haben.**
Vielleicht **werde ich** bis dahin einen Traumjob **gefunden haben.**

Übungsheft, S. 138, Ü. 2

26 Große Pläne

Zuhören Schreib auf, was diese Jugendlichen mit dreißig Jahren erreicht haben möchten! Wer von ihnen hat große Pläne?

Grammatik

The perfect infinitive with modals and **werden**

1. To express that something will have happened or have been completed in the future, you can use the perfect infinitive with a modal or with **werden**.

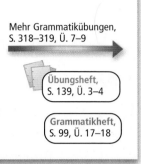

Mehr Grammatikübungen, S. 318–319, Ü. 7–9

Ich **möchte** eine politische Karriere **begonnen haben.**
Ich **werde** einen Traumjob **gefunden haben.**

Übungsheft, S. 139, Ü. 3–4

2. The perfect infinitive consists of the infinitives **haben** or **sein** (when the main verb requires **sein**), and the past participle of the main verb.

Grammatikheft, S. 99, Ü. 17–18

Ich werde fertig **studiert haben.**   *or*   Wir werden weit **gereist sein.**

---

27 **Grammatik im Kontext**

Sprechen Sagt euren Klassenkameraden, was ihr mit dreißig alles getan haben werdet, wenn es nach euren Wünschen geht!

Was?

viel von der Welt sehen

viel erleben

ein Haus kaufen

schon heiraten

überallhin reisen

das Studium abschließen

schon viel Geld verdienen

Du **Mit dreißig werd ich viel von der Welt gesehen haben.**
Partner **Mit dreißig …**

28 **Was werde ich alles erreicht haben?**

 Schreiben Schreib auf, was du mit 20 und mit 25 Jahren erreicht haben wirst, wenn alles so kommt, wie du es dir vorstellst!

So sagt man das!

Expressing relief Übungsheft, S. 140–141, Ü. 5–8

These are some ways of saying that you are relieved about something:

Gut, dass …   Gott sei Dank, dass …
Ein Glück, dass …   Zum Glück habe ich …
Ich bin froh, dass …

29 **Worüber seid ihr froh?**

Sprechen Jeder in der Klasse sagt, worüber er oder sie froh ist. Jeder muss der Reihe nach etwas anderes sagen!

Du **Gut, dass ich meine Zukunft nicht so pessimistisch sehe.**
Partner 1 **Gott sei Dank, dass es keinen Ost-West Konflikt mehr gibt!**
Partner 2 **Zum Glück habe ich …**

30 **Für mein Notizbuch**

Schreiben Eine Bewerbung fürs College oder für die Universität verlangt häufig einen Aufsatz, in dem man sich vorstellt. Schreib einen solchen Aufsatz in dein Notizheft! Erwähne in deinem Aufsatz Folgendes:

1. Was sind deine Wünsche und Ziele?
2. Wie bereitest du dich darauf vor?
3. Was willst du mit 30 erreicht haben?
4. Was würde dir Zufriedenheit geben?

31 **Von der Schule zum Beruf**

You have recently taken over a business. As part of your long-term planning, get with a committee to develop a mission statement for your company. Then write a Five-Year Plan and a Ten-Year Plan. Include goals and wishes for the future, and also express what is important or not important for the company. Then sum up your plans in a letter or booklet to be sent to the company's investors and shareholders.

Das Märchen vom kleinen Herr Moritz

von Wolf Biermann

Eines Tages geht ein kleiner älterer Herr spazieren. Er heißt Herr Moritz und hat sehr große Schuhe und einen schwarzen Mantel dazu und einen langen schwarzen Regenschirmstock, und damit geht er oft spazieren. Dann kommt nun der lange Winter, der längste Winter auf der Welt in Berlin, da werden die Menschen allmählich böse:

Die Autofahrer schimpfen, weil die Straßen so glatt sind, daß die Autos ausrutschen.

Die Verkehrspolizisten schimpfen, weil sie immer auf der kalten Straße rumstehen müssen.

Literatur der Ex-DDR

Lesestrategie Interpreting symbols In works of fiction authors often use objects and characters as symbols that stand for something greater than themselves, usually something abstract. For example, objects and characters may symbolize emotions, ideas, or abstract concepts, such as good and evil; characters may represent particular groups of people or different aspects of society. A character's name is often a key to understanding what that character symbolizes.

Getting Started

1. Read the title and the first paragraph of the reading selection. To what genre of literature does this story belong? What elements are usually included in a **Märchen?** Answer the following questions:

   a. Wer ist die Hauptfigur?

   b. Wie sieht er aus?

   c. Wann und wo findet die Handlung statt?

2. Reread the first paragraph and continue reading to **An einem solchen …** What is the main idea of that part of the story? Which statements support the main idea?

Die Verkäuferinnen schimpfen, weil ihre Verkaufs-
läden so kalt sind.

Die Männer von der Müllabfuhr schimpfen, weil
der Schnee gar nicht alle wird.

Der Milchmann schimpft, weil ihm die Milch in
den Milchkannen zu Eis friert.

Die Kinder schimpfen, weil ihnen die Ohren
ganz rot gefroren sind, und die Hunde bellen vor
Wut über die Kälte schon gar nicht mehr, sondern
zittern nur noch und klappern mit den Zähnen vor
Kälte, und das sieht auch sehr böse aus.

An einem solchen kalten Schneetag geht Herr
Moritz mit seinem blauen Hut spazieren, und er
denkt: „Wie böse die Menschen alle sind, es wird
höchste Zeit, daß es wieder Sommer wird und
die Blumen wachsen." Und als er so durch die
schimpfenden Leute in der Markthalle geht, wachsen ganz schnell und ganz viele Krokusse, Tulpen,
Maiglöckchen, Rosen und Nelken, auch
Löwenzahn und Margeriten auf seinem Kopf. Er
merkt es aber erst gar nicht, und dabei ist schon
längst sein Hut vom Kopf hoch gegangen, weil die
Blumen immer mehr werden und auch immer
länger.

Da bleibt vor ihm eine Frau stehen und sagt: „O,
Ihnen wachsen aber schöne Blumen auf dem Kopf!"

„Mir Blumen auf dem Kopf?" sagt Herr Moritz,
„so was gibt es gar nicht!"

„Doch! Schauen Sie hier in das Schaufenster, Sie
können sich darin spiegeln. Darf ich eine Blume
abpflücken?"

Und Herr Moritz sieht im Schaufensterspiegelbild, daß wirklich Blumen auf seinem Kopf wachsen, bunte und große, und er sagt: „Aber bitte,
wenn Sie eine wollen …"

„Ich möchte gerne eine kleine Rose", sagt die
Frau und pflückt sich eine.

„Und ich eine Nelke für meinen Bruder", sagt ein
kleines Mädchen und Herr Moritz bückt sich, damit
das Mädchen ihm auf den Kopf langen kann. Er
braucht sich aber nicht so sehr tief zu bücken, denn er
ist etwas kleiner als andere Männer. Viele Leute kommen und brechen sich Blumen vom Kopf des kleinen
Herrn Moritz, und es tut ihm nicht weh, und die
Blumen wachsen immer gleich nach, und es kribbelt
so schön am Kopf, als ob ihn jemand freundlich strei-
chelte. Herr Moritz ist froh, daß er den Leuten mitten
im kalten Winter Blumen geben kann. Immer mehr
Menschen kommen zusammen und lachen und wundern sich und brechen sich Blumen vom Kopf des
kleinen Herrn Moritz. Keiner, der eine Blume erwischt,
sagt an diesem Tag noch ein böses Wort.

Aber da kommt auf einmal auch der Polizist
Max Kunkel. Max Kunkel ist schon seit zehn
Jahren in der Markthalle als Markthallenpolizist
tätig, aber so was hat er nocht nicht gesehen!
Mann mit Blumen auf dem Kopf! Er drängelt
sich durch die vielen lauten Menschen, und als er
vor dem kleinen Herrn Moritz steht, schreit er:
„Wo gibt's denn so was! Blumen auf dem Kopf,
mein Herr. Zeigen Sie doch bitte mal sofort Ihren
Personalausweis!"

3. Lies die ganze Geschichte einmal! Schreib
in zwei bis drei Sätzen, worum es in dieser
Geschichte geht!

A Closer Look

4. Scan the first eight paragraphs to identify
those that begin with sequencing expressions.
Read the sentences or paragraphs that are
introduced by those expressions. What
different purposes do those expressions serve?

5. Lies die Geschichte noch einmal, und
beantworte die folgenden Fragen!

   a. Woran denkt Herr Moritz, als er durch die
   Markthalle geht? Was passiert ihm dort?
   Wie reagieren die Leute darauf?

   b. Was will der Polizist sehen? Was geschieht,
   als Herr Moritz danach sucht?

   c. Was passiert dem Herrn Moritz am Ende
   der Geschichte?

Read the story again and discuss the following
questions with a partner. Share your ideas with
the rest of the class.

6. Why does the policeman want to see Herr Moritz's
identification card? Why do you think the flowers
wilt as Herr Moritz searches for his card?

7. Why do you think Herr Moritz is described
as **klein**? What does the word **klein** suggest to
you? Whom or what might Herr Moritz
represent? Think about his name, his
appearance, and what you know about his

Und der kleine Herr Moritz sucht und sucht und sagt verzweifelt: „Ich habe ihn doch immer bei mir, ich habe ihn doch in der Tasche!" Und je mehr er sucht, um so mehr verschwinden die Blumen auf seinem Kopf.

„Aha", sagt der Polizist Max Kunkel, „Blumen auf dem Kopf haben Sie, aber keinen Ausweis in der Tasche!!"

Und Herr Moritz sucht immer ängstlicher seinen Ausweis und ist ganz rot vor Verlegenheit, und je mehr er sucht — auch im Jackenfutter — um so mehr schrumpfen die Blumen zusammen, und der Hut geht allmählich wieder herunter auf den Kopf! In seiner Verzweiflung nimmt Herr Moritz seinen Hut ab, und siehe da, unter dem Hut liegt in der abgegriffenen Gummihülle der Personalausweis. Aber was noch!? Die Haare sind alle weg! Kein Haar mehr auf dem Kopf hat der kleine Herr Moritz. Er streicht sich verlegen über den kahlen Kopf und setzt dann schnell den Hut darauf.

„Na, da ist ja der Ausweis", sagt der Polizist Max Kunkel freundlich, „und Blumen haben Sie wohl auch nicht mehr auf dem Kopf, wie?!"

„Nein", sagt Herr Moritz und steckt schnell seinen Ausweis ein und läuft, so schnell wie man auf den glatten Straßen laufen kann, nach Hause. Dort steht er lange vor dem Spiegel und sagt zu sich: „Jetzt hast du eine Glatze, Herr Moritz!"

character from his actions in the story. What might the policeman represent?

8. There are many objects in this fairy tale that could be thought of as symbols, for example, the flowers or even the long, cold winter. What other symbols can you find in the story? What might they represent? Do your answers help to make the story more meaningful?

9. Was meinst du, was der Hauptgedanke der Geschichte ist? Schreib deine Idee in einem Satz auf!

10. Wähle zusammen mit einem Partner eine der folgenden Situationen, und entwickle ein passendes Gespräch dazu! Führ danach die Szene der Klasse vor!

a. Einige Reporter haben von den Ereignissen in der Markthalle gehört. Du bist ein Augenzeuge der Ereignisse. Mit deinem Partner übernimm die Rollen von Reporter und Zeuge! Erzähl dem Reporter alles, was passiert ist, damit er einen Bericht darüber schreiben kann!

b. Du bist Herr Moritz und triffst dich mit einem guten Freund einen Tag nach den Ereignissen in der Markthalle. Er will wissen, warum du ganz plötzlich eine Glatze hast. Erzähl ihm, was dir gestern alles passiert ist! Erzähl auch, wie du dich jetzt fühlst!

Übungsheft, S. 142–143, Ü. 1–5

Zum Schreiben

You have been reading about teenagers in Germany making career decisions that can be major turning points in their lives. Such pivotal moments are often the subject of TV shows and dramas. Imagine a show in which the characters must make a difficult decision that might result in arguments with parents or cause shifts in their relationships with others. In this activity you and your classmates will write a scene, as from a TV show or a movie, about such a turning point.

Von einem Wendepunkt erzählen

Bildet Gruppen von zwei bis vier Schülern, und schreibt zusammen eine Szene, in der jeder von euch eine Rolle hat! Die Szene soll von einer wichtigen Entscheidung und einem dadurch entstandenen Wendepunkt handeln.

 Schreibtipp Writing drafts and revising When you first sit down to write, the task can seem overwhelming, so don't try to make your writing perfect the first time through. Instead, write several drafts following your outlines and plans, yet allowing yourself the freedom to be creative and add any new ideas that come to you. Between drafts, share your writing with friends to get constructive criticism. They can tell you what they don't understand so you'll know where you need to clarify your ideas. You may also want to wait a little while between drafts so that you can gain an objective perspective on what you have already written and improve upon it.

A. Vorbereiten

1. Bildet eine Gruppe und besprecht eure Szene! Wer übernimmt welche Rolle? Was ist die wichtige Entscheidung? Was ist der Wendepunkt? Wo und wann spielt sich die Szene ab?

2. Jeder wählt eine Rolle und entwickelt seine Persönlichkeit. Was sind die Gefühle, Hoffnungen, Ziele und Erwartungen, die in dieser Rolle ausgearbeitet werden müssen?

3. Kommt zusammen und spielt eine Szene spontan vor! Schreibt alle guten Ideen auf, die während der Improvisation vorkommen! Denkt auch an die körperlichen Bewegungen, die die einzelnen Darsteller auf der Bühne ausführen sollen!

B. Ausführen

Verwendet eure Ideen von der Improvisation und den ausgearbeiteten Rollen, und schreibt zusammen die Szene! Achtet darauf, dass die Rollen glaubhaft sind! Sie sollen schon in der geschriebenen Form einen lebendigen Charakter erhalten.

C. Überarbeiten

1. Spielt eure Szene als Gruppe unter euch vor! Denkt an die Rollen der anderen, und gebt einander konstruktive Kritik!

2. Tauscht eure Rollen aus, damit ihr eine andere Perspektive gewinnt! Versteht ihr die Rollen der anderen? Müsst ihr irgendwelche Regie- oder Bühnenanweisungen hinzufügen, damit die anderen die Rollen überzeugend spielen können?

3. Verbessert die Szene, indem ihr eine neue Version schreibt! Spielt sie danach vor, und verbessert sie noch einmal, bis ihr alle damit zufrieden seid!

4. Lest eure Szene zusammen laut vor! Habt ihr alles richtig geschrieben?

5. Schreibt die endgültige Version der Szene auf!

Mehr Grammatikübungen

internet

go.hrw.com

ADRESSE: go.hrw.com
KENNWORT:
  WK3 DRESDEN-11

Erste Stufe

Objectives Expressing determination or indecision; talking about whether something is important or not important

1 Du fragst verschiedene Freunde nach ihren Zukunftsplänen, und sie sagen dir, was sie beschlossen haben. Ergänze (*complete*) die folgenden Sätze mit der Information, die in den Fragen gegeben ist! Gebrauche Infinitivsätze! (**Seite 300**)

1. Was hast du beschlossen? Willst du an der Universität von Hamburg studieren? — Ja, ich _____ .

2. Wozu hast du dich entschieden? Willst du eine Lehre machen? — Ja, ich _____ .

3. Was hast du beschlossen? Willst du dir zuerst einen Job suchen? — Ja, ich _____ .

4. Wozu hast du dich entschieden? Willst du erst einmal Ferien machen? — Ja, ich _____ .

5. Was hast du beschlossen? Willst du den Wehrdienst machen? — Ja, ich _____ .

6. Wozu hast du dich entschieden? Willst du mit dem Studium anfangen? — Ja, ich _____ .

7. Was hast du beschlossen? Willst du dich auf eine Karriere vorbereiten? — Ja, ich _____ .

2 Du hast dich noch nicht entschieden, was du machen willst. Deshalb kannst du deinen Freunden noch keine Antworten auf ihre Fragen geben. Schreib die folgenden Sätze ab, und schreib dabei die direkte Frage als indirekte Frage! (**Seite 300**)

1. Was wirst du studieren?   Ich kann noch nicht sagen, _____ .

2. Wo wirst du studieren?   Ich weiß noch nicht, _____ .

3. Wofür hast du Interesse?   Ich muss mir überlegen, _____ .

4. Wirst du im Ausland studieren?   Ich kann noch nicht sagen, _____ .

5. Musst du im Herbst anfangen?   Ich weiß noch nicht, _____ .

6. Kannst du im Ausland arbeiten?   Ich weiß nicht, _____ .

3 Rosalyn hat Pläne für die Zukunft. Schreib die folgenden Sätze ab und schreib dabei den richtigen Ausdruck aus dem Kasten in die Lücken. (**Seite 300**)

kommt	entschlossen	überlegen
entscheidend	beschlossen	entschieden

1. Ich hab _____ , einen guten Schulabschluss zu haben.
2. Ich hab mich _____ , zuerst einmal einen Computerkurs mitzumachen.
3. Ich bin auch fest _____ , im nächsten Jahr auf die Uni zu gehen.
4. Ich muss mir aber zuerst _____ , was für ein Fach ich studieren sollte.
5. Es _____ aber auch sehr darauf an, wie viel Geld das Studium kostet.
6. Also, _____ für mich ist, dass ich einmal einen guten Job finde.

4 Du sprichst darüber, was dir im Leben wichtig ist. Vervollständige die folgenden Sätze, indem du in die erste Lücke ein "**da**-compound" schreibst, und in die zweite Lücke einen Infinitivsatz! Verwende dabei die Information in Klammern! (**Seite 303**)

1. Ich lege großen Wert auf ein gutes Abitur. (ein gutes Abitur machen) — Ich lege großen Wert _____ , _____ .
2. Ich bin an einem guten Job interessiert. (einen guten Job haben) — Ich bin interessiert _____ , _____ .
3. Ich lege großen Wert auf einen guten Schulabschluss. (einen guten Schulabschluss haben) — Ich lege großen Wert _____ , _____ .
4. Ich bin an einer guten Karriere interessiert. (eine gute Karriere zu machen) — Ich bin interessiert _____ , _____ .
5. Ich lege großen Wert auf einen sicheren Arbeitsplatz. (eine sicheren Arbeitsplatz haben) — Ich lege großen Wert _____ , _____ .
6. Ich bin am Zivildienst interessiert. (den Zivildienst machen) — Ich bin interessiert _____ , _____ .

Zweite Stufe

Objectives Expressing wishes; expressing certainty and refusing or accepting with certainty; talking about goals for the future; expressing relief

5 Du drückst deine Wünsche für eine ideale Welt aus. Ergänze die folgenden Sätze, indem du in den Lücken die Konjunktivform von **es gibt** und die Information in Klammern verwendest! (**Seite 309**)

1. (kein Krieg)   In meiner idealen Welt _____ .
2. (kein Hunger)   In meiner idealen Welt _____ .
3. (keine Konflikte)   In meiner idealen Welt _____ .
4. (keine Armut)   In meiner idealen Welt _____ .
5. (kein Streit)   In meiner idealen Welt _____ .
6. (keine Angst vor der Zukunft)   In meiner idealen Welt _____ .

6 Du drückst deine Wünsche für die Zukunft aus, und ein Freund versichert (*assures*) dir, dass deine Ziele in Erfüllung gehen werden. Schreib die folgenden Sätze ab, und schreib dabei die Zukunftsform (*future*) der gegebenen Verben in die Lücken! (**Seite 310**)

1. Hoffentlich schaffe ich das Abitur. — Ja, du _____ das Abitur bestimmt _____ .
2. Hoffentlich bekomme ich einen Job. — Du _____ bestimmt einen Job _____ .
3. Hoffentlich kann ich studieren. — Ja, du _____ bestimmt _____ _____ .
4. Hoffentlich habe ich eine Familie. — Ja, du _____ bestimmt eine Familie _____ .
5. Hoffentlich kann ich viel reisen. — Du _____ bestimmt viel _____ _____ .
6. Hoffentlich habe ich kein Pech. — Du _____ bestimmt kein Pech _____ .

7 Was für Wünsche hast du? Sie dir die Rangliste an und schreib sechs Sätze, die deine Hoffnung für die Zukunft ausdrücken. Fang jeden Satz mit „Ich möchte einmal" an. (**Seite 311**)

BEISPIEL   **Ich möchte einmal einen sicheren Arbeitsplatz haben.**

Wenn du an deine Zukunft denkst, welche Ziele hast du da? Rangliste		
	Mädchen	Jungen
sicheren Arbeitsplatz	2	2
gutes Einkommen	1	5
gesund leben	5	1
Partnerschaft	4	3
anderen Menschen helfen	6	4
schönes Haus haben	3	7
politisch aktiv sein	7	6

1. _____ .
2. _____ .
3. _____ .
4. _____ .
5. _____ .
6. _____ .

8 Du sprichst über deine Zukunft, und du sagst, was du mit dreißig Jahren alles getan haben wirst. Schreib die folgenden Sätze ab, und schreib dabei eine Form von **werden** und den Infinitiv des Perfekts der gegebenen Verben in die Lücken! (**Seite 311**)

1. (mein Studium abschließen)   Mit dreißig _____ .
2. (einen guten Job finden)   Mit dreißig _____ .
3. (schon viel Geld verdienen)   Mit dreißig _____ .
4. (schon um die Welt reisen)   Mit dreißig _____ .
5. (viel von der Welt sehen)   Mit dreißig _____ .
6. (schon viel erleben)   Mit dreißig _____ .

9 Du drückst deine Erleichterung (*relief*) aus. Du sagst, dass du froh bist, schon viele Ziele in deinem Leben erreicht zu haben. Schreib die folgenden Sätze ab, und schreib dabei das Perfekt der gegebenen Information in die Lücken! (**Seite 311**)

1. (das Studium beginnen)   Ich bin froh, dass _____ .
2. (sich ein Auto kaufen)   Ein Glück, dass _____ .
3. (eine Fachschule besuchen)   Gott sei Dank, dass _____ .
4. (eine Fremdsprache lernen)   Ich bin froh, dass _____ .
5. (schon sehr viel reisen)   Ein Glück, dass _____ .
6. (sich vor der Prüfung ausruhen)   Ich bin froh, dass _____ .

internet
go.hrw.com
ADRESSE: go.hrw.com
KENNWORT:
WK3 DRESDEN-11

1 Hör zu, wie einige Schüler sich über ihre Berufswünsche unterhalten! Was möchte jeder werden? Welche Vorteile und welche Nachteile erwähnen die Schüler? Mach dir Notizen!

2 Wenn man einen Beruf wählt, muss man sich die Vorteile und die Nachteile überlegen. Was für den einen ein Vorteil ist, kann für den anderen ein Nachteil sein. Wie würdest du Folgendes einschätzen? Ist das für dich ein Vorteil oder ein Nachteil? Mach zwei Listen, und besprich diese mit deinen Klassenkameraden!

es ist nicht monoton

interessant

harte Arbeit

ein sicherer Arbeitsplatz

man ist draußen in der Natur

vielseitige Arbeit

wenig Geld

viel Urlaub

man kommt mit vielen Leuten zusammen

man muss viele Jahre studieren

schmutzige Arbeit

schwer, eine Stelle zu finden

man arbeitet abends und am Wochenende

ein Beruf mit Zukunft

man lernt viel in diesem Beruf

wenig Urlaub

anderen Menschen helfen

viel reisen

3 Was sind die Berufswünsche der Klassenkameraden? Stellt eine Liste auf! Wer will was werden? Wie viele von euch haben denselben Berufswunsch? Besprecht die Gründe für eure Berufswahl!

4 Klassenprojekt: Eure Schule hat vielleicht ein „Career Center". Dort findet ihr Information über die Ausbildung für alle Berufe. Jeder von euch wählt einen Beruf und sammelt darüber Informationen im „Career Center". Dann berichtet jeder der Klasse darüber — auf Deutsch, natürlich! Ihr müsst Antworten auf Fragen haben, wie: Wie lange dauert die Ausbildung? Wie teuer ist sie? Welche Schulfächer braucht man für diesen Beruf? Hat dieser Beruf eine Zukunft? Wie viel kann man verdienen?

5 Ab und zu wird in einer Zeitung oder Zeitschrift die Frage gestellt: Hat die Familie als soziale Institution eine Zukunft? Was meinst du? Lies den folgenden Fragebogen! Überleg dir die Fragen, bevor du sie beantwortest!

Fragebogen

1. Möchtest du einmal heiraten?

2. Wie viele Kinder möchtest du haben?

3. Wo möchtest du leben?

4. Welchen Beruf möchtest du am liebsten haben?

5. Werden beide Eltern den Beruf ausüben, wenn Kinder kommen?

6. Sollten beide Ehepartner sich die tägliche Hausarbeit teilen?

7. Was findest du in deiner Familie gut? Weniger gut?

8. Findest du, dass deine Eltern Fehler in deiner Erziehung gemacht haben? Welche?

9. Was würdest du als Vater oder Mutter anders machen?

10. Möchtest du später einmal so leben wie deine Eltern?

6 Diskutier über die ausgefüllten Fragebögen mit deinen Klassenkameraden! —Wie sieht es aus? Stellt gemeinsam eine Tabelle auf, und füllt die Ergebnisse der Klassenumfrage ein! Sprecht dann über die Ergebnisse!

7 Nehmen wir an, du willst einmal heiraten! Welche Charakteristika soll dein idealer Lebenspartner haben? Hier sind zwei Listen von Qualifikationen, die dich zu eigenen Wünschen und Vorstellungen anregen sollen. Wie wichtig sind dir zum Beispiel Geld und Statussymbole? — Was wäre für dich bei der Wahl eines Partners ausschlaggebend, und worauf legst du weniger Wert?

attraktiv	humorvoll
sportlich	reich
musikalisch	intelligent
unkompliziert	verständnisvoll
treu	fröhlich
tierlieb	kinderlieb
großzügig	witzig
zuverlässig	phantasievoll

gern reisen   gern lesen   gern kochen

gern tanzen   gern zu Hause bleiben

gern Karten spielen

gern ausgehen   gern ins Kino gehen

8 Schreib einen kurzen Brief an einen Briefpartner oder an eine Briefpartnerin! Berichte zuerst etwas über dich selbst, worauf du im Leben Wert legst und was für dich nicht so wichtig ist, und schreib dann, was du von deinem Lebenspartner erwartest!

9  **R o l l e n s p i e l**

Du bist Personalchef in einer Firma, und du interviewst einen Bewerber für einen Job.

Sucht euch ein Stellenangebot aus der Zeitung heraus, und bereitet euch auf das Interview vor, indem du einige Fragen dafür schreibst und dein Partner sich einige Dinge ausdenkt, die man bei so einer Situation vielleicht sagen müsste! Spielt dann das Interview!

Kann ich's wirklich?

Can you express determination or indecision? (p. 300)

1 How would you tell someone that you are determined to
  a. study at a university?
  b. have an interesting profession?

2 How would you say that you're undecided about the following things you might do after graduation?
  a. erst einmal Ferien machen
  b. im Ausland studieren

Can you talk about whether something is important or not important? (p. 303)

3 How would you respond if a friend asked you what is important to you?

4 How would you express that something is of no importance to you?

Can you express wishes? (p. 309)

5 How would you respond if someone asked you what your ideal world would be like?

Can you express certainty and refuse or accept with certainty? (p. 309)

6 How would you mention two things you are certain about?

7 How would you tell someone that you absolutely refuse to take drugs (**Drogen**)?

8 How would you tell a friend that you certainly accept his or her invitation to see a movie?

Can you talk about goals for the future? (p. 310)

9 How would you respond if someone asked you what your plans for the future are, and how you envision your life at age 30?

Can you express relief? (p. 311)

10 How would you tell a friend you're relieved about the following things?
  a. Es gibt keinen Ost-West Konflikt.
  b. Wir haben heute in Mathe keine Klassenarbeit.

Expressing determination

Ich hab beschlossen, …	I've decided …
Ich hab mich entschieden, …	I have decided …
Ich bin fest entschlossen, …	I am determined …

Expressing indecision

Ich hab mich noch nicht entschieden, was/ob …	I haven't decided yet what/ whether …
Ich muss mir das überlegen.	I have to consider that.

Talking about whether something is important

Ich lege großen Wert darauf, …	I place great emphasis on …
Ich bin interessiert daran, …	I am interested in …
Für mich spielt die größte Rolle, dass …	What counts most for me is …
Mir ist wichtig, dass …	Important to me is that …

Entscheidend für mich ist, …	Decisive for me is …
Für mich ist es auch am wichtigsten, …	For me it's also most important …
Ausschlaggebend ist für mich, dass …	The determining factor for me is that …

Professions

der Beruf, -e	profession
Biologe/Biologin, -n/nen	biologist
die Kauffrau, -en	businesswoman
Musiker(in), -/nen	musician
Tierarzt, -ärztin	veterinarian

Other words

die Fachschule, -n	vocational school
die Lehre, -n	apprenticeship
das Arbeitsamt, -̈er	employment office
die Erfahrung, -en	experience
die Tätigkeit, -en	occupation
die Karriere, -n	career

die Zukunft	future
Jura	(study of) law
die Wissenschaft, -en	science
die Mentalität	mentality
die Möglichkeit, -en	possibility
der Grund, -̈e	reason
die Sprache, -n	language
der Schulabschluss, -̈e	diploma
anfangen (sep)	to begin
angeben (sep)	to indicate
s. ausruhen (sep)	to rest
ausüben (sep)	to practice (a profession)
beruhen auf	to be based on
s. erkundigen nach	to inquire about
jobben	to have a job
nötig haben	to require
s. vorbereiten (sep) auf (acc)	to prepare for
angewiesen sein auf (acc)	to be dependent on
fertig	finished

Zweite Stufe

Expressing wishes

Viele Freunde haben, wäre mir wichtig.	To have many friends would be important to me.
In meiner idealen Welt gäbe es nur Frieden.	In my ideal world there would only be peace.

Refusing or accepting with certainty

Kommt nicht in Frage!	It's out of the question!
Auf keinen Fall!	No chance!
Auf jeden Fall.	In any case.
Auf alle Fälle.	By all means.
Ganz bestimmt.	Certainly.

Expressing certainty

Es steht fest, …	It's definite …
Ich möchte unbedingt …	I certainly would like …

Talking about goals for the future

Mit dreißig möchte ich … gemacht haben.	At thirty I would like to have done …

Expressing relief

Gott sei Dank, …	Thank God!
Ein Glück, dass …	Lucky that …
Zum Glück …	Luckily …

Other words

die Versicherung, -en	insurance company
der Bankkaufmann, –leute	banker
der Bundestag	German Federal Parliament
der Ostblock	Eastern Bloc
der Osten	east
der Atomkrieg, -e	nuclear war
die Hoffnung, -en	hope

der Horizont	horizon
die Raumfahrt	space travel
der Traum, -̈e	dream
das Verhältnis, -se	situation
die Weile	while
die Welt, -en	world
das Ziel, -e	goal
klingen	to sound
stehen auf (acc)	to like
vergehen	to pass (time)
zukommen (sep) auf (acc)	to be in store for
dabei sein	to take part
bis (acc)	until
bis dahin	by, until then
vor allem	most of all
geregelt	orderly
vereint	unified
ehemalig-	former

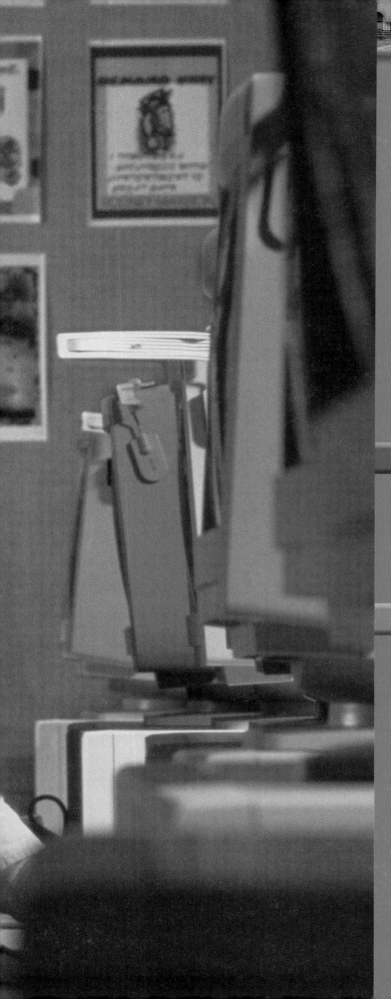

12

Die Zukunft liegt in deiner Hand!

Objectives

In this chapter you will learn to

Erste Stufe

- report past events
- express surprise and disappointment
- agree
- agree with reservations
- give advice
- give advice and give reasons

Zweite Stufe

- express determination or indecision
- talk about what is important or not important
- hypothesize

internet

go.hrw.com	**ADRESSE:** go.hrw.com
	KENNWORT: WK3
	DRESDEN-12

◀ **Keinen Job ohne Computerkenntnisse!**

Los geht's! ▪ *Mitgehört*

Diese Gesprächsfetzen stammen aus diversen Gesprächen mit Schülern aus verschiedenen Realschulen und Gymnasien. Wovon handeln diese Aussagen?

„Für mich steht fest, dass ich nach dem Abitur erst einmal den Zivildienst mache, bevor ich studiere. Wenn ich mich nicht irre, dauert der Zivildienst ja nur 12 Monate."

Uwe

„Es ist wichtig, dass die Verbraucher ihre Getränke nur in Mehrwegflaschen kaufen; Einwegflaschen und vor allem Aludosen müssten eigentlich verboten werden."

Veronika

„Ich lege keinen großen Wert darauf, wie ich mich kleide, wie ich aussehe, und darüber bin ich sehr glücklich."

Hannes

„Ich weiß noch nicht, ob ich Kunst oder Sprachen studieren soll, denn ich bin gut in beiden Fächern. Fest steht jedoch, dass ich nicht Physik studiere, denn in diesem Fach bin ich eine absolute Niete."

Brigitte

„Ich habe beschlossen, meine Diät zu ändern und ein gesundes Leben zu führen. Und ich empfehle euch, dasselbe zu tun."

Jens

„Dein Husten macht mir aber langsam Sorgen, und ich bin wirklich sehr erstaunt, dass du noch nicht zum Arzt gegangen bist."

Katja

„Meiner Meinung nach solltest du mal diese Uhr reparieren lassen. Was mich stört ist, dass du alles immer gleich weg-werfen willst und dir was Neues kaufst."

Markus

„Ich geb Ihnen Recht, das Theaterstück war super. Als der Vorhang aufging und ich die bunten Kostüme der Schauspieler sah, bekam ich eine Gänsehaut."

Claudia

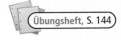

Übungsheft, S. 144

1 Hast du alles verstanden?

a. Schreiben Über welche Themen sprechen diese Schüler? Mach eine Liste!

b. Sprechen Was drückt jede dieser Aussagen aus? Diskutier darüber mit einem Partner!

2 Und du?

Schreiben Was würdest du diesen Schülern antworten, wenn sie diese Aussagen dir gegenüber gemacht hätten? Schreib zwei Antworten auf, und lies sie der Klasse vor!

Erste Stufe

Objectives Reporting past events; expressing surprise and disappointment; agreeing; agreeing, with reservations; giving advice; giving advice and giving reasons

WK3 DRESDEN-12

3 Was hat sich geändert?

Zuhören Junge Leute erzählen, wie ihr Leben vor nur einem halben Jahr war, wie es jetzt ist und warum es sich geändert hat. Schreib die wichtigsten Tatsachen auf! Wer hat die größten Änderungen erlebt?

4 Unzufrieden? Worüber denn?

Sprechen/Schreiben Setzt euch in kleinen Gruppen zusammen, und erzählt euch gegenseitig, worüber jeder von euch schon mal im Leben unzufrieden war und warum! Einer von euch muss dabei die einzelnen „Unzufriedenheiten" auf einen Zettel schreiben.

So sagt man das!

Reporting past events

Schon bekannt

What do you observe about the following text?

> **Vor drei Wochen hatte ich eine schwere Erkältung. Ich fühlte mich gar nicht wohl und konnte nicht in die Schule gehen. Als es mir nach zwei Tagen noch immer nicht besser ging, rief meine Mutter unseren Hausarzt an. Der sagte, …**

What verb forms are used here? Why?

Grammatikheft, S. 100, Ü. 1

5 Worüber war Elke unzufrieden?

Schreiben Elke war gerade dabei, etwas über sich selbst in ihr Tagebuch zu schreiben, als sie ans Telefon gerufen wurde. Schreib für sie die Eintragung fertig! Ein paar Ideen dafür stehen rechts unten. Lest danach eure Texte einander vor!

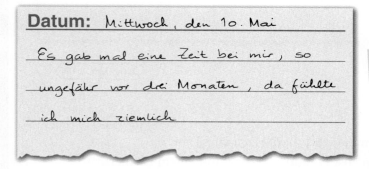

Datum: Mittwoch, den 10. Mai

Es gab mal eine Zeit bei mir, so ungefähr vor drei Monaten, da fühlte ich mich ziemlich

Ein wenig Grammatik

Schon bekannt

For the forms of the narrative past (imperfect), used to report past events, see the Grammar Summary.

Mehr Grammatikübungen, S. 346, Ü. 1

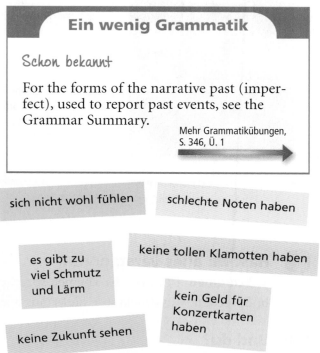

sich nicht wohl fühlen

schlechte Noten haben

es gibt zu viel Schmutz und Lärm

keine tollen Klamotten haben

kein Geld für Konzertkarten haben

keine Zukunft sehen

mit jemandem Streit haben

Expressing surprise and disappointment

Schon bekannt

When expressing surprise, you may begin your statement by saying:

Ich bin/war überrascht, dass Elke Streit mit ihrem Freund hat/hatte.
Ich war erstaunt, dass sie so schlechte Noten hatte.
Ich hätte nicht geglaubt, dass sie überhaupt Probleme hat.

When expressing disappointment, you may begin your statement by saying:

Ich bin enttäuscht, dass Elke mir nichts gesagt hat.
Ich bedaure, dass sie sich keine neuen Klamotten leisten kann.
Ich finde es schade, dass wir ihr nicht helfen können.

What would you tell a beginning German student about the position of the conjugated verb in **dass**-clauses?

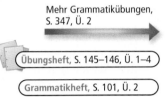

Mehr Grammatikübungen, S. 347, Ü. 2

Übungsheft, S. 145–146, Ü. 1–4

Grammatikheft, S. 101, Ü. 2

6 Arme Elke!

Sprechen Such dir eine Partnerin, und schaut euch Übung 5 noch mal an! Sprecht über Elkes Probleme der letzten drei Monate, und drückt dabei eure Überraschung und Enttäuschung aus!

7 Für mein Notizbuch

Schreiben Womit warst du in der letzten Zeit nicht zufrieden? Schreib einen kurzen Bericht darüber!

8 Wer hat Probleme?

Zuhören Junge Leute unterhalten sich über verschiedene Probleme. Hör gut zu und schreib auf, was die einzelnen Probleme sind und welcher Rat gegeben wird, wie man das Problem vielleicht lösen könnte!

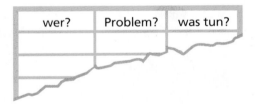

wer?	Problem?	was tun?

Agreeing; agreeing, with reservations; giving advice

Schon bekannt

When agreeing, you may say:

Da geb ich dir Recht, …   *or*   **Bei uns ist es auch so; wir …**

When agreeing, but with reservations, you may say:

Das stimmt zwar, aber …   *or*   **Es kommt darauf an, ob …**

When giving advice, you may say:

Vielleicht kannst du …   *or*
Es ist wichtig, dass …   *or*
Ich würde sagen, du gehst …

Ein wenig Grammatik

Schon bekannt
For the **würde**-forms, see the Grammar Summary.

Mehr Grammatikübungen, S. 347, Ü. 3

9 **Was meinst du?**

Sprechen Such dir eine Partnerin! — Die Aufgabe ist, über jede der folgenden Aussagen zu diskutieren. Deine Partnerin liest zuerst eine der aufgelisteten Aussagen vor, als ob diese von ihr wäre. Du nimmst dazu Stellung: du gibst ihr Recht und sagst warum, oder du hast Vorbehalte (*have reservations*). Darauf rät dir deine Partnerin, was du tun sollst.

BEISPIEL	**PARTNERIN**	**Also, ich stehe auf Country Western: die Musik ist immer super, und die Texte sind immer aktuell.**
	DU	**Da geb ich dir Recht. Ich …** *oder*
		Na ja, aber es kommt doch darauf an, wer oder welche Gruppe singt, denn …
	PARTNERIN	**Ich würde sagen, dass du dir mal die (…) anhören solltest, denn die sind wirklich fetzig.**

1. „Also, ich stehe auf Country Western: die Musik ist immer super, und die Texte sind immer aktuell."

2. „Es hat keinen Sinn für mich, Kunst zu studieren, weil ich später damit wenig anfangen kann — davon kann ich nicht leben."

3. „Ich weiß nicht, ob ich als zweite Fremdsprache Italienisch oder Spanisch lernen soll. Meine Freunde meinen, ich soll Japanisch lernen."

4. „Meiner Meinung nach tun wir bei uns zu Hause noch nicht genug für die Umwelt. Wir sortieren oft unseren Müll nicht, und wir benutzen meistens nur Einwegflaschen."

Wortschatz

Welche Berufe interessieren dich? Vielleicht der …

eines Schornsteinfegers

eines Steuerberaters

einer Rundfunkmoderatorin

einer Toningenieurin

eines Friseurs

einer Schweißerin

eines Schreiners

einer Glasbläserin

Und dann noch…

Anästhesist(in)	technische(r)
Elektroinstallateur(in)	Zeichner(in)
Fotograf(in)	Winzer(in)
Koch/Köchin	Zahnarzt/Zahnärztin
Optiker(in)	Zimmermann
Schuhmacher(in)	

Grammatikheft, S. 103, Ü. 4–5

10 Was willst du werden?

 Sprechen Sag einigen Klassenkameraden, welche von den auf Seite 330 aufgelisteten Berufen dich interessieren und warum! Kennst du auch Leute, die diese Berufe ausüben?

11 Guter Rat ist teuer!

Zuhören Schüler unterhalten sich. Was raten einige Schüler ihren Klassenkameraden, und welche Gründe geben sie dafür an? Mach dir Notizen! Welcher Rat, findest du, passt am besten zu welchem Schüler?

wer?	welcher Rat?	warum?

So sagt man das!

Giving advice and giving reasons *Schon bekannt*

When giving advice, you may say:

> **Versuch doch mal,** etwas gesünder zu leben!
> **An deiner Stelle würde ich** nicht rauchen.
> **Und du solltest** wirklich auch mehr schlafen.

When giving reasons for others to do something, you may say:

> Du solltest mehr Fisch als Fleisch essen, **weil Fisch gesünder ist.**
> Du solltest mehr Sport treiben, **damit du dich besser fühlst.**

When giving your own reasons for doing something, you may say:

> Ich treibe viel Sport, **um wirklich fit zu bleiben.**

What words are used to introduce the clauses stating the reasons? How do they differ in meaning?

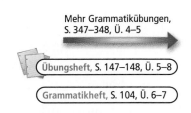

Mehr Grammatikübungen, S. 347–348, Ü. 4–5

Übungsheft, S. 147–148, Ü. 5–8

Grammatikheft, S. 104, Ü. 6–7

---

12 Was ich alles tun sollte und warum!

 Schreiben Denk an fünf verschiedene Dinge, die du für dich selbst tun sollst, und schreib sie auf! Schreib auch einen Grund daneben!

Ein wenig Grammatik

Schon bekannt

For infinitive forms of verbs, see the Grammar Summary.

---

13 Rat geben

Sprechen Such dir eine Partnerin! — Sag ihr drei Dinge, die du tun solltest, und nenne einen Grund dafür! Sie gibt dir Rat und begründet ihren Rat.

BEISPIEL	DU	Ich sollte erst mal mehr Zeit für Deutsch verwenden, um eine bessere Note zu bekommen. Und zweitens …
	PARTNERIN	An deiner Stelle würde ich versuchen, alle Noten zu verbessern, damit du einen guten Schulabschluss machst und …

14 Leserbriefe beantworten

Schreiben Lies die Leserbriefe im Kummerkasten! — Als Jugendpsychologe der Kummerkasten-Seite eines Jugendmagazins hast du die Aufgabe, solche Briefe zu beantworten. Such dir einen der vier Briefe aus und beantworte ihn! Drück in deiner Antwort Verständnis für die Probleme aus, und gib den Leuten einen guten Rat, den sie auch befolgen können! Lies dann deine Antwort einem Partner vor!

KUMMERKASTEN

Meine Eltern fahren dieses Wochenende weg, und ich muss auf das Haus achten. Ich würde in dieser Zeit gern meine Clique einladen zum Musikhören oder Videoschauen. Ich weiß aber, dass meine Eltern dagegen wären. Soll ich meine Freunde trotzdem einladen?

Haussitter Tobias

Ich habe vier Wochen „Hausarrest", weil ich letzten Samstag erst um Mitternacht nach Hause gekommen bin anstatt, wie fest versprochen, um 22.30 Uhr. Ich darf jetzt in den nächsten vier Wochen das Haus nach 19.00 Uhr nicht mehr verlassen. In zwei Wochen hat nun mein bester Freund eine Fete, zu der ich eingeladen bin. Die Fete geht bis 23.00 Uhr, und ich möchte gern dabei sein, kann es aber nicht. Was soll ich tun?

„Arrestant" Michael

Ich habe Probleme in der Schule, und meine Eltern werden deshalb bestimmt bald einen blauen Brief[1] erhalten. Soll ich meine Eltern darauf vorbereiten? In zwei Wochen wird es sich entscheiden. Meine einzige Chance ist, eine gute Lateinarbeit zu schreiben, aber dafür müsste ich jetzt jeden Tag 3-4 Stunden und noch länger lernen. Ich habe aber wenig Lust, so viel Zeit mit Latein zu verbringen.

Antje, ein Lateinmuffel

Ich war mit meiner besten Freundin beim Einkaufen. In einem großen Bekleidungsgeschäft hat sie ein Halstuch gesehen, das ihr so gut gefallen hat. Sie hat es sich umgebunden, wir haben noch andere Sachen angeschaut — und plötzlich waren wir draußen auf der Straße. Ich habe meiner Freundin geraten, zurückzugehen und das Halstuch zu bezahlen. Aber das wollte sie nicht. Sie hatte Angst, dass man denkt, sie wollte es stehlen. Jetzt will ich mit meiner Freundin nie wieder einkaufen gehen!

Monika

---

1. Ein blauer Brief ist ein Mahnschreiben der Schule an die Eltern, wenn die Versetzung des Schülers in die nächste Klasse gefährdet ist.

LANDESKUNDE · LANDESKUNDE

Übungsheft,
S. 149, Ü. 1–4

Pauken allein reicht nicht

Für den Schulabschluss braucht man gute Noten und muss sehr fleißig lernen. Doch wo bleibt das soziale Lernen? Wer engagiert sich für seine Mitmenschen? Wie engagiert man sich? Zwei Schüler haben dazu Stellung genommen. Lies, auf welche Arten sie sich sozial engagieren!

„Man muss sich einmischen", meint Judith. Die Abiturientin hat oft nach diesem Motto gehandelt. Als Schulsprecherin versuchte sie immer „in Erfahrung zu bringen, was die Mitschülerinnen bedrückte". Sie vermittelte bei Konflikten und organisierte Feten und Konzerte für die Schulgemeinde. Der Schulkiosk verkauft dank ihrer Initiative statt „Süßkram" jetzt Biobrötchen. Judith setzte eine Mülltrennaktion an der Schule durch und engagierte sich für eine Kroatienhilfe. „Wenn ich mich über etwas aufrege, werde ich aktiv", erklärt die Schülerin, die am liebsten im Team arbeitet. Ihrer Meinung nach erzieht das Gymnasium heute zu viele „Einzel-kämpfer": „Später im Beruf arbeitet man doch meistens in Gruppen."

Judith

„Man kann etwas verändern", weiß Ingo. Das hat der Abiturient eines Wirtschaftsgymnasiums selbst erfahren. Mit einem Freund sammelte er Kleidung und Nahrung für Menschen im ehemaligen Jugoslawien. Der Erfolg war groß. „Die anderen Schüler konnten sehen, dass sich Engagement lohnt", sagt Ingo heute. Etwas Besonderes haben sich Ingo und seine Mitschüler zum Abitur einfallen lassen: Es gibt Zeugnisse für Lehrer. Bewertet werden zum Beispiel Unterrichtsgestaltung, Toleranz, Charisma, Stärken und Schwächen. Besonders viel Lob hat Ingo für seinen Deutschlehrer: „Ein echter Pädagoge, wie es ihn nur selten gibt. Er hat Zeit für die Probleme der Heranwachsenden, nimmt uns als Schüler ernst und stellt dafür auch mal den Unterrichtsstoff zurück."

Ingo

A. 1. Mach dir Notizen darüber, was jeder Schüler für seine Mitmenschen macht! Wie unterscheiden sich die Schüler voneinander?

2. Welche Gründe geben die Schüler an, sich für andere zu engagieren?

3. Glaubst du, dass man die Verantwortung hat, sich für seine Mitmenschen zu engagieren? Was meinst du dazu?

4. Wie engagiert sich deine Klasse oder Schule auf sozialer Ebene? Habt ihr schon mal was verändert oder verbessert?

B. Welche Veränderungen könnte man erreichen (*achieve*), wenn man an sozialen Projekten teilnimmt? Wie würde die Welt deiner Meinung nach dann aussehen?

Weiter geht's! · *Pläne für die Zukunft*

Gymnasiasten einer 10. Klasse erzählen von ihren Zukunftsplänen.

1. Ich möchte Jura studieren und Strafverteidigerin werden. Erst dann möchte ich heiraten und eine Familie gründen, denn ich möchte immer unabhängig von meinem Mann sein (finanziell) im Fall einer Scheidung, damit ich meine Kinder auch alleine ernähren kann. Trotzdem wünsche ich mir ein Haus, eine gute und glückliche Ehe, zwei bis drei Kinder und Erfolg im Beruf.

2. Ich möchte später Zahntechniker werden, gut verdienen und eine Familie mit zwei Kindern haben. Und ein Haus wäre nicht schlecht. Ich würde vielleicht gern im Ausland arbeiten, weil man dort besser verdienen kann und die Menschen vielleicht nicht so kalt sind wie hier.

3. Wenn ich 35 bin, möchte ich einen Mann haben und vielleicht auch schon ein Kind — und gesund und glücklich sein. Natürlich einen guten Job und viel Geld. Ich möchte in Deutschland leben bleiben, weil ich es hier ganz schön finde. In anderen Ländern, mit anderen Glauben, gibt es nur Konflikte und oft auch Kriege; das wäre nichts für mich. Aber nach Frankreich oder England zu ziehen, könnte ich mir schon vorstellen. In anderen Ländern werden Frauen immer noch zu stark unterdrückt.

4. Nach meinem Schulabschluss habe ich mir schon mal leise überlegt, ob ich nicht vielleicht Jura studieren sollte. Durch das Jurastudium habe ich natürlich auch gute Chancen auf einen guten Beruf, viel Geld und ein Häuschen. Ich würde gerne heiraten und auch ein oder mehrere Kinder haben.

5. Sicherlich möchte ich später einmal einen guten Job und viel Geld haben. Ich weiß aber auch, dass ich mich sehr anstrengen muss, denn wie auch in Amerika ist es hier schwer, eine Arbeit zu finden, die einem wirklich gefällt. Ich glaube nicht, dass ich heiraten werde, denn ich habe es gern, unabhängig zu sein und machen zu können, was ich will. Durch meine Arbeit und andere Pflichten werde ich sowieso schon genug eingeengt sein.

Übungsheft, S. 150

15 Was sagst du zu diesen Aussagen?

Sprechen Beantworte die folgenden Fragen.

1. Welche von diesen Aussagen stammen von einem Jungen und welche von einem Mädchen? Welche können von beiden sein? Wie weißt du das?
2. Welche Aussagen haben etwas gemeinsam *(in common)*, und welche sind verschieden? Begründe deine Antwort!
3. Wer von diesen Gymnasiasten hat sich deiner Meinung nach die meisten Gedanken über die Zukunft gemacht? Warum meinst du das?
4. Was für einen allgemeinen Eindruck hast du von diesen Aussagen?

16 Eine Antwort

Schreiben Mit welchem von diesen Gymnasiasten kannst du dich am besten identifizieren? — Schreib ihm oder ihr einen kurzen Brief, und berichte von deinen eigenen Plänen für die Zukunft!

In einer Zeit, in der es für Jugendliche nicht so einfach ist, Pläne für die Zukunft zu machen, hat die 16-jährige Claudia aus Hamburg jedoch feste Pläne für ihre Zukunft. Lies, was sie geschrieben hat!

Pläne für die Zukunft

Nachdem ich die Schule mit einem Abi-Durchschnitt von 2,5 oder besser beendet habe, studiere ich Betriebswirtschaftslehre.

Nach meinem Studium werde ich eine Lehre in einem großen, berühmten Hotel machen.

Dann möchte ich für einige Zeit im Ausland arbeiten, am liebsten in Frankreich oder in den USA.

Wenn ich so zwischen 25 und 30 Jahre alt bin, ziehe ich nach Frankreich, um dort ein eigenes Hotel zu bauen, oder ein anderes, gutlaufendes Hotel zu übernehmen.

Dort werde ich meinen zukünftigen Mann kennenlernen und ihn heiraten. In den Flitterwochen fahren wir nach Hawaii.

Dann möchte ich 2 Kinder haben. Es sollen Zwillinge sein (ein Mädchen und ein Junge).

Wenn die beiden etwas älter sind, so etwa 14/15/16, sollen sie im Hotel mithelfen, soweit die Schule es ermöglicht.

Claudia Müller (16J)

by Claudia Müller, student in Herr Boelicke's class at Johann-Rist-Gymnasium in Wedel, Germany

17 Claudias Pläne

Sprechen Beantworte die folgenden Fragen.

1. Wie viele konkrete Pläne hat Claudia erwähnt? Liste sie auf!
2. Welche Ausdrücke gebraucht Claudia, wenn sie über ihre Pläne spricht? Was drückt sie damit aus?
3. Was ist dein Eindruck von Claudia? Begründe deine Meinung!

18 Bist du so sicher, Claudia?

Sprechen Such dir eine Partnerin! Sie übernimmt die Rolle von Claudia. Versuche nun, die einzelnen Pläne in Claudias Brief in Frage zu stellen! Claudia muss ihre Pläne verteidigen oder eine andere Möglichkeit erwähnen.

19 Eine Antwort an Claudia

Schreiben Schreib Claudia einen Brief! Schreib ihr, was du von ihren Plänen hältst und was für Pläne du für deine Zukunft hast!

20 Zukunftspläne

Zuhören Schüler sprechen über ihre Zukunftspläne. Einige von ihnen haben schon feste Pläne, andere wissen noch nicht genau, was sie machen wollen. Schreib auf, was jeder vorhat, und schreib auch die Gründe auf, die jeder für seine Entscheidung angibt!

wer?	sicher	nicht sicher

So sagt man das!

Expressing determination or indecision   *Schon bekannt*

When expressing determination, you may say:

Ich weiß jetzt, dass ich Jura studieren werde.
Ich hab beschlossen, Strafverteidigerin zu werden.
Ich hab mich entschieden, finanziell unabhängig zu sein.

When expressing indecision, you may say:

Ich weiß nicht, ob ich studieren soll.
Ich kann noch nicht sagen, wann ich nach England ziehe.
Ich muss mir überlegen, wo ich einmal arbeiten werde.

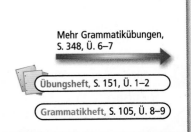

Mehr Grammatikübungen, S. 348, Ü. 6–7

Übungsheft, S. 151, Ü. 1–2

Grammatikheft, S. 105, Ü. 8–9

21 Deine Pläne

Sprechen Frag eine Partnerin, was für Pläne sie für die Zukunft hat, und ob sie sich schon für etwas fest entschieden hat oder noch nicht ganz sicher ist! Frag sie auch nach den Gründen! — Erzähl ihr danach von deinen eigenen Plänen!

einige Gründe:

Wortschatz

Moderne Berufe

Gesundheitswissenschaftler(in)
Sportökonom(in)
Umweltökonom(in)
Mediaplaner(in)
Kommunikationselektroniker(in)
Industriedesigner(in)
PR-Berater(in)
Touristikfachwirt(in)
Lebensmittelkontrolleur(in)

Talking about what is important or not important

Schon bekannt

To talk about what is important to you, you may say:

> **Ich lege großen Wert darauf, dass …**
> **Mir ist wichtig, dass …**
> **Entscheidend für mich ist, dass …**

To talk about what is not important to you, you may say:

> **Ich lege keinen großen Wert auf** ein großes Haus.
> **Ich lege keinen Wert darauf, dass** das Haus einen Pool hat.
> Ein großer Wagen **ist mir überhaupt nicht wichtig.**

Mehr Grammatikübungen, S. 349, Ü. 8–9

Übungsheft, S. 152, Ü. 3–4

Grammatikheft, S. 106, Ü. 10–11

22 Partner für die Zukunft

Was wäre für dich bei der Wahl eines Partners sehr wichtig, und worauf legst du keinen Wert?

a. Schreiben Mach zuerst eine Liste mit Qualifikationen, die dein Partner oder deine Partnerin haben sollte!

b. Sprechen Diskutier dann mit einem Klassenkameraden über deine Vorstellungen von einem idealen Partner! Im Kasten rechts stehen ein paar Ideen.

> humorvoll
> kinderlieb
> Nichtraucher
> s. für Musik interessieren
> sportlich
> gern reisen

23 Wünsche für die Zukunft!

Zuhören Hör diesen Leuten zu, wie sie über ihre Zukunft reden! Welche Wünsche drücken sie aus? Was würden sie gern tun? Mach dir Notizen!

Hypothesizing

Übungsheft, S. 153–154, Ü. 5–8   Grammatikheft, S. 107–108, Ü. 12–14   *Schon bekannt*

Mehr Grammatikübungen, S. 349, Ü. 10

When making hypotheses, you can say:

> **Wenn ich** in Deutsch fleißiger **wäre, würde ich** eine Eins **bekommen.**
> **Wenn ich** mehr Geld **hätte, würde ich** nach Deutschland **ziehen.**
> **Wenn ich könnte, würde ich** gern Jura **studieren.**

What do these sentences mean?
What does each one express?

Ein wenig Grammatik

Schon bekannt

Identify the verb forms in these sentences. When can you use such forms? For subjunctive forms, see the Grammar Summary.

24 Wenn das Wörtchen wenn nicht wär', ...

Sprechen/Schreiben Ein deutsches Sprichwort heißt: „Wenn das Wörtchen wenn nicht wär', wär' mein Vater Millionär." — Nun, setzt euch alle zusammen, und sucht so viele Möglichkeiten wie ihr könnt, um folgende Sätze zu ergänzen! Wenn möglich, gebt auch einen Grund für eure Antworten an!

BEISPIEL **Also, wenn ich gut fotografieren könnte, würde ich Werbefotograf werden, weil man dann viel Geld verdient.**

1. Also, wenn ich viel Geld hätte, …
2. Wenn ich mehr Zeit hätte, …
3. Wenn ich in (Mathe) eine Eins hätte, …
4. Wenn ich zwei Fremdsprachen könnte, …
5. Wenn ich einen guten Beruf hätte, …
6. Wenn ich nicht so müde wäre, …
7. Wenn ich jetzt nicht so schlampig angezogen wäre, …
8. …

25 Wenn ich …

Sprechen Welche Vorteile und welche Nachteile hättest du deiner Meinung nach, wenn du:

a. studieren würdest?

b. schon sehr jung heiraten würdest?

c. in ein anderes Land ziehen würdest?

Denk über diese Fragen nach, und mach dir Notizen! Such dir dann einen Partner, und diskutiert darüber, was jeder von euch aufgeschrieben hat! (Ihr dürft euch auch andere Themen aussuchen.)

26 Für mein Notizbuch

Schreiben Mach dir kurze Notizen über deine Zukunft! Was hast du schon beschlossen, und was weißt du noch nicht? Worauf legst du großen Wert und worauf weniger oder keinen Wert? Was würdest du gern tun, wenn du deine Zukunft so einrichten könntest, wie du möchtest?

27 Über Pläne diskutieren

Sprechen Such dir einen Partner! Diskutiert über eure Pläne für die Zukunft, und gebraucht dabei die Notizen, die ihr in eure Notizbücher geschrieben habt!

28

 Von der Schule zum Beruf

As a financial planner, you often use this exercise to help new clients discover why money is so important to them. First, ask your client what is so important to him about money. Then ask why that thing is important, and repeat until he can't go any further (you may need to coach him along). The results represent what money means to him. Example: "Money is important to me because I can pay off my debts. Then I won't worry about losing my home or car. Then I can save money and . . ." Write down the client's statements on a special form for his file. Explain that the idea of the exercise is to motivate him to save more money.

29 **Rollenspiel**

Die Klasse soll sich in vier Gruppen teilen. Eine Gruppe spielt Berater an eurer Schule, die zweite Gruppe spielt Studenten im ersten Jahr (*freshmen*), die dritte Gruppe spielt Eltern, und der Rest spielt Schüler, die bald ihren Schulabschluss machen. Die Schüler sollen Fragen über ihre Zukunft vorbereiten, die anderen sollen sich typische Ratschläge ausdenken, die sie den Schülern geben können. Jeder Schüler geht dann zu einer Person in jeder der drei Gruppen und holt sich Rat. Wie unterscheiden sich die Ratschläge?

Textbilder

Lesen/Schreiben Seht euch diese Textbilder an! Experimentiert danach mit Buchstaben, und entwerft eure eigenen Textbilder!

```
                HU
               CHUL
              SCHULE
             ESCHULES
            LESCHULESC
           ULESCHULESCH
          HULESCHULESCHU
         CHULESCHULESCHUL
   SCHULE    ab    SCHULE
   SCHULE    cd    SCHULE
   SCHULE    f     SCHULE
   SCHULE    gh    SCHULE
   SCHULE    ij    SCHULE
   SCHULE    kl    SCHULE
              m   ?
            o p
          r sx q   w z
              u       ?
```

```
Würden Sie bitte aufrücken?!
```

```
////////II//////..//////////
   Hier soll es Löwen geben!
```

```
000000000000000000000000&& o &
         Tolpatsch!
```

```
////////////////////////////
   Drängelt doch nicht so!
```

```
HAAR EHARE HAARE ...
 R N
 I N A
 T   A UGE     OH RO RO
S            R  H  R H
NASE             H  O
 N ASE            R O
                 R H O
   M UN D         ...
   M
   UN D
   M
   K
   I NNHALS
       S
```

LIEGEN

AUFSTEHEN

Zum Schreiben

Throughout this book you have been learning how to express yourself in German in more and more sophisticated and personal ways. You have also learned how to write in many different styles, including journals, short stories, poems and songs, letters, speeches, and many others. In this activity, you will write a short autobiographical piece expressing something important about yourself.

Eine Selbstbiographie schreiben

Wähle einen Stil, den du gern hast, und schreib etwas Selbstbiographisches. Denk an etwas (an ein Ereignis, eine bestimmte Zeit, eine Person, ein Ding), was irgendwie in deinem Leben wichtig ist! Versuche, nicht nur Daten und Fakten aus deinem Leben aufzulisten, sondern beschreib auch deine Gefühle, Reaktionen, usw.!

> **Schreibtipp** **Evaluating your writing** After you have conceived a plan and written several drafts, you should evaluate your writing by asking yourself questions that address many of the points you have learned throughout this book. Ask yourself, for example, whether the writing achieves a clear purpose, whether you have arranged your ideas in a coherent and effective way, and whether the tone and the choice of words is appropriate for your purpose and your audience. Don't worry about mechanical aspects of writing such as spelling, grammar, and punctuation until you are satisfied with the content and structure of your writing. When you do finally proofread, focus carefully on each line and use reference guides to check your work.

A. Vorbereiten

1. Wähle einen Stil, der am besten zu deiner Persönlichkeit passt!

2. Denk an dein Leben! Sieh dir alte Fotos, Dias, Tagebücher, persönliche Dokumente und Videos an! Welche wichtigen Ereignisse und Personen haben in deinem Leben eine bedeutende Rolle bei deiner persönlichen Entwicklung gespielt?

3. Mach eine Stichwortsammlung für deine Selbstbiographie, zum Beispiel in Form einer Inhaltsangabe oder einer Skizze! Wähle ein Organisationsprinzip! Willst du deine Biographie chronologisch oder thematisch organisieren?

B. Ausführen

Benutze die Stichwortsammlung, die Fotos und deine Erinnerungen, und schreib jetzt deine Selbstbiographie! Vergiss nicht, dass du nicht nur persönliche Daten und Ereignisse wiedergeben sollst, sondern auch ein Porträt deiner Persönlichkeit vermitteln sollst. Beschreib dich, damit dich Unbekannte erkennen oder verstehen können!

C. Überarbeiten

1. Tausch deine Selbstbiographie mit der Biographie eines Klassenkameraden aus, ohne deinen Namen auf das Papier zu schreiben! Kann der Klassenkamerad dich in deiner Selbstbiographie erkennen? Kannst du ihn erkennen? Hast du dich treffend beschrieben?

2. Besprich deine Selbstbiographie mit einigen Klassenkameraden! Glauben sie, dass du einen passenden Stil gewählt hast?

3. Stell dir die folgenden Fragen: Hast du ein zentrales Thema deines Lebens dargestellt? Hast du die Ideen gut organisiert und einen geeigneten Ton gefunden? Ist die Sprache auf dem richtigen Niveau?

4. Wenn du mit dem Inhalt zufrieden bist, überprüfe Rechtschreibung und Grammatik!

5. Schreib deine korrigierte Selbstbiographie noch einmal auf ein Blatt Papier! Füge Fotos oder sonstige Illustrationen hinzu, die zu deiner Selbstbiographie passen!

Der hellgraue Frühjahrsmantel
von Wolfgang Hildesheimer

Vor zwei Monaten — wir saßen gerade beim Frühstück — kam ein Brief von meinem Vetter Eduard. Mein Vetter Eduard hatte an einem Frühlingsabend vor zwölf Jahren das Haus verlassen, um, wie er behauptete, einen Brief in den Kasten zu stecken, und war nicht zurückgekehrt. Seitdem hatte niemand etwas von ihm gehört. Der Brief kam aus Sydney in Australien. Ich öffnete ihn und las:

Lieber Paul!

Könntest Du mir meinen hellgrauen Frühjahrsmantel nachschicken? Ich kann ihn nämlich brauchen, da es hier oft empfindlich kalt ist, vor allem nachts. In der linken Tasche ist ein „Taschenbuch für Pilzsammler." Das kannst Du herausnehmen und behalten. Eßbare Pilze gibt es hier nämlich nicht. Im voraus vielen Dank.

Herzlichst Dein Eduard

Ich sagte zu meiner Frau: „Ich habe einen Brief von meinem Vetter Eduard aus Australien bekommen." Sie war gerade dabei, den Tauchsieder in die Blumenvase zu stecken, um Eier darin zu kochen, und fragte: „So? Was schreibt er?"

Daß er seinen hellgrauen Mantel braucht und daß es in Australien keine eßbaren Pilze gibt. — „Dann soll er doch etwas anderes essen", sagte sie. — „Da hast du recht", sagte ich.

Später kam der Klavierstimmer. Er war ein etwas schüchterner und zerstreuter Mann, ein wenig weltfremd sogar, aber er war sehr nett, und natürlich sehr musikalisch. Er stimmte nicht nur Klaviere, sondern reparierte auch Saiteninstrumente und erteilte Blockflötenunterricht. Er hieß Kolhaas. Als ich vom Tisch aufstand, hörte ich ihn schon im Nebenzimmer Akkorde anschlagen.

Zeitgenössische Literatur

Lesestrategie Applying strategies on your own When reading German on your own, you'll want to continue to use the reading strategies you've learned. Most likely you will use a combination of strategies, and your choice will depend on what you're reading and why. Are you looking in the newspaper to find out when a movie starts? Are you reading a short story for enjoyment? Or reading information that you'll need for a test? Which strategies would you use?

1. Take a moment to look at the reading selection. Scan the passage to determine what type of text it is.

2. Choose your own combination of reading strategies for working with this selection. In making your choice, be aware of 1) the type of text you're working with, and 2) the purpose for which you're reading.

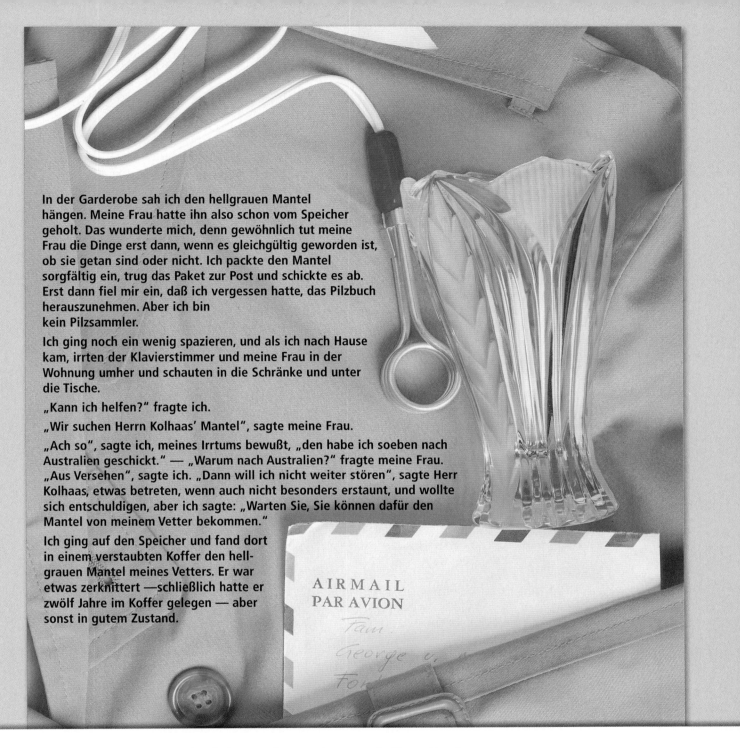

In der Garderobe sah ich den hellgrauen Mantel hängen. Meine Frau hatte ihn also schon vom Speicher geholt. Das wunderte mich, denn gewöhnlich tut meine Frau die Dinge erst dann, wenn es gleichgültig geworden ist, ob sie getan sind oder nicht. Ich packte den Mantel sorgfältig ein, trug das Paket zur Post und schickte es ab. Erst dann fiel mir ein, daß ich vergessen hatte, das Pilzbuch herauszunehmen. Aber ich bin kein Pilzsammler.

Ich ging noch ein wenig spazieren, und als ich nach Hause kam, irrten der Klavierstimmer und meine Frau in der Wohnung umher und schauten in die Schränke und unter die Tische.

„Kann ich helfen?" fragte ich.

„Wir suchen Herrn Kolhaas' Mantel", sagte meine Frau.

„Ach so", sagte ich, meines Irrtums bewußt, „den habe ich soeben nach Australien geschickt." — „Warum nach Australien?" fragte meine Frau. „Aus Versehen", sagte ich. „Dann will ich nicht weiter stören", sagte Herr Kolhaas, etwas betreten, wenn auch nicht besonders erstaunt, und wollte sich entschuldigen, aber ich sagte: „Warten Sie, Sie können dafür den Mantel von meinem Vetter bekommen."

Ich ging auf den Speicher und fand dort in einem verstaubten Koffer den hellgrauen Mantel meines Vetters. Er war etwas zerknittert —schließlich hatte er zwölf Jahre im Koffer gelegen — aber sonst in gutem Zustand.

AIRMAIL
PAR AVION

3. Before you make your final choice of strategies, discuss some of your ideas with your classmates and find out which strategies they find useful.

4. Before reading, make sure you understand how to apply the strategies you've chosen and what kind of information you will gain from each.

A Closer Look

After you have worked with the story, check your comprehension by answering the following questions.

5. Was hat Eduard vor zwölf Jahren getan? Warum erwähnt der Erzähler ihn überhaupt? Was will Eduard?

6. Was schickt der Erzähler nach Australien und warum?

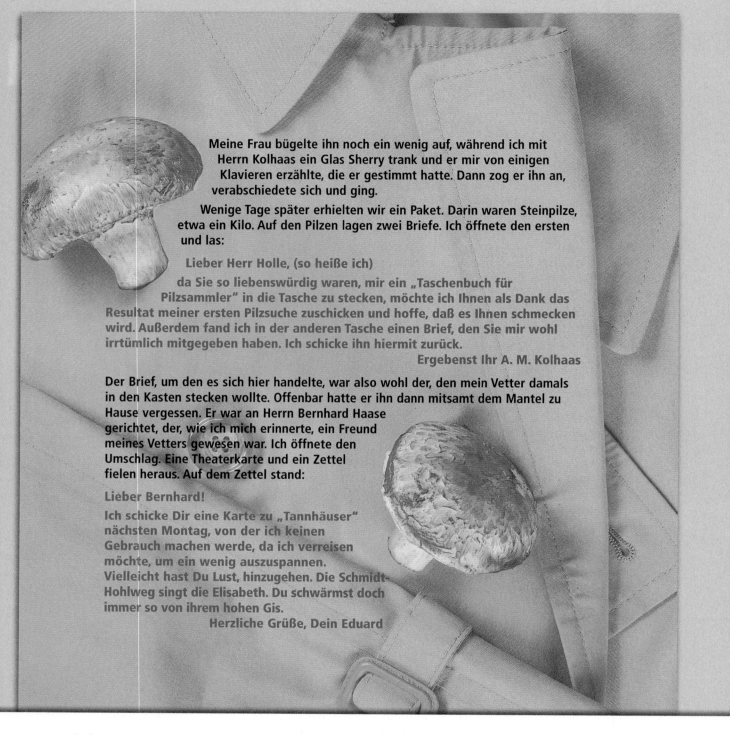

Meine Frau bügelte ihn noch ein wenig auf, während ich mit Herrn Kolhaas ein Glas Sherry trank und er mir von einigen Klavieren erzählte, die er gestimmt hatte. Dann zog er ihn an, verabschiedete sich und ging.

Wenige Tage später erhielten wir ein Paket. Darin waren Steinpilze, etwa ein Kilo. Auf den Pilzen lagen zwei Briefe. Ich öffnete den ersten und las:

Lieber Herr Holle, (so heiße ich)

da Sie so liebenswürdig waren, mir ein „Taschenbuch für Pilzsammler" in die Tasche zu stecken, möchte ich Ihnen als Dank das Resultat meiner ersten Pilzsuche zuschicken und hoffe, daß es Ihnen schmecken wird. Außerdem fand ich in der anderen Tasche einen Brief, den Sie mir wohl irrtümlich mitgegeben haben. Ich schicke ihn hiermit zurück.

Ergebenst Ihr A. M. Kolhaas

Der Brief, um den es sich hier handelte, war also wohl der, den mein Vetter damals in den Kasten stecken wollte. Offenbar hatte er ihn dann mitsamt dem Mantel zu Hause vergessen. Er war an Herrn Bernhard Haase gerichtet, der, wie ich mich erinnerte, ein Freund meines Vetters gewesen war. Ich öffnete den Umschlag. Eine Theaterkarte und ein Zettel fielen heraus. Auf dem Zettel stand:

Lieber Bernhard!

Ich schicke Dir eine Karte zu „Tannhäuser" nächsten Montag, von der ich keinen Gebrauch machen werde, da ich verreisen möchte, um ein wenig auszuspannen. Vielleicht hast Du Lust, hinzugehen. Die Schmidt-Hohlweg singt die Elisabeth. Du schwärmst doch immer so von ihrem hohen Gis.

Herzliche Grüße, Dein Eduard

7. Was bekommt Herr Kolhaas?

8. Was schickt Herr Kolhaas dem Erzähler und seiner Frau? Warum?

9. Was findet Herr Kolhaas noch im Mantel? Für wen war das bestimmt? Warum war es noch im Mantel?

10. Was fällt Eduard am Mantel auf? Worum bittet er seinen Cousin?

11. Wie reagiert die Frau des Erzählers auf die Briefe?

12. Discuss the story with your classmates. Find out what they thought it was about. Which strategies did they find useful? Which strategies allowed each of you to enjoy the story most and get the most out of it?

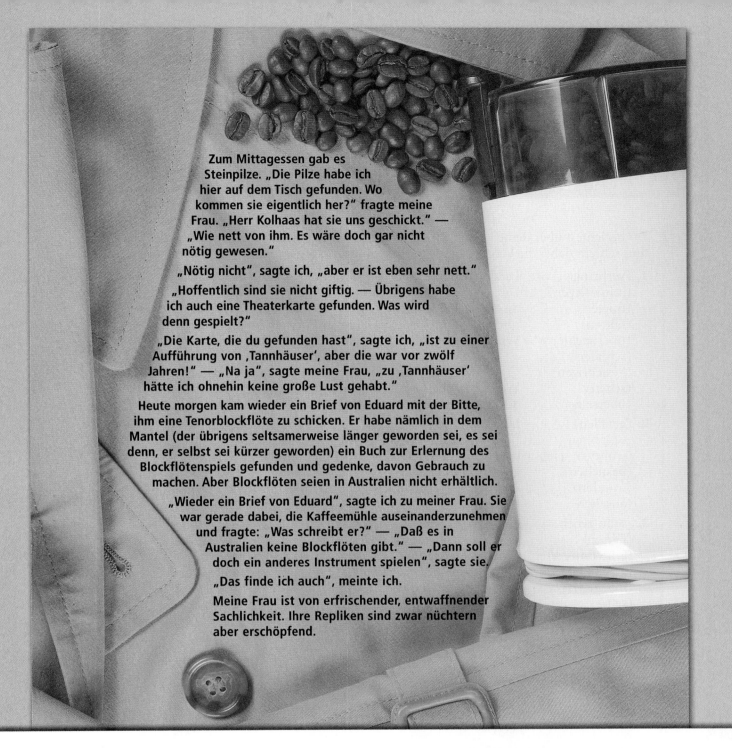

Zum Mittagessen gab es Steinpilze. „Die Pilze habe ich hier auf dem Tisch gefunden. Wo kommen sie eigentlich her?" fragte meine Frau. „Herr Kolhaas hat sie uns geschickt." — „Wie nett von ihm. Es wäre doch gar nicht nötig gewesen."

„Nötig nicht", sagte ich, „aber er ist eben sehr nett."

„Hoffentlich sind sie nicht giftig. — Übrigens habe ich auch eine Theaterkarte gefunden. Was wird denn gespielt?"

„Die Karte, die du gefunden hast", sagte ich, „ist zu einer Aufführung von ‚Tannhäuser', aber die war vor zwölf Jahren!" — „Na ja", sagte meine Frau, „zu ‚Tannhäuser' hätte ich ohnehin keine große Lust gehabt."

Heute morgen kam wieder ein Brief von Eduard mit der Bitte, ihm eine Tenorblockflöte zu schicken. Er habe nämlich in dem Mantel (der übrigens seltsamerweise länger geworden sei, es sei denn, er selbst sei kürzer geworden) ein Buch zur Erlernung des Blockflötenspiels gefunden und gedenke, davon Gebrauch zu machen. Aber Blockflöten seien in Australien nicht erhältlich.

„Wieder ein Brief von Eduard", sagte ich zu meiner Frau. Sie war gerade dabei, die Kaffeemühle auseinanderzunehmen und fragte: „Was schreibt er?" — „Daß es in Australien keine Blockflöten gibt." — „Dann soll er doch ein anderes Instrument spielen", sagte sie.

„Das finde ich auch", meinte ich.

Meine Frau ist von erfrischender, entwaffnender Sachlichkeit. Ihre Repliken sind zwar nüchtern aber erschöpfend.

---

13. Reread the story with the following question in mind: Which actions or dialogues deviate from what you would consider to be "normal" reactions or responses? For example, what do you expect to be in the first letter from the cousin? Are your expectations met? How do these instances make the story humorous?

14. Erzähl die Geschichte zusammen mit deinen Klassenkameraden nach! Fang die Geschichte mit einem Satz an, und eine Klassenkameradin erzählt weiter, indem sie einen neuen Satz hinzufügt. Jeder kommt einmal dran, bis die Geschichte zu Ende ist. Verwende ordnende Zeitausdrücke (zuerst, dann usw.) in der Nacherzählung!

Übungsheft, S. 155-156, Ü. 1-6

Mehr Grammatikübungen

Erste Stufe

Objectives Reporting past events; expressing surprise and disappointment; agreeing; agreeing, with reservations; giving advice; giving advice and giving reasons

1 Du berichtest über deine letzten Ferien in Deutschland. Schreib die folgenden drei Berichte ab, und schreib dabei die Vergangenheitsform der gegebenen Verben in die Lücken! **(Seite 328)**

1. (verbringen)   Letzten Sommer _____ wir unsere Ferien in Deutschland.
(sein; fliegen)   Das _____ absolute Spitze! Nun, wir _____ von Chicago
(mieten)   direkt nach Frankfurt. Dort _____ wir uns einen Wagen,
(fahren)   und wir _____ die nächsten vier Wochen überall umher.
(übernachten)   Wir _____ gewöhnlich in einfachen Hotels, aber einmal
(schlafen)   _____ wir im berühmten Wartburg Hotel! Echt super! Wir
(besichtigen)   _____ die Wartburg, die hoch oben auf einem Berg steht.
(sehen)   Wir _____ das berühmte Luther Zimmer, wo Martin Luther
(übersetzen)   das Neue Testament vom Griechischen ins Deutsche _____ .

2. (gefallen)   Die Goethestadt Weimar _____ uns besonders gut. Hier
(schreiben)   _____ der große Dichter viele seiner Werke. Viele Jahre
(wohnen; sein)   lang _____ auch Schiller in Weimar, und die beiden _____
(besuchen)   gut befreundet. Wir _____ natürlich das Goethemuseum,
(wandern)   und wir _____ an einem schönen Nachmittag durch den
(ansehen)   Park an der Ilm, wo wir uns Goethes Gartenhaus _____ .

3. (sein; geben)   Berlin _____ der Höhepunkt unserer Reise. Hier _____ es
(fahren)   so viel zu sehen und so viel zu tun. Wir _____ hinaus an
(schwimmen)   den Tegeler See und _____ in klarem Seewasser. Wir
(gehen; hören)   _____ in einige Museen und _____ zwei ganz tolle Konzerte.
(machen)   Wir _____ auch eine Stadtrundfahrt mit einem Ausflugs-
(sein)   schiff — kann ich empfehlen — und wir _____ auf dem
(anschauen)   Olympiaturm, wo wir uns Berlin von oben _____ .

Wartburg

Schloss in Weimar

2 Du bist überrascht und auch enttäuscht von Entscheidungen (*decisions*), die ein Freund von dir getroffen hat, und du sagst ihm das auch. Schreib die folgenden Sätze ab, und schreib dabei die gegebene Information in die Lücken! Gebrauche dabei das Präsens! **(Seite 329)**

1. (Sprachen studieren wollen)   Ich bin überrascht, dass du nicht _____ .
2. (auf die Uni gehen können)   Ich bin enttäuscht, dass du nicht _____ .
3. (so schlechte Noten haben)   Ich bin enttäuscht, dass du _____ .
4. (ein gesundes Leben führen)   Ich bin überrascht, dass du _____ .
5. (s. für Mode interessieren)   Ich bin überrascht, dass du _____ .
6. (keine gute Musik hören)   Ich bin enttäuscht, dass du _____ .

3 Du fragst eine Klassenkameradin, welchen Rat verschiedene Leute geben würden. Schreib die folgenden Sätze ab, und schreib dabei in die erste Lücke eine Form von **würde** und in die zweite Lücke eine Befehlsform der in Klammern gegebenen Information! **(Seite 329)**

1. Was würde dein Lehrer sagen, wenn du eine schlechte Note bekommst? (fleißig lernen) Mein Lehrer _____ sagen: _____ !
2. Was würdest du sagen, wenn ich eine schlechte Note bekomme? (nicht so faul sein) Also, ich _____ sagen: _____ !
3. Was würden deine Eltern sagen, wenn du nicht mehr zu Hause wohnen wolltest? (ausziehen) — Meine Eltern _____ sagen: _____ !
4. Was würde dein Cousin sagen, wenn du mit seinem Rad fahren möchtest? (dein eigenes Rad nehmen) — Mein Cousin _____ sagen : _____ !
5. Rat mal, was ich sagen würde, wenn du Geld von mir möchtest. (dein eigenes Geld verdienen) — Ja, du _____ sagen: _____ !

4 Du rätst einer Freundin, wie sie gesünder leben könnte. Schreib die folgenden Sätze ab, und schreib dabei die gegebene Information in einen Infinitivsatz um! **(Seite 331)**

1. (ein gesundes Leben führen)   Versuch doch mal, _____ !
2. (deine Diät ändern)   Versuch doch mal, _____ !
3. (weniger Fleisch essen)   Versuch doch mal, _____ !
4. (die Sonne vermeiden)   Versuch doch mal, _____ !
5. (mehr Sport machen)   Versuch doch mal, _____ !
6. (deine Fehler zugeben)   Versuch doch mal, _____ !
7. (weniger auffallen)   Versuch doch mal, _____ !
8. (ein neues Leben anfangen)   Versuch doch mal, _____ !

5 Du sagst, was du versuchst, um ein besseres Leben zu führen. Schreib die folgenden Sätze ab, und schreib dabei die gegebene Information in einen Infinitivsatz um! (**Seite 331**)

1. (ein gesundes Leben führen) Ich versuche alles, um _____ .
2. (sich fit halten) Ich versuche alles, um _____ .
3. (die Umwelt verbessern) Ich versuche alles, um _____ .
4. (besser aussehen) Ich versuche alles, um _____ .
5. (mit der Mode mitmachen) Ich versuche alles, um _____ .
6. (keine Vorurteile annehmen) Ich versuche alles, um _____ .

Zweite Stufe

Objectives Expressing determination or indecision; talking about what is important or not important; hypothesizing

6 Du hast dich entschieden, viele Ziele in deinem Leben zu verwirklichen, und du berichtest einer Klassenkameradin darüber. Schreib die folgenden Sätze ab, und schreib dabei die gegebene Information als Infinitivsatz in die Lücken! (**Seite 337**)

1. (einen guten Abschluss machen) Ich hab beschlossen, _____ .
2. (Fremdsprachen studieren) Ich hab mich entschieden, _____ .
3. (Mediaplanerin werden) Ich hab beschlossen, _____ .
4. (im Ausland arbeiten) Ich hab mich entschieden, _____ .
5. (sich mehr anstrengen) Ich hab beschlossen, _____ .
6. (großen Erfolg haben) Ich hab mich entschieden, _____ .
7. (eine sichere Stellung annehmen) Ich hab beschlossen, _____ .

7 Ein Freund stellt dir viele Fragen über deine Zukunft. Du hast dich über viele Dinge noch nicht entschieden, und du sagst ihm das. Schreib die folgenden Sätze ab, und schreib dabei die Fragen deines Freundes als indirekte Fragen in die Lücken! (**Seite 337**)

1. Sag mal, Uwe, was wirst du später einmal machen? — Ich kann noch nicht sagen, _____ .
2. Was wirst du einmal studieren? — Ich muss mir noch überlegen, _____ .
3. Wo wirst du studieren? — Ich weiß nicht, _____ .
4. Wie lange wird das Studium dauern? — Ich kann noch nicht sagen, _____ .
5. Warum möchtest du nicht im Ausland studieren? — Ich weiß nicht, _____ .
6. Wie viel Geld wird dein Studium kosten? — Ich kann noch nicht sagen, _____ .

8 Was ist dir wichtig, und was ist dir nicht wichtig? Schreib die folgenden Sätze ab, und schreib dabei in die erste Lücke ein „**da**-compound" und in die zweite die gegebene Information als Infinitivsatz! (**Seite 338**)

1. (einen guten Abschluss machen) Worauf legst du großen Wert? — Ich lege großen Wert _____, _____ .

2. (im Ausland Jura studieren) Worauf legst du keinen großen Wert? — Ich lege keinen großen Wert _____ , _____ .

3. (finanziell unabhängig sein) Worauf legst du großen Wert? — Ich lege großen Wert _____ , _____ .

4. (ein großes Haus mit Pool haben) Worauf legst du keinen großen Wert? — Ich lege keinen großen Wert _____ , _____ .

5. (andern Menschen helfen können) Worauf legst du großen Wert? — Ich lege großen Wert _____ , _____ .

6. (Strafverteidigerin werden) Worauf legst du keinen großen Wert? — Ich lege keinen großen Wert _____ , _____ .

9 Was ist anderen Leuten wichtig? Sie sagen es dir. Schreib die folgenden Sätze ab, und schreib dabei in die erste Lücke das richtige Personalpronomen und in die zweite Lücke die gegebene Information als dass-Satz! (**Seite 338**)

1. Was ist deinem Bruder wichtig? Ein gutes Abitur zu machen?
— Ja, _____ ist wichtig, dass _____ .

2. Was ist für dich entscheidend? Jura in München studieren zu können?
— Ja, entscheidend für _____ ist, dass _____ .

3. Was ist deiner Kusine wichtig? In den Vereinigten Staaten Sport zu studieren?
— Ja, _____ ist wichtig, dass _____ .

4. Was ist für euch entscheidend, Uwe und Anna? Sofort einen guten Job zu finden?
— Ja, entscheidend für _____ ist, dass _____ .

5. Was ist deinen Geschwistern wichtig? Ein eigenes Zimmer zu haben?
— Ja, _____ ist wichtig, dass _____ .

6. Was ist für Sie entscheidend, Herr Meier? Jeden Sommer nach Deutschland zu fliegen?
— Ja, entscheidend für _____ ist, dass _____ .

10 Was würdest du tun, wenn . . . ? Schreib die folgenden Sätze ab, und schreib dabei die korrekten Konjunktivformen der Verben **haben, sein,** oder **werden** in die Lücken! (**Seite 338**)

1. Wenn ich mehr Geld _____, _____ ich mir ein neues Auto kaufen.

2. Was _____ du dir kaufen, wenn du mehr Geld _____ ? Auch ein Auto?

3. Wenn wir mit dem Studium fertig _____ , _____ wir eine Reise machen.

4. Was _____ ihr machen, wenn ihr mit dem Studium fertig _____ ?

5. Was _____ du machen, wenn du in New York _____ ?

6. Wenn ich in New York _____ , _____ ich viel unternehmen.

Kann ich's wirklich?

Can you report past events? (p. 328)

1 How would you respond if someone said to you **Erzähl mir alles, was du in den letzten Ferien gemacht hast!**?

Can you express surprise? (p. 329)

2 How would you respond to the following statements, made by a friend of yours?

a. **Meine Tante Klara hat mir 20 000 Euro zum Geburtstag geschenkt.**

b. **Ich fliege morgen in die Vereinigten Staaten, um dort zu studieren.**

Can you express disappointment? (p. 329)

3 How would you respond if you heard

a. that one of your best friends takes drugs (**Drogen**)?

b. that your best friend is moving to Australia?

Can you agree? (p. 329)

4 How would you agree with someone who said **Wir schauen zu viel Fernsehen, anstatt zu lesen**?

Can you agree with reservations? (p. 329)

5 How would you agree, but with reservations, if someone said **Wer Geld hat, hat auch Freunde**?

Can you give advice? (p. 329)

6 How would you respond if a friend said to you **Ich weiß nicht mehr, was ich machen soll; ich bekomme immer schlechte Noten**?

Can you give advice and give reasons? (p. 331)

7 How would you tell someone that he or she should exercise and why? How would you give your own reason for exercising regularly?

Can you express determination or indecision? (p. 337)

8 How would you say

a. what you're determined to do after high school?

b. that you're not yet sure what you'll do?

Can you talk about what is important or not important? (p. 338)

9 How would you tell a friend

a. what is important to you?

b. what is not important?

Can you hypothesize? (p. 338)

10 How would you respond if someone asked you **Was würdest du tun, wenn du Millionär wärst?**

Erste Stufe

Professions

Schornsteinfeger(in), -/nen	chimney sweep	Anästhesist(in), -en/nen	anesthesiologist	die Zahnärztin, -nen	(female) dentist
Steuerberater(in), -/nen	tax consultant	Elektroinstallateur(in), -e/nen	electrician	der Zimmermann, -leute	carpenter
Rundfunk- moderator(in), -en/nen	radio moderator	Fotograf(in), -en/nen	photographer	**Other useful words**	
		Koch (Köchin), ¨e/nen	chef		
Toningenieur(in), -e/nen	sound engineer	Optiker(in), -/nen	optician	die Niete, -n	failure (in a subject)
		Schuhmacher(in), -/nen	shoemaker	die Diät, -en	diet
Friseur/Friseuse, -e/n	hairstylist			das Kostüm, -e	costume
Schweißer(in), -/nen	welder	technische(r) Zeichner(in), -/nen	technical designer		
Schreiner(in), -/nen	cabinet maker	Winzer(in), -/nen	vintner	führen	to lead
Glasbläser(in), -/nen	glass blower	der Zahnarzt, ¨e	dentist		

Zweite Stufe

Modern professions

Zahntechniker(in), -/nen	dental techni-cian
Strafverteidiger(in), -/nen	lawyer for the defense
Gesundheitswissen-schaftler(in), -/nen	nutritional scientist
Sportökonom(in), -en/nen	sports scientist
Umweltökonom(in), -en/nen	environmental scientist
Mediaplaner(in), -/nen	media planner
Kommunikations-elektroniker (in), -/nen	communications engineer
Industriedesigner(in), -/nen	industrial designer
PR-Berater(in), -/nen	PR-consultant
Touristikfachwirt(in), -e/nen	tourism special-ist
Lebensmittelkon-trolleur(in), -e/nen	health inspector

Other useful words

die Ehe, -n	marriage
die Scheidung, -en	divorce
der Erfolg, -e	success
der Konflikt, -e	conflict
die Chance, -n	chance
ziehen	to move (residence)
unterdrücken	to oppress
gründen	to found
s. anstrengen (sep)	to make an effort
einengen (sep)	to confine
finanziell	financially
im Fall	in the case (of)
sicherlich	certainly

Reference Section

Summary of Functions

Functions are probably best defined as the ways in which you use a language for specific purposes. When you find yourself in specific situations, such as in a restaurant, in a grocery store, or at school, you will want to communicate with those around you. In order to do that, you have to "function" in the language so that you can be understood: you place an order, make a purchase, or talk about your class schedule.

Such functions form the core of this book. They are easily identified by the boxes in each chapter that are labeled SO SAGT MAN DAS! These functions are the building blocks you need to become a speaker of German. All the other features in the chapter—the grammar, the vocabulary, even the culture notes—are there to support the functions you are learning.

Here is a list of the functions from Levels 1, 2, and 3 accompanied by the German expressions you will need in order to communicate in a wide range of situations. The level of the book is indicated by a Roman numeral I, II, or III. The chapter and page on which the expressions were introduced is also indicated.

You have learned to communicate in a variety of situations. Using these expressions, you will be able to communicate in many other situations as well.

Socializing

Saying hello
I, Ch. 1, p. 21
    Guten Morgen!
    Guten Tag!
    Morgen!   }   *shortened forms*
    Tag!
    Hallo!   }   *informal*
    Grüß dich!

Saying goodbye
I, Ch. 1, p. 21
    Auf Wiedersehen!
    Wiedersehen!   *shortened form*
    Tschüs!
    Tschau!   }   *informal*
    Bis dann!

Offering something to eat and drink
I, Ch. 3, p. 74
    Was möchtest du trinken?
    Was möchte *(name)* trinken?
    Was möchtet ihr essen?

Responding to an offer
I, Ch. 3, p. 74
    Ich möchte *(beverage)* trinken.
    Er/Sie möchte im Moment gar nichts.
    Wir möchten *(food/beverage)*, bitte.

Saying please
I, Ch. 3, p. 76
    Bitte!

Saying thank you **I, Ch. 3, p. 76**
    Danke!
    Danke schön!
    Danke sehr!

Saying you're welcome **I, Ch. 3, p. 76**
    Bitte!
    Bitte schön!
    Bitte sehr!

Giving compliments **I, Ch. 5, p. 139**
    Der/Die/Das *(thing)* sieht *(adjective)* aus!
    Der/Die/Das *(thing)* gefällt mir.

II, Ch. 8, p. 222
    Dein/Deine *(clothing item)* sieht echt fetzig aus.
    Sie/Er/Es passt dir auch echt gut.
    Und dieser/diese/dieses *(clothing item)*
       passt dir prima!
    Sie/Er/Es passt gut zu deiner/deinem
       (clothing item).

Responding to compliments
I, Ch. 5, p. 139
    Ehrlich?
    Wirklich?
    Nicht zu *(adjective)*?
    Meinst du?

II, Ch. 8, p. 222
    Meinst du wirklich?
    Ist er/sie/es mir nicht zu *(adjective)*?
    Das ist auch mein/meine Lieblings
       (clothing item).
    Echt?

Starting a conversation
I, Ch. 6, p. 161

Wie geht's? ⎱
Wie geht's denn? ⎰ *Asking how someone is doing*

Sehr gut! ⎫
Prima! ⎪
Danke, gut! ⎪
Gut! ⎪
Danke, es geht. ⎪
So lala. ⎬ *Responding to* **Wie geht's?**
Nicht schlecht. ⎪
Nicht so gut. ⎪
Schlecht. ⎪
Sehr schlecht. ⎪
Miserabel. ⎭

Making plans
I, Ch. 6, p. 166

Was willst du machen?   Ich will *(activity)*.
Wohin will *(person)*   Er/Sie will in/ins
gehen?   *(place)* gehen.

Ordering food and beverages
I, Ch. 6, p. 170

Was bekommen Sie?   Ich bekomme *(food/ beverage)*.

Ja, bitte?
Was essen Sie?   Einen/Eine/Ein *(food)*, bitte.

Was möchten Sie?   Ich möchte *(food/ beverage)*, bitte.

Was trinken Sie?   Ich trinke *(beverage)*.
Was nimmst du?   Ich nehme *(food/ beverage)*.

Was isst du?   Ich esse *(food)*.

II, Ch. 11, p. 314

Haben Sie schon   Ja, bringen Sie mir
gewählt?   bitte den/die/das *(menu item)*.

Und was hätten   Ich hätte gern den/die/
Sie gern?   das *(menu item)*.

Talking about how something tastes
I, Ch. 6, p. 172

Wie schmeckt's?   Gut!
Prima!
Sagenhaft!
Der/Die/Das *(food/ beverage)* schmeckt lecker!
Der/Die/Das *(food/ beverage)* schmeckt nicht.

Schmeckt's?   Ja, gut!
Nein, nicht so gut.
Nicht besonders.

Paying the check
I, Ch. 6, p. 172

Hallo! Ich will/   Das macht (zusammen)
möchte zahlen.   *(total)*.
Stimmt schon!

Extending an invitation
I, Ch. 7, p. 194; Ch. 11, p. 313

Willst du *(activity)*?
Wir wollen *(activity)*. Komm doch mit!
Möchtest du mitkommen?
Ich habe am *(day/date)* eine Party. Ich lade dich ein. Kannst du kommen?

Responding to an invitation
I, Ch. 7, p. 194; Ch. 11, p. 313

Ja, gern! ⎫
Toll! ⎪
Ich komme gern mit. ⎬ *accepting*
Aber sicher! ⎪
Natürlich! ⎭
Das geht nicht. ⎱ *declining*
Ich kann leider nicht. ⎰

Accepting with certainty
III, Ch. 11, p. 309

Ja, natürlich!
Ganz bestimmt.
Auf jeden Fall.
Auf alle Fälle.

Refusing with certainty
III, Ch. 11, p. 309

Nein, tut mir Leid.
Kommt nicht in Frage!
Auf keinen Fall.

Expressing obligations
I, Ch. 7, p. 194

Ich habe keine Zeit. Ich muss *(activity)*.

Offering help
I, Ch. 7, p. 199

Was kann ich für dich tun? ⎫
Kann ich etwas für dich tun? ⎬ *asking*
Brauchst du Hilfe? ⎭
Gut! Mach ich!   *agreeing*

Asking what you should do
I, Ch. 8, p. 222

Was soll ich für   Du kannst für mich
dich tun?   *(chore)*.
Wo soll ich *(thing/ things)* kaufen?   Beim (Metzger/Bäcker). In der/Im *(store)*.
Soll ich *(thing/ things)* in der/im *(store)* kaufen?   Nein, das kannst du besser in der/im *(store)* kaufen.

Getting someone's attention
I, Ch. 9, p. 250
> Verzeihung!
> Entschuldigung!

Offering more
I, Ch. 9, p. 258
> Möchtest du noch etwas?
> Möchtest du noch einen/eine/ein
> (food/beverage)?
> Noch einen/eine/ein (food/beverage)?

Saying you want more
I, Ch. 9, p. 258
> Ja, bitte. Ich nehme noch einen/eine/ein
> (food/beverage).
> Ja, bitte. Noch einen/eine/ein (food/beverage).
> Ja, gern.

Saying you don't want more
I, Ch. 9, p. 258
> Nein, danke! Ich habe keinen Hunger mehr.
> Nein, danke! Ich habe genug.
> Danke, nichts mehr für mich.
> Nein, danke, keinen/keine/kein (food/beverage)
> mehr.

Using the telephone
I, Ch. 11, p. 310
> Hier (name). ⎫
> Hier ist (name). ⎪
> Ich möchte bitte ⎪
> (name) sprechen. ⎬ starting a conversation
> Kann ich bitte ⎪
> (name) sprechen? ⎪
> Tag! Hier ist (name). ⎭
> Wiederhören! ⎫
> Auf Wiederhören! ⎬ ending a conversation
> Tschüs! ⎭

Talking about birthdays
I, Ch. 11, p. 314
> Wann hast du   Ich habe am (date)
> Geburtstag?   Geburtstag.
>   Am (date).

Expressing good wishes
I, Ch. 11, p. 314
> Alles Gute zum/zur (occasion)!
> Herzlichen Glückwunsch zum/zur (occasion)!

II, Ch. 11, p. 315
> Zum Wohl!
> Prost!
> Auf dein/euer/Ihr Wohl!
> Guten Appetit!
> Mahlzeit!

Changing the subject
III, Ch. 6, p. 156
> Ich möchte noch mal auf (topic)
> zurückkommen.
> Übrigens, ich wollte etwas anderes sagen.

Interrupting
III, Ch. 6, p. 156
> Lass mich mal zu Wort kommen!
> Moment mal! Lass (person) mal ausreden!

Making polite requests
III, Ch. 9, p. 243
> Könnte ich bitte ...?
> Dürfte ich bitte ...?
> Würden Sie bitte ...?

Exchanging Information

Asking someone his or her name and giving yours
I, Ch. 1, p. 22
> Wie heißt du?   Ich heiße (name).
> Heißt du (name)?   Ja, ich heiße (name).

Asking and giving someone else's name
I, Ch. 1, p. 22
> Wie heißt der Junge? Der Junge heißt
>   (name).
> Heißt der Junge   Ja, er heißt (name).
> (name)?
> Wie heißt das   Das Mädchen heißt
>   Mädchen?   (name).
> Heißt das Mädchen   Nein, sie heißt
> (name)?   (name).

Asking and telling who someone is
I, Ch. 1, p. 23
> Wer ist das?   Das ist der/die (name).

Asking someone his or her age and giving yours
I, Ch. 1, p. 25
> Wie alt bist du?   Ich bin (number) Jahre alt.
>   Ich bin (number).
>   (Number).
> Bist du schon   Nein, ich bin (number).
> (number)?

Asking and giving someone else's age
I, Ch. 1, p. 25
> Wie alt ist der Peter? Er ist (number).
> Und die Monika? Ist   Ja, sie ist auch
>   sie auch (number)?   (number).

Asking someone where he or she is from and telling where you are from I, Ch. 1, p. 28

Woher kommst du?	Ich komme aus (place).
Woher bist du?	Ich bin aus (place).
Bist du aus (place)?	Nein, ich bin aus (place).

Asking and telling where someone else is from I, Ch. 1, p. 28

Woher ist (person)?	Er/Sie ist aus (place).
Kommt (person) aus (place)?	Nein, sie kommt aus (place).

Talking about how someone gets to school I, Ch. 1, p. 30

Wie kommst du zur Schule?	Ich komme mit der/dem (mode of transportation).
Kommt Ahmet zu Fuß zur Schule?	Nein, er kommt auch mit der/dem (mode of transportation).
Wie kommt Ayla zur Schule?	Sie kommt mit der/dem (mode of transportation).

Talking about interests I, Ch. 2, p. 48

Was machst du in deiner Freizeit?	Ich (activity).
Spielst du (sport/instrument/game)?	Ja, ich spiele (sport/instrument/game). Nein, (sport/instrument/game) spiele ich nicht.
Was macht (name)?	Er/Sie spielt (sport/instrument/game).

Asking about interests II, Ch. 8, p. 221; Ch. 10, p. 276

Interessierst du dich für (thing)?
Wofür interessierst du dich?
Was für Interessen hast du?

Expressing interest II, Ch. 8, p. 221; Ch. 10, p. 276

Ja, (thing) interessiert mich.
Ich interessiere mich für (thing).

Expressing disinterest II, Ch. 8, p. 221

(Thing) interessiert mich nicht.
Ich hab kein Interesse an (thing).

Expressing indifference II, Ch. 8, p. 221

(Thing) ist mir egal.

Saying when you do various activities I, Ch. 2, p. 55

Was machst du nach der Schule?	Am Nachmittag (activity). Am Abend (activity).
Und am Wochenende?	Am Wochenende (activity).
Was machst du im Sommer?	Im Sommer (activity).

Talking about where you and others live I, Ch. 3, p. 73

Wo wohnst du?	Ich wohne in (place). In (place).
Wo wohnt der/die (name)?	Er/Sie wohnt in (place). In (place).

Describing a room I, Ch. 3, p. 79

Der/Die/Das (thing) ist alt.
Der/Die/Das (thing) ist kaputt.
Der/Die/Das (thing) ist klein, aber ganz bequem.
Ist (thing) neu?   Ja, er/sie/es ist neu.

Talking about family members I, Ch. 3, p. 82

Ist das dein/deine (family member)?	Ja, das ist mein/ meine (family member).
Und dein/deine (family member)? Wie heißt er/sie?	Er/Sie heißt (name).
Wo wohnen deine (family members)?	In (place).

Describing people I, Ch. 3, p. 84

Wie sieht (person) aus?	Er/Sie hat (color) Haare und (color) Augen.

Talking about class schedules I, Ch. 4, p. 106

Welche Fächer hast du?	Ich habe (classes).
Was hast du am (day)?	(Classes).
Was hat die Katja am (day)?	Sie hat (classes).
Welche Fächer habt ihr?	Wir haben (classes).
Was habt ihr nach der Pause?	Wir haben (classes).
Und was habt ihr am Samstag?	Wir haben frei!

Using a schedule to talk about time I, Ch. 4, p. 107

Wann hast du (class)?	Um (hour) Uhr (minutes).
Was hast du um (hour) Uhr?	(Class).
Was hast du von (time) bis (time)?	Ich habe (class).

Sequencing events I, Ch. 4, p. 109

Welche Fächer hast du am (day)?	Zuerst hab ich (class), dann (class), danach (class), und zuletzt (class).

Talking about prices
I, Ch. 4, p. 115

Was kostet (thing)? Er/Sie kostet nur (price).
Was kosten (things)? Sie kosten (price).
Das ist (ziemlich)
    teuer!
Das ist (sehr) billig!
Das ist (sehr)
    preiswert!

Pointing things out
I, Ch. 4, p. 116

Wo sind die (things)? Schauen Sie!
                    Dort!
                    Sie sind dort drüben!
                    Sie sind da hinten.
                    Sie sind da vorn.

Expressing wishes when shopping
I, Ch. 5, p. 134

Was möchten Sie?   Ich möchte einen/eine/ein
                            (thing) sehen, bitte.
                        Ich brauche einen/
                            eine/ein (thing).
Was bekommen   Einen/Eine/Ein (thing),
    Sie?   bitte.
Haben Sie einen   Ich suche einen/eine/ein
    Wunsch?   (thing).

Describing how clothes fit
I, Ch. 5, p. 137

Es passt prima.
Es passt nicht.

Talking about trying on clothes
I, Ch. 5, p. 143

Ich probiere den/die/das (item of clothing) an.
Ich ziehe den/die/das (item of clothing) an.
If you buy it: *If you don't:*
Ich nehme es.   Ich nehme es nicht.
Ich kaufe es.   Ich kaufe es nicht.

Telling time
I, Ch. 6, p. 162

Wie spät ist es jetzt? Es ist (time).
Wie viel Uhr ist es?   Es ist (time).

Talking about when you do things
I, Ch. 6, p. 162

Wann gehst du (activity)?   Um (time).
Um wie viel Uhr (action) du? Um (time).
Und du? Wann (action) du?   Um (time).

Talking about how often you do things
I, Ch. 7, p. 198

Wie oft (action) du?   (Einmal) in der Woche.
Und wie oft musst   Jeden Tag.
    du (action)?   Ungefähr (zweimal) im
                            Monat.

Explaining what to do
I, Ch. 7, p. 199

Du kannst für mich (action).

Talking about the weather
I, Ch. 7, p. 203

Wie ist das Wetter heute?   Heute regnet es.
                            Wolkig und kühl.
Wie ist das Wetter   Sonnig, aber kalt.
    morgen?
Regnet es heute?   Ich glaube schon.
Schneit es am Abend?   Nein, es schneit
                                nicht.
Wie viel Grad haben   Ungefähr 10 Grad.
    wir heute?

Talking about quantities
I, Ch. 8, p. 226

Wie viel (food item)   500 Gramm (food item).
    bekommen Sie?   100 Gramm, bitte.

Asking if someone wants anything else
I, Ch. 8, p. 227

Sonst noch etwas?
Was bekommen Sie noch?
Haben Sie noch einen Wunsch?

Saying you want something else
I, Ch. 8, p. 227

Ich brauche noch einen/eine/ein
    (food/beverage/thing).
Ich bekomme noch einen/eine/ein
    (food/beverage/thing).

Telling someone you don't need anything else
I, Ch. 8, p. 227

Nein, danke.
Danke, das ist alles.

Giving a reason
I, Ch. 8, p. 230

Jetzt kann ich nicht, weil …
Es geht nicht, denn …

III, Ch. 3, p. 75

…, weil ich …
…, damit …
…, um … zu …

Saying where you were I, Ch. 8, p. 231

Wo warst du heute Morgen?	Ich war in/im/ an/am *(place)*.
Wo warst du gestern?	Ich war in/im/ an/am *(place)*.

Saying what you bought
I, Ch. 8, p. 231

Was hast du gekauft? Ich habe *(thing)* gekauft.

Talking about where something is located
I, Ch. 9, p. 250

Verzeihung, wissen Sie, wo der/die/das *(place)* ist?	In der Innenstadt. Am *(place name)*. In der *(street name)*.
Wo ist der/die/das *(place)*?	Es tut mir Leid. Das weiß ich nicht.
Entschuldigung! Weißt du, wo der/die/das *(place)* ist?	Keine Ahnung! Ich bin nicht von hier.

Asking for directions
I, Ch. 9, p. 254

Wie komme ich zum/zur *(place)*?
Wie kommt man zum/zur *(place)*?

II, Ch. 9, p. 254

Entschuldigung! Wo ist bitte *(place)*.
Verzeihung! Wissen Sie vielleicht, wie ich zum/zur *(place)* komme?

Giving directions
I, Ch. 9, p. 254

Gehen Sie geradeaus bis zum/zur *(place)*.
Nach rechts/links.
Hier rechts/links.

II, Ch. 9, p. 254

Sie biegen hier *(direction)* in die *(streetname)* ein.
Dann kommen Sie zum/zur *(place)*.
Das ist hier *(direction)* um die Ecke.
Ich weiß es leider nicht. Ich bin nicht von hier.

Talking about what there is to eat and drink
I, Ch. 9, p. 257

Was gibt es hier zu essen?	Es gibt *(foods)*.
Und zu trinken	Es gibt *(beverage)* und auch *(beverage)*.

Talking about what you did in your free time
I, Ch. 10, p. 258

Was hast du *(time phrase)* gemacht?	Ich habe ... *(person/thing)* gesehen. *(book, magazine, etc.)* gelesen. mit *(person)* über *(subject)* gesprochen.

Discussing gift ideas
I, Ch. 11, p. 318

Schenkst du *(person)* einen/eine/ein *(thing)* zum/zur *(occasion)*?	Nein, ich schenke ihm/ ihr einen/eine/ein *(thing)*.
Was schenkst du *(person)* zum/zur *(occasion)*?	Ich weiß noch nicht. Hast du eine Idee?
Wem schenkst du den/die/das *(thing)*?	Ich schenke *(person)* den/die/das *(thing)*.

Asking about past events
II, Ch. 3, p. 65; Ch. 3, p. 71

Was hast du *(time phrase)* gemacht?
Was hat *(person)* *(time phrase)* gemacht?

Asking what someone did
II, Ch. 3, p. 65

Was hast du *(time phrase)* gemacht?
Was hat *(person)* *(time phrase)* gemacht?

Telling what someone did
II, Ch. 3, p. 65

Ich habe *(activity + past participle)*.
Er/Sie hat *(activity + past participle)*.

Asking where someone was **II, Ch. 3, p. 71**

Wo bist du gewesen?
Und wo warst du?

Telling where you were **II, Ch. 3, p. 71**

Ich bin in/im/an/am *(place)* gewesen.
Ich war in/im/an/am *(place)*.
Ich war mit *(person)* in/im/an/am *(place)*.

Asking for information
II, Ch. 4, p. 107; Ch. 10, p. 284

Ich habe eine Frage: ...?
Sag mal, ...?
Wie steht's mit *(thing)*?
Darf ich dich etwas fragen? ...?
Wissen Sie, ob ...?
Können Sie mir sagen, ob ...?

Stating information
II, Ch. 10, p. 284

Ich glaube schon, dass ...
Ich meine doch, dass ...

Responding emphatically **II, Ch. 4, p. 107**

Ja, natürlich!
Na klar!
Aber sicher!

Agreeing, with reservations
II. Ch. 4, p. 107

Ja, das kann sein, aber ...
Das stimmt, aber ...
Eigentlich schon, aber ...

Asking what someone may or may not do
II, Ch. 4, p. 110

Was darfst du (nicht) tun?
Was darfst du (nicht) essen/trinken?
Darfst du *(activity)*?

Telling what you may or may not do
II, Ch. 4, p. 110

Ich darf (nicht) *(activity)*.
Ich darf *(food/drink)* (nicht) essen/trinken.

Expressing skepticism
II, Ch. 5, p. 130

Was soll denn das sein, dieser/diese/dieses *(thing)*?

Making certain
II, Ch. 5, p. 130

Du isst nur vegetarisch, was?	Ja/Nein.
Du isst wohl viel Fleisch, ja?	Nicht unbedingt!
Du magst Joghurt, oder?	Na klar!
Du magst doch Quark, nicht wahr?	Sicher!

Calling someone's attention to something and responding
II, Ch. 5, p. 134

Schau mal!	Ja, was denn?
Guck mal!	Ja, was bitte?
Sieh mal!	Was ist denn los?
Hör mal!	Was ist?
Hör mal zu!	Was gibt's?

Asking for specific information
II, Ch. 5, p. 123

Welchen/Welche/Welches *(thing)* magst du?	Ich mag *(thing)*.
Welchen/Welche/Welches *(thing)* willst du?	Diesen/Diese/Dieses *(thing)*, bitte!

Inquiring about someone's health
II, Ch. 6, p. 157

Wie fühlst du dich?
Wie geht es dir?
Ist dir nicht gut?
Ist was mit dir?
Was fehlt dir?

Responding to questions about your health
II, Ch. 6, p. 157

Ich fühl mich wohl!
Es geht mir (nicht) gut!
Mir ist schlecht
Mir ist nicht gut.

Responding to statements about someone's health
II, Ch. 6, p. 157

Ach schade!
Gute Besserung!
Hoffentlich geht es dir bald besser!

Asking about pain
II, Ch. 6, p. 163

Tut's weh?
Was tut dir weh?
Tut dir was weh?
Tut dir *(body part)* weh?

Expressing pain **II, Ch. 6, p. 163**

Au!
Aua!
Es tut weh!
Der/Die/Das *(body part)* tut mir weh.
Ja, ich hab *(body part)*schmerzen.

Expressing wishes
II, Ch. 7, p. 192

Was möchtest du gern mal haben?	Ich möchte gern mal einen/eine/ein *(thing)*!
Was wünschst du dir mal?	Ich wünsche mir mal ...
Und was wünscht ihr euch?	Wir wünschen uns ...

III, Ch. 11, p. 309

(Thing) wäre mir (nicht) wichtig.
In meiner idealen Welt gäbe es (kein/en/e) *(thing)*.

Talking about plans
II, Ch. 10, p. 288

Ich werde *(activity)*.
(Time phrase) werde ich *(activity)*.

Expressing hearsay
II, Ch. 11, p. 310

Ich habe gehört, dass ...
Man hat mir gesagt, dass ...
(Thing) soll *(adjective)* sein.

Admitting something
III, Ch. 3, p. 76

Ich geb's zu.
Ich geb's zu, dass ich ...
Ich muss zugeben, dass ...

Reporting past events
III, Ch. 5, p. 132; Ch. 6, p. 154

Wir haben letzten Monat einen Bundeswehroffizier eingeladen. Die Diskussion war sehr interessant, und wir konnten uns gut informieren. Wir wollten noch mehr hören, aber wir mussten zum Unterricht gehen.

Vor einiger Zeit führte eine Fernsehstation folgenden Test durch: Zwei Familien erklärten sich bereit, ... Und was passierte? Die Leute wussten einfach nicht mehr, was sie ohne Fernseher anfangen sollten. Sie saßen da und starrten sich an ...

Saying that something is going on right now
III, Ch. 5, p. 131
> Wir *(action)* gerade.
> Wir sind dabei, *(person/place/thing)* zu *(action)*.
> Wir sind am (beim) *(action)*.

Comparing
III, Ch. 7, p. 185
> Ich kenne auch so einen/eine *(type of person)* wie dich.
> Dieser/Diese/Dieses *(thing)* ist nicht so gut wie dieser/diese/dieses.
> Ich finde diesen/diese/dieses *(thing)* viel besser als den/die/das da.
> Und mir gefällt der/die/das *(thing)* am besten.

Saying what is being done about a problem
III, Ch. 9, p. 247
> *(Things)* werden jetzt *(past participle)*.
> *(Thing)* wird *(past participle)*.
> *(Things)* werden schon oft *(past participle)*.

Saying that something is being done
III, Ch. 10, p. 280
> Die *(people/places/things)* werden *(past participle)*.
> Die *(people/places/things)* werden vom *(person)* *(past participle)*.

Saying that something was being done
III, Ch. 10, p. 280
> Die *(people/places/things)* wurden *(past participle)*.
> Der/Die/Das *(person/place/thing)* ist (nicht) *(past participle)* worden.

Talking about goals for the future
III, Ch. 11, p. 310
> Mit dreißig möchte ich ...
> Vielleicht werde ich bis dahin ...

Expressing Attitudes and Opinions

Asking for an opinion
I, Ch. 2, p. 57; Ch. 9, p. 260
> Wie findest du *(thing/activity/place)*?

III, Ch. 3, p. 65
> Was hältst du von *(person/place/thing)*?
> Was würdest du dazu sagen?

Expressing your opinion
I, Ch. 2, p. 57; Ch. 9, p. 260
> Ich finde *(thing/activity/place)* langweilig.
> *(Thing/Activity/Place)* ist Spitze!
> *(Activity)* macht Spaß!
> Ich finde es toll, dass ...
> Ich glaube, dass ...

III, Ch. 3, p. 65; Ch 6, p. 153
> Ich halte viel/wenig davon.
> Ich halte nichts davon.
> Ich würde sagen, dass ...
> Meiner Meinung nach ...
> Ich finde, dass ...

Asking for reasons III, Ch. 6, p. 153
> Kannst du das begründen?

Eliciting agreement
III, Ch. 7, p. 192
> ..., nicht?
> ..., nicht wahr?
> ..., ja?
> ..., stimmt's?
> ..., oder?
> ..., meinst du nicht?

Agreeing I, Ch. 2, p. 58
> Ich auch!
> Das finde ich auch!
> Stimmt!

II, Ch. 10, p. 287
> Da stimm ich dir zu!
> Da hast du (bestimmt) Recht!
> Einverstanden!

III, Ch. 4, p. 97; Ch. 6, p. 155; Ch. 7, p. 192
> Da geb ich dir Recht.
> Ganz meine Meinung.
> Bei mir ist es auch so.
> Da ist schon was dran.
> Eben!
> Richtig!
> Da hast du ganz Recht.
> Damit stimm ich überein.
> Das meine ich auch.
> Logisch! Logo!
> Genau. Genau so ist es.
> Eben!
> Klar!
> Sicher!

Disagreeing I, Ch. 2, p. 58
> Ich nicht!
> Das finde ich nicht!
> Stimmt nicht!

II, Ch. 10, p. 287
Das stimmt (überhaupt) nicht!

III, Ch. 6, p. 156
Das stimmt gar nicht!
Das ist alles Quatsch!

Agreeing with reservations
II, Ch. 7, p. 199
Ja, schon, aber ...
Ja, aber ...
Eigentlich schon, aber ...
Ja, ich stimme dir zwar zu, aber ...

Commenting on clothes
I, Ch. 5, p. 137

| Wie findest du den/die/das *(clothing item)*? | Ich finde ihn/sie/es *(adjective)*. Er/Sie/Es gefällt mir (nicht). |

Expressing uncertainty
I, Ch. 5, p. 137; Ch. 9, p. 250
Ich bin nicht sicher.
Ich weiß nicht.
Keine Ahnung!

III, Ch. 7, p. 194
Es kann sein, dass ...
Das mag schon sein.

Expressing what seems to be true
III, Ch. 7, p. 194
Es scheint, dass ...
Es sieht so aus, als ob ...

Expressing certainty
III, Ch. 11, p. 309
Es steht fest, dass ...
Es ist sicher, dass ...
Ich möchte unbedingt ...

Expressing regret **I, Ch. 9, p. 250**
Es tut mir Leid.

II, Ch. 5, p. 129
Ich bedaure, ...
Was für ein Pech, ...
Leider, ...

III, Ch. 3. p. 78
Leider!
Ich bedaure, dass ...
Ich bedaure es wirklich, dass ...

Downplaying **II, Ch. 5, p. 129**
Das macht nichts!
Schon gut!
Nicht so schlimm!
Dann *(action)* ich eben *(alternative)*.
Dann *(action)* ich halt *(alternative)*.

Asking how someone liked something
II, Ch. 3, p. 76
Wie war's?
Wie hat dir Dresden gefallen?
Wie hat es dir gefallen?
Hat es dir gefallen?

Responding enthusiastically
II, Ch. 3, p. 76
Na, prima!
Ja, Spitze!
Das freut mich!

Responding sympathetically
II, Ch. 3, p. 76
Schade!
Tut mir Leid!
Das tut mir aber Leid!

Expressing enthusiasm
II, Ch. 3, p. 76
Phantastisch!
Es war echt super!
Es hat mir gut gefallen.
Wahnsinnig gut!

Expressing sympathy
III, Ch. 3, p. 73
Es tut mir Leid! Wirklich!
Das ist ja schlimm!
Das muss schlimm sein!
Wie schrecklich!
So ein Pech!

Expressing disappointment
II, Ch. 3, p. 76
Na ja, soso!
Nicht besonders.
Es hat mir nicht gefallen.
Es war furchtbar!

III, Ch. 8, p. 213
Ich bedaure, dass ...
Ich finde es schade, dass ...
Ich bin enttäuscht, dass ...

Expressing approval
II, Ch. 4, p. 100
Es ist prima, dass ...
Ich finde es toll, dass ...
Ich freue mich, dass ...
Ich bin froh, dass ...

Expressing disapproval
II, Ch. 4, p. 100
Es ist schade, dass ...
Ich finde es nicht gut, dass ...

Expressing indecision
II, Ch. 9, p. 245

Was machen wir jetzt?
Was sollen wir bloß machen?

Expressing an assumption
II, Ch. 10, p. 284

Ich glaube schon, dass ...
Ich meine doch, dass ...

III, Ch. 8, p. 221

Ich nehme an, dass ...
Ich vermute, dass ...
Ich hatte den Eindruck, dass ...
Ich hatte mir vorgestellt, dass ...

Introducing another point of view
III, Ch. 4, p. 103

Das mag schon sein, aber ...
Es kommt darauf an, ob ...
Aber denk doch mal daran, dass ...
Du darfst nicht vergessen, dass ...

Hypothesizing
III, Ch. 4, p. 104; Ch. 9, p. 249

Wenn du ... wärest, dann würdest ...
Wenn sie ... hätte, dann würde sie ...
Wenn wir (activity) würden, hätten wir ...
Wenn wir (activity + past participle) hätten,
   hätten wir ...

Talking about what is possible
III, Ch. 5, p. 125

Ich könnte (action).
Du könntest (action).

Saying what you would have liked to do
III, Ch. 5, p. 126

Ich hätte gern (activity + past participle).
Ich wäre gern (activity + past participle).

Asking someone to take a position
III, Ch. 6, p. 153

Möchtest du mal dazu Stellung nehmen?
Wer nimmt mal dazu Stellung?

Talking about whether something is important
III, Ch. 11, p. 303

Ich lege großen Wert darauf, dass ...
Ich bin interessiert daran, dass ...
Für mich spielt die größte Rolle, dass ...
Mir ist wichtig, dass ...
Entscheidend für mich ist, dass ...
Für mich ist es am wichtigsten, dass ...
Ausschlaggebend ist für mich, dass ...

Saying something is not important
III, Ch. 11, p. 303

Ich lege keinen großen Wert darauf, dass ...
Ich bin nicht besonders interessiert daran, dass ...
Es ist nicht entscheidend für mich, dass ...
Mir ist weniger wichtig, dass ...

Expressing Feelings and Emotions

Asking about likes and dislikes
I, Ch. 2, p. 50; Ch. 4, p. 110; Ch. 10, p. 282

Was (action) du gern?
(Action) du gern?
Magst du (things/activities)?
Was für (things/activities) magst du?

Expressing likes
I, Ch. 2, p. 50; Ch. 4, p. 110; Ch. 10, p. 282

Ich (action) gern.
Ich mag (things/activities).
(Thing/Activities) mag ich (sehr/furchtbar) gern.

Expressing dislikes
I, Ch. 2, p. 50; I, Ch. 10, p. 282

Ich (action) nicht so gern.
Ich mag (things/action) (überhaupt) nicht.

Talking about favorites
I, Ch. 4, p. 110

Was ist dein	Mein Lieblings(category)
Lieblings(category)?	ist (thing).

Responding to good news
I, Ch. 4, p. 121

Toll!
Das ist prima!
Nicht schlecht.

Responding to bad news
I, Ch. 4, p. 112

Schade!
So ein Pech!
So ein Mist!
Das ist sehr schlecht!

Expressing familiarity
I, Ch. 10, p. 284

Kennst du (person/	Ja, sicher!
place/thing)?	Ja, klar! or
	Nein, den/die/das kenne
	ich nicht.
	Nein, überhaupt nicht.

Expressing preferences
I, Ch. 10, p. 285

(Siehst) du gern ...?	Ja, aber ... (sehe) ich lieber. Und am liebsten (sehe) ich ...
(Siehst) du lieber ... oder ...?	Lieber ...

II, Ch. 5, p. 139; Ch. 7, p. 189

Welche *(thing)* magst du lieber? *(Thing)* oder *(thing)*?	*(Thing)* mag ich lieber.
Welchen/Welche/Welches *(food item)* schmeckt dir besser? *(Food item)* oder *(food item)*?	*(Food item)* schmeckt mir besser.
Mir gefällt *(person/place/ thing)* besser als *(person/place/thing)*.	
Ich finde die *(person/place/ thing)* schöner.	
Ich ziehe *(person/place/ thing)* vor.	

Expressing strong preference and favorites
I, Ch. 10, p, 285

Was (siehst) du am liebsten?	Am liebsten (sehe) ich ...

II, Ch, 5, p. 139

Welches *(thing)* magst du am liebsten?	Am liebsten mag ich *(thing)*.
Welche *(food item)* schmeckt dir am besten?	*(Food item)* schmeckt mir am besten.

Expressing preference given certain possibilities
III, Ch. 10, p. 272

Ich würde (hauptsächlich) *(activity)*.
... eventuell mal ...
... vielleicht ...
... möglicherweise ...

Expressing hope **II, Ch. 6, p. 168**

Ich hoffe, ...
Wir hoffen, ...
Hoffentlich ...

Expressing doubt
II, Ch. 9, p. 249

Ich weiß nicht, ob ...
Ich bezweifle, dass ...
Ich bin nicht sicher, ob ...

Expressing resignation
II, Ch. 9, p. 249

Da kann man nichts machen.
Das ist leider so.

III, Ch. 3, p. 73; Ch. 5, p. 134

Was kann ich schon tun?
Es ist halt so.
Ich habe eben eine Pechsträhne.
Ach, was soll's! Das ist leider so.

Expressing conviction **II, Ch. 9, p. 249**

Du kannst mir glauben: ...
Ich bin sicher, dass ...

III, Ch. 7, p. 194

Es steht fest, dass ...

Expressing determination **III, Ch. 11, p. 300**

Ich habe beschlossen, ...
Ich habe mich entschieden, ...
Ich bin fest entschlossen, ...

Expressing indecision **III, Ch. 11, p. 300**

Ich weiß nicht, ob ich ...
Ich habe mich noch nicht entschieden, was/ob ...
Ich kann noch nicht sagen, ob ...
Ich muss mir das überlegen.
Es kommt darauf an, was/ob ...
Ich werde mal sehen, ob ...

Expressing surprise **II, Ch. 10, p. 287**

Das ist ja unglaublich!
(Das ist) nicht möglich!
Das gibt's doch nicht!

III, Ch. 5, p. 134; Ch. 6, p. 161; Ch. 8, p. 213

Das ist mir (völlig) neu!
Es ist unglaublich, dass ...
... überrascht mich.
Ich bin überrascht, dass ...
Ich war überrascht, dass ...
Ich habe gestaunt, ...
Ich habe nicht gewusst, dass ...
Ich hätte nicht gedacht, dass ....
Es ist unwahrscheinlich, dass ...
Ich war erstaunt, ...

Expressing relief **III, Ch. 5, p. 134**

Ich bin (sehr) froh, dass ...

Expressing annoyance
III, Ch. 6, p. 161; Ch. 7, p. 185; Ch. 8, p. 213

Was mich stört ist, dass ...
Ich werde sauer, wenn ...
Es ist frustrierend, dass ...
Was mich aufregt ist, wenn ...
Es nervt mich, dass ...
Es regt mich auf, wenn/dass ...
Es stört mich, wenn/dass ...
Es ärgert mich, wenn/dass ...
Ich finde es unangenehm, wenn/dass ...

Expressing concern III, Ch. 9, p. 240
> Ich habe Angst, ...
> Ich fürchte, dass ...
> ... macht mir große Sorgen.

Expressing envy III, Ch. 10, p. 273
> Ich beneide *(people)*.

Expressing admiration III, Ch. 10, p. 273
> Ich bewundere ...

Expressing happiness III, Ch. 10, p. 278
> *(Person)* war froh, dass ...

Expressing sadness III, Ch. 10, p. 278
> *(People)* waren traurig, weil ...

Expressing relief III, Ch. 11, p. 311
> Gut, dass ...
> Gott sei Dank, dass ...
> Ein Glück, dass ...
> Zum Glück habe ich ...
> Ich bin froh, dass ...

PERSUADING

Telling someone what to do
I, Ch. 8, p. 223
> Geh bitte *(action)*!
> *(Thing/Things)* holen, bitte!

Asking for suggestions
II, Ch. 9, p. 245; Ch. 11, p. 306
> Hast du eine Idee?
> Was schlägst du vor?
> Was sollen wir machen?
> Wofür bist du?

Making suggestions
II, Ch. 6, p. 158; Ch. 9, p. 245; Ch. 11, p. 306
> Möchtest du *(activity)*?
> Willst du *(activity)*?
> Du kannst für mich *(activity)*.
> *(Activity)* wir mal!
> Sollen wir mal *(activity)*?
> Wir können mal *(activity)*.
> Ich schlage vor, ...
> Ich schlage vor, dass ...
> Ich bin dafür, dass ...
> Wie wär's mit *(activity/place)*?

III, Ch. 8, p. 223
> Ich kann dir einen Tip geben: ...!
> Ich empfehl dir, ...
> Es lohnt sich, ..

Responding to suggestions **II, Ch. 11, p. 306**
> Das wäre nicht schlecht.

Asking for advice II, Ch. 6, p. 167
> Was soll ich machen?
> Was soll ich bloß tun?

Giving advice II, Ch. 6, p. 167
> Am besten ...
> Du musst unbedingt ...

III, Ch. 3, p. 74; Ch. 4, p. 103; Ch. 8, p. 223
> Warum machst du nicht ... ?
> Versuch doch mal ... !
> Du solltest mal ...
> An deiner Stelle würde ich versuchen, ...
> Lass dir doch ... !
> Vielleicht kannst du ...
> Es ist wichtig, dass ...
> Ich würde ...

Persuading someone to buy or wear something
II, Ch. 8, p. 226
> Warum kaufst du dir keinen/keine/kein *(thing)*?
> Kauf dir doch diesen/diese/dieses *(thing)*!
> Trag doch mal etwas *(adjective)*!

Persuading someone not to buy something
II, Ch. 8, p. 226
> Kauf dir ja keinen/keine/kein *(thing)*!
> Trag ja nichts aus *(material)*!

Asking for permission **II, Ch. 10, p. 283**
> Darf ich (bitte) *(activity)*?
> Kann ich bitte mal *(activity)*?
> He, du! Lass mich mal *(activity)*!

Giving permission
II, Ch. 10, p. 283
> Ja, natürlich!
> Bitte schön!
> Bitte!
> Gern!

Making accusations
III, Ch. 9, p. 241
> Du bist auch schuld an dem Problem, weil du ...
> Wir Verbraucher sind schuld daran, dass ..., wenn wir ...

Offering solutions
III, Ch. 9, p. 242; Ch. 9, p. 248
> Man könnte *(action)*.
> Man müsste *(action)*.
> Man sollte *(action)*.
> Wenn wir nur *(action)* dürften!
> *(Thing)* kann leicht *(past participle)* werden.
> *(Things)* sollen *(past participle)* werden.
> Alles muss *(past participle)* werden.

Additional Vocabulary

This list includes additional vocabulary that you may want to use to personalize activities. If you can't find the words you need here, try the German–English and English–German vocabulary sections beginning on page R42.

SPORT UND INTERESSEN
(Sports and hobbies)

Aerobic machen	to do aerobics
amerikanischen Fußball spielen	to play football
Baseball spielen	to play baseball
bergsteigen	to go mountain climbing
Bodybuilding machen	to lift weights
Handball spielen	to play handball
Kajak fahren	to go kayaking
Kanu fahren	to go canoeing
malen	to paint
Münzen sammeln	to collect coins
nähen	to sew
reiten	to ride (a horse)
Rollschuh laufen	to roller-skate
rudern	to row
schnorcheln	to snorkle
Skateboard fahren	to skateboard
Ski laufen	to (snow) ski
sticken	to embroider
stricken	to knit
Tischtennis spielen	to play table tennis
Videospiele spielen	to play video games
zelten	to go camping

FAMILIE (Family)

der Enkel, -	grandson
die Enkelin, -nen	granddaughter
der Halbbruder, ⸚	half-brother
die Halbschwester, -n	half-sister
der Neffe, -n	nephew
die Nichte, -n	niece
der Schwager, ⸚	brother-in-law
die Schwägerin, -nen	sister-in-law
die Schwiegermutter, ⸚	mother-in-law
der Schwiegervater, ⸚	father-in-law
der Stiefbruder, ⸚	stepbrother
die Stiefmutter, ⸚	stepmother
die Stiefschwester, -n	stepsister
der Stiefvater, ⸚	stepfather
die Urgroßmutter, ⸚	great-grandmother
der Urgroßvater, ⸚	great-grandfather

ZUM DISKUTIEREN (Topics to Discuss)

der Präsident	president
die Reklame	advertising
das Verbrechen	crime
der Wehrdienst	military service
der Zivildienst	community service
die Drogen	drugs
Gewalt im Fernsehen	violence on TV

TIERE (Animals)

der Affe, -n	monkey
der Bär, -en	bear
der Büffel, -	buffalo
der Bulle, -n	bull
die Eidechse, -n	lizard
die Ente, -n	duck
der Frosch, ⸚e	frog
der Fuchs, ⸚e	fox
die Gans, ⸚e	goose
die Giraffe, -n	giraffe
der Hahn, ⸚e	rooster
der Hamster, -	hamster
der Hase, -n	hare
die Henne, -n	hen
das Huhn, ⸚er	chicken
der Kanarienvogel, ⸚	canary

das Kaninchen, -	*rabbit*
die Klapperschlange, -n	*rattlesnake*
die Kuh, ¨e	*cow*
der Löwe, -n	*lion*
die Maus, ¨e	*mouse*
das Meerschweinchen, -	*guinea pig*
das Nashorn, ¨er	*rhinoceros*
das Nilpferd, -e	*hippopotamus*
der Ochse, -n	*ox*
der Papagei, -en	*parrot*
das Pferd, -e	*horse*
die Robbe, -n	*seal*
der Seelöwe, -n	*sea lion*
das Schaf, -e	*sheep*
die Schildkröte, -n	*turtle*
die Schlange, -n	*snake*
der Schmetterling, -e	*butterfly*
das Schwein, -e	*pig*
der Stier, -e	*steer*
der Tiger, -	*tiger*
der Truthahn, ¨e	*turkey*
der Vogel, ¨	*bird*
der Wal, -e	*whale*
das Walross, -e	*walrus*
der Waschbär, -en	*racoon*
der Wolf, ¨e	*wolf*
die Ziege, -n	*goat*

GETRÄNKE *(Beverages)*

der Grapefruitsaft	*grapefruit juice*
der Kakao	*cocoa*
der Kirschsaft	*cherry juice*
der Kräutertee	*herbal tea*
das Leitungswasser	*tap water*
das Malzbier	*(sweet, non-alcoholic beverage)*
der Milkshake	*milkshake*
der Tomatensaft	*tomato juice*

SPEISEN *(Foods)*

die Ananas, -	*pineapple*
der Apfelstrudel, -	*apple strudel*
der Chip, -s	*potato chip*
der Eintopf	*stew*

die Erdbeere, -n	*strawberry*
die Erdnussbutter	*peanut butter*
das Gebäck	*baked goods*
das Gulasch	*goulash*
der Hamburger, -	*hamburger*
die Himbeere, -n	*raspberry*
die Karotte, -n	*carrot*
der Ketchup	*ketchup*
die Magermilch	*low-fat milk*
die Mayonnaise	*mayonnaise*
die Melone, -n	*melon*
die Nuss, ¨e,	*nut*
die Orange, -n	*orange*
das Plätzchen, -	*cookie*
der Pudding, -s or -e	*pudding*
die Sahne	*cream*
die Vollmilch	*whole milk*

FARBEN *(Colors)*

beige	*beige*
golden	*gold*
lila	*purple*
orange	*orange*
rosa	*pink*
silbern	*silver*
türkis	*turquoise*

KLEIDUNGSSTÜCKE *(Clothing)*

der Badeanzug, ¨e	*swimsuit*
das Halstuch, ¨er	*scarf*
der Handschuh, -e	*glove*
der Mantel, ¨	*coat*
der Minirock, ¨e	*miniskirt*
der Parka, -s	*parka*
der Rollkragenpullover, -	*turtleneck sweater*
die Sandalen (pl)	*sandals*
die Strumpfhose, -n	*panty hose*
die Weste, -n	*vest*

STOFFE *(Materials)*

Acryl	*acrylic*
Kaschmir	*cashmere*

Kunstfasern	*synthetic fibers*
Kunstseide	*rayon*
Nylon	*nylon*
Polyacryl	*acrylic*
Polyester	*polyester*

FÄCHER *(School Subjects)*

Algebra	*algebra*
Chemie	*chemistry*
Chor	*choir*
Französisch	*French*
Hauswirtschaft	*home economics*
Informatik	*computer science*
Italienisch	*Italian*
Literatur	*literature*
Orchester	*orchestra*
Philosophie	*philosophy*
Physik	*physics*
Politik	*political science*
Russisch	*Russian*
Spanisch	*Spanish*
Sozialkunde	*social studies*
Werken	*shop*
Wirtschaftslehre	*economics*

KÖRPERTEILE *(Parts of the Body)*

die Augenbraue, -n	*eyebrow*
das Augenlid, -er	*eyelid*
die Faust, ⸚e	*fist*
die Ferse, -n	*heel*
das Gesicht, -er	*face*
die Handfläche, -n	*palm of the hand*
das Handgelenk, -e	*wrist*
die Hüfte, -n	*hip*
der Kiefer, -	*jaw*
das Kinn	*chin*
die Lippe, -n	*lip*
der Magen	*stomach*
der Nacken, -	*neck*
die Nase, -n	*nose*
das Ohr, -en	*ear*
der Schenkel, -	*thigh*

die Stirn

die Nase

der Shenkel

der Magen

die Ferse

das Schienbein, -e	*shin*
die Stirn	*forehead*
die Wade, -n	*calf*
die Wange, -n	*cheek*
die Wimper, -n	*eyelash*
der Zahn, ⸚e	*tooth*
der Zeh, -en	*toe*
der Zeigefinger, -	*index finger*
die Zunge, -n	*tongue*

INSTRUMENTE *(Musical Instruments)*

die Blockflöte, -n	*recorder*
die Bratsche, -n	*viola*
das Cello (Violoncello), -s	*cello*
die elektrische Gitarre, -n	*electric guitar*
die Flöte, -n	*flute*
die Geige, -n	*violin*
die Harfe, -n	*harp*
das Horn, ⸚er	*French ho*
die Klarinette, -n	*clarinet*
der Kontrabass, ⸚e	*double bass*
die Mandoline, -n	*mandolin*
die Mundharmonika, -s	*harmonica*
die Oboe, -n	*oboe*
die Posaune, -n	*trombone*
das Saxophon, -e	*saxophon*
das Schlagzeug, -e	*drums*
die Trompete, -n	*trumpet*
die Tuba, (pl) Tuben	*tuba*

HAUSARBEIT *(Housework)*

den Fußboden kehren	*to sweep the floor*
sauber machen	*to clean*
die Wäsche aufhängen	*to hang clothes up*
die Wäsche einräumen	*to put clothes away*
die Wäsche zusammenlegen	*to fold clothes*

MÖBEL *(Furniture)*

das Bild, -er	*picture*
der Kleiderschrank, ⸚e	*wardrobe*
die Kommode, -n	*chest of drawers*

| der Nachttisch, -e | *night stand* |
| der Vorhang, ⁓e | *curtain* |

COMPUTERS

abbrechen	*to close*
abrufen (die E-Mail abrufen) (sep)	*to check the e-mail*
anklicken	*to click*
Anzeige, die	*prompt*
Bedienungsfeld, das	*control panel*
bei (*auch* at)	*at (@)*
Benutzer, der	*user*
Bild ↓ (Bild runter)	*page down*
Bild ↑ (Bild rauf)	*page up*
Bildschirm, der	*screen*

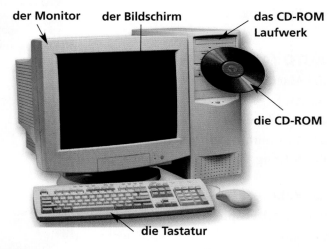

der Monitor   der Bildschirm   das CD-ROM Laufwerk

die CD-ROM

die Tastatur

blättern	*to scroll*
Browser, der	*browser*
CD-ROM	*CD-ROM*
CD-ROM, die	*CD-ROM disc*
CD-ROM Laufwerk, das	*CD-ROM drive*
Computer, der	*computer*
Crash, der	*crash*
Datei, die	*file; data (file)*
Diskette, die	*diskette, floppy disc*
drucken	*to print*
drücken auf	*to press*
E-Mail, die	*e-mail*
E-Mailadresse, die	*e-mail address*
einfügen	*to insert*
der Cursor	*cursor*
Eingabetaste, die	*return key*

einladen (sep)	*to upload*
einloggen (sep)	*to log on*
entfernen	*to delete*
Entferntaste, die	*delete key*
erstellen	*to create*
Feedback, das	*feedback*
Festplatte, die	*hard drive*
Feststelltaste, die	*caps lock*
formatieren	*to format*
herunterladen (sep)	*to download*
Homepage, die	*home page*
Internet, das	*Internet*
Internet-Adresse, die	*internet address*
Kennwort, das	*password*
kopieren	*to copy*
Laufwerk, das	*disk drive*
Lesezeichen, das	*bookmark*
Link, der	*link*
löschen	*to cancel*
Maus, die	*mouse*
Mausklick, der	*click*
Modem, das	*modem*
Monitor, der	*monitor*
Netz, das (das Internet)	*Internet*
Netzwerk, das	*network*
neustarten	*to reboot, restart*
öffnen	*to open*
online	*online*
Pfeiltaste, die	*arrow tab*
Rückstelltaste, die	*return*
Schlüsselwort, das	*keyword*
Schnittstelle, die	*interface*
senden	*to send*
Server, der	*server*
Software, die	*software*
Speicher, der	*memory*
speichern	*to save*
Steuerung, die	*control*
suchen	*to search*
Suchmaschine, die	*search engine*
surfen (im Internet surfen)	*to surf (the Net)*
Tabulator, der	*tab*
Tastatur, die	*keyboard*

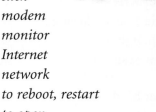

Textverarbeitung, die	*word processing*
Umschalttaste, die	*shift*
versenden	*to post*
Verzeichnis, das	*directory*
Webpage, die	*Web site*
Zeichen, das	*icon*
Zentraleinheit, die	*CPU (central processing unit)*
ziehen (auf Symbole)	*to drag (to icons)*

IN DER STADT   (Places around Town)

die Brücke, -n	*bridge*
die Bücherei, -en	*library*
der Flughafen, (pl) Flughäfen	*airport*
das Fremdenverkehrs-amt, (pl) Fremden-verkehrsämter	*tourist office*
der Frisiersalon, -s	*beauty shop*
das Krankenhaus, (pl) Krankenhäuser	*hospital*
der Kreis, -e	*district, county*
die Minigolfanlage	*mini-golf course*
die Polizei	*police*
das Stadion, (pl) Stadien	*stadium*
der Stadtrand	*outskirts*
der Stadtteil, -e	*urban district*
das Stadtzentrum, (pl) Stadtzentren	*downtown*

AUF DEM LAND   (In the Country)

auf dem Land wohnen	*to live in the country*
Tiere haben/züchten/füttern	*to have/raise/feed animals*
pflügen	*to plow*
der Bauernhof, ̈-e	*the farm*
das Feld, -er	*field*
das Korn/Getreide	*grains*
die Landschaft, -en	*countryside*
der Mais	*corn*
die Scheune, -n	*barn*
die Sojabohnen (pl)	*soybeans*
der Weizen	*wheat*
die Wiese, -n	*meadow*

KULTURELLE VERANSTALTUNGEN (Cultural Events)

die Ausstellung, -en	*exhibit*
das Chorkonzert, -e	*choir concert*
das Kabarett	*cabaret*
das Symphoniekonzert, -e	*symphony*
der Vorverkauf, ̈-e	*advance ticket sales*
der Zirkus, -se	*circus*

GESCHENKIDEEN   (Gift Ideas)

das Bild, -er	*picture*
die Kette, -n	*chain, necklace*
die Puppe, -n	*doll*
das Puppenhaus, ̈-er	*doll house*
das Spielzeug, -e	*toy*

AUTO (Automobiles)

die Alarmanlage, -n	*alarm system*
die Alufelge, -n	*aluminum rim, mag wheel*
der Aufkleber, -	*(bumper) sticker*
die Automatik, -en	*automatic transmission*
das 5-Gang-Getriebe	*five speed (standard) transmission*
das Kabriolett, -s	*convertible*
der Kassettenspieler, -	*cassette player*
der Kombiwagen, -	*station wagon*
die Lautsprecherbox, -en	*speaker*
der Rallyestreifen, -	*racing stripe*
die Servolenkung	*power steering*
die Servobremsen (pl)	*power brakes*
der Sitzschoner, -	*seat cover*
das Stereo-Radio, -s	*stereo*
die Zentralverriegelung, -en	*power locks*

IM HAUSHALT   (Household Utensils)

die Bratpfanne, -n	*frying pan*
die Butterdose, -n	*butter dish*
der Deckel, -	*lid*
der Herd, -e	*stove*
die Kaffeekanne, -n	*coffee pot*

der Kamin	*fireplace*
der Kaffeelöffel, -	*coffee spoon*
der Kochtopf, ⸚e	*large pot*
der Korkenzieher, -	*corkscrew*
die Kuchenplatte, -n	*cake plate*
die Lampe, -n	*lamp*
die Müslischüssel, -n	*cereal bowl*
das Salatbesteck, -e	*salad server*
die Schöpfkelle, -n	*ladle*
die Schüssel, -n	*serving dish*
der Spiegel, -	*mirror*
das Spülbecken, -	*sink*
die Tasse, -n	*cup*
der Teekessel, -	*tea kettle*
das Tischtuch, ⸚er	*table cloth*
der Topf, ⸚e	*pot*
die Untertasse, -n	*saucer*
die Zuckerdose, -n	*sugar dish*

AUSSEHEN *(Appearance)*

zum Friseur gehen	*to go to a barber shop/ hairdresser*
zur Friseuse gehen	*to go to a hairdresser*
der Haarschnitt/die Frisur	*haircut*
sich die Haare schneiden lassen	*to get a haircut*
die Dauerwelle, -n	*permanent wave*
sich eine Dauerwelle machen lassen	*to get a perm*
sich maniküren lassen	*to get a manicure*
die Nagelschere, -n	*manicure scissors*
die Wimperntusche	*mascara*
der Lippenstift, -e	*lipstick*
der Augenbrauenstift, -e	*eyebrow pencil*
der Fön	*blow dryer*
sich das Haar fönen	*to blow-dry one's hair*
der Handspiegel , -	*hand mirror*
die Haarbürste, -n	*hairbrush*
der Rasierapparat	*electric razor*
der Lockenstab, ⸚e	*curling iron*
die Lockenwickler (pl)	*curlers*
das Deodorant	*deodorant*

FESTE *(Holidays)*

Advent	*Advent (the four Sundays before Christmas)*
Allerheiligen	*All Saint's Day (Nov. 1)*
Chanukka	*Hanukkah*
Christi Himmelfahrt	*Ascension*
Erntedankfest	*Thanksgiving*
Heiligabend	*Christmas Eve*
Karneval	*Carnival, Mardi Gras*
Karfreitag	*Good Friday*
Martinstag	*St. Martin's Day (Nov. 11)*
Muttertag	*Mothers' Day*
Neujahr	*New Year*
Nikolaus	*St. Nicholas' Day (Dec. 6)*
Ostern	*Easter*
Silvester	*New Year's Eve*
Tag der Arbeit/ Maifeiertag	*May Day (Labor Day)*
Tag der Deutschen Einheit	*Day of German Unity*
Vatertag	*Fathers' Day*
Weihnachten	*Christmas*

DAS WETTER *(Weather)*

bedeckt	*cloudy*
feucht	*wet*
gewittrig	*stormy*
halbbedeckt	*partially overcast*
heiter	*sunny*
neblig	*foggy*
trüb	*hazy*
schwül	*humid*
windig	*windy*
es blitzt	*there is lightning*
es donnert	*it is thundering*
es nieselt	*it is drizzling*
es regnet	*it is raining*
es schneit	*it is snowing*
der Blitz, -e	*lightning*
der Donner	*thunder*
der Regen	*rain*
der Schnee	*snow*

BERUFE   (Careers)

Anästhesist(in), -en/innen	anesthesiologist
Apotheker(in), -/innen	pharmacist
Architekt(in), -en/innen	architect
Beamte/Beamtin, -n/innen	civil servant
Computerspezialist(in), -en/innen	computer specialist
Diplomat(in), -en/innen	diplomat
Elektroinstallateur(in), -/innen	electrician
Fotograf(in), -en/innen	photographer
Friseur/Friseuse, -e/n	hair stylist
Gesundheitswissen- schaftler(in), -/innen	nutritional scientist
Industriedesigner(in), -/innen	industrial designer
Ingenieur(in), -e/innen	engineer
Kaufmann/Kauffrau, -leute	merchant
Koch/Köchin, ̈e/innen	chef
Kommunikations- elektroniker(in), -/innen	communications engineer
Krankenschwester, -n	nurse
Krankenpfleger, -	(male) nurse
Mediaplaner(in), -/innen	media planner
Lebensmittelkon trolleur(in), -e/innen	health inspector
Lehrer(in), -/innen	teacher
Optiker(in), -/innen	optician
Physiker(in), -/innen	physicist
Politiker(in), -/innen	politician
PR-Berater(in), -/innen	PR consultant
Professor(in), -en/innen	professor
Rechtsanwalt/ Rechtsanwältin, ̈e/innen	lawyer
Reporter(in), -/innen	reporter
Rundfunksprecher(in), -/innen	radio announcer
Schreiner(in), -/innen	cabinet maker
Schweißer(in), -/innen	welder
Steuerberater(in), -/innen	tax consultant
Sekretär(in), -e/innen	secretary
Soldat(in), -en/innen	soldier
Sportökonom(in), -en/innen	sports scientist
Strafverteidiger(in), -/innen	lawyer for the defense
technischer Zeichner, -	(male) drafter
technische Zeichnerin, -nen	(female) drafter
Toningenieur(in), -e/innen	sound engineer
Touristikfachwirt(in), -e/innen	tourism specialist
Unternehmer(in), -/innen	entrepreneur
Winzer(in), -/innen	vintner
Zahnarzt(̈in), ̈e/innen	dentist
Zahntechniker(in), -/innen	dental technician
Zimmermann, -leute	carpenter

ERDKUNDE (GEOGRAPHY)

Here are some terms you will find on German-language maps:

LÄNDER   (States)

Most of the states in the United States (**die Vereinigten Staaten**) have the same spelling in German that they have in English. Listed below are those states that have a different spelling.

Kalifornien	California
Neumexiko	New Mexico
Nordkarolina	North Carolina
Südkarolina	South Carolina
Süddakota	South Dakota

KONTINENTE   (Continents)

Afrika	Africa
die Antarktis	Antarctica
Asien	Asia
Europa	Europe
Nordamerika	North America
Südamerika	South America

MEERE *(Bodies of Water)*

der Atlantik	*the Atlantic*
der Golf von Mexiko	*the Gulf of Mexico*
der Indische Ozean	*the Indian Ocean*
das Mittelmeer	*the Mediterranean*
der Pazifik	*the Pacific*
das Rote Meer	*the Red Sea*
das Schwarze Meer	*the Black Sea*

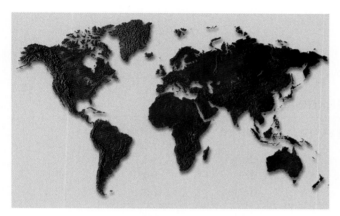

Geographische Begriffe
(Geographical Terms)

der Breitengrad	*latitude*
die Ebene, -n	*plain*
der Fluss, ¨e	*river*
das … Gebirge	*… mountains*
die Grenze, -n	*border*
die Hauptstadt, ¨e	*capital*
der Kontinent, -e	*continent*
das Land, ¨er	*state or country*
der Längengrad	*longitude*
das Meer, -e	*ocean, sea*
der Nordpol	*the North Pole*
der See, -n	*lake*
der Staat, -en	*country or state*
der Südpol	*the South Pole*
das Tal, ¨er	*valley*

LAND UND LEUTE

Staat		*Adjektiv*	*Bewohner*	*Währung*
Argentinien	*Argentina*	argentinisch	Argentinier	Peso
Australien	*Australia*	australisch	Australier	Dollar
Brasilien	*Brazil*	brasilianisch	Brasilianer	Cruzeiro
Haiti	*Haiti*	haitianisch	Haitianer	Gourde
Indien	*India*	indisch	Inder	Rupie
Indonesien	*Indonesia*	indonesisch	Indonesen	Rupie
Israel	*Israel*	israelisch	Israeli	Schekel
Jamaika	*Jamaica*	jamaikanisch	Jamaikaner	Dollar
Kolumbien	*Columbia*	kolumbisch	Kolumbianer	Peso
Korea	*Korea*	koreanisch	Koreaner	Won
Kuba	*Cuba*	kubanisch	Kubaner	Peso
Mexiko	*Mexico*	mexikanisch	Mexikaner	Peso
Neuseeland	*New Zealand*	neuseeländisch	Neuseeländer	Dollar
Norwegen	*Norway*	norwegisch	Norweger	Krone
Panama	*Panama*	panamaisch	Panamaer	Balboa
Philippinen	*Phillipines*	philippinisch	Philippiner	Peso
Puerto Rico	*Puerto Rico*	puertoricanisch	Puertoricaner	Dollar
Schweden	*Sweden*	schwedisch	Schweden	Krone
Südafrika	*South Africa*	südafrikanisch	Südafrikaner	Rand
Vietnam	*Vietnam*	vietnamesisch	Vietnamesen	Dong

Grammar Summary

NOUNS AND THEIR MODIFIERS

In German, nouns (words that name a person, place, or thing) are grouped into three classes or genders: masculine, feminine, and neuter. All nouns, both persons and objects, fall into one of these groups. There are words used with nouns that signal the class of the noun. One of these is the definite article. In English there is one definite article: *the*. In German, there are three, one for each class: **der, die,** and **das**.

THE DEFINITE ARTICLE

SUMMARY OF DEFINITE ARTICLES

	Nominative	Accusative	Dative	Genitive
Masculine	der	den	dem	des
Feminine	die	die	der	der
Neuter	das	das	dem	des
Plural	die	die	den	der

When the definite article is combined with a noun, a noun phrase is formed. Noun phrases that are used as subjects are in the nominative case. Nouns that are used as direct objects or the objects of certain prepositions (such as **für**) are in the accusative case. Nouns that are indirect objects, the objects of certain prepositions (such as **mit, bei**), or the objects of special verbs (see page R33) are in the dative case. Below is a summary of the definite articles combined with nouns to form noun phrases.

SUMMARY OF NOUN PHRASES

	Nominative	Accusative	Dative	Genitive
Masculine	der Vater der Ball	den Vater den Ball	dem Vater dem Ball	des Vaters des Balls
Feminine	die Mutter die Kassette	die Mutter die Kassette	der Mutter der Kassette	der Mutter der Kassette
Neuter	das Mädchen das Haus	das Mädchen das Haus	dem Mädchen dem Haus	der Mädchens der Hauses
Plural	die Kassetten die Häuser	die Kassetten die Häuser	den Kassetten den Häusern	der Kassetten der Häuser

DIESER-WORDS

The determiners **dieser, jeder, welcher,** and **alle** are called **dieser**-words. Their endings are similar to those of the definite articles.

SUMMARY OF DIESER-WORDS

dieser	*this, that, these*	welcher	*which, that*
jeder	*each, every*	mancher	*many, many a*
alle	*all*	solcher	*such, such a*

	Nominative		Accusative		Dative		Genitive	
Masculine	dieser	jeder	diesen	jeden	diesem	jedem	dieses	jedes
Feminine	diese	jede	diese	jede	dieser	jeder	dieser	jeder
Neuter	dieses	jedes	dieses	jedes	diesem	jedem	dieses	jedes
Plural	diese	alle	diese	alle	diesen	allen	dieser	aller

DERSELBE

	Nominative	Accusative	Dative	Genitive
Masculine	derselbe	denselben	demselben	desselben
Feminine	dieselbe	dieselbe	derselben	derselben
Neuter	dasselbe	dasselbe	demselben	desselben
Plural	dieselben	dieselben	denselben	derselben

THE INDEFINITE ARTICLE

Another type of word that is used with nouns is the *indefinite article:* **ein, eine, ein** in German, *a, an* in English. There is no plural form of **ein.**

SUMMARY OF INDEFINATE ARTICLES

	Nominative	Accusative	Dative	Genitive
Masculine	ein	einen	einem	eines
Feminine	eine	eine	einer	einer
Neuter	ein	ein	einem	eines
Plural	—	—	—	—

Grammar Summary

THE NEGATING WORD **KEIN**

The word **kein** is also used with nouns and means *no, not,* or *not any*. Unlike the **ein, kein** has a plural form.

	Nominative	Accusative	Dative	Genitive
Masculine	kein	keinen	keinem	keines
Feminine	keine	keine	keiner	keiner
Neuter	kein	kein	keinem	keines
Plural	keine	keine	keinen	keiner

THE POSSESSIVES

These words also modify nouns and tell you *whose* object or person is being referred to (*my* car, *his* book, *her* mother). These words have the same endings as **kein**.

SUMMARY OF POSSESSIVES

	Before Masculine Nouns				Before Feminine Nouns		
	Nom	Acc	Dat	Gen	Nom & Acc	Dat	Gen
my	mein	meinen	meinem	meines	meine	meiner	meiner
your	dein	deinen	deinem	deines	deine	deiner	deiner
his	sein	seinen	seinem	seines	seine	seiner	seiner
her	ihr	ihren	ihrem	ihres	ihre	ihrer	ihrer
our	unser	unseren	unserem	unseres	unsere	unserer	unserer
your	euer	eueren	euerem	eueres	euere	euerer	euerer
their	ihr	ihren	ihrem	ihres	ihre	ihrer	ihrer
your	Ihr	Ihren	Ihrem	Ihres	Ihre	Ihrer	Ihrer

	Before Neuter Nouns			Before Plural Nouns		
	Nom & Acc	Dat	Gen	Nom & Acc	Dat	Gen
my	mein	meinem	meines	meine	meinen	meiner
your	dein	deinem	deines	deine	deinen	deiner
his	sein	seinem	seines	seine	seinen	seiner
her	ihr	ihrem	ihres	ihre	ihren	ihrer
our	unser	unserem	unseres	unsere	unseren	unserer
your	euer	euerem	eueres	euere	eueren	euerer
their	ihr	ihrem	ihres	ihre	ihren	ihrer
your	Ihr	Ihrem	Ihres	Ihre	Ihren	Ihrer

Commonly used short forms for unseren: unsren *or* unsern   *for* unsere: unsre
   eueren: euren *or* euern   euere: eure
for unserem: unsrem *or* unserm   *for* unserer: unsrer
   euerem: eurem *or* euerm   euerer: eurer
for unseres: unsres
   eures: eures

R24   GRAMMAR SUMMARY

DETERMINERS OF QUANITITY

alle	*all*	**manche**	*some*
andere	*other*	**mehrere**	*several*
beide	*both*	**solche**	*such*
ein paar	*a few*	**viele**	*many*
einige	*a few, some*	**wenige**	*few*

NOUN PLURALS

Noun class and plural forms are not always predictable. Therefore, you must learn each noun together with its article (**der, die, das**) and with its plural form. As you learn more nouns, however, you will discover certain patterns. Although there are always exceptions to these patterns, you may find them helpful in remembering the plural forms of many nouns.

Most German nouns form their plurals in one of two ways: some nouns add endings in the plural; some add endings and/or change the sound of the stem vowel in the plural, indicating the sound change with the umlaut (¨). Only the vowels **a, o, u,** and the diphthong **au** can take the umlaut. If a noun has an umlaut in the singular, it keeps the umlaut in the plural. Most German nouns fit into one of the following five plural groups.

1. Nouns that do not have any ending in the plural. Sometimes they take an umlaut.
   NOTE: There are only two feminine nouns in this group: **die Mutter** and **die Tochter**.

der Bruder, die Brüder	der Schüler, die Schüler	das Fräulein, die Fräulein
der Lehrer, die Lehrer	der Vater, die Väter	das Mädchen, die Mädchen
der Onkel, die Onkel	die Mutter, die Mütter	das Poster, die Poster
der Mantel, die Mäntel	die Tochter, die Töchter	das Zimmer, die Zimmer

2. Nouns that add the ending **-e** in the plural. Sometimes they also take an umlaut.
   NOTE: There are many one-syllable words in this group.

der Bleistift, die Bleistifte	der Sohn, die Söhne	das Jahr, die Jahre
der Freund, die Freunde	die Stadt, die Städte	das Spiel, die Spiele

3. Nouns that add the ending **-er** in the plural. Whenever possible, they take an umlaut, i.e., when the noun contains the vowels **a, o,** or **u,** or the diphthong **au**. **NOTE:** There are no feminine nouns in this group. There are many one-syllable words in this group.

das Buch, die Bücher	das Haus, die Häuser
das Fach, die Fächer	das Land, die Länder

4. Nouns that add the ending **-en** or **-n** in the plural. These nouns never add an umlaut.
   NOTE: There are many feminine nouns in this group.

der Herr, die Herren	die Frau, die Frauen	die Küche, die Küchen
der Junge, die Jungen	die Klasse, die Klassen	die Schwester, die Schwestern
die Briefmarke, die Briefmarken	die Karte, die Karten	die Tante, die Tanten
die Familie, die Familien	der Name, die Namen	die Wohnung, die Wohnungen
die Farbe, die Farben	der Vetter, die Vettern	die Zahl, die Zahlen

   Feminine nouns ending in **-in** add the ending **-nen** in the plural.

die Freundin, die Freundinnen	die Verkäuferin, die Verkäuferinnen

5. Nouns that add the ending **-s** in the plural. These nouns never add an umlaut.
   NOTE: There are many words of foreign origin in this group.

der Kuli, die Kulis	das Auto, die Autos
die Kamera, die Kameras	das Hobby, die Hobbys

SUMMARY OF PLURAL ENDINGS

Group	1	2	3	4	5
Ending:	-	-e	-er	-(e)n	-s
Umlaut:	sometimes	sometimes	always	never	never

MASCULINE NOUNS WITH THE ENDINGS -N OR -EN IN THE SINGULAR

	Nominative	Accusative	Dative	Genitive
Singular	der Name der Polizist	den Namen den Polizisten	dem Namen dem Poizisten	des Namen des Polizisten

Some other nouns that add **-n: der Achtzehnjährige, der Auszubildene, der Bekannte, der Deutsche, der Erwachsene, der Gedanke, der Herr, der Junge, der Nachbar, der Reisende, der Verwandte, der Vorfahre**

Some other nouns that add **en: der Astronaut, der Dirigent, der Gymnasiast, der Held, der Klassenkamerad, der Konsument, der Mensch, der Philosoph, der Planet, der Tourist**

PRONOUNS

PERSONAL   REFLEXIVE

	Nominative	Accusative	Dative	Accusative	Dative
Singular					
1st person	ich	mich	mir	mich	mir
2nd person	du	dich	dir	dich	dir
3rd person *m.*	er	ihn	ihm	sich	sich
3rd person *f.*	sie	sie	ihr	sich	sich
3rd person *n.*	es	es	ihm	sich	sich
Plural					
1st person	wir	uns	uns	uns	uns
2nd person	ihr	euch	euch	euch	euch
3rd person	sie	sie	ihnen	sich	sich
you (formal, sing. & pl.)	Sie	Sie	Ihnen	sich	sich

DEFINITE ARTICLES AS DEMONSTRATIVE PRONOUNS

The definite articles can be used as demonstrative pronouns, giving more emphasis to the sentences than the personal pronouns **er, sie, es.** Note that these demonstrative pronouns have the same forms as the definite articles, with the exception of the dative plural form, which is **denen.**

Wer bekommt *den* **Cappuccino?** *Der* **ist für mich.**
Wer sagt es *den* **Schülern?** *Denen* **sag ich es nicht.**

	Nominative	Accusative	Dative
Masculine	der	den	dem
Feminine	die	die	der
Neuter	das	das	dem
Plural	die	die	denen

DEFINITE ARTICLES AS RELATIVE PRONOUNS

The definite articles can be used as relative pronouns. Relative pronouns introduce relative clauses. Note that **was** is used as a relative pronoun after **alles, das, etwas, nichts, viel, wenig,** and when referring to a whole clause. **Wo** is used as a relative pronoun to refer to places, literally or in a broader sense.

	Nominative	Accusative	Dative
Masculine	der	den	dem
Feminine	die	die	der
Neuter	das	das	dem
Plural	die	die	denen

INTERROGATIVES

INTERROGATIVE PRONOUNS

	People		Things	
Nominative	**wer?**	*who?*	**was?**	*what?*
Accusative	**wen?**	*whom?*	**was?**	*what?*
Dative	**wem?**	*to, for whom?*		

OTHER INTERROGATIVES

wann?	*when?*	**wie viele?**	*how many?*	**welche-?**	*which?*
warum?	*why?*	**wo?**	*where?*	**was für (ein)?**	*what kind of (a)?*
wie?	*how?*	**woher?**	*from where?*		
wie viel?	*how much? how many?*	**wohin?**	*to where?*		

WAS FÜR (EIN)?

	Nominative	Accusative	Dative
Masculine	**Was für ein** Lehrer ist er?	**Was für einen** Lehrer hast du?	**Mit was für einem** Lehrer?
Feminine	**Was für eine** Uhr ist das?	**Was für eine** Uhr kaufst du?	**Mit was für einer** Uhr?
Neuter	**Was für ein** Buch ist das?	**Was für ein** Buch liest du?	**Mit was für einem** Buch?
Plural	**Was für Bücher** sind das?	**Was für** Bücher hast du?	**Mit was für** Büchern?

PREPOSITIONS

Accusative	durch, für, gegen, ohne, um
Dative	aus, bei, mit, nach, seit, von, zu, gegenüber

Two-Way:
    *Dative-**wo?***
    *Accusative-**wohin?***
	an, auf, hinter, in, neben, über, unter, vor, zwischen

Genitive	(an)statt, außerhalb, innerhalb, trotz, während, wegen

CONJUNCTIONS

COORDINATING CONJUNCTIONS

Coordinating conjunctions join independent or main clauses — clauses that can stand alone as complete sentences. When independent clauses are joined together by a coordinating conjunction, both clauses maintain verb-second word order.

aber	*but, (however)*	**oder**	*or*	**und**	*and*
denn	*because, for*	**sondern**	*but (on the contrary)*		

SUBORDINATING CONJUNCTIONS

Subordinating conjunctions introduce dependents or subordinating clauses — clauses that cannot stand alone because they do not make complete sense without the main clause. Dependent clauses may either follow or precede the main clause, but they always require verb-last position.

als	*(at the time) when*	**dass**	*that*	**seit(dem)**	*since (that time)*
als ob	*as if*	**bevor**	*before*	**während**	*while*
bis	*until*	**indem**	*while, as, by*	**weil**	*because*
damit	*in order (so) that*	**ob**	*whether*	**wenn**	*if, when, whenever*

WORD ORDER

POSITION OF VERBS IN A SENTENCE

The conjugated verb is in ***first*** *position in:*	yes/no *questions (questions that do not begin with an interrogative)* **Trinkst du Kaffee?** **Spielst du Tennis?** **Möchtest du ins Konzert gehen?** *both formal and informal commands* **Kommen Sie bitte um 2 Uhr!** **Geh doch mit ins Kino!**
The conjugated verb is in ***second*** *position in:*	*statements with normal word order* **Wir spielen heute Volleyball.** *statements with inverted word order* **Heute spielen wir Volleyball.** *questions that begin with an interrogative* **Wohin gehst du?** **Woher kommst du?** **Was macht er?** *sentences connected by* **und, oder, aber, denn** **Ich komme nicht, denn ich habe keine Zeit.**
The conjugated verb is in ***second*** *position and the infinitive or past participle is* ***final*** *in:*	*statements with modals* **Ich möchte heute ins Kino gehen.** *statements in conversational past* **Ich habe das Buch gelesen.** *statements with* **werde** *and* **würde** **Ich werde im Mai nach Berlin fliegen.** **Die Oma würde gern ins Theatre gehen.**
The conjugated verb is in ***final*** *position in:*	*clauses that begin with interrogatives (***wo, wann, warum***, etc.)* **Ich weiß, wo das Hotel ist.** **Ich weiß nicht, wer heute Morgen angerufen hat.** *clauses that begin with* **weil, dass,** *or* **ob** **Ich gehe nicht ins Kino, weil ich kein Geld habe.** **Ich glaube, dass er Rockmusik gern hört.** **Ich komme morgen nicht, weil ich zu Hause helfen muss.** **Ich weiß nicht, ob er den Film schon gesehen hat.**

POSITION OF **NICHT** IN A SENTENCE

To negate the entire sentence, as close to end of sentence as possible:	**Er fragt seinen Vater**		**nicht.**
Before a separable prefix:	**Ich rufe ihn**	**nicht**	**an.**
Before any part of a sentence you want to negate, contrast, or emphasize:	**Er kommt**	**nicht**	**heute.** **(Er kommt morgen.)**
Before part of a sentence that answers the question **wo?**	**Ich wohne**	**nicht**	**in Berlin.**

ADJECTIVES

ENDINGS OF ADJECTIVES AFTER **DER**- AND **DIESER**-WORDS

	Nominative			Accusative			Dative			Genitive		
Masculine	der	**-e**	Vorort	den	**-en**	Vorort	dem	**-en**	Vorort	des	**-en**	Vororts
Feminine	die	**-e**	Stadt	die	**-e**	Stadt	der	**-en**	Stadt	der	**-en**	Stadt
Neuter	das	**-e**	Dorf	das	**-e**	Dorf	dem	**-en**	Dorf	des	**-en**	Dorfes
Plural	die	**-en**	Vororte	die	**-en**	Vororte	den	**-en**	Vororten	der	**-en**	Vororte

NOTE: 1. Names of cities used as adjectives always have the ending **-er: der Frankfurter Zoo, das Münchner Oktoberfest**

2. Adjectives such as **super, klasse, spitze,** and **rosa, lila, beige,** and **orange** never take endings.
Das ist ein klasse Wagen. Möchtest du auch so einen klasse Wagen?
Ich möchte auch so ein schönes rosa Hemd.

ENDINGS OF ADJECTIVES AFTER **EIN** AND **KEIN**

	Nominative			Accusative			Dative			Genitive		
Masculine	ein	**-er**	Vorort	einen	**-en**	Vorort	einem	**-en**	Vorort	eines	**-en**	Vororts
Feminine	eine	**-e**	Stadt	eine	**-e**	Stadt	einer	**-en**	Stadt	einer	**-en**	Stadt
Neuter	ein	**-es**	Dorf	ein	**-es**	Dorf	einem	**-en**	Dorf	eines	**-en**	Dorfes
Plural	keine	**-en**	Vororte	keine	**-en**	Vororte	keinen	**-en**	Vororten	keiner	**-en**	Vororte

ENDINGS OF ADJECTIVES AFTER THE POSSESSIVES

	Nominative			Accusative			Dative			Genitive		
Masculine	mein	**-er**	Vorort	meinen	**-en**	Vorort	meinem	**-en**	Vorort	meines	**-en**	Vororts
Feminine	meine	**-e**	Stadt	meine	**-e**	Stadt	meiner	**-en**	Stadt	meiner	**-en**	Stadt
Neuter	mein	**-es**	Dorf	mein	**-es**	Dorf	meinem	**-en**	Dorf	meines	**-en**	Dorfes
Plural	meine	**-en**	Vororte	meine	**-en**	Vororte	meinen	**-en**	Vororten	meiner	**-en**	Vororte

ENDINGS OF UNPRECEDED ADJECTIVES

	Nominative		Accusative		Dative	
Masculine	**-er**	Salat	**-en**	Salat	**-em**	Salat
Feminine	**-e**	Suppe	**-e**	Suppe	**-en**	Suppe
Neuter	**-es**	Eis	**-es**	Eis	**-em**	Eis
Plural	**-e**	Getränke	**-e**	Getränke	**-en**	Getränken

ENDINGS OF ADJECTIVES AFTER DETERMINERS OF QUANTITY

	Nominative	**Accusative**	**Dative**
alle, beide solche, manche	alle **-en** Haüser	alle **-en** Haüser	alle **-en** Haüsern
andere, ein paar, einige, mehrere, viele, wenige, etc.	mehrere **-e Dörfer**	mehrere **-e** Dörfer	mehreren **-en** Dörfern

MAKING COMPARISONS

		Positive	*Comparative*	*Superlative*
1.	*All comparative forms end in **-er**.*	schnell	schneller	am schnellsten
2.	*Most one-syllable forms have an umlaut.*	alt	älter	am ältesten
3.	*Exceptions must be learned as they appear.*	dunkel gut	dunkler besser	am dunkelsten am besten

Equal Comparisons:	Er spielt **so gut wie** ich (spiele). *He plays as well as I (do).*	
Unequal Comparisons:	Sie spielt **besser als** ich (spiele). *She plays better than I (do).*	
Comparative and superlative adjectives before nouns:	der **bessere** Wagen ein **schöneres** Auto	der **beste** Wagen mein **schönstes** Kleid

NOTE: Comparative adjectives before nouns have the same endings as descriptive adjectives (see page R30).

ORDINAL NUMBERS

1. Ordinal numbers are formed by adding **-t** or **-st** to the cardinal numbers. They are used to express a place in a series. Irregular ordinal numbers are printed in boldface below.

eins	der, die, das **erst-**	sieben	der, die, das **siebt-**
zwei	zweit-	acht	acht-
drei	**dritt-**	neun	neunt-
vier	viert-	zehn	zehnt-
fünf	fünft-	zwanzig	zwanzigst-
sechs	sechst-	dreißig	dreißigst-

2. Ordinal numbers are most often used as adjectives. They take regular adjective endings.

> Heute ist der erst**e** Mai.
> Tu das nicht ein zweit**es** Mal!
> In der dritt**en** Stunde haben wir Deutsch.
> Ostern ist dieses Jahr am fünft**en** April.
> Wann hat Heinrich der Acht**e** gelebt?

VERBS

PRESENT TENSE VERB FORMS

		Regular	**-eln Verbs**	**Stem Ending with t/d**	**Stem Ending with s/ß**
INFINITIVES		spiel -en	bastel -n	find -en	heiß -en
PRONOUNS		stem + ending	stem + ending	stem + ending	stem + ending
I	ich	spiel -e	bastl -e	find -e	heiß -e
you	du	spiel -st	bastel -st	find -est	heiß -t
he	er ⎫				
she	sie ⎬	spiel -t	bastel -t	find -et	heiß -t
it	es ⎭				
we	wir	spiel -en	bastel -n	find -en	heiß -en
you (plural)	ihr	spiel -t	bastel -t	find -et	heiß -t
they	sie	spiel -en	bastel -n	find -en	heiß -en
you (formal)	Sie	spiel -en	bastel -n	find -en	heiß -en

NOTE: There are important differences between the verbs in the above chart:

1. Verbs ending in **-eln** (**basteln, segeln**) drop the **e** of the ending **-eln** in the **ich**-form: **ich bastle, ich segle** and add only **-n** in the **wir-**, **sie-**, and **Sie**-forms. These forms are always identical to the infinitive: **basteln, wir basteln, sie basteln, Sie basteln.** Verbs ending in **-ern** (**wandern**) sometimes drop the **e** of the ending **-ern** in the **ich**-form: **ich wandre** and add only **-n** in the **wir-**, **sie-**, and **Sie**-forms. These forms are always identical to the infinitive: **wandern.**

2. Verbs with a stem ending in **d** or **t**, such as **finden**, add an **e** before the ending in the **du**-form (**du findest**) and the **er-** and **ihr**-forms (**er findet, ihr findet**).

3. All verbs with stems ending in an **s**-sound (**heißen**) add only **-t** in the **du**-form: **du heißt.**

VERBS WITH A STEM-VOWEL CHANGE

There are a number of verbs in German that change their stem vowel in the **du-** and **er/sie**-forms. A few verbs, such as **nehmen** (*to take*), have a change in the consonant as well. You cannot predict these verbs, so it is best to learn each one individually. They are usually irregular only in the **du-** and **er/sie**-forms.

	e → i			e → ie		a → ä	
	essen	**geben**	**nehmen**	**lesen**	**sehen**	**fahren**	**einladen**
ich	esse	gebe	nehme	lese	sehe	fahre	lade ein
du	isst	gibst	nimmst	liest	siehst	fährst	lädst ein
er, sie	isst	gibt	nimmt	liest	sieht	fährt	lädt ein
wir	essen	geben	nehmen	lesen	sehen	fahren	laden ein
ihr	esst	gebt	nehmt	lest	seht	fahrt	ladet ein
sie	essen	geben	nehmen	lesen	sehen	fahren	laden ein
Sie	essen	geben	nehmen	lesen	sehen	fahren	laden ein

SOME IMPORTANT IRREGULAR VERBS: HABEN, SEIN, WISSEN, AND WERDEN

	haben	sein	wissen	werden
ich	habe	bin	weiß	werde
du	hast	bist	weißt	wirst
er, sie	hat	ist	weiß	wird
wir	haben	sind	wissen	werden
ihr	habt	seid	wisst	werdet
sie	haben	sind	wissen	werden
Sie	haben	sind	wissen	werden

VERBS FOLLOWED BY AN OBJECT IN THE DATIVE CASE

antworten, *to answer*	**gratulieren,** *to congratulate*
danken, *to thank*	**helfen,** *to help*
gefallen, *to like*	**passen,** *to fit*
glauben, *to believe*	

Es geht (mir) gut.	**Es steht (dir) gut.**
Es schmeckt (mir) nicht.	**Es macht (mir) Spaß.**
Es tut (mir) Leid.	**Es tut (mir) weh.**
Was fehlt (dir)?	

MODAL (AUXILIARY) VERBS

The verbs **dürfen, können, müssen, sollen, wollen, mögen** (and the **möchte**-forms) are usually used with an infinitive at the end of the sentence. If the meaning of that infinitive is clear, it can be left out: **Du musst sofort nach Hause!** (**Gehen** is understood and omitted.)

	dürfen	können	müssen	sollen	wollen	mögen	möchte
ich	darf	kann	muss	soll	will	mag	möchte
du	darfst	kannst	musst	sollst	willst	magst	möchtest
er, sie	darf	kann	muss	soll	will	mag	möchte
wir	dürfen	können	müssen	sollen	wollen	mögen	möchten
ihr	dürft	könnt	müsst	sollt	wollt	mögt	möchtet
sie	dürfen	können	müssen	sollen	wollen	mögen	möchten
Sie	dürfen	können	müssen	sollen	wollen	mögen	möchten

VERBS WITH SEPARABLE PREFIXES

Some verbs have separable prefixes: prefixes that separate from the conjugated verbs and are moved to the end of the sentence.

Present:	
einladen	Meine Gastfamilie **lädt** mich immer noch **ein.**
abbauen	**Bau** endlich mal deine Vorurteile **ab!**
Narrative Past (Imperfect):	
ankommen	Ich **kam** im August in den Vereinigten Staaten **an.**
hingehen	Er **ging** sofort **hin** und **holte** sein Gepäck **ab.**
abholen	Wir **holten** die Kinder am Flugplatz **ab.**
Conversational Past:	
abholen	Wer **hat** dich am Flughafen **abgeholt?**
Past Perfect:	
mitnehmen	Mein Vater **hatte** alle Kinder **mitgenommen.**
Infinitives used with zu:	
anrufen	Ich hatte vor, unsern Biolehrer **anzurufen.**
Certain prefixes are never separated from the verb:	
überraschen	Das **überrascht** mich überhaupt nicht.
wiederholen	**Wiederhole** bitte deine Frage!
übersetzen	Das hast du wirklich prima **übersetzt.**

COMMAND FORMS

Regular Verbs	**gehen**	**spielen**
with **du** (singular)	**Geh!**	**Spiel!**
with **ihr** (pl)	**Geht!**	**Spielt!**
with **Sie** (sing & pl)	**Gehen Sie!**	**Spielen Sie!**
"let's" form	**Gehen wir!**	**Spielen wir!**

Separable-prefix Verbs	**mitkommen**	**anrufen**	**aufräumen**	**anziehen**	**ausgehen**
	Komm mit!	**Ruf an!**	**Räum auf!**	**Zieh an!**	**Geh aus!**
	Kommt mit!	**Ruft an!**	**Räum auf!**	**Zieht an!**	**Geht aus!**
	Kommen Sie mit!	**Rufen Sie an!**	**Räumen Sie auf!**	**Ziehen Sie an!**	**Gehen Sie aus!**
	Kommen wir mit!	**Rufen wir an!**	**Räumen wir auf!**	**Ziehen wir an!**	**Gehen wir aus!**

Stem-changing Verbs	**essen**	**nehmen**	**geben**	**sehen**	**fahren**
	Iss!	**Nimm!**	**Gib!**	**Sieh!**	**Fahr!**
	Esst!	**Nehmt!**	**Gebt!**	**Seht!**	**Fahrt!**
	Essen Sie!	**Nehmen Sie!**	**Geben Sie!**	**Sehen Sie!**	**Fahren Sie!**
	Essen wir!	**Nehmen wir!**	**Geben wir!**	**Sehen wir!**	**Fahren wir!**

NOTE: The vowel changes **e → i** and **e → ie** are maintained in the **du**-form of the command. The vowel change **a → ä** does not occur in the command form.

EXPRESSING FUTURE TIME

In German, there are three ways to express future time:

1. present tense verb forms	Ich **kaufe** eine Jeans. Ich **finde** bestimmt etwas.	*I'm going to buy a pair of jeans.* *I will surely find something.*
2. present tense verb forms with words like *morgen, später*	Er kommt **morgen**. Elke ruft **später** an.	*He's coming tomorrow.* *Elke will call later.*
3. **werden**, *will*, plus infinitive	Ich **werde** ein Hemd **kaufen**. Er **wird** bald **gehen**.	*I'll buy a shirt.* *He'll go soon.*

To express that something will have happened or be completed in the future, you can use the perfect infinitive with a modal or with **werden:**

> **Ich möchte eine politische Karriere begonnen haben.**
> **Ich werde einen Traumjob gefunden haben.**

THE CONVERSATIONAL PAST

German verbs are divided into two groups: weak verbs and strong verbs. Weak verbs usually follow a regular pattern, such as the English verb forms *play — played — has played*. Strong verbs usually have irregularities, like the English verb forms *run — ran — has run* or *go — went — has gone*.

The conversational past tense of weak and strong verbs consists of the present tense of **haben** or **sein** and a form called the past participle, which is usually in last position in the clause or sentence.

Die Schüler Sabine	**haben** **ist**	ihre Hausaufgaben schon gestern zu Hause	**gemacht.** **geblieben.**

FORMATION OF PAST PARTICIPLES				
Weak Verbs with inseparable prefixes with separable prefixes	spielen besuchen aufräumen	(er) spielt (er) besucht (er) räumt auf	gespielt besucht aufgeräumt	Er hat gespielt. Er hat ihn besucht. Er hat aufgeräumt.
Strong Verbs with inseparable prefixes with separable prefixes	kommen bekommen mitkommen	(er) kommt (er) bekommt (er) kommt mit	gekommen bekommen mitgekommen	Er ist gekommen Er hat es bekommen. Er ist mitgekommen.

NOTE: For past participles of strong verbs and irregular verbs, see pages R38–R39.

WEAK VERBS FORMING THE PAST PARTICIPLE WITH **SEIN**

bummeln, *to stroll* **reisen,** *to travel*	ist gebummelt ist gereist	**surfen,** *to surf* **wandern,** *to hike*	ist gesurft ist gewandert

THE NARRATIVE PAST (IMPERFECT)

When relating a longer sequence that took place in the past, the narrative past is generally used.
NOTE: The **du-** and **ihr**-forms are rarely used in the narrative past.

Weak verbs add the past tense marker **-te** to the verb stem:

	hören	führen	sagen
ich	hörte	führte	sagte
du	hörtest	führtest	sagtest
er, sie	hörte	führte	sagte
wir	hörten	führten	sagten
ihr	hörtet	führtet	sagtet
sie, Sie	hörten	führten	sagten

Strong verbs often have a vowel change in the imperfect:

	haben	sein	werden	geben	finden
ich	hatte	war	wurde	gab	fand
du	hattest	warst	wurdest	gabst	fandest
er, sie, es	hatte	war	wurde	gab	fand
wir	hatten	waren	wurden	gaben	fanden
ihr	hattet	wart	wurdet	gabt	fandet
sie, Sie	hatten	waren	wurden	gaben	fanden

The modals in the imperfect do not have the umlaut of the infinitive:

	dürfen	können	mögen	müssen	sollen	wollen
ich	durfte	konnte	mochte	musste	sollte	wollte
du	durftest	konntest	mochtest	musstest	solltest	wolltest
er, sie	durfte	konnte	mochte	musste	sollte	wollte
wir	durften	konnten	mochten	mussten	sollten	wollten
ihr	durftet	konntet	mochtet	musstet	solltet	wolltet
sie, Sie	durften	konnten	mochten	mussten	sollten	wollten

There are some verbs in German that form the imperfect like weak verbs but also have a stem vowel change:

	kennen	nennen	denken	bringen	wissen
ich	kannte	nannte	dachte	brachte	wusste
du	kanntest	nanntest	dachtest	brachtest	wusstest
er, sie	kannte	nannte	dachte	brachte	wusste
wir	kannten	nannten	dachten	brachten	wussten
ihr	kanntet	nanntet	dachtet	brachtet	wusstet
sie, Sie	kannten	nannten	dachten	brachten	wussten

THE SUBJUNCTIVE FORMS

	haben	sein	werden	wissen
ich	hätte	wär	würde	wüsste
du	hättest	wärst	würdest	wüsstest
er, sie, es	hätte	wär	würde	wüsste
wir	hätten	wären	würden	wüssten
ihr	hättet	wärt	würdet	wüsstet
sie, Sie	hätten	wären	würden	wüssten

	können	müssen	dürfen	sollen	wollen
ich	könnte	müsste	dürfte	sollte	wollte
du	könntest	müsstest	dürftest	solltest	wolltest
er, sie, es	könnte	müsste	dürfte	sollte	wollte
wir	könnten	müssten	dürften	sollten	wollten
ihr	könntet	müsstet	dürftet	solltet	wolltet
sie, Sie	könnten	müssten	dürften	sollten	wollten

CONDITIONAL SENTENCES

Conditional sentences can be used to make hypothetical statements.

fulfillable	Wenn ich Zeit **hätte, würde** ich den Müll **sortieren.** Wenn wir **könnten, würden** wir dir **helfen.** Sie **würde kommen,** wenn sie nicht so viel zu **tun hätte.**
unfulfillable	Wenn ich Zeit **gehabt hätte, hätte** ich den Müll **sortiert.** Wenn du **gekommen wärst, hättest** du auch Spaß **gehabt.** Ich **wäre gekommen,** wenn du mich **eingeladen hättest.**

PASSIVE VOICE

The passive voice is used to express that something is being done or that something has to be done. It can also describe customary occurrence. The following is a summary:

Present Imperfect Perfect Past Perfect Future	Die Karten **werden verteilt.** Der Dirigent **wurde begrüßt.** Ein Ballett **ist aufgeführt worden.** Eine Oper **war gezeigt worden.** Ein Film **wird gezeigt werden.**	*The tickets are being distributed.* *The conductor was greeted.* *A ballet has been performed.* *An opera had been shown.* *A movie will be shown.*
with modals: Present Past	Dieses Museum **muss renoviert werden.** Die Kleiderfrage **konnte geklärt werden.**	*This museum must be renovated.* *The question of what to wear was* 　　　*able to be cleared up.*
with subjunctive forms	Die Karten { **könnten abgeholt werden.** **müssten abgeholt werden.** **sollten abgeholt werden.**	The tickets { *could be picked up.* *should be picked up.* *ought to be picked up.*

PRINCIPAL PARTS OF VERBS

This list includes the strong verbs listed in the **Wortschatz** sections of Level 1, Level 2, and Level 3. Weak verbs with stem vowel changes and other irregularities are also listed. Past participles formed with **sein** are indicated. All other past participles on the list are formed with **haben**. Usually, only one English meaning of the verb is given. Other meanings may be found in the German-English Vocabulary.

INFINITIVE	PRESENT	IMPERFECT	PAST PARTICIPLE	MEANING
abnehmen	nimmt ab	nahm ab	abgenommen	to lose weight
anbieten	bietet an	bot an	angeboten	to offer
anfangen	fängt an	fing an	angefangen	to begin
angeben	gibt an	gab an	angegeben	to indicate
anpreisen	preist an	pries an	angepriesen	to praise
abheben	hebt ab	hob ab	abgehoben	to lift
annehmen	nimmt an	nahm an	angenommen	to assume
anrufen	ruft an	rief an	angerufen	to call up
ansprechen	spricht an	sprach an	angesprochen	to address, speak to
anziehen	zieht an	zog an	angezogen	to put on (clothes)
auffallen	fällt auf	fiel auf	aufgefallen	to be conspicuous
aushalten	hält aus	hielt aus	ausgehalten	to endure
ausleihen	leiht aus	lieh aus	ausgeliehen	to borrow, lend
aussehen	sieht aus	sah aus	ausgesehen	to look, appear
beitragen	trägt bei	trug bei	beigetragen	to contribute
bekommen	bekommt	bekam	bekommen	to get, receive
beschreiben	beschreibt	beschrieb	beschrieben	to describe
bestreichen	bestreicht	bestrich	bestrichen	to spread, to butter
blasen	bläst	blies	geblasen	to blow
bleiben	bleibt	blieb	(ist) geblieben	to stay
brechen	bricht	brach	gebrochen	to break
denken	denkt	dachte	gedacht	to think
eingestehen	gesteht ein	gestand ein	eingestanden	to admit
einladen	lädt ein	lud ein	eingeladen	to invite
einziehen	zieht ein	zog ein	eingezogen	to draft
erfahren	erfährt	erfuhr	erfahren	to experience
erkennen	erkennt	erkannte	erkannt	to recognize
essen	isst	aß	gegessen	to eat
fahren	fährt	fuhr	(ist) gefahren	to drive, ride
fernsehen	sieht fern	sah fern	ferngesehen	to watch TV
finden	findet	fand	gefunden	to find
geben	gibt	gab	gegeben	to give
gefallen	gefällt	gefiel	gefallen	to like, be pleasing to
gehen	geht	ging	(ist) gegangen	to go
gießen	gießt	goss	gegossen	to pour, to water
großziehen	zieht groß	zog groß	großgezogen	to raise (a child)
haben	hat	hatte	gehabt	to have
halten	hält	hielt	gehalten	to keep
heben	hebt	hob	gehoben	to lift
heißen	heißt	hieß	geheißen	to be called
helfen	hilft	half	geholfen	to help
herausnehmen	nimmt heraus	nahm heraus	herausgenommen	to take out
kennen	kennt	kannte	gekannt	to know
klingen	klingt	klang	geklungen	to sound
kommen	kommt	kam	(ist) gekommen	to come

INFINITIVE	PRESENT	IMPERFECT	PAST PARTICIPLE	MEANING
lassen	lässt	ließ	gelassen	to let
laufen	läuft	lief	(ist) gelaufen	to run
lesen	liest	las	gelesen	to read
messen	misst	maß	gemessen	to measure
nachsehen	sieht nach	sah nach	nachgesehen	to check
nehmen	nimmt	nahm	genommen	to take
Rad fahren	fährt Rad	fuhr Rad	(ist) Rad gefahren	to bicycle
scheinen	scheint	schien	geschienen	to shine
schief gehen	geht schief	ging schief	(ist) schief gegangen	to go badly
schießen	schießt	schoss	geschossen	to shoot
schlafen	schläft	schlief	geschlafen	to sleep
schlagen	schlägt	schlug	geschlagen	to hit; to slam
schreiben	schreibt	schrieb	geschrieben	to write
schwimmen	schwimmt	schwamm	(ist) geschwommen	to swim
sehen	sieht	sah	gesehen	to see
sein	ist	war	(ist) gewesen	to be
sprechen	spricht	sprach	gesprochen	to speak
stehen	steht	stand	gestanden	to stand
streiten	streitet	stritt	gestritten	to quarrel
tragen	trägt	trug	getragen	to wear; to carry
trinken	trinkt	trank	getrunken	to drink
tun	tut	tat	getan	to do
übertreiben	übertreibt	übertrieb	übertrieben	to exaggerate
s. umsehen	sieh s. um	sah s. um	umgesehen	to look around
umziehen	zieht um	zog um	(ist) umgezogen	to move (residence)
unterbrechen	unterbricht	unterbrach	unterbrochen	to interrupt
s. unterhalten	unterhält s.	unterhielt s.	unterhalten	to discuss
unternehmen	unternimmt	unternahm	unternommen	to undertake
unterschreiben	unterschreibt	unterschrieb	unterschrieben	to sign
verbergen	verbirgt	verbarg	verborgen	to hide
verbieten	verbietet	verbot	verboten	to forbid
s. verbrennen	verbrennt s.	verbrannte s.	verbrannt	to burn oneself
vergehen	vergeht	verging	(ist) vergangen	to pass (time)
vergleichen	vergleicht	verglich	verglichen	to compare
s. verlassen	verlässt s.	verließ s.	verlassen	to count on
verlieren	verliert	verlor	verloren	to lose
vermeiden	vermeidet	vermied	vermieden	to avoid
vorlesen	liest vor	las vor	vorgelesen	to read aloud
vorschlagen	schlägt vor	schlug vor	vorgeschlagen	to suggest
versprechen	verspricht	versprach	versprochen	to promise
vorhaben	hat vor	hatte vor	vorgehabt	to plan
vorziehen	zieht vor	zog vor	vorgezogen	to prefer
wahrnehmen	nimmt wahr	nahm wahr	wahrgenommen	to perceive
waschen	wäscht	wusch	gewaschen	to wash
weggeben	gibt weg	gab weg	weggegeben	to give away
weglassen	lässt weg	ließ weg	weggelassen	to omit, to drop
wegtragen	trägt weg	trug weg	weggetragen	to take away
wegwerfen	wirft weg	warf weg	weggeworfen	to throw away
werben	wirbt	warb	geworben	to advertise
wiedergeben	gibt wieder	gab wieder	wiedergegeben	to repeat
wissen	weiß	wusste	gewusst	to know
zugeben	gibt zu	gab zu	zugegeben	to admit
zukommen	kommt zu	kam zu	(ist) zugekommen	to be in store for
zunehmen	nimmt zu	nahm zu	zugenommen	to gain weight
zurückbringen	bringt zurück	brachte zurück	zurückgebracht	to bring back

German-English Vocabulary

German-English Vocabulary

This vocabulary includes almost all the German words in the textbook, both active (for production) and passive (for recognition only). Active words and phrases, indicated by bold-faced type, are practiced in the chapter and are listed in the Wortschatz section at the end of each chapter. You are expected to know and be able to use active vocabulary. All other words are for recognition only and can often be understood from the context.

With some exceptions, the following are not included: proper nouns, verb conjugations, and forms of determiners. You will find irregular forms of past participles and the narrative past.

Nouns are listed with definite article and plural form, where applicable. The numbers after the entries refer to the level and chapter where the word or phrase first appears or where it becomes an active vocabulary word. Vocabulary from the location openers is followed by a "Loc" and the chapter number directly following the location spread.

The following abbreviations are used in this list: acc (accusative case), adj (adjective), coll (colloquial), conj (conjunction), dat (dative case), gen (genitive case), pl (plural), poss adj (possessive adjective), prep (preposition), s. (*sich,* or reflexive), sep (separable-prefix verb), and sing (singular).

A

ab (dat prep) *down, off,* III 1
ab und zu *now and then,* III6
abbaubar *degradable,* III9
abbauen (sep): **Vorurteile abbauen** *to overcome prejudices,* III8
abbilden (sep) *to depict, draw,* III1
die Abbildung, -en *drawing, picture,* III8
abbrechen (sep) *to break off,* III4
abdrucken (sep) *to print, reprint,* III6
der Abend, -e *evening,* I; **am Abend** *in the evening,* I
das Abendessen, - *dinner, evening meal,* II
die Abendkasse, -n *ticket booth,* III10
das Abendkleid, -er *evening gown,* II
abends *evenings,* III4
die Abendvorstellung, -en *evening performance,* III10
der Abenteuerfilm, -e *adventure film,* I
abenteuerlich *adventurous,* III3
aber (conj) *but,* I; **aber sicher!** *but of course!,* II
abergläubisch *superstitious,* III8
abermals *over and over again,* III6
der Abfall, ⸚e *trash, waste,* III9
die Abfalltüte, -n *trash bag,* III2
das Abgas, -e *exhaust,* III9
abgedroschen *trite, hackneyed,* III5
abgefahren (slang) *worn out,* III3
abgegriffen *well-worn, shabby,* III11
abgeschlossen *finished,* III11

abgeschnitten *cut-off,* II
abgeworben *enticed away,* III2
abhängen von (sep) *to be dependent on,* III12
abhauen (sep) (coll) *to leave,* III4
abheben (sep) *to pick up,* I; **den Hörer abheben** *to pick up the receiver,* I
s. abheben von (sep, dat) *to contrast with,* III3
abholen (sep) *to pick up,* III8
abholzen (sep) *to deforest,* III9
das Abi=Abitur, III3
das Abitur *(final exam and diploma from a German high school),* III4
Abiturient(in), -en/nen *student studying for the Abitur,* III5
die Abkürzung, -en *abbreviation,* III9
das Ablagefach, ⸚er *storage shelf,* II
ablehnen (sep) *to turn down, reject,* III3
s. **ablenken mit** (sep) *to divert oneself with,* III3
abnehmen (sep) *to lose weight,* III3
das Abonnement, -s *subscription,* III10
abpflücken (sep) *to pick (from a plant),* III11
abräumen (sep) *to clean up, clear off,* I
die Abrechnung, -en *deduction, settlement of an account,* III5
der Absatz, ⸚e *paragraph,* III3; *sales,* III7; *shoe heel,* II
abschließen (sep) *to lock up,* III1; *finish* III 2
der Abschluss, ⸚e *end, conclusion; diploma,* III11

der Abschnitt, -e *paragraph,* III6
der Absender, - *sender,* III4
abschreiben (sep) *to copy,* III4
absichtlich *on purpose,* III4
absolut *absolute(ly), unconditional(ly),* III3
der Absolvent, -en *graduate,* III11
s. **absondern von** (sep) *to separate oneself from,* III4
der Abstand: im Abstand von *at an interval of,* III9
abstellen (sep) *to switch off,* II
abstreiten (sep) *to dispute, contest,* III5
die Abteilung, -en *division, department,* III4
die Abteilungsleiterin, -nen *head of a department,* III4
abwarten (sep) *to wait and see,* II
das Abwasser, ⸚ *wastewater,* III9
abwechselnd *alternating, one after the other,* III1
die Abwechslung, -en *variety,* III10
abwechslungsreich *varied, diversified,* II
Ach *Oh!,* I; **Ach ja!** *Oh yeah!,* I
Ach schade! *That's too bad.,* II
achten auf (acc) *to pay attention to,* III3
ächzend *groaning,* III2
der Actionfilm, -e *action movie,* I
das Adjectiv, -e *adjective,* III2
die Adresse, -n *address,* III2
das Adverb, (pl) Adverbien *adverb,* III1
aggressiv *aggressive,* III8
ägyptisch (adj) *Egyptian,* II

ahnen *to suspect, surmise,* III1
ähnlich *similar,* III1
die Ahnung, -en *idea, notion,* III4;
Keine Ahnung! *I have no idea!,* I
der Akkord, -e *agreement,* III12
der Akt, -e *act, action,* III10
die Aktion, -en *activity, initiative,* III9
aktiv *active,* III1
aktuell *current, contemporary,* III7
akzeptabel *acceptable,* III7
akzeptieren *to accept,* III4
der Alkohol, -e *alcohol,* II
all- *all,* II
alle werden *run out,* III11
allein *alone,* III5
allerdings *certainly, by all means,*
III3
die Allergie, -n *allergy,* III1
allergisch (gegen) *allergic (to),* II
allerkleinst- *the littlest,* III2
allernötigst- *indispensible,* III3
alles *everything,* II
allgemein *general,* III5
die Allgemeinbildung *all-round
education, general knowledge,* III11
allmählich *gradually,* III11
der Alltag, -e *weekday, workday
routine,* III1
die Alltäglichkeit, -en *everyday
occurence,* III4
alltäglich *daily, ordinary,* III1
allwissend *omniscient,* III7
als *than,* II; **als** (conj) *when, at the
time,* III8
als ob (conj) *as if, as though,* III7
also (part) *well, okay,* III2
alt *old,* I
das Altenheim, -e *home for the elderly,*
III5
älter *older,* II
die Altersgruppe, -n *age group,* III5
der Altersjahrgang, ˉe *year of birth,*
III11
das Altpapier *recyclable paper,* III9
das Alu=Aluminium *aluminum,* III9
die Aludose, -n *aluminum can,* III9
am=an dem *at the,* I; **am Abend**
in the evening, I; **am ersten (Juli)**
on the first (of July), I; **am letzten
Tag** *on the last day,* II; **am
liebsten** *most of all,* I; **am Tag**
during the day, II
die Ameise, -n *ant,* III9
das Amerikabild *impression of
America,* III8
die Ampel, -n *traffic light,* I; **bis zur
Ampel** *until you get to the traffic
light,* I
s. amüsieren *to have a good time,* III6
an (acc, dat prep) *to; at,* II; **an der
Schule** *at school,* II
an: Was an dir gut ist, ist ... *What I
like about you is ...,* III4
die Analyse, -n *analysis,* III7
analysieren *to analyze,* III7
Anästhesist(in), -en/nen
anesthesiologist, III12

anbieten (sep) *to offer,* III9
der Anblick, -e *view, sight, look,* III6
ander- *other,* I; **ein(-) ander-**
another (a different) one, II
andererseits *on the other hand,* III5
s. **ändern** *to change oneself,* III5
anders *different,* III4
anderswo *elsewhere,* III11
die Änderung, -en *change,* III12
die Anekdote, -n *anecdote,* III6
anerkennen (sep) *to recognize,
acknowledge,* III5
der Anfang, ˉe *beginning,* III1
anfangen (sep) *to begin,* III11
der Anfänger, - *beginner,* II
anfangs *in the beginning,* III10
anfüllen (sep) *to fill up,* III10
angeben (sep) *to indicate, state,*
III11
angeblich *ostensibly, reported to be,*
III6
das Angebot, -e *offer,* I; **Angebot der
Woche** *weekly special,* I
angeboten *offered,* III2
angehören (sep, dat) *to belong to,*
III4
angehend- *would-be, future,* III9
angeht: was (das) angeht *as far as
(that) goes,* III3
der Angeklagte, -n *the accused,* III5
angeln *to fish,* II
angenehm *comfortable, pleasant,*
III5
angenommen *accepted, assumed,*
III8
angepriesen *praised,* III7
angespannt *tense,* III2
angesprochen *spoken to,* III6
angestaubt *old, dusty,* III10
der Angestellte, -n *employee,* III2
angewiesen sein auf (acc) *to be
dependent on,* III11
angezogen *dressed,* III3
Angst haben vor (dat) *to be afraid
of,* III2
ängstlich *anxious,* III7
der Angstschweiß *cold sweat,* III7
anhaben (sep) *to have on,* III3
der Anhaltspunkt, -e *guiding principle,
deciding factor,* III7
anhand *based on,* III3
Anhieb: jemanden auf Anhieb
leiden können *to take an instant
liking to someone,* III8
anhören (sep) *to listen to,* III1
ankommen (sep) *to arrive,* III1; **Es
kommt darauf an, ob ...** *It
depends on whether ...,* III4;
ankommen bei (sep) *to be
accepted by,* III3
ankreuzen (sep) *to cross, mark off,*
III3
die Anlage, -n *grounds, site,* II; *system,
installation,* II
der Anlass, ˉe *occasion,* III5
anlasten (sep) *to blame,* III9
anlaufen: rot anlaufen *to blush,* III4

die Anleitung, -en *direction,
introduction,* III3
anlocken (sep) *to lure,* III2
die Annahmestelle, -n *receiving area,*
III9
annehmen (sep) *to assume,* III8
die Annonce, -n *ad, announcement,*
III6
anonym *anonymous,* III6
der Anorak, -s *parka,* II
s. **anpassen** (sep) *to conform to,* III3
anpreisen (sep) *to praise,* III7
anprobieren (sep) *to try on,* I
die Anrede, -n *speech, address,* III7
anregen (sep) *to encourage,
stimulate,* III6
anregend *stimulating, exciting,* III6
die Anregung, -en *stimulation,
incitement,* III2
die Anreise, -n *arrival,* III2
anrichten (sep) *to produce, cause,
prepare,* III9
anrufen (sep) *to call (on the
phone),* I
der Ansager, - *announcer,* III10
ansah (*imperfect of* ansehen), III10
anschauen (sep) *to look at,* III4
anschaulich *clear, vivid,* III7
der Anschlag, ˉe *announcement,* II
anschlagen (sep) *to strike; to post,*
III12
anschließend *following, adjacent,*
III1
das Ansehen: Ansehen geben *to hold in
high esteem,* III6
s. ansehen (sep) *to have a look at,* III2
die Ansicht, -en *view, point of view,* III9
ansprechen (sep) *to talk to, to
appeal to,* III6
anstatt (gen prep) *instead of,* III10
anstrahlen (sep) *to shine on; to
smile at,* III7
s. **anstrengen** (sep) *to make an effort,*
III12
anstrengend *strenuous,* III5
anstupsen (sep) *to nudge,* III10
der Anteil, -e *portion, share,* III8
der Antisemitismus *antisemitism,* III8
antreten *to start*
die Antwort, -en *answer,* III2
antworten (dat) *to answer,* III1
anvertrauen (sep, dat) *to entrust to,*
III5
der Anwalt, ˉe *lawyer,* III11
die Anwältin, -nen *lawyer,* III11
die Anweisung, -en *order, instruction,*
III5
anwenden (sep) *to make use of,*
III10
die Anwendung, -en *application, use,*
III3
die Anzahl *number, quantity,* III10
die Anzeige, -n *ad,* III6
anziehen (sep) *to put on, wear,* I
der Anziehungspunkt, -e *center of
attraction,* III1
der Anzug, ˉe *suit,* II

der **Apfel**, ¨ *apple*, I
der **Apfelkuchen**, - *apple cake*, I
der **Apfelsaft**, ¨e *apple juice*, I; **ein Glas Apfelsaft** *a glass of apple juice*, I
der Aphorismus, Aphorismen *aphorism*, III10
der Apostel - *apostle*, Loc4
die **Apotheke**, -n *pharmacy*, II
der Apotheker, - *pharmacist*, III5
die Apothekerin, -nen *pharmacist (female)*
der **Apparat**, -e *telephone*, I
der **Appell**, -e *appeal*, III7
der **Appetit: Guten Appetit!** *Bon appétit!*, II
applaudieren *to applaud*, III10
die **Aprikose**, -n *apricot*, II
der **April** *April*, I
die Arbeit, -en *work*, III1
arbeiten *to work*, II
der Arbeiter, - *worker*, III6
das **Arbeitsamt**, ¨er *employment office*, III11
der Arbeitsmarkt, ¨e *job market*, III11
der Arbeitsplatz, ¨e *job*, III5
die Arbeitsstelle, -n *job position*, III11
das Arbeitstempo, -s *work rate*, III11
der Arbeitsvertrag, ¨e *work contract*, III5
die Arbeitszeit, -en *working hours*, III5
das Arbeitszeugnis, -se *work performance review*, III11
der Architekt, -en *architect*, III11
die Architektur *architecture*, III11
der Ärger *irritation, annoyance*, III6
ärgerlich *annoying*, III1
s. **ärgern** *to get annoyed*, III8
argumentieren *to argue*, III2
der **Arm**, -e *arm*, II
das **Armband**, ¨er *bracelet*, II
die **Armbanduhr**, -en *wristwatch*, I
die Armee, -n *army*, III5
der Armeelaster, - *army truck*, III5
ärmellos *sleeveless*, II
die Armen (pl) *poor*, III8
die **Armut** *poverty*, II
der Arrestant, -en *prisoner*, III12
die Art, -en *kind, sort*, III11; **auf ihre Art** *in their own way*, III3
der Artikel, - *article, commodity*, III3
die Arzneimittelproduktion *pharmaceutical production*, Loc10
der **Arzt**, ¨e *doctor*, II
die Ärztin, -nen *doctor (female)*
die Assonanz *assonance*, III10
aßen (*imperfect of* **essen**), III8
atemberaubend *breathtaking*, III7
atemlos *breathless*, III10
athletisch *athletic*, III8
atmen *to breathe*, III10
atomar *nuclear*, III9
der **Atomkrieg**, -e *nuclear war*, III11
attraktiv *attractive*, III11
Au!, Aua! *Ouch!*, II
auch *also*, I; **Ich auch.** *Me too.*, I; **auch noch** *also*, II; **auch schon** *also*, II

auf (acc, dat prep) *on, onto, to*, II; **Auf dein/Ihr/euer Wohl!** *To your health!*, II; **auf dem Land** *in the country*, I; **Auf Wiederhören!** *Goodbye!*, I; **auf einer Fete** *at a party*, II
aufbauen (sep) *to construct*, Loc7
aufbewahren (sep) *to preserve, store*, III1
aufblühen (sep) *to blossom*, III10
aufeinander kleben (sep) *to stick, glue together*, III10
der Aufenthaltsraum, ¨e *waiting room*, III2
auffallen (sep) *to be conspicuous*, III8
aufführen (sep) *to perform*, III10
die **Aufführung**, -en *performance*, III10
die **Aufgabe**, -n *assignment*, III6
aufgehen (sep) *to rise, expand*, III10
aufgeschlossen *open, friendly*, III8
aufgeschrieben *written down*, III1
aufging (*imperfect of* aufgehen), III12
aufkeimend *budding, dawning*, III5
aufklären (sep) *to enlighten*, III7
auflaufen (sep) *to run aground*, III9
auflegen (sep) *to hang up (the telephone)*, I
auflisten (sep) *to list*, III8
auflösen (sep) *to solve*, III3
aufmerksam *attentive*, III9
aufmerksam machen auf (acc) *to draw attention to*, III7
die Aufmerksamkeit, -en *attention*, III7
aufnehmen (sep) *to take, pick up*, III4
aufpassen (sep) *to pay attention*, III3
aufräumen (sep) *to clean up*, I
der Aufräumetag, -e *clean-up day*, III1
aufregen (sep) *to excite, to annoy*, III7
die **Aufregung**, -en *excitement*, III10
aufrücken *to move up*, III12
aufsässig *rebellious*, III4
der Aufsatz, ¨e *essay*, III3
aufschieben (sep) *to push open*, III2
aufschneiden (sep) *to cut open*, III1
der **Aufschnitt** *cold cuts*, I
aufschreiben (sep) *to write down*, III2
der Aufseher, - *supervisor*, III10
aufsetzen (sep) *to put or place on*, III10
aufstand (*imperfect of* aufstehen), III12
aufstecken (sep) *to put up*, III9
aufstehen (sep) *to get up*, III5
die Aufstiegschance, -n *chance for promotion*, III11
die Aufstiegsmöglichkeit, -en *possibility for promotion*, III5
aufwachen (sep) *to wake up*, III10

aufwachsen (sep) *to grow up*, III4
aufwendig: aufwendig verpackt *elaborately wrapped*, III9
aufzeigen (sep) *to show, exhibit*, III10
das **Auge**, -n *eye*, I
der Augenblick, -e *moment*, III1
der **August** *August*, I
aus (dat prep) *from, out of*, II; **aus Baumwolle** *made of cotton*, I; **aus dem (16.) Jahrhundert** *from the (16th) century*, II
ausarbeiten (sep) *to work out in detail*, III11
ausbilden (sep) *to educate*, III4
die **Ausbildung**, -en *education*, II
der Ausbildungsvertrag, ¨e *apprenticeship contract*, III5
ausbleiben (sep) *to stay out*, III1
ausbrechen (sep) *to break out*, III8
die Ausdauer *perseverance, endurance*, III3
ausdenken (sep) *to think, work out*, III10
der Ausdruck, ¨e *expression*, III2
ausdrücken (sep) *to express*, III3
auseinander *from each other*, III3
auseinander halten *to hold, keep apart*, III6
auseinander nehmen *to take apart*, III12
auseinander spalten *to split apart*, III10
ausfindig machen *to find*, III8
der **Ausflug**, ¨e *excursion*, II
das **Ausführen** *developing, development*, III1
ausführlich *detailed*, III1
die Ausführung, -en *execution, delivery*, III9
ausfüllen (sep) *to fill out*, III11
die Ausgabe, -n *edition*, III6
der Ausgangspunkt, -e *point of departure*, III1
ausgeben (sep) *to give out; to spend (money)*, III3
ausgebildet *trained*
ausgedacht *thought up*, III10
ausgefallen *unusual*, III3
ausgeflippt (slang) *flipped-out*, III3
ausgegangen *gone out*, III7
ausgehen (sep) *to go out*, III4
ausgehen von (sep) *to be initiated by*, III10
ausgelassen *omitted*, III1
ausgeliehen *borrowed, checked out*, III1
ausgerechnet (*you*) *of all (people)*, III9
ausgesprochen *particularly*, III5
ausgewogen *well-balanced*, III8
ausgezeichnet *excellent, outstanding*, II; (*past participle of* auszeichnen) *put a price tag on*, III1

ausgezogen *moved out*, III4
ausgiebig *extensive, exhaustive*, III10
aushalten (sep) *to endure, stand something*, III3
auskommen: Wir kommen gut mit ihm aus. *We get along well with him.*, III4
die Auskunft, ⁻e *information*, III3
auslachen (sep) *to laugh (at someone)*, III2
das Ausland *foreign country*, III8
Ausländer(in), -/nen *foreigner*, III4
ausländisch *foreign*, II
ausleihen (sep) *to borrow, lend*, III1
auslösen (sep) *to trigger, cause*, III9
die Auslösung, -en *cause*, III5
s. **ausmachen** (sep) *to make up, constitute*, III9; **Das macht mir nichts aus.** *That doesn't matter to me.*, III6
ausnutzen (sep) *to take advantage of*, III7
ausquetschen (sep) *to squeeze out*, III5
ausrechnen (sep) *to calculate*, III9
die Ausrede, -n *excuse*, III9
ausreden (sep) *to finish speaking*, III6
s. **ausruhen** (sep) *to relax, rest*, III11
ausrutschen (sep) *to slip*, III1
die Aussage, -n *statement*, III1
aussagen: Das sagt etwas über mich aus. *That says something about me.*, III3
ausschalten (sep) *to switch off*, III9
ausschlaggebend *decisive*, III11
ausschließlich *exclusively*, III9
der Ausschluss, ⁻e *exclusion*, III5
der Ausschnitt, -e *excerpt*, III6
aussehen (sep) *to look like, to appear*, I; **der Rock sieht ... aus.** *The skirt looks...*, I; **Wie sieht er aus?** *What does he look like?*, I
das Außengelände *surroundings*, III2
außerdem *besides that*, III9
außerhalb (gen prep) *outside of*, III4
äußern *to express*, III3
äußerst *highly*, III8
die Äußerung, -en *comment, remark*, III3
ausspannen (sep) *to spread, stretch out*, III12
ausstatten (sep) *to equip*, III2
die Ausstattung, -en *equipment, furnishing*, III2
aussteigen (sep) *to get off (a train)*, III1
ausstellen (sep) *to exhibit, display*, Loc10
die **Ausstellung, -en** *exhibition*, III10

ausstrecken (sep) *to stick out*, III10
s. **aussuchen** (sep) *to pick out, select*, III1
der Austausch, -e *exchange*, III4
austauschen (sep) *to exchange*, III4
der Austauschschüler, - *exchange student*, III1
der Austauschstudent, -en *exchange student*, III7
die **Auster, -n** *oyster*, II
Austria *Österreich*, I
ausüben (sep) *to practice, pursue*, III11
auswählen (sep) *to choose from*, III2
der **Ausweis, -e** *identification*, III2
auswendig *by heart, rote*, III5
auswickeln (sep) *to unwrap, undo*, III10
ausziehen (sep) *to move out, away*, III4; *to undress*, III7
der Auszug, ⁻e *excerpt*, III5
das **Auto, -s** *car*, I; **mit dem Auto** *by car*, I
die Autobahn, -en *interstate highway*, III8
der Autofahrer, - *driver*, III11
automatisch *automatic*, III6
Autor(in), -en/nen *author*, III10
der Autounfall, ⁻e *car accident*, III1
die Autoversicherung, -en *car insurance*, III5
Azubi(=Auszubildende), -s *trainee, apprentice*, III4

backen *to bake*, III6
der **Bäcker, -** *baker*, I
die **Bäckerei, -en** *bakery*, I
die Backsteingotik *gothic architecture style with red brick*, III1
baden *to swim*, I; **baden gehen** *to go swimming*, I
der Badeort, -e *swimming resort*, III1
das **Badezimmer, -** *bathroom*, II
die **Bahn, -en** *train*, II
der **Bahnhof, ⁻e** *train station*, I
bald *soon*, I
das **Ballett, -e** *ballet*, II
die **Banane, -n** *banana*, II
bang *anxious*, III2
die **Bank, -en** *bank*, III1
Bankangestellte, -n *bank employee*, III1
das Bankett, -e *banquet*, Loc7
die Bankkauffrau, -en *banker*, III11
der **Bankkaufmann, -leute** *banker*, III11
der Bankschalter, - *bank window*, III5
das Bankwesen *banking*, Loc7

das Barock *baroque style*, Loc4
barock *baroque*, Loc10
bärtig *bearded*, III10
basieren auf (acc) *to establish, base on*, III9
die Basilika, (pl) Basiliken *basilica*, Loc 1
die Basis, Basen *basis*, III11
Basketball *basketball*, I
die Bassschläge (pl) *bass beats*, III3
basteln *to do crafts*, I
die **Batterie, -n** *battery*, III9
der Bau *construction*, III8
der **Bauch, ⁻e** *stomach*, II
die **Bauchschmerzen** (pl) *stomachache*, II
der Baudenabend, -e *folkloristic evening entertainment at a cabin*, III2
das **Baudenkmal, ⁻er** *monument*, II
bauen *to build*, III8
der Bauhelm, -e *hardhat*, III3
der **Baum, ⁻e** *tree*, II
der Baumeister, - *architect*, Loc10
die **Baumwolle** *cotton*, I
das Bauwerk, -e *structure, building*, Loc10
beabsichtigen *to intend*, III7
beachten *to notice, heed, regard*, III6
der Beamte, -n *offical, civil servant*, III11
die Beamtin, -nen *offical, civil servant*, III11
beantworten *to answer*, III1
bearbeiten *to work at, process*, III2
beben *to shake, tremble*, III10
der **Becher, -** *mug*, III2
bedauern *to be sorry about*, II
die Bedenken (pl) *misgivings*, III7
bedeuten *to mean*, III1
bedeutend *important*, Loc 1
die Bedeutung, -en *meaning*, III4
bedienen: die Kamera bedienen *to operate the camera*, II
die Bedingung, -en *condition*, III11
bedrücken *to depress*, III10
das Bedürfnis, -se *need*, III3
beeindrucken *to impress*, III8
beeinflussen *to influence*, III3
beenden *to end*, III3
befahl (*imperfect of* befehlen), III6
befallen *to befall*, III7
befehlen *to command*, III6
s. befinden *to find oneself, to be*, Loc1
befolgen *to obey, follow*, III12
befragen *to ask questions*, III8
befriedigen *to satisfy*, III7
befürchten *to fear, suspect*, III10
begabt *gifted*, III10
begann (*imperfect of* beginnen), III3
begegnen (dat) *to run into, meet*, III10
die Begegnung, -en *meeting, encounter*, III2
begeistert sein von *to be enthusiastic about*, III8

der Beginn *beginning,* III5
beginnen *to begin,* III11
begleiten *to accompany,* III10
begonnen *begun,* Loc7
der Begriff, -e *concept, idea,* III3
begründen *to found; to give a reason for,* III6
der Begründer, - *founder,* III5
die Begründung, -en *reason; foundation,* III2
begrüßen *to greet,* III10
behalten *to keep,* III6
der Behälter, - *container,* III8
behandeln *to handle, treat,* III4
behaupten *to claim, assert,* III12
beherbergen *to shelter,* Loc4
beherrschen *to rule,* III7
beherzigen *to take to heart,* III9
behindertenfreundlich *accessible to the physically challenged,* III2
bei (dat prep) *by, near, at,* II; **beim Bäcker** *at the baker's,* I; **Bei mir ist es auch so.** *That's the way it is with me, too.,* III4
beide *both,* III2
beidseitig *on both sides, mutual,* III9
die Beilage, -n *side dish,* II
das Bein, -e *leg,* II
beinahe *almost,* III8
beinhalten *to contain,* III10
das Beispiel, -e *example,* III1
beitreten *to join,* III1
der Beitrag, -̈e *contribution,* III11
beitragen zu (sep) *to contribute to,* III6
bejahen *to concur, agree,* III9
bekam (*imperfect of* **bekommen**), III6
der Bekannte, -n *acquaintance,* III4
bekannt *known,* III1
der Bekanntenkreis, -e *circle of acquaintances,* III6
s. beklagen über (acc) *to complain about,* III10
die Bekleidung, -en *clothes,* III7
das Bekleidungsgeschäft, -e *clothing store,* III12
bekommen *to get, receive,* I
bekömmlich *wholesome, beneficial,* III10
belasten *to weigh on, burden,* III5
die Belastung, -en *burden,* III9
belegen *to cover; to register for,* III1; *to verify,* III9
belehrend *didactic,* III7
beliebt *popular,* II
bellen *to bark, howl,* III11
die Bemerkung, -en *comment, remark,* III1
s. bemühen um *to strive for,* III6
s. benehmen *to behave,* III4
beneiden *to envy,* III10
benötigen *to need,* III5
benutzen *to use,* II
beobachten *to observe,* III8
die Beobachtung, -en *observation,* III4

bequem *comfortable,* I
beraten *to advise,* III2
der Berater, - *advisor,* III12
der Bereich, -e *area, field, region,* III9
bereichern *to enrich,* III8
bereit *willing, prepared,* III3
bereits *already,* III11
bereitstellen (sep) *to make ready,* III10
bereitwillig *willing,* III10
der Berg, -e *mountain,* II
bergen *to hide,* III2
das Bergsteigen *mountain climbing,* II
die Bergtour, -en *tour or trip in the mountains,* III1
der Bericht, -e *report,* III6
berichten *to report,* III3
berücksichtigen *to take into consideration,* III5
der Beruf, -e *profession,* III11
beruflich *professional(ly),* III5
die Berufsarmee, -n *professional army*
die Berufserfahrung, -en *professional experience, work experience,* III11
die Berufstätigkeit, -en *occupation,* III11
die Berufswahl, -en *choice of profession,* III11
beruhen auf (dat) *to be founded on,* III11
berühmt *famous,* III2
besann (*imperfect of* besinnen), III6
s. beschäftigen mit *to keep busy with,* III3
die Bescheidenheit, -en *modesty,* III5
bescheiden *modest,* III8
bescheuert *dumb,* III3
beschleunigen *to accelerate,* III4
beschließen *to decide,* III11
beschlossen *decided,* III11
beschränken *to limit,* III1
beschreiben *to describe,* II
die Beschreibung, -en *description,* III2
beschrieben *described,* III1
die Beschwerde, -n *trouble, complaint,* III7
beschwören *to implore,* III5
die Beseitigung, -en *removal, elimination,* III5
besetzt *busy (on the telephone),* I
besichtigen *to sightsee, visit a place,* II
die Besichtigung, -en *sightseeing, visit,* III2
besiegt *defeated,* III1
besinnen *to think about, consider,* III6
besonders *especially,* I
besorgen *to provide,* III1
die Besorgung, -en *errand,* III5
besprechen *to discuss,* III5
besser *better,* I
die Besserung, -en *improvement,* II; **Gute Besserung!** *Get well soon!,* II
der Bestandteil, -e *part, component,* III9

das Besteck *silverware,* III2
bestehen aus *to consist of,* III5
bestellen *to order,* II
besten: am besten *the best,* II
bestimmen *to determine,* III2
bestimmt *certainly, definitely,* I
bestreichen *to spread, to butter,* III1
der Besuch, -e *visit,* III4
besuchen *to visit,* I
betäuben *to stun, anesthetize,* III2
s. beteiligen an (dat) *to take part in,* III9
betrachten *to observe,* III11
der Betrag, -̈e *amount,* III1
betreten *to step on; to enter,* III12
betreuen *to take care of,* III5
der Betrieb, -e *business, firm,* Loc 10
die Betriebswirtschaft *business administration,* III11
die Betroffenheit *dismay,* III9
betrogen *deceived, defrauded,* III5
das Bett, -en *bed,* I
betten *to make one's bed,* III12
beugen *to bend,* III10
beurteilen nach *to judge according to,* III3
der Beutel, - *bag, pouch, sack,* III9
die Bevölkerung *population, inhabitants,* III5
bevor (conj) *before,* III5
bewachen *to guard,* III5
s. bewähren *to prove oneself,* III5
bewegen *to move,* III10
die Bewegung, -en *movement, motion,* III8
beweisen *to prove,* III10
s. bewerben *to apply,* III11
der Bewerber, - *applicant,* III2
die Bewerbung, -en *application,* III11
die Bewerbungsunterlage, -n *application material,* III11
das Bewerbungsverfahren *application process,* III11
bewerten *to assess,* III12
die Bewertung, -en *assessment,* III3
bewiesen *proven,* III10
bewundern *to admire,* III10
die Bewunderung *astonishment, marvel,* III10
bewusst *conscious(ly),* III3
bezahlen *to pay,* III1
bezeichnen *to indicate,* III2
die Bezeichnung, -en *indication, description,* III4
s. beziehen auf (acc) *to refer to,* III3
die Beziehung, -en *relationship,* III3
das Beziehungswort, -̈er *antecedent,* III7
Bezug haben zu *to have a connection to,* III8
bezweifeln *to doubt,* II
die Bibliothek, -en *library,* III10
bieder *upright, bourgeois,* III5
biegen *to bend, curve, turn,* II; **einbiegen** (sep): **Biegen Sie hier ein!** *Turn here!,* II

die **Biene, -n** *bee,* III9
bieten *to offer,* III1
das **Bild, -er** *picture,* III2
bilden *to form, construct,* III1
bildend: die bildenden Künste *the visual arts,* III10
die **Bilderausstellung, -en** *picture exhibit,* III10
die **Bildergalerie, -n** *picture gallery,* III10
der **Bildhauer, -** *sculptor,* Loc1
bildreich *rich in imagery,* III10
der **Bildschirm, -e** *display screen,* III6
die **Bildung, -en** *formulation,* III6
der **Bildungsweg, -e** *educational path,* III4
das **Bildungswesen** *education,* III4
billig *cheap,* I
die **Biokost** *organic food,* III3
Biologe/Biologin -n/nen, *biologist,* III11
die **Biologie=Bio** *biology,* I
die **Biologielehrerin, -nen** *biology teacher,* I
biologisch abbaubar *biodegradable,* III9
birgst du *are you hiding,* III2
die **Birne, -n** *pear,* II
bis (acc prep) *until,* III11; **Bis dann!** *Till then! See you later!,* I; **bis dahin** *until then,* III11
der **Bischof, -̈e** *bishop,* Loc4
bisher *up to now,* III10
bislang *up to now,* III8
das **Bistum, -̈er** *episcopate, diocese,* Loc4
bitte *please,* I; **Bitte (sehr/schön)!** *You're (very) welcome!,* I; **Bitte! Hier!** *Here you go!,* II
bitten *to request,* III1
bitter *bitter,* II
bisschen: ein bisschen *a little,* I
blasen *to blow,* III9
der **Bläser, -** *wind instrument player,* III10
die **Blaskapelle, -n** *brass-band,* III8
das **Blatt, -̈er** *leaf,* III1
blättern *leaf through,* III6
blau *blue,* I
die **Blaubeere, -n** *blueberry,* II
der **Blazer, -** *blazer,* II
das **Blei** *lead,* III9
bleiben *to stay, remain,* II
der **Bleistift, -e** *pencil,* I
der **Blick, -e** *glance, view,* III2
der **Blickfang** *eye-catcher,* III7
der **Blickpunkt, -e** *point of view,* III2
blieb (imperfect of bleiben), III4
blitzblank *squeaky clean,* III7
die **Blockflöte, -n** *recorder (flute),* III12
blöd *dumb,* I
blond *blonde,* I
der **Blouson, -s** *bomber jacket,* II
bloß *only,* I; **Was soll ich bloß machen?** *Well, what am I supposed to do?,* II
blühen *to flower, blossom,* III10

die **Blume, -n** *flower,* I
der **Blumenkohl** *cauliflower,* II
der **Blumenstrauß, -̈e** *flower bouquet,* I
die **Bluse, -n** *blouse,* II
das **Blut** *blood,* III5
der **Boden** *floor, ground,* III10
das **Bogenschießen** *archery,* II
die **Bohne, -n** *bean,* II
der **Bombenangriff, -e** *bomb attack,* Loc10
der **Bomber, -** *bomber,* III5
das **Boot, -e** *boat,* II; **Boot fahren** *to go for a boat ride,* II
böse *angry, evil,* III4
der **Bote, -n** *messenger,* III6
der **Botengang, -̈e** *errand,* III1
die **Boulevardzeitung, -en** *tabloid newspaper,* III6
brachte (imperfect of bringen), III6
der **Brandanschlag, -̈e** *arson,* III5
brannte (imperfect of brennen), III7
der **Braten** *roast,* II
die **Bratkartoffeln (pl)** *fried potatoes,* II
brauchbar *useful,* III5
brauchen *to need,* I
brauen *to brew,* III6
braun *brown,* I
brav *well-behaved,* III8
s. **brechen (etwas)** *to break (something),* II; **er/sie bricht sich etwas** *he/she breaks (a bone),* II
die **Brechung, -en** *breaking,* III5
breit *large, wide,* III7
die **Bremse, -n** *brake,* II
brennen *to burn,* III3
das **Brettspiel, -e** *board game,* I; **ein Brettspiel spielen** *to play a board game,* I
die **Brezel, -n** *pretzel,* I
der **Brief, -e** *letter,* III10
die **Briefmarke, -n** *postage stamp,* I
der **Briefpartner, -** *pen pal,* III2
die **Brille, -n** *a pair of glasses,* I
bringen *to bring,* I
der **Brokkoli** *broccoli,* II
die **Bronzeskulptur, -en** *bronze sculpture,* Loc1
das **Brot, -e** *bread,* I
das **Brötchen, -** *breakfast roll,* III1
der **Bruder, -̈** *brother,* I
der **Brunnen, -** *fountain,* II
brutal *brutal, violent,* I
der **Bube, -n** *(southern German) boy,* III10
das **Buch, -̈er** *book,* I
die **Bücherei, -en** *lending library,* III1
der **Bücherladen, -̈** *bookstore,* III7
der **Buchhandel** *book trade,* Loc1
der **Buchladen, -̈** *bookstore,* III1
die **Buchmesse, -n** *book trade fair,* Loc7
die **Büchse, -n** *can,* III8
der **Buchstabe, -n** *letter (of the alphabet),* III6
buchstabieren *to spell,* III7
die **Bucht, -en** *bay,* II
s. **bücken** *to bend,* III11

bügeln *to iron,* II
die **Bühne, -n** *stage,* III10
die **Bühnenanweisung, -en** *stage instruction,* III11
der **Bummel** *stroll,* III1
der **Bund=Bundeswehr,** III5
der **Bundesadler** *federal eagle,* III1
der **Bundesbürger, -** *citizen of the Federal Republic,* III6
der **Bundesgrenzschutz** *Federal Border Patrol,* III5
das **Bundesland, -̈er** *(German or Austrian) federal state,* I
der **Bundesrat** *House of Representatives*
der **Bundestag** *German Federal Parliament,* III11
Bundestagsabgeordnete, -n *parliamentarian,* III5
die **Bundeswehr** *German Federal Defense Force,* III5
bunt *colorful,* II
die **Burg, -en** *castle,* III2
der **Bürger, -** *citizen,* III2
bürgerlich *civic, civil,* II; **gutbürgerliche Küche** *good home-cooked food,* II
der **Bursche, -n** *young man,* III7
der **Bus, -se** *bus,* I
die **Busfahrt, -en** *bus trip,* III2
die **Butter** *butter,* I
das **Butterbrotpapier** *waxed paper,* III9
das **Butterschmalz** *shortening,* I
bzw.=beziehungsweise *respectively,* III5

C

das **Café, -s** *café,* I
der **Camembert Käse** *Camembert cheese,* II
der **Cäsar, -en** *Caesar,* Loc10
der **Cent,-** *Cent,* III1
der **Cent, -** *cent,* (smallest unit of the euro; 1/100th of a euro), I
Ćevapčići *(Serbocroat: rolled spicy ground meat),* II
die **CD, -s** *compact disc,* I
die **Chance, -n** *chance,* III12
Chanukka *Hanukkah,* I; **Frohes Chanukka-Fest!** *Happy Hanukkah!,* I
der **Charakter** *character, personality, quality,* III10
charakterisieren *to characterize,* III7
die **Charakteristik, -en** *characteristic,* III11
der **Chef, -s** *boss,* III4
der **Chefkoch, -̈e** *head chef,* II
die **Chemie** *chemistry,* I
die **Chemikalie, -n** *chemical,* III9
chic *smart* (looking), I

chinesisch (adj) *Chinese*, II
das **Chlor** *chlorine*, III9
die **Chronologie, -n** *chronology*, III7
chronologisch *chronological*, III12
die **Clique, -n** *clique*, II
das **Cola, -s** *cola (also:* **die Cola**), I
die **Collage, -n** *collage*, III8
die **Comics** (pl) *comic books*, I
der **Computer, -** *computer*, I
Computerspezialist(in), -en/nen *computer specialist*, III11
der **Container, -** *recycling bin*, III8
cool (adj) *cool*, II
die **Couch, -en** *couch*, I
der **Court, -s** *(tennis) court*, II
der **Couscous=Kuskus** *couscous*, II
der **Cousin, -s** *cousin (male)*, I
die **Creme, -s** *cream*, II
die **Crêpes** (pl) *crepes*, II

D

da *there*, II; **Da hast du (bestimmt) Recht!** *You're right about that!*, II; **da hinten** *there in the back*, I; **da vorn** *there in the front*, I; **Da stimm ich dir zu!** *I agree with you about that!*, II
da (conj) *since*, (part) *there*, III1
da gewesen *been there*, III3
dabei sein *to take part*, III11
dabeihaben (sep) *to bring along*, III2
das **Dach, ⁼er** *roof*, III9
dachte (*imperfect of* **denken**), III4
dafür *for it*, II; **Ich bin dafür, dass ...** *I am for doing...*, II
daher (conj) *for this reason*, III2
dahin gehend *in that respect*, III7
dalli *schnell*, III7
damals *at that time*, III2
damit (conj) *so that, in order to*, III3
dämmerig *dim, shadowy, vague*, III10
danach *after that*, I
Danke (sehr/schön)! *Thank you (very much)!*, I; **Danke! Dir/Ihnen auch!** *Thank you! Same to you!*, II; **Danke gleichfalls!** *Thank you and the same to you!*, II
danken (dat) *to thank*, III3
dann *then*, II; **Dann nehm ich eben ...** *In that case I'll take...*, II; **Dann trink ich halt ...** *I'll drink instead...*, II
Darf ich (bitte) ...? *May I (please)...?*, II
darstellen (sep) *to play (act)*, III10
der **Darsteller, -** *actor*, III11
die **Darstellung, -en** *depiction, performance*, III5

darüber *over it*, II
darunter *under it, underneath*, II
dass (conj) *that*, I
dauern *to last*, III5
dauernd *continually*, III1
der **Daumen, -** *thumb*, III1
dazu *in addition*, III4
dazufügen (sep) *to add to*, III8
die **DDR (Deutsche Demokratische Republik)** *former East Germany*, Loc 1
die **Decke, -n** *blanket*, III2
decken *to cover*, II; **den Tisch decken** *to set the table*, I
definieren *to define*, III4
die **Definition, -en** *definition*, III8
deftig *robust*, II
dein (poss adj) *your*, I
die **Delikatesse, -n** *delicacy*, II
demnach *accordingly*, III4
demnächst *before long*, III10
die **Demokratie, -n** *democracy*, III5
demokratisch *democratic*, III8
die **Demokratisierung, -en** *democratization*, III11
die **Demonstration, -en** *demonstration*, III6
denken an (acc) *to think of or about*, III2; **Aber denk doch mal daran, dass ...** *But just consider that ...*, III4
der **Denker, -** *intellectual*, III2
das **Denkmal, ⁼er:** **ein Denkmal setzen**, *to put up a monument for someone*, Loc1
denn (conj) *because, for*, I; **denn** (particle), I
dennoch *however*, III9
deprimierend *depressing*, III5
derselbe *the same*, III7
deshalb *therefore*, III6
dessen *of him, it; of whose*, III4
desto: je mehr ... desto ... *the more ... the ...*, III7
deutlich *clear*, III6
das **Deutsch** *German* (language), I; (school subject), I
Deutschland *Germany*, I
der **Deutschlehrer, -** *German teacher*, I
die **Deutschlehrerin, -nen** *German teacher*, I
deutschsprachig *German-speaking*, III8
der **Deutschunterricht, -e** *German instruction*, III2
der **Dezember** *December*, I
das **Dia, -s** *slide*, II
der **Dialekt, -e** *dialect*, III10
der **Dialog, -e** *dialogue*, III3
die **Diät, -en** *diet*, III12
der **Dichter, -** *writer, poet*, Loc1
dick (adj) *fat*, III8; **dick machen** *to be fattening*, II
dienen (dat) *to serve*, III5
der **Dienst, -e** *service*, III5
der **Dienstag** *Tuesday*, I
dienstags *Tuesdays*, II

die **Dienstzeit, -en** *term of service*, III5
dies- *this*, II
diesmal *this time*, III1
der **Dilettant, -en** *dilettante, amateur*, III5
das **Ding, -e** *thing*, II; **vor allen Dingen** *especially*, III1
der **Dinosaurier, -** *dinosaur*, III3
der **Diplomat, -en** *diplomat*, III11
dir *to you*, II
direkt *direct*, III10
der **Dirigent, -en** *conductor*, III10
das **Dirndl, -** *traditional costume for females*, III8
die **Disko, -s** *disco*, I; **in eine Disko gehen** *to go to a disco*, I
die **Diskothek, -en** *discothek*, II
diskriminieren *to discriminate*, III7
die **Diskussion, -en** *discussion*, II
das **Diskuswerfen** *discus throw*, II
diskutieren *to discuss*, III2
diszipliniert *disciplined*, III11
divers *sundry, diverse*, III12
DM=Deutsche Mark *German mark (former monetary unit)*, I
doch (particle) *yes, it is!*, I; **Ich meine doch, dass ...,** *I really think that...*, II
das **Dokument, -e** *document*, III2
der **Dolch, -e** *dagger*, III10
der **Dolmetscher, -** *interpreter*, III7
der **Dom, -e** *cathedral*, II
der **Donnerstag** *Thursday*, I
donnerstags *Thursdays*, II
doof *dumb*, II
das **Dorf, ⁼er** *village*, II
dort *there*, I; **dort drüben** *over there*, I
dorthin *to there*, III2
die **Dose, -n** *can*, III9
dotiert: gut dotiert, *well-funded*, III11
dramatisch *dramatic*, III7
der **Dramaturg, -en** *theatrical producer*, III10
dran=daran, III10
s. **drängeln** *to jostle, shove*, III11
drängen *to push, crowd*, III10
draußen *outside*, III8
drehen *to turn*, III2
dreieckig *triangular*, III10
dreigeteilt *three-part*, III9
dreischiffig *with three naves*, Loc1
drin=darin, III1
drinnen *inside*, III3
dritt- *third*, III4
das **Drittel: ein Drittel** *one third*, III11
drittens *thirdly*, III3
die **Droge, -n** *drug*, III12
die **Drogerie, -n** *drugstore*, II
drohen (dat) *to threaten*, III8
die **Drohmittel** (pl) *threatening measures*, III5
dröhnen *to roar, boom*, III3
drüben *over there*, III4
drücken *to press, squeeze*, III1
der **Drucker, -** *printer*, III6

der Druckerstreik, -s *print workers'
   strike*, III6
der Druckknopf, ¨e *snap*, II
   duften *to be fragrant, smell sweet*,
   III8
   dumm *dumb, stupid*, I
die Dummheit, -en *stupidity*, III10
   dunkel *dark*, II
   dünn *thin*, III4
   durch (acc prep) *through*, II
   durchaus *thoroughly*, III5
   durchblättern (sep) *to page
   through*, III6
   durchfallen (sep) *to fail*, III5
die Durchgangsstation, -en
   intermediate station, III3
   durchlaufen (sep) *to run through*,
   III10
   durchlesen (sep) *to read through*,
   III10
   durchschauen (sep) *to see through*,
   III10
der Durchschnitt *average*, III12
   durchsetzen (sep) *to achieve*, III6
   durchstreichen (sep) *to cross out*,
   III4
   durchweg *throughout*, III8
   dürfen *to be allowed to*, II; **er/sie/es
   darf** *he/she/it is allowed to*, II
   **dürfte: Wenn wir nur
   Naturprodukte benutzen
   dürften!** *If we were allowed to use
   only natural products!*, III9
   dürr *barren, dry*, III2
der Durst *thirst*, II; **Durst haben** *to
   be thirsty*, II
   durstig *thirsty*, III8
   duschen *to shower*, III9
   düster *dark, sinister*, III2

ebben *to subside*, III10
   eben (gerade) *just now*, III2; **eben**
   (particle), II; **Dann nehm ich
   eben ...** *In that case I'll take...*, II;
   eben nicht *actually not*, II
die Ebene, -n *level*, III12
   ebenfalls *likewise*, III3
   echt *real(ly)*, II; *genuine*, II
die Ecke, -n *corner*, II
   eckig *with corners*, I
der Edelstein, -e *precious stone*,
   Loc10
   effektiv *effective*, III3
   egal *alike, equal*, II; **egal sein:
   Mode ist mir egal.** *I don't care
   about fashion.*, II
   egoistisch *egoistic*, III8
die Ehe, -n *marriage*, III12
   ehemalig *former*, III11
der Ehepartner, - *spouse*, III11

eher *sooner; rather*, III3
die Ehre, -n *honor*, III5
   ehrgeizig *ambitious*, III8
   ehrlich *honest(ly)*, III3
das Ei, -er *egg*, I
das Eichenlaub *oak leaves*, III1
die Eifersucht *jealousy*, III10
   eifrig *eager*, III10
   eigen *(one's) own*, II
die Eigenschaft, -en *characteristic*, III7
   eigentlich *actual(ly)*, III1;
   Eigentlich schon, aber ... *Well
   yes, but...*, II
   eigenverantwortlich *solely
   responsible*, III11
 s. eignen zu *to be suited to*, III6
   eilen *to hurry*, III1
   eilig *quick, hurried*, III1
   ein(-) ander- *another (a different)
   one*, II
   einander *one another*, III3
die Einarbeitung, -en *familiarization*,
   III11
   einbeziehen *to include*, III2
   einbiegen (sep) *to turn*, II
der Eindruck, ¨e *impression*, III8
   einengen (sep) *to confine*, III12
   einerlei *the same (to me, him)*, III5
   einfach *simple, simply*, III1
   Einfach! *That's easy!*, I
   einfallen (dat, sep) *to occur to*, III12
der Einfluss, ¨e *influence*, III7
   eingebettet *embedded*, III2
   eingeführt *introduced*, III1
   eingestehen (sep) *to admit*, III7
   eingestellt sein auf (acc) *to be set
   up for*, III2
   eingeweiht *dedicated*, Loc1
   eingezeichnet *written in, indicated*,
   III1
   einheimisch *local, native*, III8
die Einheit, -en *unity, unit*, III5
   einholen (sep) *to catch up with*,
   III5
   einige *some*, III6
 s. einigen auf (acc) *to agree*, III1
   einjagen: ihm einen Schrecken
   einjagen (sep) *to scare him*, III10
der Einkauf, ¨e *purchase*, III9
   einkaufen (sep) *to shop*, I;
   einkaufen gehen *to go shopping*, I
die Einkaufstasche, -n *shopping bag*,
   III9
der Einkaufsweg *shopping route*, III2
der Einkaufszettel, - *shopping list*, III2
das Einkommen, - *income*, II
die Einkommenshöhe *earnings,
   income level*, III11
   einladen (sep) *to invite*, I; **er/sie
   lädt ... ein** *he/she invites*, I
die Einladung, -en *invitation*, III2
der Einlass *admission*, III3
   einlegen (sep): **ein Video einlegen**
   to insert a video, II
   einmal *once*, I; **einmal am Tag**
   once a day, II
   einmalig *unique*, III7

 s. einmischen (sep) *to get involved*,
   III12
die Einnahmequelle, -n *source of
   income*, III7
   einnehmen (sep) *to take*, III6
   einpacken (sep) *to pack up*, III9
   einparken *park*, III5
   einprägen (sep) *to memorize*, III4
   einprägsam *easily remembered,
   impressive*, III7
   einrichten (sep) *to furnish,
   arrange*, III2
die Einrichtung, -en *arrangement*, III2
   einsam *lonely*, III3
   einsame Spitze! *simply fantastic!*,
   III1
der Einsatz, ¨e *effort*, III9
   einschalten (sep) *to switch on*, III6
   einschätzen (sep) *to estimate*, III11
die Einschränkung, -en *limitation*, III1
   einschreiben (sep) *to enroll*, III7
   einseitig *one-sided*, III8
   einsetzen (sep) *to put, fill in*, III9
   einst *once, formerly*, III1
   einstellen (sep) *to hire*, III5
   einstig *former, one-time*, III1
   eintauschen (sep) *to exchange*, III1
   eintragen (sep) *to enter*, III1
 s. eintragen lassen *to register*, III7
die Eintragung, -en *entry*, III1
   eintreten (sep) *to enter*, III5
   eintritt (*imperfect of* eintreten), III5
die Eintrittskarte, -n *admission ticket*,
   III10
   Einverstanden! *Agreed!*, II
der Einwand, ¨e *objection*, III12
die Einwegdose, -n *non-returnable
   can*, III9
die Einwegflasche, -n *non-returnable
   bottle*, III9
   einweihen in (sep, acc), - *to initiate
   into*, III9
der Einwohner, - *resident*, III7
die Einzelheit, -en *detail*, III6
der Einzelkämpfer, - *lone fighter*, III12
   einzeln *single, individual*, III2
der Einzelreisende, -n *lone traveler*, III2
   einziehen (sep) *to move in*, III5
   einzig *only; unique*, III3
   einzigartig *unique*, Loc4
das Eis *ice cream*, I
der Eisbecher, - *a dish of ice cream*, I
die Eisenbahnstrecke, -n *train route*,
   III2
   eiskalt *ice cold*, III2
   eitel *vain*, III8
der Ekel *loathing, nausea*, III5
   elegant *elegant*, II
die Elektrizität *electricity*, III9
   Elektroinstallateur(in), -e/nen
   electrician, III12
die Elektronik *electronic industry*, Loc4
die Elektrotechnik *electrical
   engineering*, III11
das Element, -en *element*, III7
der Ellbogen, - *elbow*, III1
   Ellenbogen=Ellbogen, III3

die **Eltern** (pl) *parents*, I
die **Emaille** here: *nail polish*, III3
der **Empfang,** ⁻e *reception*, III7
    empfangen *to greet, receive*, III8
    empfehlen *to recommend*, III8
die **Empfehlung, -en** *recommendation*, III8
    empfindlich *sensitive*, III12
die **Empfindung, -en** *sensation, feeling*, III10
das **Ende, -n** *end*, III1
    enden *to end*, III2
    endgültig *final(ly), last(ly)*, III1
    endlich *at last*, III7
die **Energie, -n** *energy*, III9
das **Energiesparen,** *energy saving*, III9
    eng *tight*, I
das **Engagement, -s** *commitment*, III12
  s. engagieren *to be active in*, III5
der **Engel, -** *angel*, III9
das **Englisch** *English* (school subject), I; (language), I
    entdecken *to discover*, III8
    entfernt *away, at a distance*, III2
    enthalten *to contain*, III2
    enthalten sein *to be included*, III2
der **Enthusiasmus** *enthusiasm*, III10
    entlang *along*, III1
    entlarven *to uncover*, III3
die **Entlassung, -en** *dismissal*, III11
  s. entscheiden *to decide*, III5
    entscheidend *crucial*, III11
die **Entscheidung, -en** *decision*, III5
    entschieden *decided*, III1
  s. entschließen *to decide*, III11
    entschlossen *decided*, III11
    entschuldigen *to excuse*, III12
die **Entschuldigung, -en** *excuse*, III1
    Entschuldigung! *Excuse me!*, I
  s. entspannen *to relax*, III3
die **Entspannung, -en** *relaxation*, III6
    entsprechen (dat) *to correspond to, to agree with*, III1
    entstanden *originated*, III11
    enttäuschen *to disappoint*, III8
die **Enttäuschung, -en** *disappointment*, III12
    entwaffnen *to disarm*, III12
    entweder: entweder ... oder *either ... or*, III8
    entwerfen *to draw up, design*, III7
    entwickeln *to develop*, III3
die **Entwicklung, -en** *development*, Loc4
    entworfen *sketched, outlined*, III10
der **Entwurf,** ⁻e *sketch, outline*, III6
    entziffern *to decipher*, III10
    entzwei *in two pieces*, III6
die **Epoche, -n** *epoch*, Loc1
    er *he*, I; *it*, I
    erarbeiten *to gain by working for*, III8
    erbärmlich *pitiful*, III5
    erbaut *built, constructed*, Loc7
    erblicken *to catch sight of*, III6
die **Erbse, -n** *pea*, II
die **Erdbeere, -n** *strawberry*, II

die **Erde, -n** *earth*, III5
die **Erdkunde** *geography*, I
die **Erdnussbutter** *peanut butter*, III1
    erdulden *to suffer, endure*, III5
das **Ereignis, -se** *event*, III1
    erfahren *to experience*, III6
    Erfahrene, -n *experienced (person)*, II
die **Erfahrung, -en** *experience*, III11
    erfinden *to invent*, III1
der **Erfinder, -** *inventor*, III10
der **Erfolg, -e** *success*, III12
    erfolgreich *successful*, III8
    erfordern *to demand, require*, III1
    erfrischen *to refresh, revive*, III12
    erfuhr (*imperfect of* erfahren), III10
    erfüllen *to fulfill*, III7
die **Erfüllung: in Erfüllung gehen,** *come true, be fulfilled*, III5
    erfunden *invented*, III7
    ergänzen *to add to, complete*, III10
    ergebenst *respectfully*, III12
das **Ergebnis, -se** *result*, III6
    erglänzen *to shine*, Loc1
    ergreifen *to seize, take*, III5
    erhalten *to get, receive*, III5; **gut erhalten** *well maintained*, II
    erhalten bleiben *to survive*, Loc 1
    erhältlich *obtainable*, III12
die **Erhaltung** *preservation*, III9
    erheben *to raise, edify*, III5
    erhielt (*imperfect of* erhalten), III12
    erhob (*imperfect of* erheben), Loc4
  s. erinnern an (acc) *to remember*, III2
die **Erkältung, -en** *cold (illness)*, II
    erkannte (*imperfect of* erkennen), III10
    erkennen *to recognize*, III10
die **Erkenntnis, -se** *realization*, III5
    erklären *to explain*, III1
die **Erklärung, -en** *explanation*, III3
  s. erkundigen nach *to inquire about*, III11
    erlangen *to attain*, III10
  s. erlauben (dat) *to permit*, III5
    erleben *to experience*, III10
das **Erlebnis, -se** *experience*, III1
    erledigen *to take care of*, III1
die **Erleichterung** *relief*, III5
    erleiden *to suffer*, III1
    erlernen *to learn*, III11
die **Erlernung** *learning*, III12
der **Erlkönig** *elf-king*, III2
    ermöglichen *to make possible*, III12
    ermüdet *exhausted*, III1
  s. ernähren *to feed, nourish*, II
die **Ernährung** *food*, III3
    ernst *serious*, III5
    ernten *to harvest*, III10
    erregen *to excite*, III7
    erreichen *to reach*, III6
    errichten *to construct*, Loc4
der **Ersatzdienst** *alternative service to military service*, III5
    erscheinen *to appear*, III6

das **Erscheinungsbild, -er** *appearance*, III11
    erschien (*imperfect of* erscheinen), III6
    erschöpfend *exhausting*, III12
    erschrak (*imperfect of* erschrecken), III6
    erschrecken *to be frightened*, III7
    erschüttert *shaken*, III5
    ersetzen *to replace*, III9
    erst- *first*, III4
    erstarren *to freeze up*, III10
    erstaunt sein *to be astonished*, III8
    erstellen *to make available*, III6
    ersten: am ersten *on the first*, I
    erstens *in the first place*, III3
    ersticken *to suffocate*, III5
    erstklassig *first-class*, III7
    erstmal *first of all*, III12
    erteilen (dat) *to give, grant*, III12
    ertönen *to make a sound*, III10
    erwachsen sein *to be grown up*, III4
    Erwachsene, -n *adult*, III3
    erwähnen *to mention*, III1
    erwarten *to expect*, III5
die **Erwartung, -en** *expectation*, III10
    erwecken *to waken*, III10
    erweitern *to expand*, III8
    erwerben *to obtain*, III5
    erwidern *to reply*, III8
    erwischen *to catch*, III10
    erwünscht *desirable*, III3
    erzählen *to tell*, III1
    Erzähler(in), -/-nen *story-teller, writer*, III12
die **Erzählung, -en** *story*, III10
    erziehen *to raise*, III12
die **Erziehung** *upbringing, education*, III10
    erzogen: gut erzogen, *well-behaved*, III7
der **Esel, -** *donkey*, III8
    essbar *edible*, III12
    essen *to eat*, I; **er/sie isst** *he/she eats*, I
die **Essgewohnheit, -en** *eating habit*, III1
der **Esstisch, -e** *dining table*, I
die **Esswaren** (pl) *food*, III9
das **Esszimmer, -** *dining room*, II
die **Etage, -n** *floor, story*, III10
das **Etikett, -e** *label*, III3
    etlich- *some, a certain*, III7
    etwa *about, more or less*, III7
    etwas *something*, I; **Noch etwas?** *Anything else?*, I
    euch (pl, acc case) *you*, I; (pl, dat case) *to you*, II; (reflexive) *yourselves*, II
    euer (poss adj) *your*, II
der **Euro,-** *euro* (the national currency of most European countries), I
    eventuell *possibly*, III10
    ewig *eternal*, III3
die **Ewigkeit, -en** *eternity*, III8
    existieren *to exist*, III8

die Exkursion, -en *excursion*, III2
experimentieren *to experiment*, III12

fabelhaft *fabulous, amazing*, III7
die Fabrik, -en *factory*, III9
das Fach, ̈er *school subject*, I
das Fachabitur *vocational degree*, III4
die Fachhochschule, -n *vocational college*, III11
die Fachoberschule, -n *vocational school*, III4
die Fachoberschulreife *(degree from a vocational school)*, III4
die Fachschule, -n *vocational school*, III11
die Fachschulreife *(degree from a vocational school)*, III4
das Fachwerkhaus, ̈er *cross-timbered house*, II
das Fachwissen *expertise*, III9
die Fähigkeit, -en *ability*, III11
der Fahranfänger, - *beginning driver*, III5
fahren *to go, ride, drive*, I; **er/sie fährt** *he/she drives*, I; **Fahren wir mal nach ... !** *Let's go to... !*, II
die Fahrerlaubnis, -se *permission to drive*, III5
die Fahrgemeinschaft, -en *carpool*, III9
der Fährhafen, ̈ *ferry port*, III1
das Fahrrad, ̈er *bicycle*, II
das Fahrrad-Depot, -s *bicycle racks*, II
der Fahrradweg, -e *bike trail*, III8
der Fahrschein, -e *ticket*, III9
das Fahrzeug, -e *vehicle*, III7
der Fakt, -en *fact*, III11
der Falke, -n *falcon*, Loc4
der Fall, ̈e *fall*, Loc1; *case*, III1; **im Fall in the case (of)**; III12; **auf alle Fälle** *by all means*, III11; **auf jeden Fall** *in any case*, III8; **Auf keinen Fall!** *No chance!*, III11
fallen *to fall*, III5
falsch *false, wrong*, III3
der Faltenrock, ̈e *pleated skirt*, II
die Familie, -n *family*, I
das Familienleben *family life*, III8
fand *(imperfect of **finden**)*, III4
der Fantasyroman, -e *fantasy novel*, I
das Farbbild, -er *color photograph*, II
die Farbe, -n *color*, I
färben *to color, paint*, III3
das Farbfernsehgerät, -e *color TV set*, II
die Faser, -n *thread, material*, II
der Faserstift, -e *felt-tip pen*, III9
fasste: s. ein Herz fassen *to gather courage*, III10
fast *almost*, III6

faszinierend *fascinating*, III6
faul *lazy*, II
faulenzen *to be lazy*, II
die Faust, ̈e *fist*, III3
das Fax, - *fax*, III2
der Februar *February*, I
fechten *to fence*, II
fehlen *to be missing*, III5; **Was fehlt dir?** *What's wrong with you?*, II
der Fehler, - *mistake*, III1
feiern *to celebrate*, III1
der Feiertag, -e *holiday*, I
fein *fine, exquisite*, II
das Fenster, - *window*, I
die Ferien (pl) *vacation (from school)*, II
die Ferienlektüre, -n *vacation reading*, III1
der Ferienort, -e *vacation spot*, III1
die Ferienreise, -n *vacation trip*, III1
die Ferienwoche, -n *week of vacation*, III2
die Fernbedienung, -en *remote control*, II
die Ferne *distance*, III1
ferner *further*, III5
Fernseh gucken *(colloquial) to watch TV*, II
der Fernseh- und Videowagen *TV and video cart*, II
das Fernsehen *the medium of television*, III3
fernsehen (sep) *to watch TV*, II
Fernsehen schauen *to watch TV*, I
der Fernseher, - *television set*, II
die Fernsehgebühren *television fees*, III7
das Fernsehgerät, -e *television set*, II
der Fernsehraum, ̈e *TV room*, II
der Fernsehsender, - *television station*, III6
die Ferse, -n *heel*, III1
fertig *finished*, III11
fertigen *to finish*, Loc10
das Fertiggericht, -e *frozen food*, III7
fesch *stylish, smart*, I
fest *firm*, III3
das Festland *mainland*, III1
festlich *festive*, III3
feststehen (sep) *to be certain*, III7; **Es steht fest, dass ...** *It's certain that ...*, III7
feststellen (sep) *to determine*, III3
die Festung, -en *fortress*, Loc4
die Fete, -n *party*, III4
fetenmäßig *partywise*, III3
fett *fat, greasy*, III5
das Fett: hat zu viel Fett *has too much fat*, II
die Fettucine (pl) *fettucine*, II
fetzig *really sharp (looking)*, II
das Feuer, - *fire*, III6
das Fieber, - *fever*, II
fiel *(imperfect of* fallen*)*, III4
fies *awful*, III5

die Figur, -en *figure, character*, III10
fiktiv *fictitious*, III8
der Filialbereich, -e *subsidiary region*, III11
das Filialunternehmen, - *subsidiary operation*, III11
der Film, -e *movie*, I; *roll of film*, II
filmen *to film, videotape*, II
finanziell *financially*, III12
finanzieren *to finance*, III7
die Finanzmetropole, -n *financial center*, Loc7
das Finanzzentrum, die Finanzzentren *financial center*, III7
finden *to think about*, I; **Das finde ich auch.** *I think so, too.*, I; **Ich finde es gut/schlecht, dass ...** *I think it's good/bad that ...*, I; **Ich finde den Pulli stark!** *The sweater is awesome!*, I
fing an *(imperfect of **anfangen**)*, III3
der Fingernagel, ̈ *finger nail*, III1
die Firma, (pl) Firmen *firm, business*, III5
der Fisch, -e *fish*, I
der Fischerhafen, ̈e *fishing harbor*, III1
das Fischstäbchen, - *fish stick*, II
s. fit halten *to stay fit*, II
die Fitness *fitness*, III3
der Fitnessraum, ̈e *training and weight room*, II
flach *flat*, II
die Fläche, -n *flat area, surface*, Loc1
flammen *to burn*, III5
die Flasche, -n *bottle*, III1
der Flaschenöffner, - *bottle opener*, III2
das Fleisch *meat*, I
fleißig *hard-working*, II
die Fliege, -n *bow tie*, II
fliegen *to fly*, III5
fließend *running (water)*, III3; *flowing*, III4
die Flinte, -n *shot-gun, musket*, III10
die Flitterwochen, (pl) *honeymoon*, III12
flogen *(imperfect of* fliegen*)*, III10
der Flug, ̈e *flight*, II
das Flugblatt, ̈er *pamphlet, flyer*, III2
der Flügel, - *wing*, III10
der Flughafen, ̈ *airport*, III8
der Flugplatz, ̈e *municipal airport*, III8
das Flugzeug, -e *airplane*, II
flüstern *to whisper*, III10
der Fluss, ̈e *river*, II
Föhn: Mama kriegt 'nen Föhn. *Mom's going crazy.*, III3
die Folge, -n *consequence*, III5
folgen (dat) *to follow*, III4
folgend- *following*, III1
die Folie, -n *foil*, III9
fördern *to encourage*, III2
die Förderung *promotion*, III9
die Forelle, -n *trout*, II
formen *to form*, III4
formulieren *to formulate*, III4
die Formulierung, -en *formulation*, III3

forschen *to research,* III7
der Forscher, - *researcher,* III9
die Forschung *research,* III7
fortgehen (sep) *to leave,* III1
Fortgeschrittene, -n *advanced (person),* II
der Fortschritt *progress,* III9
das Foto, -s *photo,* III11
das Fotoalbum, -alben *photo album,* III4
Fotograf(in), -en/nen *photographer,* III12
fotografieren *to photograph,* II
das Foyer, -s *lobby,* III10
der Frack, ̈e *tux with tails,* III10
die Frage, -n *question,* II; **Das kommt nicht in Frage!** *It's out of the question!,* III11
der Fragebogen, ̈ *questionnaire,* III9
fragen *to ask,* II
französisch (adj) *French,* II
die Frau, -en *woman; Ms.,* I
frech *fresh, insolent,* III5
frei *free,* III1; **Wir haben frei.** *We have off (from school).,* I
die Freiheit *freedom,* III7
die Freikarte, -n *free ticket,* III4
freilich *to be sure, quite so,* III9
der Freitag *Friday,* I
freitags *Fridays,* II
freiwillig *voluntary,* III5
die Freizeit *free time, leisure time,* I
die Freizeitbeschäftigung, -en *freetime activity,* II
die Freizeiteinrichtung, -en *leisure area,* III2
die Freizeitgestaltung *leisure planning,* III2
das Freizeitheim, -e *leisure center,* III4
fremd *foreign; other; strange,* III4
das Fremdenverkehrsamt, ̈er *tourist information,* Loc4
die Fremdsprache, -n *foreign language,* III8
das Freskogemälde, - *fresco painting,* Loc4
die Freude *happiness,* III4
s. freuen über (acc) *to be happy about,* II; **Ich freue mich, dass ...** *I am happy that...,* II; **s. freuen auf** (acc) *to look forward to,* II
der Freund, -e *friend,* I
die Freundesgruppe, -n *group of friends,* III4
der Freundeskreis, -e *circle of friends,* III4
freundlich *friendly,* II
die Freundlichkeit *friendliness,* III4
die Freundschaft, -en *friendship,* III4
der Frieden *peace,* III5
der Friedenspreis *Medal of Freedom,* Loc7
friedlich *peaceful,* II
friedliebend *peace-loving,* III8
frieren *to freeze,* III4
frisch *fresh,* III2

das Frischwasser *fresh water,* III9
Friseur/Friseuse, -e/n *hair stylist,* III12
die Frisur, -en *hair style,* III3
froh *happy,* II
fröhlich *happy,* III7
die Front *front, battle line*
fror (*imperfect of* frieren), III4
der Frosch, ̈e *frog,* III9
die Frucht, ̈e *fruit,* III3
fruchtbar *productive,* III5
früh *early,* III1
früher *earlier,* III5
der Frühjahrsmantel, ̈ *light coat,* III12
der Frühling *spring (season),* I
das Frühstück, -e *breakfast,* II
der Frust *frustration,* III6
frustrierend *frustrating,* III6
der Fuchs, ̈e *fox,* III6
s. fühlen *to feel,* II; **Ich fühle mich wohl!** *I feel great!,* II
fuhr (*imperfect of* **fahren**), III10
führen *to lead,* III12
der Führer, - *leader,* III5
der Führerschein, -e *driver's license,* II
die Führung *leadership,* III5
die Führungsposition, -en *position of leadership,* III11
die Fülle *abundance,* III6
füllen *to fill,* III4
funktionieren *to function,* III7
für (acc prep) *for,* I
die Furcht *fear, terror,* III10
furchtbar *terrible, awful,* I; **furchtbar gern haben** *to like a lot,* I
fürchten *to fear,* III9
fürs=für das, II
der Fürstbischof, ̈e *prince bishop,* Loc4
das Fürstentum, ̈er *principality,* III2
der Fuß, ̈e *foot,* II
Fußball *soccer,* I
das Fußballspiel, -e *soccer game,* III1
die Fußbremse, -n *foot brake,* II
der Fußgänger, - *pedestrian,* III4
die Fußgängerzone, -n *pedestrian zone,* III1
fußkrank sein *too lazy to walk,* III2
füttern *to feed,* I
futtern *to stuff oneself,* III2

G

gab (*imperfect of* **geben**), III6
gäbe=würde geben, III7
die Gabel, -n *fork,* III2
gähnen *to yawn,* III10
die Galerie, -n *gallery,* III10
die Gänsehaut *goose bumps,* III10
ganz *all, whole,* III1; **Ganz klar!** *Of course!,* I; **ganz wohl** *extremely well,* II; **Ganz meine**

Meinung. *I completely agree.,* III4; **Ganz bestimmt.** *Certainly,* III11
gar nicht gern haben *not to like at all,* I
die Garage, -n *garage,* II; **die Garage aufräumen** *to clean the garage,* II
die Garderobe, -n *coat check-room,* III10
gären *to ferment,* III5
der Garten, ̈ *garden, yard,* II
das Gartenhaus, ̈er *garden house,* III2
die Gärtnerei, -n *gardening, nursery,* III4
das Gas, -e *gas,* III9
die Gasmaske, -n *gas mask,* III9
die Gasse, -n *alley,* III1
der Gast, ̈e *guest,* III2
das Gästehaus, ̈er *hotel,* III2
die Gasteltern *host parents,* III1
der Gasthof, ̈e *restaurant, inn,* II
der Gastschüler, - *visiting student,* III1
der Gauner, - *cheat, rogue,* III10
geändert, *changed*
das Gebäude, - *building,* III9
geben *to give,* I; **er/sie gibt** *he/she gives,* I; **es gibt** *there is/are,* I; **Das gibt's doch nicht!** *There's just no way!,* II
gebeten *asked,* II
das Gebiet, -e *area,* III4
gebildet *educated,* III4
das Gebirge, - *mountains,* III8
geblieben *remained, stayed,* II
geblümt *flowery,* II
geboren *born,* III4
geboten *offered,* III10
gebracht *brought,* III1
gebraten *fried,* II
der Gebrauch, ̈e *custom,* III4; Gebrauch machen *to use,* III12
gebrauchen *to use,* III7
gebrochen *broken,* II
die Gebrüder (pl) *brothers,* III10
die Gebühr, -en *fee,* III7
gebunden an (acc) *connected with,* III2
das Geburtsdatum, -daten *birthdate,* III2
der Geburtstag, -e *birthday,* I; **Alles Gute zum Geburtstag!** *Best wishes on your birthday!,* I; **Herzlichen Glückwunsch zum Geburtstag!** *Best wishes on your birthday!,* I; **Ich habe am ... Geburtstag.** *My birthday is on...,* I
gedacht *thought,* III8
der Gedanke, -n *thought, idea,* III1
s. Gedanken machen über (acc) *to think about,* III3
gedehnt *extended,* III3
gedenken *to consider,* III12
die Gedenkstätte, -n *monument,* III2
das Gedicht, -e *poem,* III10
die Geduld *patience,* III10
geduldig *patient,* III8

geeignet *suitable*, III7
gefährdet *endangered*, III12
gefährlich *dangerous*, III9
gefallen *to like;* **Wie hat es dir gefallen?** *How did you like it?*, II
gefällig *agreeable*, III7
gefangen *captured*, III4
das Gefäß, -e *container (for liquid)*, Loc10
gefiel (*imperfect of* **gefallen**), III4
gefroren *frozen*, III11
das Gefühl, -e *feeling*, III7
gefühlslos *insensitive, without feelings*, III8
gefüllt: das gefüllte Ei, -er *deviled egg*, II
gefunden *found, discovered*, III1
gefüttert *padded*, II
gegangen *gone*, II
gegen (acc prep) *against*, III1
die Gegend, -en *area*, III2
gegenseitig *mutual(ly)*, III1
der Gegenstand, ⸚e *object*, Loc10
das Gegenteil, -e *opposite*, III5
gegenüber (dat prep) *across from*, II
gegenüberstehen (dat, sep) *to stand across from, oppose*, III6
die Gegenwart *present*, III10
gegenwärtig *current*, III3
gegessen *eaten*, II
gegrillt *grilled*, II
das Gehalt, ⸚er *salary*, III11
der Gehaltswunsch, ⸚e *desired income*, III11
geheim *secret*, III5
die Geheimkonferenz, -en *secret conference*, III5
das Geheimnis, -se *secret*, III9
der Geheimtipp, -s *secret tip*, II
gehen *to go*, I; **Das geht nicht.** *That won't work*, I; **Es geht.** *It's okay*, I; **Wie geht's (denn)?** *How are you?*, I; **Gehen wir mal auf den Golfplatz!** *Let's go to the golf course!*, II; gut gehen *to go well*, III3
gehoben *elevated*, III10
geholfen *helped*, II
gehören (dat) *to belong to*, III1
die Geige, -n *violin*, III10
geigen *to play the violin*, III10
Geigenbaumeister(in), -/nen *master violin maker*, III10
der Geiger, - *violinist*, III10
geil *great*, III3
geistern *to wander*, III3
die Geistesfreiheit *freedom of ideas*, III5
die Geistesgeschichte *history of thought*, III2
gekauft *bought*, I
gekleidet *dressed*, II
gelangen *to acquire*, III9
gelaunt: gut gelaunt *in a good mood*, II
gelb *yellow*, I
das Geld *money*, I

der Geldbeutel *wallet*, III9
der Geldschein, -e *bill*, III1
gelegen *appropriate*, III12
die Gelegenheit, -en *opportunity*, III6
gelesen (pp) *read*, I
gelingen (dat) *to succeed*, III6
gelten *to mean, count*, III7
gemacht *done*, I; **Was hast du am Wochenende gemacht?** *What did you do on the weekend?*, I
die Gemahlin *wife*, III6
das Gemälde, - *painting*, II
die Gemäldegalerie, -n *picture gallery*, Loc10
gemein *mean*, III9
die Gemeinde, -n *community*, III8
gemeinsam *in common; joint, together*, III2
die Gemeinsamkeit, -en *common interest*, III5
das Gemüse *vegetables*, I; **im Obst- und Gemüseladen** *at the produce store*, I
der Gemüseladen, ⸚ *produce store*, I
gemütlich *comfortable*, II
genannt *named*, III7
genau *exact(ly)*, III1
genau: Genau so ist es. *That's exactly right.*, III7
genauso *just so*, III3
der General, ⸚e *general*, III5
die Generation, -en *generation*, III3
generell *generally*, III7
genial *ingenious*, III5
das Genie, -s *genius*, III10
genießen *to enjoy*, III10
die Genitivform, -en *genitive form*, III4
genommen *taken*, III4
der Genosse, -n *comrade*, III5
genug *enough*, I
genügen *to be enough*, III2
genügend *enough*, II; **genügend schlafen** *to get enough sleep*, II
der Genuss, ⸚e *pleasure*, III1
die Genussmittelindustrie *industry producing luxury articles*, Loc10
die Geografie *geography*, III2
gepflegt *well cared-for, well-groomed*, III11
gepunktet *polka-dotted*, II
gerade *just*, III1; *straight*, II; **Das ist gerade passiert.** *It just happened.*, II
geradeaus *straight ahead*, III10
geradezu *outright*, III1
das Gerät, -e *appliance*, III6
geraten *to get into*, Loc1
geräuchert *smoked*, II
das Geräusch, -e *sound*, III10
geräuscharm *low-noise*, III7
das Gerede *talk*, III8
geregelt *ordered, fixed*, III11; *regulated*, III5
das Gericht, -e *meal, entrée*, III1
geringfügig *negligible, trivial*, III9
die Germanistik (sing) *German studies*, III11

gern (machen) *to like (to do)*, I; **gern haben** *to like*, I; **Gern geschehen!** *My pleasure!*, I; **besonders gern** *especially like*, I; **Gern! Hier ist es!** *Here! I insist!*, II
gesamt *entire, whole*, III6
die Gesamtbevölkerung *total population*, III8
der Gesangsverein, -e *choral society*, III10
die Gesäßtasche, -n *back pocket*, II
das Geschäft, -e *store; business*, I
der Geschäftsabschluss, ⸚e *business deal*, III1
die Geschäftsführerin, -nen *manager*, III7
geschehen *to happen*, III6
gescheit *smart, clever*, III4
das Geschenk, -e *gift*, I
die Geschenkidee, -n *gift idea*, I
die Geschichte *history*, I;
die Geschichte, -n *story*, III3
geschichtlich *historical*, III1
geschickt *skillful*, III6
das Geschirr *dishes*, I; **Geschirr spülen** *to wash the dishes*, I
das Geschlecht, -er *gender*, III2
geschlossen *closed*, III10
der Geschmack *taste*, III3
die Geschmackskraft *power of taste*, III7
geschmeidig *smooth*, III2
geschrieben *written*, II
die Geschwister (pl) *brothers and sisters*, I
geschwommen *swum*, II
gesehen (pp) *seen*, III1
der Geselle, -n *fellow*, III10
die Gesellschaft, -en *social group; society*, III3
das Gesetz, -e *law, by law*, III1
gesetzlich *legal*, III7
das Gesicht, -er *face*, III3
der Gesichtspunkt, -e *point of view*, II9
gespart *saved*, III1
gesponnen *spun*, III7
das Gespräch, -e *conversation*, III1
die Gesprächsfetzen (pl) *scraps of conversation*, III2
der Gesprächspartner, - *conversation partner*, III6
der Gesprächsstoff *topic, subject of conversation*, III6
gesprochen *spoken*, I; **Worüber habt ihr gesprochen?** *What did you talk about?*, I
die Gestalt, -en *figure, form*, III2
gestalten *to form, arrange*, III4
die Gestaltung *arrangement, formation*, III11
gestern *yesterday*, I; **gestern Abend** *yesterday evening*, I
gestiegen *climbed*, II
die Gestik *gestures*, III1
gestreift *striped*, II
gesund *healthy*, II

die **Gesundheit** *health*, II
　gesundheitsschädlich *injurious to health*, III7
　Gesundheitswissenschaftler(in),
　-/nen *nutritional scientist*, III12
　gesungen *sung*, III10
　gesunken *sunk*, III5
　getan *done*, III1
das **Getränk, -e** *drink*, II
der **Getränkemarkt, ̈e** *beverage shop*, III1
　getroffen *met*, III1
　getrunken *drunk*, III10
die **Gewalt** *violence*, III8
die Gewaltanwendung *use of force*, III5
das Gewand, ̈er *robe*, III2
das **Gewehr, -e** *gun, rifle*, III5
　gewesen *been*, II
　gewinnen *to win*, III5
　gewiss *certain(ly)*, III4
das **Gewitter, -** *storm*, I
　s. **gewöhnen an** (acc) *to get used to*, III7
die Gewohnheit, -en *habit*, III2
　gewöhnlich *usually*, II
das Gewölbe, - *archway, vault*, Loc10
　geworden *became*, II
　geworfen *thrown*, III9
　gewusst *known*, III1
　gezogen *pulled*, III7
　gichtig *arthritic*, III3
der Giebel, - *gable*, III1
　gießen *to water*, I
das **Gift, -e** *poison*, III9
　giftig *poisonous*, III9
　gigantisch *gigantic*, III3
　ging (*imperfect of* **gehen**), III4
　Gis *g-sharp*, III12
die **Gitarre, -n** *guitar*, I
　glänzen *to shine*, III10
　glänzend *sparkling*, III6
　glanzvoll *magnificent, glorious*, Loc7
die Glanzzeit *golden age*, Loc10
das **Glas, ̈er** *glass*, I; **ein Glas Apfelsaft** *a glass of apple juice*, I
　Glasbläser(in), -/nen *glas blower*, III12
　glatt *slick*, III9
die **Glatze, -n** *bald head*, I
der **Glaube** *religion*, III12
　glauben *to believe*, I; **Ich glaube nicht, dass ...** *I don't think that...*, II
　glaubhaft *believable*, III5
　gleich *immediately*, III4; *same*, III7
　gleichaltrig *of the same age*, III4
die **Gleichberechtigung** *equality (of rights)*, III5
　gleichen (dat) *to be equal to, be alike*, III3
　gleichfalls: Danke, gleichfalls! *Thank you and the same to you!*, II
　gleichgültig *no matter*, III5; *es ist gleichgültig geworden it no longer matters*, III12
das Gleichnis, -se *simile*, III10

　gleichzeitig *at the same time*, III3
das **Glied, -er** *limb*, III2
die **Gliederung, -en** *organizaton*, III4
die **Glotze, -n** *television, idiot box*, III6
das **Glück** *luck*, I; **So ein Glück!** *What luck!*, I; **Ein Glück, dass ...** *Lucky that ...*, III11; **Zum Glück habe ich ...** *Luckily I have ...*, III11
　glücklich *happy*, III7
das Goethehaus *(Goethe's birthplace)*, II
das **Gold** *gold*, III6
　goldgierig *lusting for gold*, III6
der Goldschmuck *gold jewelry*, III1
　Golf *golf*, I
der **Golfplatz, ̈e** *golf course*, II
　gotisch *Gothic*, Loc 1
der Gott, ̈er *God*, III11; **Gott sei Dank, dass ...** *Thank God that ...*, III11
der **Graben, ̈** *ditch*, III2
das **Grabmal, ̈er** *tomb*, Loc4
der **Grad** *degree(s)*, I; **zwei Grad** *two degrees*, I; **Wie viel Grad haben wir?** *What's the temperature?*, I
der Graf, -en *count*, III10
die **Grafik, -en** *illustration, grid*, III4
der Grafiker, - *graphic artist*, Loc1
das **Gramm** *gram*, I
der Grammatikfehler, - *grammar mistake*, III7
　grau *gray*, I; **in Grau** *in gray*, I
　grausam *cruel*, I
die Grenze, -n *border*, Loc1
　griechisch (adj) *Greek*, II
　griffbereit *handy*, III7
　groß *big*, I
　großartig *wonderful*, II
die **Größe, -n** *size*, I
die **Großeltern** (pl) *grandparents*, I
　größer *bigger*, II
　großgedruckt *in capital letters*, III6
　großgezogen *raised (a child)*, III7
die **Großmutter, ̈** *grandmother*, I
die **Großschachanlage, -n** *open-air chessboard with giant-sized pieces*, III2
die **Großstadt, ̈e** *big city*, II
der **Großvater, ̈** *grandfather*, I
　großziehen (sep) *to raise (a child)*, III7
　großzügig *generous*, III11
　grotesk *grotesque*, III10
　grün *green*, I; **in Grün** *in green*, I
der **Grund, ̈e** *reason*, III11
　gründen *to found*, III12
das **Grundgesetz** *basic law, constitution*, III5
　gründlich *thorough(ly)*, III6
der Grundsatz, ̈e *principle*, III9
die Grundschule, -n *grade school*, III4
der Grundstein, - *corner stone*, Loc1
der Grundwehrdienst *basic military training*, III5
die **Gruppe, -n** *group*, I
　gruppieren *to group*, III8
die **Gruppierung, -en** *grouping*, III8

die **Gruselgeschichte, -n** *horror story*, III10
der **Gruselroman, -e** *horror novel*, I
der **Gruß, ̈e** *greeting*, III12
　grüßen *to greet* III4; **Grüß dich!** *Hi!*, I
　gucken *to look*, II; **Guck mal!** *Look!*, II; **Fernseh gucken** *to watch TV* (colloquial), II
　gülden (poetic) *golden*, III2
der **Gummihandschuh, -e** *rubber glove*, III3
die **Gummihülle, -n** *rubber covering*, III11
　günstig *favorable*, III2
die **Gurke, -n** *cucumber*, II; **die saure Gurke** *pickle*, III1
der **Gürtel, -** *belt*, I
　gut *good*, I; **gut gelaunt** *good-tempered*, II; **Gut! Mach ich!** *Okay, I'll do that!*, I; **gut sein: Ist dir nicht gut?** *Are you not feeling well?*, II
　gutmütig *good-natured*, III8
　Gymnasiast(in), -en/nen *student in Gymnasium*, III3
das **Gymnasium, (pl) Gymnasien** *(German academic) high school*, III6
die **Gymnastik** *exercise, calisthenics*, II; **Gymnastik machen** *to exercise*, II
das **Gyros** *gyros*, I

das **Haar, -e** *hair*, I
das **Haarwachs** *hair wax*, III3
　haben *to have*, I; **er/sie hat** *he/she has*, I; **Haben Sie das auch in Rot?** *Do you also have that in red?*, I
das **Hackfleisch** *ground meat*, I
der **Hafen, ̈** *harbor*, III1
das **Hähnchen, -** *chicken*, I
　halb *half*, I; **halb (eins, zwei, usw.)** *half past (twelve, one, etc.)*, I
　halblang: Macht halblang! *Don't exaggerate!*, III1
die **Hälfte, -n** *half*, III1
die **Halle, -n** *hall*, II
das **Hallenbad, ̈er** *indoor pool*, II
　Hallo! *Hi! Hello!*, I
der **Hals, ̈e** *throat*, II
das Halsband, ̈er *necklace*, III7
die **Halskette, -n** *necklace*, II
die **Halsschmerzen** (pl) *sore throat*, II
das Halstuch, ̈er *kerchief*, III12
　halt (particle), I; **Die Kleinstadt gefällt mir gut, weil es da halt ruhiger ist.** *I like a small town because it's just quieter there.*, II

Halt machen   (sep) to stop, III9
halten   to stop, hold, III1; **halten**
   für   to consider as, III5; **s. fit**
   halten   to keep fit, II; **halten von**
   to think of, III3
die Haltestelle, -n   (bus) stop, III2
die Hand, ¨e   hand, II
die Handbewegung, -en   hand
   movement, III11
die Handbremse, -n   emergency
   brake, II
die Handcreme   hand cream, II
   s.handeln um   to be about, III10
   handeln von   to deal with, be about,
   III5
das Handgelenk, -e   wrist, III1
   handgeschrieben   handwritten,
   III11
die Handlung, -en   plot, III10
die Handlungsbereitschaft   readiness to
   act, III9
der Handlungsraum ¨e   setting, III8
die Handtasche, -n   handbag, II
das Handy, -s   cell phone, I
   hängen   to hang, III4
die Hansestadt, ¨e   Hanseatic city, III1
die Harfe, -n   harp, III10
   harmlos   harmless, III3
   hart   hard, tough, III7
der Hase, -n   rabbit, III6
das Hasenfleisch   rabbit meat, III1
die Haspel, -n   reel, III7
   hassen   to hate, III5
   hässlich   ugly, I
   hätte: Ich hätte gern ...   I would
   like..., II
   häufig   frequent(ly), III9
   hauptberuflich   as a main
   profession, III11
die Hauptfigur, -en   main character,
   III8
der Hauptgedanke, -n   main idea, III3
das Hauptgericht, -e   main dish, II
   das Hauptmerkmal, -e   main
   characteristic, III4
der Hauptpunkt, -e   main point, III3
   hauptsächlich   mainly, III3
der Hauptschulabschluss   degree (from
   a Hauptschule), III4
die Hauptstadt, ¨e   capital, I
die Hauptstraße, -n   main street, II
   das Hauptthema, -themen   main
   theme, III1
   das Hauptziel, -e   main objective, III9
das Haus, ¨er   house, II; **zu Hause**
   bleiben   to stay at home, II
die Hausarbeit, -en   housework, III11
der Hausarrest   house arrest, III12
die Hausaufgaben   (pl)   homework, I;
   Hausaufgaben machen   to do
   homework, I
das Häuschen, -   small house, III12
   hauseigen   belonging to the house,
   in-house, III2
der Haushalt, -e   household, III3
der Hausmeister, -   janitor, III9
der Hausmüll   garbage, III9

die Hausmusik   house music, III10
das Haustier, -e   pet, I
das Haustor, -e   gate, III1
die Haut, ¨e   skin, II
der Hautkrebs   skin cancer, III9
   hautnah   very close, III2
   heben   to lift, III3
das Heer   army
das Heft, -e   notebook, I
   heil   whole, perfect, III7
der **Heilbutt**   halibut, II
   heilig   holy, Loc7
   heim   home, III3
die Heimat   home, Loc1; homeland, III5
der Heimatort, -e   native place, III1
   heiraten   to marry, III5
   heiter   cheerful, III10
   heiß   hot, I
   heißen   to be called, I; **er heißt**   his
   name is, I
der Held, -en   hero, III7
   helfen   (dat)   to help, I
   hell   bright, II
   hellgrau   light gray, III12
das Hemd, -en   shirt, I
der Hemdknopf, ¨e   shirt button, III4
der Hemdkragen, -   shirt collar, III4
   heranwachsen (sep)   to grow up,
   III12
   heraus   out, III1
   herausbringen (sep)   to publish,
   III6
   herausfinden (sep)   to find out, III8
   herausgeben (sep)   to publish, III6
   herauskommen   to come out, III5
   herausnehmen (sep)   to take out, II
   heraussuchen (sep)   to pick out,
   select, III1
die Herberge, -n   hostel, III2
   herbfrisch   tangy fresh, III7
der **Herbst**   fall (season), I; **im Herbst**
   in the fall, I
der **Herd, -e**   stove, I
   hereingebeten   asked in, III8
   hereintrat (imperfect of
   hereintreten), III7
   hereintreten (sep)   to enter, III7
   hergehen: hin- und hergehen   to go
   back and forth, III3
der **Herr**   Mr., I
der Herrgott   God, III8
   herrlich   fantastic, III5
   herstellen (sep)   to produce, III9
der Hersteller, -   manufacturer, III7
die Herstellung, -en   production, III9
   herum   around; about, III3
   herumblättern (sep)   to leaf
   through (a newspaper), III3
   herumirren   to wander around,
   III12
   herumlaufen (sep)   to run around,
   III4
   herumreisen (sep)   to travel
   around, III11
   s. herumsprechen   to get around, III7
   herunter   down, III11
   hervor   out of, III10

   hervorrufen   give rise to, III5
das Herz, -en   heart, III7
   herzhaft   hearty, II
das Herzklopfen   pounding heart, III10
   herzlich   heartfelt, III8; **Herzlichen**
   Glückwunsch zum Geburtstag!
   Best wishes on your birthday!, I
der Herzog, ¨e   duke, Loc4
   hetzen   to chase, harass, III5
   heute   today, I; **heute Morgen**   this
   morning, I; **heute Nachmittag**
   this afternoon, I; **heute Abend**
   tonight, this evening, I
   heutig   of today, today's, III3
   heutzutage   nowadays, III5
   hielt (imperfect of halten), III7
   hier   here, I; **Hier bei ...**   The ...
   residence., I; **Hier ist ...**   This is..., I
   hiermit   with this, herewith, III12
   hieß (imperfect of **heißen**), III3
   hierzulande   around here, III8
die Hilfe, -n   help, III5
   hilfreich   helpful, III8
der Hilfsarbeiter, -   unskilled worker, III4
   hilfsbereit   helpful, cooperative, III8
die Himbeermarmelade, -n   raspberry
   marmalade, II
   hin   to, III2
   hinaufbegleiten (sep)   to take up,
   upstairs, III10
   hinaus   out, III10
   hinauslachen (sep)   to laugh at,
   III10
   hingefallen   fallen, III1
   hingehen (sep)   to go to, III4
   s. hinlegen (sep)   to lie down, III3
   hinrichten (sep)   to execute, III5
   s. hinsetzen (sep)   to sit down, III4
   Hinsicht: in dieser Hinsicht   as far
   as that goes, III5
   hinten   at the back, II; **da hinten**
   there in the back, I
der **Hintergrund, ¨e**   background,
   III6
   hinterlassen   to leave behind, III9
   hinüberschreiten (sep)   to walk
   across, III10
   hinüberschritt (imperfect of
   hinüberschreiten), III10
   hinunterstampfen (sep)   to stomp
   downstairs, III1
   hinwegströmen (sep)   to flow away,
   III5
   hinzufügen (sep)   to add to, III6
   historisch   historical, III10
   hob (imperfect of **heben**), III4
das Hobby, -s   hobby, II
   hoch   high, III4
   hochgezogen   pulled up, III10
   hochhinaufragend   reaching high
   up, III1
   hochkämmen (sep)   to comb up,
   III10
die Hochschule, -n   university, III3
   höchst   highest, greatest, III8
die Hochzeit, -en   wedding, III6
   hoffen   to hope, II

Hoffentlich ... *Hopefully...*, II; **Hoffentlich geht es dir bald besser!** *I hope you'll get better soon.*, II
die **Hoffnung, -en** *hope*, III11
die **Hofkirche, -n** *church of the royal court*, Loc10
höflich *polite*, III8
hoh- *high*, III1
die **Höhenzüge (pl)** *hills*, III2
der **Höhepunkt, -e** *climax, peak*, III5
hohl *hollow, empty*, III3
holen *to get, fetch*, I
Holland *Holland*, III1
das **Holz** *wood*, I; **aus Holz** *out of wood*, I
homogen *homogenous*, III4
der **Honig** *honey*, III1
hören: Hör mal zu! *Listen to this!*, II; **Hör mal!** *Listen!*, II; **Musik hören** *to listen to music*, I; **Hör gut zu!** *Listen carefully.*, I
der **Hörer, -** *listener; receiver*, I; **den Hörer abheben** *to pick up the receiver*, I; **den Hörer auflegen** *to hang up (the telephone)*, I
der **Höreranruf, -e** *call from a listener*, III3
der **Hörfunk** *radio*, III6
der **Horizont** *horizon*, III11
der **Horrorfilm, -e** *horror movie*, I
der **Hörsturz** *hearing failure*, III3
die **Hose, -n** *pants*, I
das **Hotel, -s** *hotel*, II
hübsch *pretty, handsome*, III3
die **Hüfte, -n** *hip*, II
das **Huhn, ¨er** *chicken*, II
das **Hühnerfleisch** *chicken meat*, III3
der **Hummer, -** *lobster*, II
humorlos *humorless*, III8
humorvoll *humorous*, III11
der **Hund, -e** *dog*, I
der **Hundertmarkschein** *hundred mark bill*, III1
der **Hunger** *hunger*, I; **Ich habe Hunger.** *I am hungry*, II
das **Hungergefühl, -e** *hungry feeling*, III1
hungrig *hungry*, III9
hupen *to honk the horn*, II
hüpfen *to hop, jump*, III7
der **Hürdenlauf, ¨e** *hurdling*, II
der **Husten** *cough*, II
der **Hut, ¨e** *hat*, II

I

ich *I*, I; **Ich auch.** *Me too.*, I; **Ich nicht.** *I don't.*, I
ideal *ideal*, III4
die **Idee, -n** *idea*, II; **Gute Idee!** *Good idea!*, II; **Hast du eine Idee?** *Do you have an idea?*, II

der **Ideenbaum** *tree of ideas*, III3
identifizieren *to identify*, III1
die **Ideologie, -n** *ideology*, III3
ihm *to, for him*, I
ihn *it, him*, I
ihnen *to them*, II
Ihnen (formal) *to you*, II
ihr (poss adj) *her, their*, I; *to, for her*, I; (pl) *you*, I
Ihr (poss adj, formal, pl, sing) *your*, II
die **Illustration, -en** *illustration*, III1
illustrieren *to illustrate*, III2
im=in dem; im Frühling *in the spring*, I; **im Januar** *in January*, I; **(einmal) im Monat** *(once) a month*, I
die **Image-Werbung, -en** *image advertisement*, III7
die **Imbissstube, -n** *snack bar*, II
imitieren *to imitate*, III7
immer *always*, I
immerhin *nevertheless, at least*, III5
die **Improvisation** *improvisation*, III11
in (acc, dat prep) *into, in*, II; **in Blau** *in blue*, I; **in der (Basketball) Mannschaft** *on the (basketball) team*, II; **in die Apotheke gehen** *to go to the pharmacy*, II
indem (conj) *in that*, III8
indisch (adj) *(Asian) Indian*, II
die **Industrie, -n** *industry*, III9
die **Industrieabgase** *industrial emissios*, III9
Industriedesigner(in), -/nen *industrial designer*, III12
die **Informatik** *computer science*, III11
die **Informatik** *computer science*, I
die **Information, -en** *information*, III2
informativ *informative*, III7
s. informieren *to inform oneself*, III2
Ingenieur(in), -e/nen *engineer*, III11
das **Ingenieurwesen** *engineering*, III11
der **Inhalt** *content*, III11
die **Inhaltsangabe, -n** *table of contents*, III6
die **Initiative, -n** *initiative*, III12
inkorrekt *incorrect*, III7
der **Inländer, -** *native* III8
die **Innenstadt, ¨e** *downtown*, II
inner *interior*, III2
die **Innereien** (pl) *innards*, III1
innerhalb (gen prep) *within, on the inside*, III10
innerlich *on the inside*, III3
insbesondere *particularly*, III8
die **Insel, -n** *island*, II
insgesamt *altogether*, III11
das **Institut, -e** *institute* III7
die **Institution, -en** *institution*, III1
das **Instrument, -e** *instrument*, I
intakt *intact*, III8
intelligent *intelligent*, II
die **Intensität** *intensity*, III8
interessant *interesting*, III1

das **Interesse, -n** *interest*, I; **Hast du andere Interessen?** *Do you have any other interests?*, I; **Ich habe kein Interesse an Mode.** *I am not interested in fashion.*, II
s. interessieren für *to be interested in*, II; **Interessierst du dich für Mode?** *Are you interested in fashion?*, II
interessiert sein an (dat) *to be interested in*, III11
international *international*, III2
das **Internet** *internet*, I
der **Internist, en** *internist*, III3
das **Interrogativ** *interrogative*, III10
interviewen *to interview*, III4
inzwischen *in the meantime*, III10
irgend- *some-*, III7
ironisch *ironic*, III2
s. irren *to be mistaken*, III5
der **Irrtum, ¨er** *error, misunderstanding*, III12
irrtümlich *erroneous(ly), mistaken(ly)*, III12
isoliert *isolated*, III4
ist: sie ist aus ... *she's from...*, I; **Ist was mit dir?** *Is something wrong?*, II
italienisch (adj) *Italian*, II

ja *yes*, I; **Ja klar!** *Of course!*, I; **Das ist ja unglaublich!** *That's really unbelievable!*, II; **Ja, kann sein, aber ...** *Yes, maybe, but...*, II; **Ja, natürlich!** *Certainly!*, II; *Yes, of course!*, II; **Ja, schon, aber ...** *Well yes, but...*, II; **Ja? Was denn?** *Okay, what is it?*, II
die **Jacke, -n** *jacket*, I
das **Jackenfutter** *jacket lining*, III11
das **Jahr, -e** *year*, I; **Ich bin ... Jahre alt.** *I am... years old.*, I
jahrelang *for years*, Loc1
jähren: das jährt sich *it's been a year (ago) since*, III2
die **Jahreszeit, -en** *season*, III10
das **Jahrhundert, -e** *century*, II; **aus dem 17. Jahrhundert** *from the 17th century*, II
jahrhundertealt *centuries old*, III1
jährig *year-old*, III3
jährlich *yearly, annual*, Loc4
der **Jahrmarkt, ¨e** *annual fair* III10
jammern *to mourn, lament*, III7
der **Januar** *January*, I; **im Januar** *in January*, I
Japanisch (das) *Japanese*, III12
die **Jazzgruppe, -n** *jazz group*, III10
je *each, every*, III1; **je ... desto** *the more ... the*, III7

die **Jeans** (mostly sing) *jeans*, I
die **Jeansweste, -n** *jeans vest*, II
   jed- *every*, II; **jede Woche** *every week*, II; **jeden Tag** *every day*, I
   jedenfalls *in any case*, III8
   jedermann *everyone*, III10
   jedoch *however, nevertheless*, III1
   jemals *ever*, III7
   jemand *someone, somebody*, III3
   jener *that one*, III5
   jetzig *present, current*, III8
   jetzt *at present, now*, I
   jeweils *in each case, respectively*, III2
der **Job, -s** *job*, II
   jobben *to have a job*, III11
   joggen *to jog*, I
der **Jogging-Anzug, ⸚e** *jogging suit*, I
das **Joghurt, -s** (or **der**) *yogurt*, II
der Journalismus *journalism*, III6
   Journalist(in) -en/nen *journalist*, III11
   jubeln *to rejoice*, III10
die Jugend *youth*, III3
das Jugendgästehaus, ⸚er *youth hostel* III2
das Jugendheim *youth center*, III4
die **Jugendherberge, -n** *youth hostel*, II
der Jugendherbergsausweis, -e *youth hostel I.D.*, III2
   Jugendliche, -n *teenager*, III8
der Jugendpsychologe, -n *psychologist for young people*, III12
die Jugendsprache *youth language*, III3
die Jugendzeitschrift, -en *teen magazine*, III1
der **Juli** *July*, I
   jung *young*, II
der **Junge, -n** *boy*, I
   jünger *younger*, II
die Jungfer, -n *maiden* III7
der **Juni** *June*, I
der Junker, - *(young) nobleman, Junker*, Loc 1
   Jura *law*, III11
das Jurastudium *study of law*, III12

der Kabelanschluss, ⸚e *cable connection*, III6
der Käfer, - *bug, beetle*, III6
der **Kaffee** *coffee*, I
die Kaffeemühle, -n *coffee grinder*, III12
   kahl *bald*, III11
die Kaiserkrönung, -en *coronation of an emperor*, Loc7
der Kaisersaal *imperial banquet hall*, Loc4
der **Kakao** *chocolate milk*, II
der Kalauer *dumb joke*, III7
der **Kalender, -** *calendar*, I

die Kalkleisten (pl) *(ironic) parents*, III3
   kalt (adj) *cold*, I
die Kälte, -n *cold, coldness*, III11
   kam *(imperfect of* **kommen***)*, III4
die **Kamera, -s** *camera*, II
die Kameradschaft *comradeship*, III5
   kameradschaftlich *friendly*, III8
der Kaminabend. -e *evening by the fireplace*, III2
der **Kaminraum, ⸚e** *room with open fireplace*, III2
  s. kämmen *to comb one's hair*, II
die Kammer, -n *chamber*, III7
die Kampagne, -n *campaign*, III7
der **Kampf, ⸚e** *struggle, battle* III5
   kämpfen *to fight*, III5
der Kampfpanzer, - *battle tank*, III5
der Kandidat, -en *candidate*, III5
   kannten *(imperfect of* **kennen***)*, III10
der Kantor, -en *choirmaster, organist*, Loc1
der Kanzler, - *chancellor*, III9
das Kapitel, - *chapter*, III1
die Kappe, -n *cap*, III9
das **Käppi, -s** *(baseball) cap*, II
   kaputt *ruined, broken*, I
   kaputtgehen (sep) *to go to pieces*, III11
die **Kapuze, -n** *hood*, II
   kariert *checked*, II
das **Karo, -s** *(pattern) check, diamond*, II
der **Karpfen, -** *carp*, II
die **Karriere, -n** *career*, III11
die **Karte, -n** *card; ticket*, I
die Karteikarte, -n *index cards*, III9
die **Kartoffel, -n** *potato*, I
der **Käse, -** *cheese*, I
das **Käsebrot, -e** *cheese sandwich*, I
die Kaserne, -n *barracks*, III5
die Kasse, -n *cash register*, III9
die **Kassette, -n** *cassette*, I
die Kassiererin, -nen *cashier*, III9
der Kasten, - *box*, III2
der Katalysator, -en *catalytic converter*, III9
das **Katauto, -s** *car with emission control*, III9
die Kategorie, -n *category*, III1
die **Katze, -n** *cat*, I
   kauen *to chew*, III8
der Kauf, ⸚e *purchase*, III5
   kaufen *to buy*, I
der Käufer, - *buyer*, III7
die **Kauffrau, -en** *saleswoman*, III11
das Kaufhaus, ⸚er *department store*, III4
der **Kaufmann,** (pl) **Kaufleute** *salesman*, III11
das Kaufmannshaus, ⸚er *commercial building*, III1
der **Kaufreiz** *temptation to buy*, III7
der **Kaugummi** *chewing gum*, III8
   kaum *barely, hardly*, II
   kein *no, none, not any*, I; **Ich habe keine Zeit.** *I don't have time.*, I;

Ich habe keinen Hunger mehr. *I'm not hungry any more.*, I; **Keine Ahnung!** *I have no idea!*, I
der **Keks, -e** *cookie*, I
der **Keller, -** *cellar*, III2
der **Kellner, -** *waiter*, III2
   keltisch *celtic*, Loc4
   kennen *to know, be familiar or acquainted with*, I
   kennen lernen *to get to know*, III2
die **Kenntnis, -se** *knowledge*, III10
der **Kerl, -e** *fellow*, III7
die **Kette, -n** *chain*, III11
der **Kiefer, -** *jaw*, III1
das **Kilo=Kilogramm, -** *kilogram*, I
   kilometerweit *for kilometers*, III9
das **Kind, -er** *child*, II
   kinderlieb *fond of children*, III8
das Kinderlied, -er *children's song*, III2
das **Kino, -s** *cinema*, I; **ins Kino gehen** *to go to the movies*, I
die **Kirche, -n** *church*, I
die **Kirsche, -n** *cherry*, II
   klagen *to lament*, III3
die **Klammer, -n** *parenthesis*, III6
die **Klamotten** (pl) *(casual term for) clothes*, I
der **Klang, ⸚e** *sound, ring*, III10
   klappen: *es klappt it works*, III4
   klappern *to rattle, clatter*, III11
   Klar! *Of course!*, III7
   klar werden *to become clear*, III9
   klären *to clarify*, III10
die Klarheit *clarity*, III6
   klarstellen (sep) *to make clear*, III7
   Klasse! *Great!; Terrific!*, I
die **Klasse, -n** *grade level*, I; *class*, II
der **Klassenausflug, ⸚e** *class trip*, III10
   Klassenkamerad(in), -en/nen *classmate*, III1
der **Klassenlehrer, -** *teacher*, III10
die **Klassenliste, -n** *class roster*, III11
die **Klassenreise, -n** *school trip*, III2
der **Klassensprecher, -** *class representative*, III6
die **Klassenumfrage, -n** *class survey*, III6
das **Klassenzimmer, -** *classroom*, III9
die Klassik *classical period*, III2
die Klassikermetropole *capital of the classicists*, III2
   klassisch *classic(al)*, I
   klatschen *to applaud*, III10
das **Klavier, -e** *piano*, I; **Ich spiele Klavier.** *I play the piano.*, I
der Klavierstimmer, - *piano tuner*, III12
   kleben *to glue, stick*, III2
das **Kleid, -er** *dress*, I
  s. kleiden *to dress, get dressed*, III3
die **Kleider** (pl) *clothes*, III3
die Kleiderfrage, -n *question of what to wear*, III10
die **Kleidung** *clothing*, III3
   klein *small*, I
die **Kleinstadt, ⸚e** *town*, II

die **Klimaanlage, -n** *air conditioning*, II
die Klimaveränderung *climatic change*, III9
klingeln *to ring*, III4
das Klingelzeichen, - *reminder bell*, III10
klingen *to sound*, III11
die Klinik, -en *clinic*, III1
die Klinke, -n *door handle*, III1
die Klippe, -n *cliff*, II
das Klischee, -s *cliché*, III8
das Klischeebild, -er *clichéd image*, III8
die Klischeevorstellung, -en *clichéd image, impression*, III8
klopfen *to knock, pound*, III2
die Klosteranlage, -n *monastery grounds*, III1
der Kloß, ̈e *dumpling*, II
klug *intelligent*, III6
der Knabe, -n *(small) boy*, III2
knapp *scarce(ly)*, III1
die Knebelung *gagging*, III5
kneten *to knead*, III3
das Knie, - *knee*, II
die Kniescheibe, -n *knee cap*, III1
knistern *to rustle, crackle*, III10
der Knoblauch *garlic*, II
der Knöchel, - *ankle*, II
der Knödel, - *dumpling*, III8
der Knopf, ̈e *button*, II
Koch/Köchin, ̈e/nen *chef*, III12
kochen *to cook*, II
der Koffer, - *suitcase*, III12
der Kofferraumdeckel, - *trunk lid*, II
der Kohlenwasserstoff *hydrocarbon*, III9
der Koks *degassified coal, coke*, III2
die Kollegstufe *(last three years at a Gymnasium)*, III4
der Kollektor, -en *collector*, III9
die Kombination, -en *combination*, III3
kombinieren *to combine*, III7
komisch *funny; strange*, III6
kommandieren *to command*, III5
kommen *to come*, I; **er kommt aus** *he's from*, I; **Komm doch mit!** *Why don't you come along?*, I; **Wie komme ich zum (zur) ... ?** *How do I get to...?*, I
der Kommentar, -e *commentary*, III6
kommerziell *commercial*, III2
der Kommilitone, -n *fellow-student (university)*, III5
die Kommilitonin, -nen *fellow-student (university)*, III5
Kommunikationselektroniker(in), -/nen *communications engineer*, III12
die Komödie, -n *comedy*, I
der Komponist, -en *composer*, Loc1
der Konflikt, -e *conflict*, III12
der König, -e *king*, III6
die Königin, -nen *queen*, III10
das Königreich, -e *kingdom*, III6
die Königsloge *royal box (theater)*, III10

die Konjunktion, -en *conjunction*, III4
konkret *concrete*, III9
die Konkurrenz *competition*, III1
können *to be able to*, I; **Kann ich bitte Andrea sprechen?** *Could I please speak with Andrea?*, I
könnte *could*, III5
konservativ *conservative*, II
der Konsum *consumption*, III6
der Konsument, -en *consumer*, III7
der Kontakt, -e *contact*, III4
die Kontaktlinse, -n *contact lense*, III5
die Kontrolle, -n *control*, III9
kontrollieren *to control, check*, III7
die Konzentrationsfähigkeit *ability to concentrate*, III3
konzentrieren *to concentrate*, III10
das Konzert, -e *concert*, I; **ins Konzert gehen** *to go to a concert*, I
das Konzertabonnement, -s *concert subscription*, III10
die Konzerthalle, -n *concert hall*, III10
der Kopf, ̈e *head*, II; **den Kopf in den Sand stecken** *to hide one's head in the sand*, III12
der Kopfhörer, - *headphones*, II
der Kopfhöreranschluss, ̈e *headphone outlet*, II
die Kopfschmerzen (pl) *headache*, II
das Kopftuch, ̈er *head scarf*, III4
das Kopfweh *headache*, III1
die Kopie, -n *copy*, III11
der Korb, ̈e *basket*, III9
körperlich *physical(ly)*, III1
der Körperteil, -e *part of the body*, III1
korrekt *correct, proper*, III3
die Korrektur, -en *correction*, III3
korrigieren *to correct*, III1
kostbar *precious, valuable*, III5
die Kosten (pl) *costs*, III9
kosten *to cost*, I; *to taste*, II
köstlich *delicious, charming*, III7
die Köstlichkeit, -en *delicacy*, II
das Kostüm, -e *costume*, III12
kotzen *to vomit*, III2
die Krabbe, -n *crab*, II
der Krach *quarrel*, III4
kräftig *strong*, III7
Kraft: in Kraft treten *to become effective*
das Krafttraining *weight lifting*, III3
kraftvoll *powerful, vigorous*, III10
krank *sick*, II
das Krankenhaus, ̈er *hospital*, III4
der Krankenpfleger, - *male nurse*, III4
die Krankenschwester, -n *female nurse*, III11
die Krankheit, -en *illness, disease*, III11
die Krawatte, -n *tie*, II
kreativ *creative*, III7
der Kredit, -e *credit*, III5
kreieren *to create*, III7
der Kreis, -e *circle; district*, III2
das Kreuz, -e *lower back*, III5
die Kreuzung, -en *crossing, junction*, III4

kribbeln *to tickle*, III11
der Krieg, -e *war*, II
kriegen *to get, receive*, III3
der Kriegsfilm, -e *war movie*, I
der Krimi, -s *detective movie*, I; *detective novel*, I
die Kritik, -en *criticism, critique*, III6
kritiklos *uncritical*, III7
kritisch *critical*, III3
kritisieren *to criticize*, III3
die Kroatienhilfe *support for Croatia*, III12
die Kroketten (pl) *potato croquettes*, II
der Krokus, -se *crocus*, III11
die Krone, -n *crown*, III1
der Kronleuchter, - *chandelier*, III10
die Krönungsfeierlichkeit, -en *coronation festivity*, Loc7
die Küche, -n *kitchen*, I; *cuisine*, II
der Kuchen, - *cake*, I
das Küchenfenster, - *kitchen window*, III1
das Kugelstoßen *shot put*, II
kühl *cool*, I
die Kühlbox, -en *cooler*, III2
der Kühlschrank, ̈e *refrigerator*, I
kühn *bold, brave*, III7
der Kuli, -s *ballpoint pen*, I
der Kultfilm, -e *cult film*, III10
die Kultur, -en *culture*, Loc1
kulturbedingt *having to do with the culture*, III4
der Kulturbeobachter, - *observer of the cultural scene*, III10
kulturell *cultural*, III2
der Kulturkalender, - *calendar of cultural events*, III10
der Kulturmuffel *a person who ignores cultural events*, III2
der Kulturschock *culture shock*, III10
das Kulturspiel, -e *cultural event*, III10
die Kulturstadt, ̈e *city of great cultural significance*, III2
die Kulturstätte, -n *cultural sight*, Loc1
die Kulturszene *culture scene, art scene*, III2
der Kummerbund, -e *cummerbund*, II
der Kummerkasten *grief column (in a newspaper)*, III12
s. kümmern um *to be concerned about*, III6
der Kumpel, - *buddy*, III4
künden *to tell (of), herald*, III1
künftig *future, next*, III5
die Kunst, ̈e *art*, I
die Kunstausstellung, -en *art exhibition*, Loc1
der Kunstdünger, - *artificial fertilizer*, III9
Künstler(in), -/nen *artist*, III10
künstlerisch *artistic*, III6
künstlich *artificial*, III8
die Kunstsammlung, -en *art collection*, Loc10
der Kunststoff, -e: aus Kunststoff *made of plastic*, I

der Kurfürst, -en *elector (of a king),* Loc10
kurios *strange,* III5
der Kurs, -e *course,* III11
die Kurve, -n *curve,* II
kurz *short,* I
der Kurzbericht, -e *brief report,* III3
kurzfristig *on short notice,* III5
kürzlich *recently,* III9
die Kusine, -n *cousin (female),* I
die Küste, -n *coast,* II

lächeln *to smile,* III4
lachen *to laugh,* III2
lächerlich *ridiculous,* III6
der Lachs, -e *salmon,* II
der Lackschuh, -e *patent leather shoe,* II
der Laden, ⸚ *store,* I
lag (*imperfect of* liegen), Loc1
die Lage, -n *setting, place,* III2
das Lammfleisch *lamb,* II
die Lampe, -n *lamp,* I
das Land, ⸚er *country,* I; **auf dem Land** *in the country,* I
landen *to land,* III10
die Landkarte, -n *map of the country,* III1
die Landschaft, -en *countryside,* III1
die Landschaftsmalerei *landscape painting,* III1
die Landsleute (pl) *compatriots,* III8
lang *long,* I
die Länge, -n *length,* III7
langen *to reach,* III11; **es langt** *that's enough,* III2
langsam *slow(ly),* II
längst *long ago, since,* III4
der Langstreckenlauf, ⸚e *long distance run,* II
langt: das langt *that's enough,* III2
s. langweilen *to be bored,* II
langweilig *boring,* I
der Lappen, - (coll) *money,* III3
der Lärm *noise,* II
las (*imperfect of* lesen), III6
lassen *to let, allow,* II; **er/sie lässt** *he/she lets,* II; **Lass mich mal ...** *Let me...,* II
lässig *casual,* I
der Laster, - *truck,* III5
der Lastkraftwagen (Lkw), - *truck,* II
der Lastwagen, - *truck,* III9
Latein *Latin,* I
der Lateinmuffel, - *a person who does not like Latin,* III12
die Latzhose, -n *bib pants,* III3
der Lauf, ⸚e *run,* II; **der 100-Meter-Lauf** *the 100-meter dash,* II

laufen *to run,* II; **er/sie läuft** *he/she runs,* II; **Was läuft im Fernsehen?** *What's on TV?,* II
die Laune *mood,* III3
laut *loud,* III8
lauten *to sound, read,* III3
läuten *to ring,* III4
lauter: vor lauter ... *because of pure...,* III5
lautlos *soundless, silent,* III2
der Lautstärkeregler, - *volume control,* II
das Leben *life,* II
lebendig *lively,* III7
die Lebensaufgabe, -n *life-work,* III1
die Lebensfreude *joy of living,* III3
die Lebensgewohnheit, -en *lifelong habit,* III8
die Lebensgröße *life-size, actual-size,* III10
das Lebensjahr, -e *age,* III5
der Lebenslauf, -⸚e *curriculum vitae,* III11
die Lebensmittel (pl) *groceries,* I
der Lebensmittelfilialbetrieb, -e *grocery store branch,* III11
das Lebensmittelgeschäft, -e *grocery store,* III9
Lebensmittelkontrolleur(in), -e/nen *health inspector,* III12
der Lebenspartner, - *partner (to share one's life with),* III11
der Lebensraum *living space,* III5
die Lebensweise *way of life,* III11
die Lebenswelt *world one lives in,* III10
die Leber *liver,* III1
der Leberkäs (*a Bavarian specialty*), I
die Leberwurst *liverwurst,* III2
lebhaft *lively,* III6
leblos *lifeless, inanimate,* III10
leck werden *to spring a leak,* III9
lecker *tasty, delicious,* I
das Leder *leather,* I
die Lederhose, -n *leather pants,* III8
die Lederjacke, -n *leather jacket,* II
leer *empty,* III1
leeren *to empty,* III7
legen *to lay,* Loc1; **Wert legen auf** (acc) *to consider important,* III11
legendär *legendary,* Loc 1
die Lehre *apprenticeship,* III4; *instruction,* III11
Lehrer(in), -/nen *teacher,* I
der Lehrplan, -⸚e *teaching curriculum,* III9
die Lehrstelle, -n *apprenticeship,* III4
der Leib, -er *body,* III7
leicht *easy, simple,* II; *light,* II
die Leichtathletik *track and field,* II
das Leid *harm, injury,* III2; **Es tut mir Leid.** *I'm sorry.,* I
leiden: Das kann ich nicht leiden! *I can't stand that!,* III4
leider *unfortunately,* I; **Ich kann leider nicht.** *Sorry, I can't.,* I; **Das ist leider so.** *That's the way it is*

unfortunately., II; **Ich hab leider nur ...** *I only have...,* II
das Leinen, - *linen,* II
leise *soft, lightly,* III2
leisten: s. leisten *to afford,* III7; ganze Arbeit leisten *to do a complete job,* III7
s. leisten können *to be able to afford,* III7
die Leistung, -en *service, effort,* III2; *benefit,* III11
die Leistungsfähigkeit *efficiency,* III3
der Leistungskurs, -e *special course (at a Gymnasium),* III11
leiten *to guide, lead,* III10
der Leiter, - *leader,* III9
die Leitung, -en *direction,* Loc4
die Lektion, -en *lesson,* III4
die Lektüre, -n *reading,* III1
lenken *to steer,* III3
lernen *to learn, study,* III3; kennen lernen *to get to know,* III2
lesen *to read,* I; **er/sie liest** *he/she reads,* I
Leser(in), -/nen *reader,* III2
der Leserbrief, -e *letter (to the editor),* III1
letzt- *last,* I; **letztes Wochenende** *last weekend,* I
die Leute (pl) *people,* I
das Licht, -er *light, lamp,* III8
das Lichtbild, -er *photograph,* III11
der Lichtschutzfaktor, -en *sun protection factor,* II
lieb *dear,* III2
lieben *to love,* III3
liebenswürdig *charming, kind,* III7
lieber: lieber mögen *to prefer,* I
der Liebesfilm, -e *romance,* I
der Liebesroman, -e *romance novel,* I
Lieblings- *favorite,* I
liebst: Ich würde am liebsten ... *I would rather...,* II
das Lied, -er *song,* I
liegen *to lie (on),* III1
liegen an (dat) *to depend on,* III1
die Liegewiese, -n *lawn for relaxing and sunning,* II
die Limo, -s (Limonade, -n) *lemon drink,* I
die Linie, -n *line,* III2; **Linie: in erster Linie** *primarily,* III7
link-, *left,* III2
die Lippe, -n *lip,* III10
die Liste, -n *list,* III1
der Liter, - *liter,* I
literarisch *literary,* III10
die Literatur *literature,* III10
die Litfaßsäule, -n *advertising column,* III7
der Lkw=Lastkraftwagen, - *truck,* II
loben *to praise,* III8
das Loch, ⸚er *hole,* II
locken *to lure, tempt,* III3
locker *easygoing,* III8
der Löffel, - *spoon,* III2
die Loge, -n *(theater) box,* III10

Logisch! (Logo!) *Of course!*, III7
s. **lohnen** *to be worth it*, III5; **Es lohnt sich, das zu machen.** *It's worth doing.*, III8
das **Lokal, -e** *small restaurant*, II
los *detached*, III1; **Was ist los?** *What's going on?*, III3
lösen *to solve*, III4
loslegen (sep) *to get going*, III3
die **Lösung, -en** *solution*, III3
der **Löwe, -n** *lion*, III12
der **Löwenzahn** *dandelion*, III11
die **Lücke, -n** *blank*, III7
die **Luft** *air*, II
der **Luftsprung, ⸚e** *jump*, III2
die **Luftverschmutzung** *air pollution*, III9
die **Luftwaffe, -n** *air force*, III5
die **Lunge, -n** *lung*, III9
Lust haben *to want to, to feel like*, III2
lustig *funny*, I
Lyriker(in), -/nen *lyricist*, III10

machen *to do*, I; **Das macht (zusammen) ...** *That comes to...*, I; **Gut! Mach ich!** *Okay, I'll do that!*, I; **Machst du Sport?** *Do you play sports?*, I; **Hausaufgaben machen** *to do homework*, I; **macht dick** *is fattening*, II; **Macht nichts!** *That's all right*, II
der **Machtinstinkt, -e** *instinct to seize power*, III5
das **Mädchen, -** *girl*, I
mager *meager, scrawny*, III6
magisch *magic(al)*, III1
mähen *to mow*, I; **den Rasen mähen** *to cut the grass*, III1
die **Mahlzeit** *meal, mealtime*, III10; **Mahlzeit!** *Bon appétit*, II
das **Mahnschreiben, -n** *reminder notice*, III12
der **Mai** *May*, I; **im Mai** *in May*, I
das **Maiglöckchen, -** *lily of the valley*, III11
der **Mais** *corn*, III1
mal (particle), I
das **Mal, -e** *time*, III1
malen *to paint*, III8
der **Maler, -** *painter*, III2
malerisch *picturesque*, III2
man *one, you* (in general), *people*, I; **Man hat mir gesagt, dass ...** *Someone told me that...*, II
manch- *some*, III2
manchmal *sometimes*, I
die **Mandelaugen** (pl) *almond-shaped eyes*, III8

mangeln: es mangelt an *there is a lack of*, III9
die **Manier, -en** *style*, III8
manipulativ *manipulative*, III7
manipulieren *to manipulate*, III7
der **Mann, ⸚er** *man*, I; *husband*, III12
das **Männchen, -** *little man*, III7
das **Männlein, -** *little man*, III7
männlich *male*, III7
die **Männlichkeit** *masculinity*, III7
die **Mannschaft, -en** *team*, II
das **Manöver, -** *maneuver*, III5
das **Märchen, -** *fairy tale*, III10
märchenhaft *legendary, fairy-tale like*, III7
die **Margarine** *margarine*, II
die **Margeriten** (pl) *daisies*, III11
die **Marine** *navy*
mariniert *marinated*, II
die **Mark, -** *mark* (German monetary unit), I
die **Marke, -n** *emblem*, III7
der **Markt, ⸚e** *market*, III1
die **Markthalle, -n** *indoor market*, III11
der **Marktplatz, ⸚e** *market square*, I
die **Marmelade** *marmalade*, II
der **Marmor** *marble*, III6
der **März** *March*, I
der **Maschinenbau** *mechanical engineering*, Loc10
das **Maschinengewehr, -e** *machine gun*, III5
maskieren *to mask*, III10
die **Masse, -n** *mass* (of people), III3
maßlos *boundless(ly)*, III7
die **Mastente, -n** *fattened duck*, II
die **Materialien** (pl) *materials*, III10
materialistisch *materialistic*, III8
materiell (adj) *material*, III11
die **Mathematik=Mathe** *math*, I
die **Mauer, -n** *wall*, Loc1
maulfaul *reserved, tight-lipped*, III3
mäuschenstill *very quiet*, III7
die **Meckerecke, -n** *complaint column* (newspaper), III7
meckern *to complain, nag*, III6
Mediaplaner(in), -/nen *media planner*, III12
die **Medien** (pl) *media*, III6
die **Mediennützung** *use of media*, III6
mediterran *Mediterranean*, II
die **Medizin** *medicine*, III11
das **Meer, -e** *ocean*, III1
der **Meeresduft, ⸚e** *fragrance of the sea*, III7
das **Mehl** *flour*, I
mehr *more*, I; **Ich habe keinen Hunger mehr.** *I'm not hungry anymore.*, I
mehrere *several*, III6
die **Mehrheit** *majority*
die **Mehrwegflasche, -n** *reusable bottle*, III9
mein (poss adj) *my*, I
meinen: Meinst du? *Do you think so?*, I

meinetwegen *as far as I'm concerned*, III10
die **Meinung, -en** *opinion*, III4; **Meiner Meinung nach ...** *In my opinion...*, III6
die **Meinungsäußerung, -en** *expression of opinion*, III5
die **Meinungsforschung, -en** *opinion research*, III7
meist- *most*, III6
meistens *most of the time*, II
der **Meister, -** *master, champion*, III1
das **Meisterwerk, -e** *masterpiece*, III10
die **Meldung, -en** *announcement, report*, III8
die **Melodie, -n** *melody*, III3
die **Menge, -n** *a lot*, III8: **eine ganze Menge** *quite a lot*, III8
der **Mensch, -en** *human, person*, III3
das **Menschenprodukt** *human product*, III1
die **Mentalität** *mentality*, III11
merken *to notice, pay attention to*, III1
messen: Fieber messen *to take someone's temperature*, II; **er/sie misst** *he/she measures*, II
das **Messer, -** *knife*, III2
der **Messerhieb, -e** *knife blow*, III10
das **Messingschildchen, -** *brass tag*, III10
die **Metapher, -n** *metaphor*, III10
die **Methode, -n** *method*, III5
der **Metzger, -** *butcher*, I
die **Metzgerei, -en** *butcher shop*, I
mexikanisch (adj) *Mexican*, II
mich *me, myself*, I
mickrig *lousy*, III3
mieten *to rent*, III5
das **Mikrofon, -e** *microphone*, III10
die **Milch** *milk*, I
die **Milchkanne, -n** *milk jug*, III11
der **Milchmann, ⸚er** *milkman*, III11
mild *mild*, II
das **Militär** *military, armed forces*, III5
die **Militärakademie, -n** *military academy*, III5
der **Militärdienst** *military service*, III5
militaristisch *militaristic*, III8
die **Million, -en** *million*, III11
der **Millionär, -e** *millionaire*, III12
die **Mimik** *mime*, III1
die **Minderwertigkeit** *inferiority*, III5
die **Minderwertigkeitsempfindung, -en** *feeling of inferiority*, III5
mindestens *at least*, III1
die **Mineralien** (pl) *minerals*, III3
das **Mineralwasser** *mineral water*, I
das **Minikleid, -er** *mini-dress*, III3
die **Minute, -n** *minute*, III6
mir *to, for me*, II; **Mir gefällt ...** *I like...*, II
mischen *to mix*, III3
miserabel *miserable*, I
Mist: So ein Mist! *Darn it!*, I
mit (dat prep) *with, by*, I; **mit dem Auto** *by car*, I

die Mitarbeit *cooperation,* III6
mitarbeiten (sep) *to cooperate,* III6
der Mitarbeiter, - *co-worker, colleague,* III2
die Mitbestimmung *co-determination,* III11
mitbringen (sep) *to bring along,* III1
miteinander *with one another,* III1
miterleben (sep) *to experience,* III9
mitfahren (sep) *to go along, come along,* III2
mitgeben (sep) *to give (to),* III12
mitgebracht *brought along,* III1
mitgehen (sep) *to go along,* III10
mitgehört *overheard,* III12
das Mitglied, -er *member,* III5
die Mithilfe *cooperation,* III2
mitkommen (sep) *to come along,* I
das Mitleid *pity,* III3
mitmachen mit (sep) *to go along with,* III3
die Mitmenschen (pl) *fellow-men, neighbors,* III12
mitnehmen (sep) *to take along,* III2
mitsamt *including,* III10
mitschreiben (sep) *to write down,* III6
Mitschüler(in), -/nen *schoolmate,* III1
mitspielen (sep) *to play along, take part in,* III3
mittag: heute Mittag *this noon,* III1
das Mittagessen *lunch,* II
mittags *at noon,* III3
die Mitte *middle,* III2
die Mitteilung, -en *message,* III7
das Mittel, - *means, method,* III9
das Mittelalter *the Middle Ages,* Loc1
mittelalterlich *medieval,* III1
der Mittelpunkt *center,* III2
die Mitternacht *midnight,* III12
der Mittwoch *Wednesday,* I; **am Mittwoch** *on Wednesday,* I
mittwochs *Wednesdays,* II
mitziehen (sep) *to pull along,* III9
die Möbel (pl) *furniture,* I
möchten *would like to,* I; **Ich möchte noch ein ...** *I'd like another...,* I; **Ich möchte kein ... mehr.** *I don't want another...,* I
die Mode, -n *fashion,* I
die Modehochschule *fashion school,* III11
das Modell, -e *model,* III7
modern *modern,* I
die Modezeitschrift, -en *fashion magazine,* III3
modisch *fashionable,* II
das Mofa, -s *moped,* III4
mögen *to like, care for,* I; **Ich mag kein ...** *I don't like...,* II; **Das mag schon sein, aber ...** *That may well be, but...,* III4
möglich *possible,* II
möglicherweise *possibly,* III10
die Möglichkeit, -en *possibility,* III4

die **Möhre, -n** *carrot,* II
Moll (musical key) *minor,* III10
der **Moment, -e** *moment,* I; **Einen Moment, bitte!** *Just a minute, please.,* I; **im Moment gar nichts** *nothing at the moment,* I
der **Monat, -e** *month,* I; **einmal im Monat** *once a month,* I
monatlich *monthly,* III1
monoton *monotonous,* III11
der **Montag** *Monday,* I; **am Montag** *on Monday,* I
montags *Mondays,* II
das Moped, -s *moped,* I
der Mörder, - *murderer,* III10
morgen *tomorrow,* I
der **Morgen, -** *morning,* I; **Guten Morgen!** *Good morning!,* I; morgens *in the mornings,* III1
motivieren *to motivate,* III11
der **Motor, -en** *motor,* II
das Motorrad, ̈er *motorcycle,* II
das Motto, -s *motto,* III12
die **Moussaka** *moussaka,* II
müde *tired,* II
die Mühe *trouble, pains,* III2
mühsam *with difficulty,* III8
der **Müll** *trash,* I; **den Müll sortieren** *to sort the trash,* I
die Müllabfuhr *garbage collection,* III11
der Müllberg, -e *mountain of trash,* III9
der Müller, - *miller,* III6
die Müll-Lawine *avalanche of garbage,* III9
die Mülltrennaktion *separation of garbage campaign,* III12
das Müllverhalten *attitude toward garbage,* III9
der **Mund, ̈er** *mouth,* III2
der Mundschutz *mouth protection,* III3
die **Münze, -n** *coin,* I; **Münzen einstecken** *to insert coins,* I
murmeln *to murmer, mutter,* III10
das Museum, (pl) Museen *museum,* II
das Musical, -s *musical,* II
die **Musik** *music,* I; **klassische Musik** *classical music,* I
musikalisch *musical(ly),* III8
Musiker(in), -/nen *musician,* III11
der Musikfanatiker, - *music fanatic,* III10
die Musikhochschule, -n *music conservatory,* III11
der Musikladen, ̈ *music store,* III1
der Musikliebhaber, - *music fan,* III10
das Musikpublikum *music audience,* III10
der Musikunterricht *music instruction,* III10
der Muskel, -n *muscle,* III7
muskulös *muscular,* III8
müssen *to have to,* I; **ich muss** *I have to,* I
müsste: Man müsste nur daran denken. *You would only have to think about it.,* III9

das **Muster, -** *pattern,* II
die **Musterung, -en** *recruitment physical,* III5
der **Mut** *courage,* III9
mutig *brave,* III8
die **Mutter, ̈** *mother,* I
die **Muttersprache, -n** *native language,* III4
der **Muttertag** *Mother's Day,* I; **Alles Gute zum Muttertag!** *Happy Mother's Day!,* I
die **Mütze, -n** *cap,* II

Na ja, soso. *Oh, all right.,* II
Na klar! *Of course!,* II
nach (dat prep) *after,* I; **nach der Schule** *after school,* I; **nach links (rechts)** *to the left (right),* I; **nach Hause gehen** *to go home,* I; **nach dem Mittagessen** *after lunch,* II
nachäffen (sep) *to imitate, ape,* III3
der Nachbar, -n *neighbor,* III4
die Nachbarschaft *neighborhood,* III4
nachdem (conj) *after,* III11
das Nachdenken *reflection, thinking over,* III6
nacherzählen (sep) *to retell,* III6
die Nacherzählung, -en *retelling,* III1
nachher *afterwards,* II
der Nachmittag, -e *afternoon,* I
nachmittags *in the afternoon,* III4
nachplappern (sep) *to parrot, imitate,* III7
die Nachricht, -en *message,* III2
die Nachrichten (pl) *the news,* II10
nachschicken (sep) *to send on, forward,* III12
nachsehen (sep) *to check on,* III2
die Nachspeise, -n *dessert,* II
nächst- *next,* II; **die nächste Straße** *the next street,* I; **die nächste Woche** *next week,* I
die Nacht, ̈e *night,* III2
der Nachteil, -e *disadvantage,* II
der Nachtisch, -e *dessert,* II
nächtlich *nocturnal,* III2
nachts *nights, at night,* III12
nahe *near,* III9
Nähe: in der Nähe von *near to,* III8
nähen *to sew,* III3
nahm (*imperfect of* **nehmen**), III4
der Nährstoff, -e *nutrient,* III3
die Nahrung *nutrition,* III1
der Nährwert *nutritional value,* III3
naiv *naive,* III8
der Name, -n *name,* III2
nämlich *namely,* III2
nannte (*imperfect of* nennen), III4
narkotisieren *to drug,* III5
die Nase, -n *nose,* III8

nass *wet*, I
die Nation, -en *nation*, III8
der Nationalpark, -s *national park*, III1
die Nationalversammlung *National Assembly*, Loc7
die Natur *nature*, III2
naturbewusst *nature conscious*, III9
Natürlich! *Certainly!*, I; **natürlich** *natural*, II8
die Naturseife, -n *soap with natural ingredients*, III9
die Natursendung, -en *nature program*, II
der Nebel *fog*, III5
der Nebelstreif *streak of mist*, III2
neben (acc, dat prep) *next to*, II
nebenan *close by*, Loc7
der Nebensatz, -̈e *dependent clause*, III4
Nebensitzer(in), -/nen *neighbor*, III10
nebenstehend *accompanying*, III3
die Nebenumstände (pl) *minor details*, III1
das Nebenzimmer, - *adjoining room*, III12
negativ *negative*, III1
nehmen *to take*, I; **er/sie nimmt** *he/she takes*, I; **Ich nehme ...** *I'll take...*, I
nein *no*, I
die Nelke, -n *carnation*, III11
nennen *to name*, III1
nerven: Es nervt mich, dass ... *It gets on my nerves that...*, III7
nett *nice*, III8
neu *new*, I
neugierig *curious*, II
die Neuigkeit, -en *most recent event*, III6
neulich *the other day*, III1
nicht *not*, I; **Nicht besonders.** *Not really (especially).*, I; **nicht gern haben** *to dislike*, I; **Ich nicht.** *I don't.*, I
nicht nur ... sondern auch *not only... but also*, III4
Nichtraucher(in), -/nen *nonsmoker*, II
nichts *nothing*, I; **Nichts mehr, danke!** *Nothing else, thanks!*, I
nicken *to nod*, III4
nie *never*, I
nieder *down*, III5
nieder (adj) *low, base*, III5
die Niederlande *the Netherlands*, III1
niemand *no one*, III10
die Niete, -n *failure* (in a subject), III12
nikotinarm *low in nicotine*, III7
nimmermehr *by no means, never again*, III5
das Niveau, -s *level*, III12
nobel *noble*, III10
noch *yet, still*, I; **Haben Sie noch einen Wunsch?** *Would you like anything else?*, I; **Ich brauche noch ...** *I also need...*, I; **Möchtest du noch etwas?** *Would you like*

something else?, I; **Noch einen Saft?** *Another glass of juice?*, I; **noch höher** *still higher*, II; **noch nie** *not yet, never*, II
nochmal *again*, III3
nochmals *once more, a second time*, III10
der Norden *north*, III2
die Norm, -en *norm, standards*, III7
normalerweise *normally, usually*, II
die Note, -n *grade*, I
notieren *to note, jot down*, III1
nötig *necessary*, III2
nötig haben *to need, require*, III11
die Notiz, -en *note*, III4
das Notizbuch, -̈er *notebook*, III1
notwendig *necessary*, III5
der November *November*, I
nüchtern *sober*, III12
die Nudel, -n *noodle*, III1
die Nudelsuppe, -n *noodle soup*, I
die Nuklearwaffen (pl) *nuclear weapons*, III11
null *zero*, I
die Nummer, -n *number*, III11
nur *only*, II
nützen *to make use of, use*, III5
nützlich *useful*, III6
die Nützung *utilization*, III6

die Oase, -n *oasis*, II
ob (conj) *whether*, II
oben *above*, III1
ober- *upper*, III4
der Oberbürgermeister, - *Lord Mayor*, III2
oberflächlich *superficial*, III6
obgleich *although*, III10
obig *above (-mentioned)*, III7
das Obst *fruit*, I
der Obst- und Gemüseladen, -̈ *fresh produce store*, I
obwohl (conj) *although*, III1
oder (conj) *or*, I
der Ofen, -̈ *oven*, I
offen *open*, III8; offen stehen *to be open*, III2
offenbar *obviously*, III12
die Offensive, -n *offensive*, III5
öffentlich *public*, III2
öffentliche Verkehrsmittel (pl) *public transportation*, II
offiziell *official*, III5
der Offizier, -e *officer*, III5
öffnen *to open*, III2
oft *often*, I
öfters *quite often*, III4
ohne (acc prep) *without*, III3; **ohne weiteres** *easily, readily*, III3;

ohne ... zu machen *without doing ...* , III3
ohnehin *in any case*, III12
ohnmächtig *passed out*, III1
das Ohr, -en *ear*, III11
die Ohrenschmerzen (pl) *earache*, II
der Ohrring, -e *earring*, II
das Ökobewusstsein *environmental consciousness*, III9
die Ökonomie *economy*, III7
der Oktober *October*, I
das Öl, -e *oil*, III9
die Olive, -n *olive*, III2
der Öltanker, - *oil tanker*, III9
der Olympiasieger, - *olympic champion*, II
die Oma, -s *grandmother*, I
der Onkel, - *uncle*, I
der Opa, -s *grandfather*, I
die Oper, -n *opera*, I
die Operette, -n *operetta*, II
die Opferbereitschaft *readiness for sacrifice*, III9
opfern *to sacrifice*, III5
Optiker(in), -/nen *optician*, III12
optimistisch *optimistic*, III9
optisch *optical*, Loc10
die Orange, -n *orange*, III3
das Orchester, - *orchestra*, III10
ordentlich *orderly*, III8
ordnen *to put into sequence, order*, III1
die Ordnung *order*, III1
das Organisationsprinzip *organizational principle*, III3
organisieren *to organize*, III2
die Orientierungsstufe *(beginning years of the Gymnasium)*, III4
originell *original*, III7
der Ort, -e *place; location*, III1; an Ort und Stelle *there and then*, III8
orthographisch *orthographic*, III7
örtlich *local*, III6
der Ortsname, -n *place name*, III2
der Ostblock *Eastern Bloc*, III11
der Osten *east*, III11
das Ostern *Easter*, I; **Frohe Ostern!** *Happy Easter*, I
das Ozonloch *hole in the ozone layer*, III9
die Ozonschicht *ozone layer*, III9

paar: ein paar, *a few*, I; ein paar Mal *a few times*, III1
packen *to pack, grab*, III1
die Packung *packaging*, III9
der Pädagoge *teacher*, III3
die Paella, -s *paella*, II
das Paket, -e *package*, III12
die Panik *panic*, III10

der Pantomime, -n *mimic*, III10
der Panzer, - *tank*, III5
das Papier, -e *paper*, III2
der Papierbeutel, - *paper bag*, III9
der Papierkorb, ¨e *paper basket, waste basket*, III9
die Paprika *bell pepper*, III1
das Parfüm, -e *perfume*, I
parfümiert *perfumed*, II
der Park, -s *park*, I; **in den Park gehen** *to go to the park*, I
die Parkanlage, -n *park*, III2
der Parkplatz, ¨e *parking spot, lot*, II
die Parkuhr, -en *parking meter*, III3
das Parlament, -e *parliament*, III11
die Parole, -n *slogan*, III5
die Partei, -en *(political) party*, III5
Partner(in), -/nen *partner*, I
die Partnerschaft -en *partnership*, III8; *sponsorship*, III9
partnerschaftlich *fair*, III8
die Party, -s *party*, I
passen *to fit*, I; **Der Rock passt prima!** *The skirt fits great!*, I
passend *fitting*, III7
passieren *to occur*, III1; **Das ist gerade passiert.** *It just happened.*, II
Passt auf! *Pay attention!*, I
die Patenschaft, -en *sponsorship*, III9
pauken (coll) *to study*, III10
die Pause, -n *break*, I
das Pausenbrot, -e *sandwich (a school snack)*, II
das Pausenhofpalaver *schoolyard chatting*, III7
das Pech *bad luck*, I; **So ein Pech!** *Bad luck!*, I; **Was für ein Pech!** *That's too bad!*, II
die Pechsträhne, -n *streak of bad luck*, III3
die Peking Ente, -n *Peking duck*, II
die Pension, -en *inn, bed and breakfast*, II
perfekt *perfect*, III3
die Perle, -n *pearl*, III2
die Person, -en *person*, III1
der Personalausweis, -e *identity card*, III11
der Personalchef, -s *director of personnel*, III11
die Personifizierung, -en *personification*, III10
persönlich *personal(ly)*, III2
die Persönlichkeit, -en *personality*, III11
die Perspektive, -n *perspective*, III5
pessimistisch *pessimistic*, III9
die Pfandflasche, -n *deposit-only bottle*, III9
das Pfannengericht, -e *pan-cooked entrée*, II
das Pfd.=Pfund *pound*, I
der Pfefferstreuer, - *pepper shaker*, III2
der Pfennig, - (smallest unit of former German currency; 1/100 of a mark), I

pfiff rein (*imperfect of* reinpfeifen), III3
der Pfirsich, -e *peach*, II
die Pflanze, -n *plant*, III1
das Pflanzenprodukt, -e *vegetable produce*, III1
das Pflanzenschutzmittel, - *herbicide*, III1
der Pflegedienst *nursing service*, III5
die Pflicht, -en *obligation*, III5
das Pflichtfach, ¨er *obligatory subject*, III6
pflücken *to pick (fruit)*, III11
das Pfund, - (Pfd.) *pound*, I
phantasievoll *imaginative*, I
Phantastisch! *Fantastic!*, II
die Philharmonie *philharmonic orchestra*, III10
Philosoph(in), -en/nen *philosopher*, III10
das Phosphat, -e *phosphate*, III9
die Phrase, -n *expression*, III5
die Physik *physics*, I
Physiker(in), -/nen *physicist*, III11
das Picknick, -s *picnic*, III2
picknicken *to picnic*, III2
der Picknickkorb, ¨e *picnic basket*, III2
die Pilotin, -nen *pilot (female)*, III5
der Pilz, -e *mushroom*, II
der Pilzsammler, - *mushroom gatherer*, III12
die Pizza, -s *pizza*, I
der Pkw, -s *car*, II
plädieren *to plea*, III5
die Plakatwand, ¨e *billboard*, III7
der Plan, ¨e *plan*, III2
planen *to plan*, III2
die Plastik *plastic*, III8
der Plastikbecher, - *plastic mug*, III9
der Plastikbeutel, - *plastic bag*, III9
der Plastiksack, ¨e *plastic bag*, III3
die Plastiktüte, -n *plastic bag*, III9
der Plastikumschlag, ¨e *plastic envelope*, III9
der Platz, ¨e *place, site*, II
plötzlich *sudden(ly)*, III4
der Plüschsessel, - *club chair*, III10
das Plüschtier, -e *stuffed animal*, III3
polieren *to polish*, II
die Politik (sing) *politics*, I
Politiker(in), -/nen *politician*, III11
politisch *political*, III5
der Polizist, -en *policeman*, III8
die Pommes (frites) (pl) *French fries*, II
der Pool, -s *swimming pool*, II
das Porträt, -s *portrait*, III12
positiv *positive*, III3
die Post *post office*, I; *mail*, III1
das Poster, - *poster*, I
PR-Berater(in), -/nen *PR-consultant*, III12
die Pracht *splendor*, III10
prächtig *splendid*, III1
prägen *to leave a mark*, III4
das Praktikum *apprenticeship, in-service training*, III11

praktisch *practical(ly)*, III11
praktizieren *to practice*, III9
die Praline, -n *fancy chocolate*, I
die Präposition, -en *preposition*, III1
präsentieren *to present*, III10
präzis *precise*, III7
der Preis, -e *price*, III2
preisen *to praise*, III7
preisgünstig *cheap*, III7
das Preisschild, -er *price tag*, III1
preiswert *reasonably priced*, I; **Das ist preiswert.** *That's a bargain.*, I
die Presse (news) *press*, III6
Prima! *Great!* I
der Prinz, -en *prince*, III1
die Prinzessin, -nen *princess*, III4
die Priorität, -en *priority*, III11
privat *private*, III11
der Privatsender, - *private television station*, III7
das Privathaus, ¨er *private home*, II
die Probe: auf Probe *on a trial basis*, III5; auf die Probe stellen: *to put to the test*, III6
probieren *to try*, I
das Problem, -e *problem*, III3
problematisch *problematic*, III4
das Produkt, -e *product*, III1
die Produktion, -en *production*, III9
produktiv *productive*, III4
produzieren *to produce*, II
der Profanbau, -ten *secular building*, Loc4
Professor(in), -en/nen *professor*, III11
das Programm, -e *schedule of shows*, II
das Projekt, -e *project*, III12
propagandistisch *propagandist*, III5
der Prospekt, -e *brochure, pamphlet*, III1
Prost! *Cheers!*, II
protestantisch (adj) *Protestant*, III1
protestieren *to protest*, III9
der Proviant *provisions, food*, III2
provozieren *to provoke*, III3
das Prozent *percent*, III4
der Prozess, -e *trial*, III5
die Prüfung, -en *exam*, III5
der Prügelstreifen, - *brutal flick*, III6
prunkliebend *loving splendor*, Loc10
prunkvoll *stately, grand*, III1
der Psychologe, -n *psychologist*, III3
die Psychologie *psychology*, III4
das Publikum *public; audience*, III10
der Pulli, -s *pullover, sweater*, I
der Pullover, - *sweater*, I
der Pumpzerstäuber, - *pump spray*, III9
der Punker, - *punker*, III3
punkig *punk-like*, III10
Punkt: in diesem Punkt *in this matter*, III8
pünktlich *punctual*, III8
die Pupille, -n (eye) *pupil*, III2

putzen *to clean, shine*, I; **Fenster putzen** *to wash the windows*, I
das Putzmittel, - *cleaning agent*, III7

die Qualifikation, -en *qualification*, III12
die Qualität *quality*, III7
der Quark (a soft cheese similar to ricotta or cream cheese), II
Quatsch! *Baloney!*, III6
das Quecksilber *quicksilver, mercury*, III9
quer *across*, III10

R

das Rad, ̈er *bike; wheel*, II; **mit dem Rad** *by bike*, I; **Rad fahren** (sep) *to ride a bike*, II
das Rädchen, - *little wheel*, III7
radeln *to bicycle*, III9
der Radiergummi, -s *eraser*, I
das Radieschen, - *radish*, III1
radikal *radical*, III11
das Radio, -s *radio*, II
der Radwechsel, - *tire change*, III2
raffiniert *clever*, III7
der Rahmen: im Rahmen *in the scope of*, III7
die Rakete, -n *rocket*, III11
die Randgruppe, -n *fringe group*, III4
der Rang, ̈e (theater) *balcony*, III10
die Rangliste, -n *ranking list*, III11
die Rangordnung *pecking order*, III11
der Rasen, - *lawn*, I; **den Rasen mähen** *to mow the lawn*, I
das Rasierwasser, - *shaving lotion*, III7
die Rasse, -n *race*, III5
der Rassismus *racism*, III8
der Rat *advice*, III3; **Komm, ich geb dir mal einen guten Rat!** *Okay, let me give you some good advice.*, III3
raten (dat) *to guess* III1; *to give advice*, III4
die Ratesendung, -en *quiz show*, II
der Ratgeber, - *advisor, advice column*, III4
das Rathaus, ̈er *city hall*, I
ratlos *perplexed*, III10
der Ratschlag, ̈e *piece of advice*, III3
rauchen *to smoke*, II
das Rauchverbot *no-smoking regulation*, III6
rauh *tough*, III5

die Raumfahrt *space travel*, III11
der Raumfahrttechniker, - *space technician*, III11
das Raumschiff, -e *spaceship*, III7
raus=heraus *out, away*, III2
der Rausch, ̈e *intoxication*, III7
reagieren auf (acc) *to react to*, III1
die Reaktion, -en *reaction*, III2
das Realgymnasium, -gymnasien (type of a German high school), III11
realistisch *realistic*, III11
die Realität *reality*, III8
rebellieren *to rebell*, III3
recherchieren *to do research, collect facts*, III6
rechnen *to tabulate, calculate*, III2; rechnen mit *to reckon with*, III2
die Rechnung, -en *bill, invoice*, III1
das Recht -e *law, right*, III5; **Recht haben** *to be right*, II; **Recht geben: Da geb ich dir Recht.** *I agree with you about that.*, III4
recht- *right, right-hand*, I; **nach rechts** *to the right*, I
rechtlich *lawful*, III7
Rechtsanwalt(-anwältin), ̈e/nen *lawyer*, III11
die Rechtschreibung *spelling*, III12
recyceln *to recycle*, III9
der Redakteur, -e *editor*, III6
die Redaktion, -en *editorial office*, III6
die Rede, -n *speech*, III5
das Redemittel, - *(communicative) expression*, III4
reden *to speak*, III4
reduzieren *to reduce*, III9
das Reformhaus, ̈er *health food shop*, III3
das Regal, -e *bookcase*, I
die Regel, -n *rule*, III2
regelmäßig *regularly*, III3
regeln *to arrange*, III6
regelrecht *regular, regularly*, III2
die Regelung, -en *ruling*, III7
der Regen *rain*, I
der Regenschirm, -e *umbrella*, III9
der Regenschirmstock, ̈e *walking umbrella*, III11
die Regieanweisung, -en *artistic direction*, III11
regieren *to rule*, III5
der Regierende, -n *ruler*, III5
die Regierung, -en *government*, III5
regional *regional*, III10
registrieren *to register*, III7
regnen *to rain*, III1; **Es regnet.** *It's raining.*, I
das Rehfleisch *venison, deer meat*, III1
reich *rich*, III3
reicht: Es reicht. *That's enough.*, III12
der Reichtum, ̈er *wealth*, III1
Reife: die Mittlere Reife (name of a high school diploma), III4

reifen *to ripen, become mature*, III10
Reih: in Reih und Glied *in rank and file*, III7
die Reihe, -n *row; line*, III7
die Reihenfolge, -n *sequence*, III9
der Reihn (*poetic for* Reigen) *circle dance*, III2
der Reim, -e *rhyme*, III10
rein *pure, clean*, III3
die Reinigung, -en *cleaners*, II
s. reinpfeifen (sep) *to toss down*, III3
der Reis *rice*, II
die Reise, -n *trip, voyage*, III1
das Reisebüro, -s *travel office*, III2
der Reisemuffel, - *person who does not like to travel*, III2
reisen *to travel, take a trip*, III1
das Reiseziel, -e *travel destination*, III2
reißen *to tear*, III6
der Reißverschluss, ̈e *zipper*, II
reiten *to ride a horse*, III2
der Reiz, -e *charm*, III1
reizen *to entice, charm*, III2
die Reklame, -n *advertisement, advertising*, III7
der Rekrut, -en *recruit*, III5
relativ *relative(ly)*, III2
das Relativpronomen *relative pronoun*, III4
relaxen *to relax*, III3
die Religion, -en *religion* (school subject), I
Rennen: das Rennen machen *to compete*, III2
renovieren *to renovate*, III8
reparieren *to repair*, III5
die Replike, -n *answer, reply*, III12
Reporter(in), -/nen *reporter*, III3
die Republik, -en *republic*, III1
reservieren *to reserve*, III8
die Residenz, -en *prince's residence*, Loc4
resigniert *resigned to, depressed*, III2
respektieren *to respect*, III5
der Rest, -e *remainder*, I12
das Restaurant, -s *restaurant*, II
restaurieren *to restore*, Loc 1
restlich *remaining*, III4
das Resultat, -e *result*, III8
revidieren *to revise*, III8
revolutionieren *to revolutionize*, III5
der Revolvergürtel, - *gun belt*, III7
die Rezension, -en *critique*, III10
das Rezept, -e *recipe*, III1
rhythmisch *rhythmic*, III7
der Rhythmus *rhythm*, III3
richten *to direct*, III12
s.richten an (acc) *to be directed at*, III7
richten: Wir richten uns nach euch. *We'll do whatever you want to do.*, III4
der Richter, - *judge*, III5
richtig *correct, proper(ly)*, II
die Richtung, -en *direction*, III9

riechen *to smell*, III1
rief an (*imperfect of* **anrufen**), III4
riesig *huge*, III7
rigoros *rigorous*, III10
das **Rindersteak** (beef) *steak*, II
das **Rindfleisch** *beef*, II; **Rind schmeckt mir besser.** *Beef tastes better to me.*, II
der **Ring, -e** *ring*, II
der **Ringel, -** *ringlet*, II
die **Rippchen** (pl) *ribs*, III1
die Rippe, -n *rib* III1
riss (*imperfect of* **reißen**), III6
robust *robust*, III7
der **Rock, -̈e** *skirt*, I; *jacket*, III4
rodeln *to sled*, II
roh *raw*, II
die Rolle, -n *role*, III1
der Rollstuhlfahrer, - *person in a wheelchair*, III2
der **Roman, -e** *novel*, I
romanisch *Romanic*, Loc4
die Romantik *Romantic period*, III1
romantisch *romantic*, III1
der Römer (name of the city hall in Frankfurt), II
römisch *Roman*, III6
rosarot *rose-colored*, III8
der **Rosenkohl** *Brussels sprouts*, III1
die **Rosine, -n** *raisin*, III1
rostfrei *free of rust*, III7
rot *red*, I; **in Rot** *in red*, I; rot gepolstert *upholstered in red*, III10
Rote Grütze (red berry dessert), II
der **Rotkohl** *red cabbage*, II
der **Rotmarmor** *red marble*, Loc4
die Route, -n *route*, III1
rüber=herüber *from there to here*, III1
die Rubrik, -en *column* III1
der **Rücken, -** *back*, II
der Rucksack, -̈e *knapsack, backpack*, III3
die Rückseite, -n *reverse side* III1
rücksichtslos *ruthless*, III5
rufen *to call*, III12
die Ruhe *calm, quiet*, III4
die Ruhestätte, -n *place of rest*, Loc1
ruhig *calm(ly)*, II
der Ruhm *fame*, III10
rühmen *to praise*, III1
die Ruine, -n *ruin*, Loc10
rumstehen=herumstehen (sep) *to stand around*, III11
rund *round*, I
runden *to round (out)*, III8
Rundfunkmoderator(in), -en/nen *moderator on the radio*, III12
Rundfunksprecher(in), -/nen *radio announcer*, III12
der Rundgang, -̈e *tour, walk*, III10
runzelig *wrinkled*, III4
russisch (adj) *Russian*, II
die Rüstung, -en *armor*, III5
das Rüstungspotential *armament capacity*, III5

S

der Saal, (pl) Säle (*large*) *room*, III10
das **Sachbuch, -̈er** *non-fiction book*, I
die **Sache, -n** *thing*, III3
die Sachlichkeit *factuality*, III12
säen *to sow*, III10
der **Saft, -̈e** *juice*, I
saftig *juicy*, III2
die **Sage, -n** *legend*, III10
sagen *to say*, I; **Sag mal ...** *Tell me...*, II; **Was sagt der Wetterbericht?** *What does the weather report say?*, I
sagenhaft *great*, I
sah (*imperfect of* **sehen**), III4
die Sahne, -n *cream*, III1
das Saiteninstrument, -e *string instrument*, III12
der **Sakko, -s** *business jacket*, II
der **Salat, -e** *lettuce; salad*, I
das Salatblatt, -̈er *lettuce leaf*, III1
die **Säle** (pl) (*large*) *rooms*, III10
salopp *casual*, II
das **Salz** *salt*, I
salzig *salty*, II
der **Salzstreuer, -** *salt shaker*, III2
der Sammelbehälter, - *container*, III9
sammeln *to collect*, I
der **Samstag** *Saturday*, I
samstags *Saturdays*, II
die Samstagsausgabe *Saturday edition*, III11
sämtlich *all*, III8
der **Sandstrand, -̈e** *sand beach*, II
sanft *soft*, III3
Sänger(in), -/nen *singer*, I
der Sängerwettstreit *contest of the minstrels*, Loc1
das Sanitätskorps *medical unit*, III11
saß (*imperfect of* sitzen), III4
satt *full*, III7
der **Satz, -̈e** *sentence*, III1
der Satzanfang, -̈e *beginning of a sentence*, III2
die Satzlücke, -n *blank*, III4
der Satzteil, -e *part of a sentence*, III4
sauber *clean*, II; **sauber halten** *to keep clean*, III9
die Sauberkeit *cleanliness*, III9
säuberlich *neat(ly)*, III6
die Säuberung *cleaning*, III9
sauer werden *to get annoyed*, III6
das **Sauerkraut** *sauerkraut*, II
der **Sauerstoff** *oxygen*, III9
saugen: Staub saugen *to vacuum*, I
die **Sauna, -s** *sauna*, II
die **saure Gurke, -n** *pickle*, III1
der **saure Regen** *acid rain*, III9
säuseln *to rustle*, III2
das **Schach** *chess*, I
schade sein um *to be a shame, waste*, III5
Schade! *Too bad!*, I
der **Schaden, -̈** *damage*, III9

schädlich *harmful*, III7
der **Schadstoff, -e** *pollutant*, III9
schaffen *to accomplish, do, create*, III5
der **Schafskäse** *goat cheese*, III2
der **Schal, -s** *scarf*, II
s. **schämen** *to be ashamed of*, III8
scharf *sharp*, II; *spicy, hot*, II
der Schatz, -̈e *treasure*, Loc1
schätzen *to estimate*, III10
die Schatzkammer, -n *royal treasury*, Loc10
schauen *to look*, I; **Schau mal!** *Look!*, II
das Schaufenster, - *display window*, III11
das Schaufensterspiegelbild, -er *image in the display window*, III11
das **Schauspiel, -e** *play*, II
Schauspieler(in), -/nen *actor*, I
die **Scheibe, -n** *slice*, III1
der **Scheibenwischer, -** *windshield wiper*, II
die **Scheidung, -en** *divorce*, III12
der Schein, -e (money) *bill*, III1
scheinen *to seem*, III5; *to shine*, I; **Die Sonne scheint.** *The sun is shining.*, I
der **Scheinwerfer, -** *headlight*, II
schematisch *schematic*, III4
schenken *to give (a gift)*, I; **Was schenkst du deiner Mutter?** *What are you giving your mother?*, I
scheußlich *hideous*, I
schick *smart (looking)*, I
schicken *to send*, III11
das **Schicksal** *fate*, III5
das **Schiebedach, -̈er** *sun roof*, II
schief *suspicious*, III5; **schief gegangen** *went wrong*, III3; **schief gehen** *to go wrong*, III3
schien (*imperfect of* **scheinen**), III10
schießen *to shoot*, III5
das **Schiff, -e** *ship*, II
schildern *to tell, report, describe*, III2
schimpfen mit *to scold*, III4
der **Schinken, -** *ham*, II
das **Schisch-Kebab** *shish kebab*, II
der **Schlaf** *sleep*, III2
schlafen *to sleep*, II
schlaff *slack, lax*, III3
das **Schlafzimmer, -** *bedroom*, II
der Schlag, -̈e *blow, knock*, III4
schlagen *to strike*, III5
das **Schlagwort, -̈er** *key-word*, III2
die **Schlagzeile, -n** *headline*, III6
schlampig *sloppy*, III3
die Schlange, -n *line*, III5
schlank *slim*, II
schlappmachen (sep) *to quit, lose it*, III10
schlau *smart*, III12
die **Schlaufe, -n** *belt loop*, II
schlecht *bad(ly)*, I; **schlecht gelaunt** *in a bad mood*, II; **Mir ist schlecht.** *I feel sick.*, II

die Schleife, -n *loop, bow,* II
schlief (*imperfect of* **schlafen**), III10
schließen *to close,* III2
schließlich *at the end, after all,* III12
die Schließung *closing,* III5
schlimm *bad,* II
Schlittschuh laufen *to ice skate,* I
das Schloss, ¨-er *castle,* III2
die Schlucht, -en *ravine,* III1
schlucken *to swallow,* II; **Ich kann kaum schlucken.** *I can barely swallow.,* II
schlug (*imperfect of* schlagen), III4
der Schluss *end,* III1; **zum Schluss** *finally,* III7; Schluss machen *to end one's life,* III1; den Schluss ziehen *to draw the conclusion,* III9
der Schlüssel, - *key,* III4
das Schlüsselbein *collarbone,* III1
die Schlussformulierung, -en *complimentary closing,* III7
der Schlusssatz, ¨-e *final, crowning sentence,* III3
schmackhaft *tasty,* Loc7
schmalzig *corny, mushy,* I
schmecken *to taste,* III12; **Schmeckt's?** *Does it taste good?,* I; **Wie schmeckt's?** *How does it taste?,* I; **schmeckt mir nicht** *doesn't taste good,* II; **schmeckt mir am besten** *tastes best to me,* II
der Schmerz, -en *pain,* II
schmerzen *to hurt,* III4
s. schminken *to put on makeup,* III3
der Schmuck *jewelry,* I
der Schmutz *dirt,* III9
schmutzig *dirty,* II
der Schnee *snow,* I
das Schneidebrett, -er *cutting board,* III2
schneiden: s. die Haare schneiden lassen *to get your hair cut,* III3
schneien: Es schneit. *It's snowing.,* I
schnell *fast,* II
die Schnelle: etwas auf die Schnelle machen *to do something in a hurry,* III8
die Schnelligkeit *speed,* III1
Schnitt: im Schnitt *on average,* III5
der Schnittlauch (sing) *chives,* II
das Schnitzel, - *cutlet (pork or veal),* II
der Schnupfen *runny nose,* II
schnuppern *to sniff, detect,* III7
Schnupperpreise *prices to attract shoppers,* III7
schnurren *to whir,* III7
schob (*imperfect of* schieben) *pushed* III10
schockiert *shocked,* III10
die Schokolade, -n *chocolate,* II
schon *already,* I; **Schon gut!** *It's okay!,* II; **schon oft** *a lot, often,* II; **Ich glaube schon, dass ...** *I do believe that...,* II
schön *pretty, beautiful,* I

die Schöpfung *creation,* III3
Schornsteinfeger(in), -/nen *chimney sweep,* III12
der Schrank, ¨-e *cabinet,* I
der Schrebergarten, ¨- *community garden,* III1
schrecken *to scare,* III5
schrecklich: Wie schrecklich! *How terrible!,* III3
Schrei: der letzte Schrei *the latest fashion,* III3
schreiben *to write,* I
der Schreibfehler, - *spelling mistake,* III2
die Schreibhilfe, -n *writing aid,* III3
der Schreibstil *writing style,* III10
der Schreibtisch, -e *desk,* I
die Schreibübung, -en *writing activity,* III10
schreien *to scream,* III1
Schreiner(in), -/nen *cabinet maker,* III12
schreiten *to step,* III10
schrie (*imperfect of* schreien), III4
schrieb (*imperfect of* **schreiben**), III2
der Schriftführer, - *recorder, note-taker,* III1
schriftlich *written,* III9
die Schriftsprache, -n *written language,* Loc1
Schriftsteller(in), -/nen *author,* III4
schritt (*imperfect of* schreiten), III10
der Schritt, -e *step,* III2
schrumpfen *to shrink,* III11
schüchtern *shy,* III12
der Schuh, -e *shoe,* II
Schuhmacher(in), -/nen *shoemaker,* III12
der Schulabschluss *degree, diploma from school,* III4
der Schulalltag *daily school routine,* III10
der Schulausflug, ¨-e *school trip,* III10
die Schulbildung *school education,* III11
schuld sein an (dat) *to be at fault,* III4
die Schule, -n *school,* I
Schüler(in), -/nen *student, pupil,* III1
der Schüleraustausch *student exchange program,* III6
der Schülerausweis, -e *student I.D.,* III10
der Schülereinsatz *student effort,* III9
die Schülerkarte, -n *student pass, ticket,* III10
die Schülervertretung, -en *student representation,* III6
die Schülerzeitung, -en *student newspaper,* III6
das Schulfach, ¨-er *school subject,* III5
die Schulfete, -n *school party,* III6
der Schulfreund, -e *friend from school,* III1
das Schulgebäude, - *school building,* III6
das Schulgelände *school property,* III6

die Schulgemeinde *school community,* III12
der Schulhof, ¨-e *schoolyard,* III6
schulintern *in-school,* III6
der Schulkiosk, -e *kiosk, snack stand,* III12
die Schulleitung *school administration,* III6
die Schulsachen (pl) *school supplies,* I
Schulsprecher(in), -/nen *student representative,* III6
die Schultasche, -n *schoolbag,* I
die Schulter, -n *shoulder,* II
das Schulterblatt, ¨-er *shoulder blade,* III1
die Schulung *schooling,* III5
die Schuluniform, -en *school uniform,* III3
der Schutz *protection,* III9
schützen *to protect,* III9
der Schutzfaktor, -en *protection factor,* II
der Schutzheilige, -n *patron saint,* Loc4
die Schwäbin, -nen *Swabian,* III8
schwach *weak,* III6
die Schwäche, -n *weakness,* III12
schwächen *weaken,* III8
schwänzen *to cut class,* III5
schwärmen *to rave,* III12
schwarz *black,* I
schwatzhaft *talkative,* III8
schwebend *suspended,* Loc1
der Schweif *tail, train,* III2
schweigen *to be silent,* III2
das Schwein, -e *pig, pork,* III1
das Schweinefleisch *pork,* III1
das Schweinekotelett, -s *pork chop,* II
das Schweinerückensteak, -s *pork loin steak,* II
der Schweiß *sweat,* III7
Schweißer(in), -/nen *welder,* III12
der Schweizer Käse *Swiss cheese,* II
schwer *heavy; difficult,* III3
das Schwermetall, -e *heavy metal,* III1
die Schwester, -n *sister,* I
schwieg (*imperfect of* schweigen), III4
die Schwierigkeit, -en *difficulty,* III4
das Schwimmbad, ¨-er *swimming pool,* I
schwimmen *to swim,* I
der Schwimmverein, -e *swim club,* III4
der Schwindler, - *cheater,* III10
schwingen *to swing,* III7
der Sciencefictionfilm, -e *science fiction movie,* I
der Sciencefictionroman, -e *science fiction novel,* I
der See, -n *lake,* II
die See, -n *ocean, sea,* II
segeln *to sail,* II
sehen *to see,* I; **er/sie sieht** *he/she sees,* I
sehenswert *worth seeing,* Loc1
die Sehenswürdigkeit, -en *place of interest,* III2
s. sehnen nach *to long for,* III7

die Sehnenzerrung *pulled tendon*, III1
sehr *very*, I; **Sehr gut!** *Very well!*, I;
sehr gesund leben *to live in a very healthy way*, II
seid: ihr seid *you* (pl) *are*, I
die Seide, -n *silk*, I
das Seidenhemd, -en *silk shirt*, II
die Seife, -n *soap*, II
sein *to be*, I; **er ist** *he is*, I
sein (poss adj) *his*, I
seit (dat prep) *since*, II
seitdem *(ever) since*, III4
die Seite, -n *page*, III1
die Seitenloge, -n *side balcony*, III10
Sekretär(in), -e/nen *secretary*, III11
der Sektor, -en *sector*, III11
die Sekunde, -n *second*, III12
selber *self*, III4
selbst *self*, III6
selbständig *independent*, III8
die Selbstbedienung *self-service*, III2
die Selbstbiographie, -n *autobiography*, III12
das Selbstdenken *independent thinking*, III5
das Selbstporträt, -s *self-portrait*, III1
das Selbstvertrauen *self-confidence*, III3
selten *seldom*, II
seltsam *strange*, III10
seltsamerweise *strangely*, III12
die Semantik *semantics*, III7
die Semmel, -n *roll*, I
senden *to send*, III7
der Sender, - *station, transmitter, channel*, II
die Sendung, -en *show, program*, II
der Senf *mustard*, I
sensationell *sensational*, I
die Sensationspresse *tabloid press*, III6
der September *September*, I
seriös *sound, reliable*, III6
servierfähig *ready to be served*, III7
die Serviette, -n *napkin*, III2
der Sessel, - *armchair*, I
setzen *to put*, Loc1
das Shampoo, -s *shampoo*, II
die Shorts (sing or pl) *pair of shorts*, I
sich *herself, himself, itself, yourself, themselves, yourselves*, II
sicher *secure*, II
Sicher! *Certainly!*, I; **Ich bin nicht sicher.** *I'm not sure.*, I; **Aber sicher!** *But of course!*, II; **Ich bin sicher, dass ...** *I'm certain that...*, II
die Sicherheit *security, safety*, III8
sicherlich *certainly*, III12
die Sicht *visibility*, III7
sie *she; it; they; them*, I
Sie *you* (formal), I
der Sieg, -e *victory*, III5
siegend *victorious*, III5
der Sieger, - *victor*, III5
die Silbe, -n *syllable*, III10
das Silber *silver*, II; **aus Silber** *made of silver*, II
der Silberstreifen, - *silver lining*, III9

sind: sie sind *they are*, I; **Sie** (formal) **sind** *you are*, I; **wir sind** *we are*, I
singen *to sing*, III2
der Sinn *sense*, III12
sinnlos *senseless*, III5
sinnvoll *sensible*, III3
die Sitten und Gebräuche (pl) *customs and habits*, III4
sittlich *moral, ethical*, III5
die Situation, -en *situation*, III11
der Sitz, -e *seat*, Loc7
sitzen *to be sitting*, III2
die Sitzung, -en *meeting*, III8
der Skandal, -e *scandal*, III1
die Skepsis *scepticism, doubt*, III10
skeptisch *skeptical*, III10
Ski laufen (sep) *to ski*, III9
die Skipiste, -n *ski run*, III9
die Skizze, -n *sketch*, III1
die Skulptur, -en *sculpture*, Loc 1
der Smoking, -s *tuxedo*, II
snobistisch *snobbish*, III8
so *so, well, then*, I; **so lala** *so so*, I; **So sagt man das!** *Here's how to say it!*, I; **so genannt** *so-called*, III5
so was *the like; like that*, III4
so ... wie *as ... as*, II
sobald *as soon as*, III3
die Socke, -n *sock*, II
soeben *right now*, III12
das Sofa, -s *sofa*, I
sofort *immediately*, III1
sogar *even*, III9
der Sohn, ⸚e *son*, II
die Sojasprossen (pl) *bean sprouts*, II
solange *as long as*, III9
solch- *such*, III3
Soldat(in), -en/nen *soldier*, III5
sollen *should, to be supposed to*, I
sollte *should*, III3
der Sommer, - *summer*, I
die Sommerferien *summer vacation*, III1
die Sonderausstellung, -en *special exhibition*, III10
sondern *but*, III8
der Sonderteil, -e *special part*, III11
die Sonne, -n *sun*, II
der Sonnenaufgang, ⸚e *sunrise*, III6
die Sonnenbrille, -n *sunglasses*, III3
die Sonnencreme *sun tan lotion*, II
die Sonnenmilch *sun tan lotion*, II
der Sonnenstich, -e *sunstroke*, II
sonnig *sunny*, I
der Sonntag, -e *Sunday*, I
sonntags *Sundays*, II
sonst *otherwise*, III4; **Sonst noch etwas?** *Anything else?*, II
die Sorge, -n *worry*, III3
sorgen für *to make sure that*, III9
s. Sorgen machen *to worry*, III9
sorgfältig *careful(ly)*, III1
sortieren *to sort*, III9
soundsovieltenmal: (zum-) *for the umpteenth time*, III10

der Souverän *king*, III7
soviel *as much*, III10
soweit *as far as*, III10
sowie *and*, III2
sowieso *in any case, anyhow*, III12
sowohl ... als auch ... *...as well as...*, III1
sozial *social*, III11
die Sozialarbeit *social work*, III1
die Sozialhilfe *welfare*, III11
das Sozialwesen *social system*, III11
sozusagen *so to speak*, III6
die Spalte, -n *column*, III1
spanisch (adj) *Spanish*, II
spann (*imperfect of* spinnen), III7
spannend *exciting, thrilling*, I
die Spannkraft *vitality*, III3
die Spannung, -en *tension, excitement*, III10
sparen *to save money*, III3
der Spargel, - *asparagus*, III1
sparsam *frugal*, III1
der Spaß, ⸚e *joke*, III6; *fun*, I; (Tennis) **macht keinen Spaß** *(Tennis) is no fun*, I
spaßig *funny*, III10
spät *late*, III2
später *later*, III11
der Spätkommer, - *latecomer*, III10
spazieren *to walk, stroll*, II; spazieren gehen *to go for a walk*, III3
der Spaziergang, ⸚e *stroll*, III4
der Speck *bacon*, III1
das Speerwerfen *javelin throw*, II
der Speicher, - *attic*, III12
die Speise, -n *food*, II
das Spektrum *spectrum*, III8
spekulativ *speculative*, III4
spekulieren *to speculate*, III4
die Spezialität, -en *specialty*, I
spezifisch *specific*, III7
der Spiegel, - *mirror*, III10
spiegeln *to mirror*, III11
das Spiel, -e *game*, I
spielen *to play*, I
die Spielshow, -s *game show*, II
der Spinat *spinach*, II
spinnen *to spin*, III7
das Spinnrad, ⸚er *spinning wheel*, III7
Spitze! *Super!*, I
die Spitze, -n *top*, III6
der Spitzensportler, - *top athlete*, III7
der Spitzhut *pointed hat*, III10
spontan *spontaneous*, III1
die Spore, -n *spur*, III7
der Sport *sports*, I; *physical education*, I
die Sportanlage, -n *sport facility*, II
die Sportart, -en *type of sport*, III2
das Sportgeschäft, -e *sports store*, III1
sportlich *sporty*, II
die Sportmannschaft, -en *sport team*, III5
Sportökonom(in), -en/nen *sports scientist*, III12
der Sportplatz, ⸚e *sports field*, III10
der Sportteil, -e *sports section*, III8

die Sportübertragung, -en *sports telecast*, II

der Sportverein, -e *sports club*, III4

der Sportwettkampf, ⸚e *sports competition*, III8

sprach (*imperfect of* **sprechen**), III3

die Sprache, -n *language*, III11

der Sprachexperte, -n *linguist*, III7

der Sprachforscher, - *linguist*, III3

der Sprachführer, - *dictionary, phrase book*, III3

sprachlich *linguistic*, III7

sprachlos *speechless*, III3

das Sprachrohr *mouthpiece*, III6

die Sprachschule, -n *language school*, III11

die Spraydose, -n *spray can*, III9

die Sprechblase, -n *speech bubble*, III3

sprechen *to speak*, II; **er/sie spricht über** *he/she talks about, discusses*, I; **Kann ich bitte Andrea sprechen?** *Could I please speak with Andrea?*, I

das Sprichwort, ⸚er *saying*, III12

der Spruch, ⸚e *saying, proverb*, III3

Spucke: Ihm blieb die Spucke weg. *He was dumbfounded.*, III10

das Spülbecken, - *sink*, I

die Spule, -n *spool*, III6

spülen *to wash*, I

das Spülmittel, - *dishwashing liquid*, III9

die Spur, -en *track, trail*, III1

der Staat, -en *country, state*, III5

das Staatswesen *political system*, III5

der Stab, -e *bar*, III2

der Stabhochsprung *pole vault*, II

der Stabreim, -e *alliteration*, III10

der Stacheldraht, ⸚e *barbed wire*, Loc1

die Stadt, ⸚e *city*, I; **in der Stadt** *in the city*, I; **in die Stadt gehen** *to go downtown*, I

die Stadtansicht, -en *view of the city*, Loc10

die Stadtführung, -en *guided city tour*, III2

die Stadtmauer, -n *city wall*, III1

der Stadtplan, ⸚e *city map*, III1

der Stadtplaner, - *city planner*, III2

die Stadtrundfahrt, -en *city sightseeing tour*, II

das Stadttor, -e *city gate*, II

der Stahlhelm, -e *steel helmet*, III5

der Stamm, ⸚e *trunk, stem*, III3

stammeln *to stammer*, III10

stammen *to stem (from)*, III12

stand (*imperfect of* **stehen**), III10

ständig *constant(ly)*, Loc1

der Standpunkt, -e *standpoint*, III8

starb (*imperfect of* sterben), III1

stark *strong, robust*, I

die Stärke, -n *strength*, III12

stärken *to strengthen*, III3

starr *staring*, III10

starren *to stare*, III6

die Statistik (sing) *statistics*, III4

statt (gen prep) *instead of*, III10

stattdessen *in place of which*, III9

die Stätte, -n *place, sight*, III2

stattfand (*imperfect of* stattfinden), Loc7

stattfinden (sep) *to take place*, III1

stattgefunden *taken place*, Loc1

das Statussymbol, -e *status symbol*, III7

der Stau, -s *traffic jam*, III7

der Staub *dust*, I; **Staub saugen** *to vacuum*, I; **Staub wischen** *to dust*, II

der Staubsauger, - *vacuum cleaner*, III3

staunen *to marvel (at)*, III8

das Steak, -s *steak*, II

stecken *to put (into)*, III9

die Steghose, -n *stirrup pants*, II

stehen *to stand, be*, III2; **Das steht dir prima!** *That looks great on you!*, II; **Wie steht's mit ...** *So what about...?*, II; **stehen auf** (acc) *to like*, III11; **Wie stehst du dazu?** *What do you think of that?*, III6; Wie steht's? *How's it going?*, III3

stehlen *to steal*, III12

steif *stiff*, III10

steigen *to climb*, II

steil *steep*, III11

der Steinpilz, -e *cèpe*, III12

die Stelle, -n *position; job*, III1; **an deiner Stelle** *if I were you*, III3

stellen *to put*, III1; Stell deinem Partner Fragen! *Ask your partner questions.*, III1

das Stellenangebot, -e *job offer*, III11

der Stellenmarkt *job market*, III11

die Stellung, -en *position*, III12; **Stellung nehmen** *to take a position*, III6

die Stellungnahme *point of view*, III6

sterben *to die*, III7

das Stereo-Farbfernsehgerät, -e *color stereo television set*, II

die Stereoanlage, -n *stereo*, I

das Stereotyp, -e *stereotype*, III8

stets *always*, III6

das Steuer *steering wheel*, III5

Steuerberater(in), -/nen *tax consultant*, III12

das Stichwort, ⸚er *key word*, III3

stichwortartig *using key words*, III6

die Stichwortsammlung, -en *collection of notes*, III12

der Stiefel, - *boot*, I

stieg (*imperfect of* **steigen**), III4

stieß (*imperfect of* stoßen), III6

der Stift, -e *pencil*, III9

der Stil, -e *style*, II

still *quiet*, III8

die Stille *quietness*, III2

die Stimme, -n *vote; voice*, III4

stimmen *to be correct*, II; **Stimmt (schon)!** *Keep the change.*, I; **Stimmt!** *That's right! True!*, I; **Stimmt (überhaupt) nicht!** *That's not right (at all)!*, II; **Stimmt, aber ...** *That's true, but...*, II

stimmen *to tune* (an instrument), III10

stimulierend *stimulating*, III6

stinken *to stink*, III8

die Stirn, -en *forehead*, III7

das Stirnband, ⸚er *head band*, II

das Stockwerk, -e *floor*, III10

der Stoff, -e *material*, III9

stöhnen *to moan, groan*, III3

stolpern *to stumble, trip*, III1

stolz sein auf (acc) *to be proud of*, III8

stören *to bother*, III6

stoßen *to push, shove*, III6

Strafverteidiger(in), -/nen *lawyer for the defense*, III12

der Strahl, -en *ray*, III9

strahlen *to beam*, III8

die Strahlung *radiation*, III9

strähnig *in strands*, III3

der Strand, ⸚e *beach*, II

die Straße, -n *street*, I; **bis zur ...straße** *until you get to ... Street*, I; **in ...straße** *on ... Street*, I

der Straßenhang *(street) shoulder*, III2

der Straßenverkehr *street traffic*, III5

die Strategie, -n *strategy*, III5

der Strauch, ⸚er *bush*, II

der Strauß, ⸚e *bouquet*, I

strecken *to stretch*, III10

streicheln *to pet*, III11

streichen *to paint; to cross out*, III11

der Streicher, - *stringed instrument player*, III10

der Streifen, - *stripe*, II

der Streik, -s *strike*, III6

der Streit *quarrel, argument*, III4

streiten *to quarrel*, III2

die Streitigkeit, -en *quarrel*, III4

die Streitkräfte (pl) *armed forces*, III5

der Streitpunkt, -e *point of controversy*, III4

streng *strict*, III8

stressig *stressful*, III8

das Stroh *straw*, III6

der Strom *electricity*, III9

die Strophe, -n *stanza*, III10

die Struktur *structure*, III5

der Strumpf, ⸚e *stocking*, II

das Stück, -e *piece*, I; **ein Stück Kuchen** *a piece of cake*, I

Student(in), -en/nen *(college) student*, III5

die Studie *study, essay*, III8

der Studienplatz, ⸚e *enrollment slot*, III11

die Studienrichtung *course of study*, III11

studieren *to study, to attend a university*, III4

das Studium *college education, program of studies*, III5

die Stufe, -n *step*, III1

der Stuhl, ⸚e *chair*, I

stumm *silent*, III3

die Stunde, -n *hour*, III1

der Stundenplan, ⸚e *class schedule*, I

die Stupsnase, -n *snub-nose*, III8
stur *stubborn*, III8
stützen auf (acc) *to prop up (one's arms)*, III4
suchen *to look for, search for*, I
Südafrika (das) *South Africa*, III6
der Süden *south*, III2
südlich *southern*, III2
super *super*, I
der Superlativ, -e *superlative*, III6
der Supermarkt, ⁼e *supermarket*, I
supertoll *really great*, II
die surfen *to surf*, I
Suppe, -n *soup*, II
süß *sweet*, II
die Süßigkeiten (pl) *sweets*, III3
der Süßkram *sweet junk food*, III12
die Süßwaren (pl) *sweets*, III10
das Symbol, -e *symbol*, III1
sympathisch *nice, pleasant*, II
die Synagoge, -n *synagogue*, II
die Szene, -n *scene*, III7

das T-Shirt, -s *T-shirt*, I
tabellarisch *in tabular form*, III11
die Tabelle, -n *table, grid*, III1
die Tacos *tacos*, II
der Tag, -e *day*, I; **eines Tages** *one day*, I
das Tagebuch, ⁼er *diary*, III1
die Tagebucheintragung, -en *diary entry*, III1
der Tagesablauf *daily routine*, III2
die Tageszeitung, -en *daily (newspaper)*, III6
täglich *daily*, III1
der Tagungsort, -e *meeting place*, Loc7
das Tal, ⁼er *valley*, III1
das Talent, -e *talent*, III6
die Talkshow, -s *talk show*, II
die Tante, -n *aunt*, I
der Tanz, ⁼e *dance*, III2
tanzen *to dance*, I; **tanzen gehen** *to go dancing*, I
Tänzer(in), -/nen *dancer*, III10
die Tasche, -n *bag; pocket*, II
das Taschenbuch, ⁼er *pocket book*, III12
das Taschengeld *allowance*, III3
der Taschenrechner, - *pocket calculator*, I
das Taschentuch, ⁼er *handkerchief*, III1
die Tasse, -n *cup*, III1
tassenfertig *ready to be served in a cup*, III7
tat (*imperfect of* tun), III10
tätig sein *to be busy, employed*, III11
die Tätigkeit, -en *activity*, III11
die Tatsache, -n *fact*, III6
tauchen *to dive*, II

der Tauchsieder, - *immersion heater*, III12
tausend *thousand*, III2
die Technik *technology*, III3
technisch *technical*, III10
technische(r) Zeichner(in), -/nen *technical artist*, III12
technologisch *technological*, III11
der Tee *tea*, I; **ein Glas Tee** *a glass of tea*, I
der Teer *tar*, III1
die Teigwaren (pl) *pasta*, III1
der Teil, -e *part*, III9
teilen *to divide, share*, III5
teilgenommen *taken part*, III6
teilnahm (*imperfect of* teilnehmen), III6
teilnehmen an (sep, dat) *to participate in*, III6
der Teilnehmer, - *participant*, III2
der Teilnehmerpreis *price for each participant*, III2
teilweise *partly*, III10
das Telefon, -e *telephone*, I
telefonieren *to call*, I
die Telefonkarte -n *phone card*, I
die Telefonnummer, -n *telephone number*, I
die Telefonzelle, -n *telephone booth*, I
der Teller, - *plate*, III2
das Tellergericht *meal*, III10
die Temperatur, -en *temperature*, II
Tennis *tennis*, I
der Tennisplatz, ⁼e *tennis court*, II
der Tennisschläger, - *tennis racket*, II
die Tenorblockflöte, -n *recorder*, III12
der Teppich, -e *carpet*, I
die Terrasse, -n *terrace, porch*, II
teuer *expensive*, I
der Teufel, - *devil*, III6
der Text, -e *text*, III1
das Theater, - *theater*, I; **ins Theater gehen** *to go to the theater*, I
die Theateraufführung, -en *theatrical performance*, III10
die Theaterkarte, -n *theater ticket*, III12
das Theaterstück, -e *play*, II
die Theke, -n *counter, bar*, III10
das Thema, (pl) **Themen** *subject, topic*, III5
die Thermosflasche, -n *thermos bottle*, III2
der Thunfischsalat *tuna fish salad*, III1
ticken *tick*, III4
tief *deep*, III7
das Tier, -e *animal*, III9
Tierarzt(-ärztin) ⁼e/nen *veterinarian*, III11
tierlieb *animal-loving*, III8
das Tierprodukt, -e *animal product*, III1
die Tiersendung, -en *animal documentary*, II
der Tilsiter Käse *Tilsiter cheese*, II
der Tintenkiller, - *chemical eraser*, III9
der Tip, -s *tip*, III8

tippen *to type*, III6
der Tisch, -e *table*, I
die Tischplatte, -n *table top*, III4
der Titel, - *title*, III2
Tja ... *Well...*, I
die Tochter, ⁼ *daughter*, II
der Tod *death*, III2
der Todfeind, -e *arch enemy*, III5
der Tofu *tofu*, II
die Toilette, -n *bathroom, toilet*, II
tolerant *tolerant*, III4
die Toleranz *tolerance*, III4
toll *great, terrific*, I
der Tolpatsch, -e *clumsy oaf*, III12
die Tomate, -n *tomato*, I
Toningenieur(in), -e/nen *sound engineer*, III12
die Tonkassette, -n *audio cassette*, III4
die Tonne, -n *drum, container*, III9
das Tor, -e *gate*, III1
die Torte, -n *layer cake*, I
Tote, -n *dead person*, III5
der Tourismus *tourism*, III9
der Tourist, -en *tourist*, III2
Touristikfachwirt(in), -e/nen *tourism specialist*, III12
die Tournee: auf Tournee gehen *to tour*, III10
die Tradition, -en *tradition*, III10
traditionell *traditional*, III7
traf (*imperfect of* **treffen**), III7
tragen *to wear; to carry*, II; **er/sie trägt zu** *he/she wears with*, II
der Träger, - *strap*, II
das Trägerhemd, -en *camisole*, II
der Trainingsanzug, ⁼e *track suit*, III3
trank (*imperfect of* **trinken**), III12
das Transportflugzeug, -e *transport plane*, III5
trat auf *came on stage*, III2
die Traube, -n *grape*, I
trauen (dat) *to trust*, III10
der Traum, ⁼e *dream*, III11
träumen *to dream*, III10
der Traumjob, -s *dream job*, III11
traurig *sad*, I
die Traurigkeit *sadness*, III10
treffen *to meet*, III3
treffend *apt(ly)*, III12
das Treiben *activity*, III10
treiben: Sport treiben *to do sports*, III3
das Treibgas, -e *propulsion gas*, III9
der Trend, -s *trend*, III3
die Treppe, -n *staircase*, III1
das Treppenhaus, ⁼er *well of a staircase*, Loc4
der Tresen, - *counter, bar*, III7
treu *faithful*, III11
die Trillerpfeife, -n *whistle*, III3
trinken *to drink*, I
trocken *dry*, I
das Trommelfell *ear drum*, III3
trommeln *to drum*, III4
trotz (gen prep) *in spite of, despite*, III1
trotzdem *in spite of that*, III1

trotzen   *to be obstinate*, III2
trug (*imperfect of* **tragen**), III2
trutzig   *defiant*, III1
Tschau! *Bye! So long!*, I
Tschüs! *Bye! So long!*, I
das Tuch, -̈er   *towel, rag*, III1
die Tulpe, -n   *tulip*, III11
tun *to do*, I; **Leid tun: Es tut mir Leid.** *I'm sorry.*, I; **Tut mir Leid. Ich bin nicht von hier.** *I'm sorry. I'm not from here.*, II; **wehtun: Tut dir was weh?** *Does something hurt?*, II; **Tut's weh?** *Does it hurt?*, II
die Tür, -en   *door*, III10
türkisch (adj) *Turkish*, II
der **Turnschuh, -e**   *sneaker, athletic shoe*, I
der TÜV=Technischer Überwachungsverein   *motor vehicle inspection agency*, III7
typisch   *typical*, III10

die **U-Bahn=Untergrundbahn, -en** *subway*, I
die **U-Bahnstation, -en** *subway station*, I
das **U-Boot, -e** *submarine*, III5
übel   *evil, bad*, III5
üben   *to practice*, III4
über (acc, dat prep)   *over; about; above*, III1
überall   *everywhere; all over*, III1
überallhin   *everywhere, in all directions*, III11
das Überarbeiten   *revising*, III1
die Überbevölkerung   *overpopulation*, III9
überdurchschnittlich   *above-average, outstanding*, III4
übereinstimmen (sep) *to agree*, III7
überfallen   *to overcome*, III10
überfiel (*imperfect of* überfallen), III10
überflüssig   *superfluous*, III9
überfluten   *to flood*, III7
überfragt sein   *to not know*, III7
überfüllt   *overcrowded*, III2
überhaupt   *generally; absolutely, at all*, III1; **überhaupt nicht** *not at all*, I; **überhaupt nicht gern haben** *to strongly dislike*, I; **überhaupt nicht wohl** *not well at all*, II
überkam (*imperfect of* überkommen), III10
überkommen   *to come over*, III4
überlegen   *to consider*, III7
übermäßig   *excessive*, III8
übermorgen   *the day after tomorrow*, III7

übermütig   *playful*, III10
übernächst-   *the (one) after*, III10
übernachten   *to spend the night*, II
der Übernachtungspreis   *room rate*, III2
übernehmen   *to take over*, III2
überprüfen   *to reexamine*, III8
überraschen   *to surprise*, III6
die Überraschung, -en   *surprise*, III5
überreden   *to persuade*, III8
überschätzen   *to overestimate*, III7
überschreiten   *to cross over*, Loc1
übersetzen   *to translate*, III8
übertariflich: übertarifliches Gehalt   *salary in excess of the agreed scale*, III11
übertragen   *to transfer*, III1
die Übertragung, -en   *telecast, transmission*, II
übertreiben   *to exaggerate*, III3
übertrieben   *exagerrated*, III7
übertrumpfen   *to surpass*, III5
überzeugen   *to convince*, III2
üblich   *usual*, III9
übrig sein   *to be left over*, III5
übrigens   *by the way*, III1
die Übung, -en   *exercise*, III1
die **Uhr, -en**   *watch, clock*, III2; **um ein Uhr** *at one o'clock*, I; **Wie viel Uhr ist es?** *What time is it?*, I; **Um wie viel Uhr?** *At what time?*, I
um (acc prep)   *at; around*, II
um ... zu machen   *in order to do ...*, III3
umarmen   *to embrace*, III8
umbenannt   *renamed*, III4
die Umfrage, -n   *survey, poll*, III3
die Umgangsform, -en   *manners*, III11
umgebunden   *tied around*, III12
die Umgebung, -en   *surrounding area*, II
umgekehrt   *vice-versa*, III5
umher   *around, on all sides*, III12
umschalten (sep)   *to switch over*, III7
der Umschlag, -̈e   *envelope*, III12
umschreiben (sep)   *to rewrite, rework*, III3
s. **umsehen** (sep)   *to look around*, III10
umso: umso besser   *the better*, III7
umstellen (sep)   *to transpose*, III3
umtauschen (sep)   *to exchange*, III1
die Umverpackung   *outer wrappings*, III9
umwandeln (sep)   *to change*, III6
umwechseln (sep)   *to change (money)*, III1
die **Umwelt**   *environment*, II
umweltbewusst   *environmentally conscious*, III8
das Umweltbewusstsein   *environmental consciousness*, III9
umweltfreundlich   *environmentally safe*, III9
das Umweltgift   *environmental poisoning*, III9

der Umwelttheini, -s   *environmental fanatic*, III8
Umweltökonom(in), -en/nen   *environmental scientist*, III12
der Umweltschaden, -̈   *environmental damage*, III9
umweltschädlich   *harmful to the environment*, III9
der **Umweltschutz**   *environmental protection*, III9
die Umweltsünde, -n   *sin against the environment*, III9
der Umweltverschmutzer, -   *polluter*, III9
die Umweltverschmutzung   *pollution*, III9
das Umweltzeichen   *environmental logo*, III9
unabhängig sein   *to be independent*, III5
unangenehm   *unpleasant*, III1
unbedingt   *absolutely, by all means*, III1; **Nicht unbedingt!** *Not entirely! Not necessarily!*, II
unbefriedigend   *unsatisfactory*, III9
unbegrenzt   *unlimited*, III8
das Unbehagen   *discomfort*, III7
Unbekannte, -n   *unknown person*, III12
unbeliebt   *unpopular*, III4
unbequem   *uncomfortable*, I
unberechtigt   *unjustified*, III3
unbeschreiblich   *indescribable*, III11
und (conj)   *and*, I
undeutlich   *unclear*, III1
undiszipliniert   *undisciplined*, III11
unendlich   *infinite*, III8
unentschieden   *undecided*, III11
unfähig   *incapable*, III1
der **Unfall, -̈e**   *accident*, III1
die Unfallquote, -n   *accident rate*, III5
unfreundlich   *unfriendly*, II
die Ungeduld   *impatience*, III2
ungefähr   *about, approximately*, I
ungekocht   *unboiled*, II
ungenügend   *insufficient*, III3
die Ungerechtigkeit, -en   *injustice*, III5
ungewiss   *uncertain*, III11
ungewöhnlich   *unusual*, III6
unglaublich   *unbelievable*, II
unglücklich   *unhappy*, III4
unheimlich   *weird, creepy*, III10
die Uni, -s=Universität   *university*, III11
die Universität, -en   *university*, III4
unkompliziert   *uncomplicated*, III11
Unmenge: eine Unmenge   *quite a lot*, III1
unmerklich   *unnoticable*, III10
unmöglich   *impossible*, Loc 1
uns   *us*, I; *ourselves*, II; *to us*, II
unser (poss adj)   *our*, II
der Unsinn   *nonsense*, III7
die Unsinnsbildung, -en   *nonsense word*, III7
unsympathisch   *unfriendly, unpleasant*, II

unten *underneath, below,* III1
unter (acc, dat prep) *under,* III1
unter sich bleiben *to keep to oneselves,* III4
das **Unterbewusstsein** *subconscious,* III7
unterbrechen *to interrupt,* III5
die Unterbrecherwerbung *commercial interrupting a TV program,* III7
die Unterbrechung *interruption,* III7
unterbrochen *interrupted,* III7
unterdrücken *to oppress,* III12
untereinander *among one another,* III4
der Untergang *decline, ruin,* III5
untergebracht *quartered, housed,* III12
s. **unterhalten über** (acc) *to talk about,* III5
die **Unterhaltung, -en** *conversation; entertainment,* III6
unterhielt (*imperfect of* **unterhalten**), III4
die **Unterkunft, ⸚e** *accomodations,* III2
die Unterlage, -n *document,* III11
unternehmen *to undertake,* III2
der **Unterricht** *class, lesson,* III5
unterrichten *to teach,* III10
die Unterrichtsgestaltung *way of teaching,* III12
der Unterrichtsplan, ⸚e *lesson plan,* III10
der Unterrichtsstoff *subject matter,* III12
unterscheiden *to distinguish,* III4
der **Unterschied, -e** *difference,* III10
unterschiedlich *distinct, different,* III2
unterschreiben *to sign,* III5
die Unterschriftenaktion *collecting of signatures,* III9
unterstreichen *to underscore,* III1
unterstrichen *underscored,* III1
unterstützen *to support,* III6
die Untersuchung, -en *inspection, examination,* III8
unterwegs *on the way, underway,* III6
unterzeichnen *to sign,* III5
unumgänglich *unavoidable,* III7
unverdorben *unspoiled,* III2
unvergesslich *unforgettable,* III1
unverständlich *incomprehensible,* III1
unwahrscheinlich *incredible,* III1
unweigerlich *without fail, inevitable,* III10
unwirksam *ineffective,* III8
unzufrieden *dissatisfied,* III12
die Unzufriedenheit *dissatisfaction,* III12
der **Urlaub, -e** *vacation* (time off from work), II
das **Urteil, -e** *judgement,* III8
usw.=und so weiter *et cetera, and so on,* III1
die UV-Strahlen *UV-rays,* III9

die **Vanillemilch** *vanilla-flavored milk,* II
variabel *variable,* III2
variieren *to vary,* III8
der **Vater, ⸚** *father,* I
väterlicherseits *on the father's side,* III8
der **Vatertag** *Father's Day,* I; **Alles Gute zum Vatertag!** *Happy Father's Day!,* I
der Veganer, - *complete vegetarian,* III1
der Vegetarier, - *vegetarian,* III1
vegetarisch (adj) *vegetarian,* III1
verabscheuungswürdig *detestable,* III5
s. verabschieden *to say goodbye,* III12
verächtlich *scornful,* III5
verändern *to modify, change,* III2
die Veränderung, -en *change,* III3
der Veranstalter, - *organizer,* III7
die **Veranstaltung, -en** *performance, show,* III6
verantwortlich *responsible,* III6
die Verantwortung, -en *responsibility,* III5
verantwortungslos *irresponsible,* III5
verbergen *to hide,* III7
verbessern *to improve,* III3
die Verbesserung, -en *improvement,* III9
verbieten (dat) *to forbid,* III4
verbilligen *to make cheaper,* III10
verbinden *to connect,* III1
die Verbindung, -en *connection,* III7
verborgen *hidden,* III7
verstoßen (gegen) *to infringe (upon),* III7
verboten *forbidden,* III5
verbracht *spent,* III1
verbrannt *burned,* III2
verbrauchen *to consume, use up,* III9
der **Verbraucher, -** *consumer,* III7
das Verbraucherprodukt, -e *consumer product,* III9
verbreiten *to spread,* III8
s. **verbrennen** *to burn oneself,* III1
verbringen *to spend* (time), I
der Verbund *composite,* III9
der Verdacht *suspicion,* III2
verdanken (dat) *to owe, be indebted,* III2
verderben *to spoil,* III5
verdienen *to earn,* III7
s. verdient machen *to prove one's worth,* III6
verdrängen *to displace, repress,* III6
verdrehen *to twist,* III5
der **Verein, -e** *association, club,* III5
vereinigen *to unite,* III8

vereint *unified,* III11
das Verfahren, - *method, procedure,* III11
verfolgen *to persecute, haunt,* III5
verfügen über (acc) *to have something at one's disposal,* III11
die Verfügung, -en *decree,* III11
verführen *to seduce,* III7
die Verführung, -en *temptation, enticement,* III7
vergangen- *past,* III5
die Vergangenheit *past,* III10
vergaß (*imperfect of* **vergessen**), III4
vergeblich *futile,* III10
vergehen *(time) passes,* III11
vergessen *to forget,* III4
vergleichen *to compare,* III7
verglichen *compared,* III5
das **Vergnügen, -** *pleasure, fun,* III10
vergrößern *to enlarge,* III9
das **Verhalten, -** *behavior,* III1
das **Verhältnis, -se** *relationship,* III4; *situation,* III11
verheiratet sein *to be married,* III4
verkaufen *to sell,* III6
Verkäufer(in), -/nen *salesperson,* III1
der Verkaufsladen, ⸚ *store,* III11
der **Verkehr** *traffic,* II
das **Verkehrsmittel, -** *means of transportation,* II
der Verkehrspolizist, -en *traffic policeman,* III11
der Verkehrsverbund *local transportation organisation,* III9
die Verkleidung *disguise,* III3
verkleinern *to make smaller,* III9
verkrampfen: die Hände verkrampfen *to clench one's hands,* III4
verkrampft *tense, rigid,* III4
verlangen *to demand,* III7
verlängern *to lengthen,* III10
verlassen *to leave,* III12
s. **verlassen auf** (acc) *to count on,* III5
der Verlauf *course,* III6
verlegen *to move to,* III10; *embarrassed, self-conscious,* III11
die Verlegenheit *embarrassment,* III11
verlegte *moved,* III10
die Verleihung, -en *bestowal, award,* Loc7
s. **verletzen** *to injure (oneself),* II
die Verletzung, -en *injury,* III1
verliebt *in love,* III8
verlieren *to lose,* III2
verließ (*imperfect of* verlassen), III4
verloren *lost,* III2
vermarkten *to market,* III10
vermeidbar *avoidable,* III9
vermeiden *to avoid,* II
vermiesen *to spoil, ruin,* III1
vermissen *to miss,* III6
vermitteln *to mediate,* III12
vermögen *to be able to,* III1
vermuten *to suppose,* III8

vernünftig *reasonable, sensible,* III1; **vernünftig essen** *to eat sensibly,* II
veröffentlichen *to publish,* III6
verpacken *to wrap,* III9
die Verpackung, -en *wrapping,* III9
das Verpackungsmaterial *packaging material,* III9
verpesten *to poison, pollute,* III9
verpflichten *to enlist,* III5
verquer *against the grain,* III3
verraten *to disclose, betray,* III8
verreisen *to leave on a trip,* III1
verringern *to diminish,* III5
verrückt *crazy,* III3
versagen *to fail,* III4
die Versammlung, -en *assembly, meeting,* III6
verschieden *different,* I
verschmähen *to scorn,* III9
verschmutzen *to pollute,* III9
die Verschmutzung *pollution,* III9
verschwenden *to waste,* III9
verschwiegen *kept secret,* III2
verschwinden *to disappear,* III1
das Versehen *mistake,* III12
die Versetzung *promotion,* III12
die Versicherung, -en *insurance company,* III11
versorgen mit *to supply with,* III9
versperren *to block,* III5
verspielen *to lose,* III2
verspinnen *to use up by spinning,* III7
versponnen *spun,* III7
versprach (*imperfect of* versprechen), III7
versprechen *to promise,* III1
versprochen *promised,* III1
verstand (*imperfect of* verstehen), III7
verstanden *understood,* III1
verständigen *to communicate,* III8
die Verständigung *communication,* III11
verständlich *understandable,* III6
das Verständnis, -se *comprehension; sympathy,* III8
verständnisvoll *understanding, sympathetic,* III11
verstärken *to reinforce,* III8
verstaubt *dusty,* III12
s. **verstauchen** *to sprain,* II
verstecken *to hide,* III7
verstehen *to understand,* III3; **Ich verstehe mich super mit ihr.** *She and I really get along.,* III4
verstorben *late, deceased,* III2
verstoßen *to give offense,* III7
verstoßen (gegen) *to infringe (upon),* III7
der Versuch, -e *attempt,* III10
versuchen *to attempt, try;* **Versuch doch mal, etwas zu machen!** *Why don't you try to do something?,* III3
verteidigen *to defend,* III3
verteilen *to distribute,* III10

verteuern *to raise the price,* III7
der Vertrag, ̈e *contract, agreement,* III5; **einen Vertrag abschließen,** *to sign a contract,* III5
Vertrauen *trust,* III4
vertrauen (dat) *to trust,* III3
verträumt *dreamy, sleepy,* III10
vertraut *familiar, intimate,* III10
vertreten *to represent,* III6
verursachen *to cause,* III7
verurteilen *to condemn,* III5
die Verwaltung *administration*
Verwandte, -n *relative,* III1
verwehen *to die out,* III10
verwehren *to deny, prevent,* III10
das Verweilen *staying, lingering,* III2
verweilen *to stay,* III2
verwenden *to use,* III7
die Verwendung, -en *use, application,* III9
verwirklicht *realized,* III2
die Verwirrung, -en *confusion,* III1
verwöhnen *to spoil, pamper,* III8
das Verzeichnis, -se *listing,* III2
Verzeihung! *Excuse me!,* I; *Pardon me!,* II
verzichten auf (acc) *to do without,* III9
verzweifeln *to despair,* III4
die Verzweiflung *despair,* III11
der Vetter, -n *male cousin,* III12
das Video, -s *video film,* I
die Videocassette, -n *video cassette,* II
die Videokamera, -s *camcorder,* II
der Videoladen, ̈ *video store,* III7
der Videorecorder, - *video cassette recorder,* II
der Videowagen, - *VCR cart,* II
viel *a lot,* I; **viel zu** *much too,* I; **viel Obst essen** *to eat lots of fruit,* II
viele *many,* I; **Vielen Dank!** *Thank you very much!,* I
vielfältig *various,* III2
vielleicht *maybe, perhaps,* I
vielseitig *versatile,* III11
vierspurig *four-lane,* III9
das Viertel: Viertel nach *a quarter after,* I; **Viertel vor** *a quarter till,* I
die Villenanlage, -n *area of expensive homes,* III2
die Violine, -n *violin,* III10
Violinist(in), -en/nen *violinist,* III10
visuell *visual,* III10
das Vitamin, -e *vitamine,* III3
vitaminreich *rich in vitamins,* III7
der Vogel, ̈ *bird,* III9
das Vogelgezwitscher *bird chirping,* III4
das Volk, ̈er *people,* III3
das Volksfest, -e *festival,* III10
die Volkshochschule, -n *adult education program,* III3
die Volksverdummung *brainwashing (of the public),* III6
voll *full,* III1
vollenden *to complete,* III2

Volleyball *volleyball,* I
vollführen *to carry out,* III2
völlig *completely,* III1
volljährig *of age,* III5
die Volljährigkeit *majority, full age,* III5
das Vollkornbrötchen, - *whole-wheat roll,* III1
die Vollkornsemmel, -n *whole wheat roll,* I
vollständig *complete,* III11
die Vollverpflegung *all meals included,* III2
vollwertig *nutritious,* III3
von (dat prep) *from, of,* II; **von 8 Uhr bis 8 Uhr 45** *from 8:00 until 8:45,* I; **von hinten** *from behind,* II
vor (acc, dat prep) *before, in front of,* II; **zehn vor ...** *ten till...,* I; **vor allem** *most of all,* III11; **vor kurzem** *recently,* III1
Voraus: im Voraus *beforehand,* III8
voraussichtlich *probable, probably,* III1
der Vorbehalt: Vorbehalte haben *to have reservations,* III12
vorbei *along, by, past,* III1
das Vorbereiten *preparing,* III1
s. **vorbereiten auf** (sep, acc) *to prepare for,* III11
die Vorbereitung, -en *preparation,* III10
die Vorbesprechung, -en *preliminary discussion,* III1
das Vorbild, -er *model, idol,* III11
der Vorfall, ̈e *incident, event,* III1
vorführen (sep) *to present, show,* III1
Vorgesetzte, -n *boss,* III11
vorgestern *day before yesterday,* I
vorhaben (sep) *to plan,* III3
vorhanden sein *to exist,* III10
der Vorhang, ̈e *curtain,* III10
vorher *before, beforehand,* III1
vorhin *before, a short time ago,* III10
vorig- *last,* III5
vorkommen (sep) *to happen,* III7
vorlesen (sep) *to read aloud,* III0
vorliegen *to be submitted*
vormachen (sep) *to present, model,* III9
der Vormittag, -e *morning,* III5
vorne: von vorne *from the beginning,* III5
der Vorort, -e *suburb,* I
der Vorsatz, ̈e *intention,* III3
der Vorschlag, ̈e *suggestion, proposition, proposal,* II; **Das ist ein guter Vorschlag.** *That's a good suggestion.,* II
vorschlagen (sep) *to suggest,* II
die Vorsicht *caution,* III9
vorsichtig *careful(ly),* III1
die Vorspeise, -n *appetizer,* III
das Vorspiel, -e *prelude, overture,* III10
vorspielen (sep) *to act out,* III7
der Vorsprung *lead, advantage,* III5
s. **vorstellen** (sep) *to present, introduce; to imagine,* III6

die **Vorstellung, -en** *impression, image*, III8; *performance*, III10; *idea, vision*, III11
der Vortag *the day before*, III1
der **Vorteil, -e** *advantage*, II
der Vortrag, ⸚e *lecture, presentation*, III2
    vorübergehen (sep) *to pass by, go past*, III2
das **Vorurteil, -e** *prejudice*, III4
    vorwiegend *primarily, prevailing*, III7
der Vorwurf, ⸚e *reproach*, III9
    vorziehen (sep) *to prefer*, II

das Wachs *wax*, III10
    wachsen *to grow*, III9
die Wachsfigur, -en *wax statue*, III10
die Wachsplastik, -en *wax sculpture*, III10
die **Wade, -n** *calf*, III1
die **Waffe, -n** *weapon*, III5
    wagen *to risk*, III10
der **Wagen, -** *car, truck, wagon*, II
die Wahl, -en *election*, III5
    wählbar *electable*, III5
    wahlberechtigt *entitled to vote*, III5
    wählen *to choose; elect*, II
die Wahlkapelle, -n *chapel where the emperors were elected*, Loc7
    wahnsinnig *insanely, extremely*, III5; **Wahnsinnig gut!** *Extremely well!*, II
    wahr *true*, III1
    während (gen prep) *during*, III10
die **Wahrheit, -en** *truth*, III6
    wahrheitsgetreu *faithful, true*, III6
    wahrnehmen (sep) *to perceive*, III7
    wahrscheinlich *probably*, I
die Währung, -en *currency*, III1
die Währungsunion *monetary union*, III1
das Wahrzeichen, - *landmark, symbol*, Loc7
der **Wald, ⸚er** *forest*, III9
die Waldecke, -n *edge of the wood*, III6
das **Waldsterben** *the dying of the forests*, III9
das Wandbrett, -er *poster board*, III9
    wandern *to hike*, I
die Wanderung, -en *hike*, III1
der Wanderweg, -e *hiking trail*, III2
    wann? *when?*, I
die Wanne, -n *bathtub*, III12
    war: ich war *I was*, I
    ward=wurde, III7
    wäre: Das wäre toll! *That would be great!*, II; **Das wär' nicht schlecht.** *That wouldn't be bad.*, II; **Viele Freunde haben, wäre mir wichtig.**

To have many friends would be important to me., III11
die **Ware, -n** *product, ware*, III7
    warm *warm*, I
die Warnung, -en *warning*, III8
    warten auf (acc) *to wait for*, III1
der Wärter, - *attendant, guard*, III10
    warum? *why?*, I
    was für? *what kind of?*, I; **Was für ein Pech!** *That's too bad!*, II
    was=etwas *something*, II; **Ist was mit dir?** *Is something wrong?*, II
    was? *what?*, I; **Was noch?** *What else?*, I; **Was gibt's?** *What is it?*, II; **Was ist?** *What is it?*, II
die **Wäsche** *laundry, clothes*, II
    waschen *to wash*, II
    s. **waschen** *to wash oneself*, II
das **Waschmittel, -** *laundry soap*, III9
der Waschtag, -e *laundry day*, III1
das **Wasser** *water*, I
    wasserdicht *waterproof*, III7
die **Wassermelone, -n** *watermelon*, III1
der Wechselkurs *exchange rate*, III1
    wechseln *to exchange*, III1
    wecken *to awaken*, III7
der **Wecker, -** *alarm clock*, II
    weder ... noch *neither ... nor*, III10
der **Weg, -e** *path*, III8
    wegbleiben (sep) *to stay away*, III4
    wegen (gen prep) *because of*, III10
    wegfahren (sep) *to go, drive away*, III2
der Weggang *departure*, III1
    weggebracht *taken away, removed*, III1
    weggehen (sep) *to go away*, III4
    weggeworfen *thrown away*, III9
    weglassen (sep) *to omit, drop*, III6
    wegschmeißen (sep) *to throw away*, III9
der **Wehrdienst** *armed service*, III5
die Wehrmacht (sing) *armed forces*, III5
die **Wehrpflicht** *compulsory military service*, III5
    wehrpflichtig *liable to military service*, III5
die Wehrübung, -en *military maneuver*, III5
    wehtun (sep) *to hurt*, II
    weich *soft*, II
    weichen (dat) *to give way, recede*, III10
die Weide, -n *willow tree*, III2
    Weihnachten *Christmas*, I; **Fröhliche Weihnachten!** *Merry Christmas!*, I
    weil (conj) *because*, I
die **Weile** *while*, III11
der Weinbau *wine growing*, Loc4
    weinen *to cry*, III2
    weise *wise*, III7
    weiß *white*, I
das Weißblech *metal*, III9
die **Weißwurst, ⸚e** (southern German sausage specialty), I

    weit *far; wide*, I; **weit von hier** *far from here*, I
    weiter *further*, III1
    weitergehen (sep) *to continue on*, III2
    weiterhin *as before*, III7
    weitgehend *extensive, largely*, III5
der **Weitsprung** *long jump*, II
    welch-? *which?*, I; **Welche Fächer hast du?** *Which subjects do you have?*, I
die Welle, -n *wave*, III5
die **Welt, -en** *world*, III11
    weltanschaulich *ideological*, III5
die Weltanschauung, -en *world view*, III2
der Weltbegriff *understanding of the world*, III5
    weltberühmt *world famous*, Loc10
    weltfremd *innocent, starry-eyed*, III12
der Weltkrieg, -e *world war*, III5
der Weltkriegsgefreite *private first-class in a world war*, III5
der Weltruf *international reputation*, Loc10
    weltweit *worldwide, global*, Loc1
    wem? *whom?, to whom?, for whom?*, I
    wen? *whom?*, I
die Wende, -n *turning point*, III10
    wenden *to turn*, III5
der Wendepunkt, -e *turning point*, III11
    wenige *few*, III6
    wenigstens *at least*, III1
    wenn (conj) *whenever*, II
    wer? *who?*, I; **Wer ist das?** *Who is that?*, I
die Werbeagentur, -en *advertising agency*, III7
die Werbeanzeige, -n *advertisement*, III7
die Werbeausgaben (pl) *advertising expenditures*, III7
der Werbeblock, ⸚e *block of advertising*, III7
die Werbebranche, -n *advertising industry*, III7
die Werbeeinblendung, -en *advertisement fade-in*, III7
der Werbefotograf, -en *commercial photographer*, III12
der Werbefunk *radio commercials*, III7
der Werbemacher, - *advertisement creator*, III7
    werben *to advertise*, III7
die **Werbesendung, -en** *commercial*, II
der Werbeslogan, -s *advertising slogan*, III7
der Werbespot, -s *commercial spot*, III7
der **Werbespruch, ⸚e** *advertising slogan*, III7
der Werbetexter, - *advertisement writer*, III7
    werbewirksam *effective advertising*, III7

die Werbewirtschaft *advertising industry*, III7
die **Werbung** *advertising*, III7
werden *will*, II; **er/sie wird** *he/she will*, II; **Ich werde mir ... kaufen.** *I'll buy myself...*, II
werfen *to throw*, III8
das **Werk, -e** *literary work*, III10; *factory*, Loc1
Werkzeugmacher(in), -/nen *tool maker*, III12
der Wert, -e *value*, III9
Wert: Ich leg viel Wert darauf. *That's real important to me.*, III11
wert sein *to be worth*, III1
die Wesensart *nature*, III8
wesentlich *substantial(ly)*, III9
weshalb? *for what reason?*, III4
wessen *whose*, III7
der Westen *the west*, III7
der **Western, -** *western (movie)*, I
das **Wetter** *weather*, I
der **Wetterbericht, -e** *weather report*, II
die **Wetterjacke, -n** *rain jacket*, II
der Wettkampf, ¨e *contest, competition*, III8
der **Whirlpool, -s** *whirlpool*, II
wichen (*imperfect of* weichen), III10
wichtig *important*, III1
widerspiegeln *to reflect*, Loc 1
widersprechen *to contradict, oppose*, III5
die Widerstandsbewegung, -en *resistance movement*, III5
wie lange *how long*, II
wie? *how?*, I; **wie oft?** *how often?*, I; **Wie spät ist es?** *What time is it?*, I; **Wie steht's mit ...?** *So what about...?*, II; **Wie wär's mit ...?** *How would... be?*, II; **Wie war's?** *How was it?*, II; **wie viel?** *how much?*, I; **Wie viel Grad haben wir?** *What's the temperature?*, I; **Wie viel Uhr ist es?** *What time is it?*, I
wieder *again*, I; **wieder verwenden** *to use again*, III9; **wieder verwerten** *to recycle*, III9
wiedergeben (sep) *to repeat*, III8
wiederholen *to repeat*, III11
die Wiederholung, -en *repetition*, III8
Wiederhören *Bye!* (on the telephone), I; **Auf Wiederhören!** *Goodbye!* (on the telephone), I
Wiedersehen! *Bye!*, I; **Auf Wiedersehen!** *Goodbye!*, I
die Wiederverwertung, -en *recycling*, III9
wiegen *to weigh*, I
das **Wiener Schnitzel, -** *breaded veal cutlet*, II
die **Wiese, -n** *meadow*, III7
wieso? *why?; how?*, III8
der Wilderer, - *poacher*, III10
die **Wildlederjacke, -n** *suede jacket*, II
der **Wildwestfilm, -e** *wild west film*, II
der Wille *will, volition*, III2

willig *willing*, III2
willkommen *welcome*, III2
die **Windjacke, -n** *windbreaker*, II
windsurfen *to wind surf*, II
winselnd *whimpering*, III1
der **Winter** *winter*, I
das Wintersemester. - *winter semester*, III11
Winzer(in), -/nen *vintner*, III12
wippen *to rock*, III4
wir *we*, I
wirken *to cause, effect*, III6
wirklich *really*, I
die Wirklichkeit, -en *reality*, III7
wirksam *effective*, III7
die Wirkung, -en *effect, consequence*, III2
wirkungsvoll *effective*, III3
die **Wirtschaft** *economy*, III7
die Wirtschaftswissenschaft *applied study of business*, III11
das Wirtschaftswunderland, *country with an economic miracle*, III8
wischen *to wipe*, III7
wissen *to know* (a fact, information, etc.), I; **Das weiß ich nicht.** *That I don't know.*, I; **Ich weiß nicht, ob ...** *I don't know whether...*, II
die Wissenschaft, -en *science*, III11
Wissenschaftler(in) -/nen *scientist*, III9
wissenschaftlich *scientific*, III10
die Wissenschaftssprache, -n *scientific language*, III11
der Witz, -e *joke*, III6
witzig *fun, witty*, II
wo? *where?*, I
woandershin *to somewhere else*, III2
wobei *whereby*, III1
die **Woche, -n** *week*, I; **(einmal) in der Woche** *(once) a week*, I
das **Wochenende, -n** *weekend*, I
wofür? *for what?*, III1; **Wofür interessierst du dich?** *What are you interested in?*, II
woher? *from where?*, I; **Woher bist du?** *Where are you from?*, I; **Woher kommst du?** *Where are you from?*, I
wohin? *where (to)?*, I; **Wohin fahren wir?** *Where are we going?*, II
wohl *well*, III1; **Ich fühle mich wohl.** *I feel great.*, II
das Wohlbefinden *good health, well-being*, III3
wohnen *to live*, I
das Wohnhaus, ¨er *residence*, II
die Wohnlage, -n *(residential) area*, III8
der Wohnsitz, -e *place of residence*, III5
die **Wohnung, -en** *apartment*, II
das **Wohnzimmer, -** *living room*, II
wolkig *cloudy*, I
die **Wolle** *wool*, II
wollen *to want (to)*, I

das **Wollhemd, -en** *wool shirt*, II
das Wort, ¨er *word*, III4
das **Wörtchen, -** *short word*, III12
das **Wörterbuch, ¨er** *dictionary*, I
wortlos *speechless*, III3
der Wortschatz *vocabulary*, III1
die Wortstellung *word order, syntax*, III1
worum: Worum geht es? *What's it about?*, III4
wozu? *why?; to what purpose?*, III3
wuchs (*imperfect of* wachsen), III10
das **Wunder, -** *wonder, miracle*, III10
wunderbar *wonderful*, III10
s. **wundern** *to be amazed*, III8
wunderschön *incredibly beautiful*, III2
das Wunderwerk, -e *miracle work*, III10
der **Wunsch, ¨e** *wish*, I; **Haben Sie einen Wunsch?** *May I help you?*, I; **Haben Sie noch einen Wunsch?** *Would you like anything else?*, I
s. **wünschen** *to wish*, II; **Ich wünsche mir ...** *I wish for...*, II
würde *would*, II; **Würdest du gern mal ...?** *Wouldn't you like to...?*, II
würgen *to choke*, III3
die **Wurst, ¨e** *sausage*, I
das **Wurstbrot, -e** *bologna sandwich*, I
die Wurzel, -n *root*, III10
würzig *spicy*, II
die Wut *rage*, III4
wütend *furious*, III1

Z

die Zahl, -en *number*, III6
zahlen (dat) *to pay*, III3; **Ich möchte/will zahlen!** *The check please!*, I
zahlreich *countless*, II
das Zahlungsmittel, - *means of payment*, III11
der **Zahn, ¨e** *tooth*, II
Zahnarzt(¨in), ¨e/nen *dentist*, III12
die **Zahnpasta** *toothpaste*, II
die **Zahnschmerzen** (pl) *toothache*, II
Zahntechniker(in), -/nen *dental technician*, III12
die **Zehe, -n** *toe*, III1
die Zehenspitze, -n *tip-toe*, III10
der **Zehnkämpfer, -** *decathlete*, II
das Zeichen, - *sign*, III9
zeichnen *to draw*, I
Zeichner: technische(r) Zeichner(in), -/nen *technical artist*, III12
die Zeichnung, -en *drawing*, III3
zeigen *to show*, III1; es zeigt sich, dass ... *it appears that...*, III1

die **Zeit** *time*, I; **zur Zeit** *right now*, II
das Zeitalter *age, era*, Loc10
die Zeitausdrücke (pl) *time expressions*, III12
die Zeitform *grammatical tense*, III1
zeitgenössisch *contemporary*, I II12
Zeitlang: eine Zeitlang *for a while*, III4
zeitlich *temporal, time*, III11
die **Zeitschrift, -en** *magazine*, I
die **Zeitung, -en** *newspaper*, I
der Zeitungsbericht, -e *newspaper report*, III10
der Zeitvertreib *diversion, amusement*, III10
zelten *to camp out*, III2
das Zentrum, (pl) Zentren *center*, Loc1
der Zerfall *ruin, decay*, Loc1
zerknittert *wrinkled, crumpled*, III12
zerreissen *to tear apart*, III3
zerstört *destroyed*, Loc1
die Zerstörung, -en *destruction*, III9
zerstreut *absentminded*, III12
der Zettel, - *note*, III1
der Zeuge, -n *witness*, III11
das **Zeugnis**, -se *report card*, I
die Zeugniskopie, -n *copy of report card*, III11
ziehen *to move (residence)*, III12; den Schluss ziehen *to draw the conclusion*, III9
das **Ziel, -e** *goal*, III11
die Zielgruppe, -n *target group*, III7
ziemlich *rather*, I
das **Zimmer**, - *room*, I; **mein Zimmer aufräumen** *to clean my room*, I
die **Zimmerantenne, -n** *indoor antenna*, II
der **Zimmermann, -leute** *carpenter*, III12
der **Zimt** *cinnamon*, I
zirka *approximately*, III2
das Zitat, -e *quotation*, III10
die **Zitrone, -n** *lemon*, I

zittern *to tremble*, III10
der **Zivildienst** *community service*, III5
der Zivilschutzverband *national guard*, III5
zog (*imperfect of* ziehen), III4
der **Zoo, -s** *zoo*, I
der Zorn *anger*, III6
zu *too; to*, I; **zu Fuß** *on foot*, I; **zu Hause helfen** *to help at home*, I; **zu bitter** *too bitter*, II; **zu viel** *too much*, II; **zu viele** *too many*, II; zu wenig *too little*, III9
der **Zucker** *sugar*, I
zuerst *first*, I
zufrieden *satisfied*, III2; zufrieden stellend *satisfactory*, III7
die Zufriedenheit, -en *satisfaction*, III11
der Zug, ¨-e *train*, III1
der Zugang *access*, III11
zugeben (sep) *to admit*, III3
zuhören (sep) *to listen to*, II; **Hör gut zu!** *Listen carefully!*, I
zukam (*imperfect of* **zukommen**), III11
zukneifen (sep) *to squeeze shut*, III4
zukniff (*imperfect of* zukneifen), III4
zukommen auf (sep, acc) *to be in store for*, III11
die **Zukunft** *future*, III11
zukünftig *(in) future*, III11
zulassen (sep) *to admit, approve*, III9
zuletzt *last of all*, I
zuliebe: der Umwelt zuliebe *for the love of the environment*, III9
zum=zu dem: zum Abendessen *for dinner*, II; **Zum Wohl!** *To your health!*, II 1
zunächst *for the time being*, III10
zunehmen (sep) *to gain weight*, III3
zunicken (sep) *to nod to*, III4
zurück *back*, III5
zurückbringen **(sep)** *to bring back, return*, III1
zurückgebracht *brought back*, III1
zurückhalten (sep) *to hold back, retain*, III5

zurückkehren (sep) *to return*, III12
zurückkommen auf (sep, acc) *to get back to*, III6
zurückweisen (sep) *to reject*, III9
zusammen *together*, III1
zusammenbasteln (sep) *to rig together*, III10
zusammenfassen (sep) *to summarize*, III6
die Zusammenfassung, -en *synopsis*, III3
zusammenhängen (sep) *to be connected*, III1
zusammenkommen (sep) *to come together*, III2
zusammenpassen (sep) *to go together, match*, III3
die Zusammensetzung, -en *composition*, III9
zusammensinken (sep) *to collapse*, III10
zusammenstellen (sep) *to compile, to plan*, III1
zusätzlich *additional(ly)*, III2
der **Zuschauer**, - *spectator*, III10
zuschicken (sep) *to send to*, III12
zuschlagen (sep) *to slam*, II
zuschließen (sep) *to close*, III6
der Zustand, ¨-e *state, condition*, III12
zustimmen (sep, dat) *to agree*, II
die Zustimmung, -en *consent, agreement*, III3
zutreffend *correct, applicable*, III2
zuverlässig *dependable*, III11
zuvor *before*, III7
zwar *indeed*, III10
der **Zweck, -e** *purpose, object*, III6
der **Zweig, -e** *branch*, III3
zweimal *twice*, I
zweit- *second*, III4
zweitens *secondly*, III11
die **Zwetschge, -n** *plum*, II
die **Zwiebel, -n** *onion*, I
der **Zwilling, -e** *twin*, II
zwischen (acc, dat prep) *between*, II

English-German Vocabulary

English-German Vocabulary

This vocabulary includes all of the words in the **Wortschatz** sections of the chapters. These words are considered active—you are expected to know them and be able to use them.

Idioms are listed under the English word you would be most likely to look up. German nouns are listed with the definite article and plural ending, when applicable. The numbers after each German word or phrase refer to the level and chapter in which it becomes active vocabulary. To be sure you are using the German words and phrases in the correct context, refer to the book and chapter in which they appear.

The following abbreviations are used in the vocabulary: acc (accusative), adj (adjective), dat (dative), gen (genitive), masc (masculine), pl (plural), poss adj (possessive adjective), sep (separable–prefix verb), and sing (singular).

a few *wenige,* III6
a, an *ein(e),* I
able: to be able to *können,* I
about *ungefähr,* I
accept: to be accepted by *ankommen bei* (sep), III3
accessible to the physically challenged *behindertenfreundlich,* III2
accident *der Unfall, ⁻e,* III1
accomodations *die Unterkunft, ⁻e,* III2
accompany *begleiten,* III10
achieve *erreichen,* III6; *schaffen,* III5
achievement *das Werk, -e,* III10
acid rain *der saure Regen,* III9
across from *gegenüber,* II
action movie *der Actionfilm, -e,* I
active: to be active in *s. engagieren für,* III5
actor *der Schauspieler, -,* I
actress *die Schauspielerin, -nen,* I
address *ansprechen* (sep), III6
administration: school administration *die Schulleitung,* III 6
admire *bewundern,* III10
admit *eingestehen* (sep), III7; *zugeben* (sep), III3
advanced: to be advanced (person) *der Fortgeschrittene, -n,* II
advantage *der Vorteil, -e,* II; **to take advantage of** *ausnützen* (sep), III7
advertise *werben,* III7
advertisement *die Reklame, -n,* III7; *die Werbung, -en,* III7
advertising slogan *der Werbespruch, ⁻e,* III7
advice *der Rat,* III3; **to give advice** *raten* (dat), III4

afford: to be able to afford *s. leisten können,* III7
afraid: to be afraid *Angst haben,* III2; *fürchten,* III9
after *nach,* I; **after that** *danach,* I
afternoon *der Nachmittag, -e,* I; **in the afternoon** *am Nachmittag,* I
afterward *nachher,* II
again *wieder,* I
agree: to agree with *übereinstimmen mit* (sep), III7; *Recht geben* (dat), III4; **I agree with you on that!** *Da stimm ich dir zu!,* II; **Yes, I do agree with you, but …** *Ja, ich stimme dir zwar zu, aber …,* II
Agreed! *Einverstanden!,* II
air *die Luft,* II; **air conditioning** *die Klimaanlage, -n,* II; **air pollution** *die Luftverschmutzung,* III9
airplane *das Flugzeug, -e,* II
alarm clock *der Wecker, -,* II
alcohol: to not drink alcohol *keinen Alkohol trinken,* II
all *all-,* II; *sämtlich-,* III8
all right: Oh, (I'm) all right. *Na ja, soso!,* II
allergic: I am allergic to… *Ich bin allergisch gegen …,* II
allowed: to be allowed to *dürfen,* II
almost always *fast immer,* III6
along: Why don't you come along! *Komm doch mit!,* I
aloud: to read aloud *vorlesen* (sep), III10
already *schon,* I
also *auch,* I; *auch schon,* II; **I also need …** *Ich brauche noch …,* I
alternate: alternate service *der Zivildienst,* III5
aluminum can *die Aludose,* III9
always *immer,* I
amaze: to be amazed *staunen,* III8

ambitious *ehrgeizig,* III8
among one another *untereinander,* III4
and *und,* I
anesthesiologist *Anästhesist(in), -en/nen,* III12
animal product *das Tierprodukt, -e,* III1
animal-loving *tierlieb,* III8
ankle *der Knöchel, -,* II
announcement *der Anschlag, ⁻e,* II
annoy: to get annoyed *s. ärgern,* III8; *s. aufregen* (sep), III7; *sauer werden,* III6
another *noch ein,* I; **I don't want any more …** *Ich möchte kein(e)(en) … mehr.,* I; **I'd like another …** *Ich möchte noch ein(e)(en) …,* I
another (a different) one *ein(-) ander-,* II
ant *die Ameise, -n,* III9
antenna: indoor antenna *die Zimmerantenne, -n,* II
anything: Anything else? *Sonst noch etwas?,* I, II
apartment *die Wohnung, -en,* II
appear *aussehen* (sep), I
appetizer *die Vorspeise, -n,* II
applaud *klatschen,* III10
apple *der Apfel, ⁻,* I
apple cake *der Apfelkuchen, -,* I
apple juice *der Apfelsaft, ⁻e,* I
apprenticeship *die Lehre, -n,* III11
approximately *ungefähr,* I
apricot *die Aprikose, -n,* II
April *der April,* I
archery *das Bogenschießen,* II
area *die Gegend, -en,* III2
argue against *abstreiten* (sep), III5
argument *der Streit,* III4
arm *der Arm, -e,* II
armchair *der Sessel, -,* I

armed: armed service *der Wehrdienst,*
   III5; **armed services** *die*
   Streitkräfte (pl), III5
around *um,* II
art *die Kunst,* I
artificial *künstlich,* III8
artificial fertilizer *der Kunstdünger, -,*
   III9
as … as *so … wie,* II
as: as if *als ob,* III7
asparagus *der Spargel, -,* III1
assume *annehmen (sep),* III8
at *an, in,* II
at: at 8 o'clock *um 8 Uhr,* I; **at one**
   o'clock *um ein Uhr,* I; **at the**
   baker's *beim Bäcker,* I; **At what**
   time? *Um wie viel Uhr?,* I
athletic *sportlich,* II
attempt *der Versuch, -e,* III10; **to**
   attempt, try *versuchen,* III3
attention: to draw attention to
   aufmerksam machen auf (acc),
   III7; **to pay attention** *aufpassen*
   (sep), III3; **to pay attention to**
   achten auf (acc), III3
August *der August,* I
aunt *die Tante -n,* I
Austria *Österreich,* I
avoid *vermeiden,* II
avoidable *vermeidbar,* III9
away, at a distance *entfernt,* III2
awesome *stark,* I; **The sweater is**
   awesome! *Ich finde den Pulli*
   stark!, I
awful *fies,* III5; *furchtbar,* I

back *der Rücken, -,* II
background *der Hintergrund, ¨e,* III6
bacon *der Speck,* III1
bad *schlecht,* I; **badly** *schlecht,* I; **Bad**
   luck! *So ein Pech!,* I; **It's too bad**
   that … *Es ist schade, dass …,* II;
   That's not so bad. *Nicht so*
   schlimm!, II; **That's too bad!** *Was*
   für ein Pech!, II; *Ach schade!,* II
bad: a streak of bad luck *die*
   Pechsträhne, III3
badly: to go badly *schief gehen,* III3
bag: paper bag *der Papierbeutel, -,* III9;
   plastic bag *die Plastiktüte, -n,* III9
baker *der Bäcker, -,* I; **at the baker's**
   beim Bäcker, I
bakery *die Bäckerei, -en,* I
balanced: well-balanced *ausgewogen,*
   III8
bald: to be bald *eine Glatze haben,* I
ballet *das Ballett, -e,* II
ballpoint pen *der Kuli, -s,* I
banana *die Banane, -n,* II
bank *die Bank, -en,* I

banker *der Bankkaufmann, -leute,* III11
bargain: That's a bargain. *Das ist*
   preiswert., I
base: to be based on *beruhen auf (acc),*
   III11
basket: picnic basket *der Picknickkorb,*
   ¨e, III2
basketball *Basketball,* I
bathroom *das Badezimmer, -,* II; **toilet**
   die Toilette, -n, II
battery *die Batterie, -n,* III9
battle *der Kampf, ¨e,* III5
bay *die Bucht, -en,* II
be *sein,* I
be: to be, stand *stehen,* III2; **to be**
   about *s. handeln um,* III10
beach *der Strand, ¨e,* II; **sand beach**
   der Sandstrand, ¨e, II
bean (green) *die (grüne) Bohne, -n,* II
bearded *bärtig,* III10
beautiful *schön,* I
because *denn, weil,* I
because of *wegen,* III10
become *werden,* II
bed *das Bett, -en,* I
bed and breakfast *die Pension, -en,* II
bedroom *das Schlafzimmer, -,* II
bee *die Biene, -n,* III9
beef *das Rindfleisch,* II
before *bevor (conj),* III5
before: as before *weiterhin,* III7
beforehand *im Voraus,* III8
begin *anfangen (sep),* III11
beginner *der Anfänger, -,* II
behind: from behind *von hinten,* II
believe *glauben,* I; **You can believe me**
   on that! *Das kannst du mir*
   glauben!, II; **I do believe that …**
   Ich glaube schon, dass …, II
bell pepper *die Paprika,* III1
belong to *angehören (sep, dat),* III4
belt *der Gürtel, -,* I; **belt loop** *die*
   Schlaufe, -n, II
besides that *außerdem,* III9
best: Best wishes on your birthday!
   Herzlichen Glückwunsch zum
   Geburtstag!, I
better *besser,* I
between *zwischen,* II
beverage shop *der Getränkemarkt,*
   ¨e, III1
bicycle *radeln,* III9; *Rad fahren (sep),*
   II; *das Fahrrad, ¨er,* I; **by bike** *mit*
   dem Rad, I
bicycle racks *das Fahrrad-Depot, -s,* II
big *groß,* I; *weit,* II
bigger *größer,* II
bill, invoice *die Rechnung, -en,* III1
billboard *die Plakatwand, ¨e,* III7
biodegradable *biologisch abbaubar,*
   III9
biologist *Biologe/Biologin, -n/nen,* III11
biology *Bio (die Biologie),* I
biology teacher *die Biologielehrerin,*
   -nen, I
bird *der Vogel, ¨,* III9

birthday *der Geburtstag, -e,* I; **Best**
   wishes on your birthday!
   Herzlichen Glückwunsch zum
   Geburtstag!, I; **Happy Birthday!**
   Alles Gute zum Geburtstag!, I; **My**
   birthday is on … *Ich habe am …*
   Geburtstag., I; **When is your**
   birthday? *Wann hast du*
   Geburtstag?, I
bitter: too bitter *zu bitter,* II
black *schwarz,* II
blanket *die Decke, -n,* III2
blazer *der Blazer, -,* II
blossom *aufblühen (sep),* III10
blouse *die Bluse, -n,* I
blow *blasen,* III9
blower: glass blower *Glasbläser(in),*
   -/nen, III12
blue *blau,* I; **blue eyes** *blaue Augen,* I;
   in blue *in Blau,* I
blueberry *die Blaubeere, -n,* II
board game *das Brettspiel, -e,* I
board: cutting board *das*
   Schneidebrett, -er, III2
boat *das Boot, -e,* II; **to go for a boat**
   ride *Boot fahren,* II
bologna sandwich *das Wurstbrot, -e,* I
bomber *der Bomber, -,* III5
bomber jacket *der Blouson, -s,* II
Bon appétit *Mahlzeit!,* II; *Guten*
   Appetit!, II
book *das Buch, ¨er,* I
bookcase *das Regal, -e,* I
boot *der Stiefel, -,* I
bored: to be bored *sich langweilen,* II
boring *langweilig,* I
born *geboren,* III4
borrow, lend *ausleihen (sep),* III1
both *beide,* III2
bother, disturb *stören,* III6
bottle *die Flasche, -n,* III1; **deposit-**
   only bottle *die Pfandflasche, -n,*
   III9; **non-returnable bottle** *die*
   Einwegflasche, -n, III9
bottle opener *der Flaschenöffner, -,* III2
bought *gekauft,* I
bouquet of flowers *der Blumenstrauß,*
   ¨e, I
bow *die Schleife, -n,* II
bow tie *die Fliege, -n,* II
boy *der Junge, -n,* I; (southern
   German) *der Bube, -n,* III10
bracelet *das Armband, ¨er,* II
brake: (foot, hand) brake *die (Fuß-,*
   Hand-,)bremse, -n, II
bread *das Brot, -e,* II
break *die Pause, -n,* I; **after the break**
   nach der Pause, I; **to break**
   something *sich etwas brechen,* II
breakfast *das Frühstück,* II; **For**
   breakfast I eat … *Zum Frühstück*
   ess ich …, II
breathless *atemlos,* III10
bright *hell,* II
bring: Please bring me … *Bringen Sie*
   mir bitte …, II

bring back *zurückbringen* (sep), III1
broad *weit*, II
broccoli *der Brokkoli, -*, II
brochure *der Prospekt, -e*, III1
broken *kaputt*, I
brother *der Bruder, ∵*, I; **brothers and sisters** *die Geschwister* (pl), I
brown *braun*, I; **in brown** *in Braun*, I
brush one's teeth *sich die Zähne putzen*, II
Brussels sprouts *der Rosenkohl*, III1
brutal *brutal*, I
buddy *der Kumpel, -*, III4
bumps: goose bumps *die Gänsehaut*, III10
burden *belasten*, III5
burn oneself *s. verbrennen*, III1
bus *der Bus, -se*, I; **by bus** *mit dem Bus*, I
bush *der Strauch, ∵er*, II
business *das Geschäft, -e*, I
businesswoman *die Kauffrau, -en*, III11
busy (telephone) *besetzt*, I
busy: to keep busy with *s. beschäftigen mit*, III3
but *aber*, I; **not only … but also** *nicht nur … sondern auch*, III4
butcher *der Metzger, -*, I
butcher shop *die Metzgerei, -en*, I; **at the butcher's** *beim Metzger*, I
butter *die Butter*, I
button *der Knopf, ∵e*, II
buy *kaufen*, I; **Why don't you just buy …** *Kauf dir doch …!*, I, II
buy: temptation to buy *der Kaufreiz*, III7
by *bei*, II; **by bike** *mit dem Rad*, I; **by bus** *mit dem Bus*, I; **by car** *mit dem Auto*, I; **by moped** *mit dem Moped*, I; **by subway** *mit der U-Bahn*, I
by the way *übrigens*, III1
Bye! *Wiedersehen! Tschau! Tschüs!*, I; (on the telephone) *Wiederhören!*, I

cabinet *der Schrank, ∵e*, I
cabinet: cabinet maker *Schreiner(in), -/nen*, III12
café *das Café, -s*, I; **to the café** *ins Café*, I
cake *der Kuchen, -*, I; **a piece of cake** *ein Stück Kuchen*, I
calculate *ausrechnen* (sep), III9
calendar *der Kalender, -*, I
calf *die Wade, -n*, III1
call *anrufen* (sep), *telefonieren*, I
called: be called *heißen*, I
calm *ruhig*, II
calories: has too many calories *hat zu viele Kalorien*, II

camcorder *die Videokamera, -s*, II
Camembert cheese *der Camembert Käse*, II
camera *die Kamera, -s*, II
camisole *das Trägerhemd, -en*, II
can *die Büchse, -n*, III8; **aluminum can** *die Aludose, -n*, III9
can *können*, I; **Can I please …?** *Kann ich bitte …?*, II; **Can I ask (you) something?** *Kann ich (euch) etwas fragen?*, II; **Can you tell me whether …?** *Können Sie mir sagen, ob …?*, II
cap *die Mütze, -n*, II; **(baseball) cap** *das Käppi, -s*, II
capital *die Hauptstadt, ∵e*, I
car *das Auto, -s*, I; *der Wagen, -*, II; **by car** *mit dem Auto*, I; **He's slamming the car door (the trunk)!** *Er schlägt die Autotür (den Kofferraumdeckel) zu!*, II; **to polish the car** *das Auto polieren*, II
card *die Karte, -n*, I
care for *mögen*, I; *betreuen*, III5
care: I don't care about fashion. *Mode ist mir egal.*, II
career *die Karriere, -n*, III11
careful *vorsichtig*, III1
carp *der Karpfen, -*, II
carpenter *der Zimmermann, -leute*, III12
carpet *der Teppich, -e*, I
carpool *die Fahrgemeinschaft, -en*, III9
carrot *die Möhre, -n*, II
case: in any case *auf jeden Fall*, III8; *jedenfalls*, III8; **in the case (of)** *im Fall*, III12
cassette *die Kassette, -n*, I
castle *die Burg, -en*, III2
casual *lässig*, I; *salopp*, II
cat *die Katze, -n*, I; **to feed the cat** *die Katze füttern*, I
cathedral *der Dom, -e*, II
cauliflower *der Blumenkohl*, II
cause *verursachen*, III7
caution *die Vorsicht*, III9
cellar *der Keller, -*, II
cell phone *das Handy, -s*, I
cent *der Cent, -*, I
century *das Jahrhundert, -s*, I
certain: I am certain that … *Ich bin sicher, dass …*, II; **It's certain.** *Es steht fest.*, III7
Certainly! *Natürlich!*, I; *Sicher!*, I; *Ja, natürlich!*, II; *Ganz bestimmt.*, III11; *sicherlich*, III12
chair *der Stuhl, ∵e*, I
challenged: accessible to the physically challenged *behindertenfreundlich*, III2
chance *die Chance, -n*, III12; **No chance!** *Auf keinen Fall!*, III11
change (money) *umwechseln* (sep), III1; **to change oneself** *s. ändern*, III5

change: Keep the change! *Stimmt (schon)!*, I
channel *der Sender, -*; *das Programm, -e*, II
characteristic *die Eigenschaft, -en*, III7
cheap *billig*, I
check on *nachsehen* (sep), III2
check: The check please! *Ich möchte/will zahlen!*, I
checked *kariert*, II
cheerful *heiter*, III10
Cheers! *Prost!*, II
cheese *der Käse, -*, I; **Swiss cheese** *der Schweizer Käse*, II; **cheese sandwich** *das Käsebrot, -e*, I
chef *Koch/Köchin, ∵e/nen*, III12
chemical eraser *der Tintenkiller, -*, III9
chemistry (die) *Chemie*, I
cherry *die Kirsche, -n*, II
chess *Schach*, I
chessboard (open-air, with giant-sized pieces) *die Großschachanlage, -n*, III2
chew *kauen*, III8
chicken *das Hähnchen, -*, I; *das Huhn, ∵er*, II
child *das Kind, -er*, II
chimney sweep *Schornsteinfeger(in), -/nen*, III12
Chinese *chinesisch* (adj), II
chives *der Schnittlauch*, II
chocolate *die Schokolade*, II; **chocolate milk** *der Kakao*, II; **fancy chocolate** *die Praline, -n*, I
choose *wählen*, II; *s. aussuchen* (sep), III1
Christmas *das Weihnachten, -*, I; **Merry Christmas!** *Fröhliche Weihnachten!*, I
church *die Kirche, -n*, I
cinema *das Kino, -s*, I
cinnamon *der Zimt*, I
circle of friends *der Freundeskreis, -e*, III4
city *die Stadt, ∵e*, I; **in the city** *in der Stadt*, I; **city gate** *das Stadttor, -e*, II; **in a big city** *in einer Großstadt*, II
city hall *das Rathaus, ∵er*, I
class *die Klasse, -n*; **in class** *in der Klasse*, II; **class, school** *der Unterricht*, III5
class schedule *der Stundenplan, ∵e*, I
classical *klassisch*, I
classical music *klassische Musik*, I
clean (sich) *putzen*, II; *sauber* (adj), II; **squeaky clean** *blitzblank*, III7
cleaner: cleaning agent *das Putzmittel, -*, III7
clear: to clear the table *den Tisch abräumen* (sep), I; **to clear up** *klären*, III10; **to make clear** *klarstellen* (sep), III7
clearly *deutlich*, III6
clever *raffiniert*, III7; **clever(ly)** *witzig*, II

cliché *das Klischee, -s,* III8
cliff *die Klippe, -n,* II
climb *steigen,* II
clique *die Clique,* II
clothes *Kleider (pl),* III3; (casual term for) *die Klamotten (pl),* I; **to pick up my clothes** *meine Klamotten aufräumen (sep),* I
clothing *die Kleidung,* III3
cloudy *wolkig,* I
club *der Verein, -e,* III5
coast *die Küste, -n,* II
coffee *der Kaffee,* I; **a cup of coffee** *eine Tasse Kaffee,* I
coin *die Münze, -n,* I
cold *kalt,* I
cold cuts *der Aufschnitt,* I
collect *sammeln,* I
color *die Farbe, -n,* I
colorful *bunt,* II
comb *(sich) kämmen,* II
come *kommen,* I; **That comes to …** *Das macht (zusammen) …,* I; **to come along** *mitkommen (sep),* I
comedy *die Komödie, -n,* I
comfortable *bequem,* I; *gemütlich,* II
comics *die Comics,* I
command *kommandieren,* III5
commentary *der Kommentar, -e,* III6
communications engineer *Kommunikationselektroniker(in), -/nen,* III12
compact disc *die CD, -s,* I
compare *vergleichen,* III7
complain *meckern,* III6; **to complain about** *s. beklagen über (acc),* III10
compulsory military service *die Wehrpflicht,* III5
computer *der Computer, -,* I
computer science *die Informatik,* I
concern: to be concerned about *s. kümmern um,* III6; **as far as I'm concerned** *meinetwegen,* III10
concert *das Konzert, -e,* I; **to go to a concert** *ins Konzert gehen,* I
conductor *der Dirigent, -en,* III10
confine *einengen (sep),* III12
conflict *der Konflikt, -e,* III12
conform to *s. richten nach,* III4; *s. anpassen (sep, dat),* III3
connection: to have a connection to *Bezug haben zu ,* III8
conscious: environmentally conscious *umweltbewusst,* III8
conservative *konservativ,* II
consider *überlegen,* III7; **to consider something as** *halten für,* III5
conspicuous: to be conspicuous *auffallen (sep),* III8
constitution: basic law (constitution) *das Grundgesetz,* III5
consultant: PR-consultant *PR-Berater(in), -/nen,* III12; **tax consultant** *Steuerberater(in), -/nen,* III12
consumer *der Konsument, -en,* III7; *der Verbraucher, -,* III7

container *der Behälter, -,* III8
contention: point of contention *der Streitpunkt, -e,* III4
continually *dauernd,* III1
contract *der Vertrag, ⸚e,* III5
contribute: to contribute to *zu etwas beitragen (sep),* III6
cook *kochen,* II
cookie *der Keks, -e,* I; **a few cookies** *ein paar Kekse,* I
cool *kühl,* I, II
cooler *die Kühlbox, -en,* III2
corn *der Mais,* III1
corner *die Ecke, -n,* II; **That's right around the corner.** *Das ist hier um die Ecke.,* II; **with corners** *eckig,* I
corny *schmalzig,* I
cost *kosten,* I; **How much does … cost?** *Was kostet …?,* I
costume *das Kostüm, -e,* III12
cotton *die Baumwolle,* I; **made of cotton** *aus Baumwolle,* I
couch *die Couch, -en,* I
cough *der Husten,* II
could *könnte,* III5
count on *s. verlassen auf (acc),* III5
countless *zahlreich,* II
country *das Land, ⸚er,* I; **in the country** *auf dem Land,* I
courage *der Mut,* III9
course: of course *klar,* III7; *logisch,* III7; *logo,* III7
court *der Court, -s,* II
cousin (female) *die Kusine, -n,* I; **cousin** (male) *der Cousin, -s,* I
cozy *gemütlich,* II
crab *die Krabbe, -n,* II
crafts: do crafts *basteln,* I
crazy *verrückt,* III3
cream: hand cream *die Handcreme,* II
crime drama *der Krimi, -s,* I
cross-timbered house *das Fachwerkhaus, ⸚er,* II
cruel *grausam,* I
cucumber *die Gurke, -n,* II
culture: for cultural reasons *kulturbedingt,* III4
cummerbund *der Kummerbund, -e,* II
curious *neugierig,* II
curtain *der Vorhang, ⸚e,* III10
curve: You're taking the curve too fast! *Du fährst zu schnell in die Kurve!,* II
customs and habits *die Sitten und Gebräuche (pl),* III4
cut: cutting board *das Schneidebrett, -er,* III2
cut class *chwänzen,* III5
cut-off *abgeschnitten,* II
cutlet *das Schnitzel, -,* II

D

damage *der Schaden, ⸚,* III9
dance *tanzen,* I; **to go dancing** *tanzen gehen,* I
dancer *Tänzer(in), -/nen,* III10
dancing *das Tanzen,* I
dangerous *gefährlich,* III9
dark *dunkel,* II
dark blue *dunkelblau,* I; **in dark blue** *in Dunkelblau,* I
Darn it! *So ein Mist!,* I
dash: 100-meter dash *der 100-Meter-Lauf,* II
daughter *die Tochter, ⸚,* II
day *der Tag, -e,* I; **day before yesterday** *vorgestern,* I; **every day** *jeden Tag,* I; **on the last day** *am letzten Tag,* II; **the other day** *neulich,* III1
decathlete *der Zehnkämpfer, -,* II
December *der Dezember,* I
decide *beschließen,* III11; *s. entschließen,* III11; **to decide on** *s. entscheiden für,* III5
decision *die Entscheidung, -en,* III5
defense: German Federal Defense Force *die Bundeswehr,* III5
definite: It's definite. *Es steht fest.,* III11
definitely *bestimmt,* III1
deforest *abholzen (sep),* III9
degree *der Grad, -,* I
delicacy *die Delikatesse, -n,* II; *die Köstlichkeit, -en,* II
Delicious! *Lecker!,* I
democracy *die Demokratie, -n,* III5
dental technician *Zahntechniker(in), -/nen,* III12
dentist *Zahnarzt, ⸚e, Zahnärztin, -nen,* III12
depend on *auf etwas ankommen (sep, acc),* III4
dependent: to be dependent on *angewiesen sein auf (acc),* III11
describe *beschreiben,* II
designer: industrial designer *Industriedesigner(in), -/nen,* III12
desk *der Schreibtisch, -e,* I
dessert *die Nachspeise, -n,* II
detail *die Einzelheit, -en,* III6
detective movie *der Krimi, -s,* I
detective novel *der Krimi, -s,* I
determining: to be the determining factor *ausschlaggebend sein,* III11
develop *entwickeln,* III3
dial *wählen,* I; **to dial the number** *die Nummer wählen,* I
diamonds: check, diamond (pattern) *das Karo, -s,* II
dictionary *das Wörterbuch, ⸚er,* I
diet *die Diät, -en,* III12
difference *der Unterschied, -e,* III10
different *anders,* III4; *verschieden,* I
difficulty *die Schwierigkeit, -en,* III4

dining room *das Esszimmer, -*, II
dining table *der Esstisch, -e*, I
dinner *das Abendessen*, II; **For dinner we are having …** *Zum Abendessen haben wir …*, II
diploma *der Abschluss, ¨-e* III11
direct: to be directed at *s. richten an* (acc), III7
directly *direkt*, I
dirt *der Schmutz*, III9
dirty *schmutzig*, II
disadvantage *der Nachteil, -e*, II
disagree: I disagree. *Das finde ich nicht.*, I
disappoint: to be disappointed *enttäuscht sein*, III8
disco *die Disko, -s*, I; **to go to a disco** *in eine Disko gehen*, I
discothek *die Diskothek, -en*, II
discus throw *das Diskuswerfen*, II
discuss *s. unterhalten über* (acc), III5
discussion *die Diskussion, -en*, II
dish: main dish *das Hauptgericht, -e*, II
dishes *das Geschirr*, I; **to wash the dishes** *das Geschirr spülen*, I
dishwashing liquid *das Spülmittel, -*, III9
dislike *nicht gern haben*, I; **strongly dislike** *überhaupt nicht gern haben*, I
displace, repress *verdrängen*, III6
distance: away, at a distance *entfernt*, III2
distribute *verteilen*, III10
disturb, bother *stören*, III6
dive *tauchen*, II
diverse *abwechslungsreich*, II
divert oneself *s. ablenken* (sep), III3
divorce *die Scheidung, -en*, III12
do *machen*, I; *tun*, I; **to do crafts** *basteln*, I
doctor *der Arzt, ¨-e*, II
documentary: animal documentary *die Tiersendung, -en*, II
dog *der Hund, -e*, I
don't you: You like quark, don't you? *Du magst doch Quark, nicht wahr?*, II; **You like yogurt, don't you?** *Du magst Joghurt, oder?*, II
done *gemacht* (pp), I
doubt: I doubt that … *Ich bezweifle, dass …*, II
downtown *die Innenstadt, ¨-e*, I, II; **to go downtown** *in die Stadt gehen*, I
draft *einziehen* (sep), III5
draw *zeichnen*, I
dream *der Traum, ¨-e*, III11; *träumen*, III10
dress *das Kleid, -er*, I
dressed *gekleidet*, II12
drink *trinken*, I; *das Getränk, -e*, II
drive *fahren*, I
drop, omit *weglassen*, III6
drugstore *die Drogerie, -n*, II
dry *trocken*, I

dry clothes *die Wäsche trocknen*, II
duck: fattened duck *die Mastente, -n*, II; **Peking duck** *die Peking Ente, -n*, II
dumb *blöd*, I; *doof, dumm*, I
dumpling *der Kloß, ¨-e*, II
during *während*, III10
dust *Staub wischen*, II
duty *die Pflicht, -en*, III5

E

each, every *jed-*, II
earache *die Ohrenschmerzen* (pl), II
earlier *früher*, III5
earn *verdienen*, III7
earring *der Ohrring, -e*, II; **a pair of earrings** *ein Paar Ohrringe*, II
easily, readily *ohne weiteres*, III3
east *der Osten*, III11; **Eastern Bloc** *der Ostblock*, III11
Easter *das Ostern, -*, I; **Happy Easter!** *Frohe Ostern!*, I
easy *einfach*, I; **That's easy!** *Also, einfach!*, I
easygoing *locker*, III8
eat *essen*, I; **to eat sensibly** *vernünftig essen*, II; **eat and drink** *sich ernähren*, II
emissions: car with emission control *das Katauto, -s*, III9
emphasis: to place emphasis on *Wert legen auf* (acc), III11
employment office *das Arbeitsamt, ¨-er*, III11
empty *leer*, III1
encourage *anregen* (sep), III6
endure *aushalten* (sep), III3
engineer: communications engineer *Kommunikationselektroniker(in), -/nen*, III12; **sound engineer** *Toningenieur(in), -e/nen*, III12
enlarge *vergrößern*, III9
enlighten *aufklären* (sep), III7
enough *genug*, I; **that's enough** *es langt*, III2; **to be enough** *genügen*, III2
entertainment *die Unterhaltung*, III6
entire *gesamt*, III6
entranceway *der Flur, -e*, II
enthusiastic *begeistert*, III8
environment *die Umwelt*, I; **environmental scientist** *Umweltökonom(in), -en/nen*, III12; **environmentally conscious** *umweltbewusst*, III8; **environmentally safe** *umweltfreundlich*, III9
envy *beneiden*, III10
equality *die Gleichberechtigung*, III5
eraser *der Radiergummi, -s*, I; **chemical eraser** *der Tintenkiller, -*, III9

especially *besonders*, I; **to especially like** *besonders gern haben*, I; **Not especially.** *Nicht besonders.*, II
euro *der Euro, -*, I
even *sogar*, III9
evening *der Abend, -e*, I; **in the evening** *am Abend*, I
event *das Ereignis, -se*, III6; **organized event** *die Veranstaltung, -en*, III6
every day *jeden Tag*, I
everything *alles*, II4
exactly *eben*, III6
exaggerate *übertreiben*, III3
excellent *ausgezeichnet*, II
exchange *umtauschen* (sep), III1
excitement *die Aufregung, -en*, III10; *die Spannung, -en*, III10
exciting *spannend*, I
exclusively *ausschließlich*, III9
excursion *der Ausflug, ¨-e*, II
Excuse me! *Entschuldigung!, Verzeihung!*, I, II
exercise *Gymnastik machen*, II
exhaust *das Abgas, -e*, III9
exhibition *die Ausstellung, -en*, III10
exist *vorhanden sein*, III10
expensive *teuer*, I
experience *die Erfahrung, -en*, III11; *erfahren*, III6; *erleben*, III10; *miterleben* (sep), III9
experienced (person) *der, die Erfahrene, -n*, II
express *ausdrücken* (sep), III3
exquisite *fein*, II
extend *verlängern*, III10
eye *das Auge, -n*, I; **blue eyes** *blaue Augen*, I
eye-catcher *der Blickfang*, III7

F

fact *die Tatsache, -n*, III6
factory *die Fabrik, -en*, III9
failure (in a subject) *die Niete, -n*, III12
fairy tale *das Märchen, -*, III10
fall *der Herbst*, I; **in the fall** *im Herbst*, I
family *die Familie, -n*, I
famous *berühmt*, III2
fancy chocolate *die Praline, -n*, I
Fantastic! *Phantastisch!*, II
fantasy novel *der Fantasyroman, -e*, I
far *weit*, I; **far from here** *weit von hier*, I; **as far as (that) goes** *was (das) angeht*, III3; **as far as this goes** *in dieser Hinsicht*, III5
fashion *die Mode*, I; **the latest fashion** *der letzte Schrei*, III3
fashionable *modisch*, II
fast *schnell*, II
fat *dick*, III8; **has too much fat** *hat zu viel Fett*, II; **It is fattening.** *Es macht dick.*, II

father *der Vater, ∺*, I; **Father's Day** *der Vatertag*, I; **Happy Father's Day!** *Alles Gute zum Vatertag!*, I
fault: to be at fault *schuld sein an etwas* (dat), III4
favorite *Lieblings-*, I; **Which vegetable is your favorite?** *Welches Gemüse magst du am liebsten?*, II
February *der Februar*, I
feed *füttern*, I
feel *sich fühlen*, II; **How do you feel?** *Wie fühlst du dich?*, II; **I feel great!** *Ich fühle mich wohl!*, II; **Are you not feeling well?** *Ist dir nicht gut?*, II
feeling *das Gefühl, -e*, III7
felt-tip pen *der Faserstift, -e*, III9
fence *fechten*, II
fertilizer: artificial fertilizer *der Kunstdünger, -*, III9
festival: regional festival *das Volksfest, -e*, III10
fetch *holen*, I
fettucine *die Fettucine (pl)*, II
fever *das Fieber*, II; **to take one's temperature** *Fieber messen*, II
few: a few *ein paar*, I; **a few cookies** *ein paar Kekse*, I
fibers: made from natural fibers *aus Naturfasern*, II
film, videotape *filmen*, II; **adventure film** *der Abenteuerfilm, -e*, II
finally *zum Schluss*, III7
financially *finanziell*, III12
fine *fein*, II
fingernail *der Fingernagel, ∺*, III1
finished *fertig*, III11
first *erst-*, I; **first of all** *zuerst*, I; **on the first of July** *am ersten Juli*, I
fish *angeln*, II; **fish stick** *das Fischstäbchen, -*, II
fit *passen*, I; **The skirt fits great!** *Der Rock passt prima!*, I; **to keep fit** *sich fit halten*, II
flats *Schuhe mit flachen Absätzen*, II
flight *der Flug, ∺e*, II12
flood *überfluten*, III7
flower *die Blume, -n*, I
flowery *geblümt*, II
food *die Speise, -n*, II
foods: to only eat light foods *nur leichte Speisen essen*, II
foot: to walk on foot *zu Fuß gehen*, I
for *für*, I; **denn** (conj), I; **I am for doing …** *Ich bin dafür, dass …*, II; **for whom?** *für wen?*, II
forbid *verbieten* (dat), III4
foreign *ausländisch*, II
foreigner *Ausländer(in), -/nen*, III4
forest *der Wald, ∺er*, III9; **the dying of the forests** *das Waldsterben*, III9
forget *vergessen*, III4
fork *die Gabel, -n*, III2
former *ehemalig*, III11
formulation *die Bildung*, III6

found *gründen*, III12
fountain *der Brunnen, -*, II
free time *die Freizeit*, I
freedom *die Freiheit*, III7
French *französisch* (adj), II
fresh *frisch*, I
fresh produce store *der Obst- und Gemüseladen, ∺*, I
Friday *der Freitag*, I; **Fridays** *freitags*, II
fried *gebraten*, II; **fried potatoes** *die Bratkartoffeln* (pl), II
friend (male) *der Freund, -e*, I; (female) *die Freundin, -nen*, I; **to visit friends** *Freunde besuchen*, I; **circle of friends** *der Freundeskreis, -e*, III4
friendliness *die Freundlichkeit*, III4
friendly *freundlich*, II; *kameradschaftlich, aufgeschlossen*, III8
fries: french fries *die Pommes frites* (pl), II
fringe group *die Randgruppe, -n*, III4
frog *der Frosch, ∺e*, III9
from *aus*, I; *von*, I; **from 8 until 8:45** *von 8 Uhr bis 8 Uhr 45*, I; **from the fifteenth century** *aus dem fünfzehnten Jahrhundert*, II
from where? *woher?*, I; **I'm from …** *ich bin (komme) aus …*, I; **Where are you from?** *Woher bist (kommst) du?*, I
front: in front of *vor*, II; **there in the front** *da vorn*, I
frugal *sparsam*, III1
fruit *das Obst*, I, II; **a piece of fruit** *ein Stück Obst*, I; **to eat lots of fruit** *viel Obst essen*, II
frustrating *frustrierend*, III6
fulfill *erfüllen*, III7
fun *der Spaß*, I; **(Tennis) is fun.** *(Tennis) macht Spaß.*, I; **(Tennis) is no fun.** *(Tennis) macht keinen Spaß.*, I
funny *lustig*, I, II
furniture *die Möbel* (pl), I
futile *vergeblich*, III10
future *die Zukunft*, III11

gain weight *zunehmen* (sep), III3
garage *die Garage, -n*, II
garbage *der Müll*, II
garden *der Garten, ∺*, I
garlic *der Knoblauch*, II
gas: propulsion gas *das Treibgas, -e*, III9
geography *die Erdkunde*, I
German teacher (male) *der Deutschlehrer, -*, I; (female) *die Deutschlehrerin, -nen*, I
Germany *Deutschland*, I

get *bekommen*, I; *holen*, I; **Get well soon!** *Gute Besserung!*, II
get along *auskommen* (sep), III4; *s. verstehen mit*, III4
gift *das Geschenk, -e*, I
gift idea *die Geschenkidee, -n*, I
girl *das Mädchen, -*, I
give *geben*, I; **he/she gives** *er/sie gibt*, I
give (a gift) *schenken*, I
glad: I'm really glad! *Das freut mich!*, II
glass *das Glas, ∺er*, I; **a glass of tea** *ein Glas Tee*, I
glasses: a pair of glasses *eine Brille, -n*, I
go *gehen*, I; **to go home** *nach Hause gehen*, I; **goes with: The pretty blouse goes (really) well with the blue skirt.** *Die schöne Bluse passt (toll) zu dem blauen Rock.*, II
go: to go along with *mitmachen mit* (sep), III3
goal *das Ziel, -e*, III11
God: Thank God! *Gott sei Dank!*, III11
Goethe's birthplace *das Goethehaus*, II
gold: made of gold *aus Gold*, II
golf *Golf*, I; **golf course** *der Golfplatz, ∺e*, II
good *gut*, I; **Good!** *Gut!*, I; **good: what's good about someone** *was an jemandem gut ist*, III4
Good morning! *Guten Morgen!, Morgen!*, I
Goodbye! *Auf Wiedersehen!*, I; (on the telephone) *Auf Wiederhören!*, I
goose bumps *die Gänsehaut*, III10
gown: evening gown *das Abendkleid, -er*, II
grade *die Note, -n*, I
grade level *die Klasse, -n*, I
grades: a 1, 2, 3, 4, 5, 6 *eine Eins, Zwei, Drei, Vier, Fünf, Sechs*, I
gram *das Gramm, -*, I
grandfather *der Großvater ∺*, I; *Opa, -s*, I
grandmother *die Großmutter, ∺*, I; *Oma, -s*, I
grandparents *die Großeltern* (pl), I
grape *die Traube, -n*, I, II
gray *grau*, I; **in gray** *in Grau*, I
great: It's great that … *Es ist prima, dass …*, II; **really great** *supertoll*, II; *Echt super!*, II; **Great!** *Prima!*, I; *Sagenhaft!*, I; *Klasse!, Toll!*, I

hair: hair stylist *Friseur/Friseuse, -e/n*, III12; **to get your hair cut** *s. die Haare schneiden lassen*, III3

half *halb*, I; **half past (twelve, one, etc.)** *halb (eins, zwei, usw.)*, I
halibut *der Heilbutt*, II
hall *die Halle, -n*, II
hallway *der Flur, -e*, II
ham *der Schinken, -*, II
hand cream *die Handcreme*, II
handbag *die Handtasche, -n*, II
hang up (the telephone) *auflegen (sep)*, I
Hanukkah *Chanukka*, I; **Happy Hanukkah!** *Frohes Chanukka Fest!*, I
happy *fröhlich*, III7; *glücklich*, III7; **I am happy that …** *Ich freue mich, dass …*, II; *Ich bin froh, dass …*, II
hard-working *fleißig*, II
harmful *schädlich*, III7
hat *der Hut, ¨e*, II
have *haben*, I; **I have no classes on Saturday.** *Am Samstag habe ich frei.*, I; **I'll have …** *Ich bekomme …*, I
have to *müssen*, I
he *er*, I; **he is** *er ist*, I; **he's from** *er ist (kommt) aus*, I
head *der Kopf, ¨e*, II; **headband** *das Stirnband, ¨er*, II; **headache** *die Kopfschmerzen (pl)*, II
headlight *der Scheinwerfer, -*, II
headline *die Schlagzeile, -n*, III6
headphones (stereo) *der (Stereo) Kopfhörer, -*, II
health: To your health! *Auf dein/Ihr/euer Wohl!, Zum Wohl!*, II; **to do a lot for your health** *viel für die Gesundheit tun*, II; **health inspector** *Lebensmittelkontrolleur(in) -e/nen*, III12
hear *hören*, I
heard: I heard that … *Ich habe gehört, dass …*, II
heart: pounding heart *das Herzklopfen*, III10
heartfelt *herzlich*, III8
hearty *herzhaft, deftig*, II
heel *die Ferse, -n*, II
heel (shoe) *der Absatz, ¨e*, II; **flats** *Schuhe mit flachen Absätzen*, II; **high heel shoe** *Schuh mit hohen Absätzen*, II
Hello! *Guten Tag!, Tag!, Hallo!, Grüß dich!*, I
help *helfen*, I
helpful *hilfreich*, III8
Here you go! *Bitte! Hier!*, II; **Here! I insist!** *Gern! Hier ist es!*, II
herself *sich*, II
hide *verbergen*, III7; *verstecken*, III7
hideous *scheußlich*, I
highly *äußerst*, III8
highway: interstate highway *die Autobahn, -en*, III8
hike *wandern*, I
him *ihn*, I
himself *sich*, II

hip *die Hüfte, -n*, II
hire *einstellen (sep)*, III5
historical *historisch*, III10
history *die Geschichte*, I
hobby *das Hobby, -s*, II
hobby book *das Hobbybuch, ¨er*, I
hole *das Loch, ¨er*, II
holiday *der Feiertag, -e*, I
home: good home cooked food *gutbürgerliche Küche, -n*, II; **private home** *das Privathaus, ¨er*, II; **to stay at home** *zu Hause bleiben*, II
homework *die Hausaufgabe, -n*, II
honestly *ehrlich*, I
honk (the horn) *hupen*, II
hood *die Kapuze, -n*, II
hope *die Hoffnung, -en*, III11
hope: I hope that … *Ich hoffe, dass …*, II; **I hope you'll get better soon.** *Hoffentlich geht es dir bald besser!*, II
hopefully *hoffentlich*, II
horizon *der Horizont*, III11
horror movie *der Horrorfilm, -e*, I
horror novel *der Gruselroman, -e*, I
hostel: youth hostel *die Jugendherberge, -n*, III2
hot *heiß*, I; **hot (spicy)** *scharf*, II
hotel *das Hotel, -s*, I
house *das Haus, ¨er*, II
how? *wie?*, I; **How are you?** *Wie geht es dir?*, I, II; **How do I get to …?** *Wie komme ich zum (zur) …?*, I; **How does it taste?** *Wie schmeckt's?*, I; **How's the weather?** *Wie ist das Wetter?*, I; **How was it?** *Wie war's?*, II; **How about …?** *Wie wär' mit …?*, II
how much? *wie viel?*, I; **How much does … cost?** *Was kostet …?*, I
how often? *wie oft?*, I
huge *riesig*, III7
hunger *der Hunger*, I
hungry: I'm hungry. *Ich habe Hunger.*, I; **I'm not hungry any more.** *Ich habe keinen Hunger mehr.*, I
hurdling *der Hürdenlauf*, II
hurt: Does it hurt? *Tut's weh?*, II; **Does your … hurt?** *Tut dir … weh?*, II; **It hurts!** *Es tut weh!*, II; **My … hurts.** *… tut mir weh.*, II; **What hurts?** *Was tut dir weh?*, II

I *ich*, I; **I don't.** *Ich nicht.*, I
ice cream *das Eis*, I; **a dish of ice cream** *ein Eisbecher*, I
ice skate *Schlittschuh laufen*, I
idea: I have no idea! *Keine Ahnung!*, I;

Do you have an idea? *Hast du eine Idee?*, II; **Good idea!** *Gute Idee!*, II
identification *der Ausweis, -e*, III2
if I were you *an deiner Stelle*, III3
image *die Vorstellung, -en*, III8
imaginative *phantasievoll*, I
imagine: to imagine something *s. etwas vorstellen (sep)*, III6
immediately *gleich*, III4
impossible: (That's) impossible! *(Das ist) nicht möglich!*, II
impress *beeindrucken*, III8
impression *der Eindruck*, III8; *die Vorstellung, -en*, III8
improve *verbessern*, III9
in *in*, I; **in the afternoon** *am Nachmittag*, I; **in the city** *in der Stadt*, I; **in the country** *auf dem Land*, I; **in the evening** *am Abend*, I; **in the fall** *im Herbst*, I; **in the kitchen** *in der Küche*, I
in spite of that *trotzdem*, III1
income *das Einkommen*, II
indeed *zwar*, III10
independent: to be independent *unabhängig sein*, III5
Indian: (Asian) Indian *indisch (adj)*, II
indicate *angeben (sep)*, III11
industry: industrial designer *Industriedesigner(in), -/nen*, III12
influence *beeinflussen*, III3
inform: to inform oneself *s. informieren*, III2
initiate: to be initiated by *ausgehen von (sep)*, III10
injure (oneself) *sich verletzen*, II
inn *die Pension, -en*, II
innards *die Innereien (pl)*, III1
inquire: to inquire about *s. erkundigen nach*, III11
insert *einstecken (sep)*, I; **to insert coins** *Münzen einstecken*, I
inspector: health inspector *Lebensmittelkontrolleur(in), -e/nen*, III12
instead: I'll drink … instead *Dann trink ich halt …*, II
instead of *anstatt (gen)*, III10
instrument *das Instrument, -e*, I; **Do you play an instrument?** *Spielst du ein Instrument?*, I
insurance company *die Versicherung, -en*, III11
intelligent *intelligent*, II
interest *das Interesse, -n*, I; **Do you have any other interests?** *Hast du andere Interessen?*, I; **I'm not interested in fashion.** *Ich hab kein Interesse an Mode.*, II; **to be interested in** *s. interessieren für*; **Fashion doesn't interest me.** *Mode interessiert mich nicht.*, II; **Are you interested in fashion?** *Interessierst du dich für Mode?*, II; **What are you interested in?** *Wofür interessierst du dich?*, II; **to be interested in** *interessiert sein an (dat)*, III11

interesting *interessant,* I
Internet *das Internet,* I
interrupt *unterbrechen,* III5
into *in,* II
invite *einladen (sep),* I
island *die Insel, -n,* II
Italian *italienisch (adj),* II

jacket *die Jacke, -n,* I; **bomber jacket**
der Blouson, -s, II; **business jacket**
der Sakko, -s, II; **leather jacket** *die
Lederjacke, -n,* I
jam: traffic jam *der Stau, -s,* III7
January *der Januar,* I; **in January** *im
Januar,* I
javelin throw *das Speerwerfen,* II
jealousy *die Eifersucht,* III10
jeans *die Jeans, -,* I
jewelry *der Schmuck,* I
job *der Job, -s,* II; **to have a job** *jobben,*
III11
jog *joggen,* I, II
jogging suit *der Jogging-Anzug, ̈-e,* I
joke *der Spaß,* III6
judge: to judge according to *beurteilen
nach,* III3
judgement *das Urteil, -e,* III8
juice *der Saft, ̈-e,* I
July *der Juli,* I
jump: long jump *der Weitsprung,* II
June *der Juni,* I
just *gerade,* III1; **Just a minute, please.**
Einen Moment, bitte!, I; **Just don't
buy …** *Kauf dir ja kein …!,* II;
That just happened. *Das ist
gerade passiert.,* II

Keep the change! *Stimmt (schon)!,* I
keep to oneselves *unter sich bleiben,*
III4
kilogram *das Kilo, -,* I
king *der König, -e,* III7
kitchen *die Küche, -n,* I; **in the kitchen**
in der Küche, I; **to help in the
kitchen** *in der Küche helfen,* II
knee *das Knie, -,* I
knee cap *die Kniescheibe, -n,* III1
knife *das Messer, -,* III2
know (a fact, information, etc.)
wissen, I; **Do you know whether
…?** *Weißt du, ob …?,* II
know (be familiar or acquainted with)
kennen, I
know: to not know *überfragt sein,* III7

lake *der See, -n,* II
lamb *das Lammfleisch,* II
lamp *die Lampe, -n,* I
language *die Sprache, -n,* III11
last *dauern,* III5
last *letzt-,* I; *vorig-,* III5; **last of all**
zuletzt, I; **last week** *letzte Woche,* I
latest: the latest fashion *der letzte
Schrei,* III3
Latin *Latein,* I
laundry *die Wäsche,* II
laundry soap *das Waschmittel, -,* III9
law: (study of) law *Jura,* III11
lawn *der Rasen, -,* I; **to mow the lawn**
den Rasen mähen, I; **lawn for
relaxing and sunning** *die
Liegewiese, -n,* II
lawyer for the defense
Strafverteidiger(in), -/nen, III12
layer cake *die Torte, -n,* I
lazy *faul,* II; **to be lazy** *faulenzen,* II;
(ironic) **to be too lazy to walk**
fußkrank sein, III2
lead *führen,* III12
leaf *das Blatt, ̈-er,* III1
leak: to spring a leak *leck werden,* III9
leather *das Leder,* I
left: to the left *nach links,* I
leg *das Bein, -e,* II
legend *die Sage, -n,* III10
lemon *die Zitrone, -n,* I
lemon drink *die Limo, -s,* I
let, allow *lassen,* II; **Let me …** *Lass
mich mal …,* II; **Let's go to the
golf course!** *Gehen wir mal
auf den Golfplatz!,* II; **Let's go
to …!** *Fahren wir mal
nach …!,* II
lettuce *der Salat, -e,* I
library: lending library *die Bücherei,
-en,* III1
license: driver's license *der
Führerschein, -e,* II
life *das Leben,* II
lift *heben,* III3
light blue *hellblau,* I
like *gefallen, mögen, gern haben,* I, II;
like *stehen auf (acc),* III11; **I like
it.** *Er/Sie/Es gefällt mir.,* I; **I like
them.** *Sie gefallen mir.,* I; **Did you
like it?** *Hat es dir gefallen?,* II; **to
like an awful lot** *furchtbar gern
haben,* I; **to not like at all** *gar
nicht gern haben,* I; **to not like very
much** *nicht so gern haben,* I; **I
don't like …** *Ich mag kein …,* II; **I
like to go to the ocean.** *Ich fahre
gern ans Meer.,* II; **I would like …**
Ich hätte gern …, II; **like (to do)**
gern (machen), I; **to not like (to
do)** *nicht gern (machen),* I

linen *das Leinen,* II
listen (to) *hören,* I; *zuhören, (sep),* I;
Listen! *Hör mal!,* II; **Listen to
this!** *Hör mal zu!,* II
listing *das Verzeichnis, -se,* III2
liter *der Liter, -,* I
little *klein,* I; **a little** *ein bisschen,* I
live *wohnen,* I; *leben,* II
liver *die Leber,* III1
living room *das Wohnzimmer, -,* II; **in
the living room** *im Wohnzimmer,* I
lobster *der Hummer, -,* II
long *lang,* I
long for *s. sehnen nach,* III7
look *schauen,* I; **Look!** *Schauen Sie!,* I;
Guck mal!, Schau mal!, Sieh mal!,
II; **That looks great on you!** *Das
steht dir prima!,* II; **look for**
suchen, I; **look like** *aussehen
(sep),* I; **look around** *s. umsehen
(sep),* III10
look forward to *s. freuen auf (acc),* II10
lose *verlieren,* III2
lose weight *abnehmen (sep),* III3
lot: quite a lot *eine ganze Menge,* III8; **a
lot** *viel,* I
loud *laut,* III8
lousy *mickrig,* III3
luck: Bad luck! *So ein Pech!,* I; **What
luck!** *So ein Glück!,* I; **Luckily**
Zum Glück, III11; **Lucky that …**
Ein Glück, dass …, III11
lunch *das Mittagessen;* **For lunch there
is …** *Zum Mittagessen gibt
es …,* II

made: made of cotton *aus Baumwolle,* I
magazine *die Zeitschrift; -en,* I
mail *die Post,* III1
mainly *hauptsächlich,* III3
make *machen,* I; **make, achieve**
schaffen, III5
makeup: to put on makeup *s.
schminken,* III3
man *der Mann, ̈-er,* I
many *viele,* I
March *der März,* I
margarine *die Margarine,* II
marinated *mariniert,* II
market square *der Marktplatz, ̈-e,* I
marmalade *die Marmelade, -n,* II
marriage *die Ehe, -n,* III12
marry *heiraten,* III5
math *Mathe (die Mathematik),* I
matter: in this matter *in diesem Punkt,*
III8; **to not matter** *s. nichts
ausmachen (sep),* III6
May *der Mai,* I
may: May I help you? *Haben Sie einen
Wunsch?,* I; **May I (please) …?**

Darf ich (bitte) …?, II; **That may well be.** *Das mag schon sein.*, III4

maybe *vielleicht*, I; **Yes, maybe, but …** *Ja, das kann sein, aber …*, II

me *mich, mir*, I; **Me too!** *Ich auch!*, I

meadow *die Wiese, -n*, III7

means: By all means. *Auf alle Fälle.*, III11

measure *messen*, II; **he/she measures** *er/sie misst*, II

meat *das Fleisch*, I; **You eat a lot of meat, right?** *Du isst wohl viel Fleisch, ja?*, II

media planner *Mediaplaner(in), -/nen*, III12

meet *treffen*, III3

member *das Mitglied, -er*, III5

mentality *die Mentalität*, III11

mention *erwähnen*, III1

mess: What a mess! *So ein Mist!*, I

message *die Mitteilung, -en*, III7

miracle, wonder *das Wunder, -*, III10

mirror *der Spiegel, -*, III10

miss *vermissen*, III6

missing: to be missing *fehlen*, III5

mood *die Laune*, III3

moped *das Moped, -s*, I

more *mehr*, I; **the more … the** *je mehr … desto*, III7

morning *der Morgen*, I; **Morning!** *Morgen!*, I

most *meist-*, III6; **most of all** *am liebsten*, I; *vor allem*, III11; **most of the time** *meistens*, II

mother *die Mutter, ¨*, I; **Mother's Day** *der Muttertag*, I; **Happy Mother's Day!** *Alles Gute zum Muttertag!*, I

motor *der Motor, -en*, II

motorcycle *das Motorrad, ¨er*, II

mountain *der Berg, -e*, II; **in the mountains** *in den Bergen*, II

moussaka *die Moussaka*, II

mouth *der Mund, ¨er*, III2

move (residence) *ziehen*, III12

movie *der Film, -e*, I; **movie theater** *das Kino, -s*, I; **to go to the movies** *ins Kino gehen*, I

mow *mähen*, I; **to mow the lawn** *den Rasen mähen*, I

Mr. *Herr*, I

Ms. *Frau*, I

much *viel*, I; **much too** *viel zu*, I

mug *der Becher, -*, III2

museum *das Museum, (pl) Museen*, I

mushroom *der Pilz, -e*, II

music *die Musik*, I; **house music** *die Hausmusik*, III10; **to listen to music** *Musik hören*, I

music store *der Musikladen, ¨*, III1

musical *das Musical, -s*, II

musician *Musiker(in), -/nen*, III11

mustard *der Senf*, I

my *mein (poss adj)*, I; **my name is** *ich heiße*, I

myself *mich*, II

name *der Name, -n*, I; **her name is** *sie heißt*, I; **What's the boy's name?** *Wie heißt der Junge?*, I

namely *nämlich*, III2

napkin *die Serviette, -n*, III2

native language *die Muttersprache, -n*, III4

nature *die Natur*, III2

nature: good-natured *gutmütig*, III8

nauseated: I'm nauseated. *Mir ist schlecht.*, II

near *nahe*, III9

near to *in der Nähe von*, III8

nearby *in der Nähe*, I

necklace *die Halskette, -n*, II

need *brauchen*, I

neither … nor *weder … noch*, III10

nerves: to get on the nerves *nerven*, III7

never *nie*, I; **not yet** *noch nie*, II

new *neu*, I

news: the news *die Nachrichten (pl)*, II

newspaper *die Zeitung, -en*, I

next: next week *nächste Woche*, I; **the next street** *die nächste Straße*, I

next to *neben*, II

nice *nett*, III8

night *die Nacht, ¨e*, III2

night: to spend the night *übernachten*, II

no *kein*, I; **No more, thanks!** *Nichts mehr, danke!*, I

no way: There's just no way! *Das gibt's doch nicht!*, II

noise *der Lärm*, II

non-fiction book *das Sachbuch, ¨er*, I

none *kein*, I

nonsense, baloney *Quatsch*, III6

noodle soup *die Nudelsuppe, -n*, I

nor: neither … nor *weder … noch*, III10

normally *normalerweise*, II

North: the North Sea *die Nordsee*, II

nose: runny nose *der Schnupfen*, II

not *nicht*, I; **not at all** *überhaupt nicht*, I; **to not like at all** *gar nicht gern haben*, I; **Not really.** *Nicht besonders.*, I; **not any** *kein*, I; **Not entirely! / Not necessarily!** *Nicht unbedingt!*, II; **actually not** *eben nicht*, II

notebook *das Notizbuch, ¨er*, I; **das Heft, -e*, I

nothing *nichts*, I; **nothing at the moment** *im Moment gar nichts*, I; **Nothing, thank you!** *Nichts, danke!*, I; **There's nothing you can do.** *Da kann man nichts machen.*, II

notice: on short notice *kurzfristig*, III5

novel *der Roman, -e*, I

November *der November*, I

now *jetzt*, I; **just now** *eben, gerade*, III2; **now and then** *ab und zu*, III6

nuclear war *der Atomkrieg, -e*, III11

number *die (Telefon)nummer*, I; **to dial the number** *die Nummer wählen*, I

nutritional scientist *Gesundheitswissenschaftler(in), -/nen*, III12

nutritious *vollwertig*, III3

o'clock: at 1 o'clock *um 1 Uhr*, I

oasis *die Oase, -n*, II

observe *beobachten*, III8

occupation *die Tätigkeit, -en*, III11

ocean *das Meer, -e; die See, -n*, II

October *der Oktober*, I

of *von*, II; **made of wool** *aus Wolle*, II

Of course! *Ja klar!*, I; *Ganz klar!*, I; *Na klar!*, II; **Yes, of course!** *Ja, natürlich!*, II

offer *anbieten (sep)*, III9; *das Angebot, -e*, I

office: employment office *das Arbeitsamt, ¨er*, III11

officer *der Offizier, -e*, III5

often *oft*, I; *schon oft*, II

Oh! *Ach!*, I; **Oh yeah!** *Ach ja!*, I

oil *das Öl, -e*, I

Okay! I'll do that! *Gut! Mach ich!*, I; **It's okay.** *Es geht.*, I; *Schon gut!*, II; **well, okay** *also (part)*, III2

old *alt*, I; **How old are you?** *Wie alt bist du?*, I; **older** *älter*, II

olympic champion *der Olympiasieger, -*, II

omit, drop *weglassen (sep)*, III6

on: on … Square *am …platz*, I; **on … Street** *in der …straße*, I; **to walk on foot** *zu Fuß gehen*, I; **on Monday** *am Montag*, I; **on the first of July** *am ersten Juli*, I; **on a lake** *an einem See*, II; **on a river** *an einem Fluss*, II

once *einmal*, I; **once a month** *einmal im Monat*, I; **once a week** *einmal in der Woche*, I; **once a day** *einmal am Tag*, II

oneself *selbst*, III6

onion *die Zwiebel, -n*, I

only *bloß*, I; *nur*, II

onto *auf*, II

open *offen*, III8

opener: bottle opener *der Flaschenöffner, -*, III2

opera *die Oper, -n*, I; **opera house** *die Oper, -n*, II

operetta *die Operette, -n*, II

opinion: in my opinion *meiner Meinung nach*, III6

oppress *unterdrücken,* III12
optician *Optiker(in), -/-nen,* III12
or *oder,* I
orange juice *der Orangensaft, ˆ-e,* I
order *bestellen,* II; **in order to do …**
 um … zu machen, III3
orderly *geregelt,* III11; *ordentlich,* III8
organic food *die Biokost,* III3
ostensibly *angeblich,* III7
other *andere,* I; **the other day** *neulich,*
 III1
Ouch! *Au!, Aua!,* II
ourselves *uns,* II
out of *aus* (dat), II
outside of *außerhalb* (gen), III4
outstanding *ausgezeichnet,* II
oven *der Ofen, ˆ-,* I
over it *darüber,* II
over there *dort drüben,* I; **over there in
 the back** *da hinten,* I
overcast *trüb,* I
own: (one's) own *eigen-* (adj), II
oxygen *der Sauerstoff,* III9
oyster *die Auster, -n,* II
ozone: hole in the ozone layer *das
 Ozonloch,* III9

padded *gefüttert,* II
paella *die Paella, -s,* II
page through *durchblättern* (sep),
 III6
pain *der Schmerz, -en,* II
painting *das Gemälde, -,* II
pair *das Paar, -e,* II
pan dish *das Pfannengericht, -e,* II
pants *die Hose, -n,* I
Pardon me! *Verzeihung!,* II
parents *die Eltern* (pl), I
park *der Park, -s,* I, II; **to go to the park**
 in den Park gehen, I
parka *der Anorak, -s,* II
parking place/lot *der Parkplatz, ˆ-e,* II
**parliament: German Federal
 Parliament** *der Bundestag,* III11
part *der Teil, -e,* III9
part: to take part *dabei sein,* III11
particularly *ausgesprochen,* III5;
 insbesondere, III8
partly *teilweise,* III10
party *die Party, -s,* I; *die Fete, -n,* III4
pass: time passes *vergehen,* III11
past *vergangen-,* III5
pasta *die Teigwaren* (pl), III1
path *der Weg, -e,* III8
patience *die Geduld,* III10
patient *geduldig,* III8
pattern *das Muster, -,* II
pay *bezahlen,* III1
pea *die Erbse, -n,* II
peace *der Frieden,* III5

peace-loving *friedliebend,* III8
peaceful *friedlich,* 7
peach *der Pfirsich, -e,* II
peanut butter *die Erdnussbutter,* III1
pear *die Birne, -n,* II5
pencil *der Bleistift, -e,* I
people *die Leute* (pl), I
pepper shaker *der Pfefferstreuer, -,*
 III2
perceive *wahrnehmen* (sep), III7
perch: filet of perch *das Seebarschfilet,
 -s,* II
perfect, whole *heil,* III7
perform *aufführen* (sep), III10
performance *die Aufführung, -en,*
 III10
perfume *das Parfüm, -e* or *-s,* I
perfumed *parfümiert,* II
perhaps *vielleicht,* I; *eventuell,* III10
permit oneself *s. erlauben,* III5
pet *das Haustier, -e,* I
pharmacy *die Apotheke, -n,* II
philosopher *der Philosoph, -en,*
 III10
phone card *die Telefonkarte, -n,* I
photograph *fotografieren,* II; **color
 photograph** *das Farbbild, -er,* II
photographer *Fotograf(in), -en/-nen,*
 III12
physical education *der Sport,* I
**physically: accessible to the physically
 challenged** *behindertenfreundlich,* III2
physics *(die) Physik,* I
piano *das Klavier, -e,* I; **I play the
 piano.** *Ich spiele Klavier.,* I
pick out *s. aussuchen* (sep), III1
pick up *aufräumen* (sep), I; *abholen*
 (sep), III8; **to pick up the
 telephone** *den Hörer abheben*
 (sep), I
pickle *die saure Gurke, -n,* III1
picnic *das Picknick, -s,* III2
picnic basket *der Picknickkorb, ˆ-e,*
 III2
piece *das Stück, -e,* I; **a piece of cake**
 ein Stück Kuchen, I
pity, sympathy *das Mitleid,* III3
pizza *die Pizza, -s,* I
place *der Platz, ˆ-e,* II
plan *der Plan, ˆ-e,* III2; *vorhaben*
 (sep), III3
plant *die Pflanze, -n,* III1
plastic *der Kunststoff, -e,* I; **made of
 plastic** *aus Kunststoff,* I
plate *der Teller, -,* III2
play *spielen,* I; **to play a board game**
 ein Brettspiel spielen, I; *das
 Schauspiel, -e,* II; *das Theaterstück,
 -e,* II
play (act) *darstellen* (sep), III10
pleasant *angenehm,* III5; *sympathisch,*
 II
please *bitte,* I
pleasure *das Vergnügen, -,* III10; **My
 pleasure!** *Gern geschehen!,* I
plot *die Handlung, -en,* III10

plum *die Zwetschge, -n,* II
pocket *die Tasche, -n,* II; **back pocket**
 die Gesäßtasche, -n, II
pocket calculator *der Taschenrechner,
 -,* I
poison *das Gift, -e,* III9; **to poison,
 pollute** *verpesten,* III9
poisonous *giftig,* III9
pole vault *der Stabhochsprung,* II
polite *höflich,* III8
political discussion *eine Diskussion
 über Politik,* II
politics *die Politik* (sing), I
polka-dotted *gepunktet,* I
pollutant *der Schadstoff, -e,* III9
pollute *verschmutzen,* III9
pollution: air pollution *die
 Luftverschmutzung,* III9
pool *der Pool, -s,* II; **indoor pool** *das
 Hallenbad, ˆ-er,* II
popular *beliebt,* II9
porch *die Terrasse, -n,* II
pork *das Schweinefleisch,* III1
pork chop *das Schweinekotelett, -s,* II;
 pork loin steak *das
 Schweinerückensteak, -s,* II
position: to take a position *Stellung
 nehmen,* III6
possibility *die Möglichkeit, -en,* III4
possible *möglich,* II
possibly *möglicherweise,* III10
post office *die Post,* I
poster *das Poster, -,* I
potato *die Kartoffel, -n,* I; **fried
 potatoes** *die Bratkartoffeln* (pl),
 II; **potato croquettes** *die
 Kroketten* (pl), II
pound *das Pfund, -,* I
pounding heart *das Herzklopfen,*
 III10
poverty *die Armut,* II
practice (a profession) *ausüben* (sep),
 III11
praise *anpreisen* (sep), III7
prefer *lieber (mögen),* I; *vorziehen*
 (sep), II; **I prefer …** *Ich ziehe …
 vor,* II; **I prefer noodle soup.**
 Nudelsuppe mag ich lieber., II; **I
 prefer that …** *Ich bin dafür, dass
 …,* II
prejudice *das Vorurteil, -e,* III4
prepare for *s. vorbereiten* (sep) *auf*
 (acc), III11
pretty *hübsch,* I; *schön,* I
pretzel *die Brezel, -n,* I
primarily *in erster Linie,* III7
printer *der Drucker, -,* III6
probably *wahrscheinlich,* I
produce *herstellen* (sep), III9;
 produzieren, II
produce store *der Obst- und
 Gemüseladen, ˆ-,* I
product *das Produkt, -e,* III1; **product,
 ware** *die Ware, -n,* III7
production *die Herstellung, -en,*
 III9
profession *der Beruf, -e,* III11

program (TV) *die Sendung, -en,* II;
  family program *die Familien-*
  sendung, -en, II; **nature program**
  die Natursendung, -en, II
promise *versprechen,* III1
proper(ly) *richtig,* II4
protection: environmental protection
  der Umweltschutz, III9
proud: to be proud of *stolz sein auf*
  (acc), III8
pullover *der Pulli, -s,* I
pump spray *der Pumpzerstäuber,*
  -, III9
punctual *pünktlich,* III8
purpose: on purpose *absichtlich,*
  III4
put (into) *stecken,* III9
put on *anziehen* (sep), I

qualify, make less absolute
  relativieren, III8
quark *der Quark,* II
quarrel *der Krach,* III4; *die Streitigkeit,*
  -en, III4; *streiten,* III2; **argument**
  der Streit, III4
quarter: a quarter after *Viertel nach,* I;
  a quarter to *Viertel vor,* I
queen *die Königin, -nen,* III10
question *die Frage, -n,* II; **It's out of**
  the question! *Kommt nicht in*
  Frage!, III11
quiet *still,* III8
quiz show *die Ratesendung,*
  -en, II

rabbit meat *das Hasenfleisch,* III1
radio *das Radio, -s,* II
radio announcer *Rundfunksprecher*
  (in), -/nen, III12
radish *das Radieschen, -,* III1
railroad station *der Bahnhof, ¨-e,* I
rain *der Regen,* I; **It's raining.** *Es*
  regnet., I
rain: acid rain *der saure Regen,* III9
rainy *regnerisch,* I
raise (a child) *großziehen* (sep), III7
raisin *die Rosine, -n,* III1
raspberry marmalade *die*
  Himbeermarmelade, -n, II
rather *ziemlich,* I
raw *roh,* II
read *lesen,* I
read aloud *vorlesen* (sep), III10

reading *die Lektüre,* III1
really *ganz,* I; *wirklich,* I; *echt,* II; **Not**
  really. *Nicht besonders.,* I
really (well) *unheimlich (gut),* III10
reason *der Grund, ¨-e,* III11; **for this**
  reason *deshalb,* III6; **to give a**
  reason *begründen,* III6
rebellious *aufsässig,* III4
receive *bekommen,* I
receiver *der Hörer, -,* I
recent: most recent event *die*
  Neuigkeit, -en, III6
recently *vor kurzem,* III1
recognize *erkennen,* III10
recommend *empfehlen,* III8
recycle *wieder verwerten,* III9
recycling bin *der Container, -,* III8
red *rot,* I; **in red** *in Rot,* I
red berry dessert *Rote Grütze,* II
red cabbage *der Rotkohl,* II
reduce *abbauen* (sep), III8
reexamine *überprüfen,* III8
refrigerator *der Kühlschrank, ¨-e,* I
regularly *regelmäßig,* III3
relationship *das Verhältnis,* III4
relax *s. entspannen,* III3
religion *die Religion, -en,* I
remember *s. erinnern an* (acc),
  III2
remote control *die Fernbedienung,*
  -en, II
repeat *wiedergeben* (sep), III8
replace *ersetzen,* III9
report *der Bericht, -e,* III6
report card *das Zeugnis,* I
reported to be *angeblich,* III7
require *nötig haben,* III11
residence *das Wohnhaus, ¨-er,* II; **the …**
  residence *Hier bei … ,* I
rest *s. ausruhen* (sep), III11
restaurant *das Restaurant, -s,* II; *der*
  Gasthof, ¨-e, II; **small restaurant**
  das Lokal, -e, II
return: to come back to (a topic)
  zurückkommen auf (sep, acc),
  III6
returnable: non-returnable bottle *die*
  Einwegflasche, -n, III9
reusable bottle *die Mehrwegflasche,*
  -n, III9
ribs *die Rippchen* (pl), III1
rice *der Reis,* II
right *das Recht, -e,* III5
right: That's all right. *Macht nichts!,* II;
  That's not right (at all)! *Das*
  stimmt (überhaupt) nicht!, II;
  You're right about that! *Da hast*
  du Recht!, II
right: to the right *nach rechts,* I
ring *der Ring, -e,* II
ringlet *der Ringel, -,* II
river *der Fluss, ¨-e,* II; **on a river** *an*
  einem Fluss, II
roast *der Braten,* II
robust, strong *stark,* III8
role *die Rolle, -n,* III11
roll *die Semmel, -n,* I

roll of film *der Film, -e,* II
romance *der Liebesfilm, -e,* I; **romance**
  novel *der Liebesroman, -e,* I
roof *das Dach, ¨-er,* III9
room *das Zimmer, -,* I; **to clean up my**
  room *mein Zimmer aufräumen*
  (sep), I
room with open fireplace *der*
  Kaminraum, ¨-e, III2
round *rund,* I
ruined *kaputt,* I, II
run *laufen,* II; **long distance run** *der*
  Langstreckenlauf, II
run: ski run *die Skipiste, -n,* III9
runny nose *der Schnupfen,* II
Russian *russisch* (adj), II

sad *traurig,* I
safe: environmentally safe
  umweltfreundlich, III9
sail *segeln,* II
salad *der Salat, -e,* I
salmon *der Lachs, -e,* II
salt *das Salz,* I
salt shaker *der Salzstreuer, -,* III2
salty: too salty *zu salzig,* II
same *gleich,* III7; *derselbe,* III7
sandwich *das Sandwich, -es,* II; **What**
  do you have on your sandwich?
  Was hast du denn auf dem Brot?, II
Saturday *der Samstag,* I; **Saturdays**
  samstags, II
sauerkraut *das Sauerkraut,* II
sauna *die Sauna, -s,* II
sausage *die Wurst, ¨-e,* I
save money *sparen,* III3
say *sagen,* I; **Say!** *Sag mal!,* I **to say**
  something about *aussagen über*
  (sep), III3
scan (a newspaper) *herumblättern*
  (sep), III3
scarf *der Schal, -s,* II
schedule of shows *das Programm, -e,* II
school *die Schule, -n,* I; **after school**
  nach der Schule, I; **How do you get**
  to school? *Wie kommst du zur*
  Schule?, I; **at school** *an der*
  Schule, II
school administration *die*
  Schulleitung, III6
school subject *das Fach, ¨-er,* I
school supplies *die Schulsachen* (pl), I
school, class *der Unterricht,* III5
schoolbag *die Schultasche, -n,* I
science *die Wissenschaft, -en,* III11
science fiction movie *der Science-*
  fictionfilm, -e, I
science fiction novel *der*
  Sciencefictionroman, -e, I
scientific *wissenschaftlich,* III10

English-German Vocabulary

scold *schimpfen*, III4
sea *die See, -n; das Meer, -e*, II
search (for) *suchen*, I
second *zweit-*, I; **the second street** *die zweite Straße*, I
secret tip *der Geheimtipp, -s*, II
secure *sicher*, II
seduce *verführen*, III7
see *sehen*, I; **See you later!** *Bis dann!*, I; **to see a movie** *einen Film sehen*, I
seem *scheinen*, III5
seldom *selten*, II
sensational *sensationell*, I
senseless *sinnlos*, III5
separate oneself from *s. absondern von (sep)*, III4
September *der September*, I
seriously *im Ernst*, III5
service *die Leistung, -en*, III2
services: armed services *die Streitkräfte*, III5
set the table *den Tisch decken*, I
several *mehrere*, III6
sew *nähen*, III3
shaker: salt and pepper shaker *der Salz- und Pfefferstreuer*, III2
shame: to be a shame about something *schade um etwas sein*, III5
shampoo *das Shampoo, -s*, II
sharp (clothing) *scharf*, II; **really sharp** *fetzig*, II
shine: the sun is shining *die Sonne scheint*, I
ship *das Schiff, -e*, II
shirt *das Hemd, -en*, I
shish kebab *das Schisch Kebab*, 11
shoe *der Schuh, -e*, II; **patent leather shoe** *der Lackschuh, -e*, II
shoemaker *Schuhmacher(in), -/nen*, III12
shoot *schießen*, III5
shop *einkaufen (sep)*, I; **to go shopping** *einkaufen gehen*, I
short *kurz*, I; **on short notice** *kurzfristig*, III5
shortening *das Butterschmalz*, I
shorts: pair of shorts *die Shorts, -*, I
shot put *das Kugelstoßen*, II
should *sollen*, I
shoulder *die Schulter, -n*, II
show *die Sendung, -en*, II
shower *duschen*, III9
sick *krank*, II6
side dish *die Beilage, -n*, II
sightsee *etwas besichtigen*, II
sign *unterschreiben*, III5
silk *die Seide*, I; **made of silk** *aus Seide*, I; **silk shirt** *das Seidenhemd, -en*, II; **real silk** *echte Seide*, II
silly, strange *grotesk*, III10
silver: made of silver *aus Silber*, II
silverware *das Besteck*, III2
since *seit*, II9
singer (female) *die Sängerin, -nen*, I; **singer** (male) *der Sänger, -*, I

sink *das Spülbecken, -*, I
sister *die Schwester, -n*, I; **brothers and sisters** *die Geschwister (pl)*, I
site *die Anlage, -n*, II
situation *das Verhältnis, -se*, III11
size *die Größe, -n*, I
ski run *die Skipiste, -n*, III9
skin *die Haut*, II
skirt *der Rock, ¨e*, I; **pleated skirt** *der Faltenrock, ¨e*, II
sledding *rodeln*, II
sleep: to get enough sleep *genügend schlafen*, II
sleeveless *ärmellos*, II
sleeves: with long sleeves *mit langen Ärmeln*, II; **with short sleeves** *mit kurzen Ärmeln*, II
slender *schlank*, II
slice *die Scheibe, -n*, III1
slide *das Dia, -s*, II
slip *ausrutschen (sep)*, III1
slogan: advertising slogan *der Werbespruch, ¨e*, III7
sloppy *schlampig*, III3
slow(ly) *langsam*, II
small *klein*, I
smart (looking) *fesch, schick, chic*, I
smoke *rauchen*, II
smoked *geräuchert*, II
snack bar, stand *die Imbissstube, -n*, I
snap *der Druckknopf, ¨e*, II
sneaker *der Turnschuh, -e*, I
snow *der Schnee*, I; **It's snowing.** *Es schneit.*, I
so *so*, I; **So long!** *Tschau! / Tschüs!*, I; **so so** *so lala*, I
so that, in order to *damit (conj)*, III3
soap *die Seife, -n*, II; **laundry soap** *das Waschmittel, -*, III9
soccer *Fußball*, I
sock *die Socke, -n*, I
soda: lemon-flavored soda *die Limo, -s (die Limonade, -n)*, I; **cola and lemon soda** *das Spezi, -s*, II
sofa *das Sofa, -s*, I
soft *weich*, II
some *einige*, III6; **some-** *irgend-*, III7
Someone told me that … *Man hat mir gesagt, dass …*, II
something *etwas*, I
sometimes *manchmal*, I
son *der Sohn, ¨e*, II
song *das Lied, ¨er*, I
soon *bald*, I
sorry: to be sorry *bedauern*, II; *Leid tun*, II; **I'm sorry.** *Es tut mir Leid.*, I; **Sorry, I can't.** *Ich kann leider nicht.*, I; **Sorry, but unfortunately we're all out of couscous.** *Tut mir Leid, aber der Couscous ist leider schon alle.*, II; **I'm so sorry.** *Das tut mir aber Leid!*, II
sort *sortieren*, I
sound *klingen*, III11
sound engineer *Toningenieur(in), -e/nen*, III12
soup *die Suppe, -n*, II

space travel *die Raumfahrt*, III11
Spanish *spanisch (adj)*, II
speak *reden*, III4; **to finish speaking** *ausreden (sep)*, III6
specialist: tourism specialist *Touristikfachwirt(in), -e/nen*, III12
specialty *die Spezialität, -en*, II11
spectator *der Zuschauer, -*, III10
spend (time) *verbringen*, I; **spend (the night)** *übernachten*, II
spicy *würzig*, II; **spicy, hot** *scharf*, II
spinach *der Spinat*, II
splendor *die Pracht*, III10
spoil, pamper *verwöhnen*, III8
spoon *der Löffel, -*, III2
sport(s) *der Sport*, I; **sport facility** *die Sportanlage, -n*, II; **sports telecast** *die Sportübertragung, -en*, II; **Do you play sports?** *Machst du Sport?*, I
sports scientist *Sportökonom(in), -en/nen*, III12
sporty *sportlich*, II
sprain (something) *sich (etwas) verstauchen*, II
spray: pump spray *der Pumpzerstäuber, -*, III9
spread *verbreiten*, III8; **spread, to butter** *bestreichen*, III1
spring *der Frühling*, I; **in the spring** *im Frühling*, I
spring a leak *leck werden*, III9
sprouts (bean) *die Sojasprossen*, II
square *der Platz, ¨e*, I; **on … Square** *am …platz*, I
stage *die Bühne, -n*, III10
stamp *die Briefmarke, -n*, I; **to collect stamps** *Briefmarken sammeln*, I
stand, to be *stehen*, II2; **to not be able to stand something** *etwas nicht leiden können*, III4
state: German federal state *das Bundesland, ¨er*, I
station *der Sender, -*, II
stay, remain *bleiben*, II
steak *das Steak, -s*, II
steak (beef) *das Rindersteak, -s*, II
stereo *die Stereoanlage -n*, I
stimulate, encourage *anregen (sep)*, III6
stimulating *anregend*, III6
stinks: That stinks! *So ein Mist!*, I
stirrup pants *die Steghose, -n*, II
stocking *der Strumpf, ¨e*, II
stomach *der Bauch, ¨e*, II; **stomachache** *die Bauchschmerzen (pl)*, II
storage shelf *das Ablagefach, ¨er*, II
store *der Laden, ¨*, I; *das Geschäft, -e*, I
store: to be in store for *zukommen auf (sep, acc)*, III11
storm *das Gewitter, -*, I
stove *der Herd, -e*, I
straight ahead *geradeaus*, I
strange, silly *grotesk*, III10
strawberry *die Erdbeere, -n*, II; **strawberry marmalade** *die Erdbeermarmelade*, II

street *die Straße, -n*, I; **on ... Street** *in der ...straße*, I; **main street** *die Hauptstraße, -n*, II
stressful *anstrengend*, III5; *stressig*, III8
strict *streng*, III8
strike *der Streik, -s*, III6
stripe *der Streifen, -*, II
striped *gestreift*, I
stroll *spazieren*, II
strong *stark*, I; *kräftig*, III7
struggle, battle *der Kampf, ⁞e*, III5
stubborn *stur*, III8
student exchange *der Schüleraustausch*, III6
students' representatives *die Schülervertretung*, III6
studies: university studies *das Studium*, III5
study *lernen*, III3
stuff oneself *futtern*, III2
stupid *blöd*, I
style *der Stil, -e*, II
stylist: hair stylist *Friseur/Friseuse, -e/n*, III12
subconscious *das Unterbewusstsein*, III7
subject (school) *das Fach, ⁞er*, I
submarine *das U-Boot, -e*, III5
subscription *das Abonnement, -s*, III10
suburb *der Vorort, -e*, I; **in a suburb** *in einem Vorort*, II
subway *die U-Bahn*, I; **by subway** *mit der U-Bahn*, I
subway station *die U-Bahnstation, -en*, I
success *der Erfolg, -e*, III12
suede jacket *die Wildlederjacke, -n*, II
sugar *der Zucker*, I
suggest *vorschlagen*, II; **I suggest that ...** *Ich schlage vor, dass ...*, II
suggestion *der Vorschlag, ⁞e*, II
suit *der Anzug, ⁞e*, II
suit: to be suited to *s. eignen zu*, III6
summer *der Sommer*, I; **in the summer** *im Sommer*, I
sun *die Sonne*, I
sun protection factor *der Lichtschutzfaktor, -en*, II
sun tan lotion *die Sonnenmilch*, II; *die Sonnencreme*, II
Sunday *der Sonntag*, I; **Sundays** *sonntags*, II
sunny *sonnig*, I
sunroof *das Schiebedach, ⁞er*, II
sunstroke *der Sonnenstich, -e*, II
Super! *Spitze!, Super!*, I
superficial *oberflächlich*, III6
supermarket *der Supermarkt, ⁞e*, I; **at the supermarket** *im Supermarkt*, I
support *unterstützen*, III6
suppose *vermuten*, III8; **I suppose so, but ...** *Eigentlich schon, aber ...*, II
supposed to *sollen*, I; **The fish is supposed to be great.** *Der Fisch soll prima sein.*, II; **Well, what**

am I supposed to do? *Was soll ich bloß machen?*, II; **What's that supposed to be?** *Was soll denn das sein?*, II
Sure! *Aber sicher!, Ja, gern!*, I
sure: I'm not sure. *Ich bin nicht sicher.*, I
surf *surfen*, I
surprise *überraschen*, III6; **to be surprised** *erstaunt sein*, III8
surrounding area *die Umgebung, -en*, II
swallow: I can hardly swallow. *Ich kann kaum schlucken.*, II
sweater *der Pulli, -s*, I
sweet *süß*, II
swim *schwimmen*, I; **to go swimming** *baden gehen*, I
swimming pool *das Schwimmbad, ⁞er*, I; *der Pool, -s*, II; **to go to the (swimming) pool** *ins Schwimmbad gehen*, I
switch off *abstellen* (sep), II; *ausschalten* (sep), III9
sympathy, pity *das Mitleid*, III3
synagogue *die Synagoge, -n*, II

T-shirt *das T-Shirt, -s*, I
table *der Tisch, -e*, I; **to clear the table** *den Tisch abräumen* (sep), I
tacos *die Tacos*, II
take *nehmen*, I
take care of *erledigen*, III1
take part *dabei sein*, III11
talk about *sprechen über*, I; **What did you (pl) talk about?** *Worüber habt ihr gesprochen?*, I
tank *der Panzer, -*, III5
task *die Aufgabe, -n*, III6
taste *der Geschmack*, III3; *schmecken*, I; **Does it taste good?** *Schmeckt's?*, I; **How does it taste?** *Wie schmeckt's?*, I; **doesn't taste good** *schmeckt mir nicht*, II; **Beef tastes better to me.** *Rind schmeckt mir besser.*, II; **Which soup tastes best to you?** *Welche Suppe schmeckt dir am besten?*, II
Tasty! *Lecker!*, I
tax consultant *Steuerberater(in), -/nen*, III12
tea *der Tee*, I; **a glass of tea** *ein Glas Tee*, I
teacher (male) *der Lehrer, -*, I; (female) *die Lehrerin, -nen*, I
team *die Mannschaft, -en*, II; **on the (basketball) team** *in der (Basketball) mannschaft*, II
technical designer *technische(r) Zeichner(in), -/nen*, III12

teenager *der, die Jugendliche, -n*, III8
telecast, transmission *die Übertragung, -en*, II
telephone *das Telefon, -e, der Apparat, -e*, I; **to pick up the telephone** *den Hörer abheben* (sep), I
telephone booth *die Telefonzelle, -n*, I
telephone number *die Telefonnummer, -n*, I
television (medium of) *das Fernsehen*, I; **TV set** *der Fernseher, -*, II; **idiot box** *die Glotze, -n*, III6; **to watch TV** *Fernsehen schauen*, I; *fernsehen* (sep), *Fernseh gucken*, II; **color stereo television set** *das Stereo-Farbfernsehgerät, -e*, II; **TV and video cart** *der Fernseh- und Videowagen, -*, II; **What's on TV?** *Was läuft im Fernsehen?*, II
tell *erzählen*, III1
temptation to buy *der Kaufreiz*, III7
tension *die Spannung, -en*, III10
terrible *schrecklich*, III3
test *die Prüfung, -en*, III5
Thank you (very much)! *Danke (sehr-/schön)!*, I; *Vielen Dank!*, I; **Thank you and the same to you!** *Danke gleichfalls!*, II; *Danke! Dir/Ihnen auch!*, II
that *dass* (conj), I; **That's all.** *Das ist alles.*, I; **That's ...** *Das ist ...*, I
theater *das Theater, -*, I; (theater) **balcony** *der Rang, ⁞e*, III10
theme *das Thema, Themen*, III5
then *dann*, I
there *dort*, I
There is/are ... *Es gibt ...*, I
there: to be there, take part *dabei sein* (sep), III5
thermos bottle *die Thermosflasche, -n*, III2
thing *die Sache, -n*, III3
think *denken*, I
think: Do you think so? *Meinst du?*, I; **I think** *ich glaube*, I; **I think (tennis) is ...** *Ich finde (Tennis) ...*, I; **I think so too.** *Das finde ich auch.*, I; **I don't think that ...** *Ich glaube nicht, dass ...*, II; **I really think that ...** *Ich meine doch, dass ...*, II; **I think I'm sick.** *Ich glaube, ich bin krank.*, II; **I think it's great that ...** *Ich finde es toll, dass ...*, II
think a lot of *viel halten von*, III3; **to think about** *s. Gedanken machen über* (acc), III3; **to think of or about** *denken an* (acc), III2; **thinking over** *das Nachdenken*, III6
think: What do you think of that? *Wie stehst du dazu?*, III6
third *dritt-*, I
thirst *der Durst*, II2; **to be thirsty** *Durst haben*, II2

thirsty *durstig*, III8

this *dies-*, II; **this afternoon** *heute Nachmittag*, I; **This is ...** (on the telephone) *Hier ist ...*, I; **this morning** *heute Morgen*, I

thorough *gründlich*, III6

threaten *drohen* (dat), III8

three times *dreimal*, I

thrilling *spannend*, I

thrive *aufblühen* (sep), III10

throat *der Hals, ⸚e*, II; **sore throat** *die Halsschmerzen* (pl), II

through *durch*, II

thumb *der Daumen, -*, III1

Thursday *der Donnerstag*, I; **Thursdays** *donnerstags*, II

ticket window *die Abendkasse, -n*, III10

tie *die Krawatte, -n*, II; **bow tie** *die Fliege, -n*, II

tight *eng*, I; **It's too tight on you.** *Es ist dir zu eng.*, II

till: ten till two *zehn vor zwei*, I

Tilsiter cheese *der Tilsiter Käse*, II

time *die Zeit*, I; **At what time?** *Um wie viel Uhr?*, I; **I don't have time.** *Ich habe keine Zeit.*, I; **What time is it?** *Wie spät ist es?, Wie viel Uhr ist es?*, I; **(time) passes** *vergehen*, III11; **at that time** *damals*, III2

tip *der Tipp, -s*, III8

tire: wide tire *der Breitreifen, -*, II

tired *müde*, II

to *an, auf, nach*, II; **Let's drive to the ocean.** *Fahren wir ans Meer!*; **Are you going to the golf course?** *Gehst du auf den Golfplatz?*; **We're going to Austria.** *Wir fahren nach Österreich.*, II

today *heute*, I

toe *die Zehe, -n*, III1

tofu *der Tofu*, II

together: to go together (clothing) *zusammenpassen* (sep), III3

toilet *die Toilette, -n*, II

tolerance *die Toleranz*, III4

tomato *die Tomate, -n*, I

tomorrow *morgen*, I

tonight *heute Abend*, I

too *zu*, I; **Too bad!** *Schade!*, I

toothache *die Zahnschmerzen* (pl), II

toothpaste *die Zahnpasta*, II

tour *besichtigen*, I; **to tour the city** *die Stadt besichtigen*, I; **city tour** *die Stadrundfahrt, -en*, II

tourism specialist *Touristikfachwirt(in), -e/nen*, III12

toward *nach*, II

town *die Kleinstadt, ⸚e*, II; **in a town** *in einer Kleinstadt*, II

traffic *der Verkehr*, II

traffic jam *der Stau, -s*, III7

train *die Bahn, -en*, II

train station *der Bahnhof, ⸚e*, I

training and weight room *der Fitnessraum, ⸚e*, II

translate *übersetzen*, III8

transmitter *der Sender, -*, II

transport plane *das Transportflugzeug, -e*, III5

transportation *das Verkehrsmittel, -*, II; **public transportation** *öffentliche Verkehrsmittel* (pl), II

trash *der Müll*, I; **trash, waste** *der Abfall, ⸚e*, III9

trash bag *die Abfalltüte, -n*, III2

tree *der Baum, ⸚e*, II

trout *die Forelle, -n*, II

truck *der Laster, -*, III5; *der Lastkraftwagen, -, (LKW, -s)*, II

true: Not true! *Stimmt nicht!*, I; **That's right!** *Stimmt!*, I; **That's true, but ...** *Das stimmt, aber ...*, II

truth *die Wahrheit*, III6

try *probieren*, I

try hard *s. bemühen um*, III6

try on *anprobieren* (sep), I

Tuesday *der Dienstag*, I; **Tuesdays** *dienstags*, II

tuna fish salad *der Thunfischsalat*, III1

tune (an instrument) *stimmen*, III10

Turkish *türkisch* (adj), II

turn *einbiegen* (sep); **Turn in here!** *Biegen Sie hier ein!*, II

tuxedo *der Smoking, -s*, II

twice *zweimal*, I

twin *der Zwilling, -e*, II

type *der Typ, -en*, II

ugly *hässlich*, I

unbelievable *unglaublich*; **That's really unbelievable!** *Das ist ja unglaublich!*, II

unboiled *ungekocht*, II12

uncle *der Onkel, -*, I

uncomfortable *unbequem*, I

under it, underneath *darunter*, II

undertake *unternehmen*, III2

underway *unterwegs*, III6

unfortunately *leider*, I; **Unfortunately I can't.** *Leider kann ich nicht.*, I; **That's the way it is, unfortunately.** *Das ist leider so.*, II

unfriendly *unsympathisch*, II

unhealthy *ungesund*, II; *nicht gut für die Gesundheit*, II

unified *vereint*, III11

university studies *das Studium*, III5

unpleasant *unsympathisch*, II

unpopular *unbeliebt*, III4

until *bis* (acc), III11; **from 8 until 8:45** *von 8 Uhr bis 8 Uhr 45*, I; **until you get to ... Square** *bis zum ...platz*, I; **until you get to ... Street** *bis zur ... straße*, I; **until you get to the traffic light** *bis zur Ampel*, I; **until then** *bis dahin*, III11

unusual *ausgefallen*, III3

use *benutzen*, II6; *gebrauchen*, III7; *verwenden*, III7; **use again** *wieder verwenden*, III9

used: to get used to *s. gewöhnen an* (acc), III7

useful *nützlich*, III6

usually *gewöhnlich*, II

vacation (from school) *die Ferien* (pl), II; **vacation** (from work) *der Urlaub, -e*, II; **What did you do on your vacation?** *Was hast du in den Ferien gemacht?*, II

vacuum *Staub saugen*, I

vanilla-flavored milk *die Vanillemilch*, II

varied *abwechslungsreich*, II

vegetable produce *das Pflanzenprodukt, -e*, III1

vegetables *das Gemüse*, I

vegetarian *vegetarisch*; **You're vegetarian, right?** *Du isst wohl vegetarisch, was?*, II

venison *das Rehfleisch*, III1

very *sehr*, I; **Very well!** *Sehr gut!*, I

veterinarian *Tierarzt, -ärztin*, III11

vice-versa *umgekehrt*, III5

video: use a video camera/a camera *die Videokamera/die Kamera bedienen*, II

video cassette *das Video, -s*, I; *die Videocassette, -n*, II; **insert a video cassette** *ein Video einlegen* (sep), II; **take out the video cassette** *das Video herausnehmen* (sep), II

village *das Dorf, ⸚er*, II; **in a village** *in einem Dorf*, II

vintner *Winzer(in), -/nen*, III12

violence *die Gewalt*, III8

violent *brutal*, I

violin *die Geige, -n*, III10

visit *besuchen*, I

visit (a place) *besuchen, besichtigen*, II; **I visited (the cathedral).** *Ich habe (den Dom) besichtigt.*, II

vocational school *die Fachschule, -n*, III11

volleyball *Volleyball*, I

volume control *der Lautstärkeregler, -*, II

voluntary *freiwillig*, III5

vote for *wählen*, III5

wait and see *abwarten* (sep), III2
walk *spazieren*, II
want (to) *wollen*, I; *Lust haben*, III2; **What do you want to do?** *Was willst du machen?*, II
war *der Krieg, -e*, II; **war movie** *der Kriegsfilm, -e*, I
warm *warm*, I
wash *spülen*, I; **to wash the dishes** *das Geschirr spülen*, I; **to wash (sich) waschen**, II; **to wash clothes** *die Wäsche waschen*, II
waste *verschwenden*, III9
wastewater *das Abwasser, ̈*, III9
watch *schauen*, I; **to watch TV** *Fernsehen schauen*, I; **fernsehen** (sep), II; (colloquial) *Fernsehen gucken*, II
water *das Wasser*, I; **a glass of (mineral) water** *ein Glas (Mineral-) Wasser*, I
water the flowers *die Blumen gießen*, I
watermelon *die Wassermelone, -n*, III1
weapon *die Waffe, -n*, III5
wear *anziehen* (sep), I; *tragen*, II; **Don't wear anything made of …** *Trag ja nichts aus …!*, II; **Go ahead and wear …** *Trag doch mal …!*, II
weather *das Wetter*, I; **How's the weather?** *Wie ist das Wetter?*, I
weather report *der Wetterbericht, -e*, II
Wednesday *der Mittwoch*, I; **Wednesdays** *mittwochs*, II
week *die Woche, -n*, I; **every week** *jede Woche*, II
weekend *das Wochenende, -n*, I; **on the weekend** *am Wochenende*, I
weekly special *das Angebot der Woche*, I
weigh *wiegen*, I
weigh on, burden *belasten*, III5
weight lifting *das Krafttraining*, III3
welder *Schweißer(in), -/-nen*, III12
well, okay *also* (part), III2
well: Well yes, but … *Eigentlich schon, aber …*, II; *Ja, schon, aber …*, II; **extremely well** *ganz wohl*, II; **Get well soon!** *Gute Besserung!*, II; **I'm (not) doing well.** *Es geht mir (nicht) gut!*, II; *Mir ist (nicht) gut.*, II; **not well at all** *überhaupt nicht wohl*, II

were: Where were you? *Wo bist du gewesen?*, I
western (movie) *der Western, -*, I
wet *nass*, I
what *was*; **What are we going to do now?** *Was machen wir jetzt?*, II; **What is it?** *Was gibt's?*, II; *Was ist?*, II; **Okay, what is it?** *Ja? Was denn?*, II; **So what about …?** *Wie steht's mit …?*, II; **Yes, what?** *Ja, was bitte?*, II; **What can I do for you?** *Was kann ich für dich tun?*, I; **What else?** *Noch etwas?*, I
what kind of? *was für?*, I; **What kinds of music do you like?** *Was für Musik hörst du gern?*, I
What's it about? *Worum geht es?*, III4
What's there to eat *Was gibt's zu essen?*, I
when, at the time *als* (conj), III8
when? *wann?*, I
whenever *wenn* (conj), II
where (from)? *woher?*, I
where (to)? *wohin?*, I; **Where are we going?** *Wohin fahren wir?*, II
where? *wo?*, I
whether *ob* (conj), II
which *welch-*, I
while *die Weile*, III11
whirlpool *der Whirlpool, -s*, II
white *weiß*, I; **in white** *in Weiß*, I
who? *wer?*, I
whole wheat roll *die Vollkornsemmel, -n*, I
whole, perfect *heil*, III7
whom? *wen?*, I; **to, for whom?** *wem?*, I
why? *warum?*, I; **Why don't you come along!** *Komm doch mit!*, I
wide *weit*, I
will *werden*, II
windsurf *windsurfen*, II
windbreaker *die Wind-, Wetterjacke, -n*, II
window *das Fenster, -*, I; **to clean the windows** *die Fenster putzen*, I
windshield wiper *der Scheibenwischer, -*, II
winter *der Winter*, I; **in the winter** *im Winter*, I
wise *weise*, III7
wish *sich wünschen*; **I wish for …** *Ich wünsche mir …*, II; **What would you wish for?** *Was wünschst du dir (mal)?*, II
with *mit*, I; **with corners** *eckig*, I
without *ohne* (acc), III3; **without doing …** *ohne … zu machen,*

III3; **to do without** *verzichten auf* (acc), III9
witty *witzig*, II
woman *die Frau, -en*, I
wonder, miracle *das Wunder, -*, III10
wonderful *großartig*, II
wood: made of wood *aus Holz*, I
wool *die Wolle*, II
wool shirt *das Wollhemd, -en*, II
work *arbeiten*, II; **That won't work.** *Das geht nicht.*, I; **work, achievement** *das Werk, -e*, III10
world *die Welt, -en*, III11
worry *s. Sorgen machen*, III9
worse than *schlechter als*, II
worth: to be worth it *s. lohnen*, III5
would have (been) *wäre*, III5
would have (had) *hätte*, III5
wrist *das Handgelenk, -e*, III1
wrong: to be wrong *s. irren*, III5

yard *der Garten, ̈*, II
year *das Jahr, -e*, I; **I am … years old.** *Ich bin … Jahre alt.*, I
yellow *gelb*, I; **in yellow** *in Gelb*, I
yes *ja*, I; **Yes?** *Bitte?*, I; **Yes, I do!** *Doch!*, II
yesterday *gestern*, I; **yesterday evening** *gestern Abend*, I; **the day before yesterday** *vorgestern*, I
yogurt *der Joghurt, -*, II
you're (very) welcome! *Bitte (sehr/schön)!*, I
younger *jünger*, II
youth hostel *die Jugendherberge, -n*, III2

zero *null*, I
zipper *der Reißverschluss, ̈e*, II
zoo *der Zoo, -s*, I; **to go to the zoo** *in den Zoo gehen*, I

Page numbers in boldface type refer to **Grammatik** and **Ein wenig Grammatik** presentations. Other page numbers refer to grammar structure presented in **So sagt man das!, Sprachtipp, Lerntrick, Wortschatz,** and **Landeskunde** sections. Page numbers beginning with R refer to the Grammar Summary in this Reference Section.

Credits

ACKNOWLEDGMENTS (continued from page ii)

Heinrich Bauer Verlag, SZV, Germany: "Unsere heutige Jugend und ihre Sprüche" by Emily Reuter from *bella: für die Moderne Frau*, no. 43, October 21, 1993. Copyright © 1993 by Heinrich Bauer Verlag.

Bayerisches Staatsministerium für Landesentwicklung und Umweltfragen, Rosenkavalierplatz 2, 81925 München, Germany: Graph, "Zusammensetzung der Abfälle" from *Der Abfall: Umweltschutz in Bayern.*

Bunte/Burda Publications: "Liebe," "Lisa, 15," "Raver," and "Sprache" from *Bunte*, no. 22, May 26, 1994, pp. 39 & 42. Copyright © 1994 by Burda Publications.

Deutsche Bank: Table, "USA: Devisenkurse," published by Deutsche Bank.

Deutsches Jugendherbergswerk, Hauptverband für Jugendwandern und Jugendherbergen e.V.: From "Willkommen!" from *DJH Willkommen.* From "Jugendgästehaus Weimar: Pauschalprogramm" from *Klassen Mobil: Schulfahrten und Schullandheim-aufenthalte in Jugendherbergen 92/93: Region Ost.*

Reinhard Döhl: "Apfel" by Reinhard Döhl from *An Anthology of Concrete Poetry*, edited by Emmett Williams. Copyright © 1965, 1966 by Reinhard Döhl. Published by Something Else Press, New York, Villefranche, Frankfurt and Edition Hansjörg Mayer, Stuttgart. "menschenskind" by Reinhard Döhl from *Poem Structures in the Looking Glass* by Klaus Burkhardt and Reinhard Döhl. Copyright © 1969 by Reinhard Döhl.

Focus Magazin Verlag GmbH: Text from "Verführt von dummen, mörderischen Sprüchen" from *Focus: das moderne Nachrichtenmagazin*, no. 20, May 16, 1994. Copyright © 1994 by Focus Magazin Verlag GmbH.

Hamburgische Staatsoper Hamburg: Cover of brochure, *Hamburg Oper: Spielplan-Vorschau*, April 1993.

Harenberg Lexikon-Verlag: Table, "Abfallvermeidung durch Recycling" from *Harenberg Lexikon der Gegenwart, Aktuell '94*, p. 416. Copyright © 1993 by Harenberg Lexikon-Verlag in Harenberg Kommunikation Verlags und Mediengesellschaft mbH & Co. KG, Dortmund.

Luchterhand Literaturverlag GmbH, München: "ottos mops" by Ernst Jandl from *der künstliche baum & flöda und der schwan*, vol. 4, p. 60. Copyright © 1997 by Luchterhand Literaturverlag GmbH München.

Prälat Berthold Lutz: "Die Nacht bei den Wachsfiguren" by Thomas Burger from *Das Gespenstergespenst.*

Claudia Müller: "Pläne für die Zukunft" by Claudia Müller.

MVG Medien Verlags GmbH & Co.: From "Je schlampiger, umso schöner! ..." from *Mädchen*, No. 13, June 2, 1993, p. 11. Copyright © 1993 by MVG Medien Verlagsgesellschaft GmbH & Co.

Sanacorp eG Pharmazeutische Großhandlung, D-82152 Planegg: Advertisement, "Reisefieber?" from *stern*, no. 22, May 26, 1994, p. 179.

Schocken Books, distributed by Pantheon Books, a division of Random House, Inc.: "Eine alltägliche Verwirrung" from *Franz Kafka: The Complete Stories* by Franz Kafka. Copyright © 1946, 1947, 1948, 1949, 1954, 1958, 1971 by Schocken Books, Inc.

Steidl Verlag: "Kinderlied" by Günter Grass from *Gedichte und Kurzprosa (Studienausgabe Band II).* Copyright © 1994 by Steidl Verlag, Göttingen.

STERN Magazine, Hamburg: "Mehr Bauch als Kopf" by Georg Wedemeyer from *stern*, no. 22, May 26, 1994, p. 96. Copyright © 1994 by Gruner & Jahr AG & Co.

Stuttgarter Zeitung: "Für einen Ballettabend in das prächtige Reich der Wilis" by the students of class 8b of "Musikunterricht im Staatstheater" from *Stuttgarter Zeitung*, Saturday, November 25, 1989, no. 272, p. 34. Copyright © 1989 by Stuttgarter Zeitung.

Suhrkamp Verlag: "Der hellgraue Frühjahrsmantel" by Wolfgang Hildesheimer from *Lieblose Legenden.* Copyright © 1962 by Suhrkamp Verlag, Frankfurt am Main. "Der Radwechsel" by Bertolt Brecht from *Gesammelte Werke.* Copyright © 1967 by Suhrkamp Verlag, Frankfurt am Main. "Ein Tisch ist ein Tisch" from *Kindergeschichten* by Peter Bichsel. Copyright © 1969 by Luchterhand Literaturverlag. All rights administered through Suhrkamp Verlag Frankfurt am Main.

Thames and Hudson Ltd: Map of the Roman World by John Woodcock from *The Birth of Western Civilization: Greece and Rome* by George Huxley et al. Copyright © 1964 by Thames and Hudson Ltd.

Tiefdruck Schwann-Bagel GmbH: From "Tekkno-Fieber" from *JUMA: das Jugendmagazin*, 2/93, April 1993, p. 4. From "Judith," and "Pauken allein reicht nicht" from *JUMA: das Jugendmagazin*, 3/94, pp. 23, 24, 26.

Tourismusverband Rügen e.V.: Text from Rügen: eine Liebeserklärung: Urlauberkatalog '93 by Gunter Reymann. Copyright © 1993 by Fremdenverkehrsverband Rügen e.V.

Verlag Kiepenheuer & Witsch GmbH, Köln: "Das Märchen vom kleinen Herrn Moritz" by Wolf Biermann.

Verlag Moritz Diesterweg GmbH & Co., Frankfurt am Main: From pp. 102-103 from "Wortspiele" from *Texte und Fragen,* edited by Siegfried Buck and Wenzel Wolff. Copyright © 1977 by Verlag Moritz Diesterweg GmbH & Co., Frankfurt am Main. All rights reserved.

Verlag Neues Leben GmbH Berlin: Cover of *Schiller: Hundert Gedichte,* illustrated by Jörn Hennig. Copyright © 1987 by Verlag Neues Leben, Berlin.

PHOTOGRAPHY CREDITS

Front cover (bkgd), Morton Beebe/Corbis; (c), Steve Ewert/HRW Photo; Back cover (c), Hans Wolf/The Image Bank; (c), ©2003 Image Farm, Inc.; Title page (c), Steve Ewert/HRW Photo.

All photos by George Winkler/Holt, Rinehart and Winston, Inc. except:

Border fabric: Victoria Smith/HRW

All Euro currency photos: ©European Communities

All Globe photos: Mountain High Maps ® copyright 1997 Digital Wisdom, Inc.

All Theater mask photos: ©PhotoSpin, Inc.

TABLE OF CONTENTS: Page ix (t), Beryl Goldberg; x (t), © Digital Vision; xi (b), Beryl Goldberg; xiv (b), David Peevers; xvi (t), Beryl Goldberg; xvii (b), Geopress/H. Armstrong Roberts; xviii (t), © Image 100 Ltd.; xix (b), CORBIS/Michael Pole

UNIT ONE:

3 (bc, br, cr), Courtesy of Dom zu Güstrow

Chapter One: 6 (tr, br), Thomas Kanzler/Viesti Associates; 7 (tr), Thomas Kanzler/Viesti Collection, Inc.; 14 (tr, bl, br), Thomas Kanzler/Viesti Collection, Inc.; 15 (tr, cr), Thomas Kanzler/Viesti Collection, Inc.; 24 (tr), CORBIS/ Bettman.

Chapter Two: 33-34 (all), Beryl Goldberg; 34 (tr, cr, br, bc), Michelle Bridwell/Frontera Fotos; 35 (tr), Michelle Bridwell/Frontera Fotos; 36 (tr), Courtesy of DJH; 42 (tr, cl, br), Michelle Bridwell/Frontera Fotos; 43 (tl), Michelle Bridwell/Frontera Fotos; 49 (tl), Courtesy Tourist Office of Weimer; 54 (bl), Michelle Bridwell/Frontera Fotos; 56 (bl), Michelle Bridwell/Frontera Fotos.

Chapter Three: 60-61 (all), © Digital Vision; 62 (tr, cl, bl), Kevin Galvin/HRW Photo; 68 (tl), *JUMA,* April, 1993 Edition; 68 (bl), Arno Al Doori/*Mädchen Magazine;* 68 (r), Frank Lange/*JUMA,* February, 1992 Edition; 69 (tl), *Bunte* Magazine, May 26, 1994 Edition; 69 (tr), *Bunte* Magazine, May 26, 1994 Edition; 69 (bl), Volker Wenzlawski/*JUMA,* April, 1994 Edition; 70 (tr), Kevin Galvin/HRW Photo; 72 (tr, bl), Kevin Galvin/HRW Photo; 78 (tl), Heinrich Bauer Verlag.

UNIT TWO:

88-89 (all), SuperStock; 90 (tr), Foto Marburg; 91 (b), Steve Vidler/Superstock; 91 (t), Joachim Messerschmidt/Bruce Coleman, Inc.

Chapter Four: 92-93 (all), Beryl Goldberg; 94 (t, c), Kevin Galvin/HRW Photo; 95 (tr), Kevin Galvin/HRW Photo; 100 (tr), Ed Kashi; 101 (tr), Thomas Mayer/Fotoarchiv/ Black Star; 102 (bl), AP/Wide World Photos; 102 (bcr), Harald Thiessen/Bavaria Bildagentur; 102 (br), Lisa Davis/ HRW Photo; 109 (cr), Gscheidle/HRW Photo; 111 (cl), Russell Dian/HRW Photo; 113 (bl, br), Kevin Galvin/ HRW Photo; 115 (cl), AP/Wide World Photos; 115 (cr), Harald Thiessen/Bavaria Bildagentur.

Chapter Five: 122 (tr, cl, br), Kevin Galvin/HRW Photo; 123 (tl), Kevin Galvin/HRW Photo; 129 (tr), Thomas Stephen/Fotoarchiv/Black Star; 129 (cl), Fritz Lang/ Bavaria Bildagentur GmbH; 130 (tr), Herman Kokojan/ Black Star; 136-138 (bkgd), AP/Wide World Photos, Heinrich Hoffman, Ullstein Bilderdienst, Pierre Zucca (background and border photos); 137 (tc), Archiv Interfoto; 144 (b), AKG Photo, London.

Chapter Six: 150 (tr), Thomas Stephen/HRW Photo; 150 (br), Digital imagery® copyright 2003 PhotoDisc, Inc.; 151 (tl), Thomas Stephen/HRW Photo; 157 (tr, bl), Thomas Stephen/HRW Photo; 158 (tl, br), Thomas Stephen/HRW Photo; 159 (t), Thomas Stephen/HRW Photo; 164-165 (bkgd), From *Rumpelstiltskin* by Paul O. Zelinsky. ©1986 by Paul O. Zelinsky. Used by permission of Dutton Children's Books, a division of Penguin Books, USA, Inc.

UNIT THREE:

Chapter Seven: 180-181 (all), David Peevers; 196-198 (bkgd), © 1994 Les Editions Albert Rene/Goscinny-Uderzo.

Chapter Eight: 210 (tl), Lance Shriner/HRW Photo; 210 (collage), Stock Editions/HRW Photo; 210 (lc), Courtesy U.S. Air Force; 210 (bc), Claude Poulet/HRW Photo; 210 (r), Russell Dian/HRW Photo; 210 (tr), Courtesy of Monsanto; 210 (br), Courtesy of the Architect of the Capitol; 218 (c, b), Digital imagery® copyright 2003 PhotoDisc, Inc.; 225 (tr), Sam Dudgeon/HRW 229 (collage), HRW Photo; 231 (bl, br), Digital imagery® copyright 2003 PhotoDisc, Inc.

Chapter Nine: 237-238 (all), Beryl Goldberg; 239 (cr, tl), Kevin Galvin/HRW Photo; 251 (br), Sam Dudgeon/HRW; 252-254 (bkgd), Mark Antman/HRW Photo; 252 (t), Peter Herbster/Greenpeace Germany; 256 (b), Beryl Goldberg; 260 (br), Staatsministerium fur Landesentwicklung und Umweltfragen, München.

UNIT FOUR:

264-265 (all), Joachim Messerschmidt/Bruce Coleman, Inc.; 266 (br), Wolfgang Staiger/Visum.

Chapter Ten: 268-269 (all), Geopress/H. Armstrong Roberts; 270 (tr), Kevin Galvin/HRW Photo; 270 (cl), Courtesy of http://www.anne-sophie-mutter.de; 271 (c), Kevin Galvin/HRW Photo; 276 (br), Otto/Bavaria Bildgagentur GmbH; 277 (tr), J. Alexandre/Bavaria Bildgagentur; 283 (r), © Beryl Goldberg Photography; 284-285 (t), Sam Dudgeon/Courtesy Molly & George Winkler/HRW Photo; 289 (b), J. Alexandre/Bavaria Bildagentur; 291 (b), Otto/Bavaria Bildgagentur GmbH; 292 (l), Tim Hall/Redferns/Retna.

Chapter Eleven: 296-297 (all), ©Image 100 Ltd; 298 (tl, br), Kevin Galvin/HRW Photo; 299 (tl), Sam Dudgeon/HRW; 306 (br), Sam Dudgeon/HRW; 307 (tr), Lufthansa Bildarchiv; 307 (br), C. von der Goltz/HRW Photo; 316 (b), Kevin Galvin/HRW Photo; 317 (c), Kevin Galvin/HRW Photo; 319 (cr), Lufthansa Bildarchiv.

Chapter Twelve: 324-325 (all), CORBIS/Michael Pole; 342-345 (bkgd), Sam Dudgeon/HRW; 346 (br), Courtesy of Dom zu Güstrtow.

Reference Section: R14 (baseball & bat, bird, paintbrushes), Digital imagery® copyright 2003 PhotoDisc, Inc.; R14 (skis), ©1997 Radlund & Associates for Artville; R15 (goat), Digital imagery® copyright 2003 PhotoDisc, Inc.; R15 (swimsuit), ©Stockbyte; R15 (orange, cow), Digital imagery® copyright 2003 PhotoDisc, Inc.; R15 (tea), Victoria Smith/HRW Photo; R15 (hamburger), Corbis Images; R16 (fabric), Digital imagery® copyright 2003 PhotoDisc, Inc.; R16 (drums), EyeWire, Inc., Image Club Graphics ©1998 Adobe Systems, Inc.; R16 (gymnast), Digital imagery® copyright 2003 PhotoDisc, Inc.; R16 (flute), Digital imagery® copyright 2003 PhotoDisc, Inc.; R16 (violin), EyeWire, Inc., Image Club Graphics ©1998 Adobe Systems, Inc.; R17 (all), Digital imagery® copyright 2003 PhotoDisc, Inc.; R18 (house), ©Stockbyte; R18 (car), Digital imagery® copyright 2003 PhotoDisc, Inc.; R18 (tr), Courtesy of http://www.anne-sophie-mutter.de; R18 (cl), Digital imagery® copyright 2003 PhotoDisc, Inc.; R18 (corn), Corbis Images; R19 (tr), Digital imagery® copyright 2003 PhotoDisc, Inc.; R19 (sink), Digital imagery® copyright 2003 PhotoDisc, Inc.; R19 (bl), HRW Photo; R19 (bc, cr), Corbis Images; R20 (cl, bl), Digital imagery® copyright 2003 PhotoDisc, Inc.; R20 (tr), Corbis Images; R21 (c), © Digital Vision.

ART CREDITS

Abbreviated as follows: **(t)** top, **(b)** bottom, **(l)** left, **(r)** right, **(c)** center.

All art, unless otherwise noted, by Holt, Rinehart & Winston.

Chapter 1: Page 1, MapQuest.com; 10, Tom Rummonds; 16 (b), Giorgio Mizzi; 17 (l), Jutta Tillmann; 17 (r), Maria Lyle; 18, Antonia Enthoven; 19 (t), Biruta Schööl; 19 (b), Michael Krone; 20, Giorgio Mizzi; 21, Eduard Böhm; 22, MapQuest.com; 27, Tom Rummonds; 28, Antonia Enthoven. **Chapter 2:** Page 37, Michael Krone; 41 (t), George McLeod; 41 (b), Aletha Reppel; 47, Antonia Enthoven; 57, Antonia Enthoven. **Chapter 3:** Page 64, Meryl Henderson; 73, Eduard Böhm; 74, Giorgio Mizzi; 81, Meryl Henderson; 82, Eduard Böhm; 83 (t), Eduard Böhm; 83 (c), George McLeod; 84, Frank Rosenzweig.

Chapter 4: Page 88, MapQuest.com; 96, Giorgio Mizzi; 112, Giorgio Mizzi. **Chapter 5:** Page 124, Eduard Böhm; 125, Frank Rosenzweig; 127, Michael Krone; 131, Peter Pichler; 132, Giorgio Mizzi; 138, Jocelyne Bouchard; 140, Frank Rosenzweig; 141, Aletha Reppel; 142, Giorgio Mizzi; 143, Frank Rosenzweig. **Chapter 6:** Page 153, Jon Sayer; 155, Frank Rosenzweig; 161, Jon Sayer; 168, Eduard Böhm; 170, Jutta Tillmann.

Chapter 7: Page 176, MapQuest.com; 187, Holly Cooper; 190, Michael Krone; 193, Jon Sayer; 201, Holly Cooper; 202, Holly Cooper; 203, Antonia Enthoven; 205 (t), Meryl Henderson; 205 (bl), Peter Pichler; 205 (bc), Giorgio Mizzi; 205 (br), Jutta Tillmann. **Chapter 8:** Page 214, Jon Sayer; 220, Peter Pichler; 230, Peter Pichler. **Chapter 9:** Page 240, Antonia Enthoven; 246 (t), Jutta Tillmann; 246 (b), Peter Pichler; 257, Giorgio Mizzi; 259, Peter Pichler.

Chapter 10: Page 264, MapQuest.com; 278, Jutta Tillmann; 288, Frank Rosenzweig; 290, Jutta Tillmann. **Chapter 11:** Page 304, Giorgio Mizzi; 312, Michael Krone; 314, Michael Krone. **Chapter 12:** Page 330, Meryl Henderson; 347, Antonia Enthoven; 348, Meryl Henderson.